鹤山年鉴

HESHAN YEARBOOK

2023

鹤 山 市 档 案 馆
《鹤山年鉴》编辑部　编

华南理工大学出版社
SOUTH CHINA UNIVERSITY OF TECHNOLOGY PRESS
·广州·

图书在版编目（CIP）数据

鹤山年鉴 . 2023 / 鹤山市档案馆，《鹤山年鉴》编辑部编. —广州：华南理工大学出版社，2024.3

ISBN 978-7-5623-7627-9

Ⅰ. ①鹤… Ⅱ. ①鹤… ②鹤… Ⅲ. ①鹤山 – 2023 – 年鉴 Ⅳ. ① Z526.54

中国国家版本馆 CIP 数据核字（2024）第 015695 号

鹤山年鉴 · 2023

鹤山市档案馆，《鹤山年鉴》编辑部 编

出 版 人：柯 宁

出版发行：华南理工大学出版社

（广州五山华南理工大学 17 号楼，邮编 510640）

http://hg.cb.scut.edu.cn E-mail: scutc13@scut.edu.cn

营销部电话：020-87113487 87111048（传真）

策划编辑：庄 严

责任编辑：欧建岸

责任校对：詹伟文 盛美珍

印 刷 者：广州一龙印刷有限公司

开 本：787mm × 1092mm 1/16 总印张：30.25 彩插：29 字数：958 千

版 次：2024 年 3 月第 1 版 2024 年 3 月第 1 次印刷

印 数：1 ～ 1000 册

定 价：240.00 元

《鹤山年鉴》编辑部

主　任：陈文光

副主任：冯兆华

主　编：冯兆华

副主编：张立新

编　校：冯兆华　张立新　林　常　肖保坤
　　　　黄志恩　李炳雄　吕淑姗

编辑说明

一、《鹤山年鉴》的编纂出版工作是以马克思列宁主义、毛泽东思想、邓小平理论、“三个代表”重要思想、科学发展观、习近平新时代中国特色社会主义思想为指导，坚持“记载历史、资政育人、服务社会”的宗旨，全面客观地记述鹤山市自然、政治、经济、文化和社会发展等方面的情况，为社会各界解读鹤山提供基本的信息资料。

二、《鹤山年鉴》是由中共鹤山市委员会、鹤山市人民政府主办，鹤山市档案馆和《鹤山年鉴》编辑部组织编纂的地方综合年鉴，2003 年创刊，每两年出版一卷。自 2016 年起每年出版一卷，本卷为第 15 卷。

三、《鹤山年鉴》以出版年份为卷次名称，采用分类编辑法，设篇目、栏目、分目、条目 4 个层次，以条目为主要记述形式，其标题用黑体字加“【 】”表示。条目以下的子目标题用楷体字表示。

四、《鹤山年鉴·2023》设置特辑、大事记、市情综述、政治、法治、基础设施建设、经济、镇（街）建设、科教文体卫、社会生活、光荣榜、地方政府文件选载、社会经济统计资料、附录 14 个篇目。记述时间为 2022 年 1 月 1 日至 12 月 31 日。为突出连续性和时效性，特辑中的有关内容选用 2023 年资料。

五、《鹤山年鉴·2023》文字资料由全市各有关单位撰写提供，经所在单位审核后由《鹤山年鉴》编辑部收编。图片资料反映全市大事要闻和本单位工作动态等。年鉴所载数据因统计来源、口径等原因可能存在不一致，使用时应以统计部门提供的统计资料为准。

六、《鹤山年鉴·2023》收录市副科级以上单位领导名录和各镇（街）党（工）委、人大、政府领导名录，“市领导机关”栏目收录市四套班子领导及办公室主任名录，年鉴通讯员名字则刊于各分目或条目之后。

七、《鹤山年鉴·2023》的编纂出版工作得到全市各级领导和各镇（街）、各有关单位的大力支持和协助，在此谨表谢忱。由于编辑水平有限，书中难免存在错漏之处，敬请读者批评指正。

鹤 山

鹤山市国土资源局　广东省地图院　合编

参考比例尺 1:50000

市 地 图

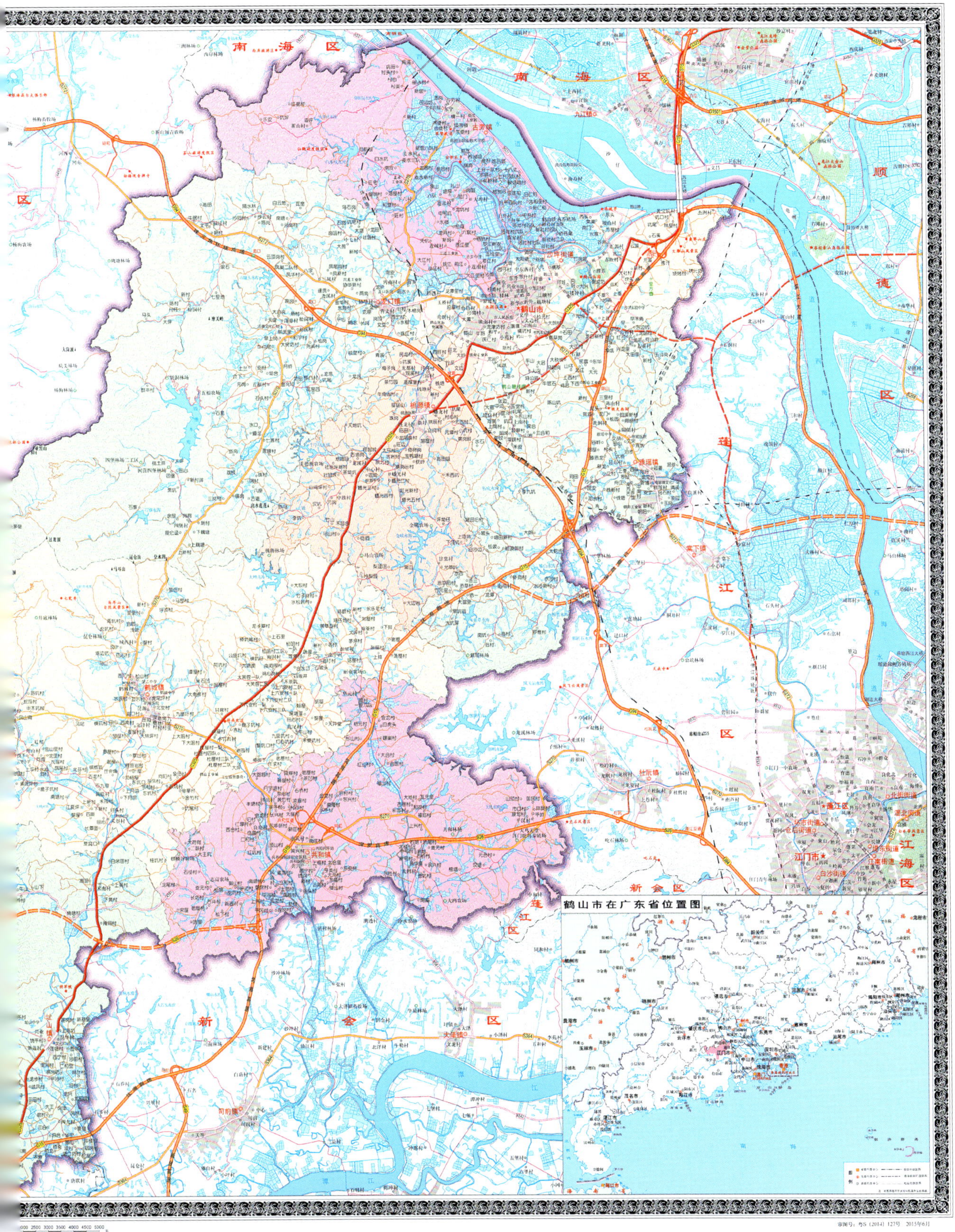

审图号：粤S（2014）127号　2015年6月

鹤山市中

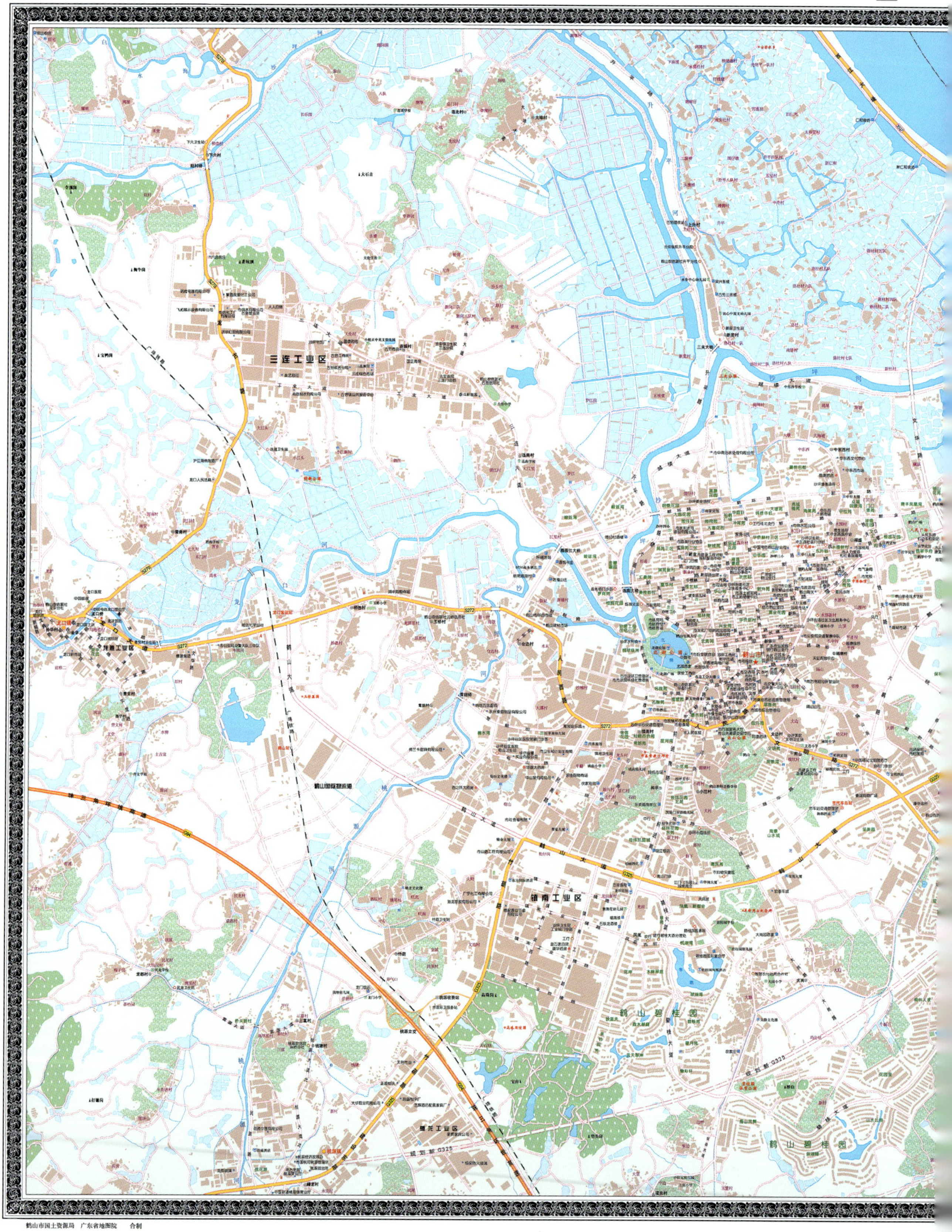

鹤山市国土资源局 广东省地图院 合制

心城区图

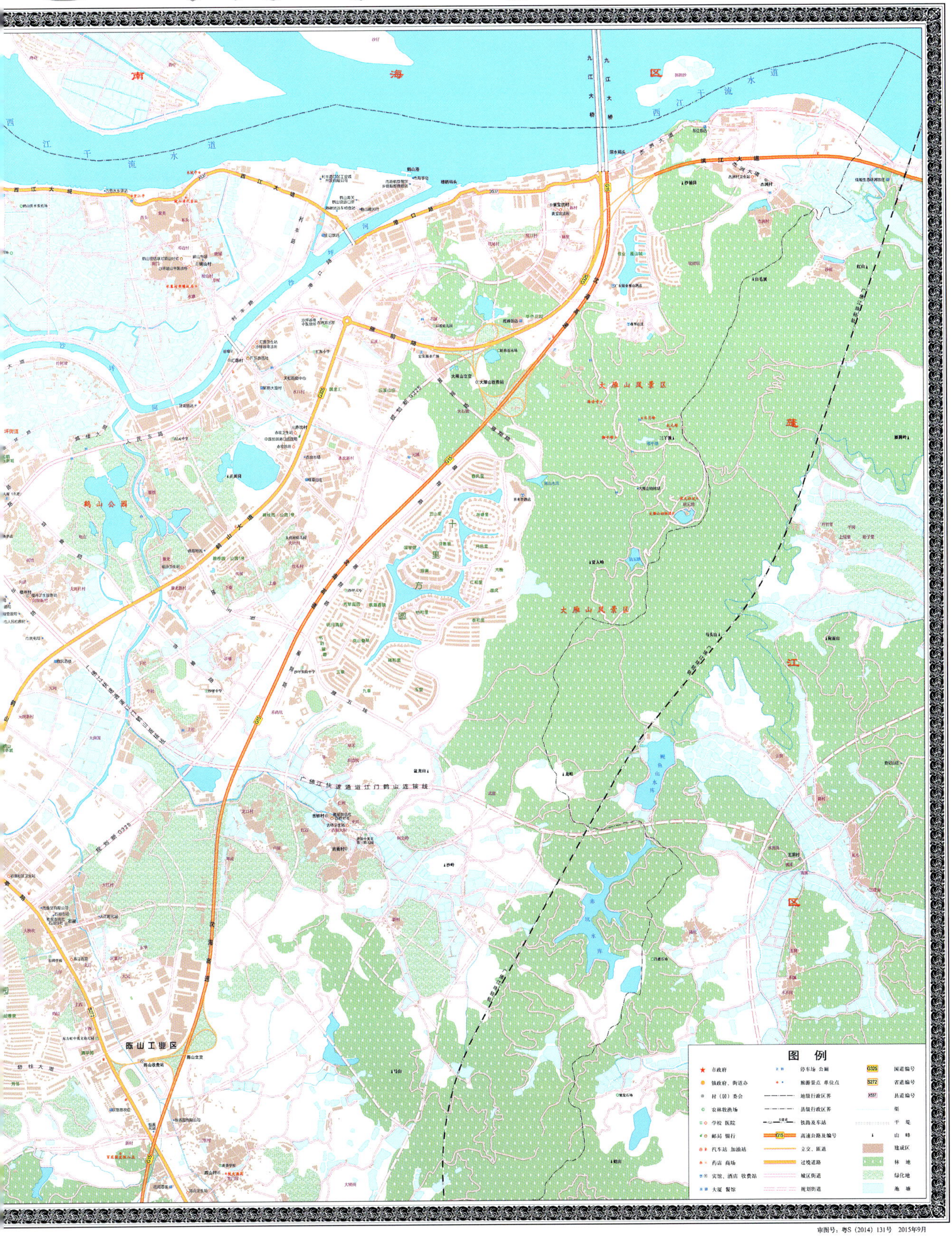

审图号：粤S（2014）131号 2015年9月

◆ 2022年12月20日
中国共产党鹤山市第十三届委员会第三次全体会议召开（市委办　供图）

◆ 2022年6月1日
中国共产党鹤山市第十三届纪律检查委员会第二次全体会议召开（市纪委监委　供图）

◆ 2022 年 4 月 19 日至 4 月 20 日

鹤山市第十六届人民代表大会第二次会议召开（市人大　供图）

◆ 2022 年 4 月 18 日

中国人民政治协商会议第十一届鹤山市委员会第二次会议召开（市政协　供图）

◆ 2022 年 3 月 28 日

市政协十一届一次常委会会议召开（市政协　供图）

◆传递基层声音　做群众贴心人——人大代表与网格员（长）、校长座谈会（市人大　供图）

◆ 2022 年 10 月 17 日

市人大常委会领导走访慰问高层次人才（市人大　供图）

◆ 2022 年 8 月 31 日

市政协进行社会治理专题调研（市政协　供图）

◆ 2022 年 1 月 4 日

市政协进行中欧合作区专题调研（市政协　供图）

◆ 2022 年 5 月 20 日

鹤山市纪委监委召开会议，专题研究讨论鹤山市纪检监察机关“室组镇”联动工作（市纪委监委　供图）

◆ 2022 年 5 月 30 日

鹤山市纪委召开常委会（扩大）会议，传达贯彻省第十三次党代会精神（市纪委监委　供图）

◆ 2022 年 6 月 23 日

鹤山市纪委监委学习贯彻习近平总书记重要讲话精神和鹤山市委书记刘志刚到市纪委监委调研的讲话精神（市纪委监委　供图）

◆ 2022 年 4 月

港澳委员参加政协第十一届鹤山市委员会第二次会议（市委统战部　供图）

◆ 2022 年 12 月 20 日

鹤山市工商联（总商会）举行商会活动中心启用仪式暨第十三届执委会第二次会议（市工商联　供图）

◆鹤山市举办“一元爱心日”募捐活动启动仪式（市红十字会　供图）

◆鹤山市累计在公共场所投放 54 台 AED，投放量居全省县级市首位（市红十字会　供图）

◆ 2022 年 6 月

澳门博士智库团走进鹤山建言献策助力中欧合作区建设（市委统战部　供图）

◆ 2022 年 11 月 4 日

市委市政府举行鹤山市民营企业家学习贯彻党的二十大精神座谈会（市工商联　供图）

◆ 2022 年 1 月 20 日

鹤山市驻军和联检单位举行迎春座谈会（市退役军人事务局　供图）

◆ 2022 年 3 月 1 日

鹤山市工商联（总商会）举行支援香港抗疫捐款暨第二批物资捐赠仪式（市工商联　供图）

◆ 2022 年 3 月

鹤山市召开统战系统学习贯彻党的二十大精神会议（市委统战部　供图）

◆ 2022 年 3 月 31 日

市委书记、市长张华景召开安全生产和消防工作暨第二季度防范较大以上生产安全事故会议

◆ 2022 年 4 月 15 日

鹤山市召开 2022 年文明委第一次（扩大）会议暨创建全国文明城市动员大会（市委宣传部　供图）

◆ 2022 年 6 月 17 日

全省和江门市“龙舟水”防御工作电视电话会议召开，鹤山市长张华景、市委常委李志和相关部门负责人在鹤山市应急指挥中心分会场收听收看会议

◆ 2022 年 7 月 18 日

鹤山市青年马克思主义者培养工程中学班在中共鹤山市委党校开班

◆ 2022 年 7 月 28 日

广东夜生活暨暑期消费促进活动在鹤山启动（市科工商务局　供图）

◆ 2022 年 4 月 28 日

“江门号”中欧国际货运班列顺利首发（市珠西物流中心　供图）

◆ 2022 年 11 月 12 日

举行学习贯彻习近平总书记授旗训词四周年主题活动暨鹤山市 2022 年度消防宣传月启动仪式（市消防大队　供图）

◆ 2022 年 11 月 27 日
共青团鹤山市第十九次代表大会召开

◆ 2022 年 12 月 9 日
鹤山市科学技术协会第七次代表大会召开（市科工商务局　供图）

◆ 2022 年 9 月 30 日
鹤山市举行烈士纪念日公祭活动（市退役军人事务局　供图）

◆ 2022 年 12 月 2 日

鹤山市民政局在雅瑶镇公共服务中心举办鹤山市首个未成年人保护工作站揭牌仪式（市民政局　供图）

◆ 2022 年 8 月 26 日

广东政务服务网推出的全国首个省级政务服务平台"视频办"服务专区上线发布会在江门鹤山举行（市政数局　供图）

◆ 2022 年 12 月 9 日

鹤山市公安局开展"交通安全　全民反诈　从我做起"主题宣传月活动（市公安局　供图）

◆ 2022 年 6 月 14 日

召开应对医保政策调整协调会（市医保局　供图）

◆ 2022年1月20日
鹤山市召开党史学习教育总结会议（市委办　供图）

◆ 2022年1月20日
鹤山市纪委监委召开党史学习教育总结会议（市纪委监委　供图）

◆ 2022 年 8 月 16 日

鹤山、开平两市村党组织结对共建活动启动仪式在开平市马冈镇举行（市委组织部　供图）

◆ 2022 年 10 月 14 日

江门市党群服务中心、职工服务中心共建工作现场会在鹤山召开（市委组织部　供图）

◆ 2022 年 10 月 10 日

鹤山市纪委监委召开“奋进新征程　建功新时代　以模范机关创建实际成效迎接党的二十大胜利召开”主题活动动员会（市纪委监委　供图）

◆ 2022 年 9 月 30 日

举行烈士纪念日公祭活动（市退役军人事务局　供图）

◆ 2022 年 6 月 30 日

沙坪街道雁山社区党群服务中心升级赋能项目启动，并为新设的职工服务中心、人才驿站、户外劳动者工会爱心驿站和鹤山市自助图书馆雁山站点举行揭牌仪式（沙坪街道　供图）

◆ 2022 年 12 月 19 日

沙坪街道召开学习贯彻党的二十大精神宣讲会（沙坪街道　供图）

◆ 2022 年 11 月 20 日

鹤山市开展“关爱功臣·送医送药”巡诊活动，为烈属、老复员军人、残疾军人、参战涉核退役人员等优抚对象检查身体、看病送药（市退役军人事务局　供图）

◆ 2022 年 9 月 19 日

广东鼎硕磨具有限公司党支部成立并举行揭牌仪式（桃源镇　供图）

◆ 2022 年 10 月

"喜迎二十大，鹤山这十年"摄影作品展（市文广体旅局　供图）

◆ 2022 年 4 月 29 日

鹤山市址山镇廓村麦源生小学组织全体教师学习"传承革命精神，强力复兴有我"暨 2022 江门市"金扣子"精品思政课展评活动（市教育局　供图）

◆ 2022 年 5 月 30 日

举行"领航新时代　开启新征程"鹤山市中小学合唱比赛（市教育局　供图）

◆ 2022 年 11 月 4 日下午

市委市政府举行鹤山市民营企业家学习贯彻党的二十大精神座谈会（市工商联　供图）

◆ 2022 年 9 月 29 日

沙坪街道第六小学举行"强国复兴有我——向国旗敬礼"活动（市教育局　供图）

◆ 2022 年 9 月 29 日

鹤山二中举行向国旗敬礼活动（市教育局　供图）

疫情防控

YIQING FANGKONG

◆抗击新冠肺炎流调溯源中心现场（市卫健局 供图）

◆ 2022 年 2 月 9 日

鹤山市 2022 年春季开学疫情防控工作会议召开（市教育局 供图）

◆为你撑起“守护伞”！鹤山公安风雨无阻，持续护航核酸检测（市公安局 供图）

◆抗击新冠肺炎

市领导到活力酒店检查工作情况（市卫健局 供图）

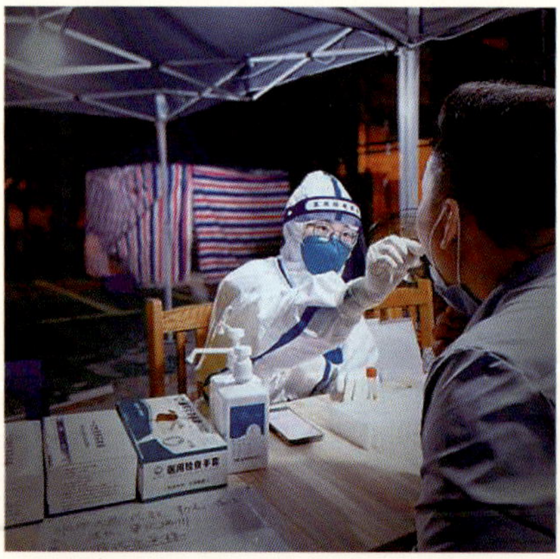

◆医护人员为群众进行核酸采样（市卫健局 供图）

◆ 2022 年 3 月 15 日

市人大常委会主任冯细就带队到市卫生健康局调研新冠疫情防控工作（市人大　供图）

◆ 2022 年 5 月 1 日

沙坪街道集结 157 名干部职工组成党员先锋队前往共和支援疫情防控工作（沙坪街道办　供图）

◆青年突击队迅速行动，为全市疫情防控凝“青”心、聚“青”力、献“青”情，全力助力我市打赢全民核酸检测攻坚战（团市委　供图）

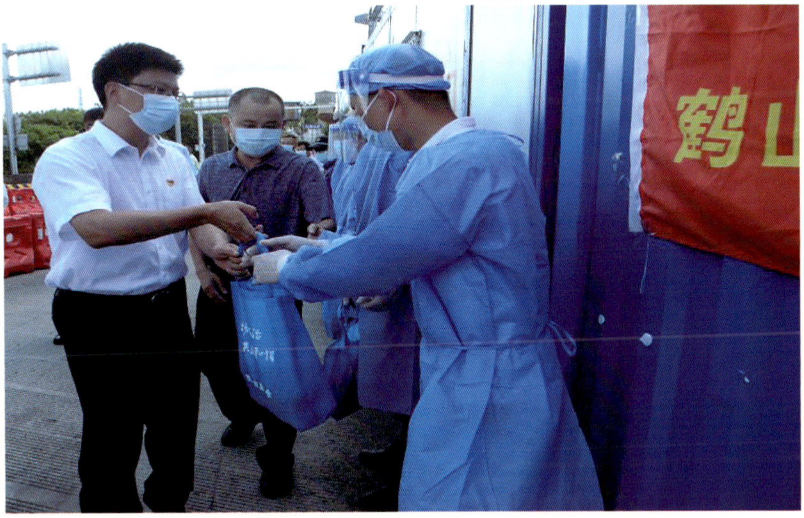

◆鹤山市委书记刘志刚到陈山核酸检测点送“清凉”（市总工会　供图）

◆ 2022年4月15日

召开鹤山市2022年文明委第一次（扩大）会议暨创建全国文明城市动员大会（市委办　供图）

◆ 2022年1月14日

市文明办举办“笔墨凝书香，春联进万家”——鹤山市2022年道德春联进万家活动（市委宣传部　供图）

◆庆祝“五一”国际劳动节劳模座谈会合影（市总工会　供图）

◆ 2022 年 7 月 25 日
召开鹤山市医共体工作推进会（市卫健局　供图）

◆ 2022 年 11 月 20 日
开展“关爱功臣·送医送药”活动（市退役军人事务局　供图）

◆“鹤新年 · 艺起鹤彩——2022“我在鹤山过大年”迎春晚会”（市文广旅体局　供图）

◆ 2022 年 7 月 26 日
由广东省广播电影电视协会区县融媒专业委员会、鹤山市融媒体中心联合举办的新闻评析活动在鹤山举行，全省 50 多家融媒体中心（广播电视台）参加了线上培训学习（市文广旅体局　供图）

◆古劳水乡市集活动（古劳镇　供图）

◆ S270 鹤城至杜阮段改扩建工程（鹤城小官田村至共和宝丰新城段）（市交通局　供图）

◆沙坪街道莺朗桥重建工程 2022 年底正式通车（沙坪街道　供图）

◆推动鹤山市制造业数字化转型（市科工商务局　供图）

◆大鹏路新建的口袋公园（市城管局　供图）

◆沙坪城区美景花园（市城管局　供图）

◆鹤山公园马鞭草花海（市城管局　供图）

◆【四好农村路建设】县道 X549 坡麦线（古劳镇）（市交通局　供图）

◆乡道 Y915 杉竹线（沙坪）（市交通局　供图）

◆ 2022 年 12 月

惠民苑保障房小区全部加装电梯并交付使用（市住建局　供图）

◆沙坪城区新升苑改造后焕然一新（市住建局　供图）

◆ 2022 年 9 月 28 日下午

水利部调研组到华侨城古劳水乡调研鹤山市水利乡村振兴工作（市水利局　供图）

◆ 2022 年 8 月 31 日下午

省水利厅到鹤山市调研（市水利局　供图）

◆ 2022 年 4 月 1 日

江门市副市长曹阳一行视察水美乡村项目五星村段工程（市水利局　供图）

◆ 2022 年 7 月 23 日
鹤山市城市建设成果展暨 2022 年房地产博览会启动仪式（市住建局　供图）

◆鹤山市水系连通及水美乡村建设试点县项目鹤城河五星村段（市水利局　供图）

◆鹤山市水系连通及水美乡村建设试点县项目宅梧河半岛节点（市水利局　供图）

◆水美乡村将军陂节点夜景（市水利局　供图）

◆升平河碧道（市水利局　供图）

◆ 2022 年 12 月 15 日
召开鹤山—开平推动东西部区域平衡发展第二次联席会议（市府办　供图）

◆ 2022 年江门市态和然农业有限公司获第四批广东生态茶园认定（市农业农村局　供图）

◆鹤山市举行 2022 年“广东扶贫济困日”暨慈善公益活动仪式（市农业农村局　供图）

◆鹤山市开展 2022 年渔业资源增殖放流活动（市农业农村局　供图）

◆经升级改造的畜禽粪污处理设备（市农业农村局　供图）

◆鹤山市美丽乡村建设（市农业农村局　供图）

各镇动态

GEZHEN DONGTAI

沙坪街道

◆ 2022 年 1 月 19 日

沙坪街道综合行政执法队举行办公新址搬迁揭牌仪式

◆ 2022 年 3 月 7 日

沙坪街道妇联为鹤山市首个村级“妇女微家”——越塘松园村“妇女微家”举行揭牌仪式

◆ 2022 年 3 月 11 日

沙坪街道镇南工业城职工服务中心举行揭牌仪式

◆ 2022 年 3 月 29 日

鹤山市城乡融合发展产业园升级改造项目动工仪式在沙坪街道隆重举行

◆ 2022 年 3 月 31 日

沙坪街道祥盛社区搬迁至人民东路 30 号

◆ 2022 年 5 月 1 日

沙坪街道集结 157 名干部职工组成党员先锋队前往共和支援疫情防控

◆ 2022 年 12 月 1 日

江门市委书记陈岸明到桂林社区调研网格化工作

◆ 2022 年 12 月初

鹤山市城乡融合发展产业园“工改工”项目提前一年封顶

◆沙坪街道莺朗桥重建工程 2022 年 12 月底正式通车

◆ 2022 年 10 月 26 日
沙坪街道越塘狮艺登上央视科教《探索·发现》频道

◆ 2022 年 9 月 15 日
广东省委常委、政法委书记袁古洁一行到雁山社区调研

◆ 2022 年 9 月 1 日
沙坪街道第六小学综合楼项目正式建成启用

雅瑶镇

◆ 2022 年 1 月 27 日
雅瑶镇召开传达贯彻市委十三届二次全会精神暨 2021 年度基层党组织书记抓基层党建述职评议考核会

◆ 2022 年 1 月 27 日
鹤山市将立功喜报、“功臣之家”牌匾和奖金分别送到两名现役军人家属手中并表示祝贺

◆ 2022 年 3 月 8 日
雅瑶镇妇联开展主题为“助力女干部成长，推动产业园区建设”系列首场活动

◆ 2022 年 3 月 31 日
鹤山农商行与雅瑶镇举行党建共建推动乡村振兴签约仪式

◆ 2022 年 4 月 14 日
鹤山市雅瑶镇行政检察与行政执法衔接工作办公室正式揭牌

◆ 2022 年 4 月 29 日

江门组织部副部长王江涛、鹤山市委组织部部长陈志美到雅瑶财富广场核酸检测点检测督导核酸检测工作

◆ 2022 年 5 月 20 日

举行宋兆鸿先生祖居揭牌仪式

◆ 2022 年 7 月 5 日

雅瑶镇在镇委党校举行雅瑶镇基层党组织书记培训班

◆ 2022 年 7 月 6 日

雅瑶镇人大组织江门市、鹤山市、雅瑶镇三级人大代表共约 20 人到雅瑶圩镇、宋兆鸿祖居、镇法治公园以及陈山村代表联络站开展调研视察

◆ 2022 年 9 月 30 日

龙口镇举行烈士纪念日公祭活动

◆ 2022 年 11 月 29 日

龙口镇举行党的二十大精神进农村宣讲活动

◆ 2022 年 12 月 19 日

龙口镇举行学习贯彻党的二十大精神宣讲动员会暨镇级宣讲团成立仪式

◆ 2022 年 12 月 22 日

江门市鹤山精细化工产业园突发环境事件应急演练在龙口镇举行

◆江门市鹤山精细化工产业园

◆中欧合作区新材料创新基地

桃源镇

◆ 2022 年 1 月

桃源镇开展撂荒地专项整治，成功打造“中胜甘薯”品牌

◆ 2022 年 1 月

桃源镇竹荫社区建成该镇首个数字乡村便民服务站

◆ 2022 年 1 月

竹荫社区便民服务站第一期儿童免费托管开班

◆ 2022 年 3 月

桃源镇荣获“2021 年广东省乡村治理‘百镇千村’示范镇（乡）”称号

◆ 2022 年 2 月

桃源镇三富村“无土栽培”

◆ 2022 年 3 月

桃源镇新圩农家书屋荣获“ 2021 年江门市优秀农家书屋”荣誉称号

◆ 2022 年 3 月 1 日

桃源镇行政执法协调监督办公室举行揭牌仪式

◆ 2022 年 5 月 20 日

桃源镇青少年活动中心举行揭牌仪式暨青少年校外教育座谈会

◆ 2022 年 6 月 23 日

鹤山市桃源镇邑康家园举行揭牌仪式

◆ 2022 年 9 月 2 日

桃源镇举行伊帕思新材料科技有限公司 ABF 膜项目进驻长江工业园签约仪式

◆ 2022 年 10 月

鹤山市厚积工程机械有限公司被认定为国家级专精特新“小巨人”企业

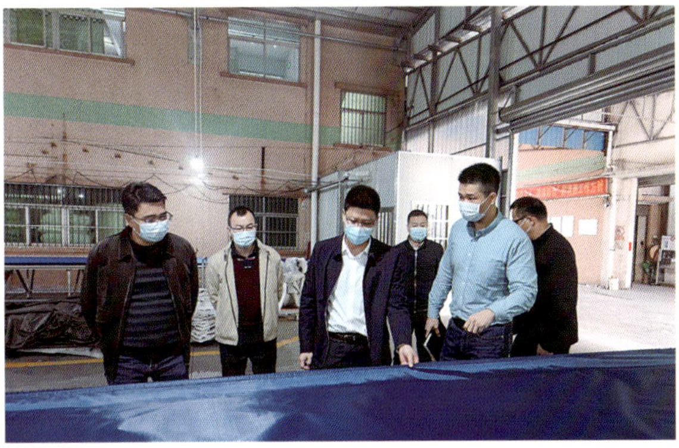

◆ 2022 年 12 月 12 日

鹤山市委书记刘志刚视察桃源制伞企业

鹤城镇

◆ 2022 年 3 月 2 日

鹤城镇党委副书记、镇长赖应华率队到开平市大沙镇开展“三结对”帮扶工作调研

◆ 2022 年 4 月 4 日上午

江门市委副书记、市长吴晓晖到鹤城镇五星村检查农村疫情防控工作，调研水系连通及水美乡村建设

◆ 2022 年 4 月 26 日

鹤城镇召开第十七届人民代表大会第二次会议

◆ 2022 年 4 月 26 日下午

江门市委常委、政法委书记林国华到鹤城镇五星村调研督导党建引领乡村振兴工作

◆ 2022 年 5 月 29 日下午

鹤山市委书记刘志刚，市委常委、统战部部长陈文光，市委常委刘德贤等到广东华鳌合金有限公司开展暖企调研

◆ 2022 年 7 月 8 日下午

江门市委组织部常务副部长宋岩到小官田村、先锋村开展“七一”慰问并调研五星村抓党建促乡村振兴工作情况

◆ 2022 年 7 月 15 日上午

江门市人大常委会党组副书记、副主任易中强一行到鹤城镇视察人大代表中心联络站建设及人大代表“三联双到通网格”工作

◆ 2022 年 18—19 日

鹤城镇举办意识形态和保密工作培训班

◆ 2022 年 10 月 11 日上午

鹤城镇在鹤山市首批获得“无毒村居”称号的昆源社区、五星村举行“无毒村居”揭牌仪式

◆ 2022 年 10 月 16 日

鹤城镇全体领导班子成员、各办公室负责人集中收听收看党的二十大开幕会直播

◆ 2022 年 12 月 21 日上午

鹤城镇召开中国共产党鹤城镇第十五届代表大会第三次会议

◆鹤城镇三堡河五星村段是鹤山市水系连通及水美乡村建设的示范点，建成后成为新晋“网红打卡地”

鹤山工业城（共和镇）

◆ 2022 年 6 月 10 日
共和镇第十七届人民代表大会第二次会议胜利召开

◆ 2022 年 4 月 11 日
鹤山市人大常委会主任冯细就一行到来苏村全过程人民民主实践基地调研

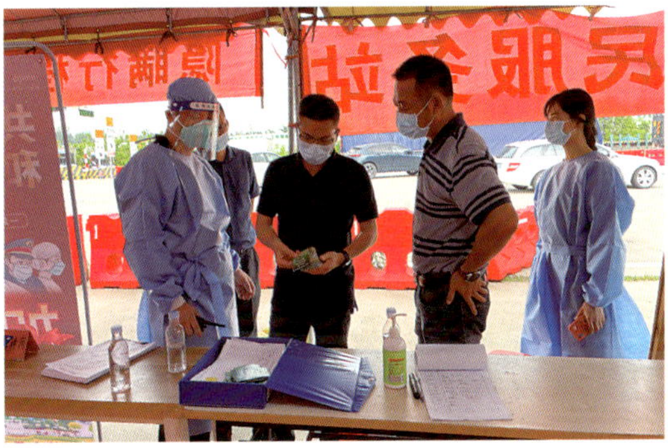

◆ 2022 年 5 月 21 日
鹤山市委常委刘德贤到高速值守点慰问和指导工作

◆ 2022 年 5 月 27 日
省工业和信息化厅二级巡视员詹若兰带队到鹤山工业城调研

◆ 2022 年 6 月 15 日
江门市政协副主席任安良率队到共和镇民族村、铁岗村开展农村集体经济收入专题调研

◆ 2022 年 6 月 16 日
鹤山检察院与共和镇就建立行政检察与行政执法衔接工作机制举行签约仪式

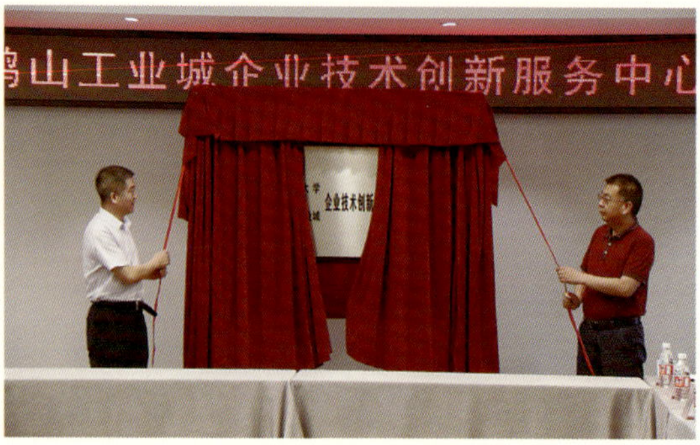

◆ 2022 年 4 月 27 日

五邑大学企业技术创新服务中心举行揭牌仪式

◆ 2022 年 11 月 10 日

共和镇网格车启用仪式，镇长陈文宁向企业颁发感谢牌匾

◆ 2022 年 12 月 26 日

鹤山工业城拓普斯举行奠基仪式

◆ 2022 年 6 月 20 日

鹤山工业城（共和镇）召开重点纳税企业座谈会

◆ 2022 年 7 月 1 日

鹤山工业城与意墨迅机电（广东）有限公司举行签约仪式

◆ 2022 年 1 月 18 日

江门市副市长郑晓毅到鹤山工业城实地调研鹤山盾构产业园项目地块情况

址山镇

◆ 2022 年 1 月 27 日

址山镇召开中国共产党址山镇第十五次代表大会

◆ 2022 年 4 月 12 日上午

址山镇政府与新供销塔百奇公司举行战略合作框架协议签约仪式

◆ 2022 年 5 月 24 日上午

址山镇第十七届人民代表大会第二次会议胜利召开

◆ 2022 年 8 月 31 日上午

址山镇“党建引领　慈善惠民”智慧血压计赠送暨“广东好人”关杰初、吴绮兰伉俪慈善公益捐赠仪式在址山镇云东村党群服务中心举行

◆ 2022 年 6 月 29 日上午

址山镇举办 2022 年入党积极分子、发展对象培训班

◆ 2022 年 9 月 19 日下午

址山镇围绕“勇于自我革命，永葆先进纯洁”活动主题召开 2022 年纪律教育学习月活动动员会

◆ 2022 年 10 月 19 日上午

址山镇分批组织党员干部到鹤山市廉政教育基地参观学习，开展“勇于自我革命，永葆先进纯洁”廉政主题教育活动

◆ 2022 年 10 月 25 日

址山镇召开疫情防控工作会议，对近期疫情防控工作进行再部署再落实

◆ 2022 年 11 月 8 日

址山镇召开传达贯彻党的二十大精神大会

◆ 2022 年 11 月 15 日下午

鹤山市禁毒委员会在址山镇东溪村委会举行址山镇首批“无毒村居”揭牌仪式

◆ 2022 年 12 月 8 日下午

址山镇举行“筑梦青春　翱翔址山青年干部综合素质展示”活动（图为址山镇党委书记冯永强同志作总结发言）

◆址山镇云乡水库美景

目　录

特　辑

大事记

市情综述

政　治

法　治

镇（街）建设

科教文体卫

社会生活

光荣榜

地方政府文件选载

社会经济统计资料

附 录

特辑

在市委十三届三次全会上的报告

（2022年12月20日，根据录音整理）

鹤山市委书记　刘志刚

这次全会的主要任务是，高举习近平新时代中国特色社会主义思想伟大旗帜，深入学习贯彻党的二十大精神，认真落实省委十三届二次全会精神和江门市委工作部署，动员全市上下守正创新、团结奋斗，抢抓机遇、埋头苦干，奋力开创鹤山社会主义现代化建设新局面。

现在，我代表市委常委会向全会作工作报告，请予审议。

一、十三届二次全会以来的工作回顾

市委常委会坚持以习近平新时代中国特色社会主义思想为指导，以迎接党的二十大召开和学习宣传贯彻党的二十大精神为主线，严格执行省委落实“两个维护”十项制度机制，坚决做到政治要件件件闭环，有力引领全市上下深刻领悟“两个确立”的决定性意义，团结带领广大干部群众，以行动体现忠诚，用结果证明本事，推动全市经济社会高质量发展迈出了坚实步伐。

大战大考仗仗告捷。我们在全面落实“疫情要防住、经济要稳住、发展要安全”上交出了合格答卷。坚持主动防、早发现、快处置，“0429”疫情处置得到省政府主要领导批示肯定，全年六次本土疫情均实现三天社会面清零，疫情防控“二十条”优化措施出台后，及时从“大会战”转为“精准防控”，最大限度降低了疫情对生产生活的影响。高效统筹疫情防控和经济社会发展，将优化营商环境作为全面深化改革“一号工程”，用好中小微企业诉求响应平台，更加精准帮助企业解决问题、应对冲击、渡过难关，增强了市场主体的投资信心。今年前11个月，全市“四上”企业净增数量（54家）占江门总数的三分之一；全市市场主体突破5万家，同比增长7.5%；实际利用外资总额和固定资产投资增速、税收增速、工业用电量增速均排名江门第一。以时时放心不下的责任感，全力做好全年各重大节点的维稳安保、各类自然灾害及安全生产隐患的排查处置工作，有效防范化解了各类风险，以“五个无”的优异成绩保持了鹤山国泰民安的社会环境。

要事难事逐项突破。我们不避事、不畏难，对“硬骨头”攻城拔寨，对新机遇敢打敢拼，取得了事关鹤山长远发展的若干标志性成果。争取省和江门市支持鹤山建设省硅能源产业基地，投资45亿元的隆基绿能项目如期签约，标志着鹤山挤进了省硅能源产业发展的新赛道。鹤山产业转移工业园规划环评通过省生态环境厅审查，并成功扩园至1029公顷，成为省下放扩园审批权后全省首个扩园规划环评全覆盖的园区，为鹤山工业发展拓展了新空间。开通中老、中欧国际货运班列，江门北站与广州南沙等并列为全省中欧班列喂给站，为中欧中小企业合作创造了物流新通道。推动信义玻璃项目通过省节能审查，进入环评审批阶段。

向上走访步步争先。我们提出拔头筹、争上游，建立向上走访、争取支持的工作机制，倒逼鹤山自身的工作更加扎实，取得了初步成效。成功争取将鹤山列入省委省政府新一轮推动产业有序转移促进区域协调发展政策支持范围。专项债发行额度创历史新高，征占用林地指标使用量居江门首位，保障了一批重大项目落地动工。在全国率先开通政务服务“视频办”，在全省率先实现镇（街）行政执法协调监督办全覆盖，在江门率先完成60周岁以上人群疫苗接种任务，紧密型医共体建设、高标准农田建设、青年、老干部活动中心建设、三八红旗工作室建设等工作受到省级表彰。法治建设、巡察工作、河长制、林长制、社工“双百”、民兵整组、企业工会等考核位列江门第一，乡村振兴考核排名江门第二，美丽乡村建设、撂荒地复耕复种和乡村治理等工作走在江门前列。

党心民心同频共振。我们心系群众，用心用情用力服务人民。务实推动全国文明城市创建工作，改造一批城市道路、老旧小区，完成第三水厂建设，提升城区保洁水平，实现自然村干道全面硬化，铺开

一批村道会车点建设。诚心诚意改善民生，扎实推动十大民生实事，解决了一批群众关切的痛点问题。以党的建设为引领扎实推进基层治理，雁山社区、桂林社区基层党建及网格化工作得到省领导、江门市主要领导的充分肯定，鹤山网格服务中台项目、志愿楼长工作在广大群众参与支持下取得扎实成效，做法得到江门市推广。突出“政治标准+廉洁底线”“工作实绩+群众口碑”，选拔一批敢负责、能抗压、有实绩的干部，驰而不息正风肃纪反腐，巩固了风清气正的政治生态。加强党对人大、政协工作的领导，工青妇作用进一步发挥，爱国统一战线持续巩固壮大。

尤其给我们留下深刻印象、难以忘怀、深深感动的是，全年多场疫情及周边城市严重疫情给近60万鹤山群众带来了诸多不便，但我们的工作得到了鹤山人民群众的理解、支持和配合。市四套班子坚强团结，人民群众和党委政府一起奋战在前沿阵地，每一名同志都承担并很好完成了自己的工作任务，这充分体现了鹤山良好的党风政风民风，充分彰显了鹤山团结一心、众志成城的精神风貌和磅礴力量。

上述成绩的取得，是全市上下坚决贯彻总书记、党中央决策部署和省委、江门市委工作安排的结果，是全市广大干部群众团结一心、埋头苦干的结果，也离不开在座各位同志的艰苦奋斗、辛勤付出。特别是一年来坚守和奋战在疫情防控第一线、经济建设主战场、安全稳定防线前沿的同志们，你们辛苦了！在此，我代表市委常委会，向大家并向全市广大党员干部群众表示衷心的感谢和崇高的敬意！

二、深入学习贯彻党的二十大精神和省委十三届二次全会精神，认真贯彻江门市委工作部署，坚定不移走高质量发展之路，不断开创鹤山社会主义现代化建设新局面

党的二十大是在全党全国各族人民迈上全面建设社会主义现代化国家新征程、向第二个百年奋斗目标进军的关键时刻召开的一次十分重要的大会。要切实以党的二十大精神统一思想、凝聚共识、坚定信心、增强斗志，为全面建设社会主义现代化国家而团结奋斗。要聚焦深刻领悟“两个确立”的决定性意义，清醒认识党和国家过去五年工作和新时代十年伟大变革背后的历史逻辑、理论逻辑和实践逻辑，深刻认识习近平总书记率领全党全国各族人民创造的历史性成就、历史性变革、历史性胜利，引领全市上下更加坚定自觉做到“两个维护”。要聚焦深刻领会习近平新时代中国特色社会主义思想开辟马克思主义中国化时代化新境界，准确把握“两个结合”“六个必须坚持”，坚持运用马克思主义立场、观点、方法，引领全市上下更加坚定自觉以党的创新理论统领和指引鹤山各项工作。要聚焦深刻领会以中国式现代化全面推进中华民族伟大复兴的使命任务，全面把握党的二十大作出的各项战略部署，以鹤山现代化建设的新担当新作为充分彰显习近平新时代中国特色社会主义思想的强大真理力量和实践伟力。要聚焦深刻领会“三个务必”的伟大号召，牢牢把握以伟大自我革命引领伟大社会革命的重要要求，强化历史自觉和责任担当，发扬光荣传统和优良作风，引领全市上下更加坚定把握历史主动，走好新的赶考之路。

刚刚召开的省委十三届二次全会对全省学习贯彻党的二十大精神进行了再部署再推动，要求全省各级党组织和广大党员干部群众立足新的历史方位、历史条件，以高质量发展为牵引，高水平推进现代化建设，守正创新、团结奋斗，奋力推动广东在全面建设社会主义现代化国家新征程中走在全国前列、创造新的辉煌。我们要把学习宣传贯彻党的二十大精神和省委全会精神结合起来，将其作为当前和今后一个时期的首要政治任务抓紧抓实抓出成效。

明年是全面贯彻落实党的二十大精神的开局之年。从国内形势看，当前我国经济恢复的基础尚不牢固，需求收缩、供给冲击、预期转弱三重压力仍然较大，但要看到，我国经济韧性强、潜力大、活力足，各项政策效果持续显现，明年经济运行有望总体回升。特别是中央经济工作会议已经明确，明年将继续实施积极的财政政策和稳健的货币政策，打出产业、科技、社会等政策“组合拳”，我们要进一步坚定做好经济工作的信心。从全省看，今年各项稳增长政策落地实施为明年增长打下了较好基础，全省经济有望延续稳步恢复态势。省委十三届二次全会就推进中国式现代化广东实践探索作出九个方面的部署要求，特别强调要坚持制造业当家，实施制造业当家“一把手”工程，全面推动工作力量向制造业加强、政策措施向制造业倾斜、资源要素向制造业集聚，不断把厚实家当做优做强，为我们推动鹤山高质量发展指明了重点和方向。从我市看，鹤山1732年建县，1950年在广东全省99个县中位列五等中的第三等（第56位），排名五邑地区末位。经过几代鹤山人和历届领导班子的接续奋斗，鹤山不断争先进位，2021年经济总量在全省57个县及县级市中排名第10位，总体上正处于从“第二方阵”向“第一方阵”攀升的关键时期。如果放到全省122个县市区中，排名第57位。这就是当前鹤山发展所处的历史方位。

从现在起，我们面临着中央支持政策密集出台和省新一轮支持区域协调发展政策逐步落地发力的双重利好。这是鹤山抢抓机遇、埋头苦干的黄金机遇期，也是鹤山加快转型升级、实现争先进位的黄金机遇期。

对照中国式现代化建设的新坐标系、两步走战略安排找差距，对照先进找差距，对照人民群众的期待找差距，我们要充分认识鹤山存在的差距和不足。必须清醒地认识到，在迈向高质量发展的前路上，还有不少需要付出艰辛努力才能翻越的“雪山”，仍有一些需要坚定意志才能跋涉而出的“草地”。以下几点需要特别注意：一是主导产业不够突出，发展质量和效益有待提升。41 个工业大类中鹤山有 30 个，547 家规上企业未能形成集聚优势，产业集群效应不强，企业数量不少但大型企业不多，工业整体竞争力及聚才引才、科技创新能力不强。二是人均 GDP 低于全省平均水平，人均一般公共预算收入、人均社会消费品零售总额、人均本外币存款、人均可支配收入及常住人口城镇化率等指标均低于全国、全省平均水平。三是区域发展不平衡不充分，特别是宅梧、双合两个山区镇的经济发展、交通基础设施、基本公共服务水平相对落后。四是一些干部对市情实际缺乏清醒认识，自我感觉良好，工作习惯按部就班，缺乏自我加压的干事劲头，争先进位的意识有待增强，推动鹤山高质量发展人人有责的机制有待进一步强化。还有个别干部工作作风存在严重问题。五是党风廉政建设永远在路上，“三不腐”综合效能有待进一步提升，“蝇贪蚁腐”问题仍易发多发。对上述问题要引起高度重视，在我们今后谋划推动工作和抓班子带队伍的过程中认真研究解决。要坚定不移地把高质量发展作为首要任务来抓，坚决摒弃坐井观天、未富自满的小农意识，坚决反对守株待兔、坐享其成的躺平心态，抢抓机遇、主动出击，更新观念、优化举措，不断改进我们的工作，加快实现质量、效率、动力三大变革，奋力推动鹤山高质量发展行稳致远。

当前和今后一个时期工作的总体要求是：高举习近平新时代中国特色社会主义思想伟大旗帜，全面贯彻落实党的二十大精神，认真落实省委十三届二次全会精神和江门市委工作部署，完整、准确、全面贯彻新发展理念，坚定不移走高质量发展之路，深入实施制造业当家“一把手”工程，务实推动中欧（江门）中小企业国际合作区建设，纵深推进全面从严治党，着力推动各项工作拔头筹、争上游，将新时代的制造新城建得更强，将新时代的岭南水乡建得更美，推动鹤山发展争先进位，奋力争创全国工业百强县，争当广东县域高质量发展排头兵。

必须坚持人民情怀，把久久为功的工作和吹糠见米的工作一起谋划。充分发挥党总揽全局、协调各方的领导核心作用，把方向、谋大局、定政策、促改革。牢固树立正确政绩观，坚持一张蓝图绘到底，涵养“功成不必在我”和“功成必定有我”的境界，多做打基础、利长远的实事，多做一些现任者受累、后来者受益的“潜绩”。始终从人民利益出发，对损害人民根本利益的人和事，务必敢于斗争、善于斗争。

必须坚持系统观念，把生产要素投入的工作和营商环境改善的工作一起铺排。落实“两个毫不动摇”，支持民营经济和民营企业发展壮大。坚持节约集约、绿色发展，综合采取法律、行政和市场手段盘活土地、能源、环境容量等要素资源，推动实现高水平配置。持续改善营商环境，强化各类要素保障，努力做到服务企业“零距离”、落实政策“零障碍”、对破坏营商环境行为“零容忍”。

必须坚持守正创新，把守好摊子的工作和勇闯新路的工作一体统筹。在积极稳妥守好摊子、收好在建项目摊子，不乱铺摊子、不透支体力的同时，大胆抢抓发展新机遇，把准吃透中央和省稳经济一揽子政策措施，做好项目前期工作，努力将鹤山的项目摆进国家、省和江门市的盘子里。加强向上走访，用好省推动产业有序转移促进区域协调发展的政策，争取更多资源支持，实现各项工作争先进位。

必须坚持团结奋斗，把广大群众的积极性和企业家及社会各界的创造性一同激发调动。落实“镇（街）吹哨、部门报到”，市直部门要为镇（街）村居撑腰鼓劲、减负赋能。加强镇（街）党委对基层各类组织和各项工作的统一领导。深化与龙州、开平合作，继续支持中直、省直及江门驻鹤单位依法履职，携手共建鹤山。用好统一战线法宝，加强思想政治引领，弘扬企业家精神，广泛凝聚发展共识，调动一切力量和积极因素，把全市新老鹤山人拧成一股绳，步调一致向前进。

必须坚持实干导向，推动鹤山的干部成长和鹤山的发展相互促进、相得益彰。坚持不看表态看行动、不听表白听口碑，倡导多做少说、先做后说、说到做到。树立重实干、重实绩、重一线的鲜明用人导向，在打硬仗的火线上识别干部、锻炼干部、培养干部。为勇于担当者担当，让好干部心无旁骛、静心谋事、安心干事。

三、牢牢把握高质量发展首要任务，深入实施制造业当家“一把手”工程，将新时代的制造新城建得更强

要咬定青山不放松，深入实施制造业当家“一把手”工程，加快出台专项工作方案，努力建设产业蓬勃、动能强劲的实力鹤山。

（一）构建符合鹤山发展实际的产业体系。要做大做强主导产业，持续深耕新一代信息技术、先进材料、高端装备制造三大战略性支柱产业。要开辟新兴领域赛道，大力发展硅能源及储能产业、汽车零配件、智能电子等细分领域，推动现代物流等生产性服务业与制造业协同融合。要加快传统产业转型升级，推动食品、印刷包装、五金卫浴、制鞋制伞等传统优势制造业工艺迭代升级。要实施“个转企、小升规、规改股、股上市”培育计划，引进培育更多单项冠军、“专精特新”企业。要支持创维光电等头部企业开展全产业链垂直整合，推动博盈特焊、雅图高新、天山金属加快上市步伐，推动隆基绿能、信义玻璃、富华装载机、联塑光伏、东古调味、得润电子、日丰电缆等一批重大项目加快建设，早日投产。要坚持科技自立自强，发挥企业创新主体积极性，支持企业技术创新技术改造，努力补强产业链薄弱环节，推动“科技—产业—金融”良性循环。力争到2025年底，百亿规模企业实现零的突破，50亿规模企业有3家，税收超亿元企业有10家，规模以上工业企业突破800家。

（二）打造充分发挥鹤山资源禀赋优势的产业平台。省硅能源产业基地要高水平规划建设，隆基项目要在明年3月底前完成供地，支持项目实现一年试产、两年达产。依托隆基、联塑等光伏项目延伸产业链，打造全省首位的光伏组件特色产业园。鹤山工业城要积极申报省经济开发区，加强生产生活服务配套，全方位开展扩园提质，当好产城融合示范标杆。珠西国际物流中心要保持中欧国际货运班列稳定运行，推动现有项目提质增效，坚决摒弃单纯成为货场货仓的倾向，更好发挥对江门乃至对珠西粤西制造业的服务保障功能。中欧新材料创新基地要加快推进园区规划环评，加快配套基础设施建设，创造条件，力争第一批通过省化工园区认定。中欧雅瑶新兴产业园要抓紧先行启动区建设，加快园区路网、环保等配套建设，加快在谈项目落地。要对接上级政策，集中资源选好建好省承接产业有序转移主平台。各产业平台都要设置若干自我加压、“跳高摸着”的硬任务硬指标。

（三）建立支撑制造业当家的要素保障机制。要坚持“亩产论英雄”，大力推进低效工业用地专项整治三年行动，三年内完成两万亩以上低效工业用地处置，确保不新增闲置土地和低效工业用地。新增建设用地八成以上投向制造业，最大限度为制造业腾挪发展空间。要大力支持镇（街）探索增容技改、闲置扩容、混合利用等更新盘活路径，加大改造升级镇（村）级工业园力度，鼓励已出让工业用地提高容积率。要加大国资改革发展力度，积极运用市场化手段推动园区建设，探索建设5.0产业新空间，支持中小企业抱团发展。要加大工作推动力度，加强部门与镇（街）、前方招商与后方落地之间的工作协调，确保明年新招引项目挂网率、交地率、动工率、入库率排名江门前列，确保新获批土地连片开发方案8000亩规模三年内如期完成开发。

（四）建立紧盯深圳、放眼全球的招商格局。坚持把招商引资、项目落地摆在经济工作的首要位置。要构建大招商工作体系，市领导带头、镇（街）主攻、部门支持、协同作战，对重大招商项目要日日跟进、“一事一议”，对面上情况要一周一分析、半月一研判、一月一调度，探索建立招商引资容错免责机制，形成支持推进招商引资的强大合力。要优化战术打法，集中兵力火力，聚焦深圳等地，大力开展以商引商、中介招商、专班招商、产业链招商，争十亿项目、抢百亿企业、攻千亿集群，着力引进一批投资规模大、产业链条长、科技含量高、市场前景好、财税贡献多的优质项目。要坚持人才与产业“齐招并引”，深入实施“鹤才计划”，突出“高精尖缺”导向，着力引进和培育一批科技创新人才、高技能人才。支持灵活引才，不求所有但求所用，为鹤山制造业发展注入源源不断的“人才活水”。

（五）营造珠三角最优的营商环境。继续将优化营商环境作为全面深化改革“一号工程”，打造珠三角最优营商环境县（市）。要深化改革创新。贯彻省优化营商环境条例，持续推进“放管服”改革，实施市领导挂钩联系大企业大项目、镇（街）领导联系规上企业制度，保障项目快审批、快建设，支持现有企业增资扩产。用好“特约监督员”制度，强化营商环境监督执纪问责，持续巩固亲清政商关系。要深化开放合作。中欧合作关键是产业，主体是企业，基础是制造业。要抓实对欧招商、技术合作和进出口，全力推进中欧（江门）中小企业国际合作区建设走深走实。要充分发挥鹤山侨乡优势，以侨为“桥”

吸引华侨华人回鹤投资兴业，深入实施便利华侨华人投资制度专项改革试点，全面参与深化粤港澳合作。

四、大力推动城乡区域协调发展，着力构建全域联动并进新格局，将新时代的岭南水乡建得更美

要认真贯彻省委“百县千镇万村高质量发展工程”和绿美广东生态建设部署，推动城乡区域协调发展向着更高水平和更高质量迈进，让城镇更美好，让乡村更富足，建设居者自豪、来者依恋的绿美鹤山。

（一）着力提升城市品质。高质量编制《鹤山市国土空间总体规划（2021—2035年）》。持续推进以县城为重要载体的新型城镇化，以群众需求为出发点，扎实推进城市更新、交通畅顺等一批精品工程，打造宜居宜业的现代化品质城市。加快沙坪、共和南北双城建设，北城区要统筹推进城市品质提升、镇（街）风貌管控、城中村整治、老旧小区改造及旧工业区“工改工”等举措，高标准改造西江畔废弃旧厂房，建设集文旅、餐饮、商贸于一体的欧洲风情街，大力发展假日经济、夜间经济，全面提升城市功能和经济活力，打造面向大湾区集聚人气的主城区。南城区要加快产城融合步伐，加快补齐商住设施短板，提高生产生活配套条件，打造集创新研发、业态丰富、服务多元于一体的制造新城。要以文化和生态为两翼，以文化为城市发展注入内涵，以生态提升城市人居品质，把鹤山城乡全域保护好、建设好、发展好。

（二）全面推进乡村振兴。坚持农业农村优先发展，全面推动我市农业强起来、农村美起来、农民富起来。要狠抓粮食安全，落实年度粮食生产目标任务，持续推进15亩以下撂荒地复耕复种，全面完成高标准农田建设任务，坚决守住耕地保护红线和粮食安全底线。要大力发展特色农业、设施农业，推进农业“接二连三”，抓好双合千亩茶园项目和白水带茶叶专业村建设，进一步壮大红茶、粉葛等农产品种植规模。扎实做好广西龙州对口帮扶。要推进农旅融合，用活“点状供地”政策，支持宅梧源林生态乐园和香草地、共和来苏山水人家等项目建设。提升古劳、宅梧乡村振兴产业示范带动效能，提升昆仑山—彩虹岭古驿道价值，深化创建省域旅游示范区。要建设美丽乡村，加快鱼塘尾水治理，抓好农村人居环境整治提升五年行动，巩固厕所革命成果，实现农村生活垃圾分类减量处理全覆盖，使乡村更加干净整洁、美丽宜居。

（三）坚定守护绿水青山。充分发挥鹤山山水形胜优势，用好鹤山“七山一水两分田”资源禀赋，打造昆仑山以西“生态屏障”，争创县域绿色发展的典范。要深入开展绿美鹤山行动，打造城市绿化景观带，推进沈海高速沿线、江肇高速龙口段和重要水源地林相改造，实施桉树种植退减工程，积极改种其他乡土阔叶树种、经济林树种，到2025年建设高质量水源林两万亩，发展红茶、油茶、坚果、沉香等经济林超万亩，让更多苗壮成长、郁郁葱葱的树木常驻鹤山这片岭南水乡。要组织开展多种形式的全民义务植树活动，新建一批森林单位、森林小（社）区、绿美街道、绿美企业、绿美校园，规划建设一批山地公园、郊野公园，实现森林进城、绿荫穿城、绿意满城。要持续打好蓝天、碧水、净土保卫战，加速实施生活垃圾资源化处理提质改造项目，加大涉VOCs低效治理设施淘汰力度，一体修复山水林田湖草沙。抓紧推进全国水系连通及水美乡村试点，加快推进江门碧道鹤山段和西江、潭江等流域综合治理，让鹤山环境质量得到群众可感受的提升。

（四）加快完善各类基础设施。要发挥好基础设施的先导作用，统筹谋划交通、能源、水利等城乡基础设施建设，做实抽水蓄能、顺鹤高快速通道、G325桃源至址山段改扩建等项目前期工作，加强与上级对接，用好国债、专项债、政策性开发性金融工具等，争取更多工程项目纳入国家和省、江门的大盘子。要加大推进力度，把龙古路、S270共和段等重点工程项目作为重中之重抓好，三年的工程要瞄准两年来干，想好看准的要打好提前量，让促进城乡区域协调发展的“骨骼”更强壮、“血脉”更畅通。要坚持生态优先、绿色发展，以双碳目标为引领，支持绿色企业、绿色产业、绿色能源发展，推动园区平台向绿色化、低碳化、循环化转型。

五、坚定践行以人民为中心的发展思想，以更大力度更实举措持续增进民生福祉，建设平安和谐、文明尚礼的幸福鹤山

实现人民对美好生活的向往是现代化建设的出发点和落脚点。要坚持在发展中保障和改善民生，补短板、兜底线、促公平，落笔“小切口”，写好民生“大文章”。

（一）努力办好人民满意、家长放心的教育。坚持教育优先发展，一年接着一年干，推动鹤山教育再创新辉煌。要加大教育投入，三年内投入五亿元，新增超一万个优质学位，逐步解决新鹤山人子女的读书问题。加快创建学前教育普及普惠市、义务教育优质均衡发展市。要做优做强高中教育，支持鹤山一中建设成为江门最好的高中，推动鹤华中学迈入江门高中“第一方阵”，促进普通高中特色发展。要深入推进“名校长工程”“名师工程”，培育引进一批高素质专业化教师队伍，让鹤山的孩子不跨过西江也能得到好的教育培养。要发展特色职业教育，推进“双元制”教育中心建设，支持筹建江门华侨职业学院，做好职校搬迁及招生工作，深化产教融合、校企合作，不断提升职业教育办学水平。要加强学校思政工作，加强师德师风建设，加大对教师关爱力度，建立对优秀和资深教师的疗休养机制，规范城乡教师交流，让广大教师更有职业尊严和职业荣誉感。

（二）精准提供群众点赞、暖心舒心的服务。坚持尽力而为、量力而行，用心用情解决好人民群众急难愁盼问题。要建设健康鹤山，深化与中山大学孙逸仙纪念医院等三甲医院的专科共建，落实双向转诊绿色通道，以医共体建设提升镇（街）公共卫生服务水平，让市民享受更多家门口的好医疗。加快人民医院新院区竣工搬迁和第三人民医院项目进度。要加强对特殊群体的关爱帮扶，继续支持老旧小区加装电梯，推进“居家社区—机构—医养结合”养老服务体系建设，推广居家养老助残服务“平安通”和老年人居家适老化改造，持续推进长者食堂项目。构建未成年人保护服务网络，开展扶残助残行动，依法维护现役退役军人合法权益。要兜牢民生底线，强化就业优先导向，用好人力资源产业园等人社工作平台，加大对重点群体就业帮扶，防止脱贫人口返贫。统筹运用急难社会救助、专项救助和低保等保障措施，推动社会保障从“制度全覆盖”逐步转向“人群全覆盖”。

（三）深入涵养向上向善、刚健朴实的文化。坚持以社会主义核心价值观成风化人、培根铸魂，为鹤山高质量发展贡献强大文明力量。要增强文化自信，保护传承非遗文化，推进“鹤山梁赞 • 世界咏春”产业化、标准化，支持举办咏春、龙狮、龙舟等特色文化活动，通过群众喜闻乐见的系列活动让鹤山城市氛围动起来、火起来、旺起来，让鹤山文化元素在新时代绽放新光彩。要守好“红色根脉”，从中国革命历史大背景中发掘用好古劳、雅瑶、龙口、址山、宅梧等红色资源，建好广东人民抗日解放军司令部旧址项目，讲好第 15 军解放鹤山等革命的故事、英雄的故事，将鹤山革命历史文化生动鲜活呈现出来。要弘扬劳模精神、劳动精神、工匠精神，发挥新时代文明实践中心（所、站）的阵地功能。提高市文化中心的利用率，消灭大面积空置现象。发展慈善公益事业，不断弘扬社会文明新风尚。要建设文明城市，大力推进十大文明提升行动，以“市民文明程度提升 + 合理化投入 + 精细化管理”治好“城市病”，确保如期创建全国县级文明城市。

（四）着力打造全域共建、实用高效的社会治理。要深化民主法治建设，发展全过程人民民主，深化人大代表“三联双到通网格”工作机制，健全各类制度化协商平台，健全厂务、村务公开民主管理，全力创建全国法治政府建设示范点。深化司法体制综合配套改革，保障和促进社会公平正义。创新整合基层监督力量，重点整治乡村振兴资金管理使用和农村集体“三资”管理方面的突出问题。要提升网格治理效能，完善矛盾纠纷多元化解工作机制，推动“信访超市 + 外送服务”。配齐用好网格“专兼辅”三支队伍，建好鹤山网格中台，建强志愿楼长队伍，强化网格风险预判预警、应急处置功能。要加快平安鹤山建设，推进公安“两队一室”改革，常态化开展扫黑除恶斗争，严厉打击各类违法犯罪。开展“城中村”“厂中厂”等专项整治，一揽子解决安全生产、生态环保、社会治安等问题。要提升应急处突能力，加快推进应急管理体系和能力现代化，扎实做好安全生产、防灾减灾救灾和应急救援等工作，严防发生较大以上生产安全事故，为鹤山现代化建设提供坚实的安全保障。

六、坚持全面从严治党，深入推进新时代党的建设新的伟大工程，为鹤山高质量发展提供坚强政治保证

办好鹤山的事情，关键在党。要全面落实新时代党的建设总要求，把鹤山各级党组织建设得更加坚强有力。

（一）坚定不移加强党的政治建设。政治建设是党的根本性建设，决定党的建设方向和效果。要坚持锤炼政治品格，把忠诚拥护“两个确立”、坚决做到“两个维护”作为最坚定的政治立场、最鲜明的政治方向、最牢固的政治信念。要严明政治纪律和政治规矩，坚持民主集中制，带头维护党中央权威，切实做到党中央提倡的坚决响应、党中央决定的坚决照办、党中央禁止的坚决杜绝。要牢记“国之大者”，始终站在全局和战略高度想问题、办事情，把对党绝对忠诚体现在贯彻落实习近平总书记重要指示批示精神和党中央决策部署的行动上，体现在推动高质量发展的实效上，体现在党员干部日常的言行中。

（二）持之以恒强化党的思想建设。思想建设是党的基础性建设，为党领导伟大事业提供强大思想武器。要始终坚持把学习贯彻习近平新时代中国特色社会主义思想和党的二十大精神作为首要政治任务，在固本培元中筑牢信仰之基，补足精神之钙，把稳思想之舵。要持续夯实“凝心铸魂”基础工程，坚持领导干部示范带头，推动党的创新理论飞入寻常百姓家，引导广大党员干部真学真懂真信真用，做党的创新理论的坚定信仰者和忠实践行者。要建立党史学习教育常态化长效化制度机制，弘扬以伟大建党精神为源头的精神谱系，让初心薪火相传，把使命永担在肩。

（三）守正创新夯实党的组织基础。基层党组织是执政之基、力量之源。要坚持大抓基层的鲜明导向，深入实施基层党建“八聚焦八落实”专项行动，坚持每年一个主题，不断增强基层党组织的政治功能和组织功能。要织密上下贯通、执行有力的组织体系，做深做实街道“大工委”、社区“大党委”、产业链党委、重大项目一线党支部，把基层党组织建设成为有效实现党的领导的坚强战斗堡垒。要高质量做好党员发展工作，加强流动党员教育管理，激励党员发挥先锋模范作用，保持队伍先进性和纯洁性。要高标准抓好各领域党建工作，深化全国城市基层党建示范县级市建设，强化抓党建促乡村振兴，推进模范机关创建，提升党建引领基层治理效能，推动基层党建全面进步、全面过硬。

（四）坚持不懈锻造党的干部队伍。政治路线确定之后，干部就是决定因素。要坚持把政治标准放在首位，做深做实干部政治素质考察，突出把好政治关、廉洁关，鲜明树立重实干、重实绩、重基层的选人用人导向，围绕市委中心工作任务考察识别干部，选拔一批老黄牛、孺子牛、拓荒牛，重用一批干将、闯将、猛将，坚决不用躺平干部。要加强干部斗争精神和斗争本领养成，着力增强防风险、迎挑战、抗打压能力，构建立体化干部实践历练体系，让干部练就硬脊梁、铁肩膀、真本事。要着力锻造争先作风，有第一就争、见红旗就扛，工作都要项目化、清单化，责任都要再压实、再闭环，让崇尚实干、狠抓落实在鹤山蔚然成风。要落实能上能下的用人机制，健全培养选拔优秀年轻干部、女干部、党外干部工作机制，用好用活职务职级并行制度，让担当作为的干部有舞台、有奔头。要落实“三个区分开来”，精准实施容错免责机制，及时为干部澄清正名。

（五）驰而不息推进正风肃纪反腐。各级领导干部要带头贯彻落实中央八项规定精神，持续深化纠治“四风”，重点纠治形式主义、官僚主义，坚决破除特权思想和特权行为，以优良的党风政风带动社风民风持续向好。要带头排查自身廉政风险隐患，严于律己、严负其责、严管所辖，对违反党纪的问题，发现一起坚决查处一起。要加强党的制度建设，对易发多发和已经暴露出较大隐患的领域和环节，要完善制度、立好规矩，用好监督执纪“四种形态”，让纪律和规矩“长牙齿、带上电”，真正做到用制度管权管事管人。要保持惩治腐败高压态势，坚持以“零容忍”态度反腐惩恶，坚决防止领导干部成为利益集团和权势团体的代言人、代理人，坚决惩治群众身边的“蝇贪”，一体推进不敢腐、不能腐、不想腐。要发挥巡察综合监督作用，加强与审计等部门联动，推动监督、整改、治理有机贯通。要坚持加强新时代廉洁文化和家庭家教家风建设，坚持以身边事教育身边人，筑牢“线上＋线下”廉洁教育阵地，营造风清气正的政治生态。

同志们，习近平总书记指出，我们比历史上任何时期都更接近、更有信心和能力实现中华民族伟大复兴的目标。党的二十大擘画了以中国式现代化全面推进中华民族伟大复兴的宏伟蓝图。我们是这一伟大历史进程的见证者，更要躬身其中，成为这一伟大历史进程的参与者、奋斗者。我们在新征程上肩负的使命任务无比光荣，也无比艰巨。我们相信，只要鹤山人人都能在新征程上前进一小步，只要我们每位同志都为鹤山的发展作出应有的贡献，鹤山必将迈进一大步。让我们更加紧密地团结在以习近平同志为核心的党中央周围，增强“四个意识”、坚定“四个自信”、做到“两个维护”，勠力同心、勇毅前行，奋力谱写鹤山社会主义现代化建设新篇章！

在市委十三届三次全会上的总结讲话

（2022年12月20日，根据录音整理）

鹤山市委书记　刘志刚

在大家的共同努力下，市委十三届三次全会各项议程顺利进行，即将胜利闭幕。这是一次高举旗帜、凝聚力量、团结奋进的大会，我们深入贯彻党的二十大精神，认真落实省委十三届二次全会精神和江门市委工作部署，审议通过了全会《决议（草案）》和市委《关于深入学习贯彻党的二十大精神 奋力开创鹤山社会主义现代化建设新局面的决定》，分析了当前形势，部署了当前和今后一个时期的工作，达到了统一思想、凝聚意志、明确方向、鼓舞斗志的目的，成果十分丰硕。在此，我代表市委常委会向克服困难出席本次会议，尤其是轻伤不下火线、轻症坚持在分会场参加会议的各位委员和同志们，向为大会筹备付出辛勤努力的工作人员表示衷心的感谢！下面，我讲三点意见：

第一，要以行动体现忠诚，坚定不移沿着习近平总书记指引的方向奋勇前进。

鹤山全市上下要深刻领悟“两个确立”的决定性意义，更加坚定自觉增强“四个意识”、坚定“四个自信”、做到“两个维护”，及时跟进学习习近平总书记重要讲话和重要指示批示精神，时刻关注总书记、党中央在想什么、关心什么、部署了什么，经常对标对表，及时校准偏差，坚决贯彻落实党中央决策部署和省委、江门市委工作安排，确保鹤山改革发展始终沿着总书记指引的正确方向前进，绝不允许与总书记、党中央相背离的声音在鹤山出现，与总书记、党中央决策部署相背离的事情在鹤山发生。请在座的同志们带头做好表率。

第二，要用结果证明本事，以奋进姿态不断打开鹤山发展新天地。

在刚才分组讨论中，大家对全会的报告、决定和决议给予了非常高的评价。但我认为，只要大家认为是比较实事求是的，比较符合鹤山实际的，那已经是很了不起的成果。全会审议通过的决定、审议的工作、定下来的事情，大家要一起抓落实。今天全会统一了思想、布置了任务，大家会后要带头起而行之，将这些工作抓实抓紧。抓而不紧，等于没抓；抓而不实，等于白抓。怎么抓落实？我提三项要求，也是开展三项行动。

一是要通过“拔头筹、争上游”行动抓落实。“拔头筹、争上游”，体现的是一个地方、一个单位、一个干部良好的精神状态和强烈的战斗意志。开展“拔头筹、争上游”行动，就是要大家对照先进找差距，进一步认清形势，自我加压，在比较中奋进，在奋进中赶超。省委黄坤明书记要求广东在全国各项工作都要争第一，我们鹤山就要在江门争第一，并努力在全省的县和县级市中争第一，有排名考核的要抢头名、当先进，没有排名考核的要出亮点、做标杆。在座的都是鹤山领导干部中的中坚力量，希望大家都能推动自己所分管的工作、所负责的工作在江门拔头筹、争上游。

二是要通过“两个走访”行动抓落实。“两个走访”一个是向上走访，一个是向下走访，突出强调的是工作作风和群众路线。“向上走访”体现的是开拓进取和规矩意识，要多请示、多汇报、多争取支持。向上走访实际上也是逼着我们把自己的工作做实做到位，如果工作做得心里没底，是不敢向上汇报，也不敢请上面的领导下来指导的。前期，我们通过向上走访，成功争取将鹤山列入省新一轮促进区域协调发展政策支持范围，作为全会资料也印发给大家。省十几个厅局将制定专项扶持政策。据了解上周末省里专门召开会议研究了财政、自然资源、工信三个政策和发改的考核办法。有关部门要对照政策认真研究，结合鹤山产业所需、企业所急，主动向上走访找任务、领任务。大家要努力争取上级更多资源，更多来鹤山指导工作。“向下走访”，体现的就是群众路线，省委黄坤明书记要求我们少当“门诊专家”、多做“赤脚医生”，就是要求我们尤其是市领导和市直部门的同志，真正服务基层、服务群众。上次我和德贤、卫芳常委跟10个镇（街）以及鹤山工业城的同志座谈时，临时搞了一个“民意测验”，给

11个单位一人发一张白纸，让他们现场写出所有部门中为镇（街）服务、支持推动力度比较大比较好的三个部门，另外再写三个还有比较大提升空间的部门。这次测验让我们掌握了一些部门服务镇街的情况，下回要让部门对10个镇街的精神状态进行一个反向评价。市四套班子、市直部门要少坐办公室，要扑下身子为镇街村居撑腰鼓劲、遮风挡雨、减负赋能。镇街需要协调帮助的，要及时向上反馈，反馈的情况要准、要实。市领导、相关责任部门“一把手”要主动“领题”、攻坚“破题”。

*三是要通过“三项重点工作”行动抓落实。*改革发展稳定的工作千头万绪，我们抓工作不能“眉毛胡子一把抓”。“三项重点工作”行动是一种抓主要矛盾和矛盾的主要方面的工作方法，指的是每年都要研究确定重点抓的三项工作。我们每位市领导、市委委员、候补委员、各镇街各单位“一把手”，都要带头根据自身角色定位找准三项工作，不能概念化，要具体化、项目化，建立工作台账，设定的目标必须可考核、可跟踪、可审计、可问责。要挂图作战，科学制定路线图、施工表，有条不紊推进，一个山头一个山头去攻克，一个项目一个项目去推动。要闭环落实，市四套领导班子领导要做好表率，在全市上下形成推动鹤山高质量发展人人有责的炽热氛围。

同志们，开展上述三项行动，是对全体市委委员、候补委员和各镇街各单位主要负责同志的要求。需要强调的是，这三项行动不需再往下延伸，也不允许简单分解给班子成员或科员。要通过我们全盘掌握重点工作，突出推动重点工作，领着本单位本系统的同志一起干。各位市委委员、候补委员和各单位“一把手”要马上行动起来，加强向上向下走访，制定好明年“拔头筹、争上游”的工作目标，认真研究确定明年主抓的三项重点工作是什么、要干成什么样，在春节前报市委办，经市委审核通过后付诸实施，市委将定期听取工作汇报。

第三，要全力冲刺打好今年“收官战”，做好岁末年初疫情防控、安全、稳定各项工作。

今年各项工作已经进入倒计时，希望大家再接再厉、一鼓作气、全力冲刺，确保圆满完成今年目标任务，为明年发展打下坚实基础。要精准抓好疫情防控，一切行动听指挥，坚决落实上级和市委的部署，用好在线平台和网格中台两个平台，调配好在职医护人员和退休人员两支力量，突出“一老一小”两个重点，确保不发生因救治不及时的人员死亡，确保不发生因疫情引发舆情及涉稳涉政事件，确保不发生因疫情严重影响导致党政机关及城市运行重点单位、重点企业停摆的事件！要抓好经济运行调度，全市上下要强化抢收意识，抢时间、拼进度、补短板，做到应统尽统、颗粒归仓。各经济部门、各镇（街）要科学铺排明年经济指标、重点任务，尽快排定重大项目和招商计划。要把握好年末抢单和订单新增的重要窗口期，鼓励更多外贸企业组团出海抢订单、寻商机。要全力维护社会安全稳定，各镇（街）、各有关部门要聚焦消防、道路交通、危化品、自建房、建筑施工、燃气、森林防灭火等重点领域，开展起底式、拉网式隐患排查整治。围绕重点领域、重点群体深入开展矛盾纠纷排查化解，特别是要督促用人单位按时足额发放农民工工资。

最后，我再强调一下要弘扬艰苦奋斗精神。各位领导干部要以身作则，带头过苦日子、紧日子，落实好总书记强调的“有盐同咸、无盐同淡”的要求。要认真研判分管领域的每个项目、每项活动，严格落实三个“一律不批”——新建政府楼堂馆所和改善型的装修形象工程一律不批、超标准配置或未达到等量报废条件的办公用品和设备采购一律不批、超范围超标准的政府购买服务和变相用工行为一律不批，注重财力资源整合，避免重复投入，把省下来的资金用于保障改善民生、支持市场主体发展。

同志们，上个世纪60年代大庆石油工人在会战实践中形成了“三老四严”的优良作风，即对待革命事业，要当老实人、说老实话、办老实事；对待革命工作，要有严格的要求、严密的组织、严肃的态度、严明的纪律。时势在变，精神永恒。站在新的起点，踏上新的征程，我们要更加紧密地团结在以习近平同志为核心的党中央周围，大力弘扬“三老四严”的优良作风，永葆“越是艰险越向前”的斗争精神，“爬雪山”“过草地”，为全面开创鹤山社会主义现代化建设新局面而团结奋斗！

政府工作报告

——在鹤山市第十六届人民代表大会第三次会议上

鹤山市人民政府市长 张华景

各位代表：

我代表市人民政府向大会作工作报告，请予审议，并请政协委员和列席人员提出意见。

2022年工作回顾

过去一年，面对复杂多变的经济发展形势和常态化疫情防控的艰巨任务，我们坚持以习近平新时代中国特色社会主义思想为指导，全面贯彻党的二十大精神，深入贯彻习近平总书记对广东系列重要讲话和重要指示精神，在江门市委、鹤山市政府和市委的正确领导下，在市人大、市政协的监督支持下，高效统筹疫情防控和经济社会发展，全力防住疫情、稳住经济，保障发展安全。全年地区生产总值458.51亿元，增长2.8%；规模以上工业增加值194.83亿元，增长4.1%；固定资产投资增长5%；社会消费品零售总额158.86亿元，增长2%；外贸进出口总额229.4亿元，下跌14.5%；地方一般公共预算收入35.73亿元，可比口径增长3.4%。以省内县（市）排名第一的成绩跻身“中国最具吸引力县城”，经济社会保持平稳健康发展。

一、有力精准防控新冠肺炎疫情

稳妥处置6次本土疫情，牢牢守住不发生规模性疫情的底线。在江门地区首创“四个一套”[1]应急处置预案，首推“疫情防控服务专栏”为11个行业提供防疫标准化服务。推广使用“鹤山网格服务”小程序和“鹤山市精细化疫情防控系统”，构建信息化精准防控体系。累计接种新冠肺炎疫苗153.4万剂次，疫苗全人群全程接种覆盖率超106%。在江门率先完成60周岁以上老年人群疫苗接种任务。因时因势优化防控措施推动工作重点从“防感染”转向“保健康、防重症”，全力保障人民生命健康。

二、有力稳住经济发展“基本盘”

产业平台更趋优化。成功纳入省产业转移承接范围。在江门率先完成土地连片开发方案，新增8000多亩土地规模。出台中欧合作系列政策。省硅能源产业基地纳入省产业转移江门主平台核心区，预征地2100亩，引进隆基绿能项目。鹤山省产业转移工业园扩园至1029公顷，成为省首个扩园规划环评全覆盖的园区，新增VOCs容量580吨。珠西国际物流中心开通珠西、粤西地区首趟中老、中欧国际货运班列，江门北站成为全省中欧班列喂给站。中欧新材料创新基地完成产业园控制性详细规划编制，完成“三通一平”[2]350亩，晟然绝缘材料项目试投产。中欧雅瑶新兴产业园完成园区产业策划、概念规划以及黄洞片区控制性详细规划，预征地1910亩，北片区主干道改扩建工程（一期）动工。全市处置闲置低效、批而未供土地1458亩。11个“工改工”[3]项目改造工作走在江门前列。完成拆旧复垦2510亩。

工业经济巩固提升。引进超亿元项目39个，计划总投资253.89亿元，创历史新高，其中超20亿元项目6个。产业链项目占比82.1%。实际利用外资总额居江门首位。全年供应工业用地2241亩。工业投资占固定资产投资比重54.5%，居江门首位。新开工项目98个，新投产项目62个，新上规工业企业100家，新增数居江门首位。工业用电量增速稳居江门第一。规模以上高新技术产业增加值、先进装备制造业增加值稳定增长。新增国家专精特新[4]“小巨人”企业2家。“大型盾构机盾体一体式平移转体系统及解决方案”获“省长杯”工业设计大赛金奖。

基建投资稳定增长。完成基础设施投资59.25亿元，增长65.5%。32个交通、水利等重点基建项目加快推进。S270线鹤城小官田村至共和宝丰新城段扩建工程实现通车。江鹤高速扩建、龙古路、十二

号路、九号街、址云线等项目动工。完成江门北站新增客运站场主体建设。珠肇铁路先开段洞企山隧道全线贯通，广佛江珠城际铁路基本确定线位站点方案。江门市西江潭江流域跨界重点支流综合治理（鹤山段）项目完成投资95%。

资金保障支撑有力。率先在江门启动市镇两级国有资产资源整合，启动直融债券70亿元申报工作。筹建鹤山首家具有市政公共工程施工总承包一级资质国资建筑企业。中欧高新技术产业母基金、中金大湾区新经济基金加快组建。市国资申请发行12亿元企业债和10亿元自贸区债。成功获农发行批复全省县级市首单纯信用担保开发贷，落实硅能源产业园项目贷款资金8.4亿元。发行政府专项债券26.2亿元，额度创历史新高。全面化解政府隐性债务，完成物流产业新城PPP项目财承调整。

三、有力保持市场主体发展活力

政策落地扎实有效。在江门首推“市领导挂钩+企业服务专员驻点”服务制度。营商环境“特约监督员”制度有效实施。中小微企业诉求快速响应平台解决企业诉求事项超1500项。累计新增退税减税降费超20亿元。发放企业扶持资金1.58亿元。中小企业政府采购份额占政府采购规模的87.84%。续贷专项资金助力企业融资续贷超23亿元，降费超3000万元。28家企业知识产权抵押融资超2亿元。全市银行机构涉农贷款余额超294亿元。市场主体突破5万户。“个转企”[5]85户，“四上”企业入库138家，74家企业增资扩产。

政务服务提速增效。开办企业商事登记2小时办结，网办率96%，居江门首位。在全国率先开通政务服务平台“视频办”。启动政务服务综窗改革。60个银行营业网点上线“政银通办”。在江门率先完成“粤智助”行政村全覆盖。完成江门首宗县级全流程电子化交易政府采购项目。在全省落实首例商品厂房“交房即发证”，实施“交房即发证”1292宗。全市首宗商品房“带抵押过户”顺利实施。中介超市上线项目1966宗，居江门前列。253个工程项目完成联合验收。工业项目实现“验收即发证”。

创新引领成果斐然。发放人才补贴1363万元。新增高层次人才、专业技术人才、高技能人才2843人。建成中欧创新中心和技术服务中心。欣龙隧道成功创建国家第四个盾构机检测实验室。创建省博士工作站、博士后创新实践基地4个。新增省、江门市级科技创新平台14个，新增数居江门首位。高新技术企业、科技型中小企业分别突破330家和293家，分别同比增长25%、27%。技改投入增长25%。专利授权量2900件，增长率居江门首位。雅图仕印刷有限公司获评江门市企业质量提升创新中心。

四、有力推动城乡融合协调发展

城市品质持续提升。完成33个控制性详细规划和6个专项规划。推进文明创建“十大整治”行动，全国文明城市提名城市创建扎实开展。27个城市品质提升项目完成年度投资19.42亿元。新建、改造9条城市主次干道，2858个路内智慧停车泊位投入使用。改造老旧小区3个。建成9个旧楼加装电梯项目。所有圩镇达到“宜居圩镇”标准。市第三水厂正式供水，新建城乡应急水厂管网10公里，实现雅瑶棠下、共和大泽、址山水口管网互通。完成江沙公路蚬江河、汇源和赤坎片区易涝点治理。新建污水管网9.13公里。建成燃气管道19.3公里，完成“瓶改管”[6]2118户。沙坪城区及周边农村区域环卫服务市场化项目有序运行。生活垃圾资源化处理提质改造项目动工。245家单位纳入餐厨垃圾收运管理，日均收运量达24.83吨。

文化底色日益彰显。成功创建省级新时代文明实践中心试点，打造11个乡村“复兴少年宫”国家级试点。古劳镇入选第十批“中国华侨国际文化交流基地”。建成宋尔卫“院士之家”。大凹关帝庙列入第十批省文物保护单位。启用市非遗数字体验馆。“鹤城花炮会”列入第八批省级非遗。7个项目入选江门市非遗代表项目。香草地景区获评国家AAA级旅游景区。华侨城古劳水乡上古劳圩商业街全面开放，乡野时光营地入选首批省乡村露营地。“茶韵飘香鹤山红，越侨风情醉乡村”获评全国茶乡旅游精品线路。来苏山水人家、源林生态乐园加快建设。雅瑶镇黄洞村、鹤城镇五星村获评江门市乡村旅游示范村。

乡村振兴全面推进。粮食总产量6.13万吨。建设高标准农田8220亩，完成撂荒地复耕8597亩。新增国家级、省级生猪产能调控基地9个，国家级、省级畜禽标准化示范场6个。绿湖农庄获批供港澳活猪资质及配额。实施生态宜居美丽乡村项目52个。古劳水乡渔人码头、上升圩、双桥圩风貌提升工程动工。全市村庄保洁、农村生活垃圾无害化处理、污水处理实现全覆盖。在江门率先开展农村供水工

程集中统管。实现全市自然村内干路路面硬化。实施“数字乡村”积分制管理。在江门率先探索村民小组“四议两公开”[7]。桃源镇获评省乡村治理“百镇千村”示范镇。农村集体资产资源网上交易系统上线运营。农村宅基地线上审批全面推开。新型农村集体经济专项改革大埠村试点获江门市肯定。全市8条村集体经营性收入薄弱村年度村集体经营性收入均达10万元以上。粤桂协作对口帮扶龙州县各项工作有序开展。

生态环境不断优化。建立市、镇、村三级林长组织体系和“一长两员”[8]管护架构。新增乡村绿化美化示范村8条。建设高质量水源林5000亩，新造林抚育4640亩，大径材培育4252亩。建成碧道28.65公里。空气质量综合指数改善幅度位列江门第一。地表水国考断面（下东）水质优良比例、县级集中式饮用水水源地水质优良比例均达100%。完成7条农业农村污染防治建制村整治。规模养殖场粪污处理设施设备配套率达100%。完成青年灌区、金峡灌区节水改造。

五、有力保障民生福祉持续增进

社会保障日趋完善。民生类支出占一般公共预算支出超八成。城乡最低生活标准、城乡特困供养标准、残疾人两项补贴标准实现提标。养老保险、基本医疗保险总参保率分别维持在95%、99%以上。帮扶救助城乡边缘困难家庭129户次、特殊困难群体70人。60户200人防止返贫动态监测对象实现稳定脱贫。市社会福利院获评“省三星级示范性养老机构”。7家残疾人服务机构获评省首批三星级社区康园中心。“大助餐”项目服务老人群体3.6万人次。江门市首个平安通智慧服务中心和居家环境适老化改造科普馆“二合一”线下平台投入使用。10个镇（街）未成年人救助保护工作站挂牌成立。新增保障性租赁住房210套。

就业形势保持稳定。城镇新增就业6837人，城镇失业人员再就业4125人。发放就业创业补贴1222万元。成立江门首个专门保障青年创业就业法律服务站。广东技工、粤菜师傅、南粤家政“三项工程”培训7672人次。新增技能等级认定机构3家，鹤山雅图高新材料股份有限公司成为江门唯一获得省级社会培训评价组织资格的企业。建立退役军人就业创业全链条支持机制，退役军人就业率稳定在95%以上，经验获江门市推广。

医疗保障更加有力。市人民医院新院区工程进入收尾阶段，市第三人民医院顺利完工。市人民医院胸痛中心通过国家级中心标准认证。市中医院加入大湾区肝癌防治联盟。医共体建设成效获省表彰，慢性病医防结合试点成效显著。创建江门、鹤山两级基层特色专科7个。建立县域电子病历系统，实现医共体内医疗信息互联互通。稳妥应对医保政策重大调整。药品和医用耗材集中带量采购节省医保资金近5100万元。全市医保定点医院全部开通省内和跨省异地住院费用直接结算，17家定点医疗机构实现异地门诊实时结算。

教育事业优质发展。全国中长期青年发展规划实施试点获评优秀。成功纳入全国义务教育优质均衡先行创建县。生均公用经费投入增加47.85%。新增公办义务教育学位4560个、学前教育学位1290个。全市学科类培训机构实现清零。中小学生课后服务参与率分别达100%和96.56%。10个镇（街）家庭教育指导服务中心挂牌成立。公办高中及初中学校实现宿舍、课室空调设备全覆盖，10个镇（街）校车服务全覆盖。完成77所学校、幼儿园信息化应用能力提升工程2.0“整校验收”。鹤山职校新校区交付使用。“园区技校”[9]项目稳步开展。

社会治理纵深推进。圆满完成党的二十大信访维稳安保工作。刑事治安警情下降13.8%。率先在全省实现镇（街）行政执法协调监督办公室全覆盖，建成江门首个“智慧法治中心”。雅瑶镇陈山村被命名为“全国民主法治示范村”。龙口镇青文村、宅梧镇靖村获“省民主法治示范村”称号。推动县域治理“一网统管”试点建设，完善“平战”结合网格化管理体系，建成网格服务中台。搭建市、镇（街）、村（社区）三级群众信访诉求综合服务平台。10个“双百工程”[10]社工服务站、23个社工服务点挂牌成立。中欧合作区劳动关系联处中心成为全省唯一获全国第二批“百家金牌劳动人事争议调解组织”荣誉的园区类调解单位。完成省食品安全示范县验收。152家学校食堂完成“互联网＋明厨亮灶”升级改造。全年未发生较大以上生产安全事故，社会大局保持稳定。

此外，共办理市人大代表议案、意见、建议109件，办理政协提案124件。民族宗教、外事侨务、台港澳、党史档案、双拥等工作取得新成效。支持工青妇、红十字会等群团组织创造性开展工作。

各位代表，过去一年，在市委的正确领导下，在市人大、市政协的大力支持下，在全市人民、外来投资者和建设者以及驻鹤山军警部队、广大奋战在抗疫一线的工作人员的共同努力下，在港澳台同胞、海外侨胞和国际友人的关心帮助下，我们攻克了经济社会发展面临的重重困难，取得了新发展、新进步。在此，我代表市政府向所有关心、支持和参与鹤山改革发展的各界人士，表示崇高的敬意和衷心的感谢！

在肯定成绩的同时，我们也清醒看到，我市发展不平衡不充分的问题仍然突出，县域综合发展水平不高，乡镇联城带村功能有待提升；实体经济总量不大，龙头企业不多，主导产业不够明显；新型产业支撑作用有限，科技创新活力有待激发；我市承接产业有序转移平台处于筑基阶段，园区承载能力有待提升，各项体制机制仍需加快探索；经济发展面临土地、能源、环境容量、高质量人才等关键要素资源约束趋紧；区位空间优势尚未充分发挥，交通网络仍需完善，城乡发展不够协调，城市知名度有待提升；政府系统部分干部担当意识还需进一步强化。对此，我们必须高度重视，认真研究解决。

2023年工作安排

2023年是全面贯彻落实党的二十大精神的开局之年。做好今年政府工作的总体要求是：以习近平新时代中国特色社会主义思想为指导，全面贯彻落实党的二十大、中央和省委经济工作会议精神，深入贯彻习近平总书记对广东系列重要讲话和重要指示精神，认真落实省委十三届二次全会精神、江门市委第十四届四次全会精神、江门市“两会”和市委十三届三次、四次全会精神，深入推进省委工作部署和江门市委“1+6+3”工作安排，坚持稳字当头、稳中求进，完整、准确、全面贯彻新发展理念，着力推动高质量发展，更好统筹疫情防控和经济社会发展，更好统筹发展和安全，把实施扩大内需战略同深化供给侧结构性改革有机结合起来，纵深推进制造业当家“一把手”工程，全面推进“百县千镇万村高质量发展工程”，全面深化改革开放，大力提振市场信心，有效防范化解重大风险，持续保障和改善民生，推动经济运行整体好转，实现质的有效提升和量的合理增长，全力冲刺全国工业百强县，争当广东县域高质量发展排头兵。

今年全市经济社会发展的主要预期目标是：地区生产总值增长8%，力争实现8.5%；规模以上工业增加值增长12%，固定资产投资增长8%，社会消费品零售总额增长6%，外贸进出口总额增长6%，地方一般公共预算收入增长5%；居民人均可支配收入增长与经济增长基本同步。着力抓好以下七方面工作：

一、坚持制造业当家，打造高质量现代化产业体系

*加大招商引资力度。*紧跟省新一轮产业有序转移政策措施，实施“链长制”，深耕新一代信息技术、新材料、高端装备制造产业，瞄准硅能源及储能产业、汽车零配件、智能电子等产业细分领域“补链延链续链”。落实招商引资“一把手”工程，主动加强对深圳、东莞等地及对欧招商，重点招引制造业龙头、独角兽、专精特新及产业链关键配套企业。支持头部企业开展全产业链垂直整合，推动本地优质企业增资扩产。出台专门政策开展招商伙伴合作计划，探索国资股权投资、代建厂房、“一事一议”等灵活招商对接模式。整合全市招商力量，建立专业化招商队伍，提升精准招商效能。拓展“基金+招商”模式，用好“中欧高新技术产业母基金”，深化广州基金、中金资本合作，吸引上市公司投资项目落户鹤山，推动资本招商模式落地见效。力争引进亿元以上项目不少于55个，计划投资额不少于300亿元，10亿元以上项目不少于8个。

*加快产业平台建设。*完成中欧合作区概念规划编制及重点地区城市设计。制定承接产业有序转移主平台建设方案。市国资筹措不少于30亿元支持产业平台建设。推动与中山共建园区。加快省硅能源产业基地征地及基础设施建设，完成启动区场地平整及隆基绿能项目周边市政道路建设。鹤山工业城申报省经济开发区，推动产城融合发展，打造欧资企业集聚启动区，建设盾构机特色园区。中欧新材料创新基地加快推进园区规划环评和基础设施投入，争取认定为省化工园区。中欧雅瑶新兴产业园加快征地及道路、环保设施建设，推动首期工业项目动工。珠西国际物流中心完善江门北站及周边规划，建成园区规划二路，加快中顺项目建设，珠西国际陆港一期、嘉民、熙麦项目投入运营。

*加快产业集群发展。*实施“个转企、小升规、规改股、股上市”市场主体培育计划，建立优质中小

企业培育库。加大骨干企业扶持力度，支持企业加快上市。培育专精特新“小巨人”企业，支持企业进军资本市场。推动“倍增计划”，在库企业实现主营业务收入倍增，70家以上工业企业实现“小升规”[11]。大力推动“个转企”。加快标准化建设，打造欧洲标准认证中心，推动更多企业成为行业标准“领跑者”。实施质量强市战略，开展质量提升行动。支持建设企业质量提升创新中心、质量基础设施“一站式”线下服务站点。推进传统产业数字化转型，推动“上云上平台”应用。

二、坚持扩投资促消费，构建高水平对外开放格局

全面稳定投资增长。推动40个工业项目动工，力促20个重点工业项目建成投产，争取隆基绿能项目试产。力争完成工业投资185亿元。抓紧交通、水利、能源等基础设施项目储备、建设，加快珠肇高铁、南沙疏港铁路及站点建设，推动广佛江珠城际铁路早日动工。加快建设龙古路，S270鹤城至杜阮段扩建工程。配合推进银洲湖高速、江鹤高速等高速公路建设。加快南新高速等工程前期工作。配合做好珠三角水资源配置工程。建成全国水系连通及水美乡村项目。推进抽水蓄能、LNG应急储备站等重大能源项目，力争抽水蓄能配套项目动工。建成充电桩试点项目并投入运营。策划购房促销活动，促进房地产市场回暖，拉动投资回升。开展PPP项目动态财承调整。用好地方政府专项债、政策性开发性金融工具、直融债券和社会资金，保障项目建设资金需求。

着力激活消费需求。创建省全域旅游示范区，华侨城古劳水乡创建国家AAAA级旅游景区。加快古劳水乡二期、源林生态乐园建设。打造龙口镇“牛街”、鹤城镇茶行街、西江畔欧洲风情街。加快品质民宿建设。培育鹤城五星村、雅瑶陈山村等乡村网红打卡点。打造红色侨村。建好广东人民抗日解放军司令部旧址项目，推动“红色研学游”。适时举办梁赞咏春文化节、“三夹腾龙”龙舟赛、龙狮汇、陈山火龙等文旅活动。加强旅游产品开发，策划“一程多站”旅游线路，做旺旅游市场。培育新华城商圈“夜经济”示范点、德文集市等夜间消费热点。建设鹤海、渤海大宗商品交易平台。策划消费促进节庆活动，带动汽车、家电、餐饮等行业消费。推动农业“接二连三”融合发展，发展农产品精深加工，抢占“预制菜”[12]市场。培育“林下经济”，打造林下种植、森林康养消费增长点。

全力提振外经贸发展。实施开拓国际市场“千百十”工程，支持企业参加境内外重点展会，出海抢订单、拓市场，加快提振外贸全面恢复。打响“鹤山制造”出口招牌，做实做大外贸转移升级基地。鼓励企业扩大大宗商品、原材料进口。推动外贸新业态新模式发展，积极发展网购保税进口业务，壮大跨境电商主体实力，支持企业扩大出口。加强货物进出口“通关+物流”便利度，完善江门北站海关监管场所建设，实现通关一体化和港口功能成型。推动江门北站每月配套开运国际班列。盐田港、南沙港海铁联运班列稳定开行。

三、坚持深化改革，创建湾区一流营商创业环境

优化安商暖企服务。开展第五次全国经济普查。制定优化营商环境工作实施方案。建立企业全生命周期政务服务事项清单和政策清单。实施市领导挂钩联系大企业大项目、镇街领导联系规上企业制度。制定营商环境“特约监督员”履职清单，坚持“特约监督员”工作机制。用好中小微企业诉求快速响应平台，推动服务企业常态化。加大政府采购支持中小企业发展力度。开展涉企收费专项治理和防范化解拖欠中小企业账款专项行动。加强社会信用体系建设，推动企业信用风险分类管理与“双随机、一公开”[13]监管有机融合。完善“粤公平”一体化信息发布机制，加快融入“全省一张网”。探索“柔性执法”，落实包容审慎监管制度。

深化“放管服”改革。推动“数字政府”2.0建设。全市范围内实施涉企经营许可事项全覆盖清单管理。落实“证照分离”“一照通行”商事改革，深化开办企业“一网通办”，试行跨境简化版商事登记公证文书改革，推进“江门·鹤山—港澳跨境通办”。优化政务服务综窗建设，拓展“视频办”服务应用，优化中欧配套政务服务。推广“粤智助”应用。推进公共资源交易全流程电子化建设。推行预审制，优化集成审批机制，深化工建审批平台系统建设，落实“拿地即动工”常态化，提升新招引项目挂网率、交地率、动工率、入库率。

健全要素保障机制。全面推行竞争中性政策落地。强化政策、资金、用地、用工等资源要素供给。开展中小微企业转贷续贷工作，力争转贷续贷超20亿元。推动知识产权质押融资，支持金融机构开展

专利、商标混合质押融资。实施低效工业用地整治提升三年行动，促进土地资源集约高效利用，年内整治低效用地7000亩。加快批而未供土地处置。推动11个“工改工”项目建设。力争供应工业用地4000亩。加强企业用工监测，落实各类稳岗帮扶政策措施，优化劳动纠纷处置平台建设和机制保障，完善建筑领域“三金一担保”[14]制度，推动工程建设领域农民工工资支付全过程动态监管。

四、坚持科教兴市，激发全社会创新创造活力

推动教育体系优质发展。创建国家义务教育优质均衡发展县，建设鹤山一中附属初中、沙坪八小等中小学校，新增义务教育学位6600个。创建学前教育普及普惠市，新增学前教育学位360个，提升幼儿园教师持证率至85%、大专学历达标率至80%。完成鹤山职校搬迁并开展招生。加快中欧合作区基础教育配套建设，打造德语培训基地。支持筹建江门华侨职业学院。深化“园区技校”项目。完善教育集团化办学模式。推动鹤山一中开展强基培优改革，提升高考质量。落实“双减”[15]政策，实施课后素质拓展服务。推进“名校长工程”“名师工程”，加强教师素质培训。建立优秀教师常态化疗休养机制，加大关爱教师力度。

推动创新资源高效转化。实施科技引领产业高质量发展“十百千万”三年行动。推动鹤山工业城省级高新区提质增效。建立服务企业科创联络员制度。争取高新技术企业突破340家。实施技术改造企业超70家，完成技改投资40亿元。强化企业主导产学研深度融合，实施“揭榜挂帅制”，完善科技评价机制和奖励制度。加强知识产权创造、保护和运用，激励企业终端开源创新。支持企业建设博士、博士后科研平台。支持博盈特焊等企业创建省、江门市级重点实验室。推动壹壹电商园建设江门市级孵化器。落实“一个产业对接一个科研院所”，支持电子信息、先进材料、智能装备等产业集群企业与知名高校对接合作。

推动高素质人才扎根鹤山。深入实施“鹤才计划”，大力引进和培育医疗卫生、教育等领域高层次拔尖人才。出台人才安居暂行办法，建设“荟璟园”人才安居项目。推出青年人才政策，落实“青鹤归巢”青年人才回乡发展计划。推进“侨梦苑”建设，建立健全“人才+项目+平台”联动机制，推动“欧洲研发+鹤山转化”“欧洲总部+鹤山基地”产业协作模式落地见效。加快产业人才队伍建设，完善急需紧缺产业人才目录。推动重点企业建设高技能人才培育基地、技能大师工作室等平台。推广产业技能提升积分制，扩大职业技能评价覆盖面，培育高技能人才不少于800人。建设市人力资源生态园、中欧合作区人力资源服务产业园服务平台，优化市人才驿站一站式服务专区，打造江门地区示范点。

五、坚持区域协调发展，推进“百县千镇万村高质量发展工程”

增强县域辐射带动力。完成国土空间总体规划。推动新型城镇化建设，建设美丽圩镇，完善基础设施配套。深化镇街体制改革，加快建设鹤山南北双城。提升沙坪中心城区发展能级，优先发展先进制造业和现代服务业。建强共和镇、址山镇、鹤城镇，推动产城融合，力争打造为珠三角工业中心镇。对标珠三角生态文旅示范镇，做优古劳镇、宅梧镇、双合镇等特色镇，形成一批名镇名品，促进强镇富民。深化鹤开结对合作重点工作。加快与开平共建新型水暖卫浴产业合作园区，打造结对合作示范项目。深化跨县域教育集团办学，推动职校结对提升、教师全融合交流轮岗。加强县域医共体医防协同机制建设，让群众共享优质均衡的公共服务成果。

推动乡村产业振兴。建设3600亩高标准农田，完成15亩以下撂荒耕地整治。打造江门市级水稻种植示范基地。建设广垦华粮标准粮仓及加工生产线项目。发展红茶、粉葛、苗木、养殖等特色产业，深化建设省市级现代农业产业园，发展优质农产品稳定供应基地。打造双合千亩茶园，建设白水带茶叶专业村。推动省渔业绿色循环发展试点建设，创建古劳水乡示范性美丽渔场。完成养殖池塘升级改造绿色发展年度任务。发展新型农村集体经济，打造农村承包土地经营权流转宅梧镇双龙村示范片。推动公共型农业社会化服务工作，建设供销社农产品流通体系。加强地理标志产品和地理标志证明商标保护。

建设宜居宜业和美乡村。推动农村人居环境整治提升五年行动。高标准打造古劳水乡乡村振兴示范带。深化农村供水工程集中统管。实现农村生活垃圾分类减量处理全覆盖。建设龙口镇农村公厕改造提升试点。提档升级农村公路15公里。开展农村公路危桥改造。健全农村生活污水处理长效机制。全面推广乡村治理“积分制”“清单制”。强化农村“三资”监管。推进农村宅基地及建房规范化管理。深化粤桂协作对口帮扶龙州工作。巩固拓展脱贫攻坚成果同乡村振兴有效衔接，做好防止返贫动态监测和常态化帮扶，坚守不发生规模性返贫底线。

六、坚持人民至上，推动民生福祉普及普惠

健全社会保障体系。今年市财政预算安排民生领域支出40.89亿元，增长7.9%。全力稳就业、促就业，完善就业服务公共体系，加大高校毕业生、脱贫人口、残疾人等重点群体就业帮扶。深化“广东技工”“粤菜师傅”“南粤家政”工程。开展建筑工匠大比武，壮大能工巧匠队伍。实现城镇新增就业5500人，城镇失业人员再就业3600人。落实底线民生补助提标，实施城乡边缘困难家庭生活补助。深化社保制度改革，推动城乡居保服务“镇村通”。完善公共租赁住房制度，筹建209套保障性租赁住房。推广居家养老助残服务“平安通”项目。打造雅瑶区域性养老服务中心。全面完成政府资助老年人居家适老化改造。推动长者食堂健康运行。升级改造残疾人康园中心。深化“双百工程”，实现困难群众和特殊群体社会工作服务全覆盖。加强妇女儿童合法权益保障。完善家庭教育指导服务体系。完善“1+10+139”[16]未成年人保护服务网络。推进儿童友好城市先行市建设。争创省双拥模范城。

争创全国文明城市。完善创建工作机制，推进“十大文明提升行动”，深化实地考察示范点建设，完善智慧环卫管理平台，推进城市精细化管理，提升市民文明程度，全力争创全国县级文明城市。完成市十二号路等6条市政道路建设。实现城区道路智慧停车全覆盖。建设18公里燃气管道，开展“瓶改管”工作。建设海绵城市，增强城市排洪排涝能力。加快沙坪水闸加固及升级改造、沙坪河排涝一站增效扩容改造工程。新增城镇生活污水管网9公里。提升公共文体场馆全面开放服务水平，筹建新体育中心，启用市科技馆，创新李铁夫美术馆运作模式，推动市文化中心城市会客厅提档升级。

全力打造绿美鹤山。建设生态文明示范县。推进沈海高速沿线、江肇高速沿线和重要水源地等重点区域林分优化提升。高质量水源林建设8000亩，大径材培育5000亩，新造林抚育9000亩。加强古树名木保护。打造乡村绿化美化示范村5条、绿色社区3个。落实第二轮中央生态环境保护督查整改工作。深入打好蓝天、碧水、净土保卫战。深化河湖长制，推动沙坪河、雅瑶河、沙冲河等重点流域综合治理。健全排污许可监管体系，加强入河排污口管理。推进清洁生产，加快天然气锅炉低氮燃烧改造，淘汰涉VOCs低效治理设施。加强臭氧污染防治和柴油货车污染治理，推进土壤和地下水污染协同防治，建成生活垃圾资源化处理提质改造项目，实现原生生活垃圾“零填埋”。加快固废综合处理项目建设，提升主要固体废物减量化和资源化水平。

优化医疗卫生服务。完成市人民医院新院区搬迁，市第三人民医院开业并有序运营。建设国家中医药示范县。创建省紧密型县域医共体建设高质量发展综合试验区，打造全省县域医共体财务统一管理标杆县。加快医共体信息共享平台建设。深化江门市医防协同试点工作，推进慢性病“防、治、管”一体化全周期健康服务。建强专科联盟，推动基层医疗卫生机构“一院一特色”专科建设。深化开展“优质服务基层行”活动。制定并落实“一老一小”整体解决方案提升养老托幼服务。推动多层次医疗保障有序衔接，完善大病保险和医疗救助制度。推广“邑康保”。常态化开展药品、医用耗材集中带量采购。推动国家谈判药品“双通道”试点工作落地见效。深化医保支付方式改革，落实异地就医直接结算。实现医保经办服务网络镇街全覆盖。优化新冠肺炎病毒感染防控措施，最大程度保护人民群众生命安全和身体健康。

提升社会治理水平。深化党建引领基层治理，优化网格志愿服务体系，健全网格运行机制。建设平安鹤山，推动数字政府县域治理“一网统管”试点工作，完善鹤山网格服务中台，建立“智慧网格+综治中心+信访超市+粤平安云平台”工作体系。创建“全国信访工作示范县”，深化“信访超市+外送服务”，完善矛盾纠纷多元化解工作机制。深化公安“两队一室”[17]改革，常态化开展扫黑除恶斗争，加快视频监控建设和智慧新警务建设，严厉打击各类违法犯罪。强化药品、食品监管。创建国家食品安全示范城市。积极防范化解金融、房地产等领域风险。推进应急管理体系和能力现代化，创建水旱灾害防御体系标准化建设试点县，加强道路交通、城镇燃气、危化品、消防、水上交通和渔业船舶等重点领域专项治理，坚决杜绝较大以上生产安全事故发生。

七、坚持党建引领，加强政府治理能力建设

加强政治建设。全面、系统、整体落实党的领导，认真贯彻习近平新时代中国特色社会主义思想，深刻领悟“两个确立”决定性意义，切实增强“四个意识”，坚定“四个自信”，做到“两个维护”，确保党中央国务院重大决策部署、省委省政府工作部署、江门市委市政府以及市委的工作安排落到实处，全力拔头筹、争上游，坚持“两个走访”机制，努力建设上下贯通、政令统一、权责清晰、执行有力的政府组织架构。强化“党建铸魂、固本强基”的政治导向，抓实政府系统意识形态工作。深化模范机关创建，加强农村基层党组织建设，健全街道社区党组织领导机制，强化国有企业和事业单位基层党组织领导，推进非公企业和社会组织党建工作，着力把党的全面领导落实到基层。

深化法治建设。创建全国法治政府建设示范点，擦亮法治鹤山“金字招牌”。推进镇（街）综合行政执法改革，深化规范化建设。落实“八五”普法规划。完善智慧法治中心建设，深化“1+7+N”[18]智慧法治基地模式。搭建市镇村三级青年法律维权网络，探索涉外涉侨法律服务融合路径，将中欧合作区涉外（涉侨）公共法律服务工作站打造为涉外法律服务新高地。开展政府法律顾问工作。抓好政府规范性文件制定、报送备案。主动接受人大依法监督和政协民主监督，提高人大代表议案、建议和政协提案办理水平。完成人大代表票决民生实事项目。支持市纪委监委、市法院和市检察院工作。

坚持廉洁守法。坚决贯彻全面从严治党战略方针，完善管权治吏体制机制。加强作风建设，落实中央八项规定精神，着力纠治层层加码、麻痹松懈、任性用权、不担当不作为等“四风”顽瘴痼疾，打造一支讲政治、讲担当、讲实效的干事创业队伍。推进党风廉政建设和反腐败斗争，深入推进政务公开，加强审计监督，严肃财经纪律，严控三公经费。盯紧“关键少数”，抓住政策制定、决策程序、审批监管、执法司法等关键权力，严格职责权限，规范工作程序，强化权力制约，深化整治权力集中、资金密集、资源富集领域腐败，坚决惩治群众身边“蝇贪蚁腐”，确保党和人民赋予的权力始终用来为人民服务。

各位代表！做好2023年各项工作，任务艰巨、使命光荣！让我们更加紧密地团结在以习近平同志为核心的党中央周围，在市委的正确领导下，不忘初心、牢记使命，凝心聚力、攻坚克难，以昂扬斗志、冲天干劲，在奋力开创鹤山社会主义现代化建设新征程上迈出坚定步伐，推动党的二十大精神在鹤山落地生根，结出丰硕成果！

《政府工作报告》有关用语说明

1.“四个一套”：“一套文案文稿”“一套基础数据报表”“一套应对处置流程”“一套指挥作战体系”。

2.“三通一平”：建设项目在正式施工前，施工现场达到水通、电通、道路通和场地平整等条件。

3.“工改工”：将存量低效的工业用地再开发，实现产业的转型升级。

4.专精特新：具备“专业化、精细化、特色化、新颖化”特征的中小工业企业。

5.“个转企”：个体工商户转型升级为企业。

6.“瓶改管”：瓶装液化气改为管道天然气。

7.“四议两公开”：“四议”指党支部会提议、“两委”会商议、党员大会审议、村民代表会议或村民会议决议；“两公开”指决议公开、实施结果公开。

8.“一长两员”：“一长”指行政村林长；“两员”指森林资源监管员、专职护林员。

9.“园区技校”：按照“一园一策、一企一案”推进产业园区和企业技能人才“菜单式”培养的模式。

10.“双百工程”：各镇街、村（社区）实现社会工作服务站（点）100%覆盖，困难群众和特殊群体社会工作服务100%覆盖。

11.“小升规”：小微企业规范升级为规模以上企业。

12.“预制菜”：以各类农、畜、禽、水产品为原辅料，配以调味料等辅料，经预选、调制等工艺加

工而成的预制调理食品。

13.“双随机、一公开”：随机抽取检查对象，随机选派执法检查人员，抽查情况及查处结果及时向社会公开。

14.“三金一担保”：“三金”指建筑领域工资保证金、应急周转金、商品房预售款监管账户资金；“一担保”指工程款支付担保。

15.“双减”：减轻义务教育阶段学生过重作业负担和校外培训负担。

16.“1+10+139”：“1”指1个未成年人保护中心；“10”指10个未成年人救助保护工作站；“139”指139个村居未成年人保护工作点。

17.“两队一室”：“两队”指做强执法办案队和做实社区警务队；“一室”指做精综合指挥室。

18.“1+7+N”：建设1个智慧法治中心，以智慧普法、智慧公法、智慧执法、智慧复议、智慧矫正、智慧公证、智慧人才7项职能为支撑，提供“一站式”“全链条”智慧法治服务。

鹤山市2022年国民经济和社会发展计划执行情况与2023年计划草案的报告

——在市第十六届人民代表大会第三次会议上

鹤山市发展和改革局局长　张梅

各位代表：

受市人民政府委托，现向市人大报告鹤山市2022年国民经济和社会发展计划执行情况与2023年计划草案，请予审议。

一、2022年国民经济和社会发展计划执行情况

2022年，我市坚持以习近平新时代中国特色社会主义思想为指导，全面贯彻党的二十大精神，深入贯彻习近平总书记对广东系列重要讲话和重要指示批示精神，按照"疫情要防住、经济要稳住、发展要安全"的明确要求，认真落实省、江门市工作安排和市委十三届三次全会部署，统筹抓好疫情精准防控和经济社会发展，不断增强经济抗压韧性和发展活力，经济总体保持平稳。但受多重叠加因素影响，六大主要经济指标与市十六届人大二次会议工作目标还有较大差距。

经济运行保持平稳。全年地区生产总值增长2.8%，增速在江门市排名第四。工业支撑作用明显，规上工业增加值同比增长4.1%，在江门市排名第三。投资结构不断优化，固定资产投资增长5%，在江门市排名第二，其中工业投资占比54.5%，拉动增长7.4个百分点；基础设施投资增长65.5%，拉动固投增长8.7个百分点。社会消费品零售总额增长2%，外贸进出口总值229.4亿元；一般公共预算收入可比口径增长3.4%，其中税收增速居江门首位。

发展质效稳步提升。做好减税降费重点工作，全力做好组合式税费支持政策落实工作，累计新增退税减税降费超20亿元。市场活力有效激发，共有市场主体51 478户，新增6543户，同比增长7.35%。推动知识产权质押融资，实现32件有效发明专利、54件实用新型专利质押，累计金额达2.5亿元。全年专利授权量2900件，同比增长6.9%，增长率位列江门市第一，新增9家"江门市知识产权示范企业"。

（一）全力推进工业化，实体经济迸发新活力

强化产业平台聚集功能。成功争取纳入省新一轮推动产业有序转移促进区域协调发展范围，硅能源产业园作为江门主平台核心区，以隆基绿能、信义玻璃等重点项目为牵引，加快导入优质产能，完善产业布局，做大做强硅能源支柱产业。鹤山工业城成功扩园至1029公顷，成为省下放扩园审批权后首个扩园规划环评全覆盖的产业园区。珠西国际物流中心开通首趟中老、中欧国际货运班列，江门北站成为全省中欧班列喂给站。中欧新材料创新基地完成危化专区规划修编，晟然绝缘材料项目试投产，中欧雅瑶新兴产业园完成园区概念性规划和产业规划。

工业保持稳定增长。大力发展实体经济，项目支撑持续增强，共引进亿元以上项目39个，计划总投资253.89亿元，其中超10亿元项目8个，属江门15条产业链项目的有32个，占比超82.1%；引进意墨迅等4个欧资项目，计划总投资2.67亿元。新增外资企业29家，实际利用外资同比增长45.9%，总量及完成进度均位列江门第一。完成土地供应96宗，面积3778亩，其中工业用地53宗，面积2241亩；处置闲置低效、批而未供土地1458亩；实施桃源镇长江工业园等11个"工改工"项目，面积922亩；完成拆旧复垦2510亩。工业投资占固定资产投资比重达54.5%，居江门首位。投资25亿元的信义玻璃项目动工建设。积极培育"专精特新"企业，厚积工程机械和华鳌合金被评为国家级专精特新"小巨人"企业，博盈特焊、厚积机械申报年度省级制造业单项冠军企业。建立"小升规"重点企业培育库，100家工业企业入库，新增数量占江门新增总量的32.8%，总量及完成进度均在江门前列。建筑业稳步

提升，企业资质及数量总体呈现增长态势，总产值同比增长20%。

农业经济平稳增长。全力抓好粮食生产和重要农产品供给，超额完成全年粮食播种面积任务。全年生猪饲养量60万头，家禽饲养量2027万羽，水产品产量8.2万吨，农林牧渔总产值增长6.7%。实施种业振兴行动，开展耐寒耐热优质甜玉米的示范推广近万亩；新增国家级、省级生猪产能调控基地9个，新增省级畜禽标准化示范场6个；推进省渔业绿色循环发展试点建设，在古劳镇开展5750亩连片养殖池塘标准化改造和尾水治理。做大做强鹤山茶品牌，“鹤山红茶”在中茶所主办的“县域茶产业竞争力评估工作”中排名全省第七。申报省级农民合作示范社1家、江门农业龙头企业3家，已认证省级“菜篮子”基地企业5家，粤港澳大湾区“菜篮子”基地（信誉农场）1家。

现代服务业发展稳中有进。开展2轮“乐购侨都”消费券活动，生活服务消费加快回补，住宿餐饮业稳步恢复。开展“金秋十月、置业鹤山”购房优惠活动，刚性和改善性购房需求得到释放，撬动商品住房成交套数和面积均高于去年同期。提振文旅消费，加快重点文旅项目建设，双合镇“茶韵飘香鹤山红，越侨风情醉乡村”获评全国茶乡旅游精品线路，乡野时光营地入选首批省乡村露营地；来苏山水人家、源林生态乐园项目落地建设；雅瑶镇黄洞村、鹤城镇五星村被评为江门市乡村旅游示范村。“鹤城花炮会”被列入第八批省级非遗，“紫丹苏陶”等7个项目通过江门市级非遗评审。

（二）坚持项目带动，重大项目建设提质增效

项目建设增能蓄势。在珠肇高铁、江鹤高速、银洲湖高速等大型交通项目及26.2亿专项债资金和0.61亿元政策性开发性金融工具资金的支撑下，基础设施投资高位运行，增长65.5%，成为拉动固投增长的重要力量。工业投资保持较快增长，同比增长14.8%，为构建现代化产业体系提供了有力支撑。强化精准供地，完成2241亩年度目标任务。

重点项目推进有力。充分用好市领导挂钩联系重点项目机制，“挂图作战”推进省市重点项目建设提速增效，我市重点项目建设进度排名江门第一，世茂电子、创维光电、东古调味等项目建设进度超前。23个计划新开工项目全部开工，有力支撑固投实现稳步增长。加大重大项目推进力度，世运、东古、江晟、中创等制造业项目年度投资支撑作用明显，推动信义玻璃、生活垃圾资源化处理提质改造项目动工建设；龙古路、S270线鹤城至杜阮段扩建等重点交通项目动工建设；抽水蓄能项目所涉生态保护红线已调出；华电热电联产项目已获核准；精准选址普洛斯物流园，建设我市应急物资中转接驳站。

推进综合交通设施建设。如期推进交通轨道规划建设，江门北站新增客运站场主体完成建设；珠肇高铁先开段洞企山隧道全线贯通，征地拆迁工作稳步推进；广佛江珠城际铁路站点布局基本稳定。重点交通项目加快建设，S270鹤城小官田村至共和宝丰新城段扩建工程建成通车，赤岗村至霄南村段改扩建工程动工建设，G325鹤山址山至开平塘口段改建工程先行施工；积极启动顺鹤高快速通道前期工作，稳步开展江鹤高速征地拆迁，银洲湖高速完成年度计划，配合推进南新高速和江肇第二高速的前期工作。

（三）推动协调发展，城乡面貌持续改善

推进城市品质提升行动。全力创建全国县级文明城市，加快新型城镇化和城乡融合建设，对大昌花园等3个小区开展城镇老旧小区改造，新（改）建口袋公园3个。完成美丽圩镇建设攻坚行动，完成建设项目34个。畅通城区交通，新建新人医河堤道路、新环路等4条道路部分路段，完成新风路、新航路等5条道路改造；加快智慧城市建设，已建成并投入使用智慧停车泊位2858个。完成江沙公路蚬江河整治、汇源和赤坎片区等易涝点治理工程，完成农村生活污水处理设施三期工程PPP项目和自然村雨污分流管网及农村生活污水处理设施建设工程，提前完成省下达的实现我市村庄污水处理全覆盖的任务，有序推进西江潭江流域跨界重点支流综合治理等项目。完成第三水厂工程、城乡应急水厂工程（云乡水库）项目输配管道工程以及城区污水垃圾品质提升工程。推进水旱灾害防御体系标准化建设，持续加强水资源管理，落实珠三角水资源配置工程有关工作。

推动乡村振兴发展。开展扶持壮大集体经济发展省级试点工作，指导宅梧镇开展农村土地承包经营权流转试点示范工作，实行“公司+土地股份经济合作社+农户耕作”模式，盘活近千亩撂荒地，实现村集体与村民双增收；大埠村新型农村集体经济专项改革试点得到江门肯定。扎实稳妥推进乡村建设，强化农村基础设施建设和管护，加快推进农村“厕所革命”，全市100%村（居）达到干净整洁村标准，80%村（居）达到美丽宜居村标准。农村公路路面铺装率达100%。全面巩固脱贫攻坚成果同乡村振兴有

效衔接，帮扶8条收入薄弱村发展集体经济。接续推进粤桂协作对口帮扶龙州县各项工作。

推动区域协调发展。健全与开平协同发展领导机制，签订区域平衡发展合作框架协议，在人才交流、园区共建、产业合作、文旅合作等方面深化合作。共同推进鹤台铁路、云江城际铁路、台开至珠三角枢纽机场高速公路等项目。

践行绿色发展理念。高效落实第二轮中央生态环境保护督查整改，做好大气污染防治，完成10家工业炉窑企业整治提升、48台燃气锅炉低氮燃烧改造、13台生物质燃料锅炉改造，空气质量优良天数比例为85.2%，综合指数变化幅度位列江门市第一；水环境质量总体向好，地表水国考断面（下东）水质优良比例达到100%，县级集中式饮用水水源地水质优良比例达到100%。严守耕地保护红线，严格落实耕地卫片监督工作。

（四）不断优化营商环境，改革开放持续推进

营商环境改革有实效。将优化营商环境列为全面深化改革的“一号工程”，推动《广东省优化营商环境条例》贯彻落实，建立“特约监督员”制度，定期召开座谈会，清单式推进解决监督员反映的营商环境堵点、难点。依托江门市中小微企业诉求快速响应平台，协助解决中小微企业诉求事项超1500宗。法治化营商环境持续优化，率先在江门地区成立青年创业就业法律服务站。推进社会信用体系建设，加强信用大数据建设，共归集上报“双公示”信息约20万条，正确率达99%。

深化政务服务改革。启动综窗改革，深化“放管服”改革，提升政务服务标准化水平，完成804项服务事项“二次统筹”工作。深化工建审批改革，推动交易全流程电子化向纵深发展，完成江门县级首宗政府采购远程不见面开标项目；推进建设工程“评定分离模式”项目9个；在全省落实首例商品厂房“交房即发证”，实施“交房即发证”1292宗；实施全市首宗商品房“带抵押过户”；工业项目实现“验收即发证”。打造“一站式”政务服务专区，梳理政务服务事项清单共252项，实现鹤山工业城涉企高频事项“在园即享”。全国首个省级政务服务平台“视频办”服务专区在鹤山上线发布。

招才引智建设人才高地。推进人才发展平台建设，4家企业获批省博士工作站、省博士后创新实践基地，累计建成博士、博士后平台11个。健全人才政策体系，出台《鹤山市柔性引才暂行办法》和《鹤山市“鹤才伯乐”社会化引才激励办法》。今年以来，新增高层次人才80人、急需紧缺博士5人、专业技术人才1124人、高技能人才1619人；启动“中欧合作高层次人才引进工程”，面向全球靶向引进8名具有在欧洲国家工作或留学经历的博硕人才。强化人才服务与管理，加快“荟璟园”人才安居项目房建设，建成鹤山市人才驿站（一站式服务专区），优化升级人才服务队伍，推广“鹤才卡”综合服务，惠及1103人次。

强化企业创新主体地位。进一步壮大科技型企业集群，高新技术企业、科技型中小企业存量分别突破330家和293家。欣龙隧道成功创建国家第四个盾构检测实验室，博盈特焊成功创建江门市级企业重点实验室，并联合武汉大学共同申报创建省级企业重点实验室。“大型盾构机盾体一体式平移转体系统及解决方案”获“省长杯”工业设计大赛金奖。雅图高新与中国铁道科学研究院、广东省科学院华工研究所共同研发用于高铁的高性能清漆，列入江门市重大创新项目。欣龙隧道、民强五金、欧克特电子荣获年度“无限创新”江门科学技术奖。

做大做强做优国资。率先在江门地区推动市镇两级资产资源整合，启动直融债券70亿元申报工作。推进润鹤发展有限公司、兴鹤实业有限公司重组改革工作。深入推进多层次直融改革工作，加快市公营资产经营有限公司12亿元企业债和10亿元自贸区债申报工作，成功争取农发行贷款8.4亿元支持市硅能源产业园区隆基一期项目建设。完成物流产业新城PPP项目财承调整，全面化解政府隐性债务，列入债务风险绿色安全地区。积极探索“财富+基金”创新资本招商模式，加快推进组建中欧高新技术产业母基金、中金大湾区新经济基金。

（五）社会事业切实改善，民生福祉持续增进

医养服务品质提升。健全疫情防控工作机制和保障体系，全力推动目标人群疫苗接种，在江门市率先完成60岁及以上人群接种疫苗任务。推进“医共体”实质化运行，医共体绩效评价连续两年在江门排名第一，被推荐申报紧密型县域医疗卫生共同体建设高质量发展综合试验区。加快人民医院新院区和第三人民医院项目建设进度，市人民医院胸痛中心通过国家级中心标准认证，创建市县两级基层特色专

科7个。“大养老”服务提质增效，开展“平安通”项目提质扩面工作，建成并运营江门首个平安通智慧服务中心和居家环境适老化改造科普馆“二合一”线下养老服务平台，“幸福寿星安老之家”成功获评“全国养老服务先进单位”，市社会福利院成功获评省三星级示范性养老机构。

坚持就业优先。贯彻落实3.0版“促进就业九条”，加强企业用工需求对接，突出抓好高校毕业生等重点群体就业，提升公共就业服务水平。积极推进三项工程，共开展各类培训7672人次，城镇新增就业6837人，城镇登记失业率控制在3%以下。开展“南粤家政”基层服务站和南粤家政（江门）综合服务示范基地鹤山分基地建设；雅图高新材料股份有限公司是江门唯一获省级社会培训评价组织资格的企业。

教育资源持续优化。加大教育事业投入力度，基础教育质量稳居省市前列，全力创建“义务教育优质均衡发展市”，增加学前教育优质学位1290个、公办中小学优质学位4560个、普通高中学位300个。加强校企合作，共建世运班、“双元制”教育实验班、“订单班”及现代学徒制班，职业教育再上新台阶。在2021年对市县级政府履行教育职责评价中结果为优秀等级，位列江门首位。

社会保障持续加强。稳妥应对医保政策重大调整，医疗保障水平不断提高。集采药品和医用耗材平均降幅超50%，年度节省采购资金近5100万元。全市医保定点医院均开通省内和跨省异地住院费用直接结算，17家定点医疗机构实现异地门诊实时结算。开展国家示范型服务站、省示范星级服务站“双创”行动，13个退役军人服务机构成功创建为全国示范型服务点，5个退役军人服务机构获省“五星级”评级。建立10个镇街未成年人保护工作站，增强基层保护力量。

维护社会和谐稳定。在全省率先依托司法所设立镇街行政执法协调监督机构，成为全省首个实现行政执法“三个全覆盖”的县级市。是江门地区唯一一个推荐申报省级法治政府建设综合示范地区的县级市，全市刑事治安警情同比下降13.8%，盗窃、电信网络诈骗警情呈下降趋势。全年未发生较大以上生产安全事故、自然灾害伤亡事件。社会大局持续平安稳定。

总体上看，我市经济社会发展取得了来之不易的成绩，但仍然面临困难和挑战：一是经济下行压力加大。受疫情反复冲击影响，个别经济指标尤其是进出口完成进度滞后，受宏观经济形势复杂严峻、国家政策的不确定性以及上年基数较高等不利因素影响，完成全年任务压力较大。工业、建筑业发展乏力，商贸、文旅恢复不佳，各项指标增长动力不足。二是产业结构和层次整体还不高，引领性重大项目不多，产业平台建设处于筑基阶段，运营管理模式还需加快构建。营商环境尚需进一步优化，创新改造升级面临人才、土地、融资等要素资源约束日益凸显。三是公共服务和社会管理水平仍需持续提升加力，民生领域仍有不少短板弱项，部分重要民生商品保供稳价、重点群体保就业困难挑战增多。对此，要高度重视，采取更为积极有效的措施加以解决。

二、2023年国民经济和社会发展计划安排意见

2023年是全面贯彻落实党的二十大精神的开局之年，是实施“十四五”规划承上启下的关键一年。确立2023年国民经济和社会发展总体要求：坚持以习近平新时代中国特色社会主义思想为指导，全面贯彻党的二十大精神和习近平总书记对广东系列重要讲话和重要指示精神，深入落实中央和省委经济工作会议、全省高质量发展大会、江门市委十四届四次全会和鹤山市委十三届四次全会精神，坚持稳中求进工作总基调，完整、准确、全面贯彻新发展理念，主动服务和融入新发展格局，深入实施制造业当家“一把手”工程，着力推动高质量发展，更好统筹疫情防控和经济社会发展，更好统筹发展和安全，有效防范化解重大风险，推动经济运行整体好转，实现质的有效提升和量的合理增长，奋力争创全国工业百强县，争当广东县域高质量发展排头兵。

综合考虑高质量发展要求和我市发展环境条件，建议2023年我市经济社会发展主要预期目标如下：

——地区生产总值增长8%，力争8.5%；

——规模以上工业增加值增长9%，力争12%；

——固定资产投资增长8%；

——社会消费品零售总额增长6%；

——外贸进出口总额增长6%；

——地方一般公共预算收入增长5%；

——居民人均可支配收入增长与经济增长基本同步；

——城镇新增就业人数5500人；

——单位地区生产总值能耗完成江门市下达的目标任务；

——粮食综合生产能力6.13万吨以上。

（一）实施制造业当家“一把手”工程，构建现代化优势产业体系

1.推动工业经济提质升级。坚定不移发展实体经济，瞄准光伏硅能源、汽车零配件、智能家电、储能产业等领域，主动承接珠三角东岸城市优质制造业外溢。发挥创维、联塑等重点骨干企业引领带动作用，提升龙头企业对经济的支撑作用。拓展“市领导挂钩+企业服务专员驻点”制度，用好江门市中小微企业诉求快速响应平台，深化清单式管理制度，推动服务企业常态化。积极推进“小升规”和优质企业增资扩产。加大骨干企业扶持力度，积极培育“小巨人”、专精特新企业或单项冠军企业，实现培育经济新动能。大力推进低效工业用地专项整治行动，鼓励企业利用闲置厂房、预留用地及改扩建等方式，增资扩产，提高土地综合效益，争取完成土地征收不少于2500亩。鼓励国资加大“工改工”参与力度，探索连片“工改工”升级改造新模式。实现产业结构的优化升级；加快推动朗围、长江等“工改工”项目，推动产业项目集中入园发展。

2.促进特色农业加快发展。抓好增产稳产，深化推进撂荒耕地复耕复种整治，推进高标准农田建设，落实好粮食安全责任制，守牢粮食安全底线。大力发展现代农业，加快茶业和丝苗米产业发展，推进双合千亩茶园项目、白水带茶叶专业村建设和广垦华粮标准粮仓及加工生产线建设项目，提升农业品牌效应。发展“林下经济”，促进农业“接二连三”。用好用活乡村产业用地政策，重点推进宅梧镇态和然茶园、联威茶园、共和来苏香草小镇、盛农等5个“点状供地”项目建设，支持古劳生态园、古劳水乡二期、源林生态乐园等项目发展，切实把美丽资源转化为美丽经济。大力发展农业经营主体，健全农村集体经济管理机制和集体收益分配制度，促进农村集体经济快速发展。

3.推动内外循环畅通。大力刺激汽车销售、家装建材、餐饮与消费，加快释放消费潜能。推动新华城、华侨城古劳水乡等商圈发展，发展夜间经济，放大节日消费倍增效应。坚持房住不炒的定位，支持刚性和改善型住房需求，加快商品房销售，推动房地产行业平稳过渡。壮大培育外向型经济主体，推动斯柯电器、天喜电器等新上企业做大做强进出口量，落实进口木薯企业加快进口进度，实现颗粒归仓。

（二）提升开放平台能级，强化引领带动

推动平台提质增效。深入实施制造业当家“一把手”工程，围绕承接产业有序转移促进区域协调发展工作部署，提升园区基础设施配套和产业承载力，建设好以硅能源产业为主的省新一轮产业承接主平台。高水平规划建设硅能源产业基地，依托隆基、联塑班皓等光伏项目延伸产业链，统筹用地、用能、环保容量等要素保障，打造全省首个光伏组件特色产业园。鹤山工业城积极申报省经济开发区，当好产城融合示范标杆；加大对欧招商和技术合作，加快推进中欧国际（江门）中小企业合作区建设。珠西国际物流中心持续推进“一中心连通三港口”组合港建设，海铁联运班列常态化发展，加大对欧洲和东盟物流通道的建设力度，保持中欧国际货运班列稳定运行。中欧新材料创新基地加快推进园区规划环评和配套基础设施建设，力争第一批通过省化工园区认定。中欧雅瑶新兴产业园抓紧先行启动区建设，加快园区、路网、环保等配套建设，加快在谈项目落地。

（三）坚持项目为王，夯实发展后劲基础

推动项目底盘持续稳固。坚持抓新开、抓续建、抓增量、抓储蓄，持续加强工业投资，加快推进信义玻璃等85个在建项目进度，加快已过评审会项目“拿地即动工”，最大限度形成实物工作量。制定“项目作战图”，加快信义、万洋等10亿元以上重大项目建设，着力提高工业投资比重。优化民间投资用地、用能等实际问题，激发民间投资积极性，引导金融机构创新金融产品和服务，加大对民营企业发债融资支持力度。加快重大基础设施项目建设，加强珠肇高铁、银洲湖高速、顺鹤高快速通道等项目跟踪协调，尽快形成更多实物工作量。聚焦产业园区基础设施、公共服务设施等领域提升，主动谋划储备一批基础设施项目；做深做实项目策划，积极向上争取、落实更多专项债额度。充分用好市领导挂钩联系重点项目机制，“挂图作战”推进省市重点项目建设提速增效。充分利用政策性开发性金融工具，加快产业园区配套落实。

强化项目服务保障。落实市领导挂靠项目制度，用好专班推进、督查通报等工作机制，加快抽水蓄能等项目前期工作，加强协调服务，紧盯重点项目，落实用地、用能、环保等要素保障，推动项目早落地、早开工、早投产。用好地方政府专项债、政策性开发性金融工具、社会资本等资金保障，有效协调解决项目资金需求。探索更多投融资模式，拓展“基金＋招商”项目，加快政府性投资基金投资进度，深化与广州基金和中金资本密切合作。

推动产业招商专业精准。构建大招商工作体系，加强专业化招商队伍建设，紧盯省市战略性产业集群，针对我市重点产业链缺失、薄弱环节，精准承接好珠三角等地的产业溢出。大力引进欧盟优势产业和企业，加快形成产业集群。加快推进签约项目落地，力争全年引进亿元以上企业不少于55个，计划投资额不少于300亿元，其中10亿元以上项目不少于8个。

（四）加快区域协调发展，促进城乡融合高质高效

提升交通基础设施通达能力。强化与“湾区”交通互融，加快珠肇高铁江门至珠三角枢纽机场段、南沙疏港铁路及客运改造建设，做实广佛江珠城际铁路前期工作。紧盯三年工程两年干的目标，加快在建项目S270赤岗村至霄南村段改扩建工程、银洲湖高速改扩建、江鹤高速改扩建、G325址山至开平塘口段改扩建工程建设进度，同步推进S270共和宝丰新城至平岭段改扩建工程动工建设，提前谋划G325鹤山桃源至址山段改线工程、顺鹤高快速通道前期工作，配合开展南新、江肇第二高速前期工作。

推进区域协调发展。推进大湾区建设不断深化，落实与开平结对，依托鹤山工业城，推动工业园区升级改造、构建快速交通体系、城市更新、乡村振兴联动等工程实施。推动与珠江口东岸城市建设产业转移合作园，探索与央企、省属国企以及珠江口东岸城市的国企民企外企和商会行业协会以市场化方式建立“园中园”。扎实推进“百县千镇万村高质量发展工程”，增强产业和人口聚集能力，加快沙坪、共和南北双城建设。

稳步推进城市更新。锚定“2023年成功创建全国文明城市”奋斗目标，保障骨干交通设施建设，加快完成十二号路道路工程、十号街道路工程、G325至X537连接线工程等6条道路建设，推进鹤山大道、经华路道路工程和规划横一路道路工程开工建设。有序开展水务项目建设，开展城乡供水一体化工程（一期），开展城镇污水提质增效及垃圾处理工程；加快燃气管道敷设进度，促进管道向乡镇延伸。加快推进智慧停车项目建设，力争基本实现城区道路智慧停车全覆盖。切实做好住房保障工作，继续加强公租房配租和动态管理，扩大人才公寓房源。

大力建设绿美鹤山。持续紧抓大气、水、土壤污染防治工作，加快推进第二轮中央生态环境保护督察整改，加强危险废物规范化管理工作，推进污染物减排工作，聚力深化污染防治攻坚，严守生态环境安全，赋能绿色低碳发展。贯彻落实碳达峰碳中和工作要求，按要求完成历史遗留矿山生态修复工作，激发绿色低碳发展动能。

全面推进农业农村发展。深入推进农村宅基地及建房规范化管理，建立健全农村宅基地管理政策。做好“占补平衡”与“进出平衡”工作，切实保护耕地与永久基本农田。推进美丽宜居乡村建设，积极落实农村人居环境整治提升五年行动，持续推进农村“厕所革命”。巩固拓展脱贫攻坚成果，强化乡村治理，落实返贫监测对象的各项帮扶措施；做好粤桂协作对口帮扶龙州县各项工作。落实农村基础设施长效管护机制，有序推进乡村基础设施提档升级，推进古劳水乡乡村振兴示范带和生态美丽宜居乡村奖补项目建设。

（五）聚焦深化改革开放，不断释放发展潜力

进一步优化营商环境。进一步深化《广东省优化营商环境条例》的贯彻落实，健全完善“特约监督员”制度，全力打造珠三角最优营商环境县（市）。建立企业全生命周期政务服务事项清单和改革清单，实施市领导挂钩联系大企业大项目、镇街领导联系规上企业制度，用好中小微企业诉求快速响应平台，提高服务质效。落实“两个毫不动摇”，支持民营经济和民营企业发展壮大，强化营商环境监督执纪问责，优化公平竞争法治环境，全力营造重商、亲商、安商的良好环境。

加强创新协同合作。落实“一个产业对接一个科研院所”，重点支持电子信息、先进材料以及智能装备等产业集群企业与中欧知名高校进行科研对接，推动科技成果引进、转化及产业化。加快科技创新载体建设。以鹤山工业城为核心，加强与省科学院江门产研院对接，补齐高新区建设短板。支持博盈特

焊申报创建省级企业重点实验室，支持世运电路、雅图高新、博盈特焊建设江门市级企业重点实验室，支持壹壹电商园建设江门市级孵化器。

抓好重点领域改革。深入实施便利华侨华人投资制度专项改革试点和“放管服”改革，深化政务服务能力提升工作。继续推进“中欧综窗”改革，实现“一窗受理、综合服务”，打造标准化规范化便利化的政务服务模式。推进政务服务标准化，持续提升“一网通办”能力，提升基层政务服务能力。做深做细政务服务“跨域通办”工作，推动两地企业和群众“跨域通办、一次办成”，建设“便民利企、协同发展”的优质营商环境，发挥好12345政府服务热线平台作为群众和政府的桥梁纽带作用，跟踪督办好江门市中小微企业诉求快速响应平台上的诉求事项，提升为企业服务的便捷度、精准度。建立健全事前事中事后监管协调机制，深入推进市场主体信用分级分类监管。

促进人才加快集聚。扎实推进“人才倍增”工程。推动企业建设博士、博士后科研平台，以创建科研平台凝聚创新型人才。开通高端人才引进“绿色通道”，根据重点产业集群和产业链布局特点，靶向发力、精准引进人才。编制急需紧缺产业人才目录，引进急需紧缺人才。加大本土人才培养力度，大力推动产业链“链主”、骨干企业开展职业技能登记认定，协同推进招商引资和招才引智。

（六）大力发展社会事业，加快改善民生福祉

全面提升教育质量。优化教师资源配置，确保顺利通过国家义务教育优质均衡发展督导评估认定，大力推进一中附中、一中附小、沙坪八小等新建、改扩建项目，增加义务教育优质学位6600个，增加学前学位360个。巩固“5080”成果，加快推进学前教育普及普惠市创建工作。大力推进职业教育，完成鹤山职校搬迁工作，支持校企合作及重点专业“双元制”本土化。

牢牢稳住就业基本盘。加快推进市人力资源生态园、中欧合作区人力资源服务产业园、南粤家政（江门）综合服务示范基地鹤山分基地等平台建设，做大做强“三项工程”促进就业。提升职业培训质量，多措并举保障企业用工需求。

大力发展社会事业。全面落实城乡低保、特困供养对象、残疾人保障政策。持续深化医改和“医共体”建设，加强与省级三甲医院专科合作，打造医疗重点专科。加快市人民医院新院区、第三人民医院建设以及中医院及部分基层卫生院升级改造，推进“一卫生院一专科”特色形成。持续深入推进爱国卫生运动。促进多层次医疗保障有序衔接，完善大病保险和医疗救助制度；落实异地就医结算。常态化开展药品、医用耗材集中带量采购，推动国家谈判药品“双通道”试点工作落地见效。推动医保经办职能顺利平稳交接，实现医保经办网络市镇村全覆盖。推进优生优育全程服务和妇女儿童健康发展；拓宽养老服务体系，开展居家和社区基本养老服务提升行动项目；促进残疾人事业全面发展。

筑牢安全发展底线。坚持系统思维统筹发展和安全，构建“智慧网格+综治中心+信访超市+‘粤平安’平台”，推进多层次多领域依法治理，大力建设平安鹤山，深入推进打击治理电信网络新型违法犯罪和打击整治养老诈骗专项行动，社会大局持续平安稳定。完善粮食应急保障机制，坚决守住粮食安全底线。加强食品药品安全监管，提高粮食和能源安全保障能力。

同时，做好侨务、外事、台港澳、民族、宗教、消防、人防、审计、统计、打私、档案史志、地方志、妇女儿童、残联、工商联、红十字会等工作。

鹤山市2022年预算执行情况和2023年预算草案的报告

鹤山市财政局局长　黄伟强

各位代表：

受市人民政府委托，现向大会报告鹤山市2022年预算执行情况和2023年预算草案，请予审议。

一、2022年预算执行情况

（一）2022年全市一般公共预算执行情况

2022年，全市一般公共预算收入累计实现357 292万元，为代编调整预算346 488万元的103.12%，同比增长3.4%，自然口径下降2.1%。

全市一般公共预算支出累计实现489 526万元，为代编调整预算472 365万元的103.63%，同比下降1.13%。

全市一般公共预算收入357 292万元，加上上级补助收入139 476万元、债务转贷收入23 139万元、上年结余收入15 820万元、调入资金50 491万元、动用预算稳定调节基金5304万元，收入合计591 522万元；一般公共预算支出489 526万元，上解支出66 880万元，债务还本支出22 180万元，补充预算稳定调节基金12 936万元。

（二）2022年市本级一般公共预算执行情况

市本级一般公共预算收入累计实现257 425万元，为调整预算的104.48%。市本级一般公共预算支出累计实现361 800万元，为调整预算的102.48%。

市本级一般公共预算收入257 425万元，加上上级补助收入139 476万元、债务转贷收入23 139万元、上年结余收入15 037万元、调入资金50 491万元、动用预算稳定调节基金5 304万元、镇上解县16 125万元，收入合计506 997万元；市本级一般公共预算支出361 800万元，上解支出66 880万元，债务还本支出22 180万元，县对镇的补助支出43 201万元，补充预算稳定调节基金12 936万元。

（三）2022年全市政府性基金预算执行情况

2022年全市政府性基金预算收入166 007万元，为代编调整预算的95.28%。其中，国有土地使用权出让收入完成155 006万元，为代编调整预算的95.68%。

全市政府性基金预算收入166 007万元，加上政府性基金转移支付收入3559万元、上年结余收入3943万元、债务转贷收入280 350万元，全市政府性基金预算总收入453 859万元。政府性基金预算支出372 436万元，为代编调整预算的98.82%，债务还本支出18 350万元，调出资金47 148万元，上解支出9955万元。收支相抵，年终结余5970万元。

（四）2022年市本级政府性基金预算执行情况

市本级政府性基金预算收入130 177万元，为调整预算的93.22%。其中，国有土地使用权出让收入完成122 212万元，为调整预算的92.81%。

市本级政府性基金预算收入130 177万元，加上政府性基金转移支付收入3559万元、上年结余收入3943万元、债务转贷收入280 350万元，市本级政府性基金预算总收入418 029万元。市本级政府性基金预算支出315 615万元，为调整预算的104.70%，债务还本支出18 350万元，调出资金47 148万元，上解支出9955万元，县对镇的补助支出21 385万元。收支相抵，年终结余5576万元。

（五）2022年国有资本经营预算执行情况

2022年国有资本经营预算收入完成2650万元，为人大预算的100%。其中，利润收入695万元，股利股息收入1955万元。国有资本经营预算收入2650万元，加上国有资本经营预算转移支付收入10万元，国有资本经营预算总收入2660万元。国有资本经营预算支出完成1863万元，为人大预算的100%。

其中，解决历史遗留问题及改革成本支出110万元，其他国有资本经营预算支出1753万元。加上调入一般公共预算资金797万元，国有资本经营预算总支出2660万元。

（六）2022年社会保险基金预算执行情况

2022年全市七项社会保险基金总收入480 706万元，为年度预算的114.36%。总支出426 510万元，为年度预算的106.98%。七项社会保险基金当期结余54 196万元，历年累计结余551 720万元。

（七）2022年鹤山市政府债务基本情况

1.地方政府债务限额及余额情况。根据财政部地债系统限额数据显示，我市2022年年末地方政府债务限额为93.06亿元，其中一般债务22.48亿元，专项债务70.58亿元。截至2022年年末，我市政府债券形式的债务余额为91.56亿元，其中一般债券20.98亿元，专项债券70.58亿元。目前，我市地方政府债务余额仍控制在地债系统的债务限额内，风险预警级别为安全。

2.政府债券还本付息情况。2022年我市缴付当年政府债券还本付息资金6.63亿元，其中一般债券本金2.22亿元，一般债券利息及服务费0.70亿元，专项债券本金1.83亿元，专项债券利息及服务费1.88亿元，不存在政府债券偿还逾期情况。

3.债务管理工作情况。为健全和规范举债融资机制，按可发尽发原则，主动谋划新增债券项目储备，拓展债务空间，最大限度地争取省对我市在建项目和补短板重点项目予以新增债券支持。加强新增隐性债务防范工作，根据隐性债务工作的有关安排，向市人大常委会报告我市存量隐性债务清零工作情况。

4.政府债券发行情况。2022年，我市大力争取债券资金，积极开展2022年政府专项债券申报工作，全年发行新增政府债券26.30亿元，创下历史新高。其中，一般债券0.1亿元，用于鹤山市2022年小型水库除险加固及运行管护项目；专项债券26.2亿元，涉及项目29项，主要支持老旧小区改造、珠西物流产业新城、产业园区扩园提质改造等大批重点项目、重大平台建设。此外，发行再融资债券4.05亿元，减轻偿还到期政府债券本金压力，腾出财力支持重大项目建设。

（八）2022年PPP项目支出情况

2022年我市持续规范推进政府和社会资本合作（PPP）工作，现有在库项目10个，均已签约落地执行。其中，五条连接线PPP项目、沙坪河综合整治工程（第一期）和第二污水处理厂二期截污管网工程第三阶段工程二期工程PPP项目、G325鹤山大雁山至桃源段改线工程辅道工程PPP项目、新一轮生活污水处理设施整市捆绑PPP项目、滨江路PPP项目和马山生活垃圾填埋场减量化PPP项目等6个项目已进入运营期并按绩效考核结果进行付费；西江大堤加固及环境整治工程PPP项目和S270鹤城至杜阮段扩建工程PPP项目已建设完工，正开展绩效考核；物流产业新城PPP项目和农村生活污水处理设施三期工程PPP项目正在建设中。2022年全市PPP项目可用性服务费和运营维护绩效服务费支出约14 511万元，其中五条线项目4224万元、沙坪河综合整治项目1661万元、G325辅道项目7014万元、马山垃圾场项目590万元、新一轮生活污水项目1022万元。

（九）2022年市本级预算调整情况

2022年按法定程序办理3次预算调整，分别提交市十六届人大常委会第六次、第九次、第十一次会议审议通过。2022年市本级一般公共预算总收支从年初的478 527万元调增为495 524万元，共调增16 997万元，主要原因为：一是省下达我市地方政府新增债券（一般债券）额度；二是政府性基金收入不达预期导致调入一般公共预算资金减少。2022年市本级政府性基金预算总收支从年初的321 964万元调增为426 759万元，共调增104 795万元，主要原因为：一是省下达我市地方政府新增债券（专项债券）额度；二是土地出让不达预期相应调整有关收支安排。

根据市人大常委会对市本级财政预算调整方案相关决议，财政部门认真抓好各项工作的贯彻落实，主要情况如下：一是统筹做好新增债券发行和使用工作，发挥专项债券资金效益，依法规范债务管理，完善监管机制，确保债务风险可防可控；二是推进财力统筹使用，压减一般性支出，大力盘活存量资金，增强财政保障能力。

（十）贯彻落实中央决策部署和省委、市委工作要求的情况

1.挖潜增收壮财源，提高财政保障水平。受到疫情和国际局势变化等超预期因素叠加影响，加上大规模组合式税费支持政策实施，我市非税来源收窄，而“三保”、疫情防控等支出不断增加，组织收入、

资金需求保障和库款调度压力巨大，收支矛盾突出。面对严峻的财政收支形势，市财政坚持稳中求进工作总基调，积极做好谋划研判，确保全年预算平衡。一是抓好税收征管。不折不扣落实制造业中小微企业延缓税费等组合式税费支持政策，应减尽减，应收尽收；完善部门协同治税机制，加强税源数据分析运用，强化税务稽查、疑点数据核查、低税负企业纳税评估；完善村镇物业房产税、城镇土地使用税信息，强化土地增值税项目日常管理，加大建筑业管理力度。二是加大非税收入征管力度。深挖非税收入增长潜力，拓宽非税增收来源，与国资、自然资源、镇（街）等部门加强沟通协调，加强国有资源资产的排查清理处置力度，深挖砂石、矿产、耕地指标等资源，夯实财力基础。

2. 统筹调度保重点，推动民生政策落地。牢固树立过“紧日子”思想，着力调整优化支出结构，对一般性支出按不低于 20% 的比例进行压减，延缓非急需、非刚性支出，集中财力保障“三保”、疫情防控、债务还本付息和各项重要工作部署落地等刚性支出需求，收回预算单位银行账户存量资金，加快财政支出进度，增强财政统筹保障能力。一是保障民生支出。全市民生类支出 395 161 万元，占一般公共预算支出的 80.7%，在推进教育优质均衡发展、医疗卫生事业发展、社会保障服务、生态环境治理等方面发挥财政资金精准补短板和民生兜底作用。二是兜牢“三保”底线。坚持“三保”支出在财政支出的优先顺序，安排“三保”支出 216 352 万元，占一般公共预算支出的 44.20%。三是支持疫情防控。划拨防疫应急专项经费 12 827 万元，重点用于疫苗接种、核酸检测、疫情处置及防控能力提升等方面，全力保障疫情防控资金需求。四是用好直达资金。收到直达资金 56 254 万元，支出进度为 99.4%，落实资金直达基层、直达项目、直达民生。

3. 纾困惠企激活力，支持经济社会发展。着力稳增长促发展，为落实经济一揽子政策措施提供财政保障，加快发挥财政政策效应。一是稳住市场主体。加大增值税留抵退税政策落实力度，支持工业和服务业领域困难行业恢复发展，缓解企业经营压力。二是扶持企业发展。累计拨付扶持企业资金 15 871 万元，持续优化营商环境，支持企业转型升级，增强企业科技创新能力，助力中小微企业发展。三是加大政府采购支持中小企业力度。完整编制政府采购预算，提高中小企业政府采购预留份额，全市政府采购合同共计 6.25 亿元，其中授予中小微企业 5.49 亿元，占全市政府采购规模的 87.84%。四是做好租金减免工作。截至 12 月底，减免 6 个月租金的工作已基本完成，享受优惠政策租户 93 家，减免金额 167 万元。五是稳就业保用工。充分发挥财政保障就业服务和引才育才的促进作用，拨付人才发展专项经费、就业创业补贴、企业用工补贴等资金 4299 万元。六是支持中欧合作区建设。支持江门北站开通国际货运班列，拨付中老班列运营补助等费用 184 万元，安排首发江门北站中欧班列运营经费、宣传推广经费等资金 434 万元，助力班列启动运行。

4. 精心谋划促改革，推动财政提质增效。一是深化预算管理改革。完善大事要事保障机制，协同推进涉农资金统筹整合、财政“放管服”等改革，制定《鹤山市财政库款运行应急预案（试行）》，加强库款统筹调度。成立鹤山市政府性资金绩效审核专责小组，选取 11 个试点单位开展部门整体绩效评价，推进预算绩效全覆盖管理。二是深化财政体制改革。开展新一轮镇级分税制财政管理体制改革专题调研，实地走访了解现行镇级分税制财政管理体制实施以来各镇（街）的经济社会发展情况、财政运行情况以及存在的问题和困难，为新一轮体制改革做好充分准备。三是开启 PPP 项目动态财政承受能力论证工作。在我市 PPP 项目财政承受能力接近红线的背景下，动态掌握 PPP 项目逐年财政支出责任和财政承受能力数据变化。目前已完成物流产业新城 PPP 项目财政承受能力调整工作，为我市重点项目建设腾出空间。四是与中金资本开展战略合作。推动鹤山市人民政府与中金资本运营有限公司开展战略合作，双方已签署战略合作框架协议，拟共同设立总规模不低于 10 亿元的有限合伙基金——中金大湾区新经济基金（以工商注册为准），吸引更多高成长性的企业投资鹤山、落地鹤山。五是提高财政投资评审效率。修订《鹤山市政府投资基本建设项目委托中介机构评审业务管理制度》，将 100 万元以上基建工程的审核，由独立完成评审任务的工作方式逐步转变为对评审工作的组织、协调和监管，全年完成审核项目 340 项，送审金额 31.43 亿元，审定投资额 28.50 亿元，审减各项不合理资金 2.93 亿元，划拨基建款项 1336 笔共计 13.32 亿元，为我市经济发展和城市建设提供坚强的财力支撑。

（十一）落实市人大预算决议和人大建议有关情况

1. 认真研究落实市十六届人大二次会议对 2021 年预算执行情况和 2022 年预算草案报告的审查意见。市十六届人大二次会议在审议预算草案报告的过程中提出了有关审查意见和建议，主要包括：一是加大统筹，增强重大战略任务财力保障，推动高质量发展。围绕大事要事清单做好财政收支平衡，强化对配套政策、园区建设、企业发展、招商引资等方面的支持力度，做好“六稳”“六保”工作，兜牢“三保”底线。二是持续深化改革，提高依法理财水平。持续深化预算管理制度改革，进一步完善市镇两级财政体制，加大预算收入统筹，规范预算支出管理，加快支出标准体系建设，严肃财经纪律，强化财政监管。三是加强预算绩效管理，促进财政资金提质增效。研究建立绩效管理考核评价机制，健全完善分行业、分领域预算绩效评价指标体系，规范绩效目标管理，加强绩效评价结果运用，发挥资金最大效益。四是坚守底线积极防范债务风险。把防范风险摆在更加突出位置，坚决制止违法违规举债，做好债券项目储备工作，建立完善专项债券项目资金绩效管理措施，加强政府债务预算管理。

对此，市财政部门高度重视，认真研究，采取措施推动落实：一是加强财政资源统筹。加强财政收支管理，坚持全市一盘棋，统筹资金和库款调度，大力压减一般性支出，调整优化支出结构保障重点支出，确保财政平稳运行。落实企业扶持资金，助力稳住市场主体，鼓励利用外资扩大工业投资，促进工业企业转型升级、民营经济和中小微企业发展以及产业园区建设，推动转变外贸发展方式，支持营造创新创业良好环境，以科技创新引领高质量发展。二是深化预算管理改革。加快推进“数字财政”建设，强化项目库对预算编制的“硬约束”，严格财政支出管理，加大统筹盘活力度，全面提升财政治理效能，把有限财力用在刀刃上、关键处。严格执行“双监控”制度，开展专项资金监督检查，加大监管力度。三是深化预算绩效管理。建立健全预算绩效指标体系，实行绩效目标申报全覆盖，科学设置各类资金绩效目标，促进财政资金提质增效。选取试点单位开展部门整体绩效管理工作，推进全面实施预算绩效管理。成立鹤山市政府性资金绩效审核专责小组，制定《鹤山市政府性资金重大政策和项目绩效审核专责小组事前绩效管理工作机制（试行）》，进一步完善事前绩效评估工作机制。四是筑牢风险防范机制。结合我市产业发展规划，围绕推进中欧合作、乡村振兴和水利基础设施建设等，高质量谋划一批好项目。加强职能部门协调联动，破解项目立项、可行性研究报告、土地、环评、招标等难题，提高项目成熟度。依法规范债券资金管理，确保债务风险安全可控。定期通报债券资金支出进度，压实项目单位第一责任人责任，加强项目投资、建设、运营、资产、成本控制等方面管理，将管理措施落实到专项债券的全生命周期。

2.认真研究落实市人大代表意见建议。2022年，市财政局办理市十六届人大一次会议建议15件（均为会办件）、市十六届人大二次会议建议12件（主办3件、会办9件）。市财政局高度重视人大建议办理工作，在办理过程中坚持求真务实、实事求是的态度，强化组织领导，完善工作程序，明确办理责任，抓好协调督办，对建议提及的问题深入开展调查研究，特别是针对牵头办理的主办件，通过电话联系、当面商量、座谈交流等方式，积极加强与代表及相关职能部门的事前事中事后沟通，认真听取意见，共同商讨解决办法，不断提高工作实效。相关建议均已按时办理完毕，并切实提高人大建议的“采纳率”和“落实率”，承担起政府部门对代表的承诺，让代表满意，让人民群众受益。

在市委、市政府的正确领导下，在市人大的监督支持下，全市各部门密切配合、共同努力，预算执行和财政管理工作取得了较好成效。但当前财政运行和管理也面临一些困难和问题：一是财政收入增长压力大。我市财源税源基础不够厚实，税收收入受经济和政策因素影响较大；非税资源经多年盘活形成高基数且来源收窄，非税收入支撑能力减弱。二是财政收支矛盾突出。财政收入增速放缓，而保障“三保”、债务还本付息、落实各项重点项目等支出需求巨大，财政收支平衡面临较大压力。对于上述问题，我们将高度重视，认真研究，加强财政统筹，采取有效措施积极应对。

二、2023年财政预算草案

（一）2023年预算编制总体思路和基本原则

1.2023年预算编制指导思想。坚持以习近平新时代中国特色社会主义思想为指导，全面贯彻党的二十大精神，深入贯彻习近平总书记对广东系列重要讲话和重要指示精神，深入贯彻中央和省委经济工作会议、全省高质量发展大会、江门市委十四届四次全会、鹤山市委十三届三次全会精神，坚持稳中求进工作总基调，完整、准确、全面贯彻新发展理念，服务和融入新发展格局，着力推动高质量发展，更好统筹疫情防控和经济社会发展，更好统筹发展和安全，全面深化改革开放，大力提振市场信心，把实施扩大内需战略同深化供给侧结构性改革有机结合起来，突出做好稳增长、稳就业、稳物价工作。积极的财政政策要加力提效，注重精准、更可持续；落实落细国家减税降费措施，加强财政资源统筹，保持必要的支出强度；大力优化支出结构，加强国家、省和市重大战略任务财力保障，坚持党政机关过“紧日子”，兜牢基层“三保”底线，提高财政资源配置效率；加强财政承受能力评估，强化地方政府债务管理，保障财政可持续；健全现代预算制度，切实提高年初预算到位率和资金使用效益，充分发挥财政职能作用，推动经济运行整体好转，实现质的有效提升和量的合理增长。

2.2023年编制预算收支的基本原则。

（1）突出加力提效。在财政支出强度上加力，加大财政资金统筹力度，多措并举增加可用财力，适度扩大财政支出规模。在专项债投资拉动上加力，积极争取新增债券额度，优化重点投向领域，持续形成投资拉动力。落实国家税费优惠政策措施，着力助企纾困。更大力度优化财政支出结构，坚持有保有压有调整，更好发挥财政资金“四两拨千斤”的作用，有效带动扩大全社会投资，促进消费，推动经济运行整体好转。

（2）突出更可持续。统筹发展和安全，把增强财政可持续性放在更加突出的位置。加强地方政府债务管理，坚决遏制新增隐性债务，按时足额还本付息，牢牢守住不发生系统性风险底线。进一步统筹财力，将“三保”支出足额纳入预算安排，在执行中重点保障，筑牢兜实基层“三保”底线。坚持尽力而为、量力而行，在发展中保障和改善民生，加强财政承受能力评估，防止过高承诺、过度保障。

（3）突出厉行节约。把过“紧日子”作为预算编制长期坚持的基本原则，加强一般性支出和“三公”经费管理，严格控制部门履职辅助性购买服务和政府采购服务类品目预算，努力降低行政运行成本。强化预算执行刚性，严肃财经纪律，严禁建设政绩工程、形象工程，严禁违规兴建政府性楼堂馆所。

（4）突出改革创新。持续深化预算管理改革，坚持“先定事项再议经费、先有项目后有预算、先有预算再有执行、没有预算不得支出”，编早编细编实预算，切实提高年初预算到位率和资金使用效益。

（二）2023年全市一般公共预算安排情况

1.一般公共预算收入。2023年全市一般公共预算收入预计375 156万元，在2022年实绩357 292万元的基础上增长5%，加上上级补助收入107 996万元、债务转贷收入32 337万元、调入资金90 324万元、动用预算稳定调节基金12 665万元，全市一般公共预算总收入618 478万元。

2.一般公共预算支出。根据上述一般公共预算总收入安排，按照收支平衡原则，2023年全市一般公共预算总支出相应安排618 478万元，其中一般公共预算支出520 066万元，上解支出66 074万元，债务还本支出32 338万元。

（三）2023年市本级一般公共预算安排情况

根据现行镇级财政管理体制，市本级一般公共预算收入预计259 735万元。一般公共预算收入加上上级补助收入107 996万元、债务转贷收入32 337万元、调入资金90 324万元、动用预算稳定调节基金12 665万元和镇上解县21 295万元，2023年市本级一般公共预算总收入524 352万元。

2023年市本级一般公共预算总支出拟安排524 352万元，减除上解支出66 074万元、县对镇的补助支出45 883万元及债务还本支出32 338万元，市本级一般公共预算支出拟安排380 057万元。

（四）2023年全市政府性基金预算安排情况

1.政府性基金收入。2023年全市政府性基金预算收入预计212 311万元，加上政府性基金转移支付收入1807万元、上年结余收入5970万元和债务转贷收入248 000万元，2023年我市政府性基金总收入468 088万元。

2.政府性基金支出。根据基金性质和专款专用原则，2023年政府性基金预算支出拟安排358 265万元，债务还本支出23 000万元，上解支出4000万元，另拟安排82 823万元调入一般公共预算。

（五）2023年市本级政府性基金预算安排情况

2023年市本级政府性基金预算收入预计165 586万元，加上政府性基金转移支付收入1807万元、上年结余收入5576万元、债务转贷收入248 000万元，2023年市本级政府性基金总收入420 969万元。

根据基金预算有关规定和专款专用原则，2023年市本级政府性基金预算支出拟安排311 146万元，债务还本支出23 000万元，上解支出4000万元，另拟安排82 823万元调入一般公共预算。

（六）2023年国有资本经营预算安排情况

2023年国有资本经营预算收入预计2334万元。其中，利润收入695万元，股利、股息收入1639万元。本年国有资本经营预算收入2334万元，加上国有资本经营预算转移支付收入10万元，国有资本经营预算总收入2344万元。

按照“收支平衡，不列赤字”的原则，国有资本经营预算支出拟安排1643万元，其中解决历史遗留问题110万元，其他国有企业资本经营预算支出1533万元。另拟安排701万元调入一般公共预算。

（七）2023年社会保险基金预算安排情况

2023年全市七项社会保险基金预算收入预计472 292万元，其中企业职工基本养老保险基金收入300 378万元，城乡居民基本养老保险基金收入18 315万元，机关事业单位基本养老保险基金收入38 331万元，城镇职工基本医疗保险基金收入72 497万元，城乡居民基本医疗保险基金收入24 914万元，工伤保险基金收入10 040万元，失业保险基金收入7817万元。

2023年全市社会保险基金预算支出预计451 830万元，收支相抵结余20 462万元，年末滚存结余580 536万元。

（八）2023年地方政府债务预算管理情况

严格按照《转发2015年地方政府一般债券和专项债券预算管理办法的通知》（江财预〔2015〕65号）有关规定，将地方政府债务分类纳入预算管理。2023年安排政府债券还本付息预算为8.93亿元，其中一般债券还本付息3.98亿元，专项债券还本付息4.95亿元。

（九）2023年市本级部门预算安排情况

2023年市本级部门预算由54个一级预算单位组成，列入部门预算的支出总计332 204万元，其中基本支出预算118 331万元，占支出预算总数的35.62%；项目支出预算213 873万元，占支出预算总数的64.38%。

（十）2023年全市重点支出安排

1.全面贯彻新发展理念，推动高质量发展，支持构建符合鹤山发展实际的产业体系。一是落实扶持企业发展的经济政策配套资金，优化财政资金拨付手续，切实减轻企业经营负担，安排企业奖补资金2501万元，加快企业自主创新升级改造，助力提升市场竞争力。二是继续支持中欧合作建设，安排宣传推广及班列运行经费360万元；深入推进招商引资，安排招商引资工作经费132万元，进一步优化营商环境，增添经济发展活力。三是加快现代化建筑产业发展，培育具有高资质等级和整体竞争力的建筑业企业，安排振兴鹤山市建筑业发展专项奖励资金500万元，促进建筑业企业做优做大做强。四是聚焦人才队伍建设，强化就业导向，实现更充分和更高质量的就业。安排资金3160万元积极优化人才工作环境，主要包括人才发展专项经费2200万元、就业创业补贴资金800万元、创业担保贷款贴息160万元。

2.着力构建全域联动并进新格局，增强区域发展平衡性协调性。一是着力提升城市品质，支持创建全国县级文明城市，不断提升市民文明素养、城市文明程度、城市文化品位、群众生活质量。计划对小范苑、华山苑、常朗苑和文明苑进行老旧小区改造，预计总投资3250万元，涉及居民数1779户、楼数104栋、建筑面积17.689万平方米。二是全面推进乡村振兴。坚持农业农村优先发展，安排资金6875万元深入实施乡村振兴战略，主要包括生态宜居美丽乡村财政奖补资金3137万元，撂荒地复耕复种整治资金534万元，高标准农田建设及耕地质量保护提升资金848万元，产业振兴、鹤山茶产业相关经费1920万元，以及广西龙州县对口帮扶资金436万元。三是推进生态文明建设。坚持打好污染防治攻坚战，安排投资项目准入环保评估以及大气、水检测专项资金512万元，安排污水处理服务费2771万元、污泥处理费300万元、污水排水泵站管理费283万元。安排大径材培育示范林、新造林抚育、自然保护地整合优化等专项资金250万元，安排绿美江门大行动、绿化美化村庄资金124万元，安排薇甘菊防治项目和松材线虫病防控项目资金530万元，安排高质量水源林建设（造林更新及补植套种）项目资金210万元、市内流域环保巡查补助资金621万元，促进城乡面貌美化绿化。四是加快完善各类基础设施，发挥基础设施先导作用，统筹谋划交通、水利等城乡基础设施建设。安排地方公路养护基础设施建设资金727万元，加快建设立体交通网。安排公交发展专项资金706万元，保障城市公共交通发展。安排1300万元用于市政公共设施维护，保障各类设施设备正常运转。安排农村生活污水处理设施及环境整治PPP项目专项资金4000万元、将军陂灌区续建配套与节水改造工程专项资金1438万元、大坝灌区续建配套与节水改造工程专项资金1760万元，扎实推进水利项目建设。五是持续改善人居环境。安排房屋建筑和市政设施承灾体调查项目资金350万元。安排鹤山市沙坪城区及周边农村区域环卫服务市场化作业项目资金1.04亿元，安排接管运营鹤山市马山生活垃圾填埋场经费1583万元、建筑垃圾消纳场运维经费111万元，安排餐厨垃圾收运项目专项资金326万元，安排非正规垃圾堆放点环境整治和存量渗滤液全量化处理项目资金300万元。规范生活垃圾分类管理，不断提高生活垃圾减量化、资源化、无害化处理水平。

3.坚持在发展中保障和改善民生，持续增进民生福祉。一是坚持教育优先发展。推动基础教育高质量发展，预计投入基础教育各学段生均公用经费财政补助14 891万元，保障幼儿园和中小学校正常运转。完善中小学校临聘教师管理制度，逐步优化资金分担机制，安排义务教育阶段学校临聘教师补助301万元。保障义务教育公办学位足额供应，安排1197万元购买义务教育阶段民办学位9000个（小学4550个、初中4450个）。落实“双减”政策，提升课后服务水平，根据200元/生/年的标准由各镇（街）安排校内课后服务，安排补助经费767万元。统筹市镇教育专项资金6565万元用于校舍建设维修、教学设备设施更新以及校车运行补助等，改善办学条件，提高教育质量。根据鹤山市中欧（江门）合作区基础教育配套项目建设计划，2023年计划新建、改扩建鹤山一中附属小学、鹤山一中附属中学和沙坪五小，项目总投入资金约1.86亿元，预计新增优质义务教育公办学位1010个。二是加强医疗卫生保障。安排城乡居民基本医疗财政补助4929万元。安排新冠肺炎疫情防控经费5000万元，主要用于解决核酸检测经费、隔离酒店费用、防疫物资购置费用。落实公立医院改革财政补助（含取消药品加成财政补助）578万元。安排8729万元落实基层医疗卫生机构公益一类财政保障责任，加强基层卫生人才队伍建设，改善医疗服务水平。安排医共体及中医药健康服务经费270万元，支持医共体总院对分院的扶持，推动中医药事业发展。三是提高社会保障水平，补齐民生短板，兜牢民生底线。安排底线民生保障资金6714万元，主要包括城乡低保救助资金3150万元、特困供养救助资金1558万元、两残补贴资金1953万元。安排粮食仓库租赁管理和维修资金255万元，安排储备粮轮换价差、应急救灾物资储备907万元，保障粮食安全及应急救灾物资储备。加强低收入人群住房保障，安排公共租赁住房建设与维护资金415万元。四是加大文体事业投入。完善文化基础设施建设，安排“三馆”、铁夫美术馆、体育中心建设和运作资金302万元。安排文化体育宣传活动经费254万元，加大党的二十大精神、爱国主义教育以及国防主义教育等宣传普及力度，支持开展咏春文化促进会活动、武术活动等。扶持旅游产业发展，安排全域旅游、大雁山4A景区日常管理经费684万元，促进文旅融合发展。五是推进治理能力建设。安排党的基层组织建设经费4466万元，推动基层党组织建设全面进步、全面过硬。

4.坚持压减一般性支出，严格控制“三公”经费。坚持厉行节约，认真贯彻落实中央八项规定精神。2023年全市一般公共预算拟安排“三公”经费2033万元，比2022年预算减少191万元，其中因公出国（境）费用57万元，公务用车购置费119万元，公务用车运行维护费1039万元，公务接待费818万元。

（十一）关于预算审查意见和建议的修改落实情况

市财政部门积极配合市人大常委会预算调研及市人大财经委对2023年预算草案初步方案的初步审查工作，在预算编制过程中，将市本级2023年预算草案初步方案和市本级各部门的部门预算同步提供给预算调研审查组审阅，配合做好调研审查工作，并按要求向市人大财经委汇报，充分听取市人大相关委员会、市人大常委会工委和市人大代表的审查意见和建议，组织认真研究，与相关部门充分沟通，积极采纳相关意见进行修改，做好跟进落实和反馈工作。

（十二）2023年预算草案批准前拨付的支出情况

按照《预算法》有关规定，预算年度开始后，在2023年预算草案批准前，安排市直各部门、镇（街）的基本支出、上一年度结转支出、债务付息等必需支出。截至2月10日，共安排一般公共预算支出5.1亿元、政府性基金预算支出7.4亿元（包括新增专项债券支出5.9亿元）。

三、完成2023年预算任务的主要措施

（一）主动履职尽责，筑牢发展硬支撑

科学研判经济形势，紧跟形势变化做好收入组织工作，在不折不扣落实各项减税降费措施的基础上，

加强主体税收征管，拓宽非税收入来源，加大力度盘活政府资源资产，有序加快推进土地出让进度，壮大财政收入规模，提高财政收入质量，确保财政收支平稳运行。坚持过“紧日子”，发挥好带头作用，有保有压，开源节流，该保的一定保障好，该减的坚决减下来，全面掌握支出趋势，从严控制一般性支出，压缩“三公”经费等一般性支出，加强库款统筹调度，提高支出精准度，确保财政收支平衡。加强“盘子总控”，及时研判分析财政运行敏感问题，做到形势清、底数清、意识牢，抓实收支执行管理。

（二）注重精准施策，打好政策组合拳

围绕“积极的财政政策要加力提效，更直接更有效发挥积极财政政策作用”的要求，更加科学合理运用财政政策工具，形成正向的财政政策合力，全力推动稳住经济大盘。推进中欧合作区建设，支持中欧班列、中老班列、盐田港班列常态化运行，推动我市物流事业国际化发展，提高对欧合作层次和水平。在投融资改革创新方面加速突破，拓展“基金+招商”项目，加快政府性投资基金投资进度，深化与广州基金和中金资本密切合作，深化政府投资基金在工业园区开发及招商运营中的赋能作用，推动产业园区建设运营和优质招商项目落地，支持鹤山工业发展。优化政府举债融资机制，合理把握预算内投资和地方政府债券发行进度，发挥新增债券促进经济发展的即期效益。

（三）办好民生实事，提升群众获得感

坚定践行以人民为中心的发展思想，充分考虑当前经济发展和财力状况，把保障和改善民生建立在经济发展和财力可持续的基础之上，逐步提高基本公共服务质量和水平，使人民获得感、幸福感、安全感更加充实，更有保障，更可持续。坚持教育优先发展，推动鹤山市中欧（江门）合作区基础教育配套项目建设，增加优质义务教育公办学位，办好人民满意、家长放心的教育。完善支持就业、养老、医疗、社会保障、住房等领域财税政策，发挥财政资金精准补短板和民生兜底作用。推进涉农资金统筹整合改革向纵深发展，完善“大专项+任务清单”管理，加大各级涉农资金统筹整合力度，助力乡村振兴战略实施。

（四）坚持守正创新，释放改革新动能

在构建新发展格局背景下谋求改革创新，研究更多财税创新举措，加强资金政策对推动创新发展和产业升级的引导和支持。深化财税体制改革，落实健全现代预算制度各项任务，发挥预算在资源配置、财力保障等方面的重要作用。树立“大财政、大预算、大资产”理念，当好家、理好财，以深化预算管理改革促进提高管财理财能力水平，牵引带动政府治理效能不断提升。遵循“先绩效、后预算”原则，深化预算绩效管理，加强绩效运行监控，提升预算绩效水平，提高财政资源配置效率和使用效益。

各位代表，2023年是全面贯彻落实党的二十大精神的开局之年，我们将更加紧密地团结在以习近平同志为核心的党中央周围，在市委、市政府的正确领导下，自觉接受市人大指导监督，主动作为，真抓实干，以新担当新作为推动鹤山财政工作再上新台阶！为推动鹤山发展争先进位、全力争创全国工业百强县、争当广东县域高质量发展排头兵作出新贡献！

附件：1. 鹤山市2022年全市一般公共预算收支执行情况表
2. 鹤山市2022年本级一般公共预算收支执行情况表
3. 鹤山市2022年全市政府性基金预算收支执行情况表
4. 鹤山市2022年本级政府性基金预算收支执行情况表
5. 鹤山市2023年全市一般公共预算收支预算表
6. 鹤山市2023年本级一般公共预算收支预算表
7. 鹤山市2023年全市政府性基金预算收支预算表
8. 鹤山市2023年本级政府性基金预算收支预算表
9. 鹤山市国有资本经营预算2022年执行情况和2023年预算情况
10. 鹤山市社会保险基金预算2022年执行情况和2023年预算情况
11. 鹤山市地方政府债务情况表
12. 鹤山市2023年“三保”预算编制备案表

大事记

鹤山年鉴 2023

2022 年大事记

1月

5日　江门市碧道建设工程EPC+0项目（鹤山段）和鹤山市水系连通及水美乡村建设试点县项目（江门市西江潭江流域跨界重点支流综合治理工程一期EPC+0项目鹤山项目区）被广东省水利水电行业协会评为2021年度广东省水利建设工程文明工地（第三批）。

7日　江门市卫健局、鹤山市卫健局迅速组建了90人支援队伍（下称“鹤山医护支援队”）协助深圳市中医肛肠医院（福田）完成核酸采样任务。这支队伍分别由鹤山市人民医院、中医院、妇幼保健院的医护人员组成。在鹤山医护支援队的大力相助下，深圳市中医肛肠医院（福田）在1月7—8日共完成10万余人次的核酸采样任务。

11日　副市长李军权率队拜会南方医科大学中西医结合医院，研究进一步推动南方医科大学中西医结合医院与鹤山市中医院开展医疗卫生人才“组团式”紧密帮扶工作。

同日　鹤山市召开创建国家食品安全示范城市动员会，进一步增强鹤山市创建国家食品安全示范城市工作的责任感和使命感，凝聚政府、企业和社会各界力量，推动全市食品安全监管工作再上新台阶。

同日　江门市委书记、市人大常委会党组书记、主任陈岸明到鹤山雅图仕印刷有限公司调研非公企业党建和企业发展情况。

12日　鹤山市沙坪河水利枢纽管理中心沙坪河排涝二站获得广东省水利厅颁发的第一批“广东省标准化规范化管理示范泵站”证书。

13日　中央广播电视总台社教节目组到古劳取景拍摄《家乡至味》《匠人·匠心》，讲述古劳的饮食文化、人物故事和风土人情。

同日　鹤山市总工会召开第十七届委员会第三次常委会议、四次全委会议、五次经审委会议，储涂应当选新一任鹤山市总工会主席。

18日　鹤山市召开推进“人才倍增”工程工作会议，就下一步如何推进“人才倍增”工程作重点工作部署。

同日　鹤山市首个“妇女微家”在双合镇双好研学基地挂牌成立。这标志着鹤山市“妇女微家”建设直达基层神经末梢，服务群众最后一公里，开启了一个新的里程碑。

20日　鹤山市召开党史学习教育总结会议，对鹤山市党史学习教育开展情况进行全面系统总结，引导各级党组织和广大党员干部持续巩固拓展学习教育成果，为推动新时代县域经济高质量发展不懈奋斗。

同日　鹤山市海事处举行“海巡09440”船入编仪式。广东海事局二级巡视员王志军，江门海事局局长邵国，鹤山市市长张华景、副市长陈文以及水上搜救成员单位相关领导出席。

21日　“清澈直水　画意香泉——乡村振兴田园写生活动周”活动在鹤山市雅瑶镇昆东村委会直水村隆重举行。

24日　鹤山召开全市重点纳税企业座谈会，进一步加强政企沟通交流，听取企业意见、建议，共叙政企友谊、共商发展大计。鹤山市主要领导班子、重点纳税企业代表、鹤山市有关部门和各镇（街）主要领导等参会。

25日　中国共产党鹤山市第十三届委员会第二次全体会议召开。鹤山市委副书记、市长张华景代表市委常委会向全会作报告，并就经济工作作专题讲话。报告分三部分，用五个“发展”总结2021年工作成效，提出2022年工作总体要求和主要预期目标，通过七个“提效破局”和三个“始终”全面部署2022年工作。

27日　广东省委书记李希到鹤山市深入基层一线，入户看望慰问困难群众，向他们送上节日问候和新春祝福。

28日　鹤山市“金融村官”工作总结会暨“粤智助”政务服务自助机行政村全覆盖仪式在沙坪街道赤坎村委会顺利举行。鹤山农商银行成功投放117台“粤智助”政务服务自助机，实现鹤山市行政村全覆盖。

同日　桃源镇棠都村乡村“微管网”管道天然气项目通气仪式开幕，标志着鹤山市首个乡村管道天然气试点工程正式开通运营。

是月　桃源镇竹蓢社区建成该镇首个数字乡村便民服务站；

第一期儿童免费托管中心开班，缓解辖区儿童寒假“看护难”问题。

是月　鹤山市政数局联合市场监管局推出江门地区首个疫情防控服务专栏——“鹤山市疫情防控服务专栏”，打造防疫标准化“鹤山样本”。

是月　桃源镇获2021年广东省乡村治理“百镇千村”示范镇（乡）称号，沙坪街道仓边村、沙坪街道杰洲村、雅瑶镇陈山村、雅瑶镇昆东村、古劳镇大埠村、古劳镇双桥村、龙口镇中七村、鹤城镇小官田村、鹤城镇五星村、宅梧镇靖村村、宅梧镇选田村获2021年广东省乡村治理“百镇千村”示范村称号。

2月

7日　鹤山市召开新冠肺炎疫情防控指挥部工作会议，商讨当前全市疫情防控工作形势，部署下一步新冠肺炎疫情防控工作，坚决守好守牢“外防输入”坚强防线。

8日　南沙港—江门北站首趟海铁联运班列发出。这是继2018年开通盐田港海铁联运班列、2020年开通高栏港海铁联运班列之后，鹤山珠西国际物流中心取得的又一新跨越新突破，其“一中心连通三港口”组合港功能进一步提升，向着“买全球、卖全球”国际物流枢纽目标加速迈进。

17日　广东省妇女联合会发布《关于命名2021年度广东省“巾帼文明岗”的决定》。鹤山市社会保险基金管理局服务大厅荣获2021年度广东省“巾帼文明岗”称号。

21日　广东省农业农村厅公布2021年“粤字号”农业品牌目录。其中，广东广垦华粮米业有限公司、鹤山市宝润山有机农业科技有限公司、鹤山市广佛饲料有限公司、鹤山市双合镇嘉康粮食加工厂、鹤山市东古调味食品有限公司、广东墟岗黄家禽种业集团有限公司、鹤山市瑞庆隆茶业有限公司等7家企业的9个产品入选。

23日　鹤山市委副书记、市长张华景出席江门市2022年“开局即加速”专题第二场新闻发布会，向10多家主流媒体介绍了鹤山市2022年经济发展目标，以及推进中欧（江门）中小企业国际合作区建设情况，并回答了记者的提问。

25日　鹤山市举行S270鹤山赤岗村至霄南村段改扩建工程开工仪式。

3月

1日　鹤山市智慧停车项目首期投入试运营。主要分布在新环路、新湖路、富华路、东升路、义学路、银行路、永安路等城区16个主要路段，共1748个路内智慧泊位。自此鹤山市路内停车正式进入智慧化、信息化阶段。截至2022年底，鹤山市城区累计建成并投入使用的智慧路内泊位2856个，覆盖城区24条市政道路。

同日　鹤山市工商联（总商会）支援香港抗疫捐款暨第二批物资捐赠仪式在鹤山市商会大厦举行。本次捐赠的善款及物资逾160万元，相关物资在仪式结束后第一时间装车发往香港。市委副书记、市长张华景，市委常委、统战部部长陈文光出席捐赠仪式，市委统战部、市民政局、市工商联、鹤山海关负责人，爱心企业家以及各商（协）会代表参加仪式。

同日　江门市首个镇级“行政执法协调监督办公室”在鹤山市桃源镇挂牌成立。

8日　广东省人力资源和社会保障厅发布《关于同意2022年第一批省级博士后创新实践基地备案的函》。鹤山市新增鹤山市新的生物制品有限公司、广东世运电路科技股份有限公司两家广东省博士后实践基地。

同日　工业和信息化部中小企业发展促进中心主任单立坡，广东省中小企业局副局长、中小企业服务中心主任程有根等到鹤山市开展中小企业发展环境实地调研，考察指导鹤山中欧合作项目特别是国家级中欧中小企业国际合作区建设工作。

10日　中共鹤山市委机构编制委员会批复成立鹤山市医疗保障事业管理中心。该中心为鹤山市医疗保障局所属公益一类事业单位，正股级。核定事业编制10名，其中主任1名、副主任1名，经费按财政补助一类标准拨付。

11日　鹤山市委副书记、市长张华景率队赴广西龙州县对接调研粤桂协作工作。期间，双方共同召开了粤桂协作（鹤山—龙州）工作党政联席会议，研究推动协作工作落实，确保如期完成2022年粤桂协作各项目标任务。鹤山市委副书记、市长张华景，鹤山市委常委李志，龙州县委副书记、县长秦义敏，龙州县副县长黄国豪，龙州县政协副主席黄华基和两地有关部门主要负责人出席会议。

16日　“江门号”中老国际

货运班列从位于鹤山市珠西国际物流中心的江门北站首发。“江门号”中老国际货运班列正式开通，标志着江门北站正式接入东南亚泛亚铁路网，开辟了江门市乃至珠西粤西与东盟经贸往来的陆路新通道，进一步连通广东陆上“丝绸之路”。这是粤港澳大湾区西部首条至东盟的国际线路，也是江门乃至珠西粤西地区首趟“中老国际货运班列”。自此，江门、鹤山内引外联，以江门北站、珠西国际物流中心为平台融入国际贸易“黄金动脉”。

18日 鹤山市人民法院三八红旗工作室被广东省妇联命名为“张海疆广东省三八红旗工作室”。

20日 江门市委书记、市疫情防控指挥部总指挥陈岸明率队到鹤山相关集中隔离点、生产一线调研疫情防控及防疫物资生产工作。

21—23日 鹤山市开展分级分层区域核酸检测，在全市10个镇（街）共设99个固定采样点。

28日 鹤山市中欧合作区专题网站正式上线。网站（http://www.heshan.gov.cn/Sino-European/）集资讯、政务、招商于一体，为国内外投资者提供“一站式”获取中欧合作区政策文件、动态资讯的新平台，打造中欧合作区招商引资的“强磁场”，扩大中欧合作区知名度和影响力。

同日 江门市生态环境局鹤山分局策划开展的“疫情下的宣教新思路——环保主题课案‘四进’行动”案例入选“广东十佳公众参与案例”。

29日 江门市2022年第一季度重大项目集中动工（投产）活动鹤山市会场在古劳镇举行。包括万洋众创城（古劳项目）、鹤山市城乡融合发展产业园升级改造项目等19个重大项目动工（投产），总投资142.74亿元，其中高端装备制造工业项目达13个。这些项目动工投产，是鹤山落实江门市“1+6+3”工作安排的具体行动，也是其坚持“工业强市”战略、推动中欧合作区建设的有力举措。

30日 鹤山市委书记刘志刚深入医疗卫生机构、高速出入口、公安派出所、隔离酒店和学校调研检查疫情防控工作，并主持召开鹤山市新冠肺炎疫情防控指挥部工作会议。

同日 鹤山市召开全市侨情统计工作动员部署会议。会议要求各镇（街）、各相关部门把侨情统计工作作为当前一项紧迫工作抓紧抓好，落实人力物力财力全力推动，确保工作按时保质推进。

31日 宅梧镇人民政府和源林投资（广东）有限公司举行乡村振兴战略投资合作框架签约仪式，深入推进当地乡村特色产业发展、美丽乡村建设、公益事业发展，带动群众增收致富，助力打造全方位乡村振兴样板。

同日 鹤山市人民检察院派驻社区矫正中心检察室正式揭牌。这是鹤山市首个“驻社区矫正中心检察室”，也是鹤山市“智慧矫正中心”首个进驻的智慧矫正项目。

是月 为进一步优化中欧合作建设的营商环境，深化“放管服”改革，推进政府服务便利化，满足企业和个人错峰办事和不间断服务的需求，继推出“5+X”预约服务后，市不动产登记中心首次推出“中午不打烊”服务新模式，登记中心窗口人员和税务窗口人员通过轮流值班的方式，在工作日中午增设预约号，为群众提供不动产增量房（一手房）转移登记、不动产存量房（二手房）交易转移登记等办证服务。

4月

1日 古劳镇家庭教育指导服务中心揭牌仪式在三连公服中心举行。这是鹤山市首个镇级家庭教育指导服务中心，集家庭教育指导、心理疏导为一体，为未成年人及家属提供“小而精”的家庭教育指导服务。

4日 江门市委副书记、市长吴晓晖到鹤山调研，深入鹤城镇五星村、龙口四堡水库检查鹤山水系连通、水美乡村、水源保护、水库运营管理等情况，走访古劳镇梁赞故居调研文化旅游、乡村振兴等工作。江门市政协副主席、市政府秘书长汤惠红，江门市水利局局长王作青，鹤山市委书记刘志刚，鹤山市委常委、市委办主任刘德贤等参加调研。

6日 鹤山市委书记刘志刚，市委副书记、市长张华景一行到珠西国际物流中心调研，深入走访园区物流企业，就珠西国际物流中心发展进行深入探讨。

11日 鹤山—开平推动东西部区域平衡发展对接会议暨第一次联席会议在开平举行。双方正式签署推动江门东西部区域平衡发展合作框架协议，鹤开协作进入合作共赢新阶段。鹤山市政府与开平市政府签署《鹤山—开平区域平衡发展合作框架协议》，双方将坚持和完善区域合作机制，依托中欧（江门）中小企业国际合作区、珠西国际物流中心、址山湖高新区等平台，充分发挥两市优势，加强双方在产业园区共建、人才引进培育、文化旅游、乡村振兴等重点领域的合作，增强两市经济发展的内生动力，扎实推动共同富裕。

同日 商品厂房“交房即发证”首发仪式在鹤山（古劳）万洋众创城启动。企业主在厂房交付的同时取得不动产权证书，大大减少了企业的时间成本、人力成本和资金成本。该做法在江门市属首例。

14日 江门市市长吴晓晖到江门创维智能显示产业园开展调研，详细了解项目建设、科技研发、产品应用等情况，与企业负责人深入交流。江门市领导郑晓毅、汤惠红，鹤山市领导刘志刚、张华景、冯细就、冯伟华以及有关人员参加调研。

15日 鹤山市青年创业就业法律服务站在鹤山挂牌成立。这是江门地区首个专门保障青年创业就业的法律服务站。

同日 “以税为桥 筑梦中欧”赠书仪式暨中欧（江门）合作区纳税服务工作室揭牌仪式在中欧创新中心举办。中欧（江门）合作区纳税服务工作室主推重大项目招商前置服务和重点企业税务顾问服务。

18日 鹤山市人民法院在古劳上升村“同心圆”工作室举行线上“易侨e法庭”启用仪式。易侨e法庭是鹤山市人民法院在统战部门支持下设立的线上+线下法庭服务站点。

18—19日 中国人民政治协商会议第十一届鹤山市委员会第二次会议召开。市政协主席冯伟华向大会作报告。市政协副主席林慧梅向大会报告十一届一次会议提案工作情况。十一届一次会议期间，收到以提案形式提出的意见和建议81件，涉及政治、经济、文化、社会、生态文明建设和民生实事等各个领域，确定6件提案为2022年重点提案。

19—20日 鹤山市第十六届人民代表大会第二次会议在市文化中心剧场举行。市长张华景代表市人民政府向大会作政府工作报告及民生实事候选项目说明。大会依法选举刘志刚为江门市十六届人大代表，陈荣信为鹤山市人大常委会委员。张华景在报告中回顾过去一年的工作，部署2022年发展目标和重点任务。

21日 江门首家检察机关家庭教育指导站在鹤山市雁山社区揭牌成立。该指导站融合心理疏导、个案指导、法律宣传、未成年人观护教育功能，配置了图书阅览、沙盘游戏等设备。

25日 广东省科学院中乌焊接研究所所长蔡志红、院士郭瑞•弗拉基米尔和省科学院江门产研院院长林展江到广东博盈特焊技术股份有限公司进行技术对接。

26日 S270鹤城小官田至共和宝丰新城扩建工程佛开高速跨线桥完成顶推首次过跨。

同日 古劳镇新星村卫生站升级改造完成并揭牌投入使用。这是江门市首家获得医保定点的公建民营卫生站。新星村卫生站占地面积160平方米，规范设置了诊室、名医工作室、中医理疗室、注射室、基本公共卫生室、家庭医生签约室、中西药房、健康教育室等八大功能室。

同日 址山镇人民政府与广州中大城乡规划设计研究院有限公司举行战略合作框架协议签约仪式，深入实施乡村振兴战略，推进农业高质量发展，科学规划区域发展空间，助力乡村振兴人才队伍建设。

28日 鹤山市杰出乡贤宋尔卫院士荣获“全国五一劳动奖章”；鹤山市德兴环球电缆有限公司荣获2022年“广东省五一劳动奖状”；鹤山市嘉米基光科技有限公司研发部工程师文兆祺荣获2022年“广东省五一劳动奖章”。

同日 “江门号”中欧国际货运班列顺利首发。这是粤港澳大湾区西翼和粤西地区首趟中欧国际货运班列。“江门号”中欧国际货运班列开通运行，预示着鹤山推进中欧合作进入新阶段，更标志着江门进一步接入全球供应链产业链“大动脉”，在融入“一带一路”，全力打造国内国际双循环新发展格局中迈出关键一步。

是月 中国数字经济百人会、众诚智库联合发布了“2021年中国投资潜力百强县”名单，鹤山市再次入围“中国投资潜力百强县”。这也是鹤山市连续五年跻身“中国投资潜力百强县”，彰显了鹤山强大的发展潜力。

5月

16—26日 鹤山市委组织部、市直机关工委、团市委、市税务局联合举办“学百年党团史”——鹤山市“庆祝中国共青团建团100周年”线上有奖知识竞答活动。

17日 广东省省长王伟中到中欧（江门）中小企业国际合作区开展调研，深入了解企业生产经营情况，强调要支持企业创新创造，高水平建设对外合作示范平台，积极开行中欧、中老班列，打造珠西国际物流中心铁路物流枢纽。

20日 由鹤山市卫健局主

办，市委组织部、市教育局协办的主题为“筑梦新时代 把握新机遇——2022年度院士专家鹤山行”活动在鹤山市东古玥湖酒店举行。中国科学院院士、清华大学教授孟安明，中国科学院院士、中山大学教授、孙逸仙纪念医院院长宋尔卫，中山大学教授、国家“万人计划”教学名师王庭槐，中山大学旅游学院教授、旅游发展与规划研究中心主任保继刚，中山大学科学研究院副院长董美玲，江门市政协副主席赖燕芬，鹤山市领导张华景、李卫芳、潘蕊、李军权，全国人大代表、清华大学教师、中山大学孙逸仙纪念医院代表，有关单位部门负责人、市高层次人才、医护人员及学生代表等参加了活动。

同日 宋兆鸿先生祖居揭牌仪式在雅瑶镇昆东小江村举行。中国科学院院士孟安明、宋尔卫，中山大学教授王庭槐、保继刚、董美玲，江门市人大常委会副主任吴国杰，江门市文广旅体局局长邝积康，鹤山市领导张华景、陈文光、潘蕊，以及全国人大代表、中山大学孙逸仙纪念医院代表、鹤山市有关部门负责人等参加活动。宋兆鸿先生祖居占地1050平方米，包括村史馆、“宋怡庆堂”、文化学术中心三个室场。

同日 桃源镇青少年活动中心揭牌仪式暨青少年校外教育座谈会在桃源镇公共服务中心举行。这是鹤山市青少年活动中心设立的第一个分点，也是县级青少年宫走进乡镇促进城乡教育均衡发展的具体举措。

23日 广东省财政厅与省工业和信息化厅一行实地考察珠西国际物流中心江门北站建设情况，现场听取中欧班列、中老班列等有关情况介绍。市委副书记、市长张华景，市委常委、副市长胡国伟，市委常委、市珠西物流管委会党组书记、主任刘德贤等市领导出席了调研活动。

25日 全国公安系统英雄模范立功集体表彰大会在北京隆重召开。鹤山市公安局巡警大队三级警长李建昀获评全国特级优秀人民警察。

30日 国务院妇儿工委办儿童智库专家刘磊带领省儿童友好建设指引和评价办法系列规划项目调研组到鹤山市实地走访调研儿童友好城市建设情况。江门市妇联党组成员、副主席林彩娇，鹤山市妇联党组书记、主席汤文好等陪同调研。

同日 鹤山市召开2022年“广东扶贫济困日”暨慈善公益活动动员会议，围绕“巩固脱贫成果，助力乡村振兴”主题，动员部署2022年扶贫济困和慈善公益各项活动。

同日 鹤山市召开创建全国文明城市形势分析及工作推进会，总结分析鹤山市2021年度文明城市创建测评情况，查找问题，部署推进文明城市创建各项工作。

31日 鹤山市2022年“一元爱心日”活动正式启动。活动的主题是“聚人心，共善举”。活动上，鹤山市红十字会对在2021年“一元爱心日”和2022年的疫情防控工作中贡献突出的爱心企业和爱心人士进行了表彰。

同日 鹤山市荣获2021年度“四好农村路”省级示范县荣誉称号。

同日 四堡水厂入选广东省首批农村供水“粤美水站（厂）”。

是月 为高效统筹好鹤山疫情防控和经济社会发展，鹤山在江门首推“市领导挂钩+企业服务专员驻点”制度。刘志刚、张华景、冯细就、冯伟华市四套班子领导带头落实“1名市领导+1位服务专员”的对企“1+1”服务制度，27位市领导挂钩全市42家用工500人以上的重点企业，35名干部深入企业担任驻点服务专员，为企业提供“一对一”的精准指导和服务保障，指导企业做好疫情防控。

是月 广东省妇联印发了《关于命名广东省女大学生创业实践和就业实习基地的决定》，批准命名109个“广东省女大学生创业实践和就业实习基地”。其中鹤山市共和镇的广东世运电路科技股份有限公司、广明源光科技股份有限公司成功创建。

6月

1日 中国共产党鹤山市第十三届纪律检查委员会第二次全体会议在市委党校礼堂召开。会议回顾了2021年纪检监察工作，研究部署2022年工作任务。

7日 深圳市投控东海投资有限公司、广东省广晟资本投资有限公司与鹤山市政府战略合作框架签约仪式举行。三方将在合作设立产业投资基金、扶持培育科技创新项目、引进重大项目落户等方面开展合作。通过设立成熟的PE基金、单一成熟项目专项基金、科技创新VC基金等子基金，投资于集成电路、医疗健康、高端装备、数字智造等主导产业的优质企业股权，并力争引导所投项目的50%在鹤山落地生产、制造或将基金总部设在鹤山。

同日 新华社新闻信息中心广东中心副总经理孙增兵、媒体资源传播部副主任贾文军等到鹤山市融媒体中心考察调研鹤山市融媒体中心建设工作。

9日 鹤山市召开创建“江门市红色美丽侨村”工作会议。会议按照江门市关于开展百条“江门市红色美丽侨村”评选工作的要求，对鹤山市创建“江门市红色美丽侨村”作具体部署。

11—12日 为贯彻落实“港澳融合”“人才倍增”工程，在鹤山市委统战部的组织下，澳门博士智库团一行走进江门鹤山，为中欧合作区建设出谋划策，助力鹤山经济社会高质量发展。澳门中联办研究室副部长级助理刘佳慧，鹤山市领导刘志刚、陈文光、刘德贤等参加活动。这次澳门博士智库团召集10名博士专家，研究领域涉及人工智能、数字经济、公共管理、国际旅游管理、文化认同等。

14日 鹤山市引进香港标准及检定中心有限公司（STC）在中欧鹤山核心区建立检验检测服务点。

15日 省人大常委会副主任黄宁生到江门鹤山市巡查西江大堤，现场调研西江洪水防御工作。江门市委书记、市人大常委会党组书记、主任陈岸明陪同检查，江门市领导陈志清、蔡德威、李惠文、曹阳，鹤山市领导刘志刚、胡国伟、李志等参加有关活动。

16日 在澳门中联办协调部处长刘冠宇和澳门江门同乡会会长、鹤山籍乡亲陈少清的带领下，澳门江门同乡会一行参观了鹤山工业城中欧创新中心，详细了解并考察鹤山市中欧合作区建设的进展情况。市领导刘志刚、张华景、冯细就、陈文光、林慧梅会见了同乡会一行。双方围绕中欧合作区建设、澳门江门同乡会建设等方面，进行了深入的座谈交流和探讨。

同日 鹤山市个体劳动者协会团支部成立。充分发挥共青团作为党联系广大青年创业者的桥梁和纽带作用。

20日 广东省人力资源和社会保障厅发布批准设立广东省博士工作站名单，鹤山市新增鹤山市新的生物制品有限公司、鹤山腾泰皮革有限公司两家广东省博士工作站。

21日 挂牌成立中欧合作区劳动关系联处中心。中欧合作区劳动关系联处中心是江门市首个工业园区劳动争议调解组织，设有调裁审对接工作室、派驻仲裁庭、巡回法庭、司法服务站等专业服务点，设有一支由劳动争议调解员、仲裁员、劳动保障监察员、法官以及工会监督员和律师组成的高素质调解队伍。主要职责是对中欧（江门）中小企业合作区、鹤山工业城等劳动争议进行调处，通过在案件处理中指导用人单位健全制度、规范用工，建立劳动争议预防预警机制等，以达到“处理一件、规范一片”的效果。

同日 中欧合作区调裁审对接工作室在鹤山工业城（共和镇）挂牌成立，是江门市首个“人社＋法院＋工会”联动的劳动人事关系综合调处平台。

23日 广西崇左市总工会党组书记、常务副主席张卫东率队到鹤山雅图仕印刷有限公司开展对接协作调研工作。

同日 中央广播电视总台策划打造的大型融媒体直播节目“直播大湾区·江门篇”在CCTV-4面向全球播出。中欧（江门）中小企业国际合作区、华侨城古劳水乡、鹤山雅图仕印刷有限公司登上“推介名单”。

24日 广东省水利厅副厅长刘中春调研鹤山市水系连通及水美乡村建设试点县项目，对项目建设情况表示肯定。

26日 由市文学艺术界联合会、市文化广电旅游体育局、古劳镇政府联合主办，鹤山市文艺评论家协会、华侨城古劳水乡承办的《一代宗师梁赞传奇》作品研讨会在古劳水乡咏春会馆举行。广东省、江门市和鹤山市本地文艺评论名家参加研讨，作品为咏春文化传承、地方文化发展提供了具有参考意义的范式和路径。

28日 鹤山市在沙坪街道雁山社区举办“光荣在党50年”纪念章颁发仪式，为截至今年7月1日，党龄达到50年的党员代表颁发“光荣在党50年”纪念章。现场为10名老党员代表颁发纪念章。

同日 鹤山市在市文化中心剧场举行2022年“广东扶贫济困日”暨慈善公益活动仪式。现场对在鹤山市2021年“广东扶贫济困日”暨慈善公益活动中作出突出贡献的121家企业、单位、社会团体和个人进行表彰。现场颁发了2021年度“鹤山慈善特别贡献奖”“鹤山慈善金鹤奖”“鹤山慈善银鹤奖”“鹤山市慈善铜鹤奖”。现场共捐赠（认捐）善款5632.07万元（其中港币42.5万元，实物捐赠1573.15万元）。

30日 “追寻红色印记 绘就秀美水乡”古劳围墩革命历史陈列馆揭牌仪式在古劳镇新星村举行。陈列馆将作为古劳镇新星村党建文化公园的新地标，面向游客对外开放。

同日 广东省教育研究院调研组一行8人在党委书记、院长傅湘龙带领下到鹤山市调研鹤山一中开展“双新”示范校创建工作情况。

7月

1日　鹤山工业城管理委员会与意墨迅机电（广东）有限公司举行项目签约仪式。该项目计划投资7000万元打造现代化生产线，预计达产后年产值约4.7亿元。项目正在进行厂房布置设计，预计8月进驻设备，9月正式投产。

5日　鹤山市举行首批“大湾区职场导师”聘任仪式，来自鹤山雅图仕印刷有限公司的5名有内地职场经验、生活经历的港籍人士成为鹤山市首批“大湾区职场导师”。这是江门地区首批“大湾区职场导师”，标志着鹤山市率先启动“大湾区职场导师计划”。

6日　由鹤山市古劳镇、广东省乡村旅游协会、广东省民宿行业协会联合主办，以“探寻美丽乡村　畅享清凉休闲”为主题的古劳镇乡村旅游（民宿）项目推介招商会在华侨城古劳水乡旅游区举行。省内知名文旅专家、民宿投资机构、民宿运营机构等23家企业40多位业界代表“乡”约古劳，共谋水乡美丽乡村建设。

7日　鹤山狮头制作技艺、鹤城客家花生加工技艺、鹤山红茶制作技艺、龙口牛肉制作技艺、紫丹苏陶制作技艺、古劳麦水勅力诞习俗、竹朗金龙（洪圣诞）习俗共7个项目成功入选江门市第九批市级非物质文化遗产代表性项目名录。

19日　中华全国工商业联合会公布首批全国“五好”标杆县级工商联名单，鹤山市工商联荣获全国“五好”标杆县级工商联荣誉称号。

同日　鹤山市副市长李海权率调研组到江门市技师学院开展“园区技校·技能人才培养合作”对接活动，共谋发展。

22日　鹤山市税务局成立“鹤税青语”税务外语服务团队，为推动江门市“六大工程”和落实鹤山中欧合作重大战略部署、实现经济高质量发展贡献税务力量。

23—24日　鹤山市城市建设成果展暨2022年房地产博览会在鹤山文化中心举行。活动分为城市建设成果展和房地产博览会两大板块。鹤山市城市建设成果展暨2022年房地产博览会是为展示近年来鹤山市城市建设成果，擦亮岭南生态宜居鹤山的名片，更是为进一步贯彻落实国家和省、市房地产市场调控决策部署，推广惠民房产政策，搭建房产交易服务新平台，持续保持鹤山房地产市场平稳健康发展的重要举措。

26日　由广东省广播电影电视协会区县融媒专业委员会、鹤山市融媒体中心联合举办的新闻评析活动在鹤山举行。全省50多家融媒体中心（广播电视台）参加了线上培训学习。

27—29日　2022年江门市机关工作创新擂台赛决赛在广东省税务干部学校举行。鹤山市直各机关单位共获奖6个，其中1个三等奖、4个优胜奖和1个优秀组织奖。

28日—8月31日　2022广东夜经济暨暑期消费促进活动在江门鹤山启动，江门市“精彩·夜侨都”消费节也同时启动。华侨城古劳水乡商业街创新商旅文融合，深挖古劳传统文化底蕴，以创意集市、人文风情体验和演艺重现古圩盛景，吸引消费者集聚，挖掘夜间消费潜能，致力打造江门乃至全省特色商业街建设示范样板。

8月

2日　鹤山举行2022年第三季度重大项目集中动工投产仪式。29个项目计划总投资57亿元，主要包括新一代电子信息、高端装备制造等工业项目。

同日　东古调味食品有限公司改扩建项目动工。东古改扩建项目总投资17.5亿元，其中本期改扩建项目计划投资7.02亿元，投产后预计新增年产值11亿元，年创税6400万元。

4日　2022广东乡村休闲精品（夏季）推进会暨古劳镇乡村旅游（民宿）项目推介招商活动在华侨城古劳水乡旅游区举行。古劳镇与省内11家民宿企业签订乡村民宿投资合作协议，与广东省乡村旅游协会签订战略合作协议，共同打造环古劳水乡乡村休闲产业示范带。同时，广东省乡村休闲产业发展智库驻古劳镇工作站、古劳镇乡村振兴人才驿站及古劳水乡乡村休闲产业招商孵化中心（广州）正式揭牌。

5日　鹤山市政协共和镇（工业城）联络组委员工作室在鹤山工业城中欧创新中心正式挂牌启用。

12日　鹤山市工商联、鹤山市人民检察院共建沟通联系机制做法入选全国工商联、最高检发布的100对工商联与检察机关沟通联系机制典型事例。

同日　鹤山市中医院眩晕诊疗中心正式成立。这是鹤山市首家专业化、标准化、系统化的眩晕诊疗中心，是集眩晕疾病预防、诊断、治疗、康复于一体的临床科室。

15日 江门市首个侨界家庭教育指导站在鹤山市检察院派驻鹤城检察室揭牌成立。

16日 广东省三八红旗工作室建设推进会在江门鹤山召开。会议总结交流各地三八红旗工作室建设工作的经验做法，进一步推进全省三八红旗工作室建设创新发展。

同日 鹤山市2022年全域旅游工作会议暨“发现文明鹤山”欢乐行启动仪式在鹤山市华侨城古劳水乡旅游区举行。会议制定创建广东省全域旅游示范区工作实施方案和工作任务清单，部署创建广东省全域旅游示范区下一步工作。

17日 雅瑶镇与广州威华自行车有限公司举行项目签约仪式，加快推动中欧雅瑶新兴产业园区启动区建设。

21日 团市委在市文化馆举行了青鹤联盟成立仪式。团市委书记温丽萍及联盟成员单位有关负责人员、联盟青年发展咨询导师、联盟成员共40多人参加活动。

23日 鹤山市工商联（总商会）在鹤山一中举行2022年“培创英才助学计划”助学款发放仪式。2022年“培创英才助学计划”共筹集106.9万元，资助来自贫困家庭的22名优秀大学生、21名优秀高中生就读。

23日 鹤山市“国家级残疾人职业培训基地、广东省城镇残疾人集中就业和职业培训基地（一级）”挂牌暨2022年“粤桂协作（鹤山—龙州）残疾人职业技能培训班”开班仪式在鹤山市江门雅图仕职业技术学校举行。

同日 双合镇成功签约超亿元工业投资项目——东莞市东堂五金制品有限公司汽车音响制品制造项目。

26日 广东政务服务网推出的全国首个省级政务服务平台“视频办”服务专区上线发布会在江门鹤山举行。“视频办”服务专区把“线下实体窗口”延伸为“线上视频窗口”，让企业群众足不出户即享工作人员一对一、面对面无接触视频连线服务，使服务事项从“最多跑一次”变为“一次不用跑”。

27日 团鹤山市委与广东高校香港学生联合会（以下简称“粤港联”）举办“粤港（鹤山）线上青年交流座谈会”，共同商讨战略合作计划。中联办广联部党委办处长、一级调研员黄卫东，团市委书记温丽萍，市委组织部、市委统战部、市教育局、市人社局、团市委等有关负责人员及粤港联青年学生代表参加会议。

30日 鹤山市公安局巡逻警察大队办公室三级警长李建昀获全国“人民满意的公务员”殊荣，为江门唯一获得此殊荣的个人。

30日 中国少年先锋队鹤山市青少年活动中心第一次代表大会暨少工委成立仪式在市青少年活动中心举行。

31日 江门市首个“无负今日书房”揭牌启用仪式在鹤山市古劳镇水墨方塘·艺术民宿举行。江门市首个“无负今日书房”正式入驻鹤山，为江门市“无负今日书房”建设提供模板，标志着江门市“无负今日书房”全面对外开放。

9月

2日 市红十字会和市教育局在鹤山一中举行了鹤山市2022年“世界急救日”主题宣传活动之“救在身边　校园守护”中学生心肺复苏（CPR+AED）培训启动仪式。9月2日至9月29日，市红十字会共对鹤山一中、鹤华中学等6所高中4000多名高一新生开展心肺复苏（CPR+AED）考证培训，考核合格的发放证书，实现了鹤山市高一新生急救技能全覆盖。

同日 鹤山市首家“党建入章”的非公企业党支部——中共南大账启程（江门）财税科技有限公司支部委员会正式挂牌成立。

22日 全国和谐劳动关系创建示范经验交流电视电话会议在京召开，会议表彰了全国和谐劳动关系创建示范企业共350家。鹤山雅图仕印刷有限公司榜上有名，成为江门市唯一获此殊荣的企业。

24日 由中央广播电视总台与国家文物局共同打造的《红色烙印——革命文物的故事》在CCTV 10科教频道持续热播，其中第35集是以鹤山粮税代用券为主题的红色革命故事。

26日 水利部河湖保护中心到鹤山市调研沙坪河碧道建设工作，对沙坪河碧道示范带建设及治水科普展厅建设等给予肯定。

26—27日 云南省大姚县劳务协作考察工作组一行在该县人社局党组书记、局长李志祥带队下，到鹤山市开展劳务协作考察交流活动。

28日 水利部水库移民司司长卢胜芳、移民司处长袁烨、省水利厅副厅长孟帆一行到鹤山市古劳镇调研乡村振兴工作。

30日 鹤山市在革命烈士陵园举行烈士公祭活动，深切缅怀英雄烈士，颂扬革命先烈的崇高精神。刘志刚、冯细就、冯伟华等市领导，离退休老同志代表，烈军属、退役军人代表，驻鹤山市军警部队指战员，市有关单位负责人，教师及中小学生代表等参加烈士公祭活动。

同日 鹤山市举行中为先进封装（深圳）项目签约仪式。该项目将在鹤山工业城建设12条SiP半导体先进封装生产线。该项目计划总投资10亿元，达产后预计年产值30亿元，年纳税2亿元。

是月　中国侨联确认第十批“中国华侨国际文化交流基地”。鹤山市古劳镇入选，成为鹤山市首个国家级华侨华人文化交流平台。

10月

9日　鹤山市港澳台侨青少年交流基地揭牌仪式在鹤城镇城西村委会潮边坑村举行。建立后，将以基地为平台加深港澳台侨青少年对本地文化和建设发展的了解，提升华侨青少年的爱国爱乡情怀，密切华侨青少年与家乡的联系。

14日　广东省商务厅党组书记、厅长张劲松带队就稳外贸促增长到鹤山作专题调研，鹤山市领导刘志刚、刘德贤参加调研。张劲松强调，鹤山市要着力推动中欧、中老班列运行常态化，加大对欧洲和东盟物流大通道的建设力度，为珠西经济圈外贸进出口企业提供更多新选择，增创对外开放新优势。

18日　市不动产登记中心成功办理了江门市首笔商品房带抵押不动产转移登记。此登记模式将原有抵押商品房过户2个办理环节优化为1个办理环节，办理时间由“1+3”个工作日压缩至1个工作日，使买卖双方无须再使用短期高利息借贷注销贷款，降低了交易成本。

24日　广东省工业和信息化厅党组书记、厅长涂高坤带队就国务院和省政府稳经济政策落实情况到鹤山实地调研。涂高坤对鹤山市积极落实惠企纾困政策全力稳工业经济给予充分肯定。

同日　全省首个企业信用报告自助查询代理点正式落户鹤山农商银行，正式对外提供服务。

26日　中央广播电视总台科教频道《探索发现》栏目“匠人·匠心”第128期播出鹤山市龙狮制作技艺内容，时长达28分钟。

11月

7日　鹤山市中欧合作重点项目——鹤山市镓洋卫浴有限公司奠基仪式在址山镇举行。这是鹤山市加快推进中欧合作区建设，实施产业链精准招商取得的又一重要成果。该项目总投资1亿元，主要研发和生产电子化、智能化、整体化的卫浴洁具及五金产品，预计达产后年产值3.5亿元，带动就业超300人。

11日　鹤山市智慧法治中心（智慧矫正中心）正式挂牌成立。这标志着鹤山市智慧法治工作迈上新台阶。

13日　第79届意大利米兰国际摩托车及自行车展览会（EICMA）在意大利米兰圆满结束。江门市鹏程头盔有限公司携6款自主生产的新头盔参展。EICMA展是全球规模最大、历史最悠久的双轮车展会之一，也是鹏程头盔打开欧洲市场非常重要的平台。

14日　鹤山市鼎合智能卫浴有限公司奠基仪式在址山镇举行。鹤山市鼎合智能卫浴有限公司位于址山镇东溪开发区，计划总投资1.5亿元，主要研发、生产淋浴花洒套装、水龙头、水暖零配件及相关五金产品。项目达产后预计年产值为2.5亿元，带动500人就业。

23日　江门市合盛精密机械有限公司（原名江门市豪爵摩托车配件有限公司）先后被认定为2021年度广东省省级示范性就业帮扶基地和粤桂协作“一县一企”农村劳动力稳岗就业基地。

27日　共青团鹤山市第十九次代表大会胜利召开。鹤山市委书记刘志刚出席会议并讲话。团鹤山市委书记温丽萍向大会作报告。会议审议通过共青团鹤山市第十八届委员会工作报告的决议，选举产生了新一届委员会。大会共选举出共青团第十九届委员会13名常委（其中，书记1名、副书记5名）、31名委员及12名候补委员。

28日　鹤山市残疾人联合会第七次代表大会召开。鹤山市残联党组书记、理事长黄红梅向大会作报告。会议选举产生鹤山市残联第七届主席团委员和鹤山市出席江门市残联第八次代表大会的代表。大会聘请市委副书记梁士元为市残联第七届主席团名誉主席，市委常委、副市长胡国伟为名誉副主席，李志当选为新一届主席团主席，黄国彬、黄红梅当选为副主席，黄红梅当选为新一届执行理事会理事长。

是月　鹤山防灾减灾科学馆（鹤山市科技馆）开始试运行。场馆总面积4035平方米（室内2385平方米，室外1650平方米），其中常设主展馆面积约480平方米。包括科技探索、科学天地、平安鹤山、防灾减灾等四大主题共22个展项。

12月

1日　鹤山市创建全国文明城市工作指挥部办公室召开工作推进会，找准当前文明城市创建工作存在的问题，补齐短板，明确任务，高质量高标准推动文明城市创建工作落地落实。

2日　鹤山市民政局在雅瑶镇举办鹤山市首个未成年人保护工作站（以下简称未保站）揭牌仪式。全市10个镇（街）未保站同步完成挂牌启用。

6日　鹤山市全面优化营商环境领导小组办公室组织召开第一次营商环境特约监督员座谈会。通过面对面的交流沟通，探索更多优化营商环境的新想法、新手段、新举措，搭建起政企沟通的“连心桥”。

8日　鹤山雅图仕印刷有限公司被评为“全国和谐劳动关系创建示范企业”。是全省获此殊荣的17家企业之一。

9日　鹤山市科学技术协会第七次代表大会召开。会议选举产生了市科协第七届委员会委员、常务委员、主席、副主席；汪国良当选为市科协第七届委员会主席，区艳香、叶瑞荣、李少明、李琰、张远鸿、谢锦涛当选为市科协第七届委员会副主席，其中谢锦涛、区艳香为专职副主席。

同日　鹤山市税务局举办“奋进新时代 鹤山这十年”——全市经济社会建设成就主题图片展，以系列图片回顾党的十八大以来鹤山经济社会建设成就。图片展涵盖经济建设、文化建设、社会建设、生态文明建设、税收发展等方面，共80张图片。活动当天还举行了“陈文霞工作室”揭牌仪式。该工作室以鹤山市税务局“全国税务系统精神文明建设先进工作者”获得者陈文霞名字命名，是江门市税务系统首个以税务干部名字命名的工作室。

12日　广州市市政集团有限公司与鹤山市公营资产经营有限公司举行共同组建合资公司签约仪式。会上，广州市市政集团有限公司与鹤山市公营资产经营有限公司签约，共同组建合作公司——广建工程建设（鹤山）有限公司。合资公司将参与鹤山地区市政基础设施建设、房屋建筑工程、土地整理、片区开发等各类项目的施工或者投资。

14日　举办“鹤才翱翔”系列活动之“中欧高层次人才”“百名博（硕）士”引进对象市情研修活动。

20日　中国共产党鹤山市第十三届委员会召开第三次全体会议。会议为鹤山锚定了全新的发展目标——奋力争创全国工业百强县，争当广东县域高质量发展排头兵。会议明确，坚定不移走高质量发展之路，深入实施制造业当家“一把手工程”，务实推动中欧（江门）中小企业国际合作区建设，纵深推进全面从严治党，着力推动各项工作拔头筹、争上游，将新时代的制造新城建得更强，将新时代的岭南水乡建得更美，推动鹤山发展争先进位，奋力争创全国工业百强县，争当广东县域高质量发展排头兵。

同日　鹤山市商会活动中心启用，市工商联（总商会）第十三届执委会第二次会议召开。市领导张华景、陈文光以及有关人员出席活动。会议选举增补鹤山市工商联（总商会）第十三届执委会成员。鹤山市商会活动中心是鹤山市工商联（总商会）下属的会员教育培训基地和会员服务中心，集商会管理运行、党建学习、政商互动、教育培训等功能于一体，是商会对外展示形象的重要窗口。

21—22日　2022粤港澳大湾区全球招商大会举办。这是粤港澳大湾区首次召开的全球性招商大会。12月21日，鹤山市与世界500强、全球领先的硅能源龙头企业——隆基绿能科技股份有限公司（以下简称“隆基绿能”）在大会上正式签订投资意向协议。根据协议，鹤山市政府和隆基绿能拟共同在广东（江门）硅能源产业基地鹤山园区投资建设隆基硅能源产品生产基地项目。该项目及配套设施初步意向总投资超百亿元，建成后将成为全国排名前列的光伏组件等产品生产和出口基地。基地首期将建设年产10GW单晶组件项目，计划投资约45亿元，占地约510亩，预计达产后年产值将达到180亿元。

23日　中国轻工业联合会组织专家组对鹤山市“中国印刷产业基地”进行线上复评。专家组一致同意鹤山市通过“中国印刷产业基地”复评。

同日　落户鹤山市桃源镇的广东托肯新材料科技有限公司项目举行奠基仪式，并迎来一期项目的顺利开工。鹤山市委副书记、市长张华景，鹤山市领导刘德贤参加活动。该项目计划总投资6.85亿元，占地4.23万平方米。项目预计2023年12月投产，达产后预计年产腻子18万吨、瓷砖胶10万吨、水性环保涂料4万吨。

26日　广东拓普斯新材料有限公司项目奠基暨开工典礼在共和镇举行。广东拓普斯新材料有限公司项目总投资2.5亿元，主要生产可回收的PE标签膜/软管片膜、MDO-PE膜以及多层共挤高阻隔膜，产品销往国内主要城市并出口到世界各地。

是月　鹤山公路事务中心与五邑大学土木建筑学院签订合作协议，在科技创新研究方面合作，并作为该学院的实践教学基地、课程思政实践教学基地、研究生教育实践基地。

是月　鹤山市第三水厂工程全部完工并投入运行，有效弥补了鹤山市供水缺口，缓解了供水压力。

是月　总投资约2000万元的双合镇水系连通及水美乡村建设项目完成。

市情综述

市情综述

基本概况

【位置、面积】 鹤山市位于广东省中南部，珠江三角洲西南部，西江下游右岸，东北与佛山市南海区隔西江相望，东南毗邻江门市蓬江区、新会区，西南与开平市交界，西北接新兴县，北邻佛山市高明区。水陆交通便捷，G325国道、江鹤高速公路、佛开高速公路、江罗高速公路、广中江高速公路和江肇高速公路纵横贯穿全市，广珠铁路穿境而过，南沙港铁路与广珠铁路鹤山段（南站）接轨；国家一类口岸鹤山港客货船经西江水路可达中国香港、澳门，其中水路至香港93海里，至澳门63海里。鹤山市总面积1082.73平方千米。

【地质、地貌】 鹤山地表显露地层有早古生届寒武系八村群、晚古生届中泥盆系桂头群、中上泥盆系春湾组，中生届早侏罗系金鸡群、下白垩系百足山组和上白垩系丹霞组，下第三系古一始新系莘庄村组及第四系全新统桂洲群等8个岩石地层。八村群分布较广，在仙鹤湖发现的海绵骨针化石，厚度超过1839米，距今5亿多年，是境内最古老、分布最广的地层。境内侵入岩分布广泛，占全市面积一半以上。侵入岩的种类属酸性花岗岩。大地构造属华南褶皱系粤中拗陷，有亚婆髻背斜、白水坑复背斜、茶山单斜、大昆仑单斜、那水向斜。断裂有恩平—新丰深断裂带和西江大断裂。其中恩平—新丰深断裂带在市内自南而北纵贯全境，为境内最重要的区域性断裂带。西江大断裂沿西江呈北西向展布，是控制境内东北地区地貌形态、第四系沉积和分布的重要构造形迹。

鹤山地形东西宽，南北狭长，中部山峰绵亘，丘陵起伏，地势呈中西部高，自西略向东倾斜，东部低平，北最低。按地势地貌分为山地、丘陵、平原3个梯级。山地主要分布于宅梧镇和双合镇，自境内西部的云宿山至中部皂幕山、东北部的茶山，形成连绵不绝的山脉。海拔500米以上山地23.3平方公里，皂幕山主峰亚婆髻海拔807.5米，为全市最高山峰。丘陵与山地靠近，高度在50～150米之间，属侵蚀地貌，范围较大，面积达1003平方千米，分布于址山、共和、鹤城、龙口、雅瑶和桃源等6个镇。冲积平原主要分布于西江沿岸的古劳镇和沙坪街道，属河流冲积土，地势低洼平缓，面积82平方千米，一般标高为1～4米之间，最低大埠围海拔仅1米。

【气候、水文】 鹤山地处北回归线以南，属南亚热带季风气候，冬无严寒，夏无酷暑，光照充足，雨量丰沛，四季常青。全年总降雨量1529.2mm，最大日降雨量132mm（3月5日）；年平均气温23.5℃，最高气温37.4℃（7月24日），最低气温2.9℃（1月13日）；年日照时数1961.4小时。境内河流众多，主要有西江干流、沙坪河、雅瑶河、宅梧河、址山河、双合河、来苏河和民族河等8条，总长200.8千米。除沙坪河属西江支流外，其余均属潭江水系。

【矿产、生物】 鹤山境内已发现的矿种有铁、铅、锌、稀土、磷、硫铁矿、钾长石、饰面石材等8种。经查明有大量的稀土矿、花岗岩、矿泉水、泥炭土和少量的褐铁矿、锌矿、金矿。境内动植物资源丰富，据1982年调查统计，有野生动物100多种，植物900余种，其中树种300种、中草药60多种。

【建置沿革】 秦以前，鹤山地属百越，秦始皇三十三年（公元前214年）平定南越，在岭南设置桂林、象、南海3郡，鹤山地属南海郡。汉元鼎六年（公元前111年），南海郡被划分为番禺、四会、博罗、中宿、龙川、揭阳6县，道光《鹤山县志》称“鹤山两汉为四会县地”。三国吴国黄武元年（222年），在新会县境立平夷县，鹤山地属平夷县。晋武帝太康元年（280年），平夷改称新夷县，属广州郡。南北朝，宋永初元年（420年）立新会郡，辖6县，鹤山地分属封平、盆允两县。宋、齐、梁、陈沿旧不变。隋朝时，鹤山属新会、义宁两县，隶属于南海郡。唐朝时，改隶属于广州。五代、南汉隶属于兴王府。宋朝属新会、新兴两县，隶属于广州及新州。元沿前制，明朝隶属于广州府及肇庆府。清顺治六年（1649年）至建县前，鹤山分属新会、开平两县。雍正十年（1732年）

从新会划出古劳、新化、遵名三个都及开平的双桥都和古博都的部分地方新置鹤山县，在大官田筑城为治所。因县治城北有山似鹤而命名为鹤山，隶属肇庆府。民国2年（1913年）县城迁至沙坪。中华人民共和国成立初，鹤山县属粤中专区。1952年5月与高明合署办公，至1954年两县恢复建制。1956年鹤山县属佛山专区。1958年11月16日，鹤山县与高明县合并，称高鹤县，仍属佛山专区。1959年改隶属江门专区。1961年10月改隶属肇庆专区。1963年划归佛山专区。1981年12月16日，恢复鹤山、高明两县建制，鹤山隶属佛山地区。1983年6月1日，实行市管县，鹤山县隶属江门市。1993年11月8日，经国务院批准，同意撤销鹤山县，设立鹤山市（县级市）。

【行政区划】 鹤山市辖沙坪（街道）、雅瑶、龙口、古劳、桃源、共和、址山、鹤城、宅梧、双合共10个镇、街，27个社区居民委员会，112个村民委员会，10个三峡库区移民村。市人民政府驻沙坪街道。

【人口、民族、语言】 2022年，全市常住人口54.07万人，城镇人口比重为63.47%。公安部公布的户籍人口总户数12.52万户，年末户籍总人口39.62万人；全年出生人口3093人，出生率7.8‰；死亡人口2884人，死亡率7.3‰；自然增长人口209人，人口自然增长率0.5‰。全市人口以汉族为主，有壮族、瑶族、苗族等少数民族27个，人口3.33万人。全市使用最广的语言有广州话、沙坪话、普通话。其中，沙坪话属广府话语系，主要流行于市区、沙坪、龙口、桃源及古劳、雅瑶等地。市内部分地区还流行客家话、址山话、宅梧话等方言。鹤山市是全国著名侨乡之一，有旅居海外的华侨、华人和港澳台同胞49.17万人，分布于83个国家和地区。

经济建设

【概况】 2022年，鹤山市面对复杂多变的经济发展形势和常态化疫情防控的艰巨任务，高效统筹疫情防控和经济社会发展，全力防住疫情、稳住经济，保障发展安全。全年地区生产总值458.51亿元，增长2.8%；规模以上工业增加值194.83亿元，增长4.1%；固定资产投资增长5%；社会消费品零售总额158.86亿元，增长2%；外贸进出口总额229.4亿元，下跌14.5%；地方一般公共预算收入35.73亿元，可比口径增长3.4%。

【农业】 2022年全力抓好粮食生产和重要农产品供给，超额完成全年粮食播种面积任务，全年生猪饲养量60万头、家禽饲养量2027万羽，水产品产量8.2万吨，农林牧渔总产值增长6.7%。实施种业振兴行动，开展耐寒耐热优质甜玉米的示范推广近万亩；新增国家级、省级生猪产能调控基地9个，新增省级畜禽标准化示范场6个；推进省渔业绿色循环发展试点建设，在古劳镇开展5750亩连片养殖池塘标准化改造和尾水治理。做大做强鹤山茶品牌，“鹤山红茶”在中茶所主办的“县域茶产业竞争力评估”中排名全省第七。申报省级农民合作社示范社1家、江门农业龙头企业3家，已认证省级“菜篮子”基地企业5家、粤港澳大湾区“菜篮子”基地（信誉农场）1家。2022年农林牧渔业总产值68.84亿元，增长6.7%。全年粮食播种面积17.51万亩，增长1.8%；总产量6.13万吨，下降3.8%。蔬菜播种面积19.61万亩，下降2.1%；总产量32.48万吨，增长3.1%。花生播种面积1.45万亩，下降15.0%；总产量0.24万吨，下降13.3%。水果产量2.28万吨，增长2.0%。水产品产量7.79万吨，下降15.2%。肉类产量4.59万吨，与去年持平，其中猪肉产量2.81万吨，增长12.6%。

【工业】 大力发展实体经济，项目支撑持续增强，共引进亿元以上项目39个，计划总投资253.89亿元，其中超10亿元项目8个，属江门15条产业链项目32个，占比达82.1%；引进意墨迅等4个欧资项目，计划总投资2.67亿元。新增外资企业29家，实际利用外资同比增长45.9%，总量及完成进度均位列江门第一。完成土地供应96宗，面积3778亩，其中工业用地53宗，面积2241亩。处置闲置低效、批而未供土地1458亩，实施桃源镇长江工业园等11个“工改工”项目，面积922亩；完成拆旧复垦2510亩。工业投资占固定资产投资比重达54.5%，居江门首位。投资25亿元的信义玻璃项目动工建设。积极培育“专精特新”企业，厚积工程机械和华鳌合金被评为国家级专精特新“小巨人”企业，博盈特焊、厚积机械申报年度省级制造业单项冠军企业。“大型盾构机盾体一体式平移转体系统及解决方案”获“省长杯”工业设计大赛金奖。建立“小升规”重点企业培育库，100家工业企业入库，新增数量占江门新增总量的32.8%，总量及完成进度均在江门前列。建筑业稳步提升，企业资质及数量总体呈增长态势，总产值同比增长20%。

【园区发展】 **鹤山工业城** 省级高新技术产业开发区、中欧（江门）中小企业国际合作区。位于鹤山市中部工业区，园区地理交通优越，国道G325、佛开高速公路、江鹤高速公路、江肇高速公路、双和公路、江罗高速公路、广珠铁路纵横交错，融入广佛深珠港澳1.5小时生活圈。园区附近30～40公里内有鹤山港、江门高沙港、新会深水港3个国家级一类港口，距离白云机场、珠海机场100公里。园区内交通四通八达，道路宽敞平坦。园区规划为工业发展区、商业服务区、科研教育区、员工生活区、公共活动区、高尔夫俱乐部等6个功能区，是高起点规划、高标准建设的科技型、低碳型、生态型、效益型现代化产业基地。2022年，工业城（共和镇）新增规上工业企业26家，实现规上工业总产值284.79亿元，规上工业增加值66.3亿元，均超额完成目标任务；固定资产投资90亿元，同比增长32%；累计完成财政收入4.75亿元，超额完成市下达的目标任务，其中税收收入4.13万元，同比增长5.6%（可比口径）。加快园区升级改造。成为省下放扩园审批权后全省首个实现扩园规划环评全覆盖的省产业园，园区面积达1029.19公顷，将承载更多优质项目资源。扎实推进园区升级，“一企一策”制定低效用地整治方案，引进培育优质企业项目。截至10月底，共提升整治低效用地483亩。推进创维光电二期、得润电子二期、联东U谷二期、中南人防二期、日丰、星际等项目建设，1—11月共完成项目投资36.36亿元。重点聚焦新材料、高端装备制造、智能家电三大产业。1—11月成功推动12个项目通过江门市招商联席会议审议，项目投资总额约79亿元。优化营商环境，全国首个省级政务服务平台“视频办”服务专区上线发布会在园区举行，通过“视频办”为欧洲企业提供服务。开展暖企安商行动，成功协助斯柯电器、世运电路等36家企业申报增产增收奖励282万元，协助世运电路、华美实业等8家企业申报省级技术改造资金奖励2500万元，发放省工业园区高质量发展（产业共建）专项资金1500万元。支持指导建设科研创新平台，世运电路成功获批设立广东省博士后创新实践基地。推动富华装载机、创维二期、得润二期、人防一期等新建项目早日建成投产。科学规划1425亩新征土地，做好产业规划，引育更多好项目。

珠西国际物流中心 珠江三角洲物流中转站。地处鹤山市沙坪街道、龙口镇、桃源镇三镇交界，位于“广佛肇”“珠中江”两大经济圈交汇处和粤港澳大湾区西翼核心，承东启西、联动两翼，串联沿海，辐射西南，汇集“海陆空铁”立体交通网络，将港口、铁路、公路、机场、水运码头等交通基础设施汇集联通并发挥功能。以一中心（珠西物流中心）联三港口（深圳盐田港、广州南沙港、珠海高栏港）通五机场（广州白云国际机场、深圳宝安机场、珠海金湾机场、香港国际机场、澳门国际机场）跨四地（深圳、广州、珠海、江门）合作，在畅通湾区“双循环”节点、开拓服务“双区”“双核”城市群发挥重要作用。发展定位及功能是打造“卖全球、买全球”大型通道体系、服务大湾区物流枢纽平台、连接珠西粤西面向大西南的通道和深化深圳与江门合作的窗口，以粤港澳大湾区高端生活物资配送中心和“三港共一区”珠西国际陆港为目标，构建“一中心连通三港口跨四地合作”发展大格局。国际货运班列成功开通，海铁联运常态化运营。江门北站通过设立海关监管临时措施，满足通关一体化要求，2022年3月16日、4月28日分别成功开通珠西粤西地区首趟中老班列和首趟中欧班列，全年累计开通中老班列5趟、中欧班列6趟，为中欧、中老产业合作打造高效便利的物流大通道。珠西国际物流中心依托江门北站货运站场打造盐田港、南沙港、高栏港“一中心连通三港口”组合港，成功把港口建在企业园区门口。今年，海铁联运班列实现大幅增长，共运送24 244个标箱。其中，江门北—盐田港班列全年运送9772个标箱，比2021年增长39.4%；南沙港—江门北班列于2022年2月开通，全年共运送14 472个标箱。

总投资57.1亿元的珠西物流产业新城PPP项目工作有序高效推进，首期首批工程——“新建南沙铁路江门北站站前广场配套设施工程”已完工验收。总投资4.9亿元的大湾区珠西物流建设一体化（一期）项目正加快园区道路、疏港路配套管廊等工程建设。嘉民鹤山现代物流园项目及熙麦大湾区时尚供应链枢纽建设项目正按进度推进。围绕粤港澳大湾区高端生活物资配送功能，核心区已引入普洛斯、维龙、嘉民、熙麦等顶尖物流项目。2022年新增2家规模以上企业：浩川仓储、合能商贸。规模以上企业总数达到6家。全年规模以上企业营业收入超7.2亿元，纳税额超3000万元，均实现同比增长200%以上。2022年引入鹤海大宗商品交易中心项目，占地158亩，总投资6.2亿元，建筑面积14.2万平方米；还引入中顺智慧供应链服务产业园项目，占地130亩，总投资5亿元，建筑面积约6万平方米。

城乡建设

【城镇建设】 2022年，鹤山市筹集保障性租赁住房210套。放宽公租房申请条件，将本市城镇中家庭人均可支配月收入从3016元以下提高至3098元以下，外来务工人员申请沙坪城区公租房“需要签订3年以上劳动合同，且累计在鹤山购买3年以上社会保险”修订调整为“与本市现用人单位签订1年以上（含1年）劳动（聘用）合同，申请之日前半年内购买1个月以上（含1月）社会保险”。坚持“以民为本、为民解困、为民服务”的原则，最大限度减轻困难家庭负担，低保户家庭租金按照公共租赁住房租金标准的20%收取；针对孤、老、病、残等特殊困难家庭，按照公共租赁住房租金标准的10%计收；减免参战退役家庭租金。2022年共为23户低保家庭、1户低收入家庭、5户特困家庭以及20户参战退役家庭减免租金共计14.93万元。惠民苑保障房小区加装电梯一期工程2部电梯正式投入使用，二期工程建设工作完成6部电梯的安装。2022年，围绕城市品质提升六大计划和园区基础设施建设，共安排建设项目27项，完工11项，累计完成投资19.24亿元。其中，完成大昌花园、乐民村和新升苑3个城镇老旧小区改造；完成水围新村、东升村、南门苑等8个老旧小区及其周边主次干道建筑物外立面整治，旧城区焕发新面貌。2022年，全面开展自建房安全专项整治，共排查自建房139 255栋，其中经营性自建房9123栋，发现29栋经营性自建房存在安全隐患，其他自建房初判存在安全隐患322栋。均依据分类整治标准进行分类管理。1月24日，鹤山市第一中学陆容章楼竣工验收，建筑面积3947.3平方米，总投资合计677.15万元。7月18日，鹤山市妇幼保健院新建附属楼工程竣工验收，建筑面积2094.7平方米，总投资合计1241.18万元。10月8日，鹤山市桃源中学教师宿舍楼项目竣工验收，建筑面积2411.62平方米，总投资合计671.2万元。

【乡村建设】 2022年，鹤山市实施美丽圩镇建设攻坚行动，安排建设项目共61个，完工项目34个，累计完成投资6.89亿元，各镇均通过江门市评价验收，其中共和镇达到“示范圩镇标准”，其余各镇达到“宜居圩镇标准”。

【交通建设】 2022年度计划完成交通基础设施建设投资12.24亿元，截至2022年12月底累计完成年度投资12.85亿元，完成率达104.9%。全市公路通车总里程达1313.9千米，每百平方千米公路密度121.39千米。其中，高速公路109.1千米，一级公路180千米，二级公路187.8千米，三级公路132.9千米，四级公路704.1千米。省道S270鹤城至杜阮段扩建工程项目是江门市中心城区产城融合示范区建设重点项目之一，先行段（鹤城小官田村至共和宝丰新城段）全长8.767千米（其中主线长7.411千米，鹤兴路连接线1.356千米），投资约8.66亿元，2022年年底已完工；二期工程（共和宝丰新城至平岭村段）全长9.989千米，总投资4.73亿元，已完成立项批复、初步设计、施工图设计批复、发出招标公告等前期工作。省道S270鹤山赤岗村至霄南村段改扩建工程项目全长约8.32千米，采用双向四车道一级公路设计标准，总投资约9.3亿元。该项目已纳入大湾区珠西物流现代化服务业集聚区一体化重点项目，并已于2020年6月经鹤山市发改局批复立项，到2022年年底累计完成投资2.3亿元。2022年，鹤山市正式获得“四好农村路”省级示范县称号，通达农村公路里程达922.35千米（其中县道222.14千米，乡道158.84千米，村道541.37千米），实现通50人以上（或10户人以上）自然村村道路面硬底化率达100%。全年鹤山市道路运输客运量完成420.6619万人次，客运周转量8161.1719万人·千米，货运量281.2617万吨，货运周转量16 742.6667万吨·千米。2022年，鹤山市纳入管理的营运车辆2144辆，其中，客运车辆53台辆，货运车辆2091辆；纳入管理的机动车维修企业300户，其中，一类汽车维修企业1户，二类汽车维修企业18户，三类汽车维修企业281户；纳入管理的机动车驾驶员培训机构6家。全市共有客运站（场）7个，其中鹤山汽车总站为一级站，宅梧车站为四级站，双合站场为四合一站场，全市候车站（亭）点共有336个。2022年，鹤山市经营性港口企业有10家，其中取得港口危险货物作业许可的企业有2家，水路运输企业共3家，均为普通货物运输企业，纳入管理的运输船舶有13艘，其中集装箱船6艘，自卸沙船3艘，多用途船4艘，载重合计37 211.94吨。全年累计港口货物吞吐量为954.86万吨，同比增加3%；全年港口集装箱吞吐量161 882TEU，同比减少约10%。全年的水路运输货运量102.06万吨，同比减少0.7%；水路运输货物周转量约10 590.11万吨·千米，同比增加52.7%。

社会事业

【科技、教育、卫生】 2022年全市技术合同交易额达到1.05亿元，比2021年翻了一番。2022年全市专利授权量2900件，其中发明专利137件，实用新型专利1598件，外观设计专利1165件，《专利合作条约》PCT国际专利申请量8件。截至2022年底，全市拥有有效发明专利642件，获得3C产品认证的企业88家，获得资质认定计量认证的实验室21家，高新技术企业330家，省级企业工程技术研究中心61家。全年新增评审（认定）专业技术资格486人，其中初级专业技术资格429人，中级专业技术资格55人，高级专业技术资格2人。

2022年，加大幼儿园建设，增加学前教育优质学位1290个。完成沙坪六小综合楼和址山中学综合楼建设，增加公办中小学优质学位1140个；开办鹤山一中附属中学和附属小学，增加义务教育公办学位3420个；完成鹤山一中学生宿舍楼建设，增加普通高中学位300个；建成广旭实验学校并投入使用，增加民办义务教育学位2520个。推进6所信息化中心学校和13所学校智慧课堂建设，完成12所中考考点学校理化生实验操作平台建设，完成77所学校、幼儿园信息化应用能力提升工程2.0“整校验收”。全市10个镇（街）实现校车服务全覆盖。积极推进“躺平舒适睡”，全市56所中小学校提供午休服务，超八成学生实现午休“躺平睡”。参与课后服务小学生42 139人，学生参与率达96.56%，教师参与率达100%，实现“5+2”服务时段全覆盖。加大教师招聘力度，全年入职教师共计358名，其中研究生学历42名。优化干部队伍结构，共提拔学校优秀干部42名。加强教师交流轮岗力度，2022—2023学年中小学交流轮岗教师达279人，选派30名骨干教师到开平市开展教育帮扶工作。2022年鹤山高考再创辉煌，成绩位于江门四市三区首位。在2022年广东省普通高中新课程新教材实施优质教学课例征集活动中，全市共有20个课例荣获江门市特等奖，占全江门市的38.46%。全市老年教育场所35个，全年共开展各类老年教育90场，参加受训老人3.1万人次，参加活动的老年人占比超38%，初步达到老年人老有所学、老有所为、老有所乐的目标要求。

2022年全面推进“县域医共体”建设，共创建江门、鹤山两级基层特色专科7个。积极推动药品耗材集中采购，促进科学合理用药。加强医疗人员队伍建设，共招聘6名高层次人才，并引进首名医学博士，实现了博士引进零的突破，培养本土高级职称人才54人。2022年，全市突发公共卫生事件共7起，7起均为新冠肺炎疫情。全市公立医疗卫生单位门诊总数519.13万人次，收住病人4.71万人次，业务收入87 371万元。2022年全力做好社会面疫情防控工作。选派了近20名专家参与全市各类疫情防控培训，指导各单位制定聚集性活动防控方案共43份。全市核酸检测能力为5.82万管/日，较2021年增长9倍，超额完成省、江门市核酸检测能力要求。全市设有发热门诊1家、发热诊室13家，发热门诊实行24小时接诊，采取全封闭就诊流程。积极推进目标人群新冠肺炎疫苗接种，全市累计接种新冠肺炎疫苗152.2904万剂次。2022年，着力推进中医药服务能力提升工程，以市中医院为龙头，借力与省三甲医院“组团式”紧密型帮扶开展中医重点专科建设、名中医工作室建设，市中医院针灸科、肿瘤科编入首批省级中医重点专科技术协作成员单位。开展国家基本公共卫生服务，持续深化爱国卫生运动，做好妇幼健康和老龄工作，完善社会心理服务体系建设，提供全周期健康服务。2022年年末，全市有各级各类医疗卫生机构258个，其中二级甲等医院3家（综合医院1家、中医院1家、妇幼保健院1家），疾病预防控制中心1家，卫生监督所1家，慢性病防治站1家，社区卫生服务中心1家，镇级卫生院10家，农村卫生站127家。2022年医疗机构完成诊疗548.72万人次，出院病人4.67万人次。全市有万元以上医疗设备3935件。

【文化、体育、旅游】 以市文化中心为主要阵地，策划举办元旦春节系列活动，组织拍摄《鹤年·乡情》和《我在鹤山过大年》等线上展演，并举办《云山即墨》山水画展、《美协新年作品展》《江门优秀摄影、音乐、电视作品巡展》等线下活动。推动文旅融合，组织举办“文明鹤山风光摄影大赛”活动，并在华侨城古劳水乡景区展出获奖作品，以摄影创作展示鹤山美丽风光；以华侨城古劳水乡作为试点，引入更多文化活动（包括演出、展览等）在景区落地生根，提升景区文化魅力。启动第四批非物质文化遗产代表性项目申报认定工作，推动“鹤城花炮会”列入第八批省级非遗，“紫丹苏陶”等7个项目通过江门市级非遗评审。2022年鹤山市博物馆开放317天；承办组织52场展览及教育活动，活动参与12 552人次；在省内率先启动民间收藏公益性咨询鉴定服务活动，并形成常态工作机制。全年共举办了7场咨询鉴定活动，鉴定藏品共计148件（套）。2022年鹤山市博物馆开发13款文化创意产品，充分利用微信公众号、视频号等新媒体手段宣传鹤山历史文化，共发出84篇文章，访问量52 116人次。2022年12月经市委编委批复同意成立“鹤山市李铁夫美术馆”，并加挂“鹤山市美术馆”牌子，为鹤山市文化广电旅游体育局所属公益一类事业单位。成立后举办了李铁夫诞辰150周年系列活动、李铁夫真品及名家精品展览、致敬铁夫·第三届粤港澳写生摄影文化节暨铁夫艺术研讨会、2022年广东江门优秀摄影音乐电视作品巡展等各类大型活动与综合展览。鹤山市广播全年播出8760小时，覆盖率100%。全市共有电影院3个，放映22 695场次，观众20.2万人次。

2022年全市各镇（街）自然村升级改造35处健身场地，安装篮球架5副，改造20条健身路径、10张户外乒乓球台，以点带面吸纳社会资金完善农村健身场地设施升级建设。开展全民健身系列活动，分别有8·8全民健身日、太极拳展演、门球比赛、乒乓球、羽毛球、篮球、足球、传统狮艺线上活动、环湖乐跑线上活动等10多项活动。开展国民体质监测，为1500多名群众进行身体机能测试，为群众参加体育锻炼提供科学健身指导。进行强化体育后备人才基地建设，多方向培养体育后备人才。市业余体校到鹤山各镇街进行运动员选才。共计选中体育人才17人，其中男子游泳运动员7人，女子游泳运动员8人，举重2人。2022年度江门市青少年锦标赛鹤山市代表队共350人参加比赛，共获得奖牌216枚，其中金牌57枚、银牌90枚、铜牌69枚。

2022年打造全域旅游新格局。春节期间，举办了古劳水乡新年风物季系列活动，举办主题为“花香迎新年，年味贺新春”的鹤山香草地首届花香节暨年味美食节。暑假期间，华侨城古劳水乡举办古圩微醺集市活动。8月4日晚，2022广东乡村休闲精品（夏季）推介会暨古劳镇乡村民宿推介招商活动在江门华侨城古劳水乡旅游区乡野时光大草坪举行，鹤山市非遗展区和美食文化展区吸引了大量游客体验打卡。9月10日—10月7日，华侨城古劳水乡开展市集活动，带动了夜间经济发展。组织举办“文明鹤山风光摄影大赛”活动并在华侨城古劳水乡景区展出获奖作品。举办2022年发现“文明鹤山”欢乐行活动，各镇（街）共同参与线路编制，将全市景点线路串联起来，依托微信小程序进行线上线下联结，让市民游客通过线上小程序打卡，参与探寻有关鹤山的历史文化和美食美景。6—7月，举办了2022香草地首届荔枝采摘季。推进重大文旅项目建设。华侨城古劳水乡文旅项目以“自由流淌的水乡生活”为主题，将“古劳水乡”打造成为中国最美岭南水乡和粤港澳大湾区文化生态旅游度假标杆。来苏山水人家项目通过“政府+村+企业”合作的模式，规划建设一个集山水田园、健康养生、茶文化、水资源、明清古建筑木建筑文化、含硒温泉为一体的乡村自然生态景区，配套特色精品民宿、高端农家乐等。源林生态乐园项目已完成第一批、第二批合计4600多亩林地砍伐，现正进行复绿工作。加快创建广东省全域旅游示范区。香草地景区获评国家AAA级旅游景区。华侨城古劳水乡上古劳圩商业街全面开放，乡野时光营地入选首批省乡村露营地图。“茶韵飘香鹤山红，越侨风情醉乡村”获评全国茶乡旅游精品线路。雅瑶镇黄洞村、鹤城镇五星村获评江门市乡村旅游示范村。

【民生保障】 增进民生福祉，提高人民生活品质，全年民生类支出395 161万元，占一般公共预算支出的80.7%。加强“粤菜师傅”和“南粤家政”工程培训力度，新增粤菜师傅专项职业能力考场1个，开展粤菜师傅培训158人次、各类家政培训901人次，培育了2家企业为江门市“南粤家政”基层服务示范站。2022年全年城镇新增就业6062人，促进城镇失业人员再就业3913人，帮扶就业困难人员就业297人，扶持创业513人，城镇登记失业率为2.38%，控制在3%以下。构建社会化双拥工作格局，实施退役军人就业计划。2022年居民人均可支配收入33 078元，增长3.1%。按常住地分，城镇居民人均可支配收入37 959元，增长2.1%；农村居民人均可支配收入24 593元，增长5.0%。全市共有城乡低保对象1620户2792人，累计发放低保金3206.8万元。建成“平安通”线下智慧服务中心并投入运营，养老助残“平安通”累计服务3252人。“邑康保”政府资助参保人数达1955人。2022年，鹤山市筹集保障性租赁住房210套，共为23户低保家庭、1户低收入家庭、5户特困家庭以及20户参战退役家庭减免租金共计14.93万元。全市参加城镇职工基本养老保险197 227人，其中，参加失业保险139 631人、基本医疗保险215 347人、工伤保险 148 854人、生育保险159 840人。参加城乡居民基本养老保险149 458人、基本医疗保险232 771人。

政治文明

【政府建设】 奋力推动全面依法治市，将鹤山市全力打造为国家级中欧合作样板区。出台法治鹤山建设“一规划两纲要”，打造法治鹤山“金字招牌”。在法治江门建设考评中实现连续2年（2020年、2021年）稳居第一名；成为全省首个实现行政执法“三个全覆盖”（镇街综合行政执法规范化建设、镇街行政执法协调监督办公室建设、县镇两级推广应用行政执法“两平台”全覆盖）的县级市。打造江门地区首个“智慧法治中心”，建设青少年法治教育实践基地，多维提升智慧法治服务工作水平。全面加强基层党组织建设，统筹推进党建引领基层治理工作，创新挂钩小区新城苑“四治”同施治理模式，组建鹤山市青年律师服务社区志愿团进驻新业社区，以“党建（政治）+法治+自治+智治”打造小区治理样本。率先在江门地区成立青年创业就业法律服务站。开办企业商事登记2小时办结，网办率96%，居江门首位。在全国率先开通政务服务平台“视频办”。启动政务服务综窗改革。60个银行营业网点上线“政银通办”。在江门率先完成“粤智助”行政村全覆盖。完成江门首宗县级全流程电子化交易政府采购项目。在全省落实首例商品厂房“交房即发证”，实施“交房即发证”1292宗。全市首宗商品房“带抵押过户”顺利实施。中介超市上线项目1966宗，居江门前列。253个工程项目完成联合验收。工业项目实现“验收即发证”。

【社会治理】 圆满完成党的二十大信访维稳安保工作。刑事治安警情下降13.8%。率先在全省实现镇（街）行政执法协调监督办公室全覆盖，建成江门首个“智慧法治中心”。雅瑶镇陈山村被命名为全国民主法治示范村。龙口镇青文村、宅梧镇靖村村获省民主法治示范村称号。推动县域治理“一网统管”试点建设，完善“平战”结合网格化管理体系，建成网格服务中台。搭建市、镇（街）、村（社区）三级群众信访诉求综合服务平台。10个“双百工程”[10]社工服务站、23个社工服务点挂牌成立。中欧合作区劳动关系联处中心成为全省唯一获全国第二批“百家金牌劳动人事争议调解组织”荣誉的园区类调解单位。完成省食品安全示范县验收。152家学校食堂完成“互联网+明厨亮灶”升级改造。全年无发生较大以上生产安全事故，社会大局保持稳定。共办理市人大代表议案、意见、建议109件，办理政协提案124件。

【改革创新】 加大创新引领力度，建成中欧创新中心和技术服务中心。新增高层次人才、专业技术人才、高技能人才2843人，发放人才补贴1363万元。欣龙隧道成功创建国家第四个盾构机检测实验室。创建省博士工作站、博士后创新实践基地4个。新增省级、江门市级科技创新平台14个，新增数居江门首位。高新技术企业、科技型中小企业分别突破330家和293家，同比分别增长25%、27%。技改投入增长25%。专利授权量2900件，增长率居江门首位。鹤山雅图仕印刷有限公司获评江门市企业质量提升创新中心。在江门首推“市领导挂钩+企业服务专员驻点”服务制度。营商环境“特约监督员”制度有效实施。中小微企业诉求快速响应平台解决企业诉求事项超1500项。累计新增退税减税降费超20亿元。发放企业扶持资金1.58亿元。中小企业政府采购份额占政府采购规模的87.84%。续贷专项资金助力企业融资续贷超23亿元，降费超3000万元。28家企业知识产权抵押融资超2亿元。全市银行机构涉农贷款余额超294亿元。市场主体突破5万户。“个转企”85户，“四上”企业入库138家，增资扩产74家。

精神文明

【创建文明城市】 2022年深化拓展全国文明城市创建。市领导按照挂点联系社区工作安排，多次深入基层开展文明创建督导工作，现场查摆解决问题100多条。以十大专项整治行动为抓手，重点做好市容环境专项整治、基础设施建设、农贸市场改造，推动城市精细化管理。高标准严要求打造建设23类实地考察点位示范点。常态化开展实地考察、公益宣传等日常督导。全年共发出督办整改函3217份，发现问题6440条，平均整改率91.07%。印发5期“红黑榜”。组织入户问卷调查全覆盖工作和线上有奖问答活动进社区。推进公益广告提质，评选出文明鹤山吉祥物“鹤小文、鹤小明”。印发创文工作简报27期，在融媒体平台发布文明创建宣传信息200多条。

【精神文明建设】 深化拓展群众性精神文明建设，深入推进精神文明创建九大行动。深化文明村镇、文明单位、文明家庭、文明校园创建工作，通报表彰一批2021年度精神文明建设先进集体和个人。深入开展“五大文明”行动，开展“我们的节日”活动160多场。广泛开展评选活动，2022年推荐评选江门好人2人，江门市新时代好少年6人。持续深化“强国复兴有我”“童心向党”等未成年人思想道德教育实践活动，推进乡村学校少年宫建设。构建“1+10+141+N”市、镇（街）、村（社区）三级文明实践联动体系，共建立新时代文明实践中心（所、站）152个，文明实践点6个，阵地建设覆盖率100%。推出市新时代文明实践中心公共服务平台，实现志愿服务供需对接。常态化开展主题活动。全市共开展新时代文明实践活动3000多场次，参与者达10万人次。

生态文明

【环境治理】 推进挥发性有机物综合治理，督促企业完成深度治理21家、低效治理设施升级改造12家。开展工业炉窑污染综合治理，完成10家工业炉窑企业整治提升。开展锅炉污染综合治理，完成燃气锅炉低氮燃烧改造48台、生物质燃料锅炉改造13台。深化移动源污染治理，共开展39次联合路检执法行动，共检测388台柴油车、6台摩托车，其中超标排放车辆9台。推进农村环境整治，完成8条建制村整治任务。严格建设用地准入管理，完成10个建设用地土壤状况调查。完成152家重点企业和集中式污染治理设施的环境统计工作，严格落实污染物排放总量前置制度，推进5家“双超”“双有”企业强制性清洁生产审核工作，加快生活污水处理厂提质增效，优化产业结构。坚持铁腕执法、铁规治污，共出动3574人次检查企业1592家，立案查处环境违法行为43宗，责令645家存在环境问题的企业限期改正，查封违法排污企业1家，移送公安机关进行行政拘留案件4宗。安排专人专责处理，确保日常工作中24小时畅通举报投诉电话，全年处理环境信访投诉1417件，信访投诉量同比下降17.4%，呈连续五年下降态势。联合相关部门成立专项小组，督导医疗废物及废水产生单位、处置单位建立健全疫情下医疗废物及废水管理机制。对接纳涉疫场所废水的污水处理厂开展应急监测456家次。结合河长制监测、城镇污水处理厂监测、污染源监测等日常工作，共提供监测数据6727个，出具相关监测报告73份。

【环境质量】 2022年鹤山市空气质量优良天数比例为85.2%，综合指数变化幅度位列江门市第一，二氧化硫、二氧化氮、PM10、一氧化碳与PM2.5五项污染物年均浓度值均达到国家环境空气质量二级标准。全市水环境质量总体向好，地表水国考断面（下东）水质优良比例达到100%，县级集中式饮用水水源地水质优良比例达到100%。全年总降雨量1529.2毫米，最大日降雨量132毫米（3月5日）；年平均气温23.5℃，最高气温37.4℃（7月24日），最低气温2.9℃（1月13日）；年日照时数1961.4小时。

【生态建设】 聚焦聚力践行绿色发展理念，促进生态文明建设。全面推行林长制，不断完善林业治理体系。完成乡村绿化美化示范村建设8条，高质量水源林建设5000亩，新造林抚育4640亩，大径材培育4252亩，大雁山生态公益林林分改造3974.4亩。推进生态环境建设，完成江门市碧道建设工程（鹤山段），建成西江、升平河、雅瑶河、龙口河等碧道近45公里。推进水环境综合治理，完成江门市西江潭江流域跨界重点支流综合治理项目（鹤山段）。完成鹤山市农村生活污水处理设施三期工程PPP项目，开展全市10个镇街中658个自然村的农村生活污水处理设施及污水管网建设。完成鹤山市自然村雨污分流管网及农村生活污水处理设施建设工程。持续推进矿山复绿和绿色矿山创建工作。督促4个新建矿山按要求同步开展绿色矿山建设工作，将扬尘污染防治措施落实到位。全市活立木蓄积量418.88万立方米，森林覆盖率52.49%；森林面积56 855.71公顷，森林蓄积量418.86万立方米。全市绿化覆盖面积1498.09公顷，公园绿化覆盖面积340.03公顷；公园9个，建成区绿化覆盖率41.0%。全市有污水处理厂10座，污水处理能力每天11.31万吨。城区生活污水排放量3055.41万吨，城区生活污水处理率97.1%。

政治

市领导机关

中共鹤山市委员会

【概况】 2022年，鹤山市委坚持以习近平新时代中国特色社会主义思想为指导，以迎接党的二十大和学习宣传贯彻党的二十大精神为主线，团结带领广大干部群众，以行动体现忠诚，用结果证明本事，努力推动各项工作拔头筹、争上游，经济社会高质量发展迈出坚实步伐。

坚持旗帜鲜明讲政治，更加坚定自觉拥护“两个确立”、做到“两个维护” 深入学习贯彻习近平新时代中国特色社会主义思想，完善贯彻习近平总书记重要指示批示精神闭环落实机制。抓实学习宣传贯彻党的二十大精神首要政治任务，召开市委常委会专题学习会议，班子成员到镇（街）和市直部门学习宣贯，切实用党的二十大精神统一思想、统一意志、统一行动。审议通过《中共鹤山市委关于深入学习贯彻党的二十大精神奋力开创鹤山社会主义现代化建设新局面的决定》，全力推动党的二十大精神在鹤山落地生根，结出硕果。

坚持人民至上、生命至上，打好打赢多场疫情防控阻击战攻坚战 坚持主动防、早发现、快处置，六次本土疫情均实现三天社会面清零，“0429”疫情处置得到广东省人民政府主要领导批示表扬。在江门地区首推“市领导挂钩+企业服务专员驻点”制度，帮助企业防住疫情、稳住生产。国务院疫情防控“二十条”优化措施出台后，及时从“大会战”转为“精准防控”，用好在线平台和网格中台两个平台，调配好在职医护人员和退休人员两支力量，突出“一老一小”两个重点，最大程度保护人民群众身体健康，最大限度减少疫情对经济社会发展的影响。

坚持实体经济为本、制造业当家，有力稳住经济发展基本盘 经济运行稳中有进。实际利用外资总额和税收、全社会用电量及工业用电量、固定资产投资增速位居江门第一；“四上”企业入库数量排名江门第一。重点项目加快建设。基建投资同比增长超八成，32个交通、水利等重点基建项目加快推进，S270鹤城小官田村至共和宝丰新城段扩建工程实现通车，江门北站新增客运站场主体完成建设，珠肇高铁先开段洞企山隧道全线贯通。中欧合作扎实推进。成功开通中欧国际货运班列。引进欧资项目4个，预计达产后年产值8.3亿元。建成中欧综合服务中心，对欧财税会计服务中心、省科学院江门分院、对欧认证机构（STC）相继进驻。

坚持实干争先、攻坚克难，奋力推动鹤山各项工作拔头筹、争上游 要事难事逐项突破。争取省和江门市支持鹤山建设省硅能源产业基地，一期投资45亿元的全球硅能源龙头企业隆基绿能项目签约落户。鹤山产业转移工业园规划环评通过省生态环境厅审查，并成功扩园至1029公顷，成为省下放扩园审批权后全省首个扩园规划环评全覆盖的园区。向上走访步步争先。成功争取将鹤山列入省委省政府新一轮推动产业有序转移促进区域协调发展政策支持范围。紧密型医共体建设、高标准农田建设、青年、老干部活动中心建设、三八红旗工作室建设等工作受到省级

2022年1月6日，鹤山市召开中欧（江门）中小企业国际合作区政企座谈会

表彰。法治建设、巡察工作、河长制、林长制、社工“双百”、企业工会等考核位列江门第一，乡村振兴考核排名江门第二。

坚持深化改革创新、优化营商环境，有效激发市场主体发展活力 市场信心有效提振。把优化营商环境作为市委全面深化改革“一号工程”。累计新增退税减税降费20亿元，发放企业扶持资金1.58亿元。市场主体突破5万户，同比增长7.5%。全年引进超亿元项目39个，计划总投资254亿元，其中超10亿元项目8个。政务服务持续优化。在全国率先开通政务服务“视频办”，在全省率先实现镇（街）行政执法协调监督办全覆盖。创新动能不断增强。省级、江门市级科技创新平台新增数居江门首位。专利授权量增长率居江门首位。华鳌、厚积成功申报国家专精特新“小巨人”企业。大型盾构机盾体一体式平移转体系统及解决方案获“省长杯”工业设计大赛金奖。鹏程头盔、中辉绿建移动房屋等“鹤山制造”亮相北京冬奥会、卡塔尔世界杯。

坚持城乡融合、协调发展，加快建设美丽宜居新家园 城市品质明显提升。启动老旧小区改造等城市品质提升项目27个，新建、改造城市主次干道9条，投入智慧停车泊位近3000个。完成城乡应急水厂管网、污水管网、天然气管道等一批基础设施建设。乡村振兴全面推进。建设高标准农田8220亩，完成撂荒地复耕8597亩，新增国家级和省级生猪产能调控基地9个、国家级和省级畜禽标准化示范场6个。生态环境持续改善。新增乡村绿化美化示范村8条。地表水国考断面（下东）（注：断面名称，所在水体位于西江干流水道）、县级集中式饮用水水源地水质优良比例均达100%。文化魅力不断彰显。古劳镇入选第十批“全国华侨国际文化交流基地”，大凹关帝庙被列入第十批省文物保护单位，“鹤城花炮会”被列入第八批省级非遗，香草地景区获评国家AAA级旅游景区。

坚持民生优先、惠民为要，努力提升人民群众幸福感满意度 教育事业更为优质。成功入选全国义务教育优质均衡先行创建县，新增公办义务教育学位4350个、学前教育学位1290个。全国中长期青年发展规划实施试点获评优秀等级。公共服务更有温度。加大对重点群体就业帮扶，城镇新增就业6062人，城镇失业人员再就业3913人，全市城镇登记失业率控制在3%以下。深化健康鹤山建设，创建江门、鹤山两级基层特色专科7个，市人民医院胸痛中心通过国家级中心标准认证。社会治理更加精细。首创“三联双到通网格”人大代表工作机制，雅瑶镇陈山村入选全国民主法治示范村。

坚持党建引领、强基固本，着力锻造坚强有力的战斗堡垒 全面夯实基层战斗堡垒。优化调整338个网格党组织，全覆盖组建248个小区党支部，成立2044人的志愿楼长队伍。推动两新党建扩面提质，新组建58个两新党组织，组建6个产业链党委。着力锻造过硬干部队伍。健全培育选拔优秀年轻干部常态化工作机制，选派23名干部到乡村振兴第一线驻村工作。驰而不息正风肃纪反腐。锲而不舍落实中央八项规定及其实施细则精神。加大对农村集体“三资”领域侵害群众利益不法行为的惩处力度，开展高龄老人政府津贴监管、乡村振兴驻镇帮镇扶村等民生领域专项监督整治。

（林富豪）

【重大决策】 **制定《中共鹤山市委关于认真学习宣传贯彻党的二十大精神的通知》** 根据中央、省委、江门市委关于认真学习宣传贯彻党的二十大精神的部署要求，制定《中共鹤山市委关于认真学习宣传贯彻党的二十大精神的通知》（鹤发〔2022〕4号），要求充分认识学习宣传贯彻党的二十大精神的重大意义，全面准确学习领会党的二十大精神，切实抓好党的二十大精神的学习宣传，以学习宣传贯彻党的二十大精神为新的动力，奋力推动鹤山高质量发展，加强对学习宣传贯彻工作的组织领导。

制定《鹤山市建设中欧（江门）中小企业国际合作区实施方案（2022—2030年）》 贯彻落实江门市第十四次党代会和鹤山市第十三次党代会精神，着力打造特色鲜明、充满活力的国家对外开放平台，制定《鹤山市建设中欧（江门）中小企业国际合作区实施方案（2022—2030年）》，明确目标任务，主动对接“一带一路”倡议，坚持生产要素向中欧合作集中，政策资源向中欧合作倾斜，公共服务向中欧合作优先，全面推进中欧（江门）中小企业国际合作区建设，全力打造国家级产业平台、国际化特色产业新城。

（胡潞琦）

【重要会议】 **鹤山市党史学习教育总结会议** 2022年1月20日，鹤山市召开党史学习教育总结会议，贯彻落实习近平总书记重要指示要求，传达中央、省委有关会议精神，对鹤山市党史学习教育开展情况进行系统全面总结，引导各级党组织和广大党员干部持续巩固拓展学习教育成果，为推动新时代鹤山市高质量发展而不懈奋斗。

中共鹤山市第十三届委员会第二次全体会议 2022年1月25日，中国共产党鹤山市第十三届委员会第二次全体会议召开。全会总结2021年工作，安排部署2022年工作。全会听取了张华景同志代表市委常委会所作的报告和关于经济工作的专题讲话，审议2021年传达学习贯彻落实习近平总书记重要讲话和重要指示批示精神以及抓党建工作情况的书面报告，确定2022年经济增长的新目标。

全会认为，2021年市委坚持以习近平新时代中国特色社会主义思想为指导，团结带领广大干部群众，凝心聚力、真抓实干，全面铺开中欧合作区建设，为进军全国百强县市打下坚实基础。

全会指出，以习近平新时代中国特色社会主义思想为指导，全面贯彻落实党的十九大和十九届历次全会及中央经济工作会议精神，深入贯彻习近平总书记对广东系列重要讲话和重要指示批示精神，认真落实省委十二届十五次全会和江门市第十四次党代会精神，弘扬伟大建党精神，深入推进省委“1+1+9”、江门市委“1+6+3”工作部署，坚持稳中求进工作总基调，完整、准确、全面贯彻新发展理念，加快融入新发展格局，统筹疫情防控和经济社会发展，抢抓“双区”和两个合作区建设重大机遇，深入推进“六大工程”，全力打造国家级中欧合作样板区，持续增进民生福祉，为江门构建新时代侨都高质量发展新格局贡献鹤山力量。

全会强调，要以新思想领航、靠强队伍远航、用好作风护航，把加强党的领导体现在对标看齐、把牢方向上，体现在凝心铸魂、夯实根基上，体现在真抓实干、勇开新局上，为鹤山在新的赶考之路上书写新华章提供坚强保障。

鹤山市委常委会（扩大）会议暨全市传达学习贯彻全国两会精神干部大会 2022年3月24日，鹤山市委常委会（扩大）会议暨全市传达学习贯彻全国两会精神干部大会在市委党校召开。会议传达学习习近平总书记在全国两会上的重要讲话精神和全国两会精神，研究部署鹤山市贯彻落实工作。会议由市委副书记、市长张华景主持，市委常委参加会议，市人大常委会、市政府、市政协领导班子成员，市法院院长，市检察院检察长，各镇（街）、市有关单位主要负责人，鹤山市十三届全国人大代表列席会议。

鹤山市组织收看收听党的二十大开幕 2022年10月16日，中国共产党第二十次全国代表大会在北京人民大会堂隆重召开。鹤山市广大党员干部群众认真收看大会开幕盛况。2022年12月20日，召开中国共产党鹤山市第十三届代表大会第三次会议。市委书记刘志刚，市委副书记、市长张华景，市人大常委会党组书记、主任冯细就，市政协党组书记、主席冯伟华等市四套领导班子成员，以及市委办公室、市人大办公室、市政府办公室、市政协办公室负责人等，集中收看大会开幕，认真聆听习近平总书记向大会作的报告。

鹤山各界干部群众收听收看江泽民同志追悼大会现场直播 2022年12月6日，鹤山各界干部群众通过各种形式收听收看江泽民同志追悼大会现场直播，深切悼念、寄托哀思。市委书记刘志刚，市委副书记、市长张华景，市人大常委会党组书记、主任冯细就，市政协党组书记、主席冯伟华等市四套领导班子成员在市委市政府机关一室集中收看。

中国共产党鹤山市第十三届

2022年12月20日，召开中国共产党鹤山市第十三届委员会第三次全体会议

代表大会第三次会议　2022年12月20日，中国共产党鹤山市第十三届委员会召开第三次全体会议。全会听取市委书记刘志刚代表市委常委会所作的工作报告，审议市委常委会2022年以来政治要件贯彻落实情况和抓党建工作情况的书面报告，审议通过《中共鹤山市委关于深入学习贯彻党的二十大精神奋力开创鹤山社会主义现代化建设新局面的决定》。

会议认为，十三届二次全会以来，市委常委会坚持以习近平新时代中国特色社会主义思想为指导，以迎接党的二十大和学习宣传贯彻党的二十大精神为主线，严格执行省委落实“两个维护”十项制度机制，坚决做到政治要件件件闭环，有力引领全市上下深刻领悟“两个确立”的决定性意义，团结带领广大干部群众，以行动体现忠诚，用结果证明本事，大战大考仗仗告捷，要事难事逐项突破，向上走访步步争先，党心民心同频共振，高效统筹疫情防控和经济社会发展，推动全市经济社会高质量发展迈出坚实步伐。

会议指出，党的二十大是在全党全国各族人民迈上全面建设社会主义现代化国家新征程、向第二个百年奋斗目标进军的关键时刻召开的一次十分重要的大会。省委十三届二次全会全面贯彻党的二十大精神，立足新的历史方位、历史条件，对推进广东现代化建设作出部署。全市上下要把学习宣传贯彻党的二十大精神和省委全会精神结合起来，将其作为当前和今后一个时期的首要政治任务抓紧抓实抓出成效。

会议强调，要牢牢把握高质量发展首要任务，深入实施制造业当家“一把手”工程，打造充分发挥鹤山资源禀赋优势的产业平台，建立紧盯深圳放眼全球的招商格局，营造珠三角最优的营商环境；要大力推动城乡区域协调发展，全面推进乡村振兴，努力办好人民满意家长放心的教育，着力打造全域共建、实用高效的社会治理，建设平安和谐、文明尚礼的幸福鹤山。

会议强调，必须坚持和加强党的全面领导，充分发挥党总揽全局、协调各方的领导核心作用，把方向、谋大局、定政策、促改革。要坚持全面从严治党，深入推进新时代党的建设新的伟大工程，坚定不移加强党的政治建设，持之以恒强化党的思想建设，守正创新夯实党的组织基础，坚持不懈锻造党的干部队伍，驰而不息推进正风肃纪反腐，为鹤山高质量发展提供坚强政治保证。

（黄碧滢）

【重要活动】　2022年3月9日，市委副书记、市长张华景，市人大常委会党组书记、主任冯细就，市政协党组书记、主席冯伟华等市四套领导班子成员以及市直机关党员干部职工100多人在沙坪城区前进南路碧桂园路段开展义务植树活动，以实际行动带动全市人民植树增绿，优化生态环境，共建绿色家园。

2022年3月16日，“江门号”中老国际货运班列从位于鹤山市珠西国际物流中心的江门北站首发。广东省发展改革委、省商务厅、省交通运输厅、中国铁路广州局集团有限公司、广东省广物控股集团有限公司、广珠铁路有限责任公司，江门市委、市政府以及各市（区）主要负责人参加首发仪式。

2022年3月29日，江门市2022年第一季度重大项目集中动工（投产）活动鹤山市会场拉开帷幕。鹤山市集中动工投产项目19个，大部分是高端装备制造等工业项目，计划总投资142.7亿元，涵盖工业、工业园区建设、民生保障等多个领域。江门市副市长郑晓毅，鹤山市委书记刘志刚，市委副书记、市长张华景，市人大常委会党组书记、主任冯细就，市政协党组书记、主席冯伟华等市四套领导班子成员和江门及鹤山市各镇

2022年3月16日，“江门号”中老国际货运班列从位于鹤山市珠西国际物流中心的江门北站首发

（街）、有关部门负责人、企业嘉宾代表等参加活动。

2022年4月28日，珠西粤西地区首趟中欧国际货运班列——“江门号”中欧国际货运班列正式开通运行。广东省广物控股集团董事梁庆彦，省公路事务中心一级巡视员吴有必，江门市委书记陈岸明，市委副书记、市长吴晓晖，鹤山市委书记刘志刚，市委副书记、市长张华景等领导及20多位企业嘉宾参加活动。

2022年9月30日，鹤山市在革命烈士陵园举行烈士公祭活动，深切缅怀英雄烈士，颂扬革命先烈的崇高精神。市委书记刘志刚，市人大常委会党组书记、主任冯细就，市政协党组书记、主席冯伟华等市领导，离退休同志代表，烈军属、退役军人代表，驻鹤山市军警部队指战员，市有关单位负责人，教师及中小学生代表等参加烈士公祭活动。副市长李海权主持活动。

（黄碧滢）

【调研工作】2022年，围绕全市重大项目建设、保障改善民生等方面开展调研，通过调研摸准实情，深挖根源，研究提出下一步解决思路对策。2022年承接省委、江门市委专题调研任务共计30多项，内容涵盖推动省党代会部署落地落实、侨资源、产业园区规划建设、食品产业、化妆品产业等方面。为推动党的二十大精神在鹤山大地落地生根结出丰硕果实，制定《关于开展“学习贯彻党的二十大精神探索全面建设社会主义现代化的鹤山实践”专题调研的工作方案》，涵盖鹤山市经济、社会、民生等专题方面18个。

主要调研成果：2022年共完成各级调研任务120多项，编发《鹤山调研》16期，为市委提供有价值的决策依据和决策建议。其中，《关于鹤山市“十四五”期间学位情况分析》《关于推进撂荒地复耕复种》、关于粮食工作等报告获得了市委主要领导的肯定性批示，并批转至相关领导和部门研究落实。编发《资政参考》33期，其中关于村级工业园改造经验介绍、网格化社会治理经验介绍、硅能源简介、储能产业概况等报告获得了市委主要领导的肯定性批示，并批转至相关领导和部门阅研。

（刘　希）

【改革工作】2022年，紧紧围绕上级全面深化改革总体部署和市委中心工作，以党建为引领，以创新为动力，以粤港澳大湾区建设为契机，认真抓好各项改革任务，大力推动重点领域和关键环节的改革。

深入传达贯彻改革精神。召开6次市委全面深化改革委员会会议，传达中央、省委、江门市委改革会议精神和各项改革任务安排，重点审议《鹤山市关于推进县域共青团基层组织改革工作的实施方案》等重要改革文件，及时听取改革任务专题汇报，对重大改革问题进行研究部署。

落实重点改革任务，制定《市委全面深化改革委员会2022年改革工作安排》，全面落实10方面改革任务118项，制定《鹤山市2022年重点改革项目任务分解表》，部署16项重点改革任务。

探索形成改革亮点。构建“平战结合”网格化社会治理体系，积极构建“镇（街）党（工）委—村（社区）党组织—网格党组织—党员联系户”上下贯通、执行有力的组织体系，全覆盖组建网格党组织，形成条块结合、共驻共建的区域化格局，有效实现平战转换；打造新型农村集体经济发展新格局，出台《鹤山市发展新型农村集体经济专项改革试点实施方案》，深化农村集体产权制度改革，创新农村集体“三资”数字化监管模式。

承接落实上级任务安排，组织市有关单位开展县域经济高质量发展体制机制专题调研，形成调研报告，为领导科学决策提供服务。

报送改革信息。完善改革信息报送联络机制，明确信息报送要求，共编写11期改革简报，及时向上级和各改革专项小组成员单位宣传鹤山市改革工作亮点和成效。其中，《鹤山市“五个一”深化城市基层党建提升基层治理效能》简报被江门市委改革办采用。

（麦欣婷）

【财经工作】组织召开财经工作会议。组织召开市委财经委员会第四次会议，及时向各级各部门传达中央、省委和江门市委财经委会议精神和政策文件，审议财经委相关文件，听取市重点项目建设、招商引资等情况汇报，研究部署下一阶段工作。

扎实推进实施财经工作。紧紧围绕中央、省委和江门市委关于财经工作的总体部署，统筹协调各有关部门推进市房地产行业经营风险化解、财政融资渠道创新、国资公司深化改革、民生保障和改善四方面的重要工作，全力推动市经济社会平稳健康发展。及时向上级汇报财经工作成效，向江门市委财经办上报《鹤山市加快推进国家级中欧（江门）合作区建设奋力谱写高质量发展新篇章》等财经专报。积极配合上级工作，根据江门财经办要求，结合鹤山市情况，形成《鹤山市2022年经济形势分析和2023年经济工作设想》供上级决策参考。

（麦欣婷）

【信息工作】严格按照上级党委信息工作要求，始终坚持问题和结果导向，全面强化党委信息报送和新闻秘书职能，全方位精准服务领导决策，扎实推动党委信息和新闻宣传工作，服务市委中心工作落地落实。

党委信息工作方面，聚焦疫情防控、平台建设、产业发展、乡村振兴、城市党建等，2022年共上报《鹤山信息》319期，包括经验成效信息150期、问题建议信息27期、重大紧急（含涉疫）信息142期，被省委和江门市委采用78条（次），获江门市领导批示2条（次）；呈报《鹤山信息专报》30期，获市主要领导批示24条（次）；承担编发《中欧合作工作简报》40期，获市主要领导批示4条（次）。

新闻工作方面，积极探索改进涉市委主要领导及重大会议活动重要新闻稿审核和“一小时出稿”机制，加快审批速度，把好新闻关，提升新闻质量。共采写编审重要新闻稿超250篇。协助和引导市内外主要媒体圆满完成市委全会及中欧、中老国际货运班列开通等系列专题报道。其中《南方日报》《江门日报》分别推出市委全会、中欧班列等专题，收到较好的社会宣传效果，有效营造良好的舆论环境和社会氛围。

（宋世安）

【督查工作】2022年，着眼全市工作重点、难点问题，健全督查工作制度，创新督查工作方法，以“双管齐下”方式不断推动督查工作走深走实，确保各项工作落实到位。围绕贯彻落实习近平总书记的重要讲话和重要指示批示精神，落实第一议题，建立台账管理、定期检视、“回头看”、年度报告的政治要件闭环落实机制，推动全市各级各部门建立办好政治要件的“大闭环”。根据中央、省、江门最新工作部署，围绕全市中心工作，累计承办江门下达任务1552项，本级督办累计下发任务1989项。开展专项督查62场次，印发《督查专项》17期，严格按照工作制度督办个私协会问题、宅梧小学校车问题、城区路面水浸问题、热点网络舆情等一系列领导关心、群众关切的问题。形成《督查通报》3期，推动重点项目、重点任务有序实施，为实现全年经济社会发展目标任务奠定坚实基础。以“三上”方式破解难题开创督查工作新局面，推动鹤山争创全国工业百强县、争当广东县域高质量发展排头兵。

【值班工作】2022年1—9月，市委值班室共接报处置全市各类重大突发事件400余件，办理江门、鹤山市领导批示220余件，编制《鹤山值班综报》94期上报江门市委值班室。2022年9月，鹤山市机构改革，撤销市委值班室，划转市委办公室一名正股级行政编制至市政府办公室，在市政府办公室组建市委市政府总值班室。

（陈　意）

【国安工作】2022年7月和9月，鹤山市委国安委分别召开第四、第五次全体会议，传达学习上级相关会议精神，研究部署防范化解重大风险工作。在市委办公室增设国安办综合股，在人员方面增设专职副主任和综合股股长各一名，有力地推动市委国安办的实体化运作。积极配合上级开展信息收集、专题调研工作，完成调研报告、江门约稿共计59篇；牵头开展第7个4·15全民国家安全教育日活动，指导各镇（街）、各部门、各重点单位滚动播放宣传标语4万余条次，张贴宣传海报400余张，并开展线上有奖答题活动。

（陈　意）

【档案工作】做好档案管理与指导工作。联合鹤山市档案馆举办“喜迎二十大　档案颂辉煌——档案进社区、校园6·9国际档案日”宣传活动。印发《关于做好2022年度档案移交工作的通知》，开展2022年度鹤山市档案移交进馆工作。开展2021年度鹤山市全国档案事业统计调查工作。做好2022年平安江门建设工作，切实抓好重要档案的整理归档，完成2021年疫情防控档案资料的归档移交进馆工作。做好2022年重点建设项目档案登记工作，加强市重点建设项目档案验收和信息资源共享，加强镇村级档案规范化管理。

组织开展好年底档案安全检查工作。制定《全市档案安全大检查的通知》，到镇（街）、市有关单位开展档案指导及档案安全检查工作，强化责任落实，推进依法治档，以档案管理规范程序为基本点，以强化管理推进工作落实为着力点，确保档案真实完整、系统安全、合法利用。

（胡潞琦）

附一：市委正副书记、常委名录

书　记：刘志刚（2022 年 3 月—）

副书记：张华景

梁士元

常　委：

谭良发

陈文光

胡国伟

刘德贤

陈志美（女，—2022 年 5 月）

李卫芳（女，2022 年 5 月—）

李　志

张　聪

附二：市委办公室正副主任、常务副主任名录

主　任：刘德贤（—2022 年 5 月）

陈文光（2022 年 5 月—）

常务副主任：

黄日华（—2022 年 7 月）

副主任：

刘健明（2022 年 7 月—）

冯艺珠（女）

郑　伟

魏鹏鹏（挂职，2022 年 10 月—）

【保密工作】 概况　2022 年，全市保密战线坚持以习近平新时代中国特色社会主义思想为指导，坚决贯彻落实习近平总书记关于保密工作的重要指示批示精神和党中央决策部署，紧紧围绕市委、市政府中心工作，抓好保密工作重点任务落实，着力补短板、强弱项，夯实保密工作基础，全面保障党和国家秘密安全。

重要会议　6 月 24 日市委副书记、政法委书记、保密委主任梁士元在市委十三届第 42 次常委会会议上传达江门市委保密委会议暨全市保密工作会议精神，提出全市贯彻意见和工作安排。

全力抓好党的二十大保密服务保障　强化保密监督指导，开展保密自查自纠和保密警示教育，召开专题工作部署会，严格落实领导干部、涉密人员的保密风险提醒，确保党的二十大相关工作保密管理万无一失。

持续着力抓好保密“三大管理”　开展定密培训，加强定密工作指导，规范定密工作管理。完成一批机关单位保密员上岗培训和注册备案，抓好涉密岗位确定和报备工作，落实涉密人员出国（境）、离职离岗脱密期管理措施。建立完善网络安全保密管理机制，持续开展专项整治行动和社交媒体保密风险教育，加强办公网络、办公软件、智能设备、微信使用的保密管理。联合市政数局开展互联网政务应用保密专项检查，严防网络失泄密事件发生。

2022 年 4 月 22 日，鹤山市保密局开展机关单位定密业务培训

加强保密监督检查　持续推进机关单位自查自评工作深入开展，全面落实常态化检查服务工作制度，采取日常检查与专项检查相结合、单位自查与部门抽查相结合的方式开展保密监督检查，以问题为导向落实整改，严肃查处保密违法违规行为，以查促教、以查促改、以查促管。

深入开展保密宣传教育　全市参加保密宣传教育的领导干部、公务员和涉密人员约 4.3 万，公民 13.2 万。全面扎实开展保密宣传教育月系列活动，通过播放保密宣传片、主题教育和有奖问答等方式开展保密公益宣传，联合市教育局开展保密教育进校园活动，全市 66 间学校开展丰富多彩的保密课堂教学，收集一批优秀课例。组织参加全国保密教育线上培训，开展机关单位保密“两识”教育。抓好保密宣传教育资料和 2023 年《保密工作》的征订。鹤山市国家保密局荣获 2022 年度《保密工作》杂志通联工作“先进单位”荣誉称号。

抓好保密服务保障工作　围绕“平安高考”目标，抓好高考保密教育、保密管理、技术防护、监督检查和应急处置工作。对保密室设施设备运行、责任落实、内部管理进行全面监管，严肃保密纪律，落实保密责任，为市普通高考、高职高考等国家统一考试保驾护航。定期开展办公环境保密检测。

强化考核通报　制定公共部门绩效考核标准，重点考核领导干部责任制、保密“三大”管理、工作秘密管理、自查自评等方面工作，结合日常管理和保密检查情况进行综合考评。把保密检查、保密管理、保密宣传教育情况纳入市委办工作制度执行情况进行督查通报，肯定表扬先进单位，督促落后单位抓好整改落实，推动保密工作主体责任落实，推进重点任务有效完成。

附：市委机要和保密局局长名录

局　长：冯艺珠（女）

（欧阳洁）

2022年12月7日，鹤山市学习贯彻党的二十大精神专题培训班在市委党校礼堂举办

【党校工作】 党员教育和干部培训工作　不断探索干部成长规律和干部教育培训规律，在传统培训内容的基础上着力提高基层治理能力，举办一系列对标鹤山发展的主题班次。

围绕市委工作主线，科学设置培训班次。发挥好干部培训主渠道主阵地作用，重点办好中青年干部培训班、村（社区）书记培训班、公务员全员培训班等主题班次。全年共举办主题班次15期，培训学员超过1.2万人次。

围绕素质建设要求，科学设置培训课程。持续推动习近平新时代中国特色社会主义思想进课堂进头脑，将党史学习教育作为2022年党员干部教育培训重点任务，继续擦亮“大鹤堂”线上直播品牌，持续开展“流动党校”活动，全年共开展“送课上门”62场次，线上线下参学党员干部群众超过3.2万人次。

针对发展重点工作，打造专题培训课程。开展深化中欧合作的大培训，组织全市2000多名干部通过线上线下相结合的模式参与中欧合作专题讲座。推行“课堂铸新知、一线励精兵、出门拓视野”的三段式培训模式，为中欧合作区建设持续“赋能充电”。疫情期间，开通线上“专家讲座＋作业跟踪＋点评答疑＋交流研讨”培训模式，确保培训不停止、学习不打折。

强化阵地铸熔炉　大力宣讲党的二十大精神。推动党的二十大精神系列课程进主题班进课堂，在公务员全员培训班、中青班中开设专题讲座，组织小组研讨并撰写学习心得，确保悟深悟透。组织骨干教师精心筹备“回顾这十年　迎接党的二十大”“学习贯彻党的二十大精神”系列微课堂活动，共录制18门课程，同步在党校“大鹤堂”直播间上线，供各镇街党校党员干部线上学习。超过1000名基层党员参加学习。多次组织召开专题备课会、试讲会，积极拓宽备课思路，优化宣讲提纲内容，努力提高备课宣讲的针对性、时效性、生动性，全年共开展“六进”宣讲活动13场次，约1000人次参加学习。推动党的二十大精神往深里走、往实里走、往心里走。

教研工作　坚持及时总结提炼鹤山生动实践，提高对鹤山市情、民情和发展的感知度、认知度和融合度，在融入推进主题班次、宣传宣讲中，进一步完善教学合作、科研协作、资源共享，提高决策咨询能力。

加强科研工作力度，开发多样化科研形式。参与搭建省市县三级科研咨政平台，积极申报县级以上纵向课题。加强市县党校联动，积极参加江门市委党校校级课题。申报省党建研究会2022年度党建研究课题《新时代高质量党员教育培训工作研究》，并顺利提交研究成果；与江门市委党校组成省党建研究会课题组，共研《提高两新组织“两个覆盖”质量研究——以江门鹤山市为例》课题，完成文献梳理工作；完成申报江门市委党校2022年校级课题——《加快鹤山华侨城古劳水乡文旅项目建设研究》，并成功立项。同时，深挖本地资源，结合本地经济社会发展成果积极申报江门市委党校2022年教学案例《城市基层党建》，大力开发教学案例，加大课题研究力度。

坚持服务大局，积极发挥

党校科研咨政作用。围绕市委、市政府中心工作，加强与市委办、市委组织部、市委统战部等部门的调查研究合作。党校教师撰写的《鹤山市聚焦中欧合作开展系列培训 为党员干部“充电赋能”》获鹤山市委领导批示；开展研究式教学，指导2021年中青班第三调研组撰写《关于推动江门北站成为珠西粤西片区中欧班列首发站的思考和探索》一文，并发表在《中国侨都》2022年第一期；2021年中青班发展规划调研组撰写《完善工业城配套设施服务建设，助力鹤山市中欧合作区发展》一文，并发表在《中国侨都》2022年第二期。

突出本地元素，教学科研成果丰硕。结合社情民情，开展6项调研课题，分别为《关于发挥鹤山“侨资源”优势 推动经济社会发展的调研》《党建引领村改居社区治理存在的问题及对策建议》《关于鹤山市开展人大代表“三联双到通网格”工作的思考》《通过县级人大加强基层群众政治参与的困境与优化路径》《雅瑶镇村（社区）“两委”班子换届后运行情况报告》《鹤山市镇街党校的发展现状、短板及建议》，积极为党委、政府建言献策。在江门市党校系统第五届精品课评选活动中，其中1门课获评精品课程，4门课获评优秀课程；课题组撰写理论文章11篇、个人评论10篇、宣传报道33篇，制作《学习信息》5期，在《侨乡论坛》发表论文1篇。

自身建设 强化理论武装，严格政治生活。将习近平新时代中国特色社会主义思想作为理论中心组、校长会议、支部党员大会“第一议题”，作为党校干部必学首学内容。坚持抓“红鹤学堂”党建品牌建设，结合宣传贯彻党的二十大精神，将理论学习和党性教育融入干部教育，采取集中学习、研讨交流、自学等方式加强理论武装。

坚持人才强校，加强队伍建设。通过建立业务对口导师制、轮流选派干部担任班主任、干部学习心得分享活动等方式，按照政治建设、社会发展、专业素养、干事创业四个专题方向系统性培养干部。积极组织党员开展服务进基层活动，包括志愿服务进社区、创文惠民进社区、党史党课进社区等，鼓励党员积极参与社区志愿服务工作，发挥党员先锋模范作用。

办学质量评估 根据广东省委组织部、广东省委党校（行政学院）联合印发的《市县党校（行政院校）办学质量评估办法（试行）》《市县党校（行政院校）办学质量评估工作方案》及江门市委组织部、江门市委党校（行政学院）联合印发的《关于开展县级党校（行政学校）办学质量评估的通知》要求，聚焦县级办学，狠抓办学质量，以评促改见成效。2022年6月8—10日，江门市委党校对鹤山市委党校2018—2020年办学质量进行评估。2022年8月8日，江门市委党校就评估情况进行反馈，评估结果在江门地区党校中排名前列。

附：市委党校正副校长、常务副校长名录

校　长：

陈志美（女，—2022年5月）

李卫芳（女，2022年5月—）

常务副校长：易建仪（女）

副校长：蔡后贵

吕永乐

（李伟俊）

【机构编制工作】 概况　中共鹤山市委机构编制委员会办公室，为市委机构编制委员会的办事机构，承担市委机构编制委员会日常工作，作为市委工作机关归口市委组织部管理。2022年，根据上级编制部门的工作部署，坚持稳中求进工作总基调，统筹推进完善党政机构职能体系，深化重点领域体制改革，不断提升基层治理效能，扎实推进机构编制工作取得良好成效，为持续推动新时代鹤山高质量发展提供强有力的体制机制保障。

不断优化重点领域机构设置 调整扶贫工作机构设置，完善镇（街）乡村振兴工作机构设置，完善市委国家安全委员会办公室、扫黑除恶和市法学会的机构编制事项。完善市委教育工作委员会领导职数设置，增设校外教育培训监管股，理顺义务教育“双减”工作职责。增加市委巡察组股级职数，配强巡察工作力量。设置市委市政府总值班室，整合市委、市政府值班工作职责。在市公安局刑事侦查大队增设八中队，专门负责打击走私工作。增加市残联等群团部门机关事业编制及领导职数，优化市科协、市文联内设机构设置，进一步激发群团组织活力。完成市行政复议体制改革，整合行政复议职责，增设内设机构及股级领导职数，并通过从市直相关部门划转编制的形式充实队伍力量，加快推进法治政府建设。

巩固完善基层治理体系 完善镇（街）指挥协调机制，全力推进镇（街）综合行政执法规范化建设，加快完成镇（街）综合治理委员会、公共服务委员会、综合行政执法委员会规范化建设任务。撤销鹤山市市政管理监察队和市建设规划管理监察队，将

2022 年 8 月 17 日，在鹤山市委党校召开镇（街）改革工作专班第二次会议

两支监察队在编及退休人员整合至沙坪街道综合治理服务中心（全科网格服务中心、执法服务中心），理顺职能配置，增强镇街工作力量。

稳步深化事业单位改革 成立市医疗保障事业管理中心，加强市医疗保障经办能力建设。成立市投资促进中心，进一步加大招商统筹和产业统筹力度。成立市社会治安综合治理中心，推动社会治理社会化、法治化、智能化、专业化水平迈上新台阶。成立市李铁夫美术馆，树立地方文化名人品牌。优化调整市社会保险基金管理局和市卫生监督所内设机构设置，理顺部门职责和职能配置。完善市自然保护地管理机构设置等，理顺管理职能。做好事业单位登记管理工作。2022 年，全市事业单位设立登记 7 个，变更登记 43 个，注销登记 7 个，证书补领 1 个。

优化事业单位编制资源配置 积极争取上级支持，把上级下达的 464 个周转编制全部分配至全市义务教育阶段中小学校，大大缓解中小学教师用编需求。成立市第一中学附属中学、市第一中学附属小学、市沙坪街道第八小学以及鹤山工业城第一小学等 4 所公办学校，合计新增公办学位 6000 多个，全面优化全市中小学教育资源。增加沙坪街道第六小学等 3 所小学副校长职数，市职业技术学校增设内设机构和中层领导职数，进一步加强教职工队伍建设。增加市资产管理委员会办公室人员编制及中层职数，为推进全市“大国资”体系建设提供必要的编制保障。

加强和创新机构编制管理 印发《关于建立事业单位高层次人才引进编制使用“绿色通道”的通知》，建立高层次人才机动编制“蓄水池”，为全市高层次人才引进提供机构编制保障。坚持“从严管理，规范程序”的原则，进一步规范机构编制管理和核准的程序，同时加强同组织、人社等部门的协调配合，坚持编制审批在先原则，确保在空编范围内进人，把好人员“入口关”。推进和规范机构编制实名制管理。督促各级各部门及时更新实名制系统，实现对全市编制、人员的全方位监控。2022 年，共受理“12310”投诉举报事项 1 宗，查处机构编制违纪违法行为 1 宗。

附：市委机构编制委员会办公室正副主任名录

主　任：何瑞舟

副主任：陆新新（女）

杨亚荣（女）

（郭艳红）

鹤山市人民代表大会

【概况】 2022 年，市人大常委会全面落实市委决策部署，依法行使宪法和法律赋予的职权，切实增强“四个意识”，坚定“四个自信”，做到“两个维护”，着力推动经济社会高质量发展，注重保障和改善民生，为全市经济社会发展和民主法治建设作出积极贡献。

【市十六届人大二次会议】 4 月 19 日至 4 月 20 日上午，鹤山市第十六届人民代表大会第二次会议胜利召开。大会选举刘志刚为江门市十六届人大代表，选举陈荣信为鹤山市人大常委会委员。鹤山市人民政府市长张华景、鹤山市人大常委会主任冯细就、鹤山市人民法院院长张海疆、鹤山市人民检察院检察长陈智勇向大会报告工作。闭幕大会上，市委书记刘志刚向全市各级人大和全体人大代表提出五点工作要求：一是人大工作必须坚定正确政治方向。二是人大工作必须紧抓发展“第一要务”。三是人大工作必须坚持以人民为中心。四是人大工作必须深入践行全过程人民民主。五是人大工作必须提升履职能力。市人大机关要持续加强自身建设。

【市人大常委会会议】 2022 年，市十六届人大常委会共举行 10 次会议（第 2—11 次）：听取和审议市人大常委会代表资格审查委员会关于代表资格审查的报告、《鹤山市人民政府关于鹤山

2022年4月19—20日，举行鹤山市第十六届人民代表大会第二次会议

市2020年度市级预算执行和其他财政收支情况审计查出问题整改情况的报告》、市卫生健康局《关于我市新冠肺炎疫情防控及应急准备工作情况的报告》，听取和审议市十六届人大常委会代表资格审查委员会关于代表资格审查的报告、《鹤山市2021年度环境状况和环境保护目标完成情况的报告》《鹤山市农村承包耕地流转和撂荒地复耕复种工作情况报告》、“一府两院”2022年上半年工作情况报告、《鹤山市政府隐性债务清零情况报告》《关于2022年鹤山市本级财政预算调整方案的报告》《鹤山市2022年上半年政府债务情况报告》、市十六届人大常委会代表资格审查委员会关于代表资格审查的报告、《关于我市落实“双减”政策工作的情况报告》《鹤山市应对公共突发事件及重大灾情预警机制建立及实施情况报告》《鹤山市2021年国有自然资源资产管理情况专项报告》《鹤山市2021年财政决算草案报告》和《关于鹤山市2021年度市级预算执行和其他财政收支情况的审计工作报告》，听取和审议《关于2022年鹤山市本级第二次财政预算调整方案的报告》《鹤山市2021年禁毒工作报告》《鹤山市人民政府关于提请审议〈关于开展第八个五年法治宣传教育的决议（草案）〉的议案》《鹤山市人民政府关于市十六届人大一、二次会议代表建议办理情况的报告》《鹤山市人民政府关于2022年鹤山市十大民生实事完成情况的报告》《鹤山市人民政府2022年度法治政府建设年度报告》《关于2022年鹤山市本级第三次财政预算调整方案的报告》。

审议通过关于召开市十六届人大二次会议的决定及关于列席和邀请列席市十六届人大二次会议人员的决定，审议拟提交市十六届人大二次会议的主席团和秘书长、主席团常务主席、执行主席、副秘书长、议案审查委员会成员等建议名单草案和会议日程。审议《鹤山市人民政府关于〈鹤山市集体建设用地和农用地基准地价制订服务项目〉成果的报告》，审议并原则通过拟提交市十六届人大二次会议的人大常委会工作报告稿，审议《鹤山市2021年度国有资产管理情况综合报告》《鹤山市2022年上半年财政预算执行情况报告》《关于鹤山市2022年上半年国民经济和社会发展计划执行情况的报告》。

听取《关于2021年规范性文件备案审查工作情况的报告》、市十六届人大常委会代表资格审查委员会关于代表资格审查的报告、市十六届人大常委会代表资格审查委员会关于代表资格审查的报告，听取和通过市十六届人大常委会代表资格审查委员会关于代表资格审查的报告，听取《鹤山市沙坪城区旧区改造工作情况专项报告》。

通报《鹤山市人民政府关于2022年鹤山市十大民生实事进展情况的报告》《鹤山市人民政府关于〈鹤山市应急管理“十四五”规划〉的报告》《鹤山市2022年上半年政府债务情况报告》。

【重要活动】 1月5日，市召开镇（街）人大工作会议，总结2021年鹤山市人大工作。期间参会人员到沙坪街道人大代表中心联络站、全国人大常委会法工委江海基层立法联系点、新会区双水镇委党校、新会区双水镇龙脊村进行了参观。

3月8日，市人大常委会主任冯细就带队到市财政局开展调研工作，重点就预算管理等情况开展座谈交流。

3月15日上午，市人大常委会主任冯细就到市卫生健康局调研市新冠肺炎疫情防控工作。

4月1日，市人大常委会对农村基础设施建设和防汛工作开展专题视察。

6月2日，鹤山市人大常委会组织政法代表专业小组开展视察活动，重点了解镇（街）综合行政执法建设情况。

6月24日下午，鹤山市委

书记刘志刚到鹤城镇调研人大代表“三联双到通网格”工作试点情况，并以普通人大代表身份接访群众。

7月28日上午，鹤山市人大常委会组织鹤山籍的五级人大代表围绕民生建设、文明城市创建等议题，约见国家机关负责人。

8月5日，市人大常委会领导班子到市总工会调研，了解鹤山工会工作情况。

10—11月，市人大常委会主任冯细就，副主任欧卫华、黄建华、黄文、任文、朱贵明等领导先后到有关企业、鹤山市妇幼保健院、鹤山市人民医院、鹤山市中医院等单位走访高层次人才，加强人大与高层次人才的联系，为鹤山市人才工作建设添砖加瓦。

【审议工作】 市十六届人大常委会第四次会议审议了《鹤山市人民政府关于鹤山市2020年度市级预算执行和其他财政收支情况审计查出问题整改情况的报告》。

市十六届人大常委会第六次会议听取和审议了《鹤山市政府隐性债务清零情况报告》，通报《鹤山市2022年上半年政府债务情况报告》，听取和审议《关于2022年鹤山市本级财政预算调整方案的报告》。

市十六届人大常委会第八次会议听取和审议了《鹤山市2021年财政决算草案报告》和《关于鹤山市2021年度市级预算执行和其他财政收支情况的审计工作报告》，审议了《鹤山市2022年上半年财政预算执行情况报告》。

市十六届人大常委会第九次会议听取和审议了《关于2022年鹤山市本级第二次财政预算调整方案的报告》，通报了《鹤山市2022年上半年政府债务情况报告》。

市十六届人大常委会第十一次会议听取和审议了《关于2022年鹤山市本级第三次财政预算调整方案的报告》。

【人事任免】 2022年，市人大常委会共任命国家机关工作人员46人次，免职17人次，接受辞职请求1人次。

1月27日，市十六届人大常委会第二次会议决定任命：黄剑锋为鹤山市人民政府办公室主任，郭财兴为鹤山市发展和改革局局长，冯耀为鹤山市教育局局长，梁沃威为鹤山市科工商务局局长，谭晓滨为鹤山市公安局局长，欧锦波为鹤山市民政局局长，冯杰晖为鹤山市司法局局长，黄伟强为鹤山市财政局局长，陈自力为鹤山市人力资源和社会保障局局长，余晋毅为鹤山市自然资源局局长，赵荣赞为鹤山市住房和城乡建设局局长，邓兆广为鹤山市交通运输局局长，温伟军为鹤山市水利局局长，冯锦荣为鹤山市农业农村局局长，罗超华为鹤山市卫生健康局局长，刘际宁为鹤山市退役军人事务局局长，孙通为鹤山市应急管理局局长，黄双怀为鹤山市审计局局长，冯永忠为鹤山市市场监督管理局局长，邝耀宗为鹤山市统计局局长，吴小清为鹤山市医疗保障局局长，李建中为鹤山市城市管理和综合执法局局长，罗中南为鹤山市信访局局长，邝伟文为鹤山市林业局局长，吴锡遐为鹤山市民族宗教事务局局长。免去：李景辉的鹤山市人民法院民事审判庭副庭长职务，施锦琪的鹤山市人民法院审判员职务。

4月15日，市十六届人大常委会第四次会议任命陈咏珏为鹤山市人民法院审判员，免去余真盛的鹤山市人民法院民事审判庭副庭长职务。

5月31日，市十六届人大常委会第五次会议任命任程滨、马庆龙为鹤山市监察委员会委员，决定接受胡国伟提出辞去鹤山市第十六届人民代表大会代表职务的请求。

7月25日，市十六届人大常委会第六次会议任命：张雁红为鹤山市人大常委会城建环保工委副主任，梁智毅为鹤山市人民法院审判委员会委员，李国华为鹤山市人民法院审判委员会委员，汤有为为鹤山市人民法院刑事审判庭副庭长，易钊锋为鹤山市人民法院立案庭副庭长，古辉林为鹤山市人民法院鹤城人民法庭副庭长，袁金淑为鹤山市人民法院雅瑶人民法庭副庭长，胡文敏为鹤山市人民法院审判员。免去：汤有为的鹤山市人民法院雅瑶人民法庭副庭长职务，李景辉的鹤山市人民法院审判员职务。

9月5日，市十六届人大常委会第七次会议决定任命：张梅为鹤山市发展和改革局局长，钟志权为鹤山市农业农村局局长，任煜昌为鹤山市政务服务数据管理局局长，刘敬通为鹤山市民族宗教事务局局长。决定免去：郭财兴的鹤山市发展和改革局局长职务，冯锦荣的鹤山市农业农村局局长职务，吴锡遐的鹤山市民族宗教事务局局长职务。

9月28日，市十六届人大常委会第八次会议决定任命：李永灿为鹤山市住房和城乡建设局局长，赵荣赞为鹤山市水利局局长，谢文清为鹤山市文化广电旅游体育局局长，温伟军为鹤山市应急管理局局长。决定免去：赵荣赞的鹤山市住房和城乡建设局局长职务，温伟军的鹤山市水利局局长职务，孙通的鹤山市应急管理局局长职务。

11月28日，市十六届人大常委会第十次会议决定任命：蓝美洁为鹤山市人民检察院副检察长、检察委员会委员、检察员，源冠泉为鹤山市人民法院民事审判庭庭长，易钊锋为鹤山市人民法院立案庭庭长、审判委员会委员。免去：源冠泉的鹤山市人民法院行政审判庭庭长职务，程军的鹤山市人民法院立案庭庭长职务，易钊锋的鹤山市人民法院立案庭副庭长职务，温健灿的鹤山市人民法院审判委员会委员、审判员职务，区燕仪的鹤山市人民检察院检察员职务。

12月30日，市十六届人大常委会第十一次会议决定免去李兆雄的鹤山市人民法院审判委员会委员、刑事审判庭庭长职务。

鹤山市沙坪街道和平社区人大代表联络站人大代表与网格长、网格员和楼长举行座谈会

【监督视察工作】 坚定支持“一府一委两院”，依法行使职权，开展专题调研检查公益诉讼工作，提升人大监督工作的刚性和广泛性；围绕高质量发展和民生福祉建设开展监督工作，围绕民生建设约见国家机关负责人，推动民生问题面对面解决，完善人大代表意见建议办理督办责任机制。开展《中华人民共和国水法》执法检查，加大宣传贯彻力度。推进镇（街）综合行政执法工作改革，加强基层治理体系和治理能力现代化建设，督促各镇（街）综合执法部门人员队伍、办公场所等落实到位，推广基层助力民主经验。加强对于重点预算管理等情况的人大监督，深入推进依法行政，依法理财。加强人大与工会联系，推动工会开展培训活动，切实维护劳动领域政治安全稳定，积极通过人大代表积极建言献策来传递职工声音，反映更多基层劳动者所思、所想、所盼，着力推动构建和谐劳动关系。通过现场视察、调研等方式加强对农村生活污水处理设施建设和运营情况的监督。推动农村基础设施建设，督促政府部门补短板、强弱项，完善农村基础设施提档升级，强化汛期防范能力，堵塞漏洞。广泛发动人大代表投身文明城市创建，督促职责落实，推动人大监督，助力创建全国文明城市。持续关注和推进实施乡村振兴战略，深入各镇（街）、相关部门开展专题调研，推动双合、宅梧两镇经济发展。加强消防安全整治工程实地督办，推动新华社区、兴业社区微型消防站设置，推动楼道消防设施增配改造提升。推动《广东省农村公路条例》的贯彻落实，督促相关部门健全完善配套制度，加强农村公路规划和建设，努力推动“四好农村路”建设，促进全市农村公路通行条件和路域环境明显提升。

【推进社会主义民主法治建设】 做好预算法及其实施条例的宣传普及工作，促进政府职能部门、财务人员、人大代表知法守法，推动政府部门人员增强学习贯彻实施预算法，强化预算约束，提高财政资金使用效益，继续探索整合统筹使用财政资金的机制和方法，加强各类收入、债券资金、存量资金的使用监管。深化财政改革，深化市镇两级财政预算体制改革，进一步完善镇级分税制财政管理体制方案，推动财务部门合理划分市镇两级财政事权和支出责任，促进全市财政平稳运行及镇街协调均衡发展。

【代表工作】 大力发动各级人大代表投入疫情防控，全力协助做好大规模核酸检测工作，守护广大人民群众的生命健康，筑牢疫情防控网。强化人大代表履职培训，帮助人大代表进一步了解和掌握人民代表大会制度和人大工作的基本知识，通过培训进一步明确代表的性质、地位、权利和义务，增强人大代表的代表意识、法律意识、大局意识、监督意识和程序意识，全面提升人大代表履职能力。扎实推进代表联络站建设，积极贯彻落实江门市委、鹤山市委推进基层治理现代化工作要求，在龙口镇青文村开展了全过程人民民主实践基地建设并在全市推广，首创人大代表“三联双到通网格”工作模式并在鹤城镇进行试点，取得显著成效。完善全市76个人大代表联络站建设。每个联络站均配备工作人员。沙坪街道人大工委整合资源重新构建1个街道中心联络站以及和平、义学、东升、桂林、南山社区5个社区联络站，形成“1+5”代表活动阵地格局。全面落实“双联系”工作制度，密切常委会组成人员与人大代表、人大代表与人民群众的联系，深入了解社情民意。坚持邀请人大代表列席常委会会议及参与常委会执法检查、视察和调研活动，扩大代表对常委会工作的了解和参与。结合“更好发挥代表作用”活动，坚持自选动作有特色与规定动作相结合，采取专题调研、实地视察、督办民生实事项目、在代表联络站接待群众、积极参与疫情防控等多种形式的活动，进一步密切代表与选民的联系。紧盯年度民生实事，及时召开年度十大民生实事项目推进会，积极推进民生实事项目建设，努力推动解决一批群众急难愁盼问题，通过现场督导、召开推进会等方式，充分发挥人大代表监督作用，确保各项民生实事项目保质保量如期完成。

【督办议案和建议】 2022年4月市十六届人大二次会议期间，代表提出建议、批评和意见100件，另在闭会期间收到代表建议9件。其中农业农村方面22件、科教文卫方面15件、财经方面9件、交通方面33件、城建环保方面23件、侨务方面2件、政法方面1件、其他4件，合计109件建议，分别交由市、镇两级有关单位主办或会办。已全部回复代表。人大代表所提出的问题已经解决或基本解决以及根据有关法律政策规定落实了的（A类）有50件，占46%；正在解决或已列入计划、规划逐步解决的（B类）有52件，占48%；所提问题留作参考的（C类）有7件，占6%。代表对办理结果满意和基本满意达到100%。

附一：市人大常委会正副主任名录

主　任：冯细就

副主任：黄建华

黄　文

任　文

朱贵明

储涂应

欧卫华（女）

附二：市人大常委会办事机构正副主任名录

办公室

主　任：何建卫

副主任：李健文

研究室

主　任：范昌伟

法制工作委员会

主　任：陆东强

财经工作委员会

主　任：杨小红

农村工作委员会

主　任：陈荣信

副主任：李泽民

教育科学文化卫生侨务工作委员会

主　任：李少文（女）

副主任：劳洁英（女）

选举联络任免工作委员会

主　任：赵杏媛（女）

城建环保工作委员会

主　任：任建能

副主任：张雁红（2022年7月—)

（吕韵仪）

鹤山市人民政府

【市政府重要会议】 2022年共召开42次市政府常务会议和35次市政府党组会议，主要研究招商引资奖励办法、新冠肺炎疫苗接种工作、综合交通运输体系发展“十四五”规划、深化中欧合作政策、珠肇高铁征地拆迁安置补偿工作方案、化工安全整治工作、政府投资项目计划、突发事件总体应急预案、根治欠薪冬季行动问题清单整改落实情况、落实地质灾害防治三年行动方案、信访维稳工作、文明城市创建工作、文化和旅游发展“十四五”规划、隆基组件项目等301项涉及改革发展稳定的议题。

【专项工作会议】 2022年1月7日，召开信访工作联席会议，研究部署北京冬奥会、冬残奥会防护期信访安全保障工作。

2022年1月12日，召开生活垃圾资源化处理提质改造工作领导小组专题工作推进会，各单位汇报项目进展情况，部署下一阶段工作。

2022年1月17日，召开第一季度安全生产和消防工作会议，总结2021年安全生产工作，分析面临的形势，研究部署2022年以及一季度安全生产和消防重点工作。

2022年2月25日，召开S270鹤山赤岗村至霄南村段改扩建工程推进座谈会，研究工程推进问题，部署下一步工作。

2022年3月1日，召开2022年全市农业农村工作开局动员会，贯彻落实中央农村工作会议精神和省、江门市有关实施乡村振兴战略的工作部署，总结2021年全市农业农村工作情况，部署2022年全市农业农村重点工作目标任务。

2022年3月2日，召开2022年卫片执法工作推进会议，通报2021年乱占耕地建房、2021年卫片执法和2021年度变更调查发现违法用地的情况，研究部署2022年整治工作任务。

2022年3月4日，召开困难群众权益保障排查整改专项工作会议，传达江门市开展困难群众权益保障排查整改专项工作会议精神，对《鹤山市开展困难群众权益保障排查整改专项工作方案》作说明并作工作部署。

2022年3月14日，召开2022年全市交通运输工作电视电话会议，传达交通运输工作会议精神，总结全市2021年工作，部署2022年重点任务。

2022年3月31日，召开安全生产和消防工作暨第二季度防范较大以上生产安全事故会议，通报安全生产形势，部署第二季度安全生产和消防安全工作。

2022年4月11日，召开鹤山—开平推动东西部区域平衡发展对接会议。双方正式签署推动江门东西部区域平衡发展合作框架协议，部署下一阶段工作。

2022年4月18日，召开交通运输领域货运物流保畅通工作会议，通报交通运输领域货运物流保通保畅工作情况，部署下一步工作。

2022年5月25日，召开2022年未成年人思想道德建设工作会议，通报2021年鹤山市未成年人思想道德建设工作情况，对2022年工作进行部署。

2022年5月29日，召开经济工作专题会议，传达江门市经济工作专题会议精神，深入研究分析全市经济形势，部署下一步工作。

2022年6月17日，召开“龙舟水”（西江洪水）防御工作电视电话会议，分析研究防御西江洪水情况，部署下一步工作。

2022年7月20日，召开第三季度安全生产、消防工作及自建房安全工作、道路交通安全工作会议，分析研判全市安全形势，部署第三季度安全防范各项工作。

2022年7月25日，召开医共体工作推进会，研究市慢性病防治站纳入鹤山市中医院医共体事项及有关鹤山市医共体分院建设项目事项，部署下一步工作。

2022年8月1日，召开生活垃圾资源化处理提质改造项目工作推进会，通报项目进展情况，研究存在的问题并部署下一阶段工作。

2022年8月5日，召开2022年市信访工作联席会议第五次全体会议暨专项行动动员会，研究部署党的二十大特殊防护期信访安全保障工作。

2022年8月16日，召开全域旅游工作会议，就创建广东省全域旅游示范区工作，制定创建广东省全域旅游示范区工作实施方案和工作任务清单，部署创建示范区下一步工作。

2022年8月25日，召开全面推进林长制工作领导小组会议，通报全面推行林长制工作情况，研究部署安全生产、三防、林业等有关工作。

2022年9月21日，召开2022年第四季度安全生产和消防工作会议，传达省、江门市相关会议精神，部署安排第四季度安全生产和消防工作。

2022年9月21日，召开未开发旅游景点工作会议，就抓好未开发旅游点和户外自主旅游活动安全管理工作情况作了汇报，并部署各镇街、各部门的工作任务。

2022年9月27日，召开2022年全市食品安全工作暨创建广东省食品安全示范县验收动员会议，通报2021年至2022年9月食品安全和创建食品安全示范县工作，部署下一阶段工作任务。

2022年10月13日，召开生活污水治理工作和燃气安全生产工作会议，研究全市污水治理工作存在的问题及建议，研究燃气安全生产工作近期开展情况、存在的问题及下一步工作措施。

2022年10月14日，召开2022年森林防火“一张图”工作会议，全面落实森林防火六份清单“一张图”工作，夯实森林防灭

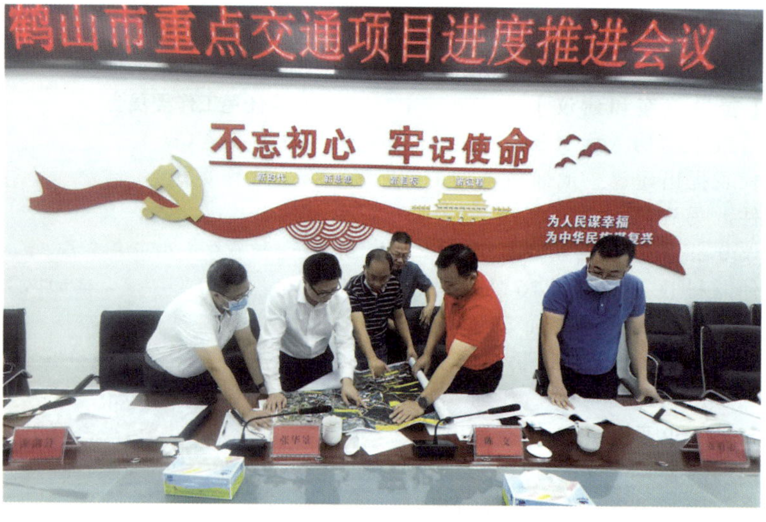

2022年10月20日，鹤山市委副书记、市长张华景，副市长陈文查看全市重点交通项目规划

火工作基础，部署下一步工作。

2022年10月20日，召开重点交通项目进度推进会议，汇报全市重点交通项目进度情况，推进重点项目的建设进度和前期工作，研究部署国省道预防性养护项目的推进工作。

2022年10月21日，召开耕地年度“进出平衡”工作推进会议，确保全市耕地总量不减少，落实各辖区内年度耕地“进出平衡”，部署下一阶段工作。

2022年11月2日，召开2022年双打工作会议暨卷烟打假工作会议，传达江门市双打工作会议精神，通报2021年打假重点产品专项整治情况、全市卷烟打假工作、打击侵权假冒工作情况，部署下一步工作。

2022年11月4日，召开医保经办体制改革工作推进会，研究部署鹤山市医保经办体制改革工作，部署下一步工作。

2022年12月1日，召开土地卫片执法、耕地“进出平衡”工作推进会，通报2021年度卫片执法整治情况，部署下一阶段工作。

2022年12月15日，召开鹤山—开平推动东西部区域平衡发展第二次联席会议，深化落实鹤山与开平结对合作工作，部署下一步工作。

【**重要活动**】2022年6月28日，在鹤山文化中心剧场举行2022年“广东扶贫济困日”暨慈善公益活动仪式。鹤山市四套领导班子刘志刚、张华景、冯细就、冯伟华等成员参加活动。活动以“巩固脱贫成果，助力乡村振兴”为主题，分“汇聚慈善力量，助力乡村振兴”“爱在抗疫阳光下”“公益慈善 圆梦起航”三个篇章，分别为慈善捐赠爱心企业、社会团体代表和爱心人士等进行颁奖。现场共捐赠（认捐）善款5632.07万元，其中港币42.5万元，实物捐赠1573.15万元。

2022年7月23日，在鹤山文化中心中庭广场举行鹤山市城市建设成果展暨2022年房地产博览会启动仪式

2022年7月23—24日，在鹤山文化中心举行鹤山市城市建设成果展暨2022年房地产博览会，鹤山市领导张华景、李海权，江门市及鹤山参展部门负责人等参加活动。活动分为城市建设成果展和房地产博览会两大板块，展示鹤山城市建设成果。

2022年7月28日—8月31日，举办夜经济暨暑期消费促进活动。鹤山泊瑞和安里、凤阁楼、龙船花谷等9家企业入选2022年江门市“精彩·夜侨都”TOP100。东古玥湖、文华、文华汇等11家商贸企业获得江门市批零住餐2022年新春暖企政策补贴58万元资金奖励。全市有509名消费者享受汽车消费补贴共计56.3万元。其中，华侨城古劳水乡商业街开街仪式在上古劳圩滨水商业街举行，吸引光明鸽、麦当劳、肯德基近40家品牌商家进驻。

【**综合、调研工作**】2022年办理各级来文6000份，组织协调

2022年7月28日，广东夜经济暨暑期消费促进活动在鹤山启动

各项工作会议、调研、检查等活动700次。全年完成市政府全体会议报告等重要文字材料及相关专题会议材料、汇报材料、市政府领导讲话材料等重要文稿213篇，完成《政府工作报告》起草工作，编写各类政务信息95篇。

【督办工作】 2022年共落实市委、市政府的督办工作258项，落实江门市政府下达的督办工作任务331项。

【外事工作】 2022年未办理因公出访团组，全年审核、办理外国人来华邀请函2批5人次，办理外国人入境邀请核实单1批1人次，为民营企业人员办理APEC商务旅行卡2批共3人次。

【值班工作】 自2022年10月开始，值班工作划给市府办。2022年10—12月，编制《值班要情》和《每周涉稳动态》共235期，办理领导批示83件，编制《鹤山值班综报》205期并上报江门市委值班室，积极向江门市委报送鹤山市先进工作经验做法。

【市委市政府重点工作任务完成情况】 2022年市委市政府重点工作258项，完成239项，占项目总数的92.64%；暂缓实施6项，占项目总数的2.32%；延期实施0项，占项目总数的0%；未完成13项，占项目总数的5.04%。

附一：市政府正副市长名录

市　长：张华景

副市长：胡国伟

陈　文

潘　蕊（女）

李海权

李军权

谭晓滨

附二：市政府办公室正副主任名录

主　任：黄剑锋

副主任：

李宝琴（女，2022年6月—）

李永灿（—2022年9月）

黄国彬（2022年9月—）

黄淑彬（2022年12月—）

（罗晓萍）

【信访工作】 概况　2022年，市信访维稳工作以建立健全信访法治化改革长效机制为抓手，按照信访维稳工作“五大机制”的要求，依法整治信访秩序，依法解决群众信访问题。全年信访总量大幅下降，没有发生影响社会大局稳定的信访问题，没有因信访问题引发重大群体性事件，顺利完成各大特别防护期的信访维稳工作目标任务，全市整体信访形势保持平稳。市信访局共接待群众来访302批次640人次，同比分别上升23.3%和43.2%，受理群众来信12宗，同比上升71.4%，收到群众网上信访件24宗，同比下降57.1%。

重点工作　2022年，信访维稳工作全年都是防护期。市多次召开书记会、常委会、信访维稳工作会议，研究部署信访维稳工作，按照“属地管理，守土有责”和“谁主管、谁负责”的原则，全面压实党政“一把手”第一责任、镇（街）主体责任、职能部门主管责任。同时，落实信访维稳工作责任追究机制，对工作落实不到位造成不良后果的单位和个人，启动问责程序进行责任倒查、责任追究。

对于新的形势涌现新的社会矛盾，着重从以下几方面抓好信访维稳工作：

工作态度理念由被动向主动转变。对于常规工作要提前谋划，主动介入；对于已经部署的工作要创新方法、攻坚克难，抓紧快办；对于突发信访工作在快速依法处理的同时，主动出谋划策；在勤奋工作的同时，自觉注重社会治理理论的学习思考，不断发现问题、探索规律、研究对策。

强化工作重心由事后处置向事前预防化解转变。检验社会治理水平和信访工作能力的高低，不仅要看紧急情况下、复杂环境中重大信访问题的处理能力，更要看矛盾纠纷预防化解的效果。关键是要完善矛盾纠纷排查化解、重大决策社会稳定风险评估、执法规范化建设等机制，落实好信访事项首接首办责任，通过对信访突出问题的分析研判，准确预警预测信访形势、防范信访稳定风险。

资源整合，多元共治。信访工作是党委政府的一项重要工作，也是多层次多领域社会治理体系建设的重要组成部分，必须在党委政府的统一领导下，统筹力量、整合资源，形成多元协同共治局面，不断提高共治水平，真正实现政府治理和社会调节、居民自治良性互动。“信访超市”不断升级，设置了安检区、来访接待区、综合服务区，内有候访室、接访室、人民调解室、律师室、心理辅导室等功能室场，为群众提供调解、法律咨询、心理咨询等暖心服务，为群众提供一站式服务，打通服务群众的“最后一公里”，努力提升群众对信访工作的满意度。此外，针对性地为群众提供“外送服务”，实行送“货”上门。积极探索市、镇（街）、村（社区）三级群众信访诉求综合服务体系，实现诉求服务“纵向到底、横向到边”全覆盖。

重点会议　2022年1月17日，市召开2022年江门市信访工作联席会议第一次全体会议。

2022年4月1日，江门市

信访工作联席会议召开2022年江门市信访工作联席会议第三次全体会议暨信访维稳突出问题专项治理动员会，鹤山市设分会场。

2022年4月25日，市召开2022年市委平安办第一次主任会议暨市信访工作联席会议第四次全体会议。

2022年8月5日，市召开2022年市信访工作联席会议第五次全体会议暨专项行动动员会。

2022年12月1日，市召开专题工作总结会暨市信访工作联席会议第七次全体会议。

2022年9月27日至10月26日，由第49批市信访督查员林洁莹带队，第1批市信访督查员助理蔡俊彬、江门市纪委监委驻市公安局纪检监察组二级主任科员郑振明、江门市特殊教育学校教导处副主任杨浩杰4人组成督查组，到鹤山市督导二十大信访安全保障工作。督查组先后到10个镇（街）、市委政法委、市住建局、市自然资源局等重点部门检查党政领导接访下访情况、矛盾隐患排查和重点人员稳控情况，到市信访局督查二十大信访安全保障工作情况。

附：市信访局正副局长名录

局　长：罗中南

副局长：何伟项

　　　　梁卓辉

（刘艳平）

【政务服务数据管理工作】 概况　2022年，鹤山市政务服务数据管理局以加快政府数字化智能化转型为主线，聚焦市域社会治理与政务服务，全面深化“数字政府2.0”建设，较好完成各项工作目标任务。

数字政府建设　科学统筹数字政府建设，召开市2022年数字政府改革建设工作领导小组会议，印发《鹤山市“数字政府”改革建设2022年工作要点》。选取10个镇（街）和23个部门共33个单位开展首席数据官试点工作。推动县域治理“一网统管”、公共数据资源“一网共享”、政务服务“一网通办”和政府业务“一网协同”。

数字抗疫鹤山方案　创新推出江门地区首个疫情防控服务专栏“鹤山市疫情防控服务专栏”，打造防疫标准化“鹤山样本”。研发上线“鹤山市线上花市地图”“外地来（返）鹤人员报备码”“涉疫地区风险人员排查小程序”“鹤山市核酸采样点地图”等信息化工具，交付市疫情防控指挥部使用。自主研发“鹤山市精细化疫情防控系统”，实现场所码扫码统计分析、健康码异常预警、重点从业人员核酸监测，实现对重点场所及从业人员精细化监管。依托鹤山政务数据中台申请回流省市涉疫数据资源，累计对接51个上级数据接口，精准掌握全市常住人口核酸检测和疫苗接种情况，大数据赋能疫情精准防控。

县域治理“一网统管”　编制完成《鹤山市数字政府县域治理“一网统管”试点实施方案》，以建设鹤山网格服务中台、鹤山网格服务小程序为核心，推进社会治理“一网统管”。鹤山网格服务小程序通过居民自报、网格员核实的方式收集基层网格人口底数，基本覆盖全市常住人口。建设鹤山网格服务中台，实现基层治理中网格员一个ID登录、一个中台推送事件、一个流程办到底的运作方式。基于广东省“粤政图”和网格地图叠加网格要素资源，实现网格要素落图入格，在数字化抗疫和社会智慧治理中发挥“一网统管”重要作用。

政务服务事项标准化　做好政务服务事项标准化管理工作，多方位提升政务服务质效。编制完成《鹤山市行政许可事项清单（2022年版）》，梳理完成鹤山市“二次统筹”标准化事项清单共804项，对照《基层政务服务事项目录（2022年版）》，组织部门完成清单的更新发布。推动乡镇街道体制改革，牵头组织开展“提升公共服务委员会指挥协调效能，优化提升镇（街道）政务服务水平”方面有关工作，为镇（街）公共服务体系规范建设打下坚实基础。打造政务服务标杆体系，印发《鹤山市

为发挥“一网统管”试点县的先行作用，鹤山市充分依托数字政府2.0建设成果，于2022年启动建设鹤山网格服务中台，以数字化赋能基层治理工作

全力打造政务服务体系标杆2.0行动方案》，积极指导全市10个镇（街）开展镇（街）标杆政务服务中心建设。

打造“一站式”政务服务专区 市政数局推进工业城园区“一站式”政务服务专区建设工作，推动政务服务向园区延伸，让企业群众办事不出园区，优化工业园区营商环境。梳理形成《鹤山市企业全生命周期政务服务事项清单（鹤山工业城园区）》，制定《鹤山市工业城园区“一站式”政务服务专区建设工作方案》，成立工作专班，落实专人负责，做好沟通衔接，以政务营商环境优化加快推进中欧（江门）中小企业国际合作区建设。

大力推广“指尖上的服务” 充分发挥“互联网+政务服务”大数据的优势，多措并举拓展企业群众办事渠道，将移动民生服务平台宣传推广工作与解决企业群众办事难结合起来推进落实，引导群众通过“粤省事”“粤商通”“江门易办事”“侨都之窗”“广东政务服务网”“粤智助”等办事平台在线申请办理业务，努力实现“零跑动”不见面办事。

推动跨域通办落地工作 在与云浮市新兴县建立“跨域通办”合作关系的基础上，2022年，鹤山市、深圳龙华区两地政数局签订了《政务服务“跨城通办”合作协议》，两地行政服务中心设置了专窗，已实现56个事项两市通办，业务主要覆盖民政、人社、社保、市场监管等领域。

全国首创，江门首发 广东政务服务网推出的全国首个省级政务服务平台“视频办”服务专区上线发布会在鹤山举行。作为“视频办”服务专区试点城市之一，市政数局根据政务服务“视频办”业务的实施要求，精心梳理群众高频办理事项，组织开展座席人员培训，为“视频办”工作的顺利开展做好全方位保障。上线“视频办”服务事项24项，其中营商环境、准入准营类等针对企业提供的重大服务项目尤为受欢迎，并通过线上线下宣传渠道积极开展“视频办”服务宣传工作。

2022年8月26日，广东政务服务网推出的全国首个省级政务服务平台“视频办”服务专区上线发布会在江门鹤山举行

鹤山市中欧合作区专题网站上线 2022年3月28日，鹤山市中欧合作区专题网站正式上线，网站（http://www.heshan.gov.cn/Sino-European/）集资讯、政务、招商于一体，为国内外投资者提供“一站式”获取中欧合作区政策文件、动态资讯的新平台，成为打造中欧合作区招商引资的“强磁场”，扩大了中欧合作区的知名度和影响力。

附：市政务服务数据管理局正副局长名录

局　长：任煜昌（2022年9月—）

副局长：

任煜昌（—2022年9月）

林慧洁（女，2022年8月—）

（劳添明　杨丽珠　谢丽怡　何苑珊）

【行政服务工作】 概况 2022年，鹤山市行政服务中心（以下简称为“中心”）践行以人民为中心的发展思想，持续打造一流政务服务环境，为鹤山市加快推进中欧合作区建设提供强有力的政务服务保障。

开展综窗改革 通过成立改革工作专班，组织召开政务服务能力提升工作推进会，到佛山市禅城区参观学习，借鉴改革经验形成《鹤山市推进综窗改革工作方案》。引入第三方服务管理公司梳理综窗服务事项和招聘综窗人员，完成综窗设置，并购置智能设备提升大厅服务智能化和数字化水平。

提升大厅服务 开展标杆政务服务中心创建工作，从建设标准化、服务规范化、办事便利化、应用智能化等方面，完善窗口设置，提升队伍素质和优服务提速度。同时指导全市镇（街）开展镇街标杆政务服务中心建设。开展办事大厅窗口服务评比活动，评选出“服务之星”和“文明窗口”，并组织召开窗口工作人员座谈交流会，勉励窗口工作人员以先进为榜样，不断提升窗口服务水平。中心办事大厅获鹤山市“巾帼文明岗”荣誉称号。

落实暖企安商　完善暖企惠企服务平台，联合市监局开展“江惠通”平台新开办企业免费刻制印章补贴项目宣传推广活动。持续创新政务服务模式，2022年中心主动为企业群众提供延时服务335次，服务655人次；提供周末“5+X”预约服务43人次；开展中石化、刻章单位“个转企”等业务专场，为40多名商户“秒批”营业执照。深化工建审批改革，牵头组织召开工建项目竣工联合验收工作协调交流会议，不断畅顺工建审批流程。同时联合市自然资源局、市住建局等职能部门通过梳理优化工程建设项目竣工验收和不动产登记两个阶段的业务办理流程，实现“验收即发证”。2022年中心大厅工建窗口共受理2251宗业务涉381个项目，其中291个工程项目顺利完成联合验收。组建重大项目政务服务专班，为企业提供上门服务、帮办服务，加快重大项目的审批建设进程。“保姆式”服务获肇能、朗腾等企业赠送锦旗和感谢信。积极发挥12345政府服务热线职能，依托江门市中小微企业诉求快速响应平台，及时回应中小微企业关切的问题，为企业解忧纾困。自平台启用以来，协助解决中小微企业诉求事项1064宗。

推进数字政府　推行江门一体化平台建设，不断优化市三级政务服务体系。2022年，全市政务服务共受理事项44.67万宗，其中中心服务大厅受理事项3.4万宗。在全市各镇（街）公共服务中心和村（社区）党群服务中心投放119台“粤智助”政务服务自助机。大力推进政务服务“视频办”，把“线下实体窗口”延伸为“线上视频窗口”，更好满足企业和群众多层次、多样化需求。深入实施“好差评”机制。

抓实疫情防控　优化防疫应急机制，建立完善《鹤山市行政服务中心新冠肺炎疫情防控工作方案》《鹤山市政务服务大厅突发新冠肺炎疫情应急处置预案》《鹤山市12345热线接处中心舆情管控应急方案》等预案制度。开展2场疫情防控培训暨现场应急演练，加强中心应对疫情防控的处置能力。升级中心办事大厅防疫设备，安装“数字哨兵”，提高办事群众通行效率，实现智慧防疫。加强防疫联动协作，派出志愿者支援共和镇、市“1024”疫情、雅瑶中宝工业区疫情前线，参与江罗高速古猛路口疫情联防值守和支援凤凰社区体育公园、市文化中心广场等核酸检测点工作。积极发挥行业指导作用。中心领导带队采取“四不两直”方式到沙坪、古劳、桃源、鹤城、址山、宅梧等镇的公共服务中心和行政村开展政务服务疫情防控督导，督促镇村政务服务大厅落细落实防疫措施。

附：市行政服务中心正副主任名录

主　任： 钟锦文

副主任： 陈允森

虞小东

（黄旻桃）

【公共资源交易工作】 交易情况　2022年，江门市公共资源交易中心鹤山分中心（以下简称“中心”）累计成交公共资源交易项目395宗，交易金额43.46亿元。其中建设工程项目成功交易97宗，交易金额20.94亿元；政府采购项目成功交易145宗，交易金额5.73亿元；土地及矿业权项目成功交易36宗，交易金额16.37亿元；产权交易项目成交117个标的，交易金额0.42亿元。

推动交易全流程电子化向纵深发展　中心优化鹤山市政府采购营商环境，结合江门市以及鹤山市财政部门的要求，加快推进广东省政府采购智慧云平台项目交易系统的使用和推广，主动与省及江门交易中心沟通，多次开展设备与系统调试，提前落实试点模拟测试，并于2022年3月25日完成“武警鹤山中队营房围墙改造工程”采购项目。这是鹤山市首宗全流程电子化开评标项目，也是江门县级首宗政府采购远程不见面开标项目，切实提高了采购效率，降低了采购成本。

土地出让助推工业项目落地建设　按照市委市政府和相关行业主管部门对国有土地出让的进度要求，2022年共成交国有建设用地使用权35宗，成交金额14.68亿元；出让矿业权1个，成交金额1.69亿元；成交商住用地3宗，成交金额9.01亿元；成交工业和商业用地32宗，成交金额5.67亿元，有效推动万洋众创城、信盛科技、拓普斯新材料、台征智能装备等重点工业项目顺利落户鹤山，助力中欧合作区建设。

保障专项债项目稳定有效衔接　积极配合全市专项债资金支出进度，全力克服人员不足、场地不足以及台风天等不稳定因素，加强与业主单位、监督部门和招标代理的沟通，主动开展标前对接，精心做好标中服务，确保2022年市专项债项目如期开展评标并按期支出。2022年共完成专项债项目87项，成交金额19.49亿元。

推动网上中介超市业务提质

增效 网上中介服务超市是“放管服”“数字政府”改革的重要内容之一。中心主动配合相关行业主管部门，深化平台的功能拓展整合，严格按照《广东省中介服务超市管理办法》和《广东省网上中介服务超市管理办法实施细则》抓好落实，推动中介服务全流程网上运行，有效减轻各方市场主体交易成本，切实改善营商环境。2022年共受理线上项目1966宗，在江门四市三区中排名第三，网上中介超市运行成效凸显。

践行“评定分离”模式促发展 在市招投标领域创新发展方面，稳步推进建设工程“评定分离模式”，不断加强与试点单位和行业主管部门的沟通，全面做好交易场地、网络系统、平台设备、音视频网络监控等一系列软硬件设施服务保障，协调处理在“评定分离”模式中遇到的困难，实现招投标权责统一，有效提升招标工作效率。2022年共完成“评定分离”项目9宗，成交金额1.24亿元。

深化对接“粤公平”优化营商环境 “粤公平”是广东省促进数字政府建设，助力构建统一大市场的重大举措。在“粤公平”全面优化升级上线之际，中心多次参加江门市公共资源交易中心线上工作推进会议，按照上级要求完成信息数据核对和迁移，同步实现交易系统与“粤公平”的深入对接，实现“信息一网尽览，交易一网通办”，提升交易服务及监管效能。

推动医共体优质医疗资源下沉 根据市医共体及市人民医院新院建设需要，加快医疗设备投入使用，中心加强与市人民医院、中医院的对接，通过创新工作机制、优化服务流程、开辟绿色通道服务、优先协调开评标场地等方式精准服务，共完成22个医共体发债医疗设备采购项目，涉及金额1.57亿元，为推进医共体建设提供有力保障。

附：江门市公共资源交易中心鹤山分中心正副主任名录

主任：甄红星

副主任：

梁沛荣

罗永利（—2022年7月）

李嘉琪（女，2022年7月—）

（张　玮）

政协鹤山市委员会

【概况】 政协鹤山市委员会成立于1982年8月。第十一届政协鹤山市委员会有委员196人，其中女性委员48名，占委员总数的24.49%。政协主席和副主席共7名，常务委员38名（其中女性12名，占31.6%）。下设7个专门委员会：提案委员会、经济委员会、社会法制委员会、教科文卫体委员会、城乡建设委员会、港澳台侨委员会、农业和农村委员会。

【重要会议】 政协鹤山市第十一届委员会第二次会议于2022年4月18—19日在沙坪召开，全体委员出席会议。鹤山市政协主席冯伟华代表政协第十一届鹤山市委员会作工作报告，总结2021年市政协工作，提出2022年市政协工作意见。副主席林慧梅作提案工作情况报告。委员们列席市人大会议听取和讨论了市政府工作报告及其他有关报告。会议审议通过了《中国人民政治协商会议鹤山市第十一届委员会第二次会议决议》。

【提案工作】 2022年，市政协共收到委员以提案形式提出的意见和建议47件。其中，以委员个人名义及联名提交的有24件，党派、团体提交的有10件，专委会、联络组提交的有13件。经市政协提案委员会审议研究，确定立案并提交政府部门办理的有47件。提案内容丰富，涉及全市政治、经济、文化、社会和民生等各个领域。不少提案聚焦群众切身利益问题，有针

2022年4月18日，举行中国人民政治协商会议第十一届鹤山市委员会第二次会议

对性地提出解决问题的意见和建议。市有关部门积极办理市政协提案，委员提出的很多意见和建议得到落实，既有助于解决群众关心的热点、难点问题，又促进了相关职能部门决策民主化、科学化。

【专题视察和调研】 2022年，市政协以市全力打造国家级中欧合作样板区、市维稳中心平台建设、农村产业振兴、引进和培养高层次人才、文化遗产保护利用、科技创新等6项协商议题为重点，组织委员开展20多次协商议政和调研视察；围绕中小学布局规划、全国文明城市专项政治行动、食品抽检快检、消防升级改造、就业创业、农村生活污水处理设施管护等6项重点民主监督，先后开展20多次调研视察和15次协商座谈会议，广泛听取意见，汇集协商成果，助力政府部门解决落实事关群众利益的30多件好事实事。通过协商议政、调研视察和民主监督，形成10份调研报告提交市委。市委市政府主要领导多次对市政协的调研报告作出批示，充分肯定市政协的工作，进一步巩固和提升了市政协民主协商的成效。

附一：政协鹤山市委员会正副主席、秘书长名录

主　席： 冯伟华

副主席： 梁暖勋

叶永雄

邓祺伟

林慧梅（女）

吴秋红（女）

黄国豪

秘书长： 梁均明

附二：政协鹤山市委员会办公室正副主任名录

主　任： 梁均明

副主任： 李建华（ —2022年12月）

区嘉明（2022年6月— ）

胡焯荣（2022年12月— ）

（任冰嫦）

鹤山市纪律检查委员会 鹤山市监察委员会

【概况】 2022年，鹤山市纪检监察机关忠诚拥护“两个确立”，坚决做到“两个维护”，全面贯彻落实党的自我革命战略部署和全面从严治党战略方针，充分发挥监督保障执行、促进完善发展作用，持续正风肃纪反腐，纪检监察工作高质量发展迈上新台阶。

【重要会议】 中国共产党鹤山市第十三届纪律检查委员会第二次全体会议　2022年6月1日召开。全会认真学习习近平总书记在十九届中央纪委六次全会上的重要讲话和中央纪委全会精神，强调要学深悟透习近平总书记重要讲话精神实质，全面贯彻落实省纪委全会精神，省第十三次党代会关于党风廉政建设和反腐败工作的要求，以及江门市纪委全会精神，要求深刻领会内涵。审议通过市委常委、市纪委书记、市监委主任谭良发代表市纪委所作的《坚持自我革命　保持政治定力　推进全面从严治党向纵深发展》工作报告，以及十三届市纪委二次全会决议。会议要求，全市纪检监察机关要以习近平新时代中国特色社会主义思想为指导，全面贯彻落实党的十九大和十九届历次全会精神，增强“四个意识”、坚定“四个自信”、做到“两个维护”，坚持全面从严治党战略方针，坚定不移将党风廉政建设和反腐败斗争进行到底，持续深化不敢腐、不能腐、不想腐一体推进，惩治震慑、制度约束、提高觉悟一体发力，努力取得更多制度性成果和更大治理成效，加强纪检监察机关规范化、法治化、正规化建设，更好发挥监督保障执行、促进完善发展作用，迎接党的二十大胜利召开。要深入学习贯彻党的十九届六中全会精神，聚焦“国之大者”推动政治监督具体化常态化；要保持反对和惩治腐败的强大力量常在，坚定不移把反腐败斗争推向纵深；要持续加固中央八项规定堤坝，坚持不懈整治群众身边的腐败和不正之风；要健全巡视巡察上下联动格局，实现高质量全覆盖目标任务；要促进纪检监察体制改革系统集成、协同高效，推动制度优势转化为治理效能；要落实政治过硬、本领高强要求，努力做党和人民的忠诚卫士。

“奋进新征程　建功新时代　以模范机关创建实际成效迎接党的二十大胜利召开”主题活动动员会　2022年10月11日召开。会议强调，要提高政治站位，深化思想认识，牢固树立政治机关意识，充分认识和把握主题活动在推进机关党的建设、强化党建引领、落实全面从严治党等方面的重要作用，依托理论学习中心组、党支部、党小组、团支部等，创新学习模式，深化理论学习，切实把思想和行动统一到党的二十大确定的目标任务上来。要坚持党建引领，推动中心工作。不折不扣落实鹤山市委各项工作部署，对标模范机关建设要求推动党建和业务深度融合，以“时时放心不下”的责任感抓好各项重大工作任务落实情况的监督检查。围绕一体推进“三不腐”同时同向综合发力，巩固拓

2022年6月1日，中国共产党鹤山市第十三届纪律检查委员会第二次全体会议召开

展作风建设成果，高质量推进市委巡察，深入推进基层反腐，依规容错免责，深化澄清正名，推动全市干部担当作为。要强化履职担当，提升工作实效。对照市“六大举措”，围绕市委机关“四个聚焦”认领任务清单，做到项目清单化、清单责任化，坚决防止搞形式、走过场，以高质量机关党建助力新时代纪检监察工作高质量发展。

传达贯彻党的二十大精神会议 2022年11月1日召开。会议强调，纪检监察机关是党内监督和国家监察专责机关，是党进行自我革命的重要力量，必须深刻认识党的自我革命的重大意义、科学内涵、实践要求，坚持严字当头，严格执纪、严肃纠风、严厉反腐，为推进鹤山改革发展各项工作提供坚强政治保证。要聚焦“国之大者”强化政治监督。要围绕一体推进“三不腐”同时同向综合发力。要持之以恒巩固拓展作风建设成果。要坚决惩治群众身边腐败。要努力锻造纪检监察铁军。

【主要工作】 **坚持政治引领，自觉履行“两个维护”使命任务** 理论武装凝心铸魂。将学习宣传贯彻习近平总书记系列重要讲话和重要指示精神列为市纪委常委会“第一议题”和理论学习中心组“第一专题”，开展集中学习20次，自觉用党的创新理论指导实践、推动工作。制定学习宣传贯彻党的二十大精神工作方案，领导班子以上率下领学、党组织分层分片研学、党员干部创新形式自学，推动学习宣传贯彻走深走实。组织调查研究，重点围绕“室组地（镇）”联动工作机制、纪检监察干部队伍建设等课题，领导班子成员赴一线深调研，把调研成果转化为工作成效，以奋斗姿态、务实作风贯彻落实党的二十大工作部署。

围绕中心强化监督。围绕关乎全局、关乎长远、关乎根本的“国之大者”开展监督，确保党中央重大决策部署落地见效。靠前监督护航疫情防控，开展“四不两直”专项检查32次，提出意见建议82条，推动问题整改555个，查处疫情防控中不敢担当、作风漂浮等问题2个，对2起失职失责行为提出处理建议。深挖彻查粮食购销领域腐败问题，立案8件，结案8件。向损害营商环境突出问题“亮剑”，制定政商交往“十个严禁”，防止商品交换原则向党内渗透，持续涵养良好政治生态。

立规明纪督促提醒。优化党风廉政建设考核制度，精准把握考核要点。突出“一把手”监督。受江门市纪委监委委托，集体提醒18名江门市管干部严格落实中央八项规定精神。协助市领导约谈科级以上干部12人次。动态更新廉政档案718个，精准把脉廉洁从政情况。规范党内谈话，全市开展提醒谈话370人次，警诫谈话111人次。严把选人用人廉洁关，回复党风廉政意见800人次。

坚持严的基调，一体推进不敢腐、不能腐、不想腐 震慑效应持续彰显。严格执行审查调查安全首课和领导首谈制度，助力案件查办成效提升。靶向削减存量、零容忍遏制增量，全市纪检监察机关共接收信访举报218件次，处置问题线索280条；立案170件，同比增长8.3%。给予党纪政务处分162人，留置1人，移送司法机关4人，主动投案1人。立案审查调查科级干部13人，严肃查处市农业农村局原党组书记、局长冯锦荣严重违纪违法案件，在干部队伍中形成强大震慑。通过办案追回和挽回国家经济损失1140.79万元。

系统治理成效明显。重视案件查办“后半篇文章”，制发纪检监察建议书14份，推动有关部门完善制度。协助出台《鹤山市受处分处理村（社区）干部薪酬扣减工作实施意见（试行）》，提升处分实效性，维护纪律严肃性。深化标本兼治，督促相关职能部门开展村级违规发放津补贴及奖金专项治理。分级分类用身边事教育身边人，开展政法系统庭审警示教育活动，纪律教育宣讲团进机关、进基层，引导各级党员干部知敬畏、存戒惧、守底线。

廉洁文化亮点纷呈。深入推进新时代廉洁文化建设，深挖盘活全市廉资源，构建线上线下廉“矩阵”。更新市廉政教育基地版面内容，接待各方访客100批次，因地制宜打造廉长廊、文化墙、廉公园、读书角。创建“纪小青”宣传品牌，聚焦党章党规党纪教育要点，原创廉政教育微视频40期。挖掘本土名人勤廉事迹，制作廉洁文化宣传音频23期，累计收看收听下载逾40万次，增强文化廉活力和影响力。19篇宣传稿件被省级以上媒体刊载。倡导党员干部严于律己、廉洁齐家，拍摄《家风建设是门必修课》微视频，印发《致全市各级领导干部家属的一封信》。坚持纪法教育以文育人，推动廉洁文化进校园，营造“以清为美、以廉为荣”的社会氛围。

坚持风腐同治，锲而不舍纠“四风”树新风 久久为功纠治“四风”。聚焦贯彻党中央决策部署只表态不落实、维护群众利益不担当不作为等现象，查处形式主义、官僚主义问题15起，党纪政务处分15人。坚持以“小切口”推动“大治理”，严查酒驾醉驾背后“四风”“公车私用”“私车公养”等问题，排查问题线索7条，立案1件，约谈13人，批评教育4人，督促有关部门整改问题28个。查处享乐主义、奢靡之风问题45起，党纪政务处分45人，坚决防反弹回潮、防隐形变异、防由风及腐。严肃查处影响行政效能、破坏党和政府形象的“躺平”行为，对1人给予党内警告处分并提出免职建议。通报曝光违反中央八项规定精神典型案例5起18人。坚持抓早抓小，针对党员干部、公职人员称呼庸俗化等不良现象发出提醒函，发送各类“廉洁过节”提示短信7.2万条。

坚持激励约束并重。将“四种形态”贯穿到执纪执法全过程，批评教育帮助和处理348人次，四种形态占比分别为52.3%、42.8%、1.1%、3.7%。严格落实“三个区分开来”，精准实施容错免责，稳妥推进澄清正名工作。严格筛选2022年查否的信访举报40件，为14名受到诬告陷害党员干部澄清正名，旗帜鲜明为担当者担当、为实干者撑腰。对142名受处分党员干部进行精准回访教育，达到“回访一人、教育一片”的效果。

坚持人民至上，集中整治损害群众利益突出问题 保障惠民富民政策落实落地。紧扣民生领域专项监督工作，查处群众身边腐败和作风问题46起，党纪政务处分44人。紧盯乡村振兴领域，着力查处驻镇帮镇扶村突出问题，党纪政务处分1人；开展惠民惠农“一卡通”落地阶段性监督，推动市32项惠民惠农财政补贴政策实施。聚焦民生关切，整治高龄老人政府津贴监管突出问题，追回违规多发24人4万多元；开展医保基金监管领域突出问题专项整治，督促有关部门严格落实监管措施。

推动“惩腐打伞”常态化。坚持问题导向，推动扫黑除恶与惩腐打伞常治长效。2022年新增立案2件，结案2件。督促全市各级党组织、相关部门严格履行扫黑除恶政治责任，积极防范和打击黑恶势力违法犯罪。

深入治理民生领域“微腐败”。加大农村“三资”领域侵害群众利益问题惩处力度。针对村委会违规发放“经济提成奖”问题立案查处37人，涉及金额380多万元。集中开展防汛、安全生产、欠薪讨薪等专项监督检查，确保民生实事落地见效。

坚持政治定位，与时俱进深化政治巡察 绘制巡察“施工图”。印发《中共鹤山市委巡察工作规划（2022—2026）（试行）》，有力有序推进巡察工作。加强巡察监督和其他监督贯通融合，制定“巡审联动”工作制度。启动十三届市委巡察，对46个党组织开展2轮常规巡察，对47个党组织开展乡村振兴资金管理使用暨农村集体“三资”管理专项巡察。第一轮常规巡察及专项巡察共发现问题633个，全年推动立行立改事项47个。在江门市县级巡察质量评估中，鹤山市委巡察工作排名居四市三区之首。

高质量落实整改。持续深化巡察共性问题“清零”工作，归纳提炼首轮常规巡察发现的10个共性问题，以及专项巡察发现的“三资”管理突出问题，集中交办，专项整治。实地督导首轮巡察整改，落实措施1369条，完善机制192项，整改完成率达97.1%。强化制度规范，出台《鹤山市委巡察整改质量评估办法（试行）》，市纪委监委、市委组织部、市委巡察机构分别制定加强巡察整改和成果运用工作任务清单，做深做实“后半篇文章”。

增强标准化建设。巡察组增设4名股级领导职位，推动形成科学合理队伍结构。提升巡察队伍专业化水平，从机关事业单位中筛选250人组建巡察人才库，从各类专业人员中筛选37人组成巡察工作政策咨询人员库。优化巡察流程，完善巡前情况通报、巡察整改工作指引等制度。全面实行纪律作风后评估制度，强化巡察队伍教育监督管理。

坚持严管厚爱，锻造高素质专业化队伍 自身建设从硬从实。市纪委常委会率先垂范，严格执行民主集中制，严格落实请示报告制度，严守政治纪律和政治规矩。出台模范机关创建实施方案，在践行“两个维护”上走在前、作表率。推进干部能力提升计划，举办“鹤廉大讲堂”、政治学习专题会、业务知识线上学习，持续开展学纪学法。2022年，组织各类培训15次，选送19名干部上挂下派，“师徒结对帮带”17人。制作推广“微课堂+学习海报”68期，推动干部常态化、碎片化学习。注重培养选拔优秀年轻干部，健全干部关心关怀机制，队伍归属感和凝聚力进一步增强。1人受省纪检监察系统嘉奖表彰。第二党支部被评为鹤山市“五好六有”模范党支部。市纪委监委连续两年被评为市党委系统信息工作先进单位。

深化改革做精做细。在全江门地区率先探索实施“室组地（镇）”联动工作机制，推动“2+N”制度体系落实落地，以联合办案、联动监督2个制度为统领，配套问题线索管理、定性量纪会商、负面清单等N个制度，破解“人情难”“人手难”“资源难”壁垒。全年联合办案处置问题线索6条，立案28人；联动监督排查发现问题线索3条，督促相关部门建章立制5项，有效释放改革效能。深化派驻机构改革，出台考核实施意见，推动派驻机构规范化建设。

内控机制从严从紧。出台审查调查“十不准”、工作交接、公章管理等制度，为干部架起“高压线”，筑牢“防火墙”。全周期推行干部综合考评，建立季度评价机制，强化负面清单结果运用。坚持刀刃向内，以更高纪律标准、以更严纪律要求，强化干部管理，对5名干部“苗头性”“倾向性”问题开展谈心谈话和批评教育。

附一：市纪律检查委员会正副书记、常委名录

书　记：谭良发

副书记：冯锦贤

李伟新

常　委：

古仕荣

任程滨

李德安

余丽霞（女）

黄　磊（挂职，2022年12月—）

附二：市监察委员会正副主任、委员名录

主　任：谭良发

副主任：冯锦贤

李伟新

委　员：

余丽霞（女）

吕永昶

任程滨（2022年5月—）

马庆龙（2022年5月—）

附三：市委巡察工作领导小组办公室正副主任名录

主　任：古仕荣

副主任：曾伟文

易哲宁

（薛艳娟）

地方军事

武装工作

【概况】 2022年，鹤山市人武部坚决贯彻落实习近平强军思想和新时代军事战略方针，在军分区党委及鹤山市委、市政府的坚强领导下，按照“大项工作出精品、专项任务有亮点、全面建设争先进”的思路，聚焦主责主业，狠抓备战打仗，统筹推进能力提升和安全管理，各项工作成绩突出，全面建设进步明显。2022年鹤山市人武部被江门军分区评为全面建设先进人武部。

【思想政治建设】 2022年，鹤山市人武部以迎接党的二十大胜利召开和学习宣传贯彻党的二十大精神为主线，聚焦“忠诚维护核心、矢志奋斗强军”巩固深化“传承红色基因、担当强军重任”主题教育，利用驻地传统教育优质资源和本部军事职业教育场所，走开“网络+”思想政治教育新路子，广泛开展沉浸式网络教育和现场参观，在向心凝聚、向战发力、向难攻坚上下功夫，引导所属人员在学习党的创新理论中进一步坚定理想信念，人武部上下精神面貌焕然一新，工作责任心不断增强，维护核心、听党指挥的思想自觉和行动自觉更加巩固，“临战备战”意识更加鲜明。

【国防后备力量建设】 围绕“战时应战有能力、急时应急有作为”的要求，结合办公场所调整，建成“国防动员指挥中心”和国动委专业办公室集中办公场所，确保平战衔接紧密、作战指挥高效、管理运行有序。开展国防动员委员会成员单位走访调研和业务研讨座谈会，破解了领导不重视、职责不清晰、专职不专业、工作走过场等现实问题，组织国动委各专业办公室成员集中学习业务知识，进一步树立国防导向，强化职责意识。严格落实每月一次的专武干部行政例会制度，轮流安排镇（街）专武干部到人武部以岗带训，学政策、统思想、立标准，全面提升了国动委各专业办公室和专武干部队伍的军事素质和业务技能。探索民兵参加训练和逐行多样化任务综合保障措施，从制度层面解决了民兵到位率不高、训练热情不浓、后勤保障不力等现实问题，民兵整组质量和军事训练水平得到明显提升，在江门军分区组织的年度民兵整组综合量化考评中得分排名第一，并在基干民兵比武竞赛中获得团体总分第一。主动适应征兵调整改革新形势新要求，攻坚克难圆满完成年度新兵征集任务，主动作为寻找支点，破解辖区就业条件较好且无高校的矛盾困难，采取“政策激励、精准发动、科学引导”三位一体新举措。吸引优秀青年返乡应征报名，同步推开企业征兵新路径，大学毕业生征集率大幅提升，年度征兵超出指导比例15%，顺利完成任务，并实现连续4年“零退兵”，征兵“五率”考评成绩居江门前列。

【基层正规化建设】 高标准迎接省军区“四个秩序”考评验收，牢牢把握“四个秩序”建设攻坚单位的重要契机，以建设“军事特征鲜明、政治氛围浓厚、基础设施配套”示范性人武部为目标，全面对照建设规范倒排任务，拉单列表建立台账，积极协调地方党委政府提供政策支持和经费保障。从抓实抓细各项规章制度落实入手，以各类功能场所建设和办公场所改造为抓手，全面提升干部职工责任意识，全优通过省军区“四个秩序”考评验收，作为全省人武部代表接受军委国防动员部安全工作大检查并取得优异成绩，得到省军区、军分区首长机关的高度肯定。大力推动正规化建设向基层延伸，按照军分区“基层人武部与退役军人服务站合署办公”的指导意见，将合署办公与人武部正规化建设同步谋划、同步推进、同步实施。通过“调研论证、试点先行、经验总结、统一标准、全面推行”等步骤，全市10个镇（街）武装部于2022年3月份全部完成基层人武部正规化改造，全面达到了“要素齐全、布局合理、标识统一、功能完备”的建设目标，实现了人员、场所、经费完全统一，合署办公做法走在了省、市的前列。

【党的组织建设】 把用习近平新时代中国特色社会主义思想武装头脑、指导实践、推动工作作为首要政治任务，认真贯彻民主集中制，坚持战建备一体推进全面落实，部党委领导备战打仗能力得到提升；大力加强民兵预建党组织建设，选准配强正副书记，狠抓党建制度落实，党管武装的各项工作在基层末端得到有效落实；注重在铸牢廉洁底线上做文章，利用承担省军区廉洁文化建设试点任务的有利契机，严格按照各级关于廉洁文化建设的新标准新要求，紧贴正风反腐肃纪新形势新目标，结合人武部实际，坚持体系设计、整体抓建、全面推进，探索形成了“注重学习教育固本培元、夯实崇廉尚洁思想根基，注重聚焦主业贯穿渗透、夯实廉洁风险防控机制，注重潜移默化熏陶培塑、营造清廉自守文化氛围，注重军地联动丰富形式、开展合力育廉特色活动”的廉洁文化建设经验做法，在省军区纪检工作会议上进行了汇报交流，并在全省军区转发推广。

【双拥共建工作】 积极开展双拥共建活动，大力支持美丽乡村建设。投资10万元为帮扶对象建设的龙口镇松岗村高密度水产养殖项目已初见成效，预计每年可为村民集体增加收入12536元。支持10万元建设的博爱公园工程项目已全面启动。联合地方党委政府落实退役军人优待优抚政策，开展“最美退役军人”和“最美军嫂”等评选活动，浓厚“让军人成为全社会尊崇的职业”氛围。根据地方疫情防控需要，全年派出专武干部及民兵3850人次，协助开展核酸检测、路口排查和疫区管控等工作。7月份面对台风“暹巴”，市人武部科学研判，迅速集结民兵120人有效处置雅瑶镇河堤管涌险情，较好发挥了民兵队伍在维护人民生命财产安全、排除重大险情等方面的“战斗队”和“排头兵”作用，切实扛起了新时代竭诚为民的社会责任，军政军民更加团结。

（曾昭飞）

人民防空

【人防工程建设】 2022年，鹤山市人防办共验收鹤山碧桂园城市之光、方圆云山诗意一期和月岛首府等人防地下室共5.31万平方米，审查民用建筑备案验收工程38项共94.73万平方米，依法依规收缴人防易地建设费40.2万元，强化全市人防战备实力。

【警报试鸣】 9月17日是第22个全民国防教育日，鹤山市在沙坪城区范围内组织防空警报试鸣演练。鹤山市副市长李海权，市人防指挥部各成员单位有关人员参加指挥警报试鸣演练。9月17日上午10时40分至11时03分，部署在城区的22台电动警报器、电声警报器、多媒体警报器以及通过电视台、电台等方式，发放预先警报、空袭警报、解除警报，鹤山人防指挥通信车沿前进路、中山路、新业路、人民路等路段行驶，沿途向市民发出警报信号。12月6日上午，鸣响全市防空警报器，悼念江泽民同志。

（邓颖欢）

武警鹤山中队

【概况】 中国人民武装警察部队广东省总队江门支队执勤一大队鹤山中队（简称“鹤山中队”）组建于1983年6月，现隶属于武警江门支队执勤一大队，驻守鹤山市桃源镇马山村骏马苑，主要任务是担负鹤山市看守所外围封闭式武装警戒和驻地处置突发事件、抢险救援等任务，是一支有着优良传统和光荣历史的部队。鹤山中队先后9年被总队评为“基层建设标兵中队”，6次被评为“基层建设先进中队”，3次被表彰为“先进党支部”，1次被评为“四铁”先进单位，荣立集体二等功3次、三等功7次，先后有2名官兵荣立一等功、4名官兵荣立二等功、70多名官兵荣立三等功，形成了“忠诚、精武、团结、进取”的优良传统和建队精神。历届官兵忠诚可靠、默默奉献，用青春和热血履行使命担当，为维护驻地安全和社会稳定、保卫人民美好生活作出了应有的贡献。

中队始终以习近平新时代中

2022年9月17日，鹤山市人防办开展人民防空协同演习

国特色社会主义思想特别是强军思想武装自己，坚持用强军目标统领思想政治教育，坚持不懈用习近平强军思想铸魂育人，强化教育服务功能，保证强军打赢的指向，扎实开展理论学习、主题教育、基础教育、经常性思想教育等。用好“学习强国”“双百微课”“学习强军”等载体，创新网络教学、战士讲堂、参观见学、氛围感染等方式方法，抓实计划、准备、施教、总结等环节，增强思想政治教育的时代性、原则性、战斗性、实效性。着力培养有灵魂、有本事、有血性、有品德的新时代革命军人，锻造具有铁一般信仰、铁一般信念、铁一般纪律、铁一般担当的过硬部队。2022年中队在全体官兵的共同努力下荣获“四铁”先进单位称号。

【文化建设】 2022年，开展群众性文化活动，按照“小群多路”的思路建立学习、体育、娱乐等各个兴趣小组，建设“花样轮滑”等特色文化小分队，在总队新时代基层文化现场会中负责特色文化节目演示科目。2022年建成书香军营和强军思想专修室各一处，常态化组织“悦读强军”、阅读分享会、观看红色电影、集体生日、体育竞赛、娱乐游戏等文化活动，邀请轮滑老师到中队现场教学，同时发挥文艺骨干作用，调动官兵参与热情，营造浓厚的文化氛围，使得强军文化开展得有声有色，滋养官兵心灵，引领军营时尚。

【军地关系】 鹤山市是一个有着优良传统的双拥模范城市。鹤山市委市政府支持中队建设，关心官兵冷暖。在鹤山市公安局、退役军人事务局的牵头下，推进中队营区楼房修缮和围墙建设等工作。与鹤山市图书馆签订共建协议书，开展军地共建活动。2022年，中队加强与看守所的沟通协调配合，确保目标绝对安全。

（办公室）

组织　宣传

组织工作

【概况】2022年，市委组织部坚持以习近平新时代中国特色社会主义思想为指引，深入学习贯彻党的二十大精神，紧扣主责主业，着力提升干部政治修养，锤炼党性，为推动鹤山高质量发展、争创全国工业百强县提供坚强组织保障。

【自身建设】2022年，在22次会议上集体学习56份政治要件精神并研究贯彻落实意见，深化组工干部“活字典工程”，利用“三会一课”“组工干部微课堂”“领导干部上讲台”等方式进行学习宣讲，通过理论学习中心组、干部大会、主题党日活动等开展专题学习研讨，组工干部读原文、学原著、悟原理。2022年，派出180多人次参与创文志愿服务，派出党员义工630余人次助力打赢6轮本土疫情。全体组工干部轮番在高速便民服务点值守近100天，对各类机动车辆和人员进行排查登记。

【基层组织建设】*城市党建走在前列*　深化街道“大工委”和社区“大党委”。12个职能部门党组织负责人、231名部门单位业务骨干担任街道或社区的兼职委员，统筹解决城市治理难点堵点问题。建立并按“六有”标准实体化运作338个网格党组织，全覆盖组建248个小区党支部，设立小区“微实事”基金，将党组织触角延伸到城市基层末梢。通过明晰权责、配强装备，发挥1902名专兼职网格员作用。培育2044人的志愿楼长队伍。深入实施“双报到、双服务”工作机制，推动机关干部下沉挂钩4000多楼栋，助力疫情防控、网格底数核查、矛盾纠纷排查等工作。开发鹤山网格服务平台，建成一个摸清网格底数的小程序、一个整合系统的协同平台和一张全要素呈现的实景图，做法在江门全市推广。打造桂林社区、雁山社区等一批标杆阵地，得到省领导、江门市主要领导的充分肯定。建成江门市首个社区爱心驿站，推动党群服务中心向新就业群体开放，江门市党群职工服务中心共建现场会在鹤山召开。

建强村（社区）党组织战斗堡垒　组建驻镇帮镇扶村工作队，选派10名镇级挂职干部、23名第一书记、77名“村长助理”、139名金融村官驻村，选派148个两新组织与村党组织结对共建，组团式帮扶，助力乡村振兴。精准整顿古劳连南、桃源竹荫2个软弱涣散村党组织。村（社区）书记大专以上学历比例提升至82.7%。排查整顿十八大以来农村发展党员违规违纪问题270个，立行立改基层党组织党务不规范问题70个。在江门全面铺开村民小组“四议两公开”，印发《鹤山市村务一本通（试行）》，规范村级“小微权力”运行。举办抓党建促乡村振兴“擂台赛”，古劳、鹤城、龙口三个镇进入江门市抓党建促乡村振兴示范镇擂台赛二十强。新增投入1600多万元财政资金提升村“两委”干部待遇，实现村“两委”干部收入省定标准由财政全额承担。11条村获评江门市“红色美丽侨村”，100%村（社区）达到整洁村标准，80%

2022年6月2日，举办第十届广东省市直机关“先锋杯”工作创新大赛（鹤山赛区）选拔赛

村（居）达到美丽宜居村标准，112个行政村集体经营性收入100%达到10万元以上。

两新党建扩面提质 新组建94个两新党组织，成立硅能源产业基地建设临时党支部，组建新一代信息技术等6个产业链党委，其中规模以上工业企业党组织覆盖率70%。推动成立顺丰速运等7个党组织。升级打造广东首家侨资民企党校——雅图仕党委党校，中央、省市各级领导多次前来考察调研。培养树立鹤山工业城非公企业党委、鹤山市个私协会企业党委等省级党建工作示范点。鹤山市个私协会党委成为江门地区唯一一个获评省级社会组织示范点的党组织。

【领导班子和干部队伍建设】 组织部长带头开展“四不两直”调研16次，常态化对市直部门领导班子分析研判，选优配强发改局、政务服务数据管理局、团市委等单位领导班子。实施年轻领导干部“双导师制”方案，为每人配备“1名业务导师+1名组织导师”，提升领导水平和专业素养。结合领导班子运行分析研判、年度考核、干部调研等方式，发现、储备各种类型的优秀干部，分类建立干部库，实行动态化管理。选派53名潜力大、敢担当、专业能力强的优秀干部到急难险重任务中锻炼磨砺。在改革攻坚第一线、“六大工程”等吃劲岗位提拔干部76名。落实《推进领导干部能上能下规定》，调整不适合现岗位干部9名。

【干部监督】 印发干部监督信息沟通工作的若干措施，优化选任干部部门联审制度，建立选人用人专项检查发现问题线索移送制度。对195名考察对象征求有关部门意见。结合市委巡察开展两轮共18个单位的选人用人专项检查，加强巡视整改和成果运用，完善巡视巡察整改机制，强化整改责任落实，归纳总结共性问题及典型事例通报，以点带面扩大整改范围，推动成果运用。持续加大对部门（单位）一把手、重点部门和关键岗位干部的监督，先后开展函询5人次，提醒3人次，诫勉3人次，督促13名正职领导完成离任交接。

【干部教育培训】 全年共举办各类线上线下培训班、研讨班等主体班次94期，培训党员干部5.34万人次。将学习贯彻习近平新时代中国特色社会主义思想、学习贯彻党的二十大精神作为干部培训必修课。围绕招商引资、中欧合作开展线上“专家讲座+课后作业+点评答疑+交流研讨”，运用“云端培训+专业授课+手把手辅导”的培训形式举办疫情防控专题培训、基层行政执法专题培训等一系列主体班次，推动领导干部上讲台，邀请12位科级以上干部在2022年中青班为学员授课。

【绩效考核】 结合鹤山市经济社会的实际情况，修订完善市镇两级绩效考核方案。考核内容重点对标江门市县域经济社会高质量发展考核实施方案和鹤山市委、市政府中心工作。进一步压实镇（街）和市直部门的主体责任，传递考核压力，强调责任担当，并加强考核结果反馈，强化结果运用。

【调研信息工作】 鹤山市委组织部被评为全国组织系统2022年度信息报送先进单位。2022年鹤山组工调研信息工作积分在江门各县（市、区）中排名第一。2022年鹤山市组工问题建议类信息、组工经验类信息被江门市级以上刊物采用40篇，被中组部《组工参阅》综合采用3篇。2022年在纳入上级统计口径的省级以上媒体刊登组织工作报道43篇。2022年在鹤山先锋微信公众号刊发433条图文信息，经整理上报的89篇信息被江门先锋微信公众号采用。对学习宣传党的二十大精神、乡村振兴等48个专题进行舆情引导，组织组工通讯员发表评论文章23篇。

【人才工作】 出台“鹤才计划”六大行动。启动“中欧合作高层次人才引进工程”，引进8名具有欧洲留学工作经历的博硕人才。开展宋尔卫院士论坛鹤山行交流活动。出台柔性引才、“鹤才伯乐”和引才大使政策。推出鹤山市人才工作“一队伍一品牌”“一镇（街）一品牌”，结合本土特色，塑造人才工作品牌。成立“青鹤联盟”，与广东高校香港学生联合会达成青年人才交流战略合作。新建省级博士博士后科研平台4家。创新开通“鹤山人才”视频号，推出“鹤才荟”人才专题栏目，共报道9期。高标准建成鹤山市人才驿站和雁山社区人才驿站，打造复合型人才服务专员队伍。扩展华侨城等“鹤才卡”服务场景16项。

【公务员工作】 通过“四级联考”和“选调生”考试录用132人，其中“四级联考”招录88人，“选调生”考试招录44人。严格落实选调生基层锻炼制度，截至2022年底，共有56名选调生到村任职锻炼。做好公务员考核工作，尤其落实平时考核，印发《鹤山市公务员平时考核工作实施方案》。开展争做“人民满意公务员”活动，市公安局巡逻警察大队办公室三级警长李建昀经过逐级推荐遴选，被授予“全国人民满意的

2022年10月25日，建成鹤山市人才驿站，为人才提供学习休闲、政策办理、需求对接等多元化服务

公务员”称号；市水利局河湖管理组被确定为“全省人民满意的公务员集体”推荐对象。

附一：市委组织部正副部长名录

部　长：

陈志美（女，—2022年5月）

李卫芳（女，2022年5月— ）

常务副部长：施劲彤

副部长：李永炜

朱雄飞

罗松泰（ —2022年6月）

何慧君（女）

附二：市委党建办正副主任名录

主　任：

陈志美（女，—2022年5月）

李卫芳（女，2022年5月— ）

副主任：李永炜

（调研信息股）

老干部工作

【概况】 市委老干部局是市委工作机关，归口市委组织部管理。2022年鹤山市委老干部工作坚持做好疫情防控，加强离退休干部党组织建设，落实老干部两项待遇，加强两个阵地建设，做好离退休干部的服务管理，推动老干部工作开展。

【做好新冠肺炎疫情防控工作】 全体工作人员参加疫情防控应急值守和入户排查等工作；强化舆论宣传引导，通过市老干部大学微信公众号、工作群、班群等信息平台，广泛传播疫情防控知识，增强战“疫”意识和信心；宣传、引导和发动老干部接种新冠肺炎疫苗，向全市各单位、各镇（街）发出《关于做好离退休干部疫苗接种工作的通知》《带头接种疫苗　共筑免疫屏障》倡议书，宣传引导老干部了解接种疫苗的安全性和必要性，提升老干部接种疫苗的主动性和参与率；与政数局合作，运用大数据平台把全市离退休干部接种疫苗信息明细发送至各单位、镇（街），督促各单位落实老干部接种疫苗，加大推动老干部疫苗接种工作力度。全市离退休干部接种率90.3%。

【离退休干部党组织建设】 强化组织力，抓实离退休干部党组织建设。组织学习中办发〔2022〕31号文、粤办发〔2022〕25号文等文件精神，组织全市离退休干部开展以“喜迎二十大　奋进新时代”为主题的“七个一”主题宣教活动。建立离退休干部党支部联络员工作群，发挥联络纽带作用，强化离退休干部党支部管理，提高离退休干部党的组织覆盖率和工作质量。加强对离退休干部党组织书记教育培训，全年举办离退休干部党支部书记线上专题培训2场，线上线下结合举办专题培训班2场，参加培训的支部书记400多人次。推动离退休干部党建工作融入城市基层党建并向社区延伸。根据《关于开展2022年离退休干部党建创新案例征集和课题调研工作的通知》（粤老干通〔2022〕11号）文件精神，开展“离退休干部党建创新案例和课题调研”工作。鹤山市从组织覆盖、作用发挥、载体建设等角度出发，积极探索如何增强基层组织力、凝聚力和战斗力，推动离退休干部党建工作融入城市基层党建并向社区延伸，搭建离退休干部常态化作用发挥平台，推进离退休干部党建与街道、社区党建互联互动，为城市基层治理注入“银发力量”。市老干局开展调研工作并撰写《鹤山市推动老干部党建融入城市基层党建向社区延伸的实践与探索》调研报告上报江门市委老干部局，该调研报告被选定代表江门地区呈报省委老干部局。

【离退休干部思想建设】 坚持正确政治方向，认真做好离退休干部思想政治工作。利用老干部活动中心、老干部大学、老干部党员现代远程教育基地等主阵地，开展离退休干部政治思想教育，以老干部工作“银鹤初心学堂”品牌建设为抓手，持续推进“头雁学堂”“政策大讲堂”“初心学堂”“思政微课堂”深入开展。结合重要节点、理论学习热点等，开展十九届六中全会精神、“两会”精神专题学习辅导报告会，将党的最新理论成果传达到离退休干部中。通过老干部大学微信公众号、视频号直播、腾讯课堂等形式开设“云端讲堂”，共举办学习辅导报告会5场，参加的离退休党员干部达3000多人次。发挥先进典型示范引领作用，提高离退休干部党员先锋模范意识，在鹤山市老干部大学、鹤山融媒体中心等微信公众号开设《最美夕阳红——鹤山老干部风采》栏目，大力宣传李权亨等13位离退休“最美老党员”先进事迹；与市媒体中心合作制作《人生不老薪火传》视频，大力宣传“全国离退休干部先进个人”“全国关心下一代工作先进工作者”李权亨同志的先进事迹，营造学先进当先进良好氛围，增强基层党组织的向心力凝聚力战斗力。

【落实离退休干部两项待遇】 做好老干部日常走访慰问工作，全年共上门慰问老干部92人次，送上慰问金46 000元；上门慰问3位抗日战争时期参加革命工作的离休老干部并送上慰问金；上门为2022年达90岁离休老干部祝寿；2022年6月组织67名离休干部及享受副处以上政治生活待遇退休干部进行年度健康体检。

【精心精准服务干部】 探索建立离休干部“一人一策”精准服务机制，解决离休干部急难愁盼问题。利用上门探访和电话巡访方式了解离休干部家庭、身体及服务需求等情况，建立完善离休干部“一人一档”26份，为推进“一人一策”精准服务提供依据；为5位行动不便且有需要的离休干部上门办理银行卡服务；为符合条件的新中国成立初期参加革命工作的企事业单位退休干部落实生活长期完全不能自理生活待遇1人；同步落实市直集中管理离休干部每月慰问金发放等工作。

【积极开展“喜迎二十大”活动】 组织各条战线的老干部代表开展“建言二十大”和“我看中国特色社会主义新时代”专题调研活动，共征集老干部关于乡村振兴、城市创文、基层治理等方面意见建议68条，撰写并向江门市委老干部局上报《“建言二十大 献计促发展”专题调研报告》《“我看中国特色社会主义新时代”专题调研报告》和三位老干部的访谈记录。开展“喜迎二十大 经典‘诵’给党”老干部朗诵比赛，广泛发动离退休干部通过朗诵经典，抒发对党和祖国的热爱之情，为党的二十大胜利召开营造良好氛围，共有36位老干部（团队）报名参加。举办“颂赞新时代 一起向未来”鹤山市老干部喜迎二十大线上文艺展演，排演舞蹈《走向未来》、三句半《鹤山新魅力》、合唱《百年守望》。

【加强两个阵地建设】 加强活动场所疫情防控管理工作，在老干部活动中心（大学）安装了智能健康码核验通行系统一体机，使老干部大学疫情防控智能化和便利化。抓好疫情常态下的教学工作，2022学年市老干部大学共开设12个班，招收学员340人（次），采用线上线下相结合方式开展教学。开办老干部大学特色课堂，全年共举办“朗诵技巧”“彩视软件应用”“新冠肺炎疫情下的情绪管理”3节线上短期培训课；举办“同心合力齐抗疫”老干部书画摄影作品巡回展和云展览，鼓励和发动有特长的老同志通过笔墨和镜头充分展示鹤山社会各界勠力同心抗击疫情，表达全市人民对战胜疫情的行动和信心。开展市老干部大学社团训练活动，市老干部大学合唱团和舞蹈队坚持训练排练，其中舞蹈队两个节目《走向未来》和《逐梦同心》参加2022年“永远跟党走，奋进新征程”鹤山市喜庆二十大广场舞展演活动。市老干部大学合唱团参加“艺心向党 喜庆二十大”优秀歌曲展播活动，合唱团节目演唱《女兵电话》获第一名。

【积极搭建老干部发挥作用平台】 成立“银鹤先锋”志愿服务队，挖掘老党员担任小区党支部书记、志愿楼长，组织离退休党员参与基层治理、疫情防控、城市创文、化解矛盾和维护稳定等志愿服务；成立“银鹤先锋”文艺服务队，组织离退休党员以歌舞文艺等形式展现老干部才艺风采，赞颂新时代；成立“银鹤先锋”宣讲服务队，广泛组织“五老”参加宣讲团进机关、进校园、下基层，宣讲党的方针政策，传播正能量，贡献“银发”力量。

【支持关工委开展工作】 加强“五老”队伍建设，建立“五老”人员档案和资源库。截至2022年年底，建档在册“五老”人员59名，其中2022年新增31名。打造“五老”工作平台，2022年沙坪街道、桃源镇和共和镇关工委分别成立了“五老”工作室，为“五老”人员发挥优势特长、奉献爱心营造良好环境。联合市工商联发动爱心企业和社会热心人士做好扶困助学，为“培创英才助学计划”共筹集资金106.9万元，资助困难家庭优秀大学生22名、优秀高中生21名，古劳镇教育助学会发放助学金2.55万元，资助大学生、中学生共11人。市关工委坚持爱心帮教进校园、进社区、进家庭，对待进生开展心理辅导、个案跟踪、重点帮教，全年共帮教待进生30人，使待进生迷途知返，重回正道，得到家长和社会各界的好评。

附：市委老干部局正副局长名录

局　长：罗松泰（—2022年6月）
朱雄飞（2022年6月—）

副局长：任志文（2022年6月—）
潘　真（2022年12月—）

（办公室）

直属机关工作

【概况】 市直机关工委是市委工作机关，归口市委组织部管理。2022年，市直机关工委在市委领导下，牢牢把握围绕中心、建设队伍、服务群众的总要求，持续夯实党的基层组织建设，深化模范机关创建，推进党建与业务融合，以党建带动直属工青妇建设工作，团结带领市直机关党组织和党员拔头筹、争上游，统筹推进机关党建工作上新台阶。

【机关党建】 *强化政治引领* 坚决拥护“两个确立”、做到“两个维护”，突出党的二十大精神的主题，通过专题讲座、座谈会、图片展、主题演讲、一把手访谈、互动提问党员抢答、“学习二十大·青年说”微演讲活动、巾帼宣讲加快板表演等形式，兴起市直机关党组织学习贯彻党的二十大精神热潮。推动市直各单位党组（党委）书记上专题党课52次，党（总）支部书记上党课183次，开展理论学习中心组学习208次，覆盖党员3001人。

党务管理 抓实建强52个机关党组织，配齐配强81名党务工作人员，规范34个基层党组织设置，吸收31名优秀业务骨干入党，储备160多名入党积极分子。督促19个机关党组织按时换届，9个机关党组织补选党组织书记、副书记或委员16名。升格党组织1个，新建党组织2个，调整党支部1个。指导市委巡察办、科工商务局成立市委巡察组，指导硅能源产业基地建设临时党支部，发挥党组织在重大项目和重大任务中的引领、保障和服务功能。探索党务干部与业务干部轮岗交流机制，年内促进12名党务干部与业务干部轮岗交流。结合日常党务审批发现的问题进行督促、提醒，年内整改非党员从事党务工作、发展党员程序不规范等问题174件。

助力基层治理 激活机关志愿力量，组建党员应急队伍，派出机关志愿者25 000多人次，人均服务时长110多小时，坚守全市27个交通卡口、120多个核酸检测点、139个村居等防疫一线，在疫情防控等市委中心工作中发挥强大的机关力量。市直机关工委就应急处置本土疫情工作实践中有效发挥“两个作用”的好经验好做法在省直机关工委调研会上发言推广。组织2391名机关党员干部挂钩119个网格4146个楼栋，组建楼栋微信群842个，常态化开展“三询问一完善”，推进疫情防控、安全生产、创文创卫等中心工作，现场解答群众困难诉求7000余个，依托“鹤山网格服务”小程序录入核实沙坪主城区居民网格底数19万余人，在全市率先完成任务。鼓励机关党员到居住地报到，308名干部担任小区功能型党支部书记、委员，助力全市248个小区，党组织覆盖率达100%。

深化模范机关创建 深入开展市直机关“奋进新征程　建功新时代”模范机关创建主题活动，形成模范机关建设6大举措18项任务，举办专题培训、专题活动120多场次，推动党建工作与业务中心工作融合。部署推进“两争一创”活动，评选出10个“五好六有”模范党支部和5个“两优一高”模范窗口。市退役军人事务局项目进入省“先锋杯”复赛。52个单位模范机关创建硕果累累，全年累计有86项工作获得省市以上荣誉，多场省级现场会在鹤山召开。

【机关作风建设】 开展机关作风建设明察暗访工作，覆盖56个市直单位，现场提出涉及办公纪律、制度落实、节能降效、办公环境等方面意见建议78条，对3个单位进行整改提醒。加强市直机关、部门机关纪委建设，组织12名机关纪委书记进行述职。

【群团组织建设】 做好鹤山市劳动模范（先进工作者）和先进集体评选推荐工作，市公安局李建昀获评“鹤山市先进工作者”。组织下属市直机关工会举办元旦春节慰问等系列活动，定期开展困难职工调查摸底、金秋助学等工作，联合举办“拥抱压力、同心前行”心理健康培训活动，做好疫情防控常态化下干部职工心理关爱服务。进一步规范基层团组织的设置运转，完成4

个基层团支部换届、3个基层团支部委员补选以及共青团十九次代表大会代表选举工作。积极推荐优秀团员发展成为党员。2022年共有8名市直机关团员顺利推优入党。深入推进青年理论学习提升工程，建强30人市直机关青年宣讲团，推动该宣讲团年内深入基层开展宣讲102场次，拍摄宣讲视频12个，带动全市机关青年勇挑重担，勇开新局。理顺市直机关妇工委组织架构，强化组织引领。大力挖掘宣传报道疫线女先锋；联动推出“推动中欧合作·她成长”系列培训，促女干部成长成才，有力服务大局。弘扬好家教好家风，作品《优良家风传万代》获新时代文明实践暨“传承好家风、共建文明城”文艺创演视频征集评比活动一等奖；组织下属妇委会开展欢度三八、六一及母亲节慰问等活动。

附：市直属机关工作委员会正副书记名录

书　记：

朱雄飞（—2022年6月）

李卫芳（女，2022年6月—）

副书记：

何杏仪（女）

罗松泰（2022年6月—）

欧敏婷（女，—2022年8月）

易剑青（女，2022年8月—）

（办公室）

宣传工作

【概况】 2022年，在市委市政府的坚强领导下，鹤山市委宣传部始终坚持以习近平新时代中国特色社会主义思想为指导，全面贯彻落实党的二十大、十九大及十九届历次全会精神，习近平总书记重要讲话和重要批示精神，认真贯彻落实省第十三次党代会、江门市第十四次党代会、鹤山市十三届党代会精神，忠诚拥护“两个确立”、坚定做到“两个维护”，坚持自强自信、守正创新，踔厉奋发、勇毅前行，为奋力构建新时代鹤山高质量发展新格局提供了有力的思想保证和舆论基础。

【理论武装工作】 *抓“关键少数”，推动理论学习走深走心走实*　联合组织部门下发《2022年鹤山市党委（党组）理论学习中心组专题学习重点内容安排》，每季度补充最新专题内容，推荐各级党委（党组）用好《习近平谈治国理政》第四卷、《习近平法治思想学习纲要》等“六大思想（观）学习纲要”辅导读本，督促各级党委（党组）系统深入学习党的创新理论。发挥市委理论学习中心组头雁引领作用，全年组织集中学习研讨24次，举办宣讲辅导报告会3场。加大对中心组学习制度贯彻执行的检查力度，组织开展了中心组学习列席旁听活动，推动市委巡察发现共性问题并做好“清零”工作。

面向“最大多数”，抓好理论通俗化大众化宣讲　整合发挥市、镇两级宣讲队伍以及工青妇等群团组织的作用和优势，精心打造“干部讲政策、专家讲理论、百姓讲故事”矩阵，巩固拓展党史学习教育成果。全年全市各级开展学习贯彻党的十九届六中全会精神、《习近平谈治国理政》第四卷、省委第十三次党代会精神、党的二十大精神等基层宣讲活动近600场次。温伟强代表江门市参加2022年全省基层理论宣讲内部工作表彰评选。指导“鹤山政府网”开设专题专栏，做好“学习强国”学习平台的推广使用。全年“学习强国”广东平台对外展示鹤山市182篇图文稿、157篇视听稿，其中全国平台采用10篇。

“创建＋管理”，提升人文社科素养　规范现有各类社科普及基地管理，组织开展2022年全市社科普及周系列活动。雅瑶镇鹤山县苏维埃政府旧址、宅梧镇广东人民抗日解放军司令部旧址、古劳镇梁赞故居通过江门市社科普及基地的实地复评。创建市文化馆、市博物馆成为广东省社会科学普及基地。

【主题宣传工作】 *重大主题宣传稳步推进*　围绕迎接党的二十大胜利召开这条主线，组织开展“奋进新征程　建功新时代”“喜迎二十大　鹤山这十年”等重大主题采访，广泛开展“强国复兴有我”群众性主题宣传教育活动。扎实开展好省第十三次党代会、江门市第十四次党代会、鹤山市委十三届二次全会、中欧合作、疫情防控等全市性重大主题宣传50多项，建立广播电视、“三微一端”、户外LED屏等线上线下立体式宣传矩阵。在“2022上半年江门各县（市、区）政务微信影响力前20名”榜单中，由中共鹤山市委宣传部主办、鹤山市融媒体中心运营的微信公众号“鹤山发布”荣登榜首。推广中欧合作宣传，在城区安装布置主题宣传景观营造氛围。全年，各级市外媒体对鹤山市中欧合作相关报道超过1200条。加大疫情防控宣传，完成“4.28”共和、“7.25”天汇小区等涉鹤山市疫情的权威信息发布、社会宣传和媒体报道任务。参与江门市疫情防控新闻发布会1场，组织市疫情防控新闻发布会培训和实战演练3场，推送各类防疫图文信息3000多条、短视频500多条，多条推文点击量突破10万，单个视频信息最高阅读量达200万，协调三大电信运营商发送市民健康提醒短信超过1000万条。

建好用好红色革命遗址阵地 指导鹤山市烈士陵园创建省级爱国主义教育基地，推荐雅瑶镇三端冯公祠项目申报省级红色遗址保护利用项目，组织开展鹤山市级爱国主义教育基地和国防教育基地评审。在全民国家安全教育日、“七一”“八一”等重要节日开展群众性国防教育活动。

扩大外宣影响力 全年市新闻办共协调在中央、省、市等各级主流媒体及新媒体平台刊登转发约4690条有关鹤山的宣传稿件，在中央级媒体平台刊登114条。3月16日，“江门号”中老国际货运班列在鹤山市首发活动在中央广播电视总台《全国新闻联播》栏目中播出，《中国新闻》《东方时空》等央视王牌新闻栏目先后刊播，实现鹤山市在《全国新闻联播》刊登稿件零的突破。

【意识形态工作】 *推进意识形态工作责任制落实* 落实逢重大项目必做意识形态及舆情风险研判，每季度召开一次意识形态及舆情会商研判会。防范化解意识形态领域阵地风险隐患。完成十二届市委巡察涉意识形态共性问题专项整改工作、十三届市委第一轮意识形态专项巡察工作。组织开展“清朗”系列网络政治专项行动。抓好意识形态及舆情应对教育培训。6月开展《疫情防控舆情应对》和《基层干部网络舆情应对》线上培训，8月举办2022年鹤山市骨干网络宣传员培训班，年内鹤山市骨干网评员队伍共有193人。

落实网络舆情监测管控 全年共监测到涉鹤山市网络舆情信息约33万条，编写《网络舆情周报》45期、《网络舆情月报》11期、《舆情专报》13期。转发核处涉鹤山市舆情信息278条，完成江门市委网信办督办舆情163条。做好敏感节点和专项舆情管控。2022年开展春节、北京冬奥会期间、“两会”、省党代会、党的二十大期间舆情管控工作。清理网上不良信息。全年排查出鹤山市各单位网站及新媒体涉政治性错误表述信息273条、不规范表述信息505条，全部完成整改。

保障网络安全 配合上级部门对鹤山市重点领域的互联网端信息系统开展网络安全自查，全年共发现鹤山市政务网站（系统）漏洞风险4条，均第一时间完成漏洞封堵及整改。8—10月，对教育系统、融媒体中心等重要部门、重点领域开展网络安全、播出安全巡察抽查。参与“邑盾-2022”江门市网络安全攻防应急演练、“粤盾-2022”广东省数字政府网络安全攻防演练。

强化属地网络平台（账号）管理 建立健全常态化约谈属地媒体属性的互联网企业机制，先后6次约谈属地网络平台（自媒体）责任人，2次实地走访互联网企业。开展属地自媒体登记工作。在重要敏感事件、时间节点向各单位发送网络安全提醒要求。

【新闻出版工作】 *夯实“扫黄打非”工作* 推进“正道”“新风”专项行动。2022年，各镇（街）、各单位出动执法检查7482人次、1001家次，收缴非法出版物248册，查办“扫黄打非”案件7宗。深入推进“扫黄打非”进基层，拟定提升建设13个示范点，创新建设雅图仕“扫黄打非”进外资企业模式，培育打造鹤山雅图仕印刷有限公司创建第六批全国“扫黄打非”进基层示范点。

加强行业管理 顺利推进“中国印刷产业基地”复评工作。开展印刷业专项调研，撰写《鹤山市印刷业发展对策研究报告》，推动鹤山市印刷业高质量发展。协助雅图仕创建“中国儿童图书印制创新研究中心”，助力江门市培育打造“中国（江门）童书印刷城”。全面优化新闻出版行业审批管理，受理审批事项21项。

加强版权保护 巩固政府机关正版软件使用，推进信创工程落实，组织开展正版软件检查，拟定8家企业作为全年软件正版化督办企业，2家企业列入省督办企业。组织企业开展版权作品登记284件，超额完成年度任务。推动鹤山市融媒体中心成立江门首个县级融媒体中心“扫黄打非”工作站。沙坪中学“扫黄打非”工作站获评为第三批江门市“扫黄打非”进基层示范点。

开展农家书屋和农村公益电影惠民工程 提升建设农家书屋示范点10家，组织开展2022南国书香节鹤山分会场活动暨江门市第三届任溶溶童书节，线上线下同步推动全民阅读。在古劳镇水墨民宿开设江门首家“无负今日书房”，以“精品民宿+农家书屋”的模式推动阅读与文旅资源实现互动与场景交换。2022年，组织放映农村公益电影1656场次，观众6万余人次。组织各中小学校“看电影 学党史”专场88场。

深化文化体制改革 落实鹤山市2022年文化体制改革事项，

建立新闻出版人才库，推动“古劳·咏春”文旅融合发展平台建设，举办国际水彩交流展等项目。

【精神文明和文明城市创建工作】 深化拓展创建全国文明城市 2022年，市领导按照挂点联系社区工作安排，多次深入基层开展文明创建督导工作，现场查摆解决问题100多条。以十大专项整治行动为抓手，重点做好市容环境专项整治、基础设施建设、农贸市场改造，推动城市精细化管理。高标准、严要求打造建设23类实地考察点位示范点。常态化开展实地考察、公益宣传等日常督导。全年共发出督办整改函3217份，发现问题6440条，平均整改率91.07%。印发5期“红黑榜”。组织入户问卷调查全覆盖工作和线上有奖问答活动进社区。推进公益广告提质，评选出文明鹤山吉祥物“鹤小文、鹤小明”。印发创文工作简报27期，在融媒体平台发布文明创建宣传信息200多条。

深化拓展新时代文明实践中心建设 构建“1+10+141+N”市、镇（街）、村（社区）三级文明实践联动体系，共建立新时代文明实践中心（所、站）152个，文明实践点6个，阵地建设覆盖率100%。2022年，市委书记刘志刚2次带队实地督导检查新时代文明实践工作开展情况。推出市新时代文明实践中心公共服务平台，实现志愿服务供需对接。常态化开展主题活动。全年全市共开展新时代文明实践活动3000多场次，参与人数达10万人次。实施重点服务项目培育，开展义诊、义剪、免费“两癌”筛查等普惠性服务，建立长者饭堂。打造、打响“书香鹤山”“多彩童年”“舞蹈党课”等文明实践品牌。

2022年7月6日，举办2022年鹤山市上半年度“新时代好少年”发布会

深化拓展乡村“复兴少年宫”试点建设 从全市范围分两批选择“1+4+6”共3种类型11个试点，开展乡村“复兴少年宫”试点建设。2022年，鹤山市乡村“复兴少年宫”全国试点工作得到省文明办的充分肯定。2022年常态化举办“艺术课堂”等各类活动50多项、200多场次，参与的青少年儿童达2万人次。探索具有本土化、特色化的活动项目，开设“多彩童年”“舞动少年 声响鹤山”主题公益课堂。全年《打造“鹤味”乡村“复兴少年宫”品牌》《鹤山市积极推进乡村“复兴少年宫”建设》等20多篇专题报道被“学习强国”平台、《南方日报》《江门日报》等媒体关注刊发，乡村复兴少年宫系列活动被广东电视台等媒体专题报道。

深化拓展群众性精神文明建设 深入推进精神文明创建九大行动。深化文明村镇、文明单位、文明家庭、文明校园创建工作，通报表彰一批2021年度精神文明建设先进集体和个人。深入开展“五大文明”行动，开展“我们的节日”活动160多场。广泛开展评选活动，全年共推荐评选江门好人2人，江门市新时代好少年6人。持续深化“强国复兴有我”“童心向党”等未成年人思想道德教育实践活动，推进乡村学校少年宫建设。

附：市委宣传部副部长、常务副部长名录

常务副部长：麦和幸

副部长：黄秋群（女）

林 成

（彭梦乐）

附录：

2022年精神文明建设先进单位及个人名录

一、2022年度江门市新时代文明实践示范中心名单

鹤山市新时代文明实践中心

二、2022年度鹤山市文明家庭名单（共10个）

编号	姓名	工作单位
1	叶金群	鹤山市纪委监委
2	麦俭笑	鹤山市嘉米基光电科技有限公司
3	赵德光	鹤山市畅域花木超市
4	刘泳芳	鹤山市龙口镇童真幼儿园
5	严品卓	鹤山市司法局
6	麦淑樱	鹤山市市场监督管理局
7	何云燕	鹤山市址山镇卫生院
8	伍坚辉	鹤山市委编办
9	何淑丽	佛山市臻盛食品有限公司
10	汤有为	鹤山市人民法院

三、2022年度鹤山市文明校园名单（共12所）

鹤山市沙坪中学、鹤山市沙坪街道文边小学、鹤山市沙坪街道镇南小学、鹤山市沙坪街道玉桥小学、鹤山市沙坪街道汇源小学、鹤山市古劳镇双桥小学、鹤山市龙口镇六合小学、鹤山市鹤城镇第二小学、鹤山市址山镇禾南小学、鹤山市云乡学校、鹤山市双合镇双合小学、鹤山市双合镇双桥小学

四、2022年各级“身边好人”名单（共24个）

（一）2022年推荐获评“广东好人”名单（1个）

2022年第一季度“广东好人”（“敬业奉献”类）：陈敬远（鹤山市第一中学教师）

（二）2022年推荐获评“江门好人”名单（3个）

1.2022年第二季度“江门好人”（“敬业奉献”类）：王秋（鹤山市司法局共和司法所所长）

2.2022年第三季度“江门好人”（“敬业奉献”类）：温艳嫦（鹤山市古劳镇下六村委会书记）

3.2022年第四季度“江门好人”（“助人为乐”类）：陈少芬（鹤山市沙坪街道祥盛社区居民）

（三）2022年“身边好人”名单（20个）

1.2022年第一季度“鹤山好人”名单：王一凡、周红辉、杨秀华、翟旭娟、冯锡全（详见下表）

2.2022年第二季度“鹤山好人”名单：陆卓毅、邓炳昌、吕镇廷、陈少芬、陈丽英（详见下表）

3.2022年第三季度“鹤山好人”名单：冯煦昀、李文希、潘锦星、李耀成、李福恩（详见下表）

4.2022年第四季度“鹤山好人”名单：黄燕梅、蔡海涛、黄周城、冯杰雄、吴和英（详见下表）

姓名	类别	工作单位	推荐单位
王一凡	敬业奉献	鹤山市公安局	中共鹤山市委组织部
周红辉	敬业奉献	鹤山市人民医院	鹤山市卫生健康局
杨秀华	孝老爱亲	鹤山市雅瑶镇陈山高速路口 BP 加油站	鹤山市双合镇双桥都村民委员会
翟旭娟	助人为乐	鹤山浩海建筑劳务有限公司	鹤山市妇联
冯锡全	助人为乐	鹤山市东坡面粉有限公司	鹤山市沙坪街道新华社区
陆卓毅	敬业奉献	鹤山市市场监督管理局	鹤山市市场监督管理局
邓炳昌	敬业奉献	鹤山市鹤华中学	鹤山市教育局
吕镇廷	敬业奉献	鹤山市公安局	鹤山市公安局
陈少芬	助人为乐	鹤山市沙坪街道祥盛社区水围新村功能型小区党支部	鹤山市沙坪街道祥盛社区
陈丽英	助人为乐	鹤山市施乐社会工作服务中心	鹤山市民政局
冯煦昀	助人为乐	惠风和畅社工服务中心义工服务队	鹤山市妇联
李文希	助人为乐	鹤山零九五工程部	鹤山市龙口镇人民政府
潘锦星	敬业奉献	江门市鹤山公路事务中心	江门市鹤山公路事务中心
李耀成	敬业奉献	鹤山市鹤城镇小官田村委会	鹤山市鹤城镇人民政府
李福恩	敬业奉献	鹤山市精工制版有限公司	鹤山市桃源镇人民政府
黄燕梅	助人为乐	广东世运电路科技股份有限公司	鹤山市科工商务局
蔡海涛	敬业奉献	鹤山市公安局中山派出所	鹤山市公安局
黄周城	敬业奉献	鹤山恒富制衣有限公司	鹤山市共和镇人民政府
冯杰雄	敬业奉献	鹤山市融媒体中心	鹤山市融媒体中心
吴和英	孝老爱亲	鹤山市共和中学	鹤山市教育局

五、2022 年各级“新时代好少年”名单（共 26 个）

（一）2022 年推荐获评“江门市新时代好少年”名单（6 个）

冯奕谦（沙坪街道第四小学）、黄国保（鹤山市第三中学）、劳靖恩（沙坪街道汇源小学）、罗尹延（鹤山实验中学）、区雅岚（沙坪街道第一小学）、冯韵熹（沙坪街道第二小学）

（二）2022 年“鹤山市新时代好少年”名单（20 个）

2022 年上半年：区雅岚（鹤山市沙坪街道第一小学）、李鑫（鹤山市沙坪街道第二小学）、冯奕谦（鹤山市沙坪街道第四小学）、劳靖恩（鹤山市沙坪街道汇源小学）、李海铟（鹤山市龙口镇协华小学）、罗敬（鹤山市共和镇中心小学）、黄国保（鹤山市双合镇合成小学）、余俊磊（鹤山市宅梧镇宅梧小学）、刘涵月（鹤山市鹤华中学）、罗尹延（鹤山实验中学）

2022 年下半年：李梓轩（鹤山市沙坪街道第二小学）、刘明晋（鹤山市沙坪街道第四小学）、陆迅彦（鹤山市沙坪街道汇源小学）、简乐赞（鹤山市碧桂园学校）、麦誉曦（鹤山市古劳镇龙溪小学）、吕忻桐（鹤山市鹤城镇第二小学）、冼绮雯（鹤山市共和镇平岭小学）、黄怿（鹤山市第一中学附属中学）、梁秋妍（鹤山市鹤华中学）、劳芍豪（鹤山市职业技术学校）

统战 台港澳 侨务

统战工作

【概况】 2022年，鹤山统一战线工作部门深入贯彻习近平总书记关于做好新时代党的统一战线工作的重要思想以及《中国共产党统一战线工作条例》，紧紧围绕市委、市政府重点工作，紧扣全年目标任务，聚焦“港澳融合”“侨都赋能”工程，坚持守正创新，强化思想引领，凝聚人心力量，合力抗击新冠肺炎疫情，充分发挥统战独特优势，全力推动统一战线各领域工作提质增效。

【加强思想政治引领，弘扬“同心”政治旋律】 强化思想引领，汇聚统战力量 通过举办宣讲报告会、研讨交流会等方式，引领统一战线成员深学细悟笃行党的二十大精神，推动新时代统战工作高质量发展。深刻理解习近平总书记关于做好新时代党的统一战线工作的重要思想，牢牢把握新时代爱国统一战线的历史方位和重要使命，将《中国共产党统一战线工作条例》贯穿于统战工作的各个环节，把联系和团结各界统战代表人士作为建立广泛爱国统一战线的重要内容来抓。召开全市统战工作会议，传达贯彻全国、全省统战部长会议以及江门市统战工作会议精神和市委主要领导对统战工作的批示精神。线上组织发动中国香港、中国澳门、巴拿马、哥斯达黎加、马来西亚、新加坡、秘鲁、智利、美国等9个国家或地区的20个社团共数万人收看、收听“七一”庆祝大会和党的二十大等重要会议，聆听习近平总书记重要讲话，了解党和国家的重大战略部署。广泛组织全市各民主党派、党外人士和宗教界人士代表、海外社团和港澳社团深入学习习近平总书记“七一”重要讲话精神和党的二十大精神，并发表学习感悟。鹤山市港澳和海外社团学习党的二十大精神的活动引起中央统战部的关注，通过广东省委统战部要求鹤山市上报相关活动信息。

进一步加强党对统战工作的领导作用 全市各级党委始终把统战工作摆在重要位置，持续加强党对统一战线工作的集中统一领导。市委常委会多次研究统战工作，听取全市统战工作情况汇报，研究部署统战工作。市政府主要领导主持全市侨情统计会议，对侨情统计工作给予高度重视和大力支持，解决实际问题。市委理论学习中心组专题学习有关统战政策理论。市委主要领导带头深入联系党外代表人士，通过座谈交流与个别谈心相结合，以实际行动带领统战成员加强学习党的二十大精神，带动各级干部重视、关心、支持统战工作。积极发挥市委统战工作领导小组作用，通过印发《工作要点》指导成员单位全面有序开展统一战线工作，压实工作责任，齐抓共管，形成强大统战合力。

【持续开展“大调研”品牌活动，推动民主党派发挥好帮手作用】 将民主党派建言献策落到实处 各民主党派连续三年组织开展主题调研活动，并对调研成果进行评比表彰，成为民主党派发挥参政议政职能作用的品牌活动。调研成果引起市委市政府高度重视，责成相关职能部门认真研究采纳。全年组织开展重大决策征求意见、调研协商、经济社会发展情况通报等活动共3场。完善市委领导与党外代表人士联谊交友的制度，深入推进政府

2022年3月，鹤山市召开侨情统计工作会议

部门与市各民主党派对口联系工作常态化制度化规范化。积极组织民主党派和无党派人士开展参政议政，全年共提交提案建议20篇。

【积极引领党外知识分子和新的社会阶层人士同心同向同行】 加强党外人士队伍建设。与市委组织部共同建立党外干部联席会议制度，深入探讨党外干部培养、选拔、任用工作。更新完善党外代表人士信息库和后备干部人才库，造册登记科级、副高以上党外干部392人，股级干部58人。全年提拔使用科级党外干部8名，其中正科实职2名，副科实职6名。

激发新的社会阶层人士的统战工作活力。着力把新的社会阶层人士"组织起来"，发挥新的社会阶层人士的社会和资源优势，组织"助力乡村振兴，推进乡村建设"助农活动、"同心护蕾"关爱儿童活动等一系列具有广泛影响力的社会活动，向社会各界困难群体提供力所能及的帮助，充分展现新阶联群体的社会责任担当。

【加强外宣工作，写好"侨"文章】 通过"鹤山乡讯"微信公众号和纸刊让海外侨胞、港澳台同胞获知家乡发展进程中的变化与成就。

台港澳工作

【以创建港澳青少年交流基地为契机，扎实推动"港澳融合"】 整合多方资源，持续加强港澳交融。港澳青年工作走在全省前列，全市已创建6个"鹤山市港澳台侨青少年交流基地"和3个"鹤山市港澳台侨青少年爱国主义教育基地"。鹤山市在江门市率先创建港澳青少年交流基地，其中"鹤山市古劳水乡港澳青少年交流基地"作为江门市唯一县级交流基地被推荐申报"广东省港澳青少年交流基地"，有力推动鹤山市港澳台侨青少年交流交融，增强港澳台和海外青少年对祖国和家乡的认同感，进一步鼓励港澳青年到内地发展并融入国家发展大局。

深度整合香港社团资源，成立"香港鹤山社团大联盟"。通过大联盟的沟通协调，组织旅港乡亲在重要的时间节点、重大的活动期间开展一系列爱国爱党爱乡活动，支持香港特区政府按照"一国两制"原则依法施政。

组织策划特色活动。围绕端午节、中秋节等节日主题，动员港澳社团开展服务旅港乡亲、义工及长者系列活动，提升港澳同胞的凝聚力。

【推动经贸合作，加强港澳同胞交往交流】 组织"澳门博士智库团走进鹤山"等活动，为引进境外高层次人才牵线搭桥。聚焦"侨梦苑"建设，助推经济稳步发展。推动"侨梦苑"抢抓粤港澳大湾区发展机遇，聚焦装备制造、电子信息、新材料三大主导产业大力实施精准招商，同时支持华人华侨在现有或在建的科技、产业载体上进行技术改造、增资扩产，在国际市场逐步打响"侨梦苑"品牌。

【以完善古劳水乡"同心圆"为抓手，扎实推动"侨都赋能"】 通过推动"同心圆"统战工作室等基层统战阵地建设，与古劳镇合作规划建设"古劳横海·中国侨都书法文化岛"，进一步丰富古劳水乡"同心圆"统战工作室的内涵，完善平台建设，推动"侨都赋能"工程，扩大鹤山侨乡的影响力和辐射范围。

侨务工作

【顺利完成侨情统计，涵养侨务资源】 成立由市委副书记、市长任组长的鹤山市侨情统计工作领导小组，统筹领导全市侨情统计工作，由领导班子成员分片指导镇（街）开展侨情统计工作。统计采用海外侨胞自主申报和

2022年6月，澳门博士智库团走进鹤山，建言献策助力中欧合作区建设

2022年6月，鹤山市召开创建“江门市红色美丽侨村”工作推进会

“进村入户”相结合方式，4月底顺利完成侨情统计。全市有港澳台同胞、海外华侨华人49万多人。

【推进“为侨服务”特色品牌】 2022年共处理侨众来访业务46项，办理华侨回国定居申请16宗，配合教育部门开具“三侨生”身份证明19份，协助有关部门落实多宗“无主侨房”产权人身份核验工作。

【推动侨村创建工作】 全市共有11条村被列入“江门市红色美丽侨村”推荐名单，以创建工作为抓手，持续优化侨村环境。

附一：市委统战部正副部长、常务副部长名录

部　长：陈文光

常务副部长：邓荣庭

副部长：李汉文

吴锡遐（—2022年8月）

杜海燕

刘敬通（2022年8月—）

附二：市台港澳事务局局长名录

局　长：邓荣庭

附三：市侨务局局长名录

局　长：李汉文

（麦雪芳）

附表

2022年度华侨华人捐赠统计汇总表

项目类别		分类名称及代码		项目数（个、次）	捐赠额（万，港元）
A	合计			66	5402.96
B	捐助教育事业	B1	捐建校舍	2	46.41
		B2	资助学生	3	34.04
		B3	捐赠图书		
		B4	开展培训		
		B5	其他	6	1502.33
		B6	小计	11	1582.78
C	捐助卫生事业	C1	捐建医院、卫生院	1	150
		C2	捐赠医疗设备	2	230
		C3	开展义诊		
		C4	其他	2	170
		C5	小计	5	550

续上表

项目类别		分类名称及代码		项目数（个、次）	捐赠额（万，港元）
D	捐助文体事业	D1	捐建文体设施		
		D2	捐助文体活动		
		D3	其他		
		D4	小计		
E	捐助生产生活设施建设	E1	捐建道路、桥梁等基础设施	7	1367.96
		E2	支援社区建设		
		E3	捐建水利设施		
		E4	其他	9	370
		E5	小计	16	1737.96
F	捐助社会事业	F1	捐建养老院、孤儿院、聋哑学校等设施		
		F2	敬老、慰问、救济困难群体	18	101.25
		F3	开展志愿服务		
		F4	其他	2	460
		F5	小计	20	561.25
G	救灾	G1	捐款	12	970
		G2	物资折合金额	2	0.97
		G3	小计	14	970.97

民主党派　群团组织

中国农工民主党鹤山市总支部委员会

【概况】 2022年，农工党鹤山市总支部委员会认真履行参政党职能，努力加强自身建设，紧紧围绕市委市政府中心工作积极建言献策，为鹤山建设湾区现代化创业之城发挥了民主党派应有的作用。

【参政议政】 2022年，围绕市委市政府的中心工作和市民群众迫切需要解决的热点难点问题开展深入调查研究，积极反映社情民意，建言献策。4月中旬，在政协鹤山市第十一届委员会第二次会议上，农工党鹤山市总支委提交了《关于规范我市医疗陪护管理的建议》《关于进一步加强我市慢性病防控的建议》和《关于进一步加强我市青少年思想道德教育的建议》，其中《关于规范我市医疗陪护管理的建议》被评为“市政协2022年优秀提案”。8月，成立以主委邓祺伟为领导的专项调研小组，依托市教育部门采用问卷调查和现场访谈相结合的方式，对鹤山市随迁子女教育情况进行了专项调研，撰写了《关于保障随迁子女享受公平优质教育的调研报告》，提交给中共鹤山市委统战部并获调研报告一等奖。农工党鹤山市总支委的各项提案和建议均得到鹤山市政府相关部门的重视和采纳。

在民主监督方面，农工党鹤山市总支委在各单位各部门担任的特约监督员严格履行监督职责，秉公办事，在各自的特约岗位上做了大量工作，对被监督单位中存在的问题及时提出客观中肯的批评和建议，受到邀请单位和被监督部门的好评，促进了鹤山市依法行政。

2022年11月10日，农工党鹤山总支部委员会到电信广场核酸采样点开展慰问工作

【自身建设】 2022年，大力开展“矢志不渝跟党走，携手奋进新时代”政治交接主题教育活动，不断提高农工党党员的政治素质。

加大后备干部的选拔培养工作力度，派员参加省、市举办的各类培训班、座谈会和视察活动，发展了两位素质较高的党员加入农工党，其中一名是副主任医师。不断提高党员干部的组织领导能力和政治协商能力，建立一支高水平的参政议政人才队伍。

农工党鹤山市总支委全体党员对业务精益求精，工作和学术研究均取得优异成绩。农工党鹤山市总支委被农工党江门市委员会评为2022年度“先进基层组织”，16名农工党党员被农工党江门市委员会评为优秀农工党党员。

【社会服务】 2022年，全体农工党党员继续坚持对农村贫困家庭和孤寡贫困老人开展以“健康照护”为主的精准帮扶工作。8月下旬，联合博爱社工服务中心组织义工和农工党党员志愿者30多人，分为4个小组到各镇村走访慰问贫困家庭、孤寡老人、单亲家庭和残障人士共50户，配合做好疫情防控各项工作，并积极向各疫情防控服务点捐助各类防疫物资支持抗疫工作。

农工党鹤山市总支部委员会响应广东省委开展“同心圆工

程”活动倡议，积极参与腾讯“99公益日”“一元爱心日”和市慈善会的募捐、“5•8人道公益日”等活动，为带教义诊村医培训、“鹤山市救在身边”“健康照护”等项目捐资捐款近万元。

附：中国农工民主党鹤山市总支部委员会正副主委名录

主　委：邓祺伟

副主委：吴建一

钟文芳（女）

（王志浩）

鹤山市总工会

【概况】 2022年，鹤山市总工会团结动员全市广大职工积极投身疫情防控和高质量发展主战场，为鹤山争创全国工业百强市作出积极贡献。工会重点工作年度绩效考核名列江门市第二名。

【重要会议】 2022年1月13日，鹤山市总工会召开第十七届委员会第三次常委会议、四次全委会议、五次经审委会议，储涂应当选新一届鹤山市总工会主席。

2022年4月25日，鹤山市召开庆祝“五一”国际劳动节劳模座谈会。

2022年7月22日，鹤山市召开2022年上半年鹤山市产业工人队伍建设改革协调小组会议。

2022年8月2日，鹤山市总工会召开第十七届委员会第五次全体会议，选举产生31名出席江门市总工会第十六次代表大会代表。

2022年11月18日，鹤山市政府和市总工会召开联席会议，研究贯彻党的二十大精神、关爱劳模与职工服务中心建设等工作。

【职工思想政治引领】 *政治引领实现新突破* 全市各级工会自觉以习近平新时代中国特色社会主义思想引领职工群众，最大限度把广大职工团结到党的周围。江门市人大常委会副主任、市总工会主席陈霞、鹤山市委书记刘志刚带头深入鹤山企业为一线职工宣讲党的二十大精神。市委市政府分管领导梁士元、李海权等带头找准与职工群众思想情感契合点。市总工会加强党建引领，党组成员分别到挂钩镇街企业上党课，并向100多家企业赠阅《习近平谈治国理政》第四卷。邀请劳模李燕嫦、易东仪，工会主席陈春兰等开展进园区、进企业、进班组宣讲活动，广泛宣传弘扬劳模精神、劳动精神、工匠精神。开展江门工会“幸福客厅”镇街行活动，充分发挥工会枢纽型组织独特作用。组织开展以“知法懂法、携手护法”为主题的《中华人民共和国工会法》网上知识竞赛，吸引6万多名职工参与，切实增强广大职工学法、懂法、守法、用法的法律意识。积极开展“科技创新”“走欧企•谈劳动”“劳动美、侨乡情”等六场主题党日活动，进一步提升党员干部的思想政治素质。创新宣传方式，拓宽线上宣传渠道，“鹤山工会”微信公众号荣登广东工会系统微信公众号影响力榜单。

弘扬“劳动光荣”新风尚 结合“五一”国际劳动节，举办“鹤税•工匠——助力中欧合作区建设”专题摄影大赛，800多幅（组）摄影作品全方位展现鹤山产业工人的新风貌；推出十期“中国梦•劳动美”劳动者风采宣传特辑，劳动精神宣传取得新成效；五一劳动节前后为全市职工亮灯，致敬劳动者，讴歌劳动美；挖掘并宣传200多名最牛劳动者感人事迹，营造尊重劳动、尊重创造的浓厚氛围。

主动服务疫情防控树立新形象 全市各级工会干部或值守单位，或参加卡口防控，或支持小区防疫，或引导职工与企业同舟共济。市总工会支持各级用好工会经费为职工采购防疫物资和生活必需品，并投入专项资金60

2022年4月25日，举行鹤山市2022年劳动模范和先进代表座谈会

多万元支持各镇（街）购买防控物资。组织30多名疫情防控一线职工赴惠州巽寮湾开展疗休养活动。向全市100多家重点企业送服务、送法规、送政策、送指导，助力企业复工复产。全额返还小微企业工会经费1300万元，帮助企业渡过难关。

【推动职工建功立业】 打造社会治理品牌　深化党工共建实现新突破，实行“党建+工会网格”模式，充分发挥工会组织优势，推动由市总工会干部、各镇街工委会领导、社会化工会工作者、企业工会主席组成的76名工会维权服务网格员嵌入基层治理网格。沙坪街道雁山社区党群服务中心“党工共建”做法获评2022年度广东省新就业形态劳动者建会入会创新案例优秀奖，受到广东省委常委袁古洁和江门市领导陈岸明、吴晓晖、陈霞等高度评价，广东省总工会副主席杜玲率全省工会系统到鹤山参观学习，江门市委组织部和市总工会到鹤山市召开现场会，推广雁山社区经验做法。

打造劳动竞赛品牌　市总工会汇聚职工力量，推动制造业当家，积极举办20多场劳动技能竞赛，比赛工种、参赛人数均创历史新高。广泛开展五小创新、金点子等技术创新活动，提出合理化建议2300多条。推进产教融合，进行职工技能培训需求摸查，根据职工需求，有200多名职工参与线上培训，并结合江门“智慧工会”进行积分奖励。

打造集体协商品牌　推动德和科技、嘉米基光电科技等172家企业建立多形式多层级劳资沟通协商机制，形成企业和职工利益共建共享机制。推进职代会建制、厂务公开。建立工会组织的非公有制企业厂务公开率达82%，职代会建制率达80%。职工参与民主管理积极性进一步提高。

【产业工人队伍建设】 积极推进产改工作。鹤山雅图仕印刷有限公司的《探索非公企业党建工作方式方法》被广东省“产改”工作领导小组列为省项目试点单位及内容。广明源、国机南联两家企业作为江门市“产改”试点企业，在思想政治引领和建功立业方面取得良好成效。东江环保公司的“产改”经验被江门工会采用。

【工会组织建设】 加强向上走访和向下走访，积极开展工会干部进园区、到企业、强基层、惠职工、促发展行动，工会组织覆盖面进一步扩大，工会活力明显增强。北湖公园爱心驿站获全国最美工会劳动者服务站称号，组建广东骑行之家咨询服务有限公司鹤山分公司工会，全年完成50人以上企业组建工会47家，排江门市第一。鹤山市新就业群体入会工作获广东省总工会通报表彰，工会组织体系更加健全，会员队伍不断壮大。

【劳动模范和先进集体】 2022年，鹤山市评选出20名鹤山市劳动模范（先进个人）和10个先进集体。推荐鹤山市嘉米基光电科技有限公司研发部工程师文兆祺获得广东省五一劳动奖章、鹤山市德兴环球电缆有限公司获得广东省五一劳动奖状。

【维权服务】 健全劳资纠纷多元预防调处化解综合机制，与市人社局、法院联合组建江门市首个“人社+法院+工会”联动的劳动人事关系综合调处平台——中欧合作区调裁审对接工作室，开展全市维护劳动领域和重点企业政治安全专项行动，全年接待群众超4000人次，成功办结调解申请985宗，调解成功率97%。完善市工会律师团队，在全市10个镇街职工服务中心设立工会律师服务点，定期开展法治宣传教育，协助企业工会依法开展工作，参与处置化解企业劳资纠纷，为职工提供法律咨询、纠纷调解和法律援助。开展法律咨询讲座6场，调处劳资纠纷15宗，协助解决被拖欠的工资23.57万元。鹤山雅图仕印刷有限公司开展和谐劳动关系创建活动，被评为“全国和谐劳动关系创建示范企业”。

2022年6月30日，为鹤山市新增设的职工服务中心、人才驿站、户外劳动者工会爱心驿站、自助图书馆举行揭牌仪式

【精准关爱】 打造四送活动品牌 春送岗位共举办各类招聘会12场，发布招工信息860条。夏送清凉活动走访慰问高温一线职工3万人次，市委书记刘志刚冒着“三伏天”亲自为一线防疫人员、重点工程工地工人等户外劳动者送清凉。秋送助学活动资助困难职工子女89人，发放助学金超18万元。冬送温暖活动共慰问困难职工1208人次，发放慰问品、慰问金共计89.46万元。发动15 988人参加职工医疗互助保障计划，为370名患病职工共赔付91.96万元，为50名老年职工发放互助慰问金。

竭诚服务职工安康 督导职工安康“七个一”专项行动挂点工作受到刘志刚书记的肯定。其中址山镇斯帝罗兰有限公司加强企业职业病防治、安全生产、劳资调解、女职工权益维护等宣传督导，实现工会—企业—职工良性互动的联防共建模式，为全市提供示范。发动3800多名异地务工人员积极参加“情暖劳动者 喜江过大年”活动。开展“拥抱压力，同心前行”防疫志愿者心理健康团辅活动2场；举办寒假职工子女托管培训服务和鹤山市公安辅警子女夏令营活动，为200多名职工解决假期孩子照顾问题。

完善服务阵地 激活10个镇街（园区）职工服务中心，开展文体活动、培训等90多场次。在沙坪雁山社区、桃源竹荫社区建成户外劳动者工会爱心驿站2个，为外卖配送员、快递员等新业态户外劳动者提供休憩场所。

激活“智慧工会”平台 全面推广民主评议基层工会主席常态化，505个非公企业基层工会完成评议工作，参评会员近1.9万人，收集职工意见650多条。60家基层工会开展活动并发放积分，累计发放38万积分。

附：市总工会正副主席名录

主 席：储涂应（2022年1月—）

常务副主席：

李东霞（女，2022年1月—）

副主席：

赖伟强（兼职，—2022年1月）

赖伟强（2022年1月—）

吕丽群（女）

黄泽中（兼职）

陈春兰（女，兼职）

（黄嘉敏）

附录：

2022年鹤山市劳动模范（先进工作者）和先进集体名单

鹤山市劳动模范（先进工作者）（20人）

姓名	职务
李建昀	鹤山市公安局巡警大队办公室三级警长
区向仪	鹤山市中医院护理部主任
李婉珍	鹤山市人民检察院一级检察官
武小波	鹤山市消防救援大队沙坪站代理副站长
林浓炽	鹤山中环洁环境服务有限公司环卫工人
况华刚	弗兰卡餐饮设备安装技术服务（中国）有限公司焊接工
刘国柱	江门市镇怡实业有限公司董事长
陈昌福	江门市东江环保技术有限公司总经理
袁志良	鹤山市天润万禾蔬菜专业合作社理事长
林棋泽	鹤山雅图仕印刷有限公司印刷部部长
冯艳平	鹤山市博安防火玻璃科技有限公司副总经理
蓝日如	鹤山市德兴环球电缆有限公司车间主任
黄嘉铨	鹤山皇冠制罐有限公司设备工程师
贺申蒙	广东世运电路科技股份有限公司副总经理

续上表

姓名	职务
于岩	广东隆鑫机车有限公司开发主管
陈国昌	广东欣龙隧道装备股份有限公司技术总工
韦江祝	广东鸿业家具制造有限公司车间主管
胡瑞芬	鹤山市沙坪街道第三小学教师
郭耀权	广东金恩卫浴实业有限公司研发工程师
莫志铭	江门市好彩茶业有限公司技术工人

鹤山市先进集体（10个）

广东博盈特焊技术股份有限公司、源林生态乐园项目（江门）有限公司、鹤山市东古调味食品有限公司酱品车间、江门创维显示科技有限公司整机车间、鹤山中富兴业电路有限公司工艺部、鹤山国机南联摩托车工业有限公司研发科、国家税务总局鹤山市税务局、鹤山市人民医院心血管内科、广东天喜电器有限公司、广东欧蝶兰高新科技日用品有限公司

共青团鹤山市委员会

【概况】 2022年，根据党中央发布的《中共中央关于加强和改进党的群团工作的意见》，共青团鹤山市委员会（简称“团市委”）落实凝聚、引导、服务青少年的职能，开展多项团、队的工作，发挥共青团应有的作用。

【县域基层团组织改革】 高位推进改革　2022年11月19日，在江门地区率先制定并印发《鹤山市关于推进县域共青团基层组织改革工作的实施方案》，明确4个方面改革内容、9条改革举措和36个改革项目，成立由市委书记任组长，市委副书记、市委组织部部长和联系团委工作的领导任副组长，涵盖30个单位和镇（街）的改革工作领导小组，在市委办设立改革工作领导小组办公室，由市委办、市委组织部、团市委的负责同志担任主任、副主任。将党建带团建、队建工作纳入镇（街）、机关、教育年度考核内容，分值占比分别为10%、12%、10%。

创新基层组织建设　拓展团组织在非公企业、青年社会组织、机关单位等青年集聚地的覆盖面，年度社会领域团组织数达956个，较改革前增幅146.39%，社会领域团组织建设增长率和全领域团员发展率位居广东省前列，获得团省委通报表扬。

深化团属阵地建设　按照“有阵地依托、有项目支持、有运营力量、有制度规范、有资源保障”的要求，深入推进全市青年之家建设。11月8日，鹤山

2022年6月16日，鹤山市个体劳动者协会团支部成立

市桃源镇青年之家被认定为2022年度广东省示范性青年之家。

赋能基层团队建设　创新开展“火炬计划”在读大学生村务助理项目，将优秀大学生纳入村（社区）两委班子培育的储备库。成立在外鹤山学子和优秀青年人才交流平台——“青鹤联盟”，建立500多人的“青鹤联盟”线上青年社群。8月27日，首个分部（粤港联分部）揭牌。

整合部门资源　构建2个“1+N”未成年人心理健康辅导运作体系，成立“专医+志愿者”共48人心理咨询团队，建设“线上咨询+线下服务”模式。

【团建工作】规范团员发展 2022年共发展团员850名。发展团员以学校为主，其中社会领域发展团员45名。推进团的基层建设提升组织力三年行动“命脉工程2.0”，贯彻落实全面从严治党推进从严治团。深入贯彻落实习近平总书记关于“树立大抓基层鲜明导向”的重要指示精神，规范团组织建设，规范团员关系转接、团员发展、团员报到、团组织规范化建设，规范团费收缴和管理。继续推进两新组织团建“三个百分百”工作，推进“两新”组织规范团建，新建26个。开展荣誉激励，强化模范引领，在组织“两红两优”评选上获得国家级荣誉1个、省级荣誉3个、地市级荣誉16个，其中，鹤山雅图仕印刷有限公司团委获全国“五四红旗团委”称号。做好“智慧团建”系统信息，实现基层团组织书记述职评议全覆盖。

【团干队伍建设】首次开办“青马工程”中学班，通过理论熏陶、团队建设、主题调研、志愿服务等培养模式和教学内容培训中学团员骨干，凝聚青春奋进活力。完成鹤山市第十九次团代会选举工作，选优配强书记1名，专挂兼职副书记5名。挂（兼）职干部来自人才、企业、宣传领域。

【基层团组织培训】开展提升团的组织力业务培训班、“青马工程”中学班、团务工作培训班。构建多元学习矩阵，在全市641个团组织开展鹤山青年运动史团课学习，广泛宣传市青年运动光辉历程。开展党团史线上竞答，吸引8万多团员青年参与。充分利用“青年大学习”线上教育平台开展34期线上主题团日学习，全市累计27.2万人次参与。

【弘扬美德，引导青少年健康成长】2022年3月28日，团市委联合市教育局、市精神文明委员会办公室、少先队市工作委员会下发《关于做好2021年度鹤山市学校战线共青团工作先进集体和个人暨寻找第六届“最美南粤少年”“最美五邑少年”“最美鹤山少年”推荐工作的通知》，共评选出5个单位为“鹤山市五四红旗团委”、9个单位为“鹤山市五四红旗团（总）支部”、27名同志为“鹤山市优秀共青团干部”、54名学生为“最美鹤山少年”、29名共青团员为“鹤山市优秀共青团员”、36名少先队员为“鹤山市优秀少先队员”。

【仪式教育】团市委开展“红领巾心向党——喜迎二十大，争做好队员”2022年“六一”主题系列活动，组织全市少先队员收看习近平总书记在“六一”前夕致中国儿童中心成立40周年的贺信和贺词。全市“六一”前后约有2200人、建队日期间约有5100人成为少先队员。10月13日，全市5万多名少先队员通过线上和电视直播的方式共同参与“争做新时代好队员”主题云队课。

【团队活动】2022年5月，团市委开展“灯塔工程”第三届广东省中学团校“百佳微团课”，其中鹤山市第一中学《以史为鉴守初心，赓续前行勇担当》和鹤华中学《传承家国情怀，砥砺奋勇前行》入选灯塔工程•第三届广东省中学团校“百佳微团课”。

【团队培训】2022年，联合市教育局、市少工委下发《关于举办2022年鹤山市少先队大队辅导员培训班的通知》，创新推出“导师结对帮扶”机制，开展大队辅导员线下培训8场，实现大队辅导员培训全覆盖。

【基层组织建设】加强街道（乡镇）、社区（村）少先队组织建设。至2022年10月，成立桃源镇、龙口镇少工委，成立沙坪街道雁山社区青少年活动中心，常态化开展少先队活动。2022年8月成立鹤山市青少年活动中心少工委，通过线上加线下的形式共开展27场次活动，其中“益趣”周末系列活动9场次、公益体验课13场次，超3900人次少先队员参与，主题涵盖垃圾分类、传统节日、消费者权益保护、文明礼仪等，校外实践活动丰富多彩、主题鲜明。

【全国《中长期青年发展规划（2016—2025年）》县级实施试点】鹤山市于2020年12月被团中央选为全国《中长期青年发展规划（2016—2025年）》县级实施试点。2021年出台《鹤山市中长期青年发展规划（2021—2025年）》，将坚持青年优先发展纳入市“十四五”规划。2022年获全国考核优秀等次，中共鹤山市委收到团中央感谢信。市着力建设由市分管领导为总召集人的联席会议工作机制，构建“1+5+N”工作体系，推进实施“青思领航”“青智行动”“青鹤归巢”“青春护航”“青春骄阳”五项工程。推动各联系成员单位出台15项服务青年发展的措施和制度，奋力打造“青年发展型城市”：建设“大鹤堂”线上学习直播平台；以本地青年运动史为主题，依托革命红色基地共建主题馆“鹤山青年学习社”；创建江门地区首家“青年驿站”、首张“青年卡”和首个“青年发展基金”；创新推出“火炬计划”在读大学生村务助理项目；成立“青鹤联盟”大学生组织，建立粤港联分部和首个高校分部（华南理工大学分部）；推出江门地区首个困难青少年保险保障计划“鹤青基金”，实现全市困难青少年保险保障全覆盖；打造江门地区首个青年创业就业法律服务平台，率先成立青年创业者权益保护中心；打造青年创业金融服务平台，实现全市青年创业金融服务网格化全覆盖，累计为500多名青年提供5532万元青年创业贴息贷款；建立“1+N”青少年心理健康服务工作体系，成立“专医+志愿者”心理咨询团队。

【宣传工作】 2022年，国家税务总局鹤山市税务局第一税务分局（办税服务厅）、鹤山农商银行三连支行、广东通驿高速公路服务区有限公司雅瑶服务区被认定为第21届广东省青年文明号。国家税务总局鹤山市税务局宅梧税务分局、鹤山北控水务有限公司青年服务队被认定为2022年度江门市级青年文明号。

【志愿服务活动】 2022年1月采取线上线下结合的方式，举办鹤山市疫情防控应急志愿者技能培训班。全市6支疫情防控应急志愿先锋队现场参加培训，疫情防控应急储备志愿者300余人参加线上培训，鹤山市沙坪街道卫生院张静敏医生主讲。2月开展“青春情暖，‘疫’线慰问”活动，到鹤山市文化中心核酸检测点、鹤山体育馆检测点进行节日慰问。3月在古劳镇举行2022年学雷锋月启动仪式活动，共种植1000棵树苗。5月，在团市委会议室举办2022年鹤山市文明交通劝导志愿者培训。6月，在鹤山市青少年活动中心，面向鹤山市文明交通劝导员开展端午团建主题活动。9月，“鹤山市第二届新时代文明实践志愿服务微创投项目暨志愿超市线上平台”启动仪式在鹤山文化广场报告厅举行，推动新时代文明实践志愿服务落地生根，共同创造鹤山市新时代文明实践志愿服务新风貌。10月，团员青年、志愿者共同参与疫情物资配送9000余份，累计发动团员青年、志愿者超5800人次，累计服务时长超35 000小时。

【鹤山市青少年活动中心2022年总收入同比增长61%】 2022年，鹤山市青少年活动中心在自我提升、阵地建设、艺术培训、活动开展、公益服务等方面进行有益探索，全年累计收入206.29万元，较2021年增长61%。其中课程方面共开设舞蹈、美术、书法、口才、跆拳道等艺术培训班213个，培训青少年儿童2.8万人次，收入147.94万元；活动方面共开展校外实践活动33场次，少年儿童超6600人次参与，收入58.34万元。

【成立少工委】 8月30日，鹤山市青少年活动中心举行中国少年先锋队鹤山市青少年活动中心第一次代表大会暨少工委成立仪式。会议选举产生第一届委员会委员，并为少工委揭牌。青少年活动中心以此为契机充分发挥校外教育、少先队组织优势，规范开展“红领巾奖章”特色章争章活动，并依托原有的课程体系、研学体系、志愿服务体系，积极开展各类少先队活动。

【“益趣周末”系列活动】 2022年，市青少年活动中心开展“益趣周末”活动9场次，共吸引青少年约440人次参与。通过青少年益趣活动促进青少年兴趣激发、科普启蒙及传统文化传承。

【“护苗计划”系列活动】 2022年，市青少年活动中心联合团市委开展未成年人健康成长守护工程，以护航未成年人健康成长成才为出发点，累计开展4场次“护苗计划”活动，包括慰问行动、家庭教育讲座、未成年人保护宣讲等，惠及青少年170人次。

【“小小文明宣讲员”活动】 2022年，市青少年活动中心联合市新时代文明实践中心开展“小小文明宣讲员”活动，面向全市中小学生招募宣讲员，形成志愿文明宣讲员人才库。经过专业的口才课程培训后，以社会实践、成果汇演、宣传片拍摄、志愿宣讲等方式向市民展示全市精神文明创建工作成果，弘扬时代新风正气。

【坚守公益属性】 2022年，市青少年活动中心恪守公益初心，勇担社会责任，实行各类课程学费减免优惠政策，惠及留守少年儿童、异地务工人员子女、生活困难少年儿童等特殊群体青少年共107人次。同时开展“送课下乡”，面向镇街青少年开展含非遗、语言艺术、书画等七大门类的公益艺术课堂，累计提供公益学位逾1500个，服务青少年4000人次。

【不断拓展青少年校外活动基地】 2022年，市青少年活动中

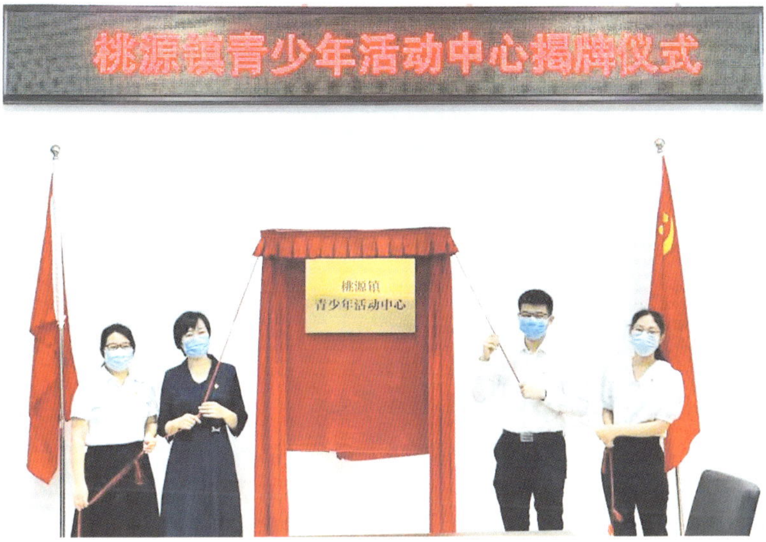

2022年5月20日，举行桃源镇青少年活动中心揭牌仪式

心分别与桃源镇人民政府、沙坪街道雁山社区合作成立2个新教学点——桃源镇青少年活动中心、雁山社区青少年活动中心，建成县级、镇级、村（社区）三级青少年校外活动基地。

附：共青团鹤山市委员会正副书记名录

书　记：

温丽萍（女，2022年6月—）

副书记：李高东

刘学政（2022年6月—）

（李嘉琦）

鹤山市妇女联合会

【概况】 2022年，市妇联深入贯彻落实习近平总书记关于群团工作和群团改革、关于妇女和妇女工作、关于注重家庭家教家风建设等重要论述，坚决按照市委提出的“忠诚、为民、奋进、团结、廉洁”工作要求，重点打造“巾帼心向党，强力聚焦，展亮初心”党建品牌、“同心姐妹”巾帼志愿服务品牌、“文明家风”以及“益童成长”四大品牌项目。广东省妇联在鹤山市成功举办广东省三八红旗工作室建设推进会，鹤山市基层妇女工作经验获全省推广。创建市人民法院“同心圆”三八红旗省级工作室；市妇联《创新服务直达“最后一米”妇女维权在身边——鹤山市妇联“流动维权服务站”项目》获得2022年江门市机关工作创新擂台赛决赛优胜奖；创建15个省级、江门级基地、示范点、宣讲队、巾帼文明岗等，妇联系统获评江门市级以上各类奖项共40个。鹤山市妇女儿童工作得到国务院妇儿工委办儿童智库专家刘磊、广东省儿童友好建设指引和评价办法系列规划项目调研组和省妇联副主席罗敏的高度评价，多次获得广东省及江门市妇联的肯定。

【思想政治建设】 全面贯彻落实习近平总书记关于妇女和妇女工作重要论述精神，开展“巾帼心向党　喜迎二十大”群众性主题宣传教育活动，采用“宣讲+”多元模式载体，深入推动党的二十大精神落地生根。开展2022年“送奖送法到基层”深调研活动。以“鹤山新女性”微信公众号为主阵地，开辟“巾帼心向党　抗疫她力量”“连线基层”“重点工作”等专栏，加强妇女思想政治引领。

【全面加强党建工作】 持续打造“巾帼心向党，强力聚焦，展亮初心”党建品牌。把红色家风主题教育活动列入年度政府督办事项，联合市纪委监委、市直机关工委发出《致全市各级领导干部家属的一封信》，积极开展各项廉政家风家训工作活动。

【巾帼助力疫情防控】 充分发挥妇联引领关心关爱巾帼作用，加强巾帼志愿者队伍管理，打造鹤山市192支“同心姐妹”巾帼志愿服务品牌，组织引领全市妇女党员干部、妇联执委和巾帼志愿者2000多人次增援疫情防控工作。发挥市妇联、市妇女儿童活动中心微信公众平台线上引领作用，加强对全市妇女群众和广大家庭的防疫引导和倡议。在三八国际妇女节期间，邀请由市领导张华景、梁士元带头对防疫一线巾帼人员以及防疫巾帼企业给予慰问和帮扶，积极鼓舞士气，同心抗疫。

【“家”字工程建设】 结合创建全国文明城市工作，打造市妇联两大品牌——“文明家风”与“益童成长”。先后举办文明家风进企业、进社区，“推动中欧合作　她成长暨传承端午文化　共叙家国情怀”家庭文明建设等活动。挂牌成立市家庭教育指导服务中心，推进全市成立镇级家庭教育指导服务中心（站点），围绕《家庭教育促进法》的出台和施行，举办100多场家庭教育大讲堂进社区（村）活动，受益家长达3万多人，形成学

2022年3月8日，举办鹤山市2022年“庆三八·中欧合作她力量建功新时代”现场活动

生、家长、教师三方的良好互动。

【巾帼建功行动】 发动全市各行业16个女性岗组开展“争创文明岗、奋进新时代”主题实践活动。全市发起寻找身边的“巾帼她力量”评选活动，联合市文明办推出“最美妇女工作者”“最美女能手”和“最美巾帼志愿者”三个“最美”评选活动，共评选出先进女性31名。

【乡村振兴巾帼行动】 启动全市扶持妇女创业小额担保财政贴息贷款项目，为全市4名妇女发放40万元的贴息小额贷款，共回收2021年度6名妇女60万元的贷款，回收率达到100%。培育创建广东福伦医药生物科技有限公司和江门市双好茶韵农耕研学实践教育基地为江门市巾帼创业示范基地。

【创业创新巾帼行动】 深入落实中央至地方“稳就业”“保就业”的决策部署，争取上级妇联资源，广明源光科技股份有限公司、广东世运电路科技股份有限公司分别被广东省妇联命名为“广东省女大学生创业实践基地”和“广东省女大学生就业实习基地”。主动链接镇（街）、企业，为女大学生提供实习、创业就业渠道和平台。扎实推进“南粤家政”工程，全新打造妇女技能线上学习课堂——“南粤家政”云课堂。深化“她成长”女性素质提升计划品牌打造，有效提升女性综合素质。

【维护妇女儿童合法权益】 编制颁布实施《鹤山市妇女发展规划（2021—2030年）》《鹤山市儿童发展规划（2021—2030年）》，推动妇女儿童事业与经济社会同步高质量发展。打造流动维权站服务模式，先后到20个社区、村（居）开展20场“流动服务站——法律宣传活动（普法直通车）”，为300多名乡镇妇女群众提供各类维权咨询服务。市妇女维权服务站共接待来信、来访、来电190宗，开展11宗个案跟进工作。在市妇联心理辅导站——“舒心驿站”建立“妇工+心理咨询师+志愿者”相结合的模式，落实“我为群众办实事”实践活动。联合市法院、市检察院等9个部门形成维权工作大格局，举办“关爱女童 护苗成长”专题宣传教育进校园活动。市人民法院“红旗法庭”进驻市妇联维权服务站，联合市法院共同发出全市首份《家庭教育令》。妇女儿童维权工作不断创新发展。

【家家幸福安康工程】 开展重点人群重点家庭关爱服务专项行动，将全市重点人群、重点家庭等纳入网格化管理。推广女性“两癌”筛查工作，深入推进“关爱·她”“爱·童行”公益安康保险项目工作。做实做深困难关爱和帮扶工作，帮助11名两癌妇女患者及大病妇女申请江门市救助，全年慰问单亲特困母亲、“两癌”患病困难妇女、困境儿童等305人次，慰问金达17.55万元。持续深化“爱心父母大联盟志愿行动”品牌工作，开展2022年鹤山市“爱心父母”牵手困境儿童见面会活动，发动13个集体和81名个人结对帮扶130名困难家庭儿童，金额达8.09万元。

【基层妇联组织建设】 指导沙坪街道桂林社区、古劳镇连城村委会、桃源镇龙溪村委会等做好“妇女之家”“妇女儿童之家”验收工作。在双合镇双好研学基地挂牌成立鹤山市首个镇级“妇女微家”，在沙坪街道越塘松园村挂牌成立首个村级“妇女微家”，为基层妇女阵地建设直达基层神经末梢，服务群众最后一公里开启新的征程。落实妇联干部、妇女代表联系妇女群众制度，通过网格化挂钩联系群众，形成妇联干部引领和服务妇女群众的良好机制。

附：市妇女联合会正副主席名录

主　席： 汤文好（女）

副主席： 朱美蓉（女）

陆　华（女）

（**黄颖妍**）

鹤山市归国华侨联合会

【聚焦中心大局，加强侨胞合作与交流】 组织“四海同心走进中欧合作区”系列活动以及“侨商侨胞携手进鹤山”等活动，为引进境外高层次人才牵线搭桥。举办“华商赢在鹤山行”活动，同时发动港澳同胞、海外华侨华人来鹤投资兴业。

聚焦加快中欧合作区建设，加强海外交流合作，邀请大湾区江门五邑华人华侨联谊社团、欧粤商会等组织到鹤山市进行考察调研，签订《经贸交流战略合作框架协议》。

【深化侨界服务，当好侨胞暖心人】 扎实推进“侨创圆梦”工作，助力侨资企业稳增长促发展，建立统侨干部与侨资企业结对机制，切实做好暖企助企工作。

持续优化涉侨法律服务，与市检察院签署《关于鹤山市侨资企业保护协作机制的实施意见（试行）》，在涉侨纠纷诉调对接工作室新增16名侨界调解员，并与法院签订《鹤山市“法+侨”联席会议制度》，推进涉侨纠纷多元化解工作。

打造江门市首个服务保障民营经济健康发展法治教育基地，深化民营企业职工的法治宣传工作。案例入选全国工商联、最高检发布的100对典型事例。

【全力发动海外重点人士投身慈善公益、防疫事业】 香港同胞关杰初2022年捐资捐物超过4000万元，近年来向鹤山累计捐资超1亿元。发动冯广源、佘英杰等民营企业家和乡亲捐资捐物支援抗疫、助力复工复产，累计捐款捐物1040万元（含香港疫情335万元、“4.29”疫情555万元、新会疫情150万元）。全年统战系统筹集慈善、公益款项超5000万元。

【开展侨界帮扶】 走访慰问52户（次）困难归侨家庭。冯颜卿基金捐资38.3万元支持教育事业，李国顺助学基金、金银岛教育基金捐资30.31万元资助37名困难家庭学生。“侨爱心光明行”活动为全市79名困难群众提供免费复明手术。

附：市归国华侨联合会主席、专职副主席名录

主　席：梁小红（女）

专职副主席：麦美菊（女）

（麦雪芳）

2022年6月，鹤山市归国华侨联合会与暨南大学广东侨联国际校友会签订战略合作协议

鹤山市工商联合会（总商会）

【概况】 2022年，鹤山市工商联（总商会）积极发挥桥梁纽带作用，围绕中心服务大局，紧扣“两个健康”主题，坚持突出政治引领，着力加强组织建设，努力改进服务，助力改善营商环境，构建“亲”“清”政商关系，有效地推动工商联各项工作取得新发展。市工商联（总商会）共有镇（街）商会、行业商会、外省商会等29个基层商会。

【“培创英才助学计划”】 2022年，市总商会第十六届“培创英才助学计划”共筹得106.9万元，资助来自贫困家庭的22名优秀大学生、21名优秀高中生就读。争取到企业家关杰初的专项助学善款1000万元（关杰初表示从2023年开始每年资助金额100万元，连续资助10年），持续为社会赋能。

【抗击疫情】 市工商联带领商（协）会、各执委成员坚决落实疫情防控各项要求。各商（协）会、会员企业家代表加入“商会志愿者先锋队”，在市重要交通出入口通宵值守，在核酸检测点协助测量体温、疏导交通、维持秩序。

【慈善公益】 2022年年初，市工商联发动各商（协）会、企业为香港疫情捐赠款物超160万元。4月，鹤山出现本土疫情，组织企业及商（协）会捐款捐物、奉献爱心，并主动对接市疫情防控指挥部，推动解决防疫物资、生活物资的供应调运等实际困难。据统计，市工商联累计筹集支持疫情防控工作捐款、物资超1000万元，为疫情防控提供坚实的保障。

【乡村振兴】 市工商联坚持以党建引领，始终把“为群众办实事”摆在首位，充分发挥非公经济党组织的力量帮助桃源镇中胜村促销甘薯，累计助销甘薯超1万斤，为助力乡村振兴作出积极贡献。

【非公党建】 截至2022年12月，市工商联所属29个商（协）会团体会员中有19个商（协）会成立了党支部。2022年，沙坪街道商会、鹤城镇商会、双合镇商会、市女企业家协会、市广告和装饰协会相继组建党支部。10月，市桃源镇制伞产业链党委正式挂牌成立。

【基层商会】 截至2022年12月，市工商联（总商会）下设沙坪、雅瑶、龙口、古劳、桃源、共和、鹤城、址山、宅梧、双合10个镇（街）商会，鞋业商会、制伞业商会、印刷协会、水暖卫浴五金行业协会、酒类行业协会、再生资源行业协会、文化娱乐业协会、广告和装饰协会、建筑行业商会、女企业家协会、餐饮行业协会、广西五金铜材卫浴专委会12个行业协会及湖南、江西、福建、湖北、四川、浙江、广西7个外省商会，共29个基层商（协）会。积极引导各商协会主动作为，发挥桥梁纽带作用，以“四好”（班子建设好、团结教育好、服务发展好、自律规范好）商会为建设标准，通过活动增进商协会之间、会员之间交流沟通了解，提高了凝聚力和向心力。2022年，团体会员鹤山市制伞商会荣获广东省工商联“四好”商会。

【“亲”“清”新型政商关系】 2022年，市工商联充分发挥桥梁和纽带作用，积极构建“亲”“清”新型政商关系。2022年11月，市委市政府举行鹤山市民营企业家学习贯彻党的二十大精神座谈会，共同学习领会党的二十大精神，面对面倾听企业家心声，研究解决实际问题，共商发展良策，进一步凝聚共识、提振信心，共同谋划民营企业发展壮大，以实际行动推动党的二十大精神在鹤山落地落实、结出硕果。深入推进鹤山市涉案企业合规改革试点工作，联合市人民检察院、市司法局、市财政局、江门市生态环境局鹤山分局等8个部门成立鹤山市涉案企业合规第三方监督评估机制管理委员会，有序推进涉案企业合规改革、第三方机制运行、专业人才库选任等工作，多部门合力营造有助于企业发展的法治化营商环境，强化对企业的法治保护，促进企业健康发展。与市检察院共建沟通联系机制。该做法入选为全国工商联、最高检发布的100对典型事例。

【考察交流】 3月3日，江门市工商联到鹤山市工商联开展精益领航交流活动。3月9日，市工商联与市人民检察院举行服务中欧合作区核心区建设交流座谈会。6月17日，市农业农村局、市工商联赴广州考察粤旺农业集团，开展招商引资交流洽谈活动。11月7日，市委统战部副部长、工商联党组书记杜海燕带领会员企业企业家到广西龙州县龙州镇、下冻镇开展考察交流活动。

【“五好”县级工商联建设】 鹤

2022年3月1日，鹤山市工商联（总商会）在鹤山商会中心举行支援香港抗疫捐款暨第二批物资捐赠仪式

山市工商联于2022年7月被中华全国工商联评为“全国‘五好’标杆县级工商联”。

【重要会议】 广东省工商业联合会（总商会）第十三次代表大会在广州召开，鹤山市工商联主席、总商会会长陆英豪，市委统战部副部长、工商联党组书记杜海燕参加了会议。

【鹤山市商会活动中心启用】 12月20日上午，鹤山市工商联（总商会）举行商会活动中心启用仪式暨第十三届执委会第二次会议，市委副书记、市长张华景，市委常委、市委办主任、统战部部长陈文光，市工商联主席、总商会会长陆英豪，市委统战部、市工商联负责人以及市工商联（总商会）第十三届执委会成员，各商协会企业家代表等参加了启用仪式。鹤山市商会活动中心位于鹤山市商会大厦写字楼二楼，是鹤山市工商联（总商会）下属的会员教育培训基地和会员服务中心，装修面积1300平方米，面向鹤山市工商联（总商会）全体执委会成员及各团体会员开放。

附：市工商联合会正副主席、常务副主席、专职副主席名录

主　席：陆英豪

常务副主席：杜海燕

专职副主席：李杏娟（女）

副主席：陈小平　冯德全　易树荣　宋智毅　李志军　邹敏思　冯文杰　冯兆均　任志军　周洪春　陈立严　谭广锐　傅耀源　麦添光　曾伟光　李超强　林小勇　周树祥　莫荣杰　吕健全

（**胡丽芳**）

鹤山市文学艺术界联合会

【概况】 市文联围绕中心服务大局。团结文艺工作者，把文艺工作与市委、市政府重要战略决策和中心工作有机联系，根据市委“与鹤共舞，舞动世界”战略部署，打造四大“鹤味”文艺活动品牌——“笔墨春秋、致敬铁夫、四季光影、唱响文明鹤山”，为中欧中小企业合作区打造现代化湾区创业之城贡献文艺力量。

2022年12月20日，鹤山市工商联（总商会）举行商会活动中心启用仪式暨第十三届执委会第二次会议

【创作“鹤味”文艺作品】 坚持以人民为中心的创作导向　发动文艺界开展抗疫主题文艺作品创作征集，由华辉书画院举办2022年鹤山抗疫文艺作品巡回展。

全面展示鹤山的人文之美　以“鹤山有个易大厂”专辑的形式刊发李国联、洪权、林蓝等相关文章，《豇豆红馆丨易大厂诗词书画印图考》由西泠印社出版。举办鹤山本土老作家任洲安《一代宗师梁赞传奇》作品研讨会。以“你好，鹤山”为主题，征集对鹤山的风物抒发美好而真挚情感的文章。市音乐家协会开展本土原创歌曲征集，收获《扎根这片土地》《幸福之门》等一批优秀作品。

【开展形式多样的文艺为民活动】 开展传统文化进校园活动　由鹤山市教育局、鹤山市文联和鹤山市书法家协会联合主办的鹤山市篆刻艺术进校园活动相继在沙坪街道第六小学、沙坪中学、碧桂园学校、沙坪玉桥小学举行。开展“文学进校园”——文艺评论走进桃源小学。举办2022年鹤山市“小作家杯”小学生现场作文大赛。

推动农村公共文化服务体系建设　依靠古劳双桥书法创作基地，推进广电网络千兆宽带助力岭南翰园乡村文化直播示范点的设立。

着力开展合作专题文艺活动和文艺展演活动　与鹤山市水利局合作开展“鹤山市水系连通及水美乡村建设试点项目建设”景点征名摄影活动。举办高鹤粤剧团联欢会。高鹤粤剧团国家一级演员、省著名戏剧家彭炽权为代表的老一辈艺术家以及市戏曲协会会员进行采风创作展演活动。举办翰墨丹青颂华诞、喜迎党的

2022年6月26日，在古劳水乡咏春会馆举办《一代宗师梁赞传奇》作品研讨会

二十大——鹤山市2022年“农商银行杯”临书展，举办“声韵鹤山”系列——“好彩”杯鹤山市首届诗词楹联大赛。

【以点带面推进人才队伍建设】

人才培养取得新成绩 共有省级以上文艺家协会会员136名。鹤山市摄影协会会员易立言加入中国摄影家协会，麦和幸、何志强加入中国散文学会，麦和幸加入中国硬笔书法协会。各类媒体发表摄影作品1000余件，其中在《人民日报》刊登作品6件、新华社发表作品7件、在学习强国平台发表作品近百件。许延伟、吴春华、廖彩红、彭韵瑛加入广东省书法家协会。刘文金加入广东省美术家协会。钟秋苹、程厚云加入广东省作家协会。

文学创作有新突破 张启雄主编出版长篇小说《江门红色地图》《张肖白传》，张启雄纪实江门市中心医院肇始建设发展的小说《张肖白传》由钟南山院士亲笔题写书名，被江门市委中青年干部培训班推荐为阅读书目。熊育群、钟秋苹的《钟南山：捍卫生命的勇士》由钟南山院士正式授权出版。

附：市文学艺术界联合会正副主席名录

主　席：胡　杰

副主席：

许慧艳（女）

劳国良（2022年9月—）

（李颖芬）

鹤山市科学技术协会

【概况】 2022年，鹤山市科学技术协会切实履行“四服务”职责，广泛开展科普宣传，提升公民科学素质，开创了工作新局面。市科协和市科工商务局组织的鹤山电台系列科普节目《百科全说》被评为2022年全国科普日优秀活动。鹤山市科协被广东省科协评为2022年广东省全国科普日活动优秀组织单位。鹤山市科协被江门市科协评为2022年度江门市科协先进集体、江门市科协系统信息工作先进单位。

【科协组织建设】 按照《中国科学技术协会章程》和《中国科学技术协会选举工作条例》，全面开展大会筹备工作。2022年12月9日，召开市科协第七次代表大会，选举产生科协新一届领导机构。优化科普工作机制，建立鹤山市科普工作联席会议制度，进一步加强科普工作。

【科普基地建设】 指导古劳水乡鱼菜共生科普教育基地、绿爱生物科技有限公司创建成为江门市科普教育基地。联合市气象局建成鹤山市科技馆（鹤山防灾减灾科学馆），场馆总面积4035平方米（室内2385平方米，室外1650平方米），其中常设主展馆面积约480平方米，打造科普活动主阵地。

【学术交流】 会同古劳镇政府、址山镇政府，分别到雅图高新公司、君子兰公司了解院士专家企业工作站情况，探讨续站可能性，并就人才引进、人才培养、企业研发机构建设等问题进行座谈，了解企业需求。鹤山市花木盆景协会与番禺石楼盆景协会互动交流，针对岭南盆景技艺的修剪、养护进行交流学习。

【为科技工作者服务】 与市卫健局、教育局、科普教育基地联合，对全市优秀科技工作者进行摸底筛选。2名科技工作者分获“江门市2022年优秀科技工作者”和“江门市2022年侨都最美科技工作者”称号。通过“鹤山发布”微信公众号宣传他们的先进事迹，激励广大科技工作者以他们为榜样，积极投身到科技创新的实践中。

【青少年科技素质教育】 打造未成人思想道德建设活动品牌，开展“大手拉小手　科技创未来”——物理探索活动（磁生电）、创意构建活动（家庭折叠椅的结构），邀请讲师走进沙坪街道第六小学、第一小学（峻廷湾校区）开展宣讲活动2场。

大力培育青少年科学教育特色学校，跟踪指导鹤山市第一中学创建成为“广东省青少年科学教育特色学校”（2022—2026）。

注重创新精神和实践能力，采用“普及+优势”的策略积极组织参加科技类各类活动与比赛，为全市青少年创造科技类技能提供展示机会。组织52支队伍参加第五届江门市青少年机器人竞赛，共获得一等奖8个、二等奖15个、三等奖22个。在第二十二届广东省青少年机器人竞赛中，鹤山市获得一等奖5个、二等奖2个、三等奖8个，成绩位列江门市首位。

以“走进科技，你我同行”为主题，依托第三方科技服务机构，在昆仑学校开展“快乐的小创客”活动，在沙坪街道第六小学、第一小学本部及峻廷湾校区开展“生活常识普及学习”“穿越大湾区无人机学习”和“青少年机器人创新制作”活动，共开展活动11场次。

【科学普及】 制定《鹤山市全民科学素质行动规划纲要实施方案（送审稿）》，推进公民科学素质专项行动和相关工程。制定《鹤山市科学技术协会科普经费管理办法（试行）》，规范科普经费管理，保障科普工作顺利开展。

在鹤山电台开设《百科全说》科普专栏，利用每天中午12:30的黄金时段推送3～5分钟科普小常识，并制作成数字音频在数字平台“最鹤山”App同步播放和回播。

发挥市科技志愿服务队作用，市科协、科工商务局、农业农村局、花木盆景协会四支分队结合各自职能，依托科普教育基地、企业，定期开展科普活动，弘扬志愿服务精神，传播科学知识，全年开展活动10多场次。

鹤山电台系列科普节目《百科全说》（鹤山市科学技术协会、鹤山市科工商务局）被评为2022年全国科普日优秀活动

以“打造精品、创先争优”为目标，市科协牵头协调各部门，联动征集14个活动项目，选送4个项目参加“全国科普日”网上优秀活动评选。全部项目通过初审进入候选名单，2个项目进入争优冲刺阶段。《百科全说》被评为2022年全国科普日优秀活动。“茶韵飘香鹤山红，农事科普兴乡村”活动被评为2022年广东省全国科普日优秀活动。

附一：市科学技术协会正副主席人选名录

主席人选：汪国良（—2022年12月）

副主席人选：

区艳香（女，—2022年12月）

谢锦涛（2022年6—12月）

附二：市科学技术协会主席、专职副主席名录

主席：汪国良（2022年12月— ）

专职副主席：

区艳香（女，2022年12月— ）

谢锦涛（2022年12月— ）

（赖秀贞）

鹤山市残疾人联合会

【概况】 2022年，鹤山市残联贯彻落实习近平总书记关于残疾人事业的重要论述精神，统筹推进疫情防控和业务工作，织密疫情防控安全保障网，扎实开展残疾人康复、教育、就业、维权、社会保障和基层组织建设等工作，不断提升残疾人的获得感和幸福感。

【残联组织建设】 2022年，鹤山市完成市、镇两级残联和139个村（社区）残协基层组织及五大残疾人专门协会换届和《鹤山市“十四五”残疾人保障和发展规划》编制工作。在第十届广东省市直机关“先锋杯”工作创新大赛（鹤山赛区）选拔赛中，市残联获党建创新项目二等奖，鹤山市残疾人综合服务中心获评“鹤山市青年文明号”，鹤山市特殊儿童康复教育中心获评“鹤山市巾帼文明岗”称号。

【残疾人民生保障】 严格落实贫困残疾人生活补贴、重度残疾人护理补贴审核工作，发放金额1748.38万元；落实智力、精神和重度残疾人免费参加城乡居民基本医疗保险及城乡居民基本养老保险；0～6岁残疾儿童44人次获康复救助；帮扶救助住院的重度精神残疾人22人次；完成20户贫困残疾人家庭无障碍改造；为78人次接受义务教育的贫困残疾人家庭学生发放补助，对有需求的残疾人免费适配助听器、假肢、矫形器、轮椅等基本型辅助器具14件；11个社区康园中心实现“爱心午餐”全覆盖；全年共为16名疑似肢体残疾人提供上门评残服务等。

【残疾人就业帮扶】 落实“阳光家园”计划，为263名精神病患者、智力障碍者、重度肢体残疾人提供日间托养服务；按比例开展就业联网认证“跨省通办”工作，完成237个安置残疾人就业用人单位网上认证工作；持续开展残疾人职业能力评估，为26名残疾人开展职业能力测评，推荐就业62人次，成功就业35人。依托“国字号”培训基地——江门市雅图仕职业技术学校，以“线上＋线下”的方式，创新开办粤桂协作（鹤山—龙州）残疾人直播带货、中式面点职业技能培训班，培训80人。对接广东省“众创杯”、江门市“乐业五邑”创业创新大赛残疾人公益赛平台，组织和指导残疾人、助残企业申报创业和助残项目比赛，激发残障人士、助残团体创新创业热情。

【特殊教育事业】 积极打造“阳光护苗”服务品牌，2022年为46名特殊儿童提供康复教育服务。强化康教人才培育，提升教师业务知识水平。4名康复教育教师代表参加江门首届残疾儿童定点康复机构教学技能大赛，获得一等奖1名、二等奖2名、三等奖1名，鹤山市残疾人综合服务中心获得优秀组织奖。开展残疾预防社区宣传活动，进村入户开展社区宣传。积极探索缓解家长心理压力方式，通过线上或线下的方式向家长们授课共11场，增强家长康复信心和生活幸福感。

【残疾人权益保障】 切实履行“谁执法谁普法”责任制，充分发挥“代表、服务、管理”职能，以增强残疾人的法治观念为先导，以提高残疾人的法律意识为重任，以维护残疾人合法权益为着力点，全面开展普法宣传教育，不断提高干部职工依法履职的工作能力，扎实推进各项普法工作。2022年，遗弃、虐待、侮辱残疾人事件发生率均为零，侵犯残疾人合法权益事件投诉率为零。

【志愿服务】 持续推进“党建引领　志愿助残”关爱残疾人服务。动员全市62个机关党组织结对帮扶124户贫困残疾人家庭，利用残疾人纪念日通过入户宣传、设施建设改造、政策帮扶等落实各项助残举措。以“凝聚法治力量　共绘‘阳光家园’同心圆”为主题，开展新时代文明实践品牌项目创建活动，打造新时代残疾人文明实践志愿队伍。

【疫情防控】 贯彻“人民至上”的总体要求，扛起“管行业就要管疫情防控”的工作职责，组织党员干部深入儿康中心、就业（培训）基地、康园中心等残疾人服务机构为残疾人解决“急难愁盼”问题。党员义工组成应急先锋队、突击队，积极参加高速路口便民服务、核酸检测志愿服务、入户宣传疫苗接种等工作，为筑牢人民生命安全保护屏障贡献力量。

附：市残疾人联合会正副理事长名录

理事长：黄红梅（女）

副理事长：

秦碧霞（女）

任杰辉（2022年11月—）

（**吕秀明**）

2022年8月23日，举办鹤山市“国家级残疾人职业培训基地、广东省城镇残疾人集中就业和职业培训基地（一级）”挂牌暨2022年“粤桂协作（鹤山—龙州）残疾人职业技能培训班”开班仪式

鹤山市红十字会

【概况】 2022年，鹤山市红十字会牢固树立“人民至上、生命至上”理念，聚焦红十字会主责主业，“三救”“三献”工作成效突出，在公共场所投放54台AED，投放量列全省县级市第一，应急救护工作走在全省县级市前列，募捐收入和救助支出居江门红会系统首位。

【党建工作】 市红十字会坚持党对红十字工作的全面领导，严格落实第一议题制度，深入开展模范机关创建活动。2022年组织全体党员集中学习26次。开展“奋进新征程　建功新时代——以模范机关创建实际成效迎接党的二十大胜利召开”主题活动，进一步增强党支部的凝聚力和战斗力。坚持党建引领，继续结合红十字特色深入开展“我为群众办实事”实践活动270多场，用心用情办实事，惠及群众19万多人次。

【改革工作】 2022年，市红十字会增加了3个编制、2个班子，共有8个编制、2个内设机构，班子一正三副，队伍建设日益完善。

【AED投放】 市红十字会主动募捐130多万元，专项用于推进“守护生命（AED项目）”，全市累计投放AED 54台，实现全市公办中学、城市公园和市镇两级行政服务窗口全覆盖，是广东省首个大批量投放AED的县级市，受到《人民日报》、学习强国等媒体的关注和报道。

【疫情防控】 在市“4·29”“10·24”等疫情防控工作中，市红十字会发动热心企业、爱心人士捐赠疫情防控款（物）近500万元，募捐量居江门红十字会系统首位。发动爱心人士关杰初捐款200万元购买3辆负压救护车，为疫情防控工作提供强有力的物资保障。

鹤山市实现高一新生心肺复苏（CPRAED）急救技能全覆盖

【应急救护普及工作】 市红十字会始终将广大群众的生命安全放在首位，结合基层党建、关爱未成人、平安鹤山建设等全市中心工作，创新开展“应急救护+N”系列活动。深入学校、企业、村居、机关等开展急救知识培训，打造“鹤山先锋·救在身边”“校园守护·救在身边”等应急救护品牌。2022年共开展242场培训，培训初级救护员和CPR+AED持证人员5176人，普及群众8.6万人次，有效扩大应急救护知识覆盖面。

【募捐和救助】 市红十字会精心组织开展“一元爱心日”“5·8人道公益日”“99公益日”等募捐活动，2022年共动员超过

鹤山市举行“一元爱心日”募捐活动启动仪式

12万人次参与捐助，募捐善款1200多万元，同比增长96%。发动爱心人士定向捐款100万元开展“关爱生命”重大疾病困难群众救助，最高救助额度提升到5万元，有效缓解了受助患者家庭的经济压力。增设“关爱她——助力女性两癌筛查”项目，募捐善款21.92万元，为全市931名女性开展免费“两癌”筛查。持续开展“博爱送万家”“困难残疾人救助”等生命健康救助项目。2022年共支出善款1029万元，同比增长95%，惠及群众5万多人次。

【“三献”工作】 市红十字会积极开展“三献”宣传发动工作，动员广大群众参与到“三献”中来，形成良好的社会氛围。2022年，动员37人加入中华骨髓库广东分库，红十字会志愿者黄燕梅捐献的造血干细胞成功挽救了一名4岁血液病患儿的生命，在全市营造传递生命大爱的无私奉献精神。

附：市红十字会正副会长名录

会　长：潘　蕊（女）

副会长：区丽英（女）

（**刘婉芳**）

法治

政法综治 司法行政

政法综治

【概况】 2022年，鹤山市政法委紧紧围绕市委中心工作，积极构建以党的领导为核心，以平安鹤山、法治鹤山建设为根本，以维护政治安全平台、信访维稳处置平台、社会治理平台为基础的“一核两建三平台”基层社会治理鹤山模式，为全市经济社会高质量发展提供了坚强保障。

【全市政法工作会议】 7月12日，召开市委政法工作暨平安鹤山建设工作会议，深入学习贯彻习近平总书记对政法工作的重要指示精神和中央、广东省委、江门市委政法工作会议精神，总结2021年以来工作，研究部署2022年重点工作。市委副书记、政法委书记梁士元出席会议并讲话，副市长、市公安局局长谭晓滨主持会议。会议传达了市委主要领导对全市政法工作的批示精神，充分肯定全市政法、平安建设战线在推进平安鹤山、法治鹤山建设方面取得的显著成效。会议指出，全市政法、平安建设战线坚持以习近平新时代中国特色社会主义思想为指导，弘扬伟大建党精神，深入推进平安鹤山、法治鹤山建设，全力做好防风险、保安全、护稳定、促发展各项工作，为中欧合作区建设提供坚强有力的法治保障。

【服务大局，展现新作为】 牢牢把握政法机关首先是政治机关的总要求，增强“四个意识”，坚定“四个自信”，做到“两个维护”。紧紧围绕市委市政府中心工作，全力服务中欧合作区建设。

【党建引领社会治理】 配合江门市加快全国市域社会治理现代化试点城市建设。提升党建引领基层治理效能，完善党建引领“平战结合”网格化管理体系。全力做好疫情防控指挥部后勤保障工作。着力构建“智慧网格＋综治中心＋信访超市＋‘粤平安’平台”，镇（街）建立集群众诉求服务、治安防控、便民服务、应急指挥于一体的信息化综治平台，推动多个部门“进驻办公”，逐步实现群众“点单”、干部“跑腿”的完整的“一站式服务”链条。

【在常态化扫黑除恶斗争中取得新战果】 常态化开展扫黑除恶斗争，强力推进破案攻坚，推动重点行业领域联动治理、常治长效。通过《法治鹤山》电台栏目开展线上防范养老诈骗宣传。

附：市委政法委员会正副书记名录

书　记： 梁士元

第一副书记： 谭晓滨

常务副书记： 喻宏胜

副书记： 李永光（—2022年12月）
杨学群（—2022年7月）
李伟东（2022年7月—）
王　渊（挂职）

（温鹤峰）

2022年7月12日，举行鹤山市委政法工作暨平安鹤山建设工作会议

司法行政

【概况】 2022年，鹤山市司法局践行习近平法治思想，凝心聚力推进广东省委省政府“1+1+9”工作部署和江门市委“1+6+3”工作安排，奋力推动全面依法治市和司法行政工作高

质量发展，为鹤山市全力打造国家级中欧合作样板区提供有力法治保障。

【司法行政工作成效】 鹤山市在法治江门建设考评中连续两年（2020、2021 年）位列江门四市三区第一，获得江门市委通报表扬。普法依法治理工作连续四年（2018、2019、2020、2021 年）被省评为优秀。市司法局在 2021 年鹤山市公共部门绩效考核中位列 A 类单位第二，获优秀。获推荐申报广东省“人民满意的公务员集体”。《打造“1+7+N”智慧法治基地模式》先锋杯作品获广东省市直机关先锋杯工作创新大赛（鹤山赛区）一等奖。有效推动形成一批依法治水、依法治村等领域的“国字号”法治实践先进单位（全国依法治理创建活动先进单位、全国乡村治理示范村、全国民主法治示范村）。成功争取到把鹤山市列为 2023 年广东省转移支付的县级市，其中明确落实提前下达 2023 年法律援助案件补贴经费 54 万元，其他专项工作经费正持续沟通落实中。这是鹤山“零的突破”。

【加强政治建设】 认真学习宣传贯彻党的二十大精神，学深悟透做实《习近平谈治国理政》第四卷，引导党员干部深刻领悟“两个确立”的决定性意义，增强“四个意识”、坚定“四个自信”、做到“两个维护”。持续深化模范机关创建，全面加强基层党组织建设，成立市司法局党总支部、市公证处党支部。统筹推进党建引领基层治理工作，创新挂钩小区新城苑“四治”同施治理模式，组建鹤山市青年律师服务社区志愿团进驻新业社区，以“党建（政治）+法治+自治+智治”打造小区治理样本。进一步落实全面从严治党主体责任，建立健全《鹤山市司法局党组成员执法办案情况定期通报制度》等权力运行监督制约制度 6 项。以落实新时代政法干警“十个严禁”为着力点，巩固鹤山司法行政队伍教育整顿成果，推进全面从严管党治警。

【谋划整体布局】 编制“十四五”时期法治鹤山、法治政府、法治社会的规划纲要，明确 100 余项重点任务、200 项工作措施，以“一规划两纲要”构筑起新时代鹤山法治建设的蓝图。制定“八五普法”规划，明确习近平法治思想、宪法、民法典等为普法重点内容。召开市委全面依法治市委员会会议，深入学习贯彻《习近平法治思想学习纲要》，组织 2022 年习近平法治思想征文比赛。制定年度全面依法治市工作要点、法治政府建设工作要点、普法依法治理工作要点，推选 2022 年度“法治惠民实事”项目。以法治考评、述法评议、法治督查、示范创建等制度建设为抓手，助力法治建设持续“小步快跑”迈上新台阶。

【推进改革引领】 深化镇（街）综合行政执法改革，推动全市 10 个镇（街）做到“三个全面”（全面实现规范化建设提质升级、全面成立镇街综合行政执法委员会、全面开展年度行政执法培训），广泛推行“1+X”（综合行政执法 +X 个执法力量）的执法模式，实现基础硬件和人力软件“双轮增效”。鹤山市代表队在江门市行政执法“大比武”移动执法环节获得第二名。制定《关于贯彻落实鹤山市县镇两级行政执法协调监督工作体系建设试点工作的实施方案》，在全省率先依托司法所设立镇街行政执法协调监督机构，鹤山市成为全省首个行政执法“三个全覆盖”的县级市（镇街综合行政执法规范化建设、镇街行政执法协调监督办公室建设、县镇两级推广应用行政执法“两平台”全覆盖）。

【落实依法行政】 推动出台《鹤山市行政规范性文件管理规定》，依法制定重大行政决策事项目录和标准，为中欧班列开

2022 年 3 月 1 日，江门市首个镇级“行政执法协调监督办公室”在鹤山市桃源镇揭牌

通、G325 改扩建工程、银洲湖高速征地等全市重点工作提供法律意见建议 467 份，参与维护社会稳定协调会议 35 次。提升监管执法效能，建立鹤山市县镇村三级行政执法监督员制度，组织开展年度行政执法案卷评查和违法执法和乱罚款问题专项整治，推进“非现场执法”和“电子送达”办案新模式，全面投入使用行政执法“两平台”办理案件累计 14 226 件，产生电子文书 49 874 份。扎实做好行政复议“后半篇文章”，成立鹤山市行政复议咨询委员会，编写《鹤山市行政复议诉讼典型案例》，加强行政复议规范化信息化建设，实行“统筹+立制+联动”依法行政监督新模式。办理各类行政复议案件 49 件，案件办理纠错率 2.04%，73.4% 以上的争议在行政复议环节实现定纷止争，复议后应诉案件胜诉率 100%，全市行政机关负责人出庭应诉率达到 100%。制定“两个普法清单”（“2022 年鹤山市国家机关普法责任清单”“2022 年鹤山市领导干部应知应会法律法规清单”），组织开展 2022 年鹤山市国家机关“谁执法谁普法”履职评议活动。国家工作人员年度学法考试，参考率 100%，合格率 100%。

【发挥智慧法治实效】 立足全省统一创建“智慧矫正中心”工作部署，在江门市奋勇争先从第三批建设梯队提档到第一批，稳步推进鹤山市智慧矫正中心的场所租赁、用房改造、设备购置“创建三部曲”。将智慧矫正中心与市公共法律服务中心、司法普法中心、行政复议中心、行政执法平台串联起来，联动打造江门地区首个“智慧法治中心”，一体打造建设青少年法治教育实践基地。创新“1+7+N”智慧法治基地模式，以 7 项智能支撑（智慧公法+智慧执法+智慧复议+智慧矫正+智慧普法+智慧公证+智慧法治人才）提供“一站式”“全链条”智慧法治服务，实现公检法司、教育、人社、市场监管、团委等部门以及政法委网格化管理系统业务协同和信息数据实时交换，构建“大平台共享、大系统共治、大数据慧治”的智慧法治新格局。

【优化营商环境质效】 聚焦服务大局，落实《关于进一步优化中欧合作区法治化营商环境的工作意见》（“法治 18 条”）、“千所联千会”工作机制，依托鹤山市公证处设立鹤山市涉外（涉侨）公共法律服务工作站，实质化运行中欧合作区涉外公共法律服务工作站，定期组织涉外法律业务培训交流，以“1+6”调解工作室为抓手，为 11 家中欧企业、人员挽回损失 230 多万元。聚焦青年创业工作，成立江门地区首个青年创业就业法律服务站，优选江门、鹤山两级 93 名社会、公职律师组建青年创新创业法律服务律师团，编制《青年创业法律服务手册》，共为 47 家企业开展法治体检、法制宣传、法律咨询等送法进企专项活动。

【提升法治服务成效】 全市共购置 22 台公共法律服务“云平台”，在江门市率先实现县镇两级公共法律服务“智能化”全覆盖，并在有条件的村（社区）配置。推出线上公证办证平台，开通远程视频公证系统，实现法律服务“零距离”“掌上办”。推行证明事项告知承诺制、“一证即办”公证事项清单，办理法律援助及法律帮助案件 1142 件，一村（社区）一法律顾问提供法律服务 2185 人次。编制《新冠肺炎防控法律义务指引》（疫情防控“法律 20 问”），全力推动依法防疫。增强全民法治观念，开展民法典线上知识竞赛、普法新媒体作品征集、十佳乡村普法志愿者评选等活动，成功登记鹤山普法特色 IP 小司小律的国家版权，制作群众喜闻乐见的法治文创产品。开拓“法治+融媒体”普法新模式，推出市首档全媒体法治栏目《法治鹤山》，上线“法治鹤山”电视门户平台，开启“服务中心+辐射全域”的“智慧法治”新阶段。全年线上线下共开展法治宣传活动 237 场，发放资料 7.5 万份，覆盖群众 107 万人次。

【推动依法治理】 *排查化解社会矛盾纠纷* 以市司法所品牌创建活动为引领，全面总结发展新时代“枫桥经验”。开展贯穿全年的基层矛盾纠纷排查化解专项行动，全市各人民调解组织开展矛盾纠纷排查 1176 次，调解案件 690 件，成功率 100%。设立完善商事调解组织——鹤山市桃源镇商会人民调解委员会、鹤山市制伞业商会人民调解委员会，完善“交调对接”工作机制，配合开展人民陪审员、人民监督员考核和管理工作。

加强重点人员管理 加强外出审批管理与疫情常态化防控，严格落实矫情分析、分类管理、信息化核查等监管制度，开展“云端式”远程入矫宣告，全面实施“五个一”教育矫正模式。全年累计入矫 242 人，解矫 264 人，在册社区矫正对象 268 人，无发生脱管漏管、影响社会稳定的重大案（事）件。远程视频会见工作高效运行，为家属架起“连心桥”397 人次。引入社工服务开展心理评估 148 人次、团体心理健康教育 3286 人次。

建立疫情期间安置帮教衔接联络制度，全年新增刑满释放人员109人，发放扫黑除恶告知书1013份。

培育法治人才　大力加强法治人才储备、培养和使用，为全市引进输送法律职业资格人才，培育鹤山籍在读大学生法律后备人才320名。创建“法治四优工作室”（全国司法行政先进者工作室+全国维护妇女儿童权益先进者工作室+法律硕士研究生工作室+知识产权法律服务工作室），打造基层治理法治品牌。全面启动实施“法律明白人”培育工程，建成一支500多名覆盖全市村（社区）的“法律明白人”队伍。

附：市司法局正副局长名录

局　长：冯杰晖

副局长：张其芳（—2022年8月）

源景方

李雪芳（女）

源文刚（2022年12月—）

（邓紫梨）

附表

鹤山市律师事务所一览表

律师事务所名称	属性	办公地址	律师人数	负责人
鹤山市法律援助处	行政	鹤山市沙坪街道新华路117号	14人	李雪芳
鹤山市公职律师事务所	行政	鹤山市沙坪街道新华路117号	5人	李金道
广东叠力律师事务所	个人	鹤山市沙坪街道鹤山大道1296号金泰富大厦A座6楼	5人	冯卫文
广东皓朗律师事务所	个人	鹤山市沙坪街道大围一街21号	3人	李宝强
广东鹤明律师事务所	个人	鹤山市沙坪街道人民东路商会中心33号507	3人	麦和生
广东鹤正律师事务所	合伙	鹤山市沙坪街道人民路17-5号第二层	7人	黄国超
广东鹤强律师事务所	合伙	鹤山市沙坪街道保利中央广场15楼1503号	5人	陈连强
广东卓霖律师事务所	合伙	鹤山市沙坪街道保利中央花园中嘉8号203	4人	金树志
广东汉铎（鹤山）律师事务所	分所	鹤山市沙坪街道凤亭路26号201房	4人	黄丽斌

公安　检察　法院

公安工作

【概况】 2022年，鹤山市公安局坚持以习近平新时代中国特色社会主义思想为指导，在市委、市政府和上级公安机关的坚强领导下，深入学习贯彻党的二十大精神，坚持以防范化解重大风险为着力点，以增强人民群众获得感、幸福感、安全感为落脚点，全力“战疫情、防风险、保安全、护稳定”，圆满完成了安保维稳、疫情防控、打击突出犯罪等各项工作任务，有力地维护了全市政治大局稳定和治安大局平稳，群众安全感、满意度得到提升。

（任惠嫦）

鹤山公安驰援新会，用行动筑牢防疫网

【立功创模活动】 2022年，市公安局疫情防控专班荣立集体二等功；情报指挥中心、扫黑除恶专业队、刑事侦查大队反电诈专班、交通警察大队二中队、中山派出所、址山派出所、共和派出所、古劳派出所、桃源派出所、疫情防控专班等单位荣立集体三等功；刑事侦查大队受江门市委组织部通报表扬；李建昀荣获全国“人民满意的公务员”、全国特级优秀人民警察、全国公安机关成绩突出青年民警等荣誉称号；林佳保、劳沃胜、钟威等荣立个人二等功；易国江、冯程伟、汤振恒、刘明、梁炯超、陈志斌、杨振华、刘荣福、朱鸿劲、吴剑波、温伟坚、陈龙、李康亮、夏志锋、许荣基、陈诗芮、冯冠涛、麦汰、肖佳庞、蒋荣健、张伟年、冯毅锋、欧阳兆昌、陈云峰、马泽锋、潘鸿博等荣立个人三等功；李永剑、冯鹤亮、刘荣福、邓雄钊等获江门市委组织部通报表扬；梁云翔、熊少林、袁胜伟、林水华、冯毅锋等荣获上级公安机关个人嘉奖；易皓晖、刘锦波等荣获辅警二

2022年9月28日，在江门市政务新媒体高质量发展交流会上，“鹤山公安在线”被评为2021年江门市“十佳特色政务新媒体”

级嘉奖；阎未峰、刘星安、钟智恒、黄腾飞、易键为、冯显斌、李永强、李振睿等荣获江门市公安机关辅警三级嘉奖；吕镇廷、王一凡等荣获2022年“鹤山好人”荣誉称号；谢俊杰家庭荣获2022年鹤山市“最美家庭”荣誉称号；杨子豪荣获江门市优秀共青团干部荣誉称号；程燕、刘焕敏荣获鹤山市优秀共青团干部荣誉称号；陈润钧荣获鹤山市优秀共青团员称号。全年共计11个集体和55名民（辅）警受到市以上的表彰奖励。

（贾生奎）

【公安宣传】 2022年，市公安机关宣传部门以创建“平安鹤山”为目标，紧紧围绕疫情防控、“八大专项”“百日冲刺”等专项行动及防范电信网络诈骗等中心工作，充分利用各类新闻媒体平台，采取形式多样、内容丰富的宣传方式，积极主动地开展公安宣传工作。全年在中央、省、市各级电视、报刊媒体发布新闻911篇，其中省级以上媒体681篇；在“鹤山公安在线”微信公众号、“鹤山警方在线”微博、“鹤山公安”抖音号、“鹤山公安在线”视频号共发布微信1260条、微博532条、抖音视频135条、视频号135条；制作播出专题栏目《鹤山警讯》48期。

（万紫君）

【警务监督】 不断加强和改进督察工作，严格监督执纪，强化督促落实，依法维权服务，为促进全局中心工作、重大警务部署的落实，减少违规违纪事件的发生，推进队伍正规化建设发挥有效职能作用。全年共开展各类现场督察活动280次，出动警力620人次，发现并当场处置各类问题23个。开展网上督察190余小时，发现和纠正各类问题10个，为公安工作顺利开展和维护队伍稳定提供了强有力的纪律保障。扎实做好信访工作，妥善处置了一批涉警信访问题，努力化解群众诉求，不断提高群众满意度，维护好公安队伍良好形象。

（陈晓婷）

【法制工作】 2022年，鹤山公安法制室共制定全局性执法制度4项，组织法制业务集中学习4次，共培训民警192多人次。一年内共审核刑事案件735宗，其中刑事拘留899人，取保候审1210人，办理呈请逮捕刑事案件159宗203人，人民检察院批准逮捕刑事案件142宗172人，移送人民检察院起诉刑事案件687宗805人；共审核行政、治安案件1198宗2538人，其中强制隔离戒毒8人；受理刑事复议9宗；办理行政诉讼案件4宗（4宗均驳回原告诉讼请求）；办理国家赔偿案件2宗（1宗作出不予赔偿决定，1宗未办结）。

（叶小群）

【社会治安管理】 2022年，鹤山公安坚持以打促稳、以防保稳，着力提升感知预警、风险化解、治安防控、重点打击、管理服务能力，坚决打好维护社会安全稳定保卫仗。制定《鹤山市公安局全面推广最小应急处置单元建设工作方案》，全面推进全市校园、县级治安保卫重点单位、封闭式小区、大型商业综合体等场所最小应急单元建设，全年共建最小应急单元403个。其中全市161间校园共建设最小应急单元265个，统一配备调度指挥功能的对讲机384台，校园最小应急单元覆盖率达到100%。共计组织开展清查行动16次，收缴管制刀具221把、枪支3支、子弹400发，清查歌舞娱乐场所、按摩沐足场所、旅馆业、酒吧、公寓、出租屋等场所11 883间次，整改问题隐患225项，抓获在逃人员4人。

（李志华）

【扫黄禁赌工作】 2022年，鹤山公安重点加强地下赌博、网络赌博、网上招嫖等违法犯罪线索的梳理排查，摧毁一批涉黄涉赌网站，打掉一批隐藏深、危害大的黄赌窝点，依法严惩一批犯罪分子。全年共计接报涉黄原始警情339宗，同比去年的345宗下降了1.7%。共计接报涉赌原始警情900宗，同比去年的930宗下降了3.2%。共计破获涉赌刑事案件13宗，刑事拘留25人，逮捕2人；查处涉赌行政案件294宗，行政拘留384人，行政罚款864人。破获涉黄刑事案件21宗，刑事拘留50人，逮捕15人；查处涉黄行政案件82宗，行政拘留94人，行政罚款136人。

（李志华）

【户政管理】 2022年，鹤山公安治安大队户政中队以创建鹤山户政优质服务为主线，全面落实各项“放管服”改革措施，全面取消参保要求、居住年限、就业年限等落户限制，全面推行以经常居住地登记户口制度，实现“零门槛”入户政策。全市63个封闭式居住小区、3间二级医院、158间学校、58个公寓全部完成人脸识别摄像枪安装接入。在全市范围内推广使用“粤居码”，流动人口在“粤居码”系统申请粤居码后等同于在户政窗口办理流动人口居住登记业务，满183天后将能自助申领广东省电子居住证（广东省电子居住证于2022年6月1日起在全省推行），为企业和群众提供高效、便捷的政务服务。全市粤居码系统通过审核房屋数据97 299间，租赁房屋78 880间，实有人口持码人数123 579人，完成率25.41%，其中流动人口持码人数95 417人，完成率为79.70%。全市受理省外异地办理居民身份证5 193张，省内异地办理居民身份证1 376张，市内户籍人员办理、审核第二代身份证24 511张，办理二代临时身份证3178张，办理港澳台居住证893张。全市市外迁入6206人，迁出市外1821人，市内迁移4911人，新办居住证5101张，发放门牌通知书1202份。

（易燕明）

【打击经济犯罪】 2022年，鹤山公安经侦大队依法严厉打击防范各类经济犯罪、食药环假犯罪活动，大力整治金融、食药环风险问题，确保了全市社会大局持续平安稳定。年内共受理经济犯罪、食药环假犯罪案件137宗，立案117宗，涉案价值9200余万元，破案92宗，刑事拘留91人，逮捕39人，移送起诉48人，挽回经济损失1700余万元，抓获“猎狐”对象1名。

（杨惠芳）

【出入境管理】 2022年，出入境管理大队全力做好新冠肺炎疫情防控工作和各项安保维稳工作。认真落实“反偷渡”工作，进一步深化“放管服”改革，推进“智慧警务”深度应用，着力维护良好的出入境管理秩序，全面提升服务粤港澳大湾区建设能力水平。年内有序开展“百日行动”“五大要素摸排管控”“三非治理专项行动”等重点工作，承接退役军人服务工作专班和涉企服务专班工作。全年共破获妨害国（边）境犯罪刑事案件3宗；查办行政案件77宗，查处“三非”人员72人。办理1538份出入境证件申请，制证签注4127次，加注182枚。受理签发外国人签证证件419枚（含普签23枚，居留323枚，外国人出入证件73枚），受理港澳居民回乡证190枚，受理制发边防证21枚。呈报法定不准出境人员685人，变更国家机关工作人员报备信息1278人。

（彭玲子）

【严打整治】 2022年，鹤山公安刑侦大队依法严厉打击“盗抢骗”、电信网络诈骗、涉黑涉恶、走私等各类突出违法犯罪活动，强力推进“雷霆”“邑安”和“百日行动”等专项行动向纵深开展，确保社会大局安全稳定。全市共立刑事案件2694宗，破1316宗，破案率为48.8%；抓获各类违法犯罪人员1571名，逮捕175人；抓获网上在逃人员79人；打掉犯罪团伙56个。

（梁锦龙）

【特警工作】 2022年，特警中队共处置突发事件120余起，先后快速增援处置精神病人持刀、跳楼、打架斗殴等警情50余起，参与清查行动30余次，押解任务20余次，协助交警大队开展查酒驾行动20余次，累计出动警力800余人次，盘查车辆4000余车次、核查人员6400余人次，协助办案单位成功处置10多起涉刑事案件，抓获违法犯罪人员43人，为党的二十大胜利召开创造了平安稳定的治安环境。面对突发疫情倾尽全力，先后执行各类场所临时封控勤务、路口管控、路口劝返、隔离酒店、隔离医学观察点、核酸检测等累计50多个执勤点，累计出动警力1800余人次，服务群众2000余人次，劝返人员6000余人。

（刘育意）

【禁毒工作】 2022年，鹤山市公安局全力推进禁毒攻坚年行动，以“清源断流”“应检尽检”“应帮尽帮”“应打尽打”“应收尽收”等专项工作为抓手，以创建“无毒鹤山”为新目标，持续巩固禁毒工作成效。2022年，全市共侦破毒品刑事案件7宗，侦破目标案件2宗，逮捕6人；办理易制毒化学品行政案件9宗；查处吸毒人员33人，强戒入所14人；开展毛发检测6400例，开展吸毒检测12 400例。

（曾炯锋）

【道路交通管理】 2022年，鹤山公安交警大队深入组织开展“清源”六大会战、“五大要素”摸排管控行动、夏季公路易肇事易肇祸违法行为专项整治“百日行动”、交通秩序整治“雷霆”清查等专项行动，持续加大各类交通违法行为的查处力度，着力提升道路交通治理能力，为建设平安鹤山营造良好的道路交通环境。年内，共开展专项整治行动622次，查处交通违法249 341宗，其中现场查处89 787宗，扣车7075辆，查获酒后驾车583宗，醉驾319宗；共破获刑事案件371宗，行政拘留160人。全年共查处治理乱停放车辆8207台，查处拖移清理内街里巷“僵尸车”112辆。

与去年同期相比，事故宗数下降3.4%，死亡人数下降4.35%，受伤人数下降7.38%，直接经济损失下降2.84%。至2022年底，全市机动车驾驶员237 372人，全市机动车拥有量250 080辆，比2021年末增加7010辆，其中汽车126 187辆，比2021年增加10 380辆。

（邓 畅）

【监所管理】 2022年，鹤山市看守所严格落实疫情防控工作措施，细化安全防范措施，筑牢监所安全底线。坚持问题导向，深入开展隐患排查，加强应急处置演练和教育感化工作，大力抓好各项监管工作，全力做好监所安全稳定工作。完善工作机制，细化工作流程，狠抓各项安全管理措施落实，保障监所安全稳定。鹤山市拘戒所严格落实疫情防控工作措施，全力抓好各项监管工作。3月30日与江门市拘戒所整合，鹤山市拘戒所暂停使用，待新所建好后再恢复行政收押工作。全体民辅警分别被安排到江门市拘戒所和鹤山市看守所支援监管工作。

（刘洪、吴刚强）

附：市公安局正副局长、政委名录

局 长： 谭晓滨

政 委：

唐 彬（—2022年11月）

汪成海（2022年11月—）

副局长：

李炎壮（—2022年8月）

李建华（—2022年11月）

冯德明

徐鲜明

王云荣（女，2022年12月—）

李常青（2022年12月—）

易国江（挂职）

毛海涛（挂职，2022年10月—）

附表1

2022年全市机动车及驾驶员情况统计表

指标名称	单位	总计	其中：私人
机动车总计	辆	250 080	238 343
一、汽车	辆	126 187	115 989
1. 载客汽车	辆	112 145	107 346
其中：①大型	辆	179	1
小型	辆	111 656	107 124
②新能源	辆	3101	2789
载客量	客位	590 644	—
2. 载货汽车	辆	13 698	8532
其中：①重型	辆	2645	923
轻型	辆	10 498	7370
②新能源	辆	154	120

续上表

指标名称	单位	总计	其中：私人
载重量	吨位	61 975.97	
3. 其他汽车	辆	344	111
补充：外籍汽车	辆		
二、拖拉机	辆	0	0
其中：大中型	辆	0	0
三、摩托车	辆	123 228	122 074
1. 普通摩托车	辆	122 342	121 189
2. 轻便摩托车	辆	886	885
3. 外籍摩托车	辆	0	0
四、挂车	辆	665	280
五、其他类型车	辆	0	0
补充资料：			
机动车驾驶员	人	237 372	
其中：汽车驾驶员	人	185 176	
摩托车驾驶员	人	52 196	

附表 2

2022 年特大交通事故统计表

年份	事故宗数	死亡人数	受伤人数	直接经济损失
2022	0	0	0	0
合计	0	0	0	0

消防工作

【概况】2022年，市消防救援大队全面贯彻“预防为主、防消结合”的工作方针，有效防范化解重大风险，有力确保队伍和火灾形势“两个稳定”。市委、市政府出台《鹤山市消防工作“十四五”规划》，全面科学谋划未来5年消防事业发展。辖区火灾指数同比实现下降，其中警情数下降4.4%，火灾下降29.48%，全年未发生伤亡事故。圆满完成了党的“二十大”、中秋国庆双节等重大活动消防安保任务和增援清远“6.13”特大洪涝灾害救援、“9.30”桃源森茂厂房火灾扑救等应急救援任务。先后组织党员先锋队深入疫情防控高风险地区开展前置执勤，积极参与地方疫情防控工作。

【消防安全整治】持续推动消防安全三年行动专项治理，深入开展村级工业园区消防安全整治、村民自建房“扫雷”行动、老旧城区消防通道治理等系列专项行动，深入整治消防安全重点行业领域突出隐患。累计排查社会单位1597家，整改火灾隐患或违法行为729处，下发责令整改通知书184份，下发行政处罚决定书95份，责令“三停”单位7家，罚款约102.4万元。

【消防宣传】密集式加大消防宣传力度，通过电视门户、开机画面、电影院放映前高频次播放消防公益广告等形式强化火灾风险警示。发动逾4.5万群众注册全民消防安全学习平台，切实提高消防素质水平；以消防宣传“五进”为载体，深入学校、企业、社区（村居）等举办宣传培训活动以及宣传车流动宣传超142场（次）；通过“线上+线下”模式为消防重点单位、行业作专题授课和消防预约上门服务，常态化开展中小微企业培训。利用运营商平台在春节、元宵、国庆、中秋等重要节日群发消防安全提示短信逾2万条，覆盖重点人群。

【抢险救援】2022年共接处警917次，出动队伍1162次，出动警力9785人次，出动车辆1862辆次，抢救财产1536万元，保护财产1998万元，共营救群众107人，疏散群众79人，全市未发生较大或以上火灾事故和伤亡事故，火灾总体形势稳定。

2022年11月28日，鹤山市消防救援大队联合鹤山雅图仕印刷有限公司举行消防科普教育基地、消防志愿服务站揭牌暨消防志愿服务队授旗仪式

附：市消防救援大队政治教导员、正副大队长名录

大队长： 钟荣华

副大队长： 陈晓篙（—2022年6月）

龙尚全（2022年6月—）

政治教导员：

余伟忠（—2022年3月）

李建华（2022年3月—）

（麦詠妍）

附表

2022年火灾统计表

月份	1	2	3	4	5	6	7	8	9	10	11	12
火灾起数	45	20	19	33	15	19	26	19	26	37	16	34

检察工作

【概况】 2022年鹤山市人民检察院认真落实《中共中央关于加强新时代检察机关法律监督工作的意见》，围绕创建先进基层检察院工作目标，把保安全、护稳定、促发展融入各项检察工作中。

全年共办理各类案件2828件，同比上升56.5%；共获得3项省级以上个人或集体荣誉，与鹤山市工商业联合会沟通联系机制获评全国100对典型事例。

【营造安全稳定社会环境】 顺利完成新会“4·20涉黑专案”出庭支持公诉工作，涉案15名被告人被依法判处有期徒刑二十五年到一年七个月不等刑罚，依法追缴违法所得1600多万元；迅速组建专案组提前介入恩平“635涉黑专案”，批捕19人。率先制定江门首个基层检察院《关于院领导包案办理首次申诉信访工作方案》，受理的8件申诉信访案件全部由院领导包案办理。筑牢安全生产防线，认真抓好“八号检察建议”贯彻落实，推动安全生产监管工作规范开展。就沙坪河等部分河道工程防洪度汛工作措施不到位的问题，督促相关部门和镇街全面履职，合力保障行洪安全。针对镇街农贸市场等场所的消防安全隐患问题发出检察建议，推动解决公共场所的消防安全问题。

【营造良好法治化营商环境】 起诉破坏社会主义市场经济秩序类犯罪20人，立案监督1件1人。成功起诉鹤山市首宗自洗钱犯罪案件，审查起诉阶段追赃挽损52.7万元。对涉嫌犯罪的企业经营者、管理者等作出相对不起诉决定22人。全面推进企业合规改革，成功办理全国首批试点院以外的江门市首宗启动第三方监管机制考察的企业合规案件。成立鹤山市涉案企业合规第三方监督评估机制管理委员会。落实涉企控告申诉案件快速处置机制，针对一宗持续三年的涉民营企业信访案件开展深入调查和释法说理工作，着力推动实质性化解信访矛盾。出台《关于充分发挥检察职能服务保障中欧合作区核心区建设的实施意见》，细化服务企业发展措施。

【完善涉侨权益保护工作】 制定《鹤山市人民检察院关于加强涉侨检察工作的实施方案》；与鹤山市委统战部、市侨联联签侨资企业保护协作机制实施意见。认真落实《江门市人民检察院关于系统推进新时代涉侨检察工作服务保障江门实施“侨都赋能”工程的意见》，在12309检察服务中心、案件管理大厅以及十个镇（街）的公共服务中心设立检侨联络服务窗口。率先推动在侨界未成年人较为集中的鹤城镇设立侨界家庭教育指导站。起诉涉侨犯罪4人。积极开展涉侨文物保护公益诉讼专项活动，就全市多处由华侨捐资集资兴建的市属不可移动文物存在受损，未得到及时修缮、保养而危及文物建筑物的情形发出检察建议6份。

【推动法治政府建设】 就某镇辖区内某村委会周边地块堆放生活垃圾整改不到位问题提起行政公益诉讼。案件起诉后，该镇政府主动履职，积极整改，本院依法撤回起诉。针对部分商家存在散装食品经营不规范等问题，向多个行政机关发出诉前检察建议，累计检查各类食品经营主体825家次。针对蛇伤事件多发的镇未设置蛇伤救治相关配套医疗设施的情形及时制发检察建议，力促相关部门出台《鹤山市蛇伤救治工作方案》，正式在宅梧镇中心卫生院设立蛇伤救治点。目前已成功救治蛇伤患者3人。

【推进市域社会治理现代化试点工作】 将市域社会治理现代化试点工作作为“一把手”工程抓紧抓实，出台《鹤山市人民检察院市域社会治理现代化试点工作实施方案》，制定工作计划，落实分级责任，确保检察环节市域社会治理现代化试点工作落实到位，取得实效。

【办好民生司法案件】 起诉故意伤害、抢劫等严重暴力犯罪35人。积极配合公安机关开展夏季治安打击整治“百日行动”，共起诉寻衅滋事罪19人，聚众斗殴罪2人，危险驾驶罪130人。依法惩治危害食品安全犯罪，起诉相关犯罪6件11人。助力推进网络综合治理，起诉涉嫌帮助信息网络犯罪42人。针对社会治理问题制发检察建议6份。

【加强特殊群体司法保护】 共办理司法救助案件31件，发放救助金65万多元。落实最高检关于加强困难妇女群体专项司法救助活动部署，依法对涉家暴刑事案件被害人进行救助。主动拓宽支持起诉案件线索渠道，共对7名农民工、贫困群众等弱势民事主体作出支持起诉决定，均获法院判决采纳支持起诉意见。开展打击整治养老诈骗专项行动，提前介入涉养老诈骗案件5件，批捕6人，起诉3人。

【用心办好群众信访案件】 严格落实“群众来信件件有回复”制度，办理的270件信访案件全部在7日内程序性回复、3个月内办理过程或结果答复。积极运用检察听证办理信访案件26件次，将释法说理贯穿于听证全过程。探索回访机制，主动了解申诉人后续维权情况，切实推动矛盾化解。

【深入开展法律服务镇街行、企业行活动】 派驻镇（街）检察室牵头定期深入辖区村委会、企业等走访调研，开展法治宣讲，提供法律咨询，落实案件回访，积极延伸基层法律服务。共开展相关活动500多次，其中联合本院法治宣讲团开展各类形式法制宣传53次，开展扫黑除恶常态化、企业合规改革、公益诉讼检察等主题直播宣传7次，拓展普法形式，引导群众增强法治观念。

【优化刑事检察监督】 落实少捕慎诉慎押刑事司法政策，全年批准逮捕各类犯罪嫌疑人159人，提起公诉623人，同比分别下降57.8%和21.3%；诉前羁押率为21.17%，同比下降14.54%；决定不起诉164人，同比增长2.7倍。办理刑事检察监督案件121件，同比增长5倍。全面推进认罪认罚案件听取意见同步录音录像工作。与市公安局共同成立侦查监督与协作配合办公室，大力推广“邑检通”平台使用，推动公安执法和检察监督规范化水平双提升。创新建立轻微刑事案件拟不起诉人参与提供社会公益服务机制，牵头出台《关于建立刑事案件社会公益服务的工作规定》，共安排60名犯罪嫌疑人参与社会公益服务1190小时。

【深化行政检察监督】 办理行政非诉执行监督案件115件，发出检察建议112件；对诉讼活动中行政机关违法行为开展监督125件，发出检察建议124件；促成行政争议实质性化解2件。开展社会抚养费征收执行监督专项工作，分别向相关单位发出类案检察建议，督促妥善处理国家生育政策调整后社会抚养费的强制执行问题。开展相对不起诉案件办理司法、行政衔接工作的专项清查调研，推动全市交通肇事、危险驾驶相对不起诉案件建立刑行衔接机制。联合市司法局开展行政执法案件季度评查工作，对部分行政执法程序不规范等问题发出检察建议，督促规范执法程序和执法活动。先后在十个镇（街）成立“行政检察与行政执法衔接工作办公室”，在基层建立行政检察与行政执法衔接工作机制。

【强化民事检察监督】 办理生效民事裁判监督案件3件，提请抗诉2件，获同级法院再审改判1件。民事执行活动监督案件262件，作不支持监督决定7件，促成当事人和解1件；民事审判程序监督案件290件，发出类案检察建议3份，回复采纳率100%；支持起诉案件6件。开展诉讼费用应退未退专项监督工作，针对部分民事诉讼案件的诉讼费用认定处理与《诉讼费用交纳办法》等规定不符的问题发出类案检察建议。主动开展虚假诉讼监督，对一宗伪造诉讼文书材料的虚假诉讼案件依法提出再审建议，获市法院采纳。

【提升公益诉讼检察质效】 办理民事公益诉讼案件5件，提起刑事附带民事公益诉讼4件，均已获法院支持判令并执结。行政公益诉讼案件78件，其中生态环境和资源保护领域10件，食品安全领域12件，药品安全领域3件，国有财产领域4件，文物保护领域6件，公共安全领域18件，安全生产领域11件，军人地位和权益保障14件。共向相关部门发出诉前检察建议68件，以诉前磋商形式办结案件8件，限期内回复采纳率100%。制定《鹤山市人民检察院行政公益诉讼诉前检察建议“回头看”工作机制》，采取实地查看、使用无人机等科技手段对诉前检察建议整改落实情况进行复查，扎实抓好“回头看”工作。

【持续做优未成年人检察工作】 持续落实“一号检察建议”，起诉性侵未成年人犯罪8件8人。针对市内某教育培训机构存在入职审查不严、忽视师德师风建设问题发出检察建议，推动开展全市校外培训机构联合专项治理行动。对轻微犯罪的未成年人严格落实少捕慎诉慎押司法政策，不捕率和不诉率分别从去年同期的28.57%、27.78%上升到100%、85.71%，附条件不起诉率大幅上升至64%。针对涉案未成年人监护人存在监护缺失、家庭教育方式不当等问题发出督促监护令30份，推动建立涉未刑事案件家庭教育指导联动协作机制。积极履行未成年人公益诉讼检察职能，推动相关部门规范对彩票销售站点选址的审批监管，针对市内部分小学附近店铺通过抽奖游戏违法向未成年人销售“三无”玩具问题发出检察建议。通过“云宣讲”“云开放日”“云画展”等多种形式积极开展线上法治宣讲活动，组织报送的市沙坪中学冯乐妍手绘作品《法护成长》入选全国“未成年人法治画廊数字藏品”。在沙坪街道雁山社区成立江门市首个家庭教育指导站，将未成年人检察服务的触角延伸到社区一线。

【做好刑事执行监督工作】 全年办理各类刑事执行监督案件776件，同比增加2.4倍。强化刑事裁判涉财产部分执行监督，督促及时处置涉案物品152件。常态化实行社区矫正巡回检察，监督社区矫正机构对社区矫正对

2022 年 4 月 21 日，鹤山市检察院成立的江门市首个家庭教育指导站在沙坪街道雁山社区揭牌

象开展定期实地查访 184 人次。运用大数据开展社区矫正风险隐患排查，就信息化核查工作存在问题发出监督意见 79 件。在市司法局成立驻鹤山市社区矫正中心检察室，联签《关于社区矫正检察监督与协作配合的实施意见》，积极推动鹤山市智慧社区矫正中心建设。

【锻造过硬检察队伍】 切实抓好政治建设　把学习贯彻习近平新时代中国特色社会主义思想作为首要政治任务来抓，落实“第一议题”制度，开设《学而时习》政治早读专栏。推进党史学习教育常态化长效化，深化“我为群众办实事”实践活动。坚持以党建品牌引领融合检察实践，扎实推进“一支部一品牌”创建工作，作品《创新“检察 + X”模式，筑牢未成年人保护金钟罩》在第十届广东省市直机关“先锋杯”工作创新大赛（鹤山赛区）选拔赛中荣获二等奖。

切实抓好队伍素能建设　领导班子做到“三个带头”，开展“领导干部上讲台”活动 13 次，带头办理案件 496 件；带头开展“深调研”活动，牵头组织完成调研课题 9 个，其中 4 个课题获上级采用，得到上级院的高度肯定。重点开展青年成长培优行动，打造青年理论学习交流平台“96 号课堂”。成立青年法治宣讲团，制定青年干警岗位锻炼工作方案，推动青年干警做到政治、业务“双提升”。深入开展“订单式”“传导式”培训，累计组织各类培训 97 场 1271 人次。

切实加强检察权监督制约，构建立体化检务督察体系，强化检察内部监督。以常态化加专项的方式开展检务督察 8 次，在全市检察机关中率先开展内部审计、未办结取保候审案件办理情况等专项检务督察。制定开展执法规范化专项重点工作实施方案，加强对执法办案的监督管理。

切实加强党风廉政建设　落实主体责任，落实“一岗双责”，定期开展警示教育，落实“三个规定”及重大事项记录报告制度，严格执行《新时代政法干警“十个严禁”》。把党内谈话工作作为落实全面从严治党主体责任的重要抓手，共开展谈心谈话、提醒谈话等 104 人次。

附：市人民检察院正副检察长名录

检察长：陈智勇

副检察长：

李雪梅（女）

钟玉芳（女）

李　纲

蓝美洁（女，挂职，2022 年 11 月— ）

（黄嘉茵）

法院工作

【概况】 2022 年，鹤山市人民法院全年共受理各类案件 11 971 件，办结 11 464 件，结案率 95.80%。结案率、结收案比等多项核心指标均排江门全市法院首位，审判质效提升明显。结收案比、小额诉讼程序适用率实现同比上升，新收案件、存案、一年以上长期未结诉讼案件实现同比下降，全面完成“两升三降”办案指标要求。一站式多元解纷和诉讼服务体系建设质效评估得分并列全国第一。

【刑事审判】 2022 年审结刑事案件 574 件，判处罪犯 661 人，判处三年以上有期徒刑 67 人。坚决维护人民群众生命财产安全，审结故意伤害、寻衅滋事、强奸、抢劫、盗窃等案件 142 件。守护百姓餐桌安全、用药安全，审结危害食品药品安全犯罪案件 5 件。坚决遏制电信网络诈骗犯罪多发高发态势，审结诈骗、帮助信息网络犯罪案件 36 件。深入开展打击整治养老诈骗专项行动，快立快审快判养老诈骗案件 3 件。推动毒品综合治理，审结涉毒品犯罪案件 7 件。重视青少年违法犯罪预防工作，坚持“教育、感化、挽救”方针，审结未成人犯罪案件3件4人。严厉惩处指定管辖的“肉霸”陈长胜等15人涉黑犯罪，执行到位财产刑及追缴、没收违法所得1289万元。审结指定管辖的潘大卫犯受贿罪、犯纵容黑社会性质组织罪一案，退回全部违法所得115万元。统筹推进疫情防控和执法办案，组织党员干警1194人次积极投身交通卡口、社区防疫一线。严惩走私冻品等涉疫犯罪，审结陈锦勇等5人走私冻肉制品28 087公斤一案。

【民商事审判】 2022年审结民商事案件6097件，诉讼标的金额24.88亿元。践行“法治是最好的营商环境”理念，持续抓好最高院关于司法助力中小微企业发展20条措施的落实落地。精准实施财产保全，有效运用“放水养鱼”“活封活扣”等方式，最大限度降低诉讼对企业生产经营的不利影响。主动融入对接“双区”和两个合作区建设，办结涉外涉港澳台案件120件。服务保障青年创业发展，出台《鹤山市优化法治化营商环境和服务保障青年创业发展工作方案》，先后为40多家青年创业者企业提供法治体检、法律咨询、法律培训等服务。发出司法建议45份，推动社会治理改进。持续护航中心工作，挂牌成立“驻中欧合作区巡回法庭”“驻中欧合作区司法服务站（法官联络点）”，与市人社局、市总工会共同挂牌成立“中欧合作区劳动关系联处中心”。入选全国“百家金牌劳动人事争议调解组织”，定期到中欧合作区企业走访，靠前提供司法服务30次。出台诉讼主体甄别机制、失信被执行人信用承诺和信用修复机制意见，与科工商务局、市监局等部门建立商事主体信用信息管理机制，助力企业防范重大法律风险。2022年对1132个市场主体开展信用修复，提供失信商事主体查询服务1686件次。对14 878个市场主体分析筛查，163个异常主体推送相关部门，避免企业经济损失280余万元。围绕“侨都赋能”工程，全力打造“易侨E法庭”等涉侨审判工作经验，审结及促成涉侨案件妥善化解67件。

【执行工作】 2022年办结执行案件4640件，执行到位金额2.90亿元。打造“速控—快执—普执”三步走的阶梯式案件分流与办理模式，加快推进执行难综合治理源头治理，打通查人找物、协同联动、精准惩戒、打击拒执等方面堵点。会同公安机关完善查人扣车执行联动机制，从严从快惩处2起拒执犯罪。坚决惩治失信逃债行为，发布失信被执行人2320人、限制高消费2930人、限制出境8人、司法拘留1人、罚款7人。对已经履行义务的被执行人及时恢复信用，推动构建社会诚信体系。加强立审执协调配合，在涉及金钱给付民事判决书增设自动履行提示，清楚指引当事人自动履行，不断提升执行工作效率。

【司法为民】 *用心用情维护民生权益* 加强家事审判工作，成立“红旗护‘未’队”，以柔性司法治愈家庭创伤，审结婚姻家庭案件313件。正确贯彻《家庭教育促进法》，发出《家庭教育令》4份，开展家庭教育指导1次，让“依法带娃”成为家长必修课。办结教育、住房、医疗、社保、养老、育幼、物业等民生领域案件1135件，执结欠薪案件240件，为农民工追回劳动报酬488.29万元。大力推广应用人民法院调解平台，立案、调解、庭审等核心功能全流程实现“线下一站式通办”“线上一网能办”。高度重视涉诉信访工作，处理人民群众来信来访22件（人）次。加强弱势群体权益保障，发放司法救助金60.05万元救助96人次。妥善审理侵害集体经济组织成员权益、土地承包经营权等涉农案件24件。

聚焦聚力推进诉源治理 进一步整合运行“法院机关+人民法庭+属地镇街”的点线面立体化多元解纷新模式、三八红旗工作室、“信访超市+外送服务”法院工作解纷模式。以四个人民法庭为基点，在法庭、镇（街）、乡村、妇联、学校等延伸设立红旗法庭（解纷驿站）、易侨E法庭、调解中心等32个解纷站点，鹤山市人民法院“多元解纷终点站”品牌创新项目列入2022年度江门全市法院10大工作品牌项目，诉前化解各类纠纷2000余件。学习强国、中央政法委《长安评论》《人民法院报》《南方日报》、广东广播电视台大湾区卫视频道（最美一线行）等重要媒体对相关工作进行了报道，省委政法委、广东高院、江门市委、江门中院等单位重要领导莅临鹤山市人民法院调研指导，给予充分肯定和鼓励。三八红旗工作室成功创建为“广东省三八红旗工作室”。2022年广东省妇联三八红旗工作室创建工作推进会在鹤山市人民法院进行现场经验推介，“鹤山市政法巾帼园地”在鹤山市人民法院三八红旗工作室挂牌成立。

有力有效开展法制宣传 加强“贴近式”“互动式”“案例式”普法宣传。在国家、省市级等媒体发表普法稿件112篇次，

在微信公众号等新媒体平台推送428篇，发布家事审判白皮书、民商事审判白皮书和典型案例。深入开展反诈法制宣传进社区活动，制作普法微信视频、原创情景剧等形式帮助老年人提高法治意识和识骗防骗能力。制作《家庭教育促进法》、未成年人保护等普法小视频，开展模拟法庭活动、法官受聘担任“法治副校长”、普法进校园，帮助培养未成年人的法治意识。持续开展企业家学法、领导干部旁听庭审活动。深入开展“法律六进”“民法典进农村”“党的二十大精神宣讲进企业、农村、机关、校园、社区”活动20余次、服务群众超5000人次。

【司法改革】 积极落实院庭长办案制度，院庭长结案7462件，占全院结案总量的65.09%。出台“四类案件”监督管理实施细则，修改完善专业法官会议制度，落实审委会把关作用，召开专业法官会议19场、审委会8场。完善绩效考核办法，充分调动干警工作积极性。以“节点+时限”为基础，对各审判执行节点用时进行精准化、可视化管控。进一步探索刑事“简案快审”新机制，深化民事案件“分调裁审”改革。充分发挥小额诉讼程序便捷高效的制度优势，依法推动小额诉讼“应适尽适”。推动案件质量评查工作常态化，开展案件自查评查工作8次。科技助力降成本减诉率，网上立案3928件，缴费成功4667笔，跨域立案2件。运用互联网远程开庭1647场，电子送达2.23万人次。运用网络查控系统查控案件4808件，通过淘宝、京东网站司法拍卖成交金额1.74亿元。

【队伍建设】 始终把学习贯彻习近平新时代中国特色社会主义思想作为首要政治任务，原原本本学习研读党的二十大报告和党章，把筑牢政治忠诚作为加强政治建设的根本要求，持续推进“两个确立”主题教育。健全完善政治要件闭环办理机制，开展党组第一议题学习49次，党组中心组理论学习8次。严格落实意识形态工作责任制，全面落实请示报告制度，主动及时向市委、市委政法委、上级法院请示报告事项14次。在院机关建成党建文化馆，推动党建与业务互融互促，实现党旗引领、党建带动、党员示范。全年共有10个集体、23名个人受到国家、省市级表彰奖励。司法警察大队在全省法院司法警务规范化建设等级评定中被评为一级警队，三八红旗工作室获评“广东省三八红旗工作室”，“多元解纷终点站”品牌创新项目被江门中院评为优秀等级，党组书记、院长张海疆获评中央政法委年度平安之星，汤有为获评广东法院最美基层法官，王青获评鹤山市最美女能手。加强和改进教育培训工作，培训干警1270人次。完善一体推进“三不腐”的制度机制，持续抓好正风肃纪反腐。认真贯彻中央八项规定及其实施细则精神，高站位接受江门中院对鹤山市人民法院司法巡查。严格执行防止干预司法“三个规定”“十个严禁”等铁规禁令。主动接受代表、委员监督，邀请代表委员视察座谈、旁听庭审、见证执行、参与调解65人次，聘请6名人大代表为鹤山市人民法院特邀解纷员（多元解纷员）。依法接受检察机关法律监督，邀请检察长列席审委会1次。贯彻实施人民陪审员法，扩大参审范围，落实随机抽取，陪审员参审案件524件。裁判文书网公开文书4211份，网上观看庭审直播34.84万人次。

附：市人民法院正副院长名录

院　长： 张海疆（女）

副院长： 冯泽新
朱仲灼
黄锦锋

（张洁芳）

基础设施建设

交通

交通建设

【交通建设概况】 鹤山市水路交通四通八达，是沟通粤西与珠三角地区的重要交通枢纽。G325、沈海高速、江肇高速、珠三角环线高速公路纵横贯穿全市；鹤山拥有广珠铁路鹤山站；西江水道流经鹤山，并设有国家一类口岸鹤山港。

2022年度计划完成交通基础设施建设投资12.24亿元，截至2022年12月底累计完成年度投资12.85亿元，完成率达104.9%。全市公路通车总里程达1313.9公里，每百平方公里公路密度121.39公里。其中，高速公路109.1公里，一级公路180公里，二级公路187.8公里，三级公路132.9公里，四级公路704.1公里。

（李兆海）

【重点工程】 *S270鹤城至杜阮段扩建工程* 该项目是江门市中心城区产城融合示范区建设重点项目之一，先行段（鹤城小官田村至共和宝丰新城段）全长8.767公里（其中主线长7.411公里，鹤兴路连接线1.356公里），投资约8.66亿元，2022年年底完工；二期工程（共和宝丰新城至平岭村段）全长9.989公里，总投资4.73亿元，已完成立项批复、初步设计、施工图设计批复、发出招标公告等前期工作。

S270鹤城至杜阮段改扩建工程（鹤城小官田村至共和宝丰新城段）

S270鹤山赤岗村至霄南村段改扩建工程 项目全长约8.32公里，采用双向四车道一级公路设计标准，总投资约9.3亿元。该项目纳入大湾区珠西物流现代化服务业集聚区一体化重点项目，于2020年6月立项，2022年年底累计完成投资2.3亿元。

【“四好农村路”建设】 2022

S270鹤山赤岗村至霄南村段改扩建工程

X549 坡麦线（古劳镇）

年，鹤山市获得“四好农村路”省级示范县称号，农村公路里程达 922.35 公里，其中县道 222.14 公里，乡道 158.84 公里，村道 541.37 公里，实现 50 人以上（或 10 户人以上）自然村村道路面硬化达 100%。精心打造风景优美杉三线、生态富民古竹线、产业振兴坡麦线、最美乡村公路明靖线、红色文化旅游雅赤线等一批别具特色的美丽乡村公路。

（李河东）

交通运输

【道路运输总体情况】 2022 年鹤山市道路运输客运量完成 420.6619 万人，客运周转量 8161.1719 万人公里，货运量 281.2617 万吨，货运周转量 16 742.666 7 万吨公里。

【运输市场概况】 2022 年，鹤山市纳入管理的营运车辆 2144 辆，其中客运车辆 53 台辆，货运车辆 2091 辆。纳入管理的机动车维修业户 300 户，其中：一类汽车维修企业 1 户，二类汽车维修企业 18 户，三类汽车维修业户 281 户。纳入管理的机动车驾驶员培训机构 6 家。全市共有客运站（场）7 个，其中鹤山汽车总站为一级站，宅梧车站为四级站，双合站场为四合一站场，全市候车站（亭）点共有 336 个。

【运输行业管理】 日常管理方面　2022 年，鹤山共办理道路运输行政审批许可案件 112 件，新备案维修业户 51 家。2022 年，全市完成对一、二类汽车维修以及危险品运输企业等诚信评价考评及录入工作：全市共 1 家货运企业被评为 AA 级。共 11 家货运企业、7 家危运企业、6 家驾培企业被评为 AAA 级。共有 3 家危运企业、1 家货运企业、1 家客运企业被评为 AAAA 级。

公共交通基础设施建设方面　2022 年，鹤山市共有 31 条公交线路，其中城区公交线路 4 条，线路覆盖城区主要街道、学校、居民小区、城中村、繁华地段和人员密集的公共场所，日运营时间为 6:25—21:30，日发 291 班次。乡镇公交线路 27 条，基本覆盖全市 112 个行政村，运营时间为早上 6:10 至晚上 21:00，日发 628 班次。

（刘妙贤）

【交通执法】 2022 年，鹤山市交通运输局共出动执法人员 2220 人次，执法车辆 826 车次。查处各类运政案件 54 宗，其中客运班车不按批准的配客站点停靠 10 宗；客运班车不按规定的线路行驶 2 宗；包车客运经营者不能提供有效包车合同 2 宗；客运包车未持有效的包车客运标志牌进行经营 1 宗；道路运输经营者未按照规定的周期和频次进行车辆综合性能检测和技术等级评定 3 宗；未取得道路危险货物运输许可，擅自从事道路危险货物运输 25 宗；取得道路货物运输经营许可的道路货物运输经营者使用无道路运输证的车辆参加货物运输 1 宗；货运经营者不按规定携带《道路运输证》（车辆营运证）4 宗；机动车驾驶员培训机构未在申报备案的教练场地开展培训业务 1 宗；从事机动车维修经营业务，未按规定进行备案 2 宗；擅自从事网约车经营活动（未取得《网络预约出租汽车运输证》）3 宗。鹤山市交通运输局联合鹤山公安交警开展路面联合执法，共查处超限超载运输车辆超 735 辆，卸货 9029.89 吨。非现场执法案件 491 宗，源头治超案件 24 宗。

（区锡江）

港航管理

【港口及水路运输管理】 2022 年鹤山市经营性港口企业有 10 家，其中取得港口危险货物作业许可的企业 2 家，水路运输企业

3家，均为普通货物运输企业。纳入管理的运输船舶有13艘，其中集装箱船6艘，自卸沙船3艘，多用途船4艘，合计3.72万载重吨。全年累计港口货物吞吐量为954.86万吨，同比增加3%；全年港口集装箱吞吐量16.19万TEU，同比减少约10%。全年的水路运输货运量为102.06万吨，同比减少0.7%；水路运输货物周转量约10 590.11万吨•公里，同比增加52.7%。受疫情影响，鹤山市鹤港客运合营有限公司自2020年1月30日开始停航，因公司严重亏损，2022年向鹤山市科工商务局递交了《关于暂停经营鹤山港往返香港市区高速客船航线的申请》。

（冯美萍）

附：市交通运输局正副局长名录

局　长：邓兆广

副局长：罗柱荣

杨锦良

邓沃文

公路建设和养护

【概况】 2022年，江门市鹤山公路事务中心围绕上级工作部署和要求，齐心协力，真抓实干，扎实抓好党建工作、公路建设、养护管理、路政管理、综合服务等各方面工作，并取得了令人满意的成绩。

【公路养护】 坚持“畅通主导、安全至上、服务为本、创新引领”，努力构建更安全、更畅通、更绿色、更高效的公路交通网络，更好地满足经济社会发展和人民群众出行需求。不断加大工作力度，公路通行能力、养护水平、公共服务水平等都得到提升。2022年鹤山公路事务中心积极配合鹤山市创文工作要求做好相关本职工作，重点加强国省道路容路域整治工作，加强对鹤山城区出入口、石场出入口、在建楼盘等工地出入口的道路洒水清扫工作，提高公路路面保洁水平，改善公路通车环境，营造畅、洁、绿、美的交通环境，为鹤山创文贡献力量。

2022年全年完成机械清扫2.855万公里，清理水沟42.775万米，清理公路泄水孔2.79万个，修剪绿化草坪11.8万平方米，修剪绿化3.69万棵。公路事务中心管养范围内的S270鹤城段、G325沙坪段参加江门市公路系统2022年“十大最美公路”评选活动，均获评“江门市十大最美公路”。

【公路建设和改造】 2022年公路事务中心严格按照工作计划有序推进各项重点工程。

推进S272鹤山龙口福迳至沙坪城区段路面改造工程、S273端斗线公路安全提升工程和G325预防性养护及功能性修复工程前期工作，预计于2023年3月份正式开工，并于2023年年内完成建设。

鹤山公路事务中心结合江门市“清源”行动“六大会战”专项子方案和鹤山市重点道路安全隐患排查整治大会战工作方案要求，实施G325 K71+400马山路口安全提升工程；完成G325 K83+900系统防范化解道路交通安全风险工程（水毁修复）；完成S272路面中修工程部分缺陷路段整改工作，进入交工验收阶段；完成了系统防范化解交通安全风险工程，主要完成G325、S272路口封闭排水整治剩余收尾工作。

【路政管理】 原公路事务中心路政管理行政职能划归鹤山市交通运输局后，中心继续协助做好路政相关工作。

2022年，协助办理路政许可案件17宗，其中埋设管线11宗，开设路口5宗，非公路标志牌设置1宗。处理因交通事故损坏路产案件50宗。日常检查中，共发现违法案件40宗，其中自行制止违法案件25宗，告知并移交交通行政综合执法局15宗。

【精神文明建设】 “匠心公路”系列活动　深化“匠心养路党旗红”党建品牌打造，着力建设劳模创新工作室，培育“红色公·匠”。以创建劳模创新工作室为案例，积极参加第十届广东省市直机关“先锋杯”工作创新大赛（鹤山赛区）选拔赛，获得“围绕中心”类别二等奖。大力宣传“全国五一劳动奖章”获得者林振然的先进事迹，以“身边人、身边事”激发干部职工干事创业的激情，强化责任担当。深入推进模范机关创建活动，推动基层党组织党员亮身份、亮标准、亮承诺、亮业绩，继续深化养护一线党员先锋岗的建设。

狠抓机关作风及行风建设　不定期对各部室进行机关作风建设检查，实现公路无“三乱”、无投诉。制定《江门市鹤山公路事务中心中小额工程、货物、服务自行采购管理办法（试行）》，加大对政府采购、工程项目管理的检查监督力度。

抓牢抓实意识形态工作　切实加强党建实体阵地和网络阵地建设，充分利用《江门公路》报、“江门公路”和“鹤山先锋”微信公众号、电子屏、板报墙报等各类媒体，积极引导主流舆论。加强对党员干部思想状况的分析研判，有针对性地做深做实思想政治工作。

创建全省公路系统首个劳模创新工作室 2022年鹤山公路事务中心创建并申报全省公路系统第一个劳模创新工作室，集合了劳模、养护技术能手和技术骨干等12人，已取得多项技术成果并得到了鹤山市总工会的专项资金支持。

附：江门市鹤山公路事务中心正副主任名录

主　任：施璟亮

副主任：王建军

罗永汉

张世锋

（易琳欣）

鹤山汽车总站

【概况】 鹤山汽车总站始建于1959年，是江门市文旅交通投资集团有限公司属下的国家一级汽车客运站，主要经营省际、市际、县际道路旅客运输，旅游包车、物流快运、汽车维修和代管市内公共汽车、校车等业务。2003年新站搬迁至鹤山大道，总占地面积75 949平方米（114亩）。

截至2022年底，自有营运客车190辆，其中公路客车29辆（包括公营公路客车24辆、责任经营5辆）、公交车116辆、校车45辆（由于校车业务的发展2022年新增3辆）。

自有营运线路49条，其中自有公路客运线路19条（省际2条、市际16条、县际1条）、自有公交线路31条；另有进站配客线路19条。2022年全年，外来经营单位退出鹤山汽车总站经营省际线路2条，市际线路5条。

【生产经营情况】 客运量420.66万人次，同比下降24.53%（其中公汽客运量223.25万人次，同比减少23.83%）。客运周转量8161.17万人公里，同比减少42.99%（其中公汽客运周转量5411.89万人公里，同比减少23.68%）。货运量1702吨，同比减少5.5%。货运周转量13.71万吨公里，同比增加11.99%。

【安全生产情况】 2022年营运总里程930万公里，没有发生重大或以上行车责任事故，四项运输安全指标均为0，与2021年同期持平。

附：鹤山汽车总站正副总站长、常务副总站长名录

总站长：张华峰（2022年5月—）

常务副总站长：

张华峰（—2022年5月）

副总站长：阮柔盛

李海华（女）

陈金活

（李智敏）

邮政 电信

中国邮政集团公司广东省鹤山分公司

【概况】2022年，鹤山邮政认真落实中央和上级决策部署，担当作为，争当前列，努力推动鹤山邮政事业稳步发展。全年实现邮政业务总量1.15亿元。

【邮品业务和活动】助力地方经济发展，按服务乡村振兴暨三级物流体系建设工作专项监督工作要求开展邮运两中心一站点、农村投递汽车化、县乡邮路优化以及投递频次提升等关键工作。农村便民服务站建设目标112家，进度100%。将共和镇中心扩建成面积约600平方米的集邮件分拣、批销仓、停车场、充电桩等功能齐全的乡镇中心。发挥邮政网络优势，在共和镇来苏村发展电商小店，在宅梧荷村设立荔枝临时收寄发货点，推广当地时令农品，推进三级物流体系建设。强化需求导向，提供贴心便捷的邮政服务。针对政府企业单位开展思想政治学习需要，鹤山邮政分公司大力做好政务图书等党建工程协同开发项目。针对当前新冠肺炎疫情新形势下市民扎堆看病难的问题，联合各重点医院推出防疫“三方”配送服务。协助举办鹤山市第十八届书信文化节活动，参赛学生达5万人，助力加强青少年思想道德建设。

【风险防控管理工作】组织金融从业人员集中学习省公司关于代理营业机构合规管理、加快监管通报长期问题整改工作文件，增强员工的合规意识。开展“每日一学，抵制违规”暨案件警示教育合规文化建设活动，梳理出十大违规多发问题，督促网点利用晨夕会、例会开展违规原因剖析，制定整改措施，落实处罚要求，警示员工规范操作。开展金融从业人员行为排查和代理金融“雷霆行动”专项排查，强化人员责任意识，摸清风险底数，实现风险早识别、早预警、早发现、早处置，保障公司安全运作。

【政治理论学习情况】严格执行“三个第一时间”学习制度，以上率下抓好党员理论学习，全年共组织15次中心组学习，学习研讨15次，支部及支委学习均达频次要求。分层分批开展专项宣讲，党委书记、党支部委员、党务工作者共10人次以全覆盖形式开展党的十九届六中全会精神宣讲，党员参与“党的十九届六中全会精神”远程培训的学习率、合格率均达100%。借力“拒绝躺平、强邮有我”支部学习研讨、党委书记党课讲授等活动，教育党员摒弃“躺平”思想，补足干事“精气神”。抓好二十大专题学习会、研讨会的组织，共开展3次支部、党委中心组4次专题学习，大力营造迎接宣传贯彻党的二十大的浓厚氛围，为党的二十大胜利召开营造团结奋进的舆论氛围。

【加强公司文化建设】聚焦公司实际，大力弘扬和践行社会主义核心价值观，在共和镇、沙坪街道疫情防卫战中，鹤山邮政党员群众勇担责任，守土尽责，制定道路值守、核酸检测支撑、封控区邮件转运方案，落实开展社区“双报到、双服务”工作，共同构筑疫情防控线，忠诚践行邮政人的责任担当。深化标本兼治，推进党风廉政建设，在元旦、“五一”、端午等节点前下发廉洁自律提醒函，落实同级监督，督促落实主体责任，提醒广大干部员工提高政治站位，以案为鉴，严明纪律，廉洁过节。制定分公司团支部工作计划，组建青年志愿者服务队伍，调动青年员工积极参与创文活动以及“青年岗位能手”活动，促进他们在工作中成长成才。深入开展基层党组织建设达标工作，对第一批党员先锋岗开展复核评估，上报推荐第二批党员先锋岗，开展“红色+”党建主题活动，参照“三亮三比三评”要求，引导各支部党员将承诺亮出来，选树先进。2022年，鹤山邮政党委在江门邮政党组织建设达标考核评定中被推荐为“先进”党委。

附：中国邮政集团公司广东省鹤山分公司正副总经理名录

总经理：王建勋

副总经理：

何坚聪（2022年1月—）

陈文波（—2022年3月）

甄浩亮

（李丽芳）

中国电信股份有限公司鹤山分公司

【概况】 2022年是中国电信深化转型和高质量规模发展的关键一年，鹤山分公司落实集团和省公司的总体工作思路，打造高质量通信网络，提升网络运营效率和能力，推动企业有规模高质量发展再上新台阶。

【通信网络建设】 推动云网质量和云网数字运营能力双提升 开展网络提质、政企网络优化，将GPON设备优化升级为XGPON网络，提升网络速率；通过压控OLT脱网率，降低宽带业务不可用时长，提升宽带网络质量用户满意度和政企云网业务质量感知。

加快4G网络提质优化，聚焦5G网络专项整治与质量提升。全年新建开通4G基站22个，4G基站累计达到436个；新建开通5G基站32个，5G基站累计达到348个。通过基站天线整治、天馈整治等措施，改善移动网络质量。

强化基础维护管理，提升云网基础保障能力 以“业务不阻断、故障恢复快、无次生影响”为目标，强化主动维护，完成50%的机房达标整治；提高应急能力，加强机房出入管理，完成各专业预案梳理、账号认证审计，落实日常预检预修。

鹤山电信加快5G网络建设

加强健壮性建设，加快开展双路由整治。截至2022年底，OLT设备数量为163台，双路由达标率为81%，政企客户A级电路双路由率为100%。

明确维护责任主体，建立问责机制，确保维护规程及操作规范执行到位，杜绝违规操作及人为责任事件。

【应急通信保障】 坚决打赢疫情防控阻击战 2022年4月底共和镇突发疫情期间，鹤山电信收到鹤山市政府下达的关于通信保障和防疫管控的任务后，全面激活疫情防控应急体系，做好通信保障工作，确保移动信号、通信网络畅通无阻。发挥通信技术优势，按时按质完成指挥中心的网络安装、各疫情监控点监控设备开通、封控区智能门磁安装以及各大路口回传枪的安装等工作任务，助力疫情阻击工作顺利开展。

高效完成党的二十大期间通信保障 按照地方政府和上级公司关于党的二十大保障工作部署，鹤山电信着力提升网络信息安全保障能力和网络安全应急处置能力，落实网络安全隐患排查整改、网络运营预检演练、网络故障快速处理、应急值守响应及业务服务保障等重点环节，以最高标准、最严要求、最实举措胜利完成党的二十大保障工作，发挥云改数转战略下电信企业云网融合的运营保障能力。

【信息化建设】 坚定推进“云改数转”战略，充分发挥云网资源、科技创新、服务等优势，围绕新型基础设施建设、经济社会发展和民生服务，全力推进信息化建设。

聚焦数字治理，增强政府效能助推力 紧跟鹤山政府数字化转型新需求和为民办实事项目，推出政务一体化服务，以数字化、网格化、智能化打造数字底座，全面赋能数字政府建设。

围绕产业数字化，提升产业经济激发力 鹤山电信基于5G定制网具有量身定制、广覆盖、低时延、高可靠等特点，打造5G定制网加工业互联网公共服务平台，赋能制造业数字化转型和高质量发展。

全力推进“数字乡村”惠民工程 利用5G、大数据和云网融合优势打造平安乡村、数字乡村云平台，全面提升农民生活智慧化、农村治理数字化、农业生产智能化，助力乡村全面振兴。

附：中国电信股份有限公司鹤山分公司正副总经理名录

总经理：陈永恒

副总经理：

何兆峰

赵学超（—2022年4月）

麦振荣（2022年4月—）

童洲森（2022年5月—）

（潘彦君）

中国移动通信集团广东有限公司鹤山分公司

【概况】 2022年，依托公司强大的网络及服务能力，江门移动鹤山分公司（以下简称“鹤山移动”）加快推动公司高质量发展。

经营业绩持续稳健增长 2022年通服收入能力达2.87亿；服务移动客户超44.64万，宽带客户超11.35万，电视客户超7.42万，是鹤山市最大的信息通信运营商。

5G等新基建持续大力投入 2022年在鹤山投资超4000万用于信息基础设施建设，其中5G基站建设投入超3000万，光纤累计覆盖超30万户家庭和企业，行政村已完成100%覆盖。

助力鹤山数字经济发展 不断加强信息化应用合作创新，参与雪亮工程、智慧消防、智慧校园、智慧医疗等项目建设。

积极履行企业社会责任 全力配合政府做好防疫工作保障、重大事件或节日应急通信保障、创文三线整治等工作。

【打造全市一流新基建】 **建设本地规模最大的5G网络** 鹤山移动在鹤山境内投产5G基站总数最多，覆盖最广，基本实现5G连片覆盖。

提升全光网络覆盖接入能力 聚焦商务楼宇、农村等场景开展攻坚，持续升级千兆接入能力，建设鹤山覆盖最全、密度最高的有线网络。

全力支撑制造业当家“一把手”工程 针对工业园区/厂区的规划征询，开展通信配套规划，加速重要项目落地，确保现场网络保障优先完成。

【助力产业数智化转型，建设新型智慧城市】 对接鹤山市新型智慧城市建设规划及工业互联网建设，以5G为切入点，加强应用合作创新，推动5G融入百业，实现工业、社会管理、教育、文旅等各领域的转型发展。

加快智慧园区建设 推进鹤山工业城5G智慧园区二期项目、鹤山市精细化工智慧园区二期项目，服务好鹤山市珠西物流产业新城、万洋众创产业园等重点园区，并协助政府加快推进制造业当家“一把手”工程，促进企业“上云上平台”，与园区及企业共同推进产业信息化升级。

加快“数字鹤山”智慧城市建设 发挥鹤山移动的平台、资源和能力优势加快雪亮工程建设，利用新建的鹤山市公共安全视频图像信息汇聚共享分平台，聚合公安前端监控视频补点以及社会渠道监控视频资源，实现全域追踪、网格管理、人车物等监管职能。依托自建视频云平台及有线、无线传输资源，快速融合社会渠道资源的改网接入，实现平安乡村、平安校园、行业监管、智慧看店、平安社区等多元化场景的应用及接入，并提供强大的视频AI分析能力，快速灵活适配鹤山政府各类场景的特色管理要求。

加快线上教育发展 紧跟政府教育信息化2.0政策工作要求，针对提升教学质量、共享优质资源、丰富学生课堂三大核心目标，与教育局合作建设鹤山市教师网络研修平台，打造具有鹤山本土教育特色的线上教学平台，丰富线上教育资源，实现教育资源共享。鹤山移动将基于中国移动自主研发的智慧校园云平台，普及鹤山教育主管部门及近157所中小学校、约7.2万名中小学生，覆盖线上教学、教育管理、校园生活、校园安全、大数据分析等多种场景。其中面向教育局，可提供教师发展与教学评估系统、学生综合素质评价系统、区域教育大数据等服务；面向各级学校，可提供教育管理、校园安全等核心场景应用。未来将依托5G网络，基于自主研发的智慧校园云平台，进一步打造AR/VR沉浸式教学、线上虚拟课程等创新产品，助力构建局校一体化智慧教育大平台，完成信息技术与教育教学场景的深度融合。

加快打造智慧文旅 加强景

区管理，打造“5G+智慧景区”标杆。聚焦鹤山市华侨城古劳水乡等鹤山特色旅游项目，发挥5G、物联网和大数据技术优势，对景区地理事物、自然资源、游客行为、景区工作人员行迹、景区基础设施和服务设施等进行全感知，提供自动售票、语音导览、视频监控、人流智能化统计、智能广播、智慧停车、森林防火监测、电子巡更、指挥调度、大屏发布等智慧景区方案，优化再造景区业务流程和智能化运营管理。建设全域旅游大数据平台，将涉旅数据集中管理，对客流、交通、舆情、应急等进行监管，强化旅游公共突发事件预防预警、快速响应和及时处置功能，同时可搭配通信触达能力对目标群体精准推送文旅信息。向游客全方位、多维度展示鹤山文化旅游的独特魅力，打造鹤山文旅特色品牌IP，吸引更多的海内外游客赴鹤旅游。打造“一机游鹤山”应用，集信息查询、在线预订、智能导游、吃喝玩乐导览、信息推送等于一体，通过旅游前、中、后的公共服务，实现旅游体验的智能化。

附：中国移动通信集团广东有限公司鹤山分公司正副总经理名录

总经理：尹顺起

副总经理：关能耀（—2022年2月）
林郁山（2022年2月—）
吴振明（2022年12月—）

（崔远强）

中国联合网络通信有限公司鹤山分公司

【概况】 2022年中国联合网络通信有限公司鹤山市分公司（以下简称“鹤山联通”）围绕“数字信息基础设施运营服务国家队、网络强国数字中国智慧社会建设主力军、数字技术融合创新排头兵”新定位，将公司战略升级为“强基固本、守正创新、融合开放”，主动服务国家战略和后疫情时代经济社会发展需要，持续夯实5G网络能力，全面推进5G融合应用创新、赋能产业数字化转型。

【通信网络建设】 2022年，全网基站达到1035个，市区县城、高速公路、重要场所实现良好覆盖，网络能力显著提升。新增5G基站145个，累计5G基站达459个，加大储备5G网络资源。年内，千兆宽带端口4.5万多个，累计端口达到5.3万多个，1000M端口占比85%。FTTH光纤到户总端口5.3万个，FTTH光纤用户数1.35万多户。

【综合管理】 年内组织员工先后开展安全防疫培训、三八女工活动、五一职工慰问、六一亲子活动、员工团建活动，组队参加江门联通的羽毛球和篮球团体比赛。开展总经理热线活动，切实维护职工合法权益，营造和谐劳动关系，持续深化企务公开，引导广大职工群众说真话，谏箴言。

【助力文明鹤山建设】 贯彻执行市政府的“三清三拆三整治”工作，完成中东西城中村、越塘城中村和鹤城有关区域的线路迁改，全面完成宽带提升工作，提高宽带服务能力。常年开展创文、扫黑除恶等宣传。核心厅设置志愿者服务站，配备爱心轮椅和爱心雨伞。

【业务拓展】 以数字化赋能，“党建引领”提升政府基层治理能力，以联通智通知、智慧消防、数字乡村平台等提升基层服务人员水平，丰富前端信息采集感知与企业安全生产监督手段，助力乡村治理和振兴。以数字化手段加速产业提质增效，以智能化手段助力企业转型升级。在后疫情阶段，通过联通工业AI实现AI换人，解决企业招工难、用工成本高的问题。通过联通能耗管理和云智控平台，助力企业节能降耗；通过联通工业大数据平台、设备预测性维护等5G创新技术，赋能企业提质增效。

附：中国联合网络通信有限公司鹤山分公司正副总经理名录

总经理：詹斯凯

副总经理：李志坚

（林惠琼）

供水 供电 供气

供水

【概况】 广东鹤山北控水务有限公司（简称“北控水务”）成立于2015年8月，主要经营自来水的生产和供应以及终端服务。以“政府放心，市民满意，企业盈利，员工受益，伙伴共赢”为经营理念，致力于建设现代化的城乡供水企业。

鹤山供水是城乡村供水一体化和厂网一体化项目，有制水厂3个，总设计生产能力每日33万立方米。在用水厂分别有鹤山市第二水厂、第三水厂，设计生产能力每日29万立方米，源水取自西江；四堡水厂，设计生产能力每日4万立方米，为乡镇水厂，是鹤山市城区的应急水源水厂，源水取自四堡水库。鹤山供水项目供水范围包括鹤山城区（沙坪街道）、龙口、古劳、雅瑶、桃源、共和、鹤城、址山，覆盖鹤山市十个建制镇中的八个，供水面积620平方公里，占全市总面积的60%，用户18.3万户，供水干管（DN75以上）总长1513公里，服务人口约50万人。

【民生工程项目建设】 2022年，北控水务为改善鹤山供水格局，提高市民的用水质量，主要投资建设以下供水项目：

第三水厂建设工程 第三水厂设计规模每日9.5万立方米，总投资1.5亿元。2020年推进第三水厂建设立项及招投

鹤山市第三水厂建设

标工作，2021年8月动工建设，2022年11月底，鹤山市第三水厂工程竣工通水，比原计划提前6个月。鹤山市第三水厂的建成进一步增强了鹤山市的供水安全保障，为鹤山市营商环境的改善和提升提供了有力支撑。

鹤山市江沙路（陈山花木场至雅瑶派出所）DN400给水管道非开挖内衬修复工程 2022年7月9日完成修复鹤山市江沙公路（陈山花木场至雅瑶镇派出

鹤山市江沙路（陈山花木场至雅瑶派出所）DN400给水管道非开挖内衬修复工程

所）DN400 给水管网，并实现并网通水，为西线提供更加有力的供水保障。总长约 2667 米。

雅瑶古桥、朝阳管区 DN200 供水管改造工程项目　废弃漏水维修严重的原 PEdn200 管网。新敷设 DN200 管约 1920 米，DN150 管约 200 米，DN100 管约 300 米。解决供水企业与用水户的矛盾，保证了水质安全。

鹤城镇五星村给水管网连通工程　2022 年 6 月完成管道铺设 2.78km，提升了该区域用户用水体验。

供水管网改造工程项目　2022 年度完成新建管网 3.8 公里，完成改造管网 26.8 公里，为市民提供更优质的供水服务。

【优质供水服务】 公司以“客户为源、创新为道”为经营宗旨，组织各类专业人才优势为市民提供安全、优质的供水服务。

致力调度智慧化管理，投入资金建设供水调度系统，对全市多个供水管网测压点、水质监测点的水位、压力流量、浊度、生产设备工作状态、供水管网漏损情况等重要数据进行自动采集和实时调控，监测整个供水管网系统的运行。全市管网水压控制点由原来的 10 个增加到 68 个。优化管网运行压力调控，保障水量充足、水压稳定，使管网爆管爆漏现象大幅减少。监测全市各区域供水情况，精准调度，大幅缩短爆管维修时间，让市民有更好的用水体验。

鹤山市鹤城镇五星村给水管网连通工程施工

致力生产数字化运营，将数据化应用到水厂日常生产监控中，对水厂集中控制平台进行升级改造，将公司四堡水厂、第二水厂在线仪表、巡检数据、设备数据等实施全过程监控。全市 16 个加压站先后完成智慧化升级改造建设，通过“无人值守、有人管理”的现代化管理模式实现远程检测“智能化”。通过各种技术手段实现水厂整个生产过程精细化、可视化、动态化管理，提高了自来水供应的安全性、可靠性。

致力推进供水安全保障能力，推进构建全市供水管网分区计量管理。完成鹤山市 78 个分区计量设备的安装，通过对各供水区域内的水量、水压进行检测监控，有效控制管网漏损情况，有效保护和节约了水资源。

致力高质量助力优化营商环境。公司从压时长、减环节着手，增设容缺受理，减少申报材料，外线报装的 7 样材料缩减 3 样，有外线报装 10 样材料缩减至 4 样，确保做到一站式服务、一次性办结。从报装申请至竣工通水，无外线用户报装从明确到 3 个工作日内完成；有外线用户报装从明确到 7 个工作日内完成。优化报装服务，用户可通过网上微信公众号缴交费用。供水服务向便捷化、智能化迈进。

附：广东鹤山北控水务有限公司正副总经理名录

总经理：周　勇

副总经理：蒋　雄

（郑爽爽）

供电

【概况】 鹤山供电局是中国南方电网公司属下的国有中二型供电企业，是广东省文明单位，担负着鹤山市10个镇（街）50多万人口的供电任务。至2022年底，鹤山有220千伏变电站4个，主变总容量1380 MVA；110千伏变电站18个，主变总容量1708 MVA。10千伏线路334回，总长度约3317公里，其中公用线路265回，长度约3081公里。配电变压器7154台，总容量326.77万千伏安，其中公用配电变压器2136台，容量72.179万千伏安。全市约有用电客户34万户，其中中高压客户3902户。

【电网安全运行】 刚性执行"铁腕反违章、同心保平安"从严治安20条举措，持续抓好"1+N"作业风险管控机制落地实施，深化线上线下督查手段的应用，从严动真保障安全生产。全年没有发生各类有责任的安全事故，鹤山电网持续安全运行23年。全年发现并完成隐患整改3100宗，按照"早准备、早部署、早落实"原则，完成党的二十大、北京冬奥会等12项保供电任务。

【电网规划建设】 贯彻精准投资理念，完成全年132个项目共1.05亿元电网建设任务，助力乡村振兴战略实施。围绕鹤山市发展定位，以改善5个核心指标为导向，高质量完成"十四五"规划保底方案。配合推进市重点项目投产落地，着力满足鹤山工业城、址山硅能源产业园等片区的用电发展需求。高质高效完成银洲湖高速新建、G325扩建等市政府重点项目配套电力线路迁改任务。新增12个充电站59支充电桩上线运营，持续完善城乡公共充电网络，助力"双碳"绿色生活。

【电力供应与服务】 动态优化市场化需求响应能力储备。需求响应注册用户达488户，最大响应总容量达36.53万千瓦。全年未发生拉闸限电情况。2022年全市最高用电负荷达83万千瓦，年供电量首次突破40亿千瓦时，达46.71亿千瓦时，同比增长超过18%。

附：鹤山供电局领导名录

党委书记、副总经理：方永康

党委副书记、总经理：钟　旎（女）

副总经理：黄锦明

方国卫

舒念祖

（郑宏立）

鹤山供电局派出65人支援清远韶关抗洪抢险，获得上级通报嘉奖

供气

【概况】 2015年5月，华润燃气集团与鹤山市政府合资成立"鹤山华润燃气有限公司"（以下简称"鹤山华润"），并被授予鹤山市城市燃气特许经营权30年，以开展城市管道燃气相关业务经营。鹤山华润致力于推动鹤山城市管道燃气事业的快速安全发展，为鹤山市民和企业提供清洁、安全、经济、方便的管道天然气，助力鹤山打造"珠三角核心区产业转移的首选地、国内外企业布局华南的重要枢纽城市"。

【管网建设，气源保障】 截至2022年底，鹤山华润累计投资超2.9亿元，建成328公里中压市政管网。2022年新增黄金时代、帝豪居、天赋、天颂、华侨城、锦绣悦府、凯旋世家等新建民用户以及旧小区雍逸豪庭、华苑大厦、鹤舞昆仑、方盛苑等居民小区，合计1.31万户，累计立管覆盖民用户数达8.9万户，通气户数5.5万户。市政中压管网在覆盖沙坪、鹤城、共和、址山、雅瑶、桃源、古劳、

龙口天然气综合站

龙口、双合、宅梧10个镇（街）及沿线所有工业园区的基础上，进一步优化布局，向更多终端用户延伸，累计发展工商业用户413户，主要集中在印染纺织、装备制造、电子设备、新材料、食品加工等行业。同时，与蓬江杜阮镇、棠下镇，新会大泽镇以及开平水口镇实现管网互联互通，形成“一大三小”环网供气系统。龙口天然气综合站通气运行，有效提升鹤山管网的应急调峰能力，形成多气源供气的安全供气模式，保障鹤山管网供气的安全与稳定。

【重点工程建设】 2022年，新建中压市政管线19.7公里。其中，终端用户中压接入管线12公里，实现对华美金属、东古二期等重点用户供气。管网优化及改造管线7.7公里。完成新环路、Y092供气管线改造工程，避免因道路施工造成燃气管道破坏。

场站建设方面，龙口天然气综合站在2022年11月完成场站建设进入自控系统调试工作。12月底调试结束进入试生产阶段，正式接通国家管网气源。

【管网安全运行】 鹤山华润配备多台HS680四合一检测仪、XP-3140天然气浓度检测仪、手持式PPM级泄漏检测仪、GP-328防爆对讲机、OD4加臭剂检测仪、L1甲烷遥距激光检测仪、IRTK5GPS定位仪、PGC气相色谱仪、PE管龙门铡刀等应急抢险器材，并配备多台应急抢险多功能车（依维柯）、综合应急车及综合应急摩托车，满足了公司安全生产管理需要。

2022年开展员工安全培训27次，包括企业生产安全事故应急预案、危险作业制度宣贯、疫情应急处置、双重预防机制、交通安全知识、救伤理论及实操、职业危害因素防护知识等各类型的安全培训。开展公司各类安全检查150次，共发现安全隐患整改359项，整改完成率100%。

【天然气供应与服务】 秉承“以客户为导向”的服务理念，筑牢安全生产防线。全年共组织开展23场次小区现场宣传活动和1场燃气知识进校园宣讲活动，让“安全用气”与“应急防范”根植于鹤山市民心中。通过校园宣讲普及燃气安全知识，让学生们从小掌握安全用气常识，树立安全意识，达到普及一个孩子带动一个家庭影响整个社会的效应，与社会、学校、家庭一道共同构建平安用气环境。为约4万户民用户提供一年一次的免费入户安全检查，安检率达90%。为提升服务质量，服务人员定岗培训，全年开展培训约12场次。

积极解决群众的“急难愁盼”问题，全力推进老旧小区天然气入户工作。年内对沙坪街道华苑大厦、雍逸豪廷、锦绣华虹、大昌花园，共和镇方盛苑和鹤城镇鹤舞昆仑共6个老旧小区合计2108户开展天然气管道建设。其中，锦绣华虹和方盛苑率先顺利通气。

【综合能源板块】 响应国家《“十四五”现代能源体系规划》要求，全面推进风电和太阳能发电大规模开发和高质量发展。公司积极开发综合能源业务，签约广东瑞星新能源科技有限公司和鹤山市胜达金属有限公司的光伏能源项目于2022年7月底正式并网成功并投入使用。

附：鹤山华润燃气有限公司总经理、副总经理名录

总经理： 肖新明（—2022年5月）
朱加良（2022年5月—）

副总经理： 杨　昕（2022年11月—）
吴健辉（2022年5月—）

助理总经理：
杨　昕（—2022年11月）

（邹凌燕）

经济

经济管理

发展和改革

【概况】 2022年，鹤山市发展和改革局扎实开展规划、投资、能源、价格、粮食、粤港澳大湾区建设、重点项目建设、轨道交通建设、社会信用建设等各方面工作，推动鹤山市经济社会平稳健康发展。

【国民经济和社会发展计划执行情况】 2022年经济运行保持平稳 全年地区生产总值增长2.8%，增速在江门市排名第四。工业支撑作用明显，规上工业增加值同比增长4.1%，在江门市排名第三。投资结构不断优化，固定资产投资增长5%，在江门市排名第二。其中工业投资占比54.5%，拉动增长7.4%；基础设施投资增长65.5%，拉动固投增长8.7%。社会消费品零售总额增长2%，外贸进出口总值229.4亿元。一般公共预算收入可比口径增长3.4%，其中税收增速居江门首位。

发展质效稳步提升 做好减税降费重点工作，全力做好组合式税费支持政策落实工作，累计新增退税减税降费超20亿元。市场活力有效激发，共有市场主体51 478户，新增6543户，同比增长7.35%。推动知识产权质押融资，实现32件有效发明专利、54件实用新型专利质押，累计金额达2.5亿元。全年专利授权量2900件，同比增长6.9%，增长率位列江门市第一。新增9家“江门市知识产权示范企业”。

【固定资产投资管理】 共办理固定资产投资项目立项364项，计划总投资573.36亿元，较2021年增长40.4%。其中工业项目154项，计划总投资351.70亿元，增长30.5%。

【专项债券发行】 成功争取26.2亿元政府专项债用于鹤山市产业平台建设，发行量创历史新高。争取政策性开发金融工具资金0.61亿元，推动了生活垃圾资源化处理提质改造项目落地。把硅能源产业园区项目纳入政策性开发性金融工具清单。

【工业项目准入评审】 认真做好工业用地招拍挂出让评审关。召开项目准入评审会6次，共审议通过28个工业项目，其中6个项目总投资超过5亿元。

【重点建设项目完成情况】 采取挂图作战，动态掌握项目最新进展和存在问题。通过定期协调，集中攻坚项目建设存在的堵点卡点问题。实行督查督办，倒排项目前期工作开展时序与建设工期，推动项目建设有序开展。鹤山市共有103个江门市重点建设项目，总计划投资801.65亿元，年度计划投资127.07亿元，全年累计完成投资165.25亿元，占全年投资计划的130.05%。其中，包含17个省重点建设项目，总计划投资308.62亿元，年度计划投资42.2亿元，全年累计完成投资50.71亿元，占全年投资计划的120.16%。

鹤山市生活垃圾资源化处理提质改造项目获得政策性开发性金融工具资金支持，已在规定时限内开工建设并完成入统。G325桃源至址山段改建工程、顺鹤高快速通道合计获得1170万元省重大项目前期工作经费支持。

【推进粤港澳大湾区建设】 制定《鹤山市贯彻落实江门市便利华侨华人投资制度专项改革试点工作清单》，有序开展推动高技能人才激励政策覆盖面扩大到华侨华人和港澳台同胞等36项工作，通过以“侨”为“桥”更好吸引华侨华人和港澳台同胞到鹤山市投资兴业。

抢抓省承接产业有序转移政策机遇，成功将鹤山纳入省委省政府新一轮推动产业有序转移促进区域协调发展政策支持范围，瞄准省重点支持建设主平台，深入实施制造业当家“一把手”工程，着力打造承接国内外特别是珠三角地区产业有序转移主要载体。

【轨道交通建设】 2022年市轨道建设项目有珠江肇高铁、南沙港铁路、广佛江珠城际铁路。

珠江肇高铁先开段情况：目洞企山隧道11月22日正式贯通，工期比原计划提前了6个月，完成产值1.1亿。鹤山市境内红线征地总面积为1144.7亩，完成征地协议签订工作的共1028.8亩，占总面积的90.1%；完成地上附着物补偿共851亩，占74.6%；红线交地831亩，占72.8%。

南沙港铁路货运于2021年12月底正式通车，客运站设在江门北站站场，设计规模为1台5线（含2条正线）。客运站为小型站，站房建筑面积控制在 2000 平方米。车站最高聚集人数为 500 人，计划 2023 年 6 月基本达到通车条件。站前广场配套工程一期建设包括进出场道路、站前广场（一期）、社会停车场、公交枢纽站及相关配套基本完成。

广佛江珠城际铁路现正联合自然资源局进行站场 TOD 设计及线路设计。现鹤山境内走向线路基本稳定，线路总线大约 5 公里，总投资约 10 亿元。鹤山东站位于鹤山市雅瑶镇古蚕村源建采石场内，北侧为江门大道鹤山连接线，西侧为沈海高速，车站南北向布置，规模为 2 台 2 线高架站。

【能源领域安全生产管理】 做好“六保”中保障能源安全工作，保障鹤山市能源供应。

编制和印发《2022 年鹤山市有序用电方案》和《鹤山市 2023 年用电负荷管理实施方案》，保障鹤山市电力有序供应。组织编制《重点保障用电企业清单》《优先限电清单》和《不可中断用电企业清单》。按照《江门市成品油零售体系“十四五”发展规划（2021—2025 年）》，加快加油站建设工作。2022 年新建成 1 家加油站。

落实油气管道安全隐患排查整治工作。整改了石油输送管道 2 处围墙占压隐患。按照“一区一档、一区一预案”建立档案，重新核定鹤山市高后果区 11 个，签署《鹤山市油气管道高后果区联动机制协议》11 份。落实油气管道保护宣传工作，举办油气管道安全宣传进农村活动。做好公共场所供用电设施安全监管工作。组织输电和配电线路安全综合治理工作。会同江门供电局输电一所和有关镇政府加强对 110kV 输电线路安全监管，完成鹤山市 9 处隐患整改。

【节能低碳】 开展节能宣传进企业、进农村、进社区、进学校、进家庭活动。制定 2022 年度节能监察计划，对 43 家工业企业开展节能监察。对能耗总量排名前 80 的企业建立 2022 年能耗总量和产值情况晴雨表，对能耗和产值升降幅度差异较大的企业开展核查，对重点关注企业开展实地督查，核实能源消费现状。密切关注全社会用电数据，分析鹤山市能耗走势，开展节约用电倡议。组织开展节约型机关创建工作，面向机关单位开展创建动员和培训，发动 19 家机关单位开展创建活动。

【价格监测管理】 加强市场价格动态监测，做好价格应急调控工作。多次组织人员深入药店、农贸市场、超市，对防治新冠肺炎疫情相关产品及与群众基本生活密切相关的生活必需品的供应和价格情况进行现场巡查，密切关注粮、油、肉、禽、蛋、奶、盐等生活必需品及口罩、消毒液、酒精、防治药品等商品的市场供应及价格情况。印发《鹤山市应对市场价格异常波动价格工作预案》，全力维护鹤山市经济社会稳定。

【价格收费管理】 规范鹤山市供水供气延伸服务收费项目，按照“立项从严、设项从简”的原则，制定《鹤山市供水延伸服务收费目录》和《鹤山市城镇管道天然气延伸服务收费项目表》。

加强教育收费管理。先后制定方圆实验学校和广旭实验学校学费和住宿费收费标准，制定公办幼儿园保教费收费标准，落实国家“双减政策”，联合教育局、财政局制定《鹤山市公办小学校内课后服务收费标准》。

经市人民政府同意，印发《关于制定鹤山市农业用水价格的通知》，制定鹤山市农业用水收费标准，水稻类农业用水：0.062 元 / 立方米，经济类作物及养殖类农业用水：0.072 元 / 立方米。

贯彻落实国家、省定各项降费政策，先后多次降低疾控机构核酸检测费至单样检测不超过 13.5 元 / 人次，多人混检价格降至不超过 5 元 / 人次。

【推进社会信用体系建设】 印发《关于进一步规范“信用鹤山”行政处罚信息公示工作的通知》（鹤信用办〔2022〕1 号）、《转发〈2022 年江门市社会信用体系建设工作要点〉》（鹤信用办〔2022〕2 号）等文件。市考评办将政务诚信建设列为全市性工作考核的一项内容，制定量化考核指标。完善社会信用联合奖惩机制，依托江门信用联合奖惩系统，实施的奖惩措施超过 2200 项。各职能部门将信用联合奖惩融入日常业务流程，实现“信用奖惩、一键搞定”便捷模式。各部门登录“江门市社会信用联合奖惩系统”查询累计超过 2.5 万次。建立信用信息共享机制，以统一社会信用代码为标识，将失信记录建档留痕，通过“信用鹤山”等信用平台和部门门户网站等渠道依法依规向社会公开。截至 2022 年 12 月，“信用鹤山”累计公示行政许可、行政处罚信息超过 20 万条，归集信用承诺和履约践诺信息超过 7 万条，归集部分公共事业（水费、燃气费）缴费信息超过 4 万条。进一步完善信用修复机制。在“信用鹤山”网上开通信用修复通道指引，鼓励符合条件的企业主动对接“信用中国”端口进行信用修复，依法依规协助符合

2022 年 11 月 12 日，鹤山市发展改革局在沙坪街道办事处主持召开鹤山市营商环境特约监督员聘任大会，会议聘任 30 名特约监督员对鹤山市营商环境开展监督

条件的企业解除失信联合惩戒措施。累计进行信用修复约 300 宗。

【全面优化营商环境】 全面贯彻落实《广东省优化营商环境条例》，多批次组织各单位主要业务领导和业务人员参加《广东省优化营商环境条例》课程学习；成立鹤山市全面优化营商环境领导小组，并印发鹤山市全面优化营商环境领导小组工作制度，加强对鹤山市优化营商环境工作的统筹协调。设立江门市首个特约监督员制度，印发《鹤山市营商环境特约监督员制度实施方案》，从基层工作人员、行业协会、企业家、人大代表和政协代表等推荐特约监督员，对全市营商环境进行监督，收集和反馈市场主体对营商环境的建议，及时提供损害破坏营商环境的问题线索。2022 年 11 月召开聘任大会，监督员正式开始履行职责，开展相关监督工作。截至 2022 年 12 月，收集问题、建议十多条，相关单位的整改完成率达 40%。

【价格认证和备案】 全年共完成价格认定业务 380 宗，涉及金额 1987.23 万元。其中涉案财产价格认定案件 270 宗，涉及金额 1245.27 万元。交通事故车物损失价格认定案件 22 宗，涉及金额 18.33 万元。其他资产处置价格认定案件 88 宗，涉及价格认定金额 723.64 万元。受理并完成新建商品房预售价格备案工作 257 宗，为促进地产市场平稳健康发展作出贡献。

【落实粮食安全责任】 落实上级部门下达的粮食储备 3.3 万吨及食用植物油储备 225 吨任务。结合鹤山市实际，适时调整储备品种结构，推进粮油储备库点适度集中化管理，优化粮油储备的模式，增加小包装成品油储备，以及做好应急救灾物资食盐冻肉等的储备工作。

加强对储备粮轮换的监督管理。推动粮油储备库点适度集中。2022 年轮换工作完成后，存放储备粮的宅梧库、沙坪库、山田、旺福、华粮等五个库点将改为宅梧、沙坪和华粮三个库点。适度转变储备模式，由原先的静态储备和动态储备相结合的模式，逐步向静态储备转变。增加小包装成品油储备任务。按照不低于鹤山市的城区常住人口 3 天的供应量进行储备。

进一步理顺完善粮食储备管理制度。及时对《鹤山市地方储备粮油管理办法》进行修订，及时更新本级政策文件，指导涉粮部门和企业规范化运作管理，不断提高鹤山市粮食安全保障能力。制定《鹤山市粮食和物资储备改革发展工作要点》《鹤山市保障粮食安全监管方案（试行）》《鹤山市粮食应急预案》《鹤山市发改局防汛防旱防风防冻应急预案》和《鹤山市贯彻落实〈广东省粮食安全和应急物资保障“十四五”规划〉实施方案》等工作制度和规划，强化粮食风险防范意识，建立长效工作机制。

加强粮食行政执法监督检查。开展储备粮检查和稻谷收获调查工作，按每万吨储备粮必须抽取一个样品送第三方检验的要求，从储备库点和农户家中抽取样品送第三方检验机构进行检查化验。开展“双随机”抽查等一系列检查工作，对鹤山市所有地方政策性粮油承储单位和代储企业进行了全面普查，做到有仓必到，有粮必查，查必彻底，实行全覆盖检查。

【救灾物资储备保障】 2022 年救灾物资仓共购进帐篷 735 顶、救生衣 679 件、竹席 200 个、洗漱包 500 个、救生圈 100 个，总共 63 062 件物品。完成救灾物资调拨任务总计 16 次，防疫物资调拨任务 20 次。救灾物资累计出库 12 189 件，防疫物资累计出库 747 509 件。

附：市发展和改革局正副局长名录

局　长：

郭财兴（—2022年9月）
张　梅（女，2022年9月—）

副局长：

余洪俭
陈世杰
张　梅（女，—2022年8月）
吴雪华（女，2022年12月—）

（李泽航）

自然资源管理

【土地供应及盘活存量】 2022年，鹤山市完成土地供应面积3378亩，土地收入合共17亿元，其中工业用地2241亩，土地收入6.6亿元。2022年组织市自然资源统筹管理委员会会议10次，审议建设用地使用权供地方案99宗。消化2009—2018年批而未供土地837亩，处置闲置土地面积621.98亩。新增“三旧”标图入库面积932亩。新增“工改工”改造项目11个，面积820.26亩，投资总额约36亿元。工业城创美项目194亩完成竣工验收及企业招商入驻；朗围工业园及桃源长江工业园两个村级工业园完成封顶及部分招商引资工作。

【政策出台】 2022年12月30日出台了《鹤山市关于工业用地改造升级工作有关事项操作细则（试行）》《鹤山市工业用地改造升级项目审批业务指引（试行）》《鹤山市自然资源局关于进一步提升节约集约用地水平的通知》。

【耕地保护】 鹤山市开展2022年度和2023年度耕地“进出平衡”方案的编制工作，并在2022年度土地变更调查中，实现了耕地“进出平衡”。完成鹤山市2020年和2021年耕地质量等年度更新评价工作。做好临时用地的不可避免占用论证报告、耕作层剥离再利用方案和土地复垦方案等的审查、评审及审批工作，加强各重点交通项目、各重点工程项目的建设配套支撑。落实永久基本农田保护经济补偿省级资金和县级资金的发放和使用。

【设施农业用地】 2022年，根据《自然资源部办公厅关于设施农业用地上图入库有关事项的通知》（自然资办函〔2020〕1328号）要求，推进设施农业用地的上图入库工作。共完成设施农业用地部系统备案的项目有353宗，面积2905.22亩（任务数为348宗，已完成任务）。完成省系统备案的项目有337宗，面积2800.71亩。

【地质矿产管理】 2022年，按照矿产资源开发利用“黑名单”管理办法加强矿产资源开发利用秩序管理，协助市商改办开展“双随机一公开”工作，抽查的企业均未发现问题。规范采矿行为，落实巡查制度，加强矿产资源日常监督管理。认真做好采矿权申请登记工作，保障全市石料资源供应。积极推进绿色矿山建设，2022建成达标绿色矿山1个。出让1宗矿业权，办理采矿权新立登记1宗，注销过期采矿权1宗。完成2021年度矿业权人勘查开采信息公示共7宗。

【地质灾害防治】 2022年，编制印发《鹤山市2022年度地质灾害防治方案》，开展1:5万地质灾害风险普查项目。积极开展汛期地质灾害巡查，深入排查地质灾害隐患点并督促整改，积极开展地质灾害隐患点治理工作。与有关部门通力合作，形成地质灾害防治合力。联合市气象局通过地质灾害气象风险预警预报平台向有关单位和责任人员及时发送地质灾害气象预警预报信息，做好地质灾害防范工作。组织全系统进行地质灾害防治培训，扎实进行2022年地质灾害防治。2022年地质灾害没有造成人员伤亡。

2022年10月，鹤山市不动产登记中心成功办理了江门市首笔商品房带抵押不动产转移登记

【不动产登记】 坚持惠民便民利民服务宗旨，着力提升不动产登记水平，积极打造一流营商环境，提高群众的获得感和幸福感。继推出“5+X”预约服务后，推出“中午不打烊”服务新模式。通过实行点状供地模式，辨识码关联分散点状供地的创新方式，提升土地利用率，促进项目落地。深化“验收即发证”，简化不动产登记线下办理流程。全面开展“交房即发证”，继续扩大服务覆盖面，共办理登记发证约1206个。做好自然资源权属纠纷和矛盾调处工作，提高群众满意度。2022年共办理登记发证约1206个，“房地一体”累计收件约6.6万份，登记发证约6万份，完成率达90%以上。处理涉及不动产登记业务咨询投诉共218件，信访件6宗，网上集约化平台投诉咨询9宗，均已全部办结。调处自然资源权属争议案件3宗，其中1宗作出权属争议行政裁决。

【自然资源执法监察】 2022年，全市在线巡查20 330.73小时、巡查距离11.47万千米，上报土地事件614宗。攻坚整治行动完成整治图斑面积218.09亩。推进扫黑除恶专项斗争常态化工作，进一步巩固全市自然资源系统扫黑除恶专项斗争成果。开展打击非法洗砂洗泥和非法采矿专项行动。稳步推进农村乱占耕地建房问题专项整治行动。配合开展打击整治养老诈骗专项行动。紧密对接镇（街）综合行政执法工作，严格自然资源违法行为查处整改。成立化解信访维稳风险隐患工作专班，处理各类信访投诉343宗。按照《鹤山市工程砂石土余渣利用管理规定》，完成3宗工程砂石土余渣处置工作，共处置砂石土余渣103.8万立方米，增加财政收入586.83万元。

附：市自然资源局正副局长名录

局　长：余晋毅

副局长：

李艺华（女）

吕建民

李志强（2022年6月— ）

（黄　颖）

土地储备管理利用

【概况】 2022年，鹤山市土地储备中心坚持收储土地与盘活资产并举，扎实有效地开展土地储备工作，着力提升土地配置优化利用，全力保障市经济发展用地和政府性基金收入。

【收储土地】 市土地储备中心以优化土地资源、保障社会经济发展、争创土地效益最大化为目标，结合国土空间规划科学编制2022年鹤山市土地收储计划及三年滚动计划，确保稳定有序推进土地收储工作，保障省、市重点项目用地需求和推动村集体用地、“三旧”改造、珠西物流中心、鹤山工业城等低效、闲置用地的整合利用，提升土地使用率和价值。2022年计划收储土地60.59公顷，已完成收储12宗，面积44.43公顷。

【供应政府储备地】 根据经济发展需求和政府储备地情况，市土地储备中心通过深入调研、数据分析、预估收益等前期工作，科学预判市场需求，适时投放市场，增强政府对建设用地市场的调控和保障能力，促进土地资源的高效配置和合理利用，实现土地效益。2022年完成供应储备地21宗，面积70.772公顷，成交总金额11.51亿元。

【配合重点项目建设】 为确保市政道路项目建设顺利实施，市土地储备中心通过项目征用、置换村集体用地等方式，提供政府储备地6.32公顷。

【政府储备地管护】 为确保政府储备地不被侵占和破坏，市土地储备中心采取委托属地镇街管护和以租代管的模式强化储备地管理，确保政府储备地的完整性，提升政府储备地保护意识。对近期供应及未开发使用的政府储备地进行清理，提升城市面貌，优化营商环境，打造良好投资环境。

附：市土地储备中心正副主任名录

主　任：易颖全

副主任：莫炽锋

（莫柳玲）

市场监督管理

【概况】 2022年，鹤山市市场监督管理局扎实推进质量强市、知识产权战略，持续深化商事制度改革，严守食品、药品、特种设备、产品质量安全等底线工作。

【疫情防控】 统筹做好疫情防控工作，打造防疫标准化样本。

主动探索标准化、精准化防疫。联合市政数局共同研发推出“鹤山市疫情防控服务专栏”“鹤山市精细化疫情防控系统”，根据防疫需求不断升级改进，实现对全市农贸市场、零售药店、餐饮店等市场监管领域重点场所2812个的扫码情况自动统计分析，并对全市市场监管领域重点从业人员6797人的核酸情况进行实时动态监测，实时预警扫码异常人员。全年共发现红黄码人员7575人次（其中黄码7466

2022年6月30日，鹤山市市场监管局举行行政执法制式服装换装仪式

人次，红码109人次），全部及时移交“三人小组”闭环处理，有效减少红码人员脱管风险。

出台疫情防控法律适用清单，完善防疫惩戒机制。对未按要求落实疫情防控措施及未按要求频率进行核酸检测的重点场所采取停业整顿、立案查处等措施。全年共停业整顿农贸市场4家、餐饮单位225家、药店48家，立案并移送公安处理农贸市场2家、农贸市场内未按规定参加核酸检测的经营户1家。

持续做好重点场所核酸检测工作，全年累计完成核酸检测人员179 402份、产品3287份、环境2594份，结果均为阴性。

【商事制度改革】 纵深推进商事制度改革。

积极推广商事登记全程“网上办”“微信智能办”、执照智能审批、执照快递上门，实现“免预约”“全天候”“不见面审批”。全年共办理全程电子化登记业务11 551宗，微信办照登记注册业务376宗，其中企业设立登记网办率95.81%，个体设立登记网办率71.71%，排名居江门四市三区第一。

深入实施“个转企”培育行动，认真落实政府奖补，年内已帮扶85户个体户转型升级为企业。

全面压缩业务办结时限，简易注销和个体变更、注销登记业务当场办结，企业设立登记业务2小时办结，其他登记业务均在1～2日内办结。全市共有市场主体51 478户，同比增长7.35%。

认真落实企业诉求快速响应机制，及时响应江门市中小微企业诉求快速响应平台中的企业诉求，全年共受理企业诉求27宗，办结率100%。

【市场监管领域安全监管】 完成创建广东省食品安全示范县验收工作。开展食品监督抽检1564批次，其中不合格37批次。完成农产品快检52 122批次，合格率98.8%，销毁不合格农产品901.77kg。全市152家学校食堂已将监控接入“邑食安”阳光餐饮云平台，100%实现“互联网+明厨亮灶”升级改造。开展药品安全专项整治行动，对市内1家疫苗流通单位、14家疫苗接种单位、4家新冠肺炎病毒核酸检测机构在用新冠肺炎病毒检测试剂进行全覆盖监督检查。有序完成年度药械抽检工作，抽检药品77批次，医疗器械19批次，其中防疫物资13批次，未发现有检测不合格的药械产品。推广应用江门市特种设备智慧监管系统，开展重大节日及重要时间节点安全生产及消防安全责任专项检查，发现相关安全隐患252宗，立案查处21宗。分类开展特种设备专项整治工作，检查特种设备相关单位703家次，立案16宗。开展工业产品质量监督抽查，共抽查检验产品100批次，其中合格96批次，不合格4批次，合格率96%。做好不合格产品线索处理工作，处理各级抽检不合格线索58条，处理率100%。

【质量建设和知识产权工作】 大力坚持质量强市战略。引进香港标准及检定中心有限公司（STC）在鹤山市设立检测服务点，为企业提供质量管理、技术标准、计量检定、检验检测、认证认可、知识产权、品牌培育等方面“一站式”服务。帮扶相关社会团体成功制定和发布团体标准13项，指导市水暖卫浴五金行业协会制定并发布1项适应欧洲市场的团体标准。推荐5家企业申报2022年度江门市企业质量提升创新中心。发动10家企业申报江门市政府质量奖，3家企业入围现场评审环节。鹤山雅图仕印刷有限公司被评为2022年度五家江门市企业质量提升创新中心之一，荣获“2022年度江门市政府质量奖”。精准实施知识产权战略，主动接洽国家知识产权局专利局专利审查协作广东中心，就推动国家知识产权局专利局专利审查协作广东中心在鹤山市设立中欧创新服务基地相关事宜进行深入细致的商讨，努力推进中欧创新服务基地设立。落实知识产权质押融资扶持政策，指导企业办理知识产权质押融资业务。全年共推动57家企业实现专利商标质押融资，实现质押的有效发明专利43件。年内专利授权量2900件，同比增长6.89%，商标申请1028件，新增9家“江门市知识产权示范企业”。组建知识产权服务团队提供知识产权保护服务，核查处置非正常专利申请四批共298件，撤回264件；核查处置省专利申请质量前端核查一批共14件，撤回11件。全年处理知识产权侵权投诉举报线索23条，办结知识产权案件29宗，其中专利侵权纠纷案件22宗，商标侵权案件7宗。

【监管执法】 纵深推进“双随机、一公开”监管，全市共下发抽查任务191个、作业数1163个，公示率100%。加强信用监管，列入经营异常名录的企业信息418条，移出经营异常名录的企业信息187条，标记异常状态个体户信息10 193条，企业年报率97.52%，同比上升0.22%，超过江门市平均水平。落实公平竞争审查工作，审查规范性文件9份，抽查“一事一议”政策文件32份。强化民生商品价格监管，建立38个价格监测点，发放《价格行为提醒告诫书》5985份。组织开展打击整治养老诈骗、食品安全守查保、铁拳行动等专项执法行动。全年共立案查处各类违法案件401宗，移送公安案件5宗。消费环境进一步优化，实现市内26家农贸市场消费维权服务站点全覆盖，全市共处理消费投诉举报事项3169件，为消费者挽回经济损失87.51万元。深入推进创文工作，牵头拟定《鹤山市城区农贸市场及周边环境治理工作实施方案》，城区10个市场实行“一场一策”设置工作专责组，联合公安、城管等部门组建综合执法管理小组开展联合执法，有力整治农贸市场“脏乱差”等问题。

【党建工作】 多渠道开展非公党建普查，做好新设立企业和个体工商户党建信息采集工作，建立和完善“小个专”党组织和党员基本情况台账。推动“党建入章”工作，挂牌成立江门首家“党建入章”的非公企业党支部——中共南大账启程（江门）财税科技有限公司支部委员会，实现鹤山市非公企业“党建入章”零的突破。深入开展“双报到、双服务”活动，成立鹤山市市场监督管理局疫情防控党员先锋队，组织党员义工参与谷埠社区开展“敲门行动”、大雁山高速路口疫情防控值守、江沙公路疫情防控值守、谷埠社区核酸检测及公园一号等小区疫情防控蹲点。积极部署参加党建活动，荣获第十届广东省市直机关“先锋杯”工作创新大赛（鹤山赛区）二等奖。

附：市市场监督管理局正副局长名录

局　长：冯永忠

副局长：任泽明

　　　　林进恒

　　　　钟文芳（女）

（吴嘉琪）

统计

【概况】 2022年，鹤山市统计局履行统计信息、咨询、监督职能，及时向市委、市政府提供统计数据、资料分析。做好综合、核算、法规、工业、农业、贸易业、服务业、房地产、建筑、投资、交通、能源、劳资、科技、人口、粮食畜牧业、住户调查、劳动力调查、主要畜禽调查、小微企业、名录库等专业的统计工作。加强各镇（街）统计基础建设，强化统计服务功能。开展全省基层统计“7个一”规范化创建工作。荣获广东省人力资源和社会保障厅、广东省统计局授予的“广东省统计系统先进集体”光荣称号。

【统计服务】 发布《鹤山市国民经济和社会发展统计公报》和编辑出版《今日鹤山》统计年鉴，每月编印《鹤山宏观经济统计月报》。一年来发表《统计信息》32期，政务信息53期，为党政决策及社会所需提供及时、准确、高质量的参考依据。围绕市政府确定年度经济目标任务，开展经济运行调研分析和预测预警工作，并及时将信息反馈给市领导和有关部门，为全市经济社会的发展提供有力的统计服务。

【统计执法】 积极做好统计执法监督和统计法律法规宣传工作。始终坚持“依法管统，依法治统”理念，积极开展联网直报等常规性统计检查，要求统计人员严格遵守统计法，坚守统计工作底线，如实报送各类统计资料。将统计法制宣传融入统计工作中，并采取多种形式开展统计法律知识宣传教育，组织专题学习贯彻《防范和惩治统计造假、弄虚作假督察工作规定》《关于更加有效发挥统计监督职能作用的意见》《广东省统计条例》等，及时传达落实《关于深化统计管理体制改革提高统计数据真实性的意见》《统计违纪违法责任人处分处理建议办法》，严格防范统计造假、弄虚作假，确保统计资料真实准确、完整及时。

【统计调查】 2022年完成的常规及专项调查主要有工业企业创新情况调查、工业企业创新调查企业家问卷、规模以下工业企业抽样调查、新设立小微企业及个体经营户跟踪调查、关于当前企业生产经营情况调查、固定资产投资统计调查、房地产开发项目经营情况调查、建筑企业生产经营情况调查、社会消费品零售总额调查、规模以上服务业调查、生产经营景气状况调查、信息化和电子商务情况调查、规模以下服务业抽样调查、服务零售结构调查、限额以下批发零售住宿餐饮单位抽样调查、部分行业事业单位统计调查、"四下"单位抽样调查、主要畜禽监测调查、粮食畜牧业全面统计、城乡一体化住户调查、劳动力调查、妇儿监测统计报告等多项调查。

附：市统计局正副局长名录

局　长：邝耀宗

副局长：

周立文

肖玉霞（女，2022年10月—）

（冯洁珊）

审计

【概况】 2022年，鹤山市审计局年内共完成18个审计项目，其中有12个获得市领导批示。项目类型涵盖政策落实跟踪审计、财政审计、经济责任审计、民生审计、公共投资审计。审计查出主要问题金额7063.03万元，审计发现非金额计量问题85个，审计提出建议51条，出具移送书6份、决定书3份。

【政策落实跟踪审计】 对2021年中央直达资金执行情况和2020年、2021年省级促进民营经济及中小微企业发展专项资金管理使用及相关政策落实情况进行审计，发现个别直达资金未及时制定绩效目标的问题；对2021年度公共租赁住房政策落实情况进行了跟踪审计调查，揭示资格审核时间过长、租金长期未有调整、资产管理不完善等问题。开展支持市场主体应对疫情纾困发展政策落实跟踪审计，揭示在降低生产经营成本、开拓市场需求等4方面存在落实房屋租金减免政策不到位等8个问题。通过审计助推政策落实落地，积极帮助市场主体复元气、增活力。

【财政审计】 对2021年度市级财政预算执行、决算草案和其他财政收支情况进行审计，重点审计了财政资源统筹情况、财政收入质量情况、财政支出约束情况、财政资金管理情况、"三保"财政保障情况和社保基金预算执行情况等，发现预算编制不细化、不准确、违规延压缓收收入等问题。聚焦全面实施预算绩效管理、政府过"紧日子"等政策落实情况，开展市本级财政预算执行和决算草案审计、市本级一级预算单位2021年度预算执行和其他收支情况审计项目。部门预算执行情况审计，参照上级审计机关五年内轮审全覆盖的做法，共选取11家一级预算单位开展审计，并对其中的鹤山市文化广电旅游体育局、鹤山市市场监督管理局等较大单位进行重点抽查，引入数据集中分析、问题分头核查的审计办法，实现了良好的审计绩效。审计揭示部分项目预算执行率偏低、预算编制不准确、未按上级规定内容制定本级的实施方案、违反规定采用单一来源方式采购等问题。注重从建立健全体制机制角度推动问题整改，坚持边审边改，实现以审促改，推动财政管理水平提高。

【经济责任审计】 坚持问题导向，认真贯彻落实"三个区分开来"，客观审慎评价。开展了对市信访局、市市场监管局、职业技术学校、鹤山一中、妇幼保健院、市自然资源局等6个部门领导干部的经济责任审计。其中，在对市妇幼保健院院长相关领导干部履行经济责任情况的审计中，揭示了该院存在绩效工资发放不规范、中层以上干部收入过高等问题。在对自然资源局相关领导干部任期经济责任进行审计时，发现有关项目存在骗取青苗补偿金及未追回复耕费等问题，涉及金额459 226元，及时提出有针对性的审计建议并形成审计专报送呈市领导，获市领导批示肯定，督促有关部门落实整改，充分发挥经济责任审计在全市党风廉政建设中的关键性作用。

【民生审计】 开展鹤山市2020—2021年度基础教育投入审计调查，审计揭示部分学段教师空编率较高、部分学段临聘教师比例高、部分阶段专任教师高一级学历比例低、幼儿园阶段教师持证上岗率低等四个方面11个问题，并提出合理的审计建议，促进财政资金提质增效，为鹤山市办好人民满意的教育贡献审计力量。开展市道路交通安全整治情况专项审计，揭示部分已完工工程没有及时组织验收、361.57万元项目资金不到位等问题，助力平安鹤山建设。开展城镇老旧小区改造情况、污水处理情况两个专项审计调查，助力改善老旧小区居住环境，促进生态文明建设。

【公共投资审计】 围绕项目前期、征地拆迁、现场管理、履行程序、资金使用等环节开展大岗路、小范街（经华路—过境公路）道路项目审计、市小型水库建设管理情况审计调查、市公共租赁住房建设与维护情况审计、鹤山市碧道建设工程专项审计等4个公共投资审计项目。审计已发现大岗路、小范街（经华路—过境公路）道路没有竣工图纸进行工程竣工验收、小型水库工程质量管理不到位、公共租赁住房没有及时结算支付维修工程款等共20个问题。

【**审计整改**】 2022年，市审计局坚决贯彻落实党中央、国务院关于建立健全审计查出问题整改长效机制的意见精神，建立健全整改跟踪检查机制，定期对前期被审计单位的整改情况进行“回头看”工作，督促整改落实到位。截至2022年12月，2021—2022审计年度已到整改期的问题共161个，其中132个问题已完成整改，整改到位率82%；通过促进资金拨付、归还原渠道资金等方式落实整改金额3668.09万元，被审计单位制定或完善规章制度15项。

附：市审计局正副局长名录

局　长：黄双怀

副局长：

劳玉荣（—2022年12月）

任铭钊

邓健强（2022年12月— ）

（严立欣）

应急管理

【**概况**】 2022年，市应急管理局始终坚持两个至上的理念，完善应急管理责任体系，扎实开展安全生产专项整治，促进全市应急管理工作提质增效。全市生产安全事故55起（其中工贸类生产安全事故1宗，经营性道路交通事故54宗），死亡22人，没有发生较大以上事故。启动Ⅳ级应急响应21次，Ⅲ级应急响应4次，Ⅱ级应急响应1次，其中防汛7次，防风13次，防冻3次，突发事件应急响应3次，没有发生旱灾、因自然灾害伤亡情况。

【**应急机制体系建设**】 健全应急指挥体系　修订《鹤山市突发事件总体应急预案》以及三防、地震、地质灾害、森林防灭火和工贸行业、非煤矿山、危险化学品生产安全事故等7项市级专项应急预案，指导全市各单位开展100多场应急演练。

应对各类突发事件　全市9月28日至12月6日期间先后启动突发事件响应3次，其中9月28日至10月24日启动突发事件Ⅱ级响应。严格落实24小时值班和领导带班制度，每日对镇（街）的值班值守情况进行抽查。2022年先后从市发展改革局应急物资仓库调拨折叠床985张、夏凉被1231张、毛巾被1603床、防潮垫2100床、枕头1100个、毛毯500张、棉被700床等物资驰援镇（街），为打赢疫情保卫战提供坚实后勤保障。

【**安全生产**】 开展安全综合整治　在岁末年初、五一、国庆、党的二十大等重点时期，印发《市委、市政府领导带队检查安全生产工作方案》。联合住建、城管、消防、公安、交通等行业主管部门对全市建筑施工、自建房、城镇燃气、综合体、道路交通等重点领域开展燃气安全百日行动、经营性自建房专项整治、沙坪街道老旧城区消防整治、城中村出租屋火灾隐患整治、“环保油”专项、综合体油烟管道隐患清查等多个专项行动。安全生产专项整治三年行动，形成经验做法和制度成果37项。

打造“1+6+N”危化监管品牌　“1”是鹤山应急安全智慧管理平台；“6”是6大模块：智慧主体责任、智慧培训教育、智慧风险管控、智慧现场管理、智慧一线三排、智慧应急管理；“N”是N项工作措施，包括危化企业积分制管理、学习强安、每日鹤安、风险辨识管控、“一键通”抽查、开展同步应急演练、严格执法等22项措施。2022年，参加学习强安超过3000人，学习强安积分超200万分，线上线下检查企业283家次，排查隐患547项，隐患已全部整改。开展“非法违法”小化工安全专项整治，注销危险化学品生产许可证6家，立案处罚7宗，处罚金额16.8万元。推进化工园区治理提升，协助龙口镇顺利通过江门市级和省级评估复核工作。检查烟花爆竹企业36家，出动执法人员108人次，发现安全隐患55处，已全部完成整改。

抓好工贸行业重点领域安全监管　6—9月集中开展工贸行业安全生产专项整治“百日清零行动”，通过组织重点企业主要负责人签署《安全生产承诺践诺书》、聘请第三方专家“诊断式”安全大检查、约谈等措施，对全市钢铁、铝加工（深井铸造）和涉粉作业10人以上粉尘涉爆企业开展专项整治，行政处罚5.5万元，排查安全隐患78条，隐患已全部整改。印发《鹤山市非煤矿山企业主要负责人安全生产述职述安工作方案》，组织企业主要负责人开展内部述职述安、书面述职述安。

强化监管执法力度和刚性　推进分类分级监管，推行差异化执法。2022年全市安全生产共出动7425人次，检查企业1738家，检查企业3669家次，查出各类安全隐患8579条，下达责令改正指令书1157份，下达现场处理措施决定书74份，实施行政处罚43次，行政处罚立案28宗，行政罚款151.1万元，处罚率73.08%。在广东省安全生产执法信息系统报送6宗执法案例，均被应急管理部筛选为典型案例。典型案例报送率、合格率均达到100%。

【防灾减灾救灾】 **落实三防责任制** 汛前开展三防风险隐患排查，发现问题60条，已全部落实整改。4月19日，在龙口镇四堡水库组织开展防汛应急抢险军地联动实操演练。6月14—25日，西江鹤山段水位出现近15年以来实测最大洪水，安排人员24小时不间断上堤巡查。雅瑶镇清溪围出现3处渗漏的险情，市三防指挥部迅速调度应急队伍和装备物资，实施军地联动，成功排除风险隐患。应急指挥股黄立华股长被广东省应急管理厅评为“2022年三防工作表现突出个人”。

织密森林防火安全网 围绕“包山头、守路口、盯重点、签责任、打早小”工作要求，全市10个镇街已建立“包山头”“守路口”“巡山人员”“上山路”“向导人员”“水源地”六张清单融合到“一张图”。全市划定235个森林防火网格化责任区。与佛山市南海区签订《鹤山市、南海区森林防灭火联动合作框架协议》，就茶山交界区域森林防护展开合作，每年举行跨区域森林消防联合演练。2022年市森林消防大队参加森林火灾应急处置“双盲”演练、跨区森林防灭火联合演练、夜间灭火训练等培训演练11次。

强化软硬件设施保障 在址山、宅梧、鹤城设置3个森林火险气象监测站，新建20个森林消防蓄水池。在宅梧镇青年林场建设防火道路30.67公里，在宅梧、双合重点林区新装8个林火远程监控。各镇（街）、市三防指挥部成员单位增加储备了救生衣、排水泵等抢险救灾物资。现有橡皮艇62艘（其中带动力41艘）、冲锋舟26艘、发电机51台、大型发电车2台、抽水泵95台、大型泵车6台、应急照明灯具1086套等主要应急抢险物资装备。2022年购置科达会商终端2套、金视通会商终端11套（镇街10套）、思科会商终端11套（镇街10套）、应急指挥车1台、小鱼终端1套、小鱼单兵14套（镇街10套）、集群对讲机52部、卫星电话12部（镇街10部）、无人机3架、无人救生艇1台等应急装备，推进应急管理能力现代化。

【宣传培训】 通过线上直播、进社区进企业宣传、户外电子屏播放标语等方式开展防灾减灾宣传周活动，普及防灾减灾知识。安全生产月期间，组织36家重点企业主要负责人进行“遵守安全生产法 当好第一责任人”安全生产承诺宣誓，在线学习观看习近平总书记关于安全生产的重要论述和《生命重于泰山》宣传片。向企业发送题为“确保安全第一位，共享发展新未来”的倡议书。开展“我是安全生产吹哨人”视频有奖征集。开展安全生产宣传咨询线上直播活动，吸引超23万名网友在线收看，收到弹幕、留言、评论12万余条。全年制作“每日鹤安”短视频210多条。通过微信公众号“鹤山发布”“鹤山融媒”、手机客户端“最鹤山”、视频号“鹤山融媒”等平台推送应急科普知识、执法曝光、事故案例警示宣传信息120余条。报送《可可托海的牧羊人》安全生产版MV——《平安相依》荣获广东省第二届应急管理优秀宣传作品征集展播活动文艺类三等奖。

附：市应急管理局正副局长名录

局　长：

孙　通（—2022年9月）

温伟军（2022年9月—）

副局长：

张定文（—2022年6月）

杨超明

赵志勇（2022年6月—）

李　深（2022年6月—）

（曾素娴）

财　税

财政

【概况】 2022年，鹤山市一般公共预算收入完成357 292万元，为代编调整预算346 488万元的103.12%，可比增长3.4%，在江门各县（市、区）中排第二位。鹤山市一般公共预算支出完成489 526万元，同比下降1.13%。其中，全市民生类支出395 161万元，占一般公共预算支出的80.7%。

【财政收支平稳运行】 坚持稳中求进工作总基调，积极做好谋划研判，不折不扣落实制造业中小微企业延缓税费等组合式税费支持政策，抓好税收征管，深挖非税收入增长潜力，加强国有资源资产的排查清理处置力度，夯实财力基础。着力调整优化支出结构，压减一般性支出，延缓非急需、非刚性支出，集中财力保障“三保”、疫情防控、债务还本付息和各项重要工作部署落地等刚性支出需求，加快财政支出进度，增强财政统筹保障能力，确保财政平稳运行。

【营商环境改善有力】 加大增值税留抵退税政策落实力度，支持工业和服务业领域困难企业恢复发展，缓解企业经营压力。累计拨付扶持企业资金15 871万元，持续优化营商环境，支持企业转型升级。加大政府采购支持中小企业力度，完整编制政府采购预算，提高中小企业政府采购预留份额，全市政府采购合同共计6.25亿元，其中授予中小微企业5.49亿元，占全市政府采购规模的87.84%。做好租金减免工作，享受优惠政策租户93家，减免金额167万元。稳就业保用工，充分发挥财政保障就业服务和引才育才的促进作用，拨付人才发展、就业创业补贴、企业用工补贴等资金4299万元。支持中欧合作区建设，支持江门北站开通国际货运班列，拨付中老班列运营补助等费用184万元。安排首发江门北站中欧班列运营经费、宣传推广经费等资金434万元，助力班列启动运行。

【民生领域保障到位】 坚持“三保”支出在财政支出的优先顺序。安排“三保”支出216 352万元，占一般公共预算支出的44.20%；划拨防疫应急专项经费12 827万元，重点用于疫苗接种、核酸检测、疫情处置及防控能力提升等方面，全力保障疫情防控资金需求。落实教育、医疗卫生、社会保障体系、生态环境治理、公共文化等民生领域资金发展需求，确保各项基本民生保障到位，不断提高人民群众的获得感和幸福感。

【改革创新实现突破】 协同推进涉农资金统筹整合、财政“放管服”等改革，制定《鹤山市财政库款运行应急预案（试行）》，加强库款统筹调度。成立鹤山市政府性资金绩效审核专责小组，选取11个试点单位开展部门整体绩效评价，推进预算绩效全覆盖管理。开展新一轮镇级分税制财政管理体制改革专题调研，实地走访了解现行镇级经济社会发展情况、财政运行情况以及存在的问题和困难。开启PPP项目动态财政承受能力论证工作，动态掌握PPP项目逐年财政支出责任和财政承受能力数据变化。

【债券资金提质增效】 大力争取债券资金，积极开展2022年政府专项债券申报工作。全年发行新增政府债券26.30亿元，创下历史新高。其中，一般债券0.1亿元，用于鹤山市2022年小型水库除险加固及运行管护项目；专项债券26.2亿元，涉及项目29项，主要支持老旧小区改造、珠西物流产业新城、产业园区扩园提质改造等大批重点项目、重大平台建设。此外，发行再融资债券4.05亿元，减轻偿还到期政府债券本金压力，腾出财力支持重大项目建设。

【财政效能持续提升】 加快推进“数字财政”建设，严格财政支出管理，把有限财力用在刀刃上、关键处。严格执行“双监控”制度，开展专项资金监督检查，加大监管力度。建立健全预算绩效指标体系，实行绩效目标申报全覆盖，促进财政资金提质增效。修订《鹤山市政府投资基本建设项目委托中介机构评审业务管理制度》，将100万元以上基建工程的审核，由独立完成评审任务的工作方式逐步转变为对评审工作的组织、协调和监管。

附：市财政局正副局长名录

局　长：黄伟强

副局长：李卓尧

刘　琳

黄志乐

（李月银）

国资管理

【概况】2022年，市国资体系紧紧围绕市委、市政府提出的“建设国家级中欧合作区、冲刺全国百强县市”奋斗目标，在高效统筹常态化疫情防控和经济社会发展基础上，以深化“强锋”行动党建品牌建设为契机，推进“刀刃向内，自我革命”三年整风行动，动员国资上下心怀“国之大者”，全力以赴抓产业、抓项目，积极推进各项改革，较好完成各项工作。

【大力推进国资改革】强化“大国资”体系顶层规划和建设，出台《鹤山市市镇国有资产资源整合方案（试行）》，率先在江门地区推动市镇两级资产资源整合，首期将双合镇、龙口镇等5个镇的优质资产（源）整合到润鹤公司和兴鹤公司，整合后两大公司总资产规模均超100亿元。

【支持和推进重大产业平台建设发展】加强对工业城管委会、珠西物流管委会、雅瑶、龙口、址山等部门和镇的走访和对接，积极筹措资金，全力支持工业城、珠西国际物流中心、硅能源产业园、中欧（鹤山）新材料创新基地、江门（鹤山）战略性新兴产业园等产业平台建设的承接能力和水平。2022年市国资公司支持产业园区资金达5.8亿元。

协同推进硅能源产业园建设运营前期谋划工作　成立市华创硅能投资发展有限公司，负责鹤山市硅能源产业园区基础设施项目的开发、建设和运营。投入6000万元开展前期工作，加快与江门城投集团合作，共同推进隆基项目建设。同时力争向农业发展银行申请政策性开发性金融工具贷款用作项目资本金，推动以农发行为牵头行、其他银行以农发行为基石基准落实项目开发贷款的联合贷款落地。

支持鹤山工业城可持续发展　指导市工业投资有限公司以资产经营为核心，通过资本市场化运营国有资产和资源，积极配合工业城管委会招商引资，服务和引导区内优质企业，投入2.8亿元支持鹤山工业城。

助力珠西物流中心成为国际物流基地　国资公司通过多渠道融资对珠西物流园区资金投入1.1亿元。支持推动搭建海铁联运平台、国际陆港建设运营平台和物流产业新城PPP项目建设运营平台，支持产业新城运营三大平台。助力江门北站海关监管作业场成功验收、“江门号”中老国际货运班列和中欧（德国汉堡）班列开通运行、江门北—盐田港班列常态化运营，打通珠西地区连接泛欧、泛亚的通道。

推进产业园区建设　国资公司分别投入1.09亿元和2200万元推进江门市（鹤山）战略性新兴产业园区建设和中欧新材料（鹤山）创新基地项目建设。

【推动城乡融合协调发展】以平衡发展基金为抓手，与开平市资产办签署《鹤山—开平区域平衡发展基金合作协议》，通过深化落实鹤山与开平结对合作工作，共同推动江门东西部区域平衡发展。

【着力优化国资布局】赋予市属国资公司建设运营公用充电桩的特许经营权，启动全域充电桩规划建设运营。由鹤山市属国资公司按照“先试点，后全域”，边建设、边规划模式推进。

整合全市新增加油站布局点运营权资源并注入市属国资公司，全面开展国资公司加油站布点建设、运营。

全面优化国有企业布局，推动市镇两级国资合作。通过印发《鹤山市市镇两级国资公司合作运营方案》《鹤山市市镇国有资产资源整合方案（试行）》《鹤山市城镇市政污水处理项目资产整合方案》，进一步优化国有经济结构布局。

2022年12月15日，鹤山—开平推动东西部区域平衡发展第二次联席会议在鹤山市召开。会上，鹤山市资产办与开平市资产办签署了《鹤山—开平区域平衡发展基金合作协议》

加快“荟璟园”人才安居房项目建设。将投入5.17亿元打造的中奥“荟璟园”商住综合项目品牌调整为人才安居房项目，以长期租赁的方式为鹤山市各类符合条件的高层次人才提供配租服务人才公寓。

通过合资方式成功引入一级资质市政建筑公司。通过公开招募合作主体方式，市公营资产经营有限公司与广州市市政集团有限公司签约，共同组建合资公司——广建工程建设（鹤山）有限公司，积极参与鹤山地区市政基础设施建设、房屋建筑工程、土地整理、片区开发等各类项目的施工或者投资，填补鹤山市市政类建筑企业空白，为鹤山留住税源，提升增加产值规模。

【打好纾困帮扶“组合拳”】 *扩大转贷续贷专项资金支持作用*　对转贷续贷专项资金管理办法进行修订，增加个人转贷续贷业务，进一步提高企业融资专项资金的受惠覆盖面。加大对中欧（江门）中小企业国际合作区内符合条件的中小企业扶持力度。支持企业融资续贷超23亿元，降费超3000万元。

积极落实房租减免政策　落实国家对服务业、制造业、小微企业和个体工商户的房屋租金减免政策，成功为2262户租户减免租金1887万元。

【全力加大队伍建设】 在做好资产办的增编工作的同时，做好下属国有公司的公开招聘和人才规划工作。经过笔试、面试、体检、考察等环节，下属国资公司以自主招聘形式公开招聘录用高校毕业生18名。通过调研掌握对各类人才的需求，建立人才信息库，编制市国资系统基础性人才和急需紧缺人才目录，草拟《鹤山市国资人才五年发展规划》。积极参与领导干部联系服务高层次人才工作，利用新媒体手段与联系服务的高层次人才主动对接，加大人才工作宣传力度。

附：市资产管理委员会办公室正副主任名录

主　任：龚文进

副主任：

麦焕积（—2022年12月）

林树立

吴福盛

李红伟（2022年12月—）

（易雪文）

2022年12月12日，广州市市政集团有限公司与鹤山市公营资产经营有限公司签约，共同组建合作公司——广建工程建设（鹤山）有限公司

税务

【概况】 2022年，以习近平新时代中国特色社会主义思想为指导，全面贯彻落实党的二十大、中央、广东省、江门市、鹤山市经济工作会议以及各级税务工作会议精神，推进鹤山市税收现代化。

【政治建设】 鹤山市税务局获评省市直机关“先锋杯”（鹤山赛区）“一等奖”、江门市机关工作创新擂台赛“优胜奖”、江门市志愿服务项目大赛重点培育项目、鹤山市行政服务中心“文明窗口”单位、鹤山市先进集体、“2022年度全市零酒驾示范单位”。宅梧税务分局在一年内连续获评鹤山、江门两级青年文明号；税政股荣获鹤山市巾帼文明岗；第一税务分局荣获“两优一高”模范窗口荣誉称号。杨健林荣获“鹤山市第四届道德模范”，李月英荣获“鹤山市优秀‘最美家庭’”，亢韵婷荣获2021年江门市“十大书香阅读成才职工”。创建江门税务系统首个以税务干部名字命名的精神文明工作室——“陈文霞工作室”。

【组织收入】 “减”“收”并抓，推动组织收入工作和减税降费工作协同并进，全力做好组合式税费支持政策落实。2022年，国家税务总局鹤山市税务局组织税费收入100.22亿元，比上年增长6.7%，其中组织国内税

2022 年 7 月 22 日，鹤山市税务局成立“鹤税青语”税务外语服务团队

收收入 47.94 亿元，费金收入 52.28 亿元。办理出口退（免）税 29.61 亿元，增长 8.3%。

【营商环境】 成立“鹤税青语”税务外语服务团队，打造中欧合作纳税服务工作室，编译中英双语《推进中欧（江门）中小企业国际合作区建设税收优惠政策指引》。针对退税减税政策效应、工业地产税收现状等撰写税收调研专报，共获市委市政府主要领导肯定性批示 11 次。把全市线下窗口压缩至 13 个。针对老年人、残疾人等特殊人群需求，创建“邑心关爱”服务品牌，暖心提供专区服务，并在江门市率先定制推出规范化、标准化、一体化的特殊人员纳税缴费服务范本。

附：国家税务总局鹤山市税务局正副局长名录

局　长： 林　袁

副局长：

李　健

胡敏潮

李毅强

易婉红（女）

刘　沛（2022 年 6 月— ）

（冯颖敏）

金 融

中国人民银行鹤山市支行

【概况】 2022年，中国人民银行鹤山市支行以习近平新时代中国特色社会主义思想为指导，认真贯彻落实国务院经济工作部署、江门市第十四次党代会和鹤山市第十三届二次全会精神，坚持稳中求进工作总基调，落实贯彻新发展理念，继续做好“六稳”“六保”工作，不断提升金融服务实体经济、防范化解金融风险和内部管理等水平，为鹤山构建新时代高质量发展新格局提供有力的金融支持。

【内部管理】 2022年，鹤山支行落实全面从严治党和党风廉政建设，不断巩固拓展党史学习教育成果，继续开展“让党中央放心、让人民群众满意的模范机关”创建工作，开展“喜迎二十大 建功新时代”主题活动，加强意识形态和网络意识形态工作，强化宣传思想工作，加强青年理论武装、干部队伍建设和人文关怀。及时根据疫情形势动态调整常态化防控措施，筑牢疫情防控安全防线。采取切实有效的措施落实“过紧日子”要求，压减各项费用开支。落实保密工作责任制和计算机安全，加强法治央行建设、平安央行建设和应急管理工作，保持零失泄密、零案件、零事故。

【存贷款业务】 2022年年末，全市本外币各项存款余额629.58亿元，同比增长9.62%，比年初增加55.22亿元。各项贷款余额590.45亿元，同比增长8.92%，比年初增加48.33亿元。

【货币政策工具】 用好用活货币信贷政策工具，为地方经济发展提供“金融活水”。充分利用再贷款再贴现货币政策工具支持小微企业、“三农”发展。2022年累计发放再贷款资金12.52亿元，同比增长28.60%，为农户、小微企业节省利息支出约780万元。落实普惠小微贷款支持工具，2022年累计审核普惠小微贷款支持工具4.01亿元。推动科技创新再贷款政策落地，指导辖区某银行为某高新技术企业发放符合申报科技再贷款要求的流动资金贷款6000万元。有效推进设备更新改造专项再贷款，推动完成3个项目主体的银企对接，签订贷款合同项目2个，授信金额共5400万元。

【货币信贷】 印发《做好疫情防控和经济社会发展金融服务的实施意见》，推动8条政策措施落地见效，稳经济大盘使重点领域得到有力金融支持。推动开展首贷行动，推动银行机构对鹤山市357个初筛“无贷户”开展走访专项行动。积极推进鹤山市绿色项目库建设，协调鹤山市政府相关职能部门，完成建库工作。梳理符合碳减排支持工具、煤炭清洁高效利用专项再贷款支持的项目名单，做好两项政策工具的银企对接工作。围绕鹤山市“双区”和两个合作区建设和省市重点项目建设，指导某银行成功落地了江门地区首笔以信用证向南方电网公司缴纳电费业务，为鹤山企业提供低成本的信用证缴费服务。

【征信业务】 因地制宜，进一步加强农村信用体系建设。推动信用村建设，指导银行深化信用村建设及整村授信工作。鹤山市2022年年末已建立信用村103个，占全市村委会总量的88.79%。以“整村授信”方式授信20.44亿元，已发放贷款金额5.32亿元。提升“粤信融”“中征”两个平台推广应用工作质效。其中，鹤山农商银行通过粤信融平台对某农业龙头企业的帮扶案例获媒体报道并登上“学习强国”平台。

【外汇管理与服务】 加强外汇管理，优化跨境金融服务。积极推进跨境人民币业务，指导银行主动与重点企业对接。2022年鹤山市跨境人民币结算量为88.36亿元，占国际收支业务量的34.57%，同比上升16%。优化套保外汇服务，推动银行为中小企业优化汇率避险服务，2022年鹤山市企业套保比率为13.55%。在鹤山市疫情期间，指导外汇银行安排专人与封控区企业对接、提供专班服务，对封控区企业外汇业务特事特办，并为受疫情影响严重的企业提供出口流动资金低息贷款，缓解企业复工复产资金压力。推进贸易外汇收支便利化试点，协助6家优质企业申报贸易收支便利化试点。办理一次性外债登记业务5笔，签约金额折合人民币9.03亿元。办理跨境融资便利化试点登记业务1笔，金额500万美元。

【金融管理】 维护鹤山辖区金融稳定，扎实守住不发生系统性风险底线。打击经济犯罪，优化金融生态环境。鹤山支行加强与公检法沟通，推动洗钱犯罪入刑。配合有关部门开展断卡行动，加大对电信网络新型违法犯罪打击治理力度，加强账户管理，组织各银行落实柜面防控。持续打击整治假币犯罪活动，建立银警定点联络机制、假币信息共享，推动反假货币工作重心前移。严格执行金融机构重大事项报告制度，加强对法人机构的流动性监测和风险事件的舆情监测分析。落实辖区金融机构做好风险事件监测表、新业务新品种监测表、不良贷款监测表等的报送工作，及时关注各类重大金融风险和突发事件。密切关注本地房地产金融领域的问题，积极配合地方政府做好问题楼盘的维稳工作。

【金融服务】 做好基础金融服务，为经济稳健运行保驾护航。推动广东省首个企业信用报告自助查询服务金融机构代理点在鹤山农商银行落地，将企业信用报告的查询渠道延伸至商业银行自助查询。完善住房金融服务，指导某银行办理江门市首笔二手房“带押过户”贷款业务。开通绿色通道配合财税部门高效办理相关退税，2022年办理留抵退税324笔共9.6亿元，办理个人汇算清缴退税57 774笔0.19亿元。积极开展移动支付示范镇建设，联合市府办制定辖区建设工作实施方案，积极争取地方政府支持，将移动支付示范镇建设纳入乡村振兴工作规划。落实降费让利措施，切实减轻企业负担，辖区银行共减费约670万元。

【金融宣传】 强化金融知识宣传，不断净化辖区金融环境。延续“村村通”存保宣传机制，开展多种形式的存款保险宣传活动。在鹤山市来苏村成立江门市首个存款保险宣传教育基地，相关信息被“南方+”、《南方日报》等媒体报道。组织银行开展“守护钱袋子 建功新时代”百日宣传活动，线上线下相结合多渠道宣传，营造“全民反诈”的良好氛围。组织银行在“3·15”消费者权益日、“6·14”信用记录关爱日、反假币宣传活动日等专题活动日进社区、进学校、进乡村、进企业开展相关金融知识宣传。

附：中国人民银行鹤山市支行正副行长名录

行　长：梁健星

副行长：梁伟强

麦坚林（2022年4月—）

（霍健文）

中国工商银行股份有限公司鹤山支行

【概况】 2022年末，中国工商银行股份有限公司鹤山支行（以下简称“鹤山工行”）在岗员工127人，内设部室1个：办公室；下辖1个营业部和7个二级支行：沙坪支行、天汇支行、桂北支行、人民支行、文明支行、共和科技支行、工业城支行。2022年末，本外币各项存款时点余额84.75亿元；本外币各项贷款余额93.12亿元；为45.61万名个人客户、4945家法人客户提供多渠道全方位的综合金融服务。

【渠道建设】 2022年8月24日，鹤山共和科技支行经过装修后重新对外营业，该网点秉持“与客户共同成长　靠服务创造价值”的经营理念，立足共和乡镇，致力于乡村振兴战略实施，普惠地方企业发展，助力地方经济建设，为乡镇经济发展贡献力量。

【客户服务】 鹤山工行牢固树立“以客户为中心”的服务理念，提升金融服务质量，切实为群众办实事解难题。网点开通专属绿色通道，设立工行驿站，特事特办、上门服务。在新冠肺炎疫情防控常态化时期，鹤山工行安排员工投入到社区核酸检测义工服务中，并组织员工开展创文宣传、参与社区环境卫生整治志愿服务，为创建全国文明城市助力。多次走进企业厂区，积极开展金融知识宣传、防电信网络诈骗宣传活动，彰显社会责任。

【普惠金融】 鹤山工行积极配合政府的“减、缓、免”税收优惠政策，利用“互联网+”思维，运用大数据及互联网技术，积极创新如电力贷、政采数字贷、技改贷、粤科e贷等业务场景，并搭配“政银保”“邑科贷”等工具，加大小微企业融资支持力度，合力纾困，累计对逾百户鹤山市小微企业发放贷款。2022年年末，银保监普惠口径贷款余额9.4亿元，比年初增加2.7亿元。

【助推制造业高质量发展】 鹤山工行制定优质制造企业利率优惠政策，提高业务办理效率。加大对战略性新兴产业、先进制造业和科创企业的优质制造业金融服务力度，推动制造业高质量增长。2022年年末，鹤山工行制造企业贷款余额10.05亿元，较2021年末净增1.21亿元。

【内控管理】 为深入推进合规文化建设，讲好合规故事，学习合规榜样，弘扬合规精神，开展内控合规“价值提升年”主题活动，持续深植合规文化核心理念，强内控、严管理、促合规，进一步提升员工对合规重要性的认识，引导员工主动依法合规，为经营管理顺利运行保驾护航。

附：中国工商银行股份有限公司鹤山支行正副行长名录

行　长：

陈文栋（—2022 年 4 月）

梁　越（2022 年 4 月—）

副行长：

谢宛龙（—2022 年 3 月）

吕　健（2022 年 3 月—）

谢　麟（2022 年 9 月—）

王炎文

梁忠辉

（余惠霞）

中国银行股份有限公司江门鹤山支行

【概况】 2022 年年末，中国银行股份有限公司江门鹤山支行（以下简称“鹤山中行”）有干部职工 104 人，内设营业部、个人金融部、公司金融部 3 个部门，辖 7 个营业网点。坚持国有商业银行经营原则，疫情防控和业务发展两手抓，防范金融风险。

【发展资产业务】 围绕江门市“工业立市”战略和“六大工程”工作部署，助力江门、鹤山两级政府推动中欧中小企业国际合作区建设，授信投放重点为鹤山市重点基础设施项目、有利于推动鹤山市支柱产业发展的行业。截至 12 月末，本外币时点贷款余额 51.09 亿元，较上年末新增 4.16 亿元。

【推动普惠金融业务】 落实普惠客户经理和网点挂钩机制，上下联动为客户提供优质服务，及时给予网点营销人员联动支持，理顺流程，确保各业务环节通畅高效，提高客户提款率并营造良好服务体验，提升鹤山中行线上产品的知名度。截至 12 月末，普惠贷款余额达 7.57 亿元，较 2021 年净增 2.21 亿元，其中线上普惠贷款余额净增 0.68 亿元。

【突出跨境金融业务】 发挥中国银行外汇专业优势，推动跨境结算专业化和便利化，助力稳外贸、保增长。2022 年，鹤山中行国际结算业务量 11.50 亿美元，市场占比为 37.32%，跨境人民币业务量 37.41 亿元，市场占比为 51.37%，同比提升 21.15 个百分点。

附：中国银行股份有限公司江门鹤山支行正副行长名录

行　长：

雷易凤（女，—2022 年 3 月）

古俊豪（2022 年 4 月—）

副行长：

易伟洲（—2022 年 8 月）

余东武（2022 年 8 月—）

黄永洪（—2022 年 12 月）

李炜武 (2022 年 12 月—)

吴洁英（女）

（冯兆辉）

中国农业银行股份有限公司鹤山市支行

【概况】 2022 年，中国农业银行股份有限公司鹤山市支行（以下简称“鹤山农行”）在职员工 148 人，内设 4 个部门：风险管理部 / 综合管理部、运营财会部、个人金融部、公司业务部。辖属 12 个营业网点：支行营业部、沙坪支行、永安支行、桂林苑支行、碧桂园支行、雅瑶支行、古劳支行、龙口支行、桃源支行、鹤城支行、共和科技支行、址山支行。至 2022 年年末，本外币各项存款时点余额 87.8 亿元，人民币各项贷款余额 104 亿元。

2022 年，鹤山农行在分行党委的正确领导和支持下，紧紧围绕分行工作思路和考核导向，坚持党建引领，严抓队伍管理和风险防控，落实全面从严治党主体责任，统筹兼顾疫情防控与经营发展，全行上下共同努力，各项工作稳步推进，全年安全营运，业务经营取得了一定成效。

【渠道建设】 至 2022 年年末，共设离行式自助银行和金融服务部 5 间，地点分布在碧桂园花岸、三连工业区、古劳雅图仕、共和乐泰洲购物广场、赤坎管理区。辖内网点共投放大额存取款机、超级柜台、大额超柜、自助终端、社保制卡机等智能设备 90 多台，持续推进柜面业务流程优化，推动网点的智能化、轻型化，构建科技、金融、生活相融合的智慧服务体验新型网点，为客户提供更优质的金融服务。

【普惠金融】 鹤山农行紧密围绕鹤山市政府发展规划和工作部署，主动作为、精准施策，聚焦重点领域，持续加大信贷投放力度，加快贷款投放节奏，全力助推鹤山经济发展。认真贯彻落实鹤山市加快对中欧（江门）中小企业国际合作区建设战略部署，加大对国家“十四五”规划重大项目、鹤山工业城重点项目等的金融支持，发挥鹤山市金融前线服务器和企业直通车服务机制的作用，精准对接企业，助推产业升级。创新推出“科技贷”“科易融”“专精特新贷”等专属产品，以信用和知识产权质押等灵活多样的担保方式切实解决企业无抵押、担保不足的融资难题。积极对接政府出台的各项促楼市

2022年9月27日，中国农业银行股份有限公司鹤山市支行乔迁开业

政策，放宽购房资格、下调按揭利率、调低首付比例，并成功推出二手房“带押过户”业务，为高素质人才在江门安居乐业提供金融保障。

鹤山农行认真贯彻落实党中央、国务院关于稳住经济大盘的决策部署，进一步加大金融供给力度，推出一系列有力有效的实招，全力支持企业复工复产。坚持以“扩面、增量、降价”三大抓手，持续加大普惠小微贷款投放。推出科技型小微企业科研用房按揭贷款业务，运用江门市“邑科贷”风险补偿资金池、创业担保贷款基金等，进一步畅通小微企业融资、担保方式，切实解决民营小微企业融资难、成本高等痛点难点。主动对接困难行业、企业，积极推进小微企业“首贷户”业务，推广无还本续贷、调整贷款展期政策，优化线上服务渠道，全面落实减费让利政策，做到“能免则免、能减尽减”，对受疫情影响较大的小微企业提供全金融支持。陆续推出网捷贷、集团e贷、综合消费贷、房抵e贷、农民安家贷等面向不同群体的消费类贷款，联合多个商家广泛开展随机立减、手续费优惠、特惠抢购、预约抽奖等丰富多样的促销活动，带动零售业商家交易额增长，进一步激发大众消费活力，提振消费。

【优质服务】 鹤山农行将金融为民、金融便民、金融利民、金融惠民做深做实，强化产品和服务管理，突出金融知识宣传教育，让暖心的金融服务走进老百姓的心坎里。

扩大金融服务覆盖　推广“政务+金融”服务。参与政府多个项目建设，代理财政资金结算、非税收入结算、企业公积金归集、物维基金归集等业务，为市民提供一站式综合金融服务。在12个网点设立“政银通办”专区，助推“数字政府”建设，业务量居四行第一。

优化金融服务水平　建设打造专精特新、乡村振兴和综合发展特色网点，全面实施“服务升温工程”，加强网点硬件建设。加设无障碍通道、爱心专座、爱心窗口等设施。加快适老化系统改造，为老年客户推出掌银大字版、语音助手功能等。大力推广“浓情暖域”服务品牌活动，为有需求的特殊群体提供预约上门服务。2022年为70岁以上客群上门服务累计达40次。

深化金融宣传教育　在全辖网点设立公众金融教育区，组织开展“守住钱袋子”“金融践初心、情暖新市民等主题宣传月”活动，全年共开展金融知识宣传超百次，现场宣传覆盖人群累计超0.5万人，金融知识宣传成效显著。

【内控管理】 深入开展“合规教育年”活动，创新开设“农行合规大讲堂-e起说法”线上普法栏目，组织网点开展“人人讲、周周宣”警示教育活动，提高员工合规法治意识。明确“一把手”抓内控案防工作，深化“三线一网格”管理，落实谈心谈话及家访制度，认真开展各项排查活动。定期组织召开员工行为分析例会、案件防控工作会议和案例警示教育，增强全员合法合规意识。加大反洗钱和制裁风险管理力度，精准管控涉案账户。压紧压实二十大会等关键节点舆情监测，做实做细信访工作。持续加大产品和服务销售、消费者投诉处理等专项培训力度，严格落实“首问责任制”，规范客户投诉处理操作流程，切实加强消费者权益保护工作，维护金融业良好服务形象。

附：中国农业银行股份有限公司鹤山市支行正副行长名录

行　长：梁超颖

副行长：

区伟江

温颖英（女）

郑极芳（女，—2022年11月）

潘柏田（2022年11月—）

（吕惠敏）

中国建设银行股份有限公司鹤山支行

【概况】 2022年，中国建设银行股份有限公司鹤山支行（以下简称“鹤山建行”）认真贯彻上级行各项工作部署和要求，以党建引领业务发展，加强员工队伍建设，强化内控和风险管理，实现合规安全营运。2022年年末，一般性存款余额64.06亿元；贷款余额76.17亿元。

【人事与机构设置】 2022年度，鹤山建行实施“能者上，庸者下”的用人机制，起用提拔一批年轻干部和客户经理，为支行后续发展注入新动力。支行本部分3个部门：综合管理部、公司机构业务部、个人业务部；辖属6个网点：营业部、坚美园支行、碧桂大道支行、新环路支行、科技支行、城中支行；人员编制112人。

【业务范围】 鹤山建行经营以下金融业务：办理人民币存款、贷款、票据贴现、结算业务；代理发行金融债券；代理发行、代理兑付、销售政府债券；代理收付款项；代理保险业务；办理外币储蓄存款业务、外币兑换业务；上级行在中国银行业监督管理委员会批准的业务范围内授权的业务；经中国银行业监督管理机构等监管部门批准的其他业务。

【风险防范】 坚持从严治行、“零容忍”工作要求，落实江门市分行强合规、保平安、创价值2022年“合规平安年”工作方案，为健康发展筑牢防线。

落实“合规平安年”活动措施，明确办公大楼及营业网点兼职安全员名单及工作职责，同时完成全行员工签订2022年度《银行基层从业人员个人承诺书》《管理人员履职责任告知书》《安全管理责任书》《案件防控和预防腐败责任书》，进一步明确分工及具体职责。

狠抓信贷基础管理，一方面严格贷前准入的客户筛选，加强贷后走访频率，定期把握客户最新的经营情况和发展动向，严格预警管理要求，做好持续的贷后跟踪。另一方面落实贷前贷中贷后环节流程中的风险防范措施，对不良贷款客户采取差别化的催收手段压缩不良贷款，努力提升信贷资产质量。

召开“合规平安年”暨案件防控和预防腐败工作联席会议、开展员工日常排查活动；行领导到全辖各部门网点讲案例；兼职纪检员按要求到网点检查督促，落实量化考核方案；通过组织全行员工持续开展扫黑除恶专项斗争、合规警示教育活动、员工异常行为专项排查、《员工违规处理办法》学习、因私出国（境）集中排查、声誉风险排查、员工行为集中排查、合规文化创意劳动竞赛、清廉金融文化建设活动、学习《警示教育案例汇编》等文件，以案为鉴，防范风险，进一步加强日常内控管理力度。

进一步加强反洗钱工作的管理，积极配合江门市分行完成反洗钱现场和非现场检查工作。积极组织员工走进村委、企业及社区，开展扫黑除恶、反洗钱、防范非法集资及电信诈骗、打击养老诈骗等宣传活动。同时，各网点将相关宣传资料摆放在“公众教育栏”位置，在营业场所或开展户外营销活动时向社会公众进行反洗钱等金融知识宣传活动，现场解答市民的相关咨询，进一步提升消费者金融素养和风险防范意识。

积极开展保密学习教育，落实全民国家安全教育日宣传，在全支行范围开展“以案为鉴”手机网络保密专题学习周活动，组织全体员工学习“6种工作场景16个微信办公失泄密案例”。为落实国家保密局全国保密宣传教育月活动，组织开展全体员工保密教育线上培训和考试，并获取保密培训证书，通过培训持续提升全行员工保密知识技能。

推进2022年“争先进位 提质共‘营’”柜面与运营活动。开展柜面与运营风险大检查，落实柜面操作风险检查和发现问题风险提示，落实整改和责任追究。定期召开会计主管例会，分析各种检查发现问题，并查找原因，同时对检查的问题举一反三，教育整改跟踪落实到位，确保全年条线安全运行。会计核算差错率得到控制，实现会计条线内外部审计、各种检查发现问题整改率达到100%。

积极预防和妥善处置群体性事件，维护支行正常办公秩序和内部稳定。组织全行相关人员开展群体性事件应急演练、消防安全知识培训及应急疏散演练、消防安全技能劳动选拔赛，进一步提高员工对突发事件的处置能力。

【产品营销】 针对鹤山市场特点，鹤山建行将个人按揭贷款和普惠金融贷款作为资产业务两大重点来抓。在个人按揭贷款方面，凭着鹤山建行良好的市场口碑以及通过进一步改善服务和效率持续赢得客户。2022年鹤山建行个人类贷款余额54.58亿元，市占27.54%。在支持普惠金融发展方面，利用鹤山建行产品和有效资源积极拓展客户，为企业提供资金结算、账户管理、金融及经济信息服务、理财产品信息推荐及投资建议、经营建议、贷款等全方位的金融服务，并为企业度身定做各种金融方案。2022年鹤山建行普惠金融贷款比年初新增3084万元。

【优质服务】 坚持“以客户为中心”的经营理念，不断改进服务质量，提高服务效率，为客户提供文明优质服务，促进业务进一步发展。

深入开展为群众办实事活动。为深入贯彻落实鹤山市政府关于防控防疫及创文工作的决策部署，鹤山建行迅速组织“张富清”金融志愿服务队，先后46次支援挂钩单位雁山社区和共和镇等，开展核酸检测、创文及高速值守等志愿服务活动。同时针对创文过程中发现的问题进行自查自纠，立即落实整改，全力做好创文工作，共建文明鹤山。

2022年下半年，鹤山坚美园支行完成网点装修，进一步提高了网点的服务能力，为客户提供更舒适的服务环境。

通过每周工作例会，由部门负责人对网点负责人及客户经理进行业务培训，解读文件内容，现场解答工作中遇到的实际问题，进行加深一线网点员工对业务的熟知度，进一步提高工作效率。

组织员工参加金融理财师、经济专业技术资格、履岗资格考试。组织全行员工参加反假币、反洗钱、征信、数据应用与信息安全、非税一体化、社保卡、乡村振兴业务、柜面业务、网络与数字银行业务等培训，通过培训考试提高全行员工业务素质，进一步提升客户满意度。

保证各种自动设备的正常运行，并做好引导客户使用的工作。

【企业文化】 落实关爱员工举措，制定帮扶救助机制。鹤山建行全体员工积极参与鹤山市2022年“广东扶贫济困日”暨慈善公益活动，营造人人参与扶贫济困、乡村振兴的良好氛围。

继续加强对疫情防控力度，确保员工身心健康。面对当前依然严峻的疫情，鹤山建行积极部署，及时传达贯彻上级行相关防疫要求和措施，积极购置储备防疫物资，为员工提供一定的防疫物资保障，共同抗击疫情。

开展走访慰问生活困难退休员工活动。鹤山建行党总支代表党委向困难员工致以节日的祝福和问候，并送上节日慰问金及慰问品。

落实建行生活App智慧食堂工作，进一步体现省、市分行党委“温馨家园，关爱无限”的企业文化，更好地解决员工就餐问题，拓宽员工（含外包员工）就餐渠道，确保“餐补到人”。

积极响应分行号召，开展“引金融雨露滴灌，促撂荒地添新绿”——支持乡村振兴认购农产品公益活动，进一步推动金融助力“三农”工作。

持续开展员工“活力周五”活动。鹤山建行工会坚持落实员工关爱举措，积极组织员工参与“活力周五”羽毛球体育活动，放松员工心情，营造宽松和谐气氛，锻炼员工身体素质，为业务发展奠定基础。

附：中国建设银行股份有限公司鹤山支行正副行长名录

行　长：

刘碧光（—2022年7月）

罗顺余（2022年7月—）

副行长：

罗顺余（—2022年7月）

李锦汉（2022年7月—）

裴　培

（冯小敏）

广发银行股份有限公司鹤山支行

【概况】 广发银行股份有限公司鹤山支行设有行长室、综合管理部、公司银行部、零售银行部、营业部、凯旋城支行等部门。该行稳健经营，严控风

广发银行股份有限公司鹤山支行

险，在巩固存款业务基础上，积极开拓各项业务。各项业务稳健发展，内部管理水平不断提高。2022年广发银行鹤山支行共50人，本外币各项存款余额45.51亿元，各项贷款余额合计20.72亿元。

【服务新发展格局，践行使命担当】 广发银行鹤山支行是数字财政首个（独家）试点银行，于2021年1月1日正式上线试运行，积极配合鹤山市财政局工作部署。自2021年6月系统上线，年均代理超9万笔，积极践行金融央企成员单位的使命担当。

【积极开展业务融合，深挖客户服务需求】 2022年广发银行鹤山支行积极开展业务融合，为鹤山市财政局指定的鹤山市水利局、鹤山市城市管理和综合执法局、鹤山市人民医院、鹤山市卫生健康局4个项目主管单位提供专业化、综合化的资金托管服务，累计开立托管账户66户，累计新增托管规模6.1亿元，继续助力增强鹤山市"六保""六稳"能力。

【普及金融知识，保障消费者权益】 为进一步做好"六稳"工作，落实"六保"任务，切实提升金融消费者的金融素养和安全意识，广发银行鹤山支行深入开展金融消费者权益保护及教育服务工作，采取网络宣传、专题讲座、网点阵地宣传等多种形式走进社区、乡村、企业、学校等场所开展多元化的金融知识宣教服务。

附：广发银行股份有限公司鹤山支行正副行长名录

行　长：

陈铁锋(2022年4月—)

副行长：

陈铁锋（—2022年4月）

陈永祥（—2022年10月）

（**黄　静**）

中国农业发展银行鹤山市支行

【概况】 中国农业发展银行鹤山市支行（以下简称"农发行鹤山支行"）于1996年12月从市农行分设成立，内设客户部和综合部，共有员工16人。2022年围绕全年的工作目标，坚持以党史学习教育为引领，以服务粤港澳大湾区建设和乡村振兴等国家战略作为支农工作总抓手，深化业务转型，推动各项业务高质量发展。2022年年末，农发行鹤山支行各项贷款余额21.37亿元，各项日均贷款余额21.57亿元，其中2022年累计投放贷款5.21亿元，累计收回贷款3.01亿元，比年初增加2.2亿元，增幅11.48%。全年收回各项贷款利息1.03亿元，利息收回率100%。各项存款余额2.64亿元，比年初减少1.8亿元；全年日均存款余额为5.21亿元。2022年荣获农发行广东省分行"先进职工之家"称号。

【筑牢地方粮食安全根基】 守住粮食安全底线，筑牢粮食安全根基。2022年，农发行鹤山支行全力服务地方粮食安全，坚定不移履行政策性银行职责，大力支持和配合鹤山市政府做好储备粮油收储、轮换工作。2022年，农发行鹤山支行向鹤山市粮食和物资储备中心发放贷款2125.47万元，为切实保障地方粮食安全作出贡献。根据粮食收购资金封闭运行管理的相关规定，积极参与开展上级行上下半年粮食库存全面核查工作，对库存品种、数量、成本及其变化情况准确核实，确保库贷一致。同时按时督促财政部门将地方储备粮利息补贴拨补到位，增强粮食风控防控能力，确保疫情期间粮食储存安全，保障社会稳定。

【全力推动业务高质量发展】 农发行鹤山支行深入贯彻落实党的政策性金融支农决策，扎实推进以客户为中心服务管理体系，以《中国农业发展银行广东省分行"十四五"重大项目专项营销方案》为主要抓手，聚焦"102项"重大项目，积极支持大湾区珠西物流建设一体化（一期）项目和鹤山市城乡融合发展产业园升级改造项目。2022年，全年共发放短期流动资金贷款2笔共1900万元，均为向广东广垦华粮米业有限公司发放购销企业粮油收购贷款。累计发放中长期贷款16笔，累计金额48 110.56万元，其中向鹤山市鹤海投资有限公司发放8笔中长期贷款共9210万元，用于支持大湾区珠西物流建设一体化（一期）项目；向鹤山市一八工程建设有限公司发放3笔中长期贷款共28 900万元，用于支持S270鹤城至杜阮段扩建工程（鹤城小官田村至共和宝丰新城段）PPP项目；向鹤山市朗骏园区管理有限公司发放4笔中长期贷款共9300万元，用于支持鹤山市城乡融合发展产业园升级改造项目；向广东广垦华粮米业有限公司发放1笔粮食仓储设施贷款700.56万元，用于广垦华粮1.2万吨标准粮仓改造项目。

【全面落实疫情防控措施】 2022年，农发行鹤山支行行党支部充分认识到疫情形势的复杂性，主动作为，提高政治站位，严格履行主体责任，把做好新型疫情防控作为重大政治任务来抓。党员领导干部积极发挥模范带头作用，带头开展疫情防控工作，始终把员工生命安全和身体健康放在第一位，严格落实各项疫情防控措施，教育引导员工严格遵守防疫规定。对营业场所进出人员做好体温监测，落实佩戴口罩规定，严格落实营业大楼卫生清洁消毒工作。全力做好客户关怀。疫情期间主动与客户沟通协调，确保柜面汇划、网上银行转账等工作顺利开展，保障企业资金支付及时到位，对相关费用进行减免，减轻企业负担。

附：中国农业发展银行鹤山市支行正副行长名录

行　长：聂　森

副行长：

邓慧坚（女，—2022年5月）

李伟冰（2022年1—5月）

黄金泉（2022年5月—）

（李珊珊）

鹤山农村商业银行股份有限公司

【概况】 2022年，鹤山农村商业银行股份有限公司（以下简称“鹤山农商银行”）以习近平新时代中国特色社会主义思想为指导，紧扣“十四五”规划的总体部署，坚持稳中求进总基调，围绕“共富、法治、勤劳、转型”下功夫，坚守支农支小服务乡村振兴，坚持走普惠金融、风险防控、提质增效之路不动摇，切实提高了风险防控和经营管理水平，较好地完成了各项经营目标。

截至2022年12月末，鹤山农商银行辖内共有37个网点，在编员工500余人。资产总额223.18亿元，增长9.38%；各项存款余额174.58亿元，增长9.38%；各项贷款余额129.53亿元，增长6.50%，实现经营利润3.77亿元。鹤山农商银行是鹤山市本地服务覆盖面最广、资金实力雄厚、影响力强的地方性法人金融机构。

【加强党建】 鹤山农商银行全面贯彻落实党的二十大、中央经济工作会议精神，践行勤劳金融，服务乡村振兴。

以银政党建共建为契机，聚焦“三农”，积极打造“党建引领+村村通政务+户户通金融”发展新格局。2022年，鹤山农商银行党委及辖内10个党支部分别与鹤山市10个镇（街）党委、139个行政村居（社区）党支部签署党建共建协议，实现结对共建全覆盖，建立与各乡镇（街道）党（工）委对接、党支部与行政村（居）党支部共建、党员职工与村民群众互联的三级共建体系，为巩固脱贫攻坚战成果、推进全面乡村振兴提供坚强的组织保证和持久动力。

百人进百村，“金融村官”全覆盖。在市委组织部、市两新工委支持下，聘任业务精、懂农业、爱农村、爱农民的业务骨干作为“金融村官”派驻各行政村居（社区），架起金融机构服务地方经济、服务“三农”的桥梁纽带。2022年，鹤山农商银行实现“金融村官”在全市139个行政村居（社区）全覆盖。

百亿兴百业，乡村振兴全方位推动。在实现三级结对共建全覆盖的基础上，向全辖区10个镇（街）分别意向授信20亿元，在未来5年，支持各镇（街）的惠民工程、环境整治建设、产业升级改造、招商引资项目、乡村振兴等建设工程，将金融力量注入支持实体经济和服务乡村振兴的发展规划中。

【普惠金融】 作为扎根地方、服务基层的法人银行机构，鹤山农商银行自觉履行支持实体经济、服务地方发展、深耕农村金融、践行普惠金融的社会责任。

实施以“一支部、一特派、一体机、一平台、一授信”为核心的农村金融基础服务五个“全覆盖”，推动“基础设施、金融

2022年10月24日，全省首个企业信用报告自助查询代理点落户鹤山农商银行

人才、信贷资金”等要素资源下乡进村，构建“村村通政务+户户通金融”乡村服务格局。

深化信用村建设。按照“整村推进、信用评定、批量授信”的方式推进有条件的行政村整村授信，聚焦农户金融需求，依托乡村振兴系列普惠金融产品，满足农村投资与消费的资金需求，促进农村信用环境改善，推动乡村发展提质增效。

支持实体经济，助力企业复工复产。持续运用两个货币政策工具对符合条件的普惠小微企业办理延期还本及发放普惠小微信用贷款，推出政府续贷基金、无还本年审续贷、“悦农小微贷”等信贷产品，缓解小微企业的资金紧张问题。

【内控管理】 鹤山农商银行将合规文化渗透到业务操作各环节，努力构建内控合规管理与各项业务稳健发展完美融合的长效机制。主动对标监管要求，积极加强内部管理，强化风险管理体系建设，健全内部控制制度和风险管理制度，完善全面风险管理运作机制，培育良好的风险管理文化，风险管控能力进一步提升，总体风险状况良好。2022年度全年无案件、无重大风险事件、无重大安全生产事故，守住不发生经营风险的底线。

附：广东鹤山农村商业银行股份有限公司董事长、正副行长、监事长名录

董事长：石学周

行　长：

温华生（—2022年11月）

副行长：黄永祥

张　戈

李太涛

监事长：张　坚

（黄　玲）

中国邮政储蓄银行鹤山市支行

【概况】 中国邮政储蓄银行鹤山市支行于2007年12月26日正式成立，于2012年依法变更为中国邮政储蓄银行股份有限公司鹤山市支行。业务范围覆盖结算、存款、理财、信贷等各个方面。立足“进步，与您同步”的核心价值观，始终遵循客户利益第一的原则，坚持服务实体经济，积极落实国家战略，积极履行社会责任。依托“自营+代理”的独特模式让营业网点覆盖全国城乡、联通世界、贴近百姓生活，定位于服务“三农”、城乡居民和中小企业，积极践行绿色银行理念，为广大客户提供更加全面、便捷的金融服务。主动融入地方经济，走“普惠金融”“大众金融”的特色转型发展之路，努力建设成为客户信赖、特色鲜明、稳健安全、创新驱动、价值卓越的一流大型零售银行。

【机构设置】 内设综合管理部、风险合规部、综合业务部三大部门。全市共有15个全国联网网点、52台分布全市城乡的ATM/CRS柜员机以及智慧银行终端等。

【业务经营】 严格遵循“依法、合规、诚信、和谐”八大经营方针，始终践行“润耕天下，普惠百姓”的战略发展定位，立足城市，植根农村，服务“三农”、服务中小微企业、服务民生，打造“小额贷款专家”“小企业金融服务专家”“供应链金融服务首选银行”等特色品牌形象，支持地方经济发展，助力社会主义新农村建设。

信贷业务推进地方经济发展 发挥邮政金融的网络优势和资金优势，在零售信贷业务方面，重点向农户和中小企业提供信贷服务，全力扶持“三农”，助力中小企业发展。截至2022年底，涉农贷款结余8.64亿元，中小企业贷款结余4.56亿元，促进了资金回流地方，“反哺”地方经济发展，服务社会大众。

个金业务服务鹤山城乡居民 网点遍布鹤山城乡，有效解决政府支农款发放、城乡居保服务、代收代发等城乡金融结算服务难题，协助政府解决问题的同时，也致力于服务地方经济发展。个人金融业务范围包括个人储蓄业务、理财业务和个人电子银行业务等，具有安全认证机制领先化、操作方便快捷人性化、资金实时到账即时化、账务审核流程个性化、金融优质服务持续化等特色。

公司业务一站式服务 作为一家全功能的国有商业银行，中国邮政储蓄银行依托覆盖全国城乡的网点和网络优势，遵循“客户利益第一”的原则，为企业单位提供企业贷款、专业融资、对公存款、支付结算、公司理财等安全、优质、准确、快捷的金融服务。有超600家企事业单位通过邮储银行进行资金结算、贸易融资、外币结算，优质高效的服务得到企事业单位的高度评价。

附：中国邮政储蓄银行鹤山市支行正副行长名录

行　长：王　慧（女）

副行长：

李锦源（—2022年3月）

冯金玉（女，2022年3月—）

（陈丽珍）

交通银行股份有限公司江门鹤山支行

【概况】 交通银行股份有限公司江门鹤山支行（以下简称“交行鹤山支行”）位于鹤山市沙坪镇人民路文汇华府首层6号，于2010年6月29日正式挂牌对外营业。业务范围覆盖结算、存款、理财、信贷等各个方面，2022年在职员工17人。交行鹤山支行践行“稳健经营，实现长期价值”的经营理念。2022年，面对经济新的下行压力、同业竞争激烈的大考验，以精准考评为抓手，以重点业务发展为突破，以争先进位为目标，加大内部管理、风险防控和服务提升等工作力度，大力推进各项业务的发展，并取得了较好成效。

【经营范围】 吸收公众存款，发放贷款，办理国内外结算，办理票据承兑和贴现，代理发行金融债券，代理收付款项；从事银行卡业务，结售汇业务；法律、法规、规章允许代理的各类财产保险及人身保险；外汇汇款、外币兑换；黄金投资等零售业务；中国银行保险监督管理委员会依照有关法律、行政法规和其他规定批准的业务。

【经营情况】 交行鹤山支行通过积极拓展资产业务储备，深挖客户资源等一系列措施，统筹推进疫情防控和业务发展，经营管理保持稳中有进的良好态势，在交通银行江门分行的年度综合绩效考核排名中保持前列。2022年年末，各项存款余额7.7亿元，其中对公存款余额3.2亿元，储蓄存款余额4.6亿元；各项贷款余额20.5亿元，其中对公贷款余额3.2亿元，个人贷款余额17.3亿元；对公不良贷款余额为零，资产质量保持优良。在国际业务方面，积极开展创新业务，以进出口汇款结算、贸易融资、境内外联动业务为抓手，实现国际结算量快速增长。通过持续加大贷款投放力度，提供丰富的金融产品，在实现自身快速发展的同时，服务于鹤山市经济发展。

【内控建设】 根据《交通银行广东省分行案件防控禁止行为清单》明确列出的“红线”和“高压线”，一体推进内控案防能力建设和金融反腐败。交行鹤山支行积极开展内部管控遏制违规经营和违法犯罪专项检查以及相关案例学习，查防结合，促进员工形成“案例人人有责，合规从我做起”的行为管控理念，杜绝违规行为的发生。定期组织防爆、防抢、防火等相关安全防范演练，增强员工的安全防范意识，提升应对突发事件的能力。面对新冠肺炎疫情，交行鹤山支行主动扛起防止疫情扩散的社会责任，做好网点全面消毒、做好员工防控措施，加强人员进出管控，严格执行进入网点必须测量体温、出示健康码等防控措施。

【优质服务】 交行鹤山支行立足鹤山、扎根鹤山、深耕鹤山，专注服务中小微企业以及用心服务当地群众百姓，积极支持当地经济发展。为保障储户存款安全，2020年11月，交行鹤山支行积极响应存款保障制度，正式启用存款保险标识。在环境责任方面，交行鹤山支行积极推进绿色经济，倡导绿色生活，大力推进“双卡工程”、产业链业务、跨境服务、数字化转型，加快数字化转型赋能发展。在社会责任方面，交行鹤山支行积极做好反诈防骗宣传，通过进校园、进社区宣讲让防范意识深入人心。交行鹤山支行积极参与人民银行的断卡行动，促进社会金融秩序管理，把反洗钱以及电信诈骗扼杀在源头。

附：交通银行股份有限公司江门鹤山支行正副行长名录

行　长：王占盛

副行长：施俊勇（—2022年8月）

（陈水娟）

兴业银行股份有限公司江门鹤山支行

【概况】 兴业银行股份有限公司江门鹤山支行（以下简称“兴业银行鹤山支行”）位于鹤山市沙坪铁夫路550至564号，于2013年12月25日正式对外营业。截至2021年末，兴业银行鹤山支行在岗正式员工21人，包括会计条线、零售条线、企金条线。本年度，兴业银行鹤山支行按照分行党委年初提出的指导思想，遵循“以客户为中心，夯实优质基础客户群”的工作思路，及时转变思想观念，全行上下齐心协力，取得了较好的工作业绩，全年实现安全运营。

【经营情况】 截至2022年12月31日，兴业银行鹤山支行本外币各项存款余额15.34亿元，较年初增加2.26亿元，增幅为17.29%。其中储蓄存款时点余额5.55亿元，较年初新增加1.62亿元，增幅为41.21%。对公存款余额9.79亿元，较年初新增0.64亿元，增长率为6.96%。各项贷款余额23.93亿元，较年初下降0.97亿，降幅3.9%，其中个人贷款17.9亿元，公司贷款6.03亿元。

【风险防范宣传】 为提升银行

消费者风险防范意识和能力，有效解决消费者办理业务中遇到的问题，切实履行消费者教育工作主体责任，全面保障金融消费者合法权益，根据《关于印发〈2022年江门银行业普及金融知识万里行活动实施方案〉的通知》（江银公秘发〔2022〕53号）要求，兴业银行鹤山支行开展了“普及金融知识万里行”消费者教育服务活动。2022年6月为活动宣传月，支行在网点设立了宣传活动点，在为客户办理日常业务时向客户介绍基础金融知识，例如“货币”“存贷款”“个人信用”“投资理财”“风险与自我保护”等，利用人行及本行的宣传手册向客户普及金融知识。同时，兴业银行鹤山支行走进社区开展宣传活动。在宣传期间，通过派发宣传折页、宣传环保袋、解答金融小疑问等方式为客户普及金融知识。推广聚焦老年客户，宣导适老服务。倡导理性消费，珍视个人信用。同时向群众传授获取金融知识的途径和防范风险的技能，引导消费者合理选择金融产品和服务，自觉抵制网上金融谣言和金融负能量。

【合规建设】 兴业银行鹤山支行高度重视合规文化建设，紧密围绕分行党委“合规盈利、合规致胜”精神，立足“一个目标”，坚持“三大导向”，推进“五大举措”，对内塑造“合规人人有责、合规创造价值”的企业文化，对外树立“诚信经营、依法合规”的良好社会形象。

按阶段、分条线组织学习《兴业银行合规内控与操作风险手册》《兴业银行员工行为十三条禁令》《2022年兴航程总行合规讲堂》《2022反洗钱专题》《2022年企业征信合规管理专题学习》等知识。参加“兴航程”合规月考，以巩固全体职工的学习。全面响应省行关于合规经营的要求，积极配合分行各项合规活动，遵守各项规章制度，营造合规经营氛围，切实提高全体职工的合规意识。

附：兴业银行股份有限公司江门鹤山支行行长、零售负责人名录

行长：温敏坚（2022年4月—）

零售负责人：何杰辉

（张　彦）

鹤山珠江村镇银行股份有限公司

【概况】 鹤山珠江村镇银行股份有限公司是由广州农村商业银行股份有限公司作为主发起人，联合鹤山市政府下属国资企业以及珠三角优秀企业等共同出资设立的农村小型金融机构，2011年3月29日正式开业。总行位于广东省鹤山市沙坪镇中山路193号。至2022年年末，网点总数5个，包含营业部、古劳支行、永安科技支行、址山支行、雅瑶支行，员工总人数55人。

鹤山珠江村镇银行以“鹤山人的特色银行”为愿景，通过持续不断改革创新，完善服务功能，健全金融工具，拓展业务领域，增强发展后劲，确立市场化、集约化经营思想，提高综合实力和竞争能力。截至2022年年末，总资产17.59亿元，存款余额13.76亿元，贷款余额13.37亿元。经营效益连续11年保持稳步增长。

【普惠金融】 深入开展“乡村振兴”普惠金融行动，大力拓展普惠小微信用贷款，积极推广“珠江·新市民贷”“珠江·村民贷”“珠江一家亲·乡村振兴贷”等系列特色产品，在“珠江模式”业务实践中取得较好成效。

截至2022年12月末，鹤山珠江村镇银行“桂花鱼贷”“珠江·一家亲”“致富贷”“快抵贷”“乐业五邑创业担保贷款”“珠江·新市民贷”等特色贷款余额为7619万元。

【内控管理】 鹤山珠江村镇银行把2022年定为“资产质量年”，坚持内控优先，加强制度建设，规范管理程序，持续推进监督管理，以常规检查和专项检查相结合，夯实风险管理基础，巩固市场治理成果，提升信贷资产质量。

【团队建设】 2022年，以党建带动群团组织建设，强化群团组织主体责任。党支部标准化建设不断完善，从严治党、党风廉政建设和反腐败斗争全面推进，在系统党委内被评为五星党支部。工会组织架构完善，运作管理良好，主体作用得到发挥。推进团支部建设，有序合规开展各项工作。开展了“以花为礼，与您‘香’约”为主题的“三八”系列花艺沙龙活动、“共读一本书”征文活动、乒乓球训练活动、“六一”亲子活动、巩固脱贫成果爱心捐赠活动、爱心捐赠儿童读物活动等；开展了年度员工全覆盖的家访工作，把“实”字融入团队建设和形象宣传工作中。

附：鹤山珠江村镇银行股份有限公司董事长、正副行长、监事长名录

董事长：赖永庆

行　长：

陈　苹（女，—2022年3月）

陈　冰（2022年6月—）

副行长：

陈　冰（—2022年5月）

黄婉红（女，2022年6月—）

监事长：

彭　跃（—2022年5月）

邓勇慧（女，2022年7月—）

（麦敏怡）

中国人寿保险股份有限公司鹤山市支公司

【概况】 中国人寿保险股份有限公司鹤山市支公司为中国人寿保险股份有限公司的四级机构。积极承担社会责任，落实以客户需求为导向的经营策略，全面满足社会各界及市民的保险保障、投资理财需求。截至2022年底，有内勤员工25人和保险代理人480人，全市乡镇共设立服务网点5个，全年自营总保费达3.94亿元，同比增长7.87%，在鹤山处于领先地位。

【社会保障责任】 2022年大力推动"银龄安康""关爱她""邑康保"等惠民项目。坚持"依法合规、创新驱动"经营理念、"诚实守信、客户至上"服务理念为广大市民提供保险保障服务。落实以客户需求为导向的经营策略，向客户提供各类保险保障。推出计划生育家庭意外保险、老年险、妇女险等，并为企业提供年金保险服务和补充社会保险医疗服务，全面满足市民在人身保险领域的保险保障和投资理财需求。公司积极支持社会公益事业，更好地服务于和谐社会的发展。

附：中国人寿保险股份有限公司鹤山市支公司正副总经理名录

总经理： 陈杰源

副总经理：

罗双年

黄文俭（2022年1月—）

李　奕（—2022年12月）

（余燊炜）

华林证券鹤山营业部

【概况】 2022年，华林证券鹤山营业部在做好实质风险控制的基础上，坚持围绕"打造新一代年轻化科技金融公司"的战略目标，发挥存量客户优势，整合资源，降低成本，提高新的利润增长点，优化客户服务体验，坚持"立足存量，开发增量；以产品维护客户，以产品促进营销"的思路开展了一系列的工作。通过公司有效的协调指导，营业部前后台精诚合作，业务人员努力发挥自己的积极性和能动性，不断提升营业部核心竞争力。2022年度，鹤山营业部在合规管理中没有发生违法违纪和投诉事件，没有合规管理问题及违法违规案件。

【业绩述况】 2022年，华林证券鹤山营业部作为江门区域中心根据点，充分发挥江门侨乡资源优势，走差异化竞争之路，找到了新的利润增长点。总客户数8.39万户，净利润2784万元，净新增资产9792万元，新增有效户984户，总托管资产50.78亿元。

附：华林证券鹤山营业部总经理名录

总经理： 麦育荣

（李杏芳）

农林　水利　气象

农业农村

【概况】2022年，市农业农村局贯彻落实习近平总书记关于“三农”工作重要论述，坚决把思想和行动统一到党中央关于乡村振兴的部署上来，以新担当新作为大力实施乡村振兴战略，坚持党建引领“三农”发展，为推动农业高质高效、乡村宜居宜业、农民富裕富足打下坚实的基础。

【打好打赢脱贫攻坚战】2022年，鹤山市围绕建立防止返贫动态监测和帮扶机制，全力确保728户建档立卡脱贫对象保持稳定脱贫不返贫，并将工作重心逐步转移到衔接推进乡村振兴上。通过市、镇、村的共同努力，巩固脱贫成果工作克服了新冠肺炎疫情的不利影响，全市728户建档立卡脱贫对象特别是其中的60户纳入防止返贫监测的脱贫对象继续实现稳定脱贫不返贫，部分家庭实现高质量脱贫，脱贫成果持续巩固。驻镇帮镇扶村工作持续推进，各镇（街）驻镇帮扶工作队人数均达6名以上。推进村集体经营性收入相对薄弱村的帮扶工作，全市8条相对薄弱村的经营性收入明显提高，经营性收入全部达到10万元以上。接续推进粤桂协作对口帮扶广西龙州县的各项工作，全年共落实各级帮扶财政资金5415万元，实施协作项目12个，助力龙州县进一步巩固脱贫攻坚成果。

（蓝梓文）

【加快建设生态宜居美丽乡村】持续开展村庄清洁行动。全市完成农村无害化卫生户厕改造76 431户，2022年度农村无害化户厕普及率达99.4%。累计完成村居公园建设23座，“四小园”建设3418个。

成功创建干净整洁村116个、美丽宜居村96个，全市100%村（居）达到干净整洁村标准，83%村（居）达到美丽宜居村标准。推广乡村治理“积分制”，激发乡村治理新活力。

落实农村基础设施长效管护机制。在江门地区率先改革创新管护机制，全年投入2442万元用于农村基础设施长效管护。

开展2022年生态宜居美丽乡村项目。涉及41个村（组），共66个工程项目，项目总投资0.26亿元。其中：完成村道硬底化建设项目53个，总长度13千米；完成公共文化设施4个；完成其他村容村貌综合整治项目9个。

（张弘韬）

【全面提升农业现代化发展水平】落实稳粮保供给　2022年，全市粮食播种面积17.51万亩，总产量6.13万吨。全市生猪饲养量59.57万头，其中存栏23.10万头（能繁母猪2.55万头），出栏36.47万头。家禽饲养量1764.37万羽，其中存栏408.2万羽，出栏1356.17万羽。全市共有水产养殖户6458户，养殖面积92 517亩，水产品总产量69 180吨。

（宋艳霞、李国坚、钟振超）

现代农业高质量发展　全市累计有效期内的“三品一标”农产品48个，其中国家农产品地

2022年6月28日，举行鹤山市2022年“广东扶贫济困日”暨慈善公益活动仪式

理标志产品2个，有机食品14个，绿色食品7个，无公害农产品25个。良好农业规范（GAP）认证10个，“粤字号”农产品10个，广东省第二届名特优新农产品区域公用品牌7个，经营专用品牌6个。省级“菜篮子”基地企业5家，粤港澳大湾区“菜篮子”基地1个，广东省农产品出口示范基地1个。

（陈　磊）

鹤山市高标准农田建设

现代农业产业园建设　全年扶持茶叶产业园建设项目10个，总投资300多万元。鹤山红茶宣传片在全国各大火车站电视媒体播放，同时通过高铁列车条幅、站台显示屏等进行多时段、多站点、多区域的宣传展示，借助电视媒体和铁路网络将“鹤山红茶”传播到全国各地，擦亮“鹤山红茶”名片。举办2022年鹤山市“十大茗茶”评选活动，提高鹤山红茶的知名度，发掘制茶能人，促进鹤山茶企同台竞技、互相交流，以评促优、以评促产，形成鹤山茶企、合作社等生产经营主体创优品、争名品的良好局面。扶持种植茶园728.7亩，扶持鹤山市盛农种养专业合作社获评广东生态茶园，打造白水带茶叶专业村，制定《鹤山市宅梧镇白水带茶叶专业村建设方案（2022—2025年）》。江门市态和然农业有限公司新开发736亩茶园。在白水带村新成立的鹤山市茗浓香茶叶种植专业合作社，探索“村委+合作社+企业”的新型经营模式，把茶叶种植散户连接起来。

（关碧君）

2022年江门市态和然农业有限公司获第四批广东生态茶园认定

培育新型农业经营主体　全市有重点农业龙头企业52家，农民专业合作社254家，本级以上示范家庭农场36家。2022年认定重点农业龙头企业共8家，其中江门市级3家、鹤山市级5家。认定示范家庭农场6家，其中广东省级、江门市级、鹤山市级各2家。成功申报江门市农民合作社示范社2家，鹤山市盛农种养专业合作社被评为广东省农民合作社示范社。

（崔家权、龚斌、关碧君）

加快高标准农田建设　完成2021年度高标准农田建设0.87万亩，项目总投资2064.15万元。2022年度在建高标准农田0.822万亩（含补建0.022万亩）

（李杰文）

重大动物疫病防控工作　1—12月免疫生猪97万头，免疫家禽2343万羽，免疫密度均

100%。共抽查检测畜禽血清样品2562份，免疫抗体合格率均达到70%以上的国家要求。实施产地检疫生猪49.39万头、家禽3391.74万羽；实施屠宰检疫生猪29.56万头、禽140.52万羽，产地检疫率和屠宰检疫合率均达100%。

（石伟明）

农业安全生产工作　坚持日常监管与集中整治相结合，重点开展农业领域安全生产专项整治三年行动、农业安全生产百日攻坚专项行动、“安全生产月”和“安全生产五邑行”、安全生产“十五条硬措施”等各类专项整治行动。全年共出动执法人员1281人次，检查涉农单位129家次，农业机械151辆（台）次，重点场所244家次，渔业船舶155艘次，发现安全隐患61个并完成整改。

（郭超泳）

农产品质量安全监管工作　积极推广应用国家农产品质量安全追溯管理信息平台和江门市农产品质量安全溯源公共服务平台，将农产品质量安全追溯与农业项目安排、品牌认定等挂钩，率先将绿色食品、有机农产品、地理标志农产品纳入追溯管理。各级农产品质量安全监管及公共服务机构、村（居）委员会、检测机构、基层网格员等工作体系队伍积极推进承诺达标合格证使用培训，指导试行主体落实各项质量控制措施，全面提升带证农产品质量安全水平。2022年，全市实施农产品承诺达标合格证的主体500个，完成率为102%，合格证开具总张数29.16万张。参与农安信用评价主体477个，占开证规模主体数（546个）的87.36%，完成率为109.2%。巡查/抽检覆盖用证主体470个，完成率为119.9%。积极开展食用农产品产地准出与市场准入追溯衔接试点工作并高质量完成。全市定量检测644批次，其中定量检测畜禽产品206个，合格率100%；种植产品393个，合格率99.75%；水产品45个，合格率100%。市本级定性检测畜禽产品（猪尿）1.65万个，合格率100%；种植产品1800个，合格率100%；水产品153个（459个检测数据），合格率100%。镇级定性检测畜禽产品2.52万个，合格率100%；种植产品2.64万个，不合格样品4个，合格率99.99%；水产品344个，合格率100%。

（陈　磊）

落实强农惠农政策　2022年落实各级农业专项资金投入合计1.82亿元，其中：耕地地力保护补贴资金765万元；撂荒耕地复耕复种补贴各级资金535万元；实际种粮农民一次性补贴资金622.58万元；衔接推进乡村振兴工作和帮扶项目各级资金1075.56万元；政策性农业保险各级财政补贴资金1928万元；农村基础设施长效管理补助经费1016万元；生态宜居美丽乡村财政奖补资金2182万元；中央成品油价格调整对渔业补助预算资金——江门鹤山古劳水乡示范性美丽渔场创建1292万元。

（彭舒源）

【深化改革激发农村发展新活力】新型农村集体经济专项改革试点工作　深化农村集体产权制度改革，完成农村集体资产清产核资，出台《鹤山市农村集体资金资产资源管理的指导意见》，形成可复制的“三资”规范化管理经验。印发《鹤山市农村集体经济组织成员身份确认实施意见》，指导确认集体经济组织成员身份。完成1663个集体股份经济组织的产权改革资料整理归档，形成全面的改革流程经验和历史印证。

创新农村集体“三资”数字化监管模式，将资产资源登记、交易、合同履行全过程数据纳入系统监管。开发市农村集体资产资源网上交易平台和“鹤山三资”App移动端，整合农村资产资源交易信息，拓宽交易渠道。2022年，平台累计促成交易760宗，交易额0.41亿元。

推动村级集体经济多元发展，指导各镇（街）围绕“产业带动、乡村旅游、经营权入股、股份合作、服务创收和物业经济”六大类型模式重点培育优秀示范村：沙坪街道赤坎村及址山镇云东村探索“物业经济型”发展模式，通过提升服务能力及开展公寓物业经营，为村集体创利增收。古劳镇双桥村及双合镇泗合村摸索出“经营权入股型”发展模式，整合土地或利用村集体土地等折价入股，与企业、新型农业经营主体等合作发展项目。古劳镇大埠村推动村组两级集体经济管理改革，以土地入股与第三方公司合作发展，实现土地租金收益翻倍并获评2022年江门市扶持新型农村集体经济发展示范项目第一档。共和镇来苏村发展出“社员股权+集体资本+社会资金”模式。宅梧镇靖村村开展乡村旅游发展模式，打造“农创文旅、农业科技试验、乡村民宿”融合的红色农旅观光项目。宅梧镇在全镇推广农村土地承包经营权流转，带动各村集体增收20%～30%。

（崔家权）

农村“三资”管理　印发《鹤山市农村集体经济组织财务制度实施细则》，进一步加强农村集体经济组织财务管理，规范农村集体经济组织财务行为。开展经济社按月报账记账试点工作，共有483个经济社实现了按月报账记账，化解了经济社一级监管滞后的困局。印发《鹤山市农村集体资产资源网上交易指引》，推广使用农村集体资产资源网上交易系统。截至12月底网上交易系统累计组织交易318宗，交易额2718万元，交易溢价效果明显。开展农村集体资产资源交易及合同专项清理行动、违规发放津补贴及奖金专项治理行动，深化农村集体“三资”共性问题整改清零，严防农村集体“三资”共性问题反弹。开展2021年度农经统计及农村集体资产清查工作，共清查资产34.59亿元，土地资源100.59万亩，摸清全市农村集体“三资”家底。

（蔡佳蓉）

规范宅基地管理　严格按照《鹤山市农村宅基地管理指引》规定，指导督促镇（街）完善农村宅基地用地建房联审联办制度，落实农村宅基地和建房规划许可申请审批管理“五公开”制度和“三到场”要求。全面开展宅基地线上审批工作，促进“数字乡村”建设。2022年全市共审批农村宅基地建住宅759宗，审批面积116.12亩。指导镇（街）进一步规范农村宅基地和建房验收，方便农户申请办理不动产登记。强化宅基地执法监管，确保镇、村、组三级巡查责任落实到人，确保农村用宅基地违法建住宅行为“早发现、早制止、严查处”，农村用宅基地违法违规建房行为得到有效遏制。

协调推进乡村治理体系建设　印发《2022年鹤山市乡村治理工作要点》，有序推进市乡村治理体系和治理能力现代化。积极开展乡村治理示范创建，组织全市2个镇6个村开展2022年度省级乡村治理“百镇千村”示范创建活动，巩固创建成果，认真做好23个已获评国家、省级乡村治理示范镇村的监测工作。

（龚　斌）

【开展农业技术推广及农业科研】农业技术推广方面　农作物新品种、新技术示范推广。全年引种水稻新品种28个，繁种推广莉香占、香秀占、万香占1号、南晶香占、美香占2号、农晶丝苗等优质高产抗性好的品种。从备耕备种开始为全市各镇高产示范片提供技术咨询，对水稻生长态势进行定期监测，并指导示范片农户正确运用测土配方施肥技术、水稻机械侧深施肥技术、病虫综合防控技术、水稻“三控”技术，为夺取水稻丰产做好品种、技术的支撑。向全市免费派发优质丝苗米水稻种子2.5万斤。

开展病虫测报　加强监测设施设备维护，做好作物病虫害发生情况调查监测和数据录入上报，掌控作物病虫害发生趋势，及时发布预警预报和防治措施。共发布5期农作物病虫害测报。继续推进统防统治，指导各部门做好红火蚁防控。加强病虫害测报人员的培训。参加国家和省网上培训2期。

做好地力监测培肥，促进农业可持续发展　继续开展“地力培肥试验”，采集监测点土壤检测化验，监测地力变化，通过购买有机肥下田、种植绿肥、推广秸秆还田等措施，提高地力促进农业可持续生产。

做好土壤采样工作　做好耕地质量等级调查和农户施肥情况调查，完成28个定点田块土壤样本采集和送检，完成50户农户施肥情况调查。做好土壤污染防治“国控点”“省控点”、市监测点的采样。

做好农作物种质资源收集与保存　与广东省农业科学院农业生物基因研究中心一起共收集鹤山市农作物种子资源100多份。

农业科研方面　香秀占通过2021年省审并获评广东丝苗米认定品种。

农业机械化推广方面　继续推广植保无人机，到各镇开展全程无人机喷施药试验示范。积极开展水产养殖机械化新技术推广，引进推广先进适用的水产养殖增氧机具。加快推进水稻育秧中心和水稻烘干中心项目推广应用。积极引进提高新技术新机具增量改善农机装备水平，做好存量农机装备的维护技术培训指导。

农机安全生产监督管理方面　建立长效机制，常查、常督，抓落实保安全。全市拖拉机累计换发核发牌证666台（包括新增），累计核发联合收割机牌证67台，累计换发拖拉机和联合收割机驾驶证1257副，全年拖拉机“三率”达到78.09%，全年联合收割机“三率”达到84.09%。举办两期拖拉机驾驶员培训班及拖拉机驾驶员考试，共有16名学员参加，全部考核合格。

抓好农机安全生产。深入农机户、停机库、田间地头、农机销售公司开展农机安全生产检查53次，派出监理人员262人次，整改过期灭火器8个，派发宣传资料800多份。联合市交警大队三中队开展了两次拖拉机道路交通安全联合专项整治行动，共检查上路手扶拖拉机和变型拖拉机17台，发放农机安全生产宣传资料51份。指导沙坪街道、龙口镇、桃源镇、雅瑶镇成功创建江门市“平安农机”示范镇。开展两期农机安全生产暨“六个严禁”宣传活动。

（麦照洪）

江门市水稻高产示范片——址山镇更鼓垌

种植业

【概况】 2022年，重点抓好址山镇优质粮食基地，共和、宅梧、双合镇蔬菜生产基地以及龙口镇花卉苗木生产基地的建设。做好耕地地力保护补贴、实际种粮农民一次性补贴、政策性水稻和其他农作物种植保险等工作，推广一批农作物新品种和先进适用新技术，优化粮食和经济作物品种种植结构，提高生产效益。

【水稻生产】 2022年，水稻面积15.06万亩，亩产359.87公斤，总产5.42万吨。创建高产示范片3个，总面积2400亩。主推品种为粤泰油占、粤禾丝苗。

【经济作物生产】 **蔬菜** 2022年复种面积19.61万亩，总产32.48万吨。面积较大的蔬菜种植基地有共和镇大凹村、鹤山市轩宝农业发展有限公司、广东品自现代农业有限公司鹤山分公司、鹤山市天润万禾蔬菜专业合作社，其中鹤山市轩宝农业发展有限公司蔬菜基地是广东省“菜篮子”基地。

水果 2022年水果种植面积2.69万亩，总产量2.28万吨；荔枝种植面积约5200亩，总产量3600吨；龙眼种植面积3900亩，总产量900吨。

茶叶 2022年全市种植面积1.2万亩，全年干毛茶产量700吨，以红茶为主。

【落实强农惠农政策】 **耕地地力保护补贴** 2022年中央耕地地力保护补贴资金的补贴标准为86元／亩，补贴面积8.89万亩，落实补贴资金合计764.85万元。

实际种粮农民一次性补贴 2022年中央实际种粮农民一次性补贴资金第一批补贴标准100.49元／亩，补贴面积1.94万亩，落实补贴总金额194.61万元；第二批补贴标准81.78元／亩，补贴面积2.27万亩，落实补贴总金额185.74万元；第三批补贴标准31.26元／亩，补贴面积2.91万亩，落实补贴总金额91.09万元。2022年省级实际种粮农民一次性补贴（补贴水稻种植面积10亩及以上大户）标准166.49元／亩，补贴面积9077.77亩，落实补贴总金额151.14万元。

政策性涉农保险保费补贴 2022年政策性水稻种植保险全年参保面积11.21万亩，各级财政保费补贴共358.82万元；政策性岭南水果种植保险参保面积1548亩，各级财政保费补贴共55.73万元；政策性大棚保险参保面积10亩，各级财政保费补贴共4000元；政策性茶叶保险参保面积600亩，各级财政保费补贴共9.6万元；政策性露地蔬菜（根茎菜）保险参保面积375亩，各级财政保费补贴共6.75万元；政策性露地蔬菜（叶菜）保险参保面积716亩，各级财政保费补贴共17.18万元；政策性马铃薯种植保险参保面积13亩，各级财政保费补贴共748.8元；政策性玉米种植保险参保面积248亩，各级财政保费补贴共9523.2元；政策性露地花卉苗木保险参保面积144.13亩，各级财政保费补贴共5.19万元。

（宋艳霞、彭舒源、关碧君）

畜牧业

【概况】2022年，全市生猪饲养量59.57万头，其中存栏量23.1万头（能繁母猪2.55万头），出栏量36.47万头。家禽饲养量1764.37万羽，其中存栏量408.2万羽，出栏量1356.17万羽。

【动物防疫】2022年，全面落实防疫责任，按照“政府保免疫密度、业务部门保免疫质量”的要求，切实做到“应免尽免，不留空当”，构筑有效免疫保护屏障。1—12月免疫生猪97万头，免疫家禽2343万羽，免疫密度均100%。共抽查检测畜禽血清样品2562份，免疫抗体合格率均达到70%以上的国家要求。

【推进畜禽粪污资源化利用】2022年，继续推进畜禽粪污资源化利用，督促指导养殖场完善配套、运行粪污处理利用设施设备、提升粪污处理利用设施设备水平。全市畜禽养殖粪污综合利用率为96.58%，规模养殖场粪污设施装备配套率为100%，大型规模养殖场粪污设施装备配套率为100%。

【畜产品安全监管】2022年，加强畜禽检疫监管，落实畜禽检疫申报制度，严格检疫规程，规范检疫行为。全年实施产地检疫生猪49.39万头、家禽3391.74万羽。实施屠宰检疫生猪29.56万头、禽140.52万羽，产地检疫率和屠宰检疫率均达100%。

【畜禽屠宰监管】2022年督促屠宰企业落实主体责任，严格落实生猪进场查验、生猪来源和生猪产品流向登记、肉品品质检验、产品召回、无害化处理等肉品质量安全制度。继续深入开展生猪屠宰日常监管和专项行动，严厉打击私屠滥宰、制售注水肉或注入其他物质以及屠宰病死畜禽等违法违规行为，确保全市猪肉食品的质量安全。加强家禽屠宰监管，在鹤山市限制区范围内统一实行家禽“集中屠宰、冷链配送、生鲜上市”，保障家禽肉品质量安全。

（钟振超、石伟明）

经升级改造的畜禽粪污处理设备

水产业

【概况】2022年，全市水产养殖面积9.25万亩，全市水产品总产量6.92万吨。渔业总产值16.87亿元。

【水产养殖】2022年，做好水产春繁管理，加强对种苗场的监管，为渔业增产增收打下坚实基础。服务好渔业生产，指导做好养殖管理降低鱼类的病害风险，促进健康养殖。水产养殖户的技术水平逐步提升，养殖品种优化，养殖单产提高，全市养殖总产量稳步提高，渔业发展提质增效。做好渔业防寒防冻、防台风等工作。大力推行水产健康养殖，鹤山市获得“省级水产健康养殖和生态养殖示范区”称号。保护和修复水生动物生态环境，维护江河、水库渔业资源，举行增殖放流活动，向古劳水乡码头投放规格6cm以上淡水鱼苗51.5万尾。继续做好水产养殖管理，加强养殖尾水治理，督导各镇（街）落实《鹤山市关于加强水产养殖管理的工作方案》，执行鱼塘排水申报制度，统筹达标的养殖尾水错峰排放。大力推进《鹤山市养殖池塘升级改造绿色发展三年行动方案》，完成年度改造面积任务。全面开展水域滩涂养殖证发证登记工作。加强水生野生动物管理，

鹤山市开展2022年渔业资源增殖放流活动

开展执法检查，打击违法行为。

（李国坚）

【渔政管理】 2022年，市农业农村局结合疫情防控形势和上级的有关部署要求，联合沙坪街道、谷埠社区通过工作会议、悬挂横幅标语、走访、派发宣传单张等形式，开展港澳流动渔民和NS渔民排查、涉渔“三无”船舶清理以及渔民疫苗接种发动等管控和宣传工作。针对部分渔民反映的申请办理乡镇自用船解决生计问题，积极与沙坪街道办开展相关工作，完成18艘乡镇自用船二次公示和船员培训考证工作。3月1日到6月30日为珠江禁渔期。加强珠江流域的禁渔工作，促进渔业可持续发展，根据国家有关规定在珠江（西江鹤山段）实施禁渔。禁渔期间，坚持每周开展巡查执法，累计出动巡查车辆14车次，出动执法快艇14艘次、无人机5架次，出动执法人员38人次，珠江（西江鹤山段）禁渔各项工作措施落实良好。

（郭超泳）

农业机械

【概况】 2022年，鹤山市农业农村局认真贯彻落实《广东省人民政府关于推进农业机械化和农机装备产业转型升级的实施意见》（粤府函〔2019〕428号）文件精神，着力推进主要农作物生产全程机械化、农机化新技术试点推广、农机社会化服务、农机安全监理和农机化人才队伍建设、组织实施农机购置补贴政策等工作，以农机解放乡村劳动力，增加农民收入，减轻农民负担取得显著成效。年末，全市农机总动力超过19.208万千瓦，主要农作物（水稻、马铃薯、花生）耕种收综合机械化率达到53.73%，水稻耕种收综合机械化率达到82.91%。玉米、茶叶、水果、蔬菜、花卉、畜牧水产和农产品初加工机械化进展明显。

【农机安全监理】 全年共办理拖拉机年审123台，拖拉机和联合收割机驾驶证初次申领15副，增驾申领1副，到期换证27副，拖拉机转移登记2台，拖拉机和联合收割机注册登记6台。举办两期拖拉机驾驶员培训班及拖拉机驾驶员考试，共有16名学员参加，全部考核合格。共发放农机安全宣传资料48份。切实开展拖拉机“不安全，不出门”专项行动，在各镇（街）农机集中的乡村、田间悬挂农机安全宣传横额和张贴宣传画报，发放宣传单张100多份，张贴拖拉机反光标志20台套，悬挂横幅45条，张贴农机安全宣传海报35份，受教育的农民群众达300多人，提高了农民群众的安全生产意识。

开展安全生产隐患排查行动　农机化管理股和农技推广中心农机安监办深入全市农机大户、农机专业合作社及农机销售店进行安全生产隐患排查53次。隐患排查主要针对农机安全技术条件、高速旋转农机具防护装置配备、工作场所消防通道畅通情况、消防设施等方面，期间共检查农业机械155台、消防设施灭火器151个，检查发现灭火器过期8个，并现场督促其进行更换处理，完成整改。

开展两期农机安全生产暨“六个严禁”宣传活动。通过展示农机安全宣传展板、悬挂横幅标语，现场派发《农机安全生产宣传手册》、“六个严禁”宣传单张等宣传资料，对农机驾驶员、广大农民群众开展现场宣传教育，切实提高广大农民群众拒绝乘坐拖拉机、农用货车的安全意识，坚决防范遏制农机安全生产及道路交通安全事故发生。共派发传单800余份，向300多名群众大力宣传和警示农机安全

新型农业机械耕种，全面提高鹤山市农业机械化生产水平

的重要性。

开展道路交通安全联合整治行动 2022年，农机化管理部门继续开展农机安全宣传，加强与交警部门、安监部门的联合执法，与市公安局联合制订《鹤山市农机安全隐患排查整治工作方案》，在全市开展上路拖拉机常态化安全管理，防止农机安全事故发生。全年共开展2次拖拉机道路交通安全联合专项整治行动，共检查上路手扶拖拉机和变型拖拉机17台，发放农机安全生产宣传资料51份。

指导沙坪、龙口、桃源、雅瑶镇（街）申报创建江门市“平安农机”示范镇 完善镇（街）农机安全管理制度、农机安全宣传栏、危险路段警示牌、宣传标语、宣传书刊等，组织开展农机安全隐患排查和系列农机安全宣传教育培训等，指导镇（街）对照指标完成相关申报工作，并通过江门市“平安农机”示范镇验收小组验收。

（林志荣）

附：市农业农村局正副局长名录

局　长：

钟志权（2022年8月—）

副局长：

古金纯（—2022年11月）

王广荣

钟志军

欧晓文（女，2022年12月—）

高向东（挂职，2022年4月—）

古芳洁（女，挂职，—2022年12月）

林业

【概况】 2022年，市林业局认真贯彻落实习近平生态文明思想，统筹推进疫情防控和林业发展，以林长制为抓手，大力开展以植树造林、生态建设保护和乡村振兴为主的绿美鹤山建设，加强森林资源管护力度，加快全市生态文明建设步伐，稳步推进林业各项工作。

【林长制】 2022年，全面建立市镇村三级林长的组织体系，确定500名市镇村三级林长名单及责任区域。全面构建森林资源“一长两员”管护架构，全市共设立市镇村三级林长500名、基层监管员89名，落实护林员170名。制定并印发《鹤山市全面推行林长制工作领导小组工作规则》等9项林长制配套制度，出台《鹤山市森林“警长+志愿警”制工作实施方案》和《鹤山市全面推行林长制工作三年行动计划（2022—2024年）》。积极做好林长制宣传工作，共设立市镇村林长制公示牌220个，制作宣传手册10 000份、宣传物品7031份。

（冯健聪）

【生态建设】 2022年，鹤山市造林（含社会造林）作业面积6.1万亩，森林抚育（含社会或地方投资的森林抚育）面积为18.23万亩。参与义务植树29.8万人次，植树株数66.5万株。完成高质量水源林造林面积5001.1亩，新造林抚育面积4640亩，大径材培育示范林建设抚育4252.5亩。完成乡村绿化美化示范村建设5条。完成鹤山市自然保护地边界范围矢量化制作和勘界报告（初稿）编制。完成天然林落界、省级以上公益林优化。完成全市新一轮古树名木补充调查和第一轮后备资源普查、古树名木挂牌和《古树名木保护责任书》签订，补充新增11株三级古树和12株后备资源古树。大力开展林业种苗质量监督检查，巡查涉木涉苗企业、造林绿化单位共8户次。开展“双随机一公开”行政检查1宗，促进林业种苗业的健康发展。

【林业有害生物防治】 2022年，投入林业有害生物防治经费957万元，林业有害生物防治面积3.15万亩，采用无公害防治3.15万亩（其中包括桉树病虫害防治1.43万亩），无公害防治率为100%。全年开展松材线虫病防控13.5万亩。大雁山生态公益林林分改造（二期）1941.75亩。薇甘菊集中防治1.1万亩。切实做好森林病虫害预测、预报、监测，进行林业重点有害生物松材线虫、薇甘菊和桉树尺蛾等主要生物病虫害的调查监测工作，测报准确率为91%。

（李子文）

【森林资源管理】 2022年，严格执行年度森林限额采伐，加强对高速公路、国道、省道、绿色通道两旁和饮用水源周围林木的采伐审批工作。全面实施“阳光采伐”工程，全年共办理林木采伐3071宗，面积5.5万亩，蓄积29.2万立方米，材积21.6万立方米。办理建设项目使用林地许可手续38宗，面积221.56公顷。森林督查向相关镇移交疑似破坏森林资源违法违规线索11条，确定案件10宗。强化野生动植物保护，严厉打击乱捕滥猎滥食及非法交易野生动植物等违法犯罪行为，救助野生动物30只。

（孙务松）

【森林防火】 2022年，投入380多万元在鹤城镇、址山镇和宅梧镇建设森林防火蓄水池20个；在宅梧镇青年林场建设防火道路30.67公里。全市90个有森林防火任务的村（居）建立包山头、守路口、巡山人员、上山路、向导人员、水源地等清单，通过“六合一”形成“一张图”，将责任落实到人头、山头、地块，确保森林防灭火救援准备和安全保障，维护全市森林资源安全。持续开展“五清”专项行动，全年累计完成集中连片纯松林周边可燃物隐患清理1143亩，防火林带、道路隔离带清理维护67.13公里，防火区内电力、电信和其他生产经营单位周边易燃隐患点清理99个，铁路、高速公路沿线边坡可燃物隐患清理41公里，公墓、连片坟地周边可燃物隐患清理147处。全市划定235个森林防火网格化责任区，将全市170名护林员落实到划定网格进行巡山防护，落实巡护责任。

（钟国勋）

2022年6月10日，在广东大雁山森林公园举行“植驻青春、砥砺奋进”义务植树暨庆祝共青团成立100周年主题团日活动

附：市林业局正副局长名录

局　长：邝伟文

副局长：李伟翔

　　　　　陈建朋

四堡林场

【概况】 2022年，四堡林场坚持贯彻“绿水青山就是金山银山”的发展理念，积极开展植树造林、资源培育和管护，维护林区生产发展。林场总经营面积47 981.85亩，林业用地面积47 460亩，其中生态公益林面积24 091.35亩，商品林面积23 368.65亩，森林蓄积量124 066立方米，森林覆盖率80.26%。

【森林资源培育与管护】 2022年，造林作业面积2448亩；中幼林抚育面积8813亩，其中商品林抚育5113亩，生态公益林抚育3700亩，生态公益林抚育投入资金165万元；森林采伐面积2911.2亩，出材量10 465立方；有害生物薇甘菊防治面积1800亩，投入资金26.94万元。切实抓好森林病虫害预测、预报、监测，进行重点有害生物薇甘菊的防治和松树松材线虫、桉树病虫害的调查监测工作。

【森林防火与安全生产】 2022年，继续加大森林防火投入力度，投入森防设施经费109.85万元，维修林区主干道31.5公里及林区道路硬底化1.6公里；森林防火宣传方面投入2.29万元，用于森林防火宣传牌、悬挂横幅、宣传资料派发等。林场安全生产办公室每周两次例行深入到辖区内各工区进行安全生产、森林防火检查，宣传安全生产、森林防火注意事项。特殊时期开展临时突击实地安全生产、森林防火大检查，落实责任，加密巡护频次，及早排除隐患；重要节假日及特殊时期在各工区护林站增加临时设卡防守，杜绝火源进入林区，分组包片巡逻，严防火灾发生；全年坚持24小时值班制度，重点时段、关键节点实行场领导在岗带班、股级干部和值班人员24小时值班制度，实行假日职工外出报备制度。与辖区内各林地承包人及个体经营者签订《森林防火与安全生产责任书》17份，切实落实主体责任与监管责任。开展林场扑火专业队伍扑火演练、机具操作培训6次，参加上级演练2次，切实提升森林火灾预防扑救综合应急作战能力。全年辖区内没有发生安全生产及森林火灾事故。

附：四堡林场领导正副场长名录

场　长：黄汝良

副场长：

陈世秋（—2022年7月）

梁树华

（邓妙贤）

水利

【**概况**】 市水利局深入贯彻落实习近平生态文明思想和习近平总书记关于治水工作的重要论述精神，坚持立足大局、服务大局，聚焦构建水安全、水资源、水生态、水环境、水文化体系，顺利推进14项重大民生水利工程，完成水利投资6.61亿元。切实推进河湖长制，全力防范水旱灾害风险，深入落实最严格水资源管理要求，加大河湖管理保护力度，扎实推进水土保持监管，规范水利工程建设和运行管理，抓实依法治水和监督工作，促进水利事业发展。

龙口河碧道

【**重点工程建设**】 江门市碧道建设工程（鹤山段） 工程总投资4.8亿元，计划建设碧道长约47公里。建成西江、升平河、雅瑶河、龙口河等碧道近45公里，为市民群众打造了亲水游憩空间。

江门市西江潭江流域跨界重点支流综合治理项目（鹤山段） 项目涵盖潭江流域5条河流及西江流域3个易涝区治理，总治理河长约124公里，总投资4.46亿元，由江门市统一推进。其中，鹤山市依托潭江流域跨界重点支流综合治理工程竞得2021年全国水系连通及水美乡村建设试点县项目，项目总投资3.42亿元，治理潭江流域5

升平河碧道

鹤山市水系连通及水美乡村建设试点县项目鹤城河五星村段

条河流约60.89公里。试点县项目于2021年5月20日开工，至2022年12月中旬基本完成主体工程建设，按时按质按量落实国家水利部下达的建设任务。三堡河五星村段、宅梧河半岛节点等示范段初见成效，成为市民游客喜游乐到的新晋“网红”打卡点，助力乡村振兴高质量发展。

鹤山市农村生活污水处理设施三期工程PPP项目 工程估算总投资6.51亿元，开展全市10个镇（街）中658个自然村的农村生活污水处理设施及污水管网建设，同时完善“一期”已建污水设施的18个自然村的管网建设。2022年底，该工程已基本完工，并已整体转入商业运营，由鹤山北控村镇污水处理有限公司负责日常运营维护。

青年灌区续建配套与节水改造工程 完成并通过验收，总投资1509.03万元。

金峡水库灌区续建配套与节水改造工程 总投资865.15万元，2022年2月进场施工，截至2022年年底全部完成合同总工程量。

将军陂、大坝灌区续建配套与节水改造工程前期准备工作 完成立项审批及初步设计工作，将军陂灌区续建配套与节水改造工程总投资约2000万元，大坝灌区续建配套与节水改造工程总投资约2500万元。

水库除险加固工程 古劳镇礼乐坑水库、鹤城镇南水北流水库、双合镇梨潭水库、横坑水库、旱头冲水库5宗工程完工，进入验收阶段。

鹤山市2022年小型水库除险加固及运行管护项目 云乡等小型水库管理提升工程，估算投资826.58万元。已完成招投标工作并开工建设。

鹤山市沙坪水闸加固及升级改造工程，计划投资2295.68万元。已完成初步设计，进入江门市发改局审批阶段。鹤山市沙坪河排涝一站增效扩容改造工程，计划投资5862.43万元，已完成可行性研究报告的编制，进入初步设计招标阶段。上述两个项目纳入鹤山市水利基础设施建设及配套基础设施提升工程。

鹤山市水系连通及水美乡村建设试点县项目宅梧河半岛节点

【依法行政】 持续推进行政审批标准化建设，全年共办理行政许可审批73宗。均在规定时限内依法办结。

强化执法检查。开展水政执法检查150次，累计出动执法人员约500人次，巡查河道长度1400余公里，水域面积约170平方公里，现场制止违法行为6次，办理水事违法案件1宗。行政罚款8万元，现场制止违法行为6次，办理水事违法案件1宗。

做好扫黑除恶专项斗争常态

址山河将军陂段　（欧蕊荣摄）

化工作，开展好打击“蚂蚁搬家”式河道非法采砂、河道范围内非法洗沙洗泥、侵占河湖等专项行动。

开展依法治市工作。2022年1月市水利局获得“2016—2020年全国依法治理创建活动先进单位”荣誉称号。组织干部职工参加国家水利部开展的习近平法治思想、《地下水管理条例》等在线学法考试，在《鹤山市法治直播间》开展线上普法宣传，开展节水护水征文活动。

【水旱灾害防御】组织开展好汛前检查，共抽查65宗水利工程，发现46个问题，在汛期前整改完毕。6月、8月、9月、11月分别对全市水库、山塘、堤围、水电站、电排站、水闸以及在建水利工程开展汛期安全检查，确保安全度汛。推进全市水旱灾害防御体系标准化建设，基本完成省级下达的各项任务。做好鹤山市四堡水库大坝安全管理应急预案、鹤山市山洪灾害防御预案、小型水库防汛抢险应急预案、山洪灾害防御村级预案的更新和修订工作，切实提高预案的科学性、针对性和可操作性。编制鹤山市沙坪河防御洪水方案、鹤山市沙坪河洪水调度方案和鹤山市水利抗旱工作预案，提高抗御水旱灾害的能力。开展全市水利防汛备汛视频培训，线上培训230人。开展防汛应急演练、设备维护和物资盘点。4月19日在四堡水库开展坝体出现管涌险情抢险演练；4月26日参加江门市四市三区联合防汛演练；5月24—25日开展防汛应急物资的保养维护；8月22—26日、8月29日至9月2日，召集各镇（街）及市局防汛抗旱应急分队救援人员举办两期防汛抗旱应急分队救援人员培训班。做好5月10—14日入汛以来最强降雨的防御工作，全市水情平稳，未出现险情。7月3日，在“暹芭”台风带来的强降雨影响下，雅瑶镇清溪围多处发生渗水险情，市局应急分队对雅瑶镇清溪围渗水堤段进行应急抢险。经过积极且有效处置，堤围现场渗水问题基本得到解决，避免了险情进一步扩大。

【抓好水资源管理工作】严格取水许可审批。截至2022年12月中旬，全市有取水许可证61套，总审批水量2.98亿立方米/年，1—11月累计征收水资源费1279.33万元。加强取用水管理，对小型灌区开展取用水评估工作。做好数据统计工作，完成2021年用水总量调查核算工作，确保全市用水总量和用水效率达标。开展2022年度沙坪河生态流量保障评估，编制印发《鹤山市沙坪河生态流量保障实施方案》。全面推进鹤山市县域节水型社会达标建设。鹤山市节水型居民小区和节水型企业共17家节水载体顺利通过市级验收，并提交省级审核验收。加强灌区取水许可管理，小型灌区完成取用水评估并核发取水许可证，青年、四堡、金峡、大坝4个中型灌区完成取用水评估工作。配合做好珠三角水资源配置工程相关工作，签订《珠江三角洲水资源配置工程（江门段）环保拆迁框架协议》，并成立珠江三角洲水资源配置工程（江门段）环保拆迁领导小组，相关工作正有序推进。开展水资源双随机一公开执法检查11次，对取水户取水设施、计量设施及取用水台账进行监督检查。

【全面推行河长制】围绕江门市河湖长制工作要点和考核要求，联合有关部门切实抓好体制机制运行、水资源保护、水安全保障、水生态修复等各项工作任务。

全面夯实河湖长制责任体系，建立健全市镇村三级河（湖）长组织体系并在政府网站上公告，督促各级河湖长扎实巡河履职。三级河长累计巡河37 928人次，发现并整改问题2846宗。

持续深入开展水环境综合治理，完成沙坪河、雅瑶河、沙冲河等重点流域综合治理方案编制。

强力推进河湖管理保护，按时完成1宗妨碍河道行洪突出问题整治及2宗“四乱”问题整治。大力推进非法洗沙洗泥问题整改。开展多部门联合执法专项行动32次，各部门累计开展日常巡查执法255次。完成西江干流水道等49条河流管理范围划定工作，划定总长度为481.88公里。持续开展常态化河湖巡查，累计发现并整改涉水问题405宗。

完成沙坪河、雅瑶河、泥海水等12条河流岸线规划与利用的划定，划定长度为223.65公里。

强化监督检查和考核问责，严格落实水质考核。提请市级河长约谈93人次，制定河长制工作领导小组成员单位工作考核办法，压实各部门工作责任。

【水利工程管理】 组织开展小型水库防汛“三个责任人”“三个重点环节”网络培训以及指导开展小型水库运行管理巡查。完成全市小型水库物业化管理情况调查，做好2021年水利发展资金绩效评价。强化泵站管理，沙坪河排涝二站被评为广东省标准化规范化管理示范泵站。强化工程质量监管，对42宗水利工程进行质量监督检查，发出64份鹤山市水利工程建设质量监督抽查情况记录表，对21宗工程进行质量抽检，对10宗工程进行验收。强化安全生产监督，共计出动598人次，检查水利工程177宗次，排查整改一般隐患问题219处，严格实行隐患排查闭环管理。开展水利行业建材打假，合计出动45人次，检查在建项目6宗，抽查建材15批次，未发现不合格产品。

【水利乡村振兴】 开展农业水价改革，完成所有灌区的水权分配方案，在四堡灌区安装6套计量设施。开展水电站清理整顿，制定“一站一策”方案，关停15个退出类水电站，并逐步拆除设备；完成3个整改类电站生态流量泄放改造。全力做好全域自然村集中供水工程入户工作，稳步推进雅瑶、古劳、桃源镇共60条村装表入户，受益群众7665人。做好农村供水工程集中统管，形成政府主导、行业监管、统一管理、权责明晰的统管模式。

【水土保持】 加强对审批的水土保持项目的执法巡查，做好2022年第一批、第二批、第三批卫星遥感监管发现的违法违规问题依法查处及日常执法巡查。全年共审批42宗水土保持项目。

【水库移民】 完成2022年大、中、小型水库移民扶持人口核定，共核减52人，核增2人，共有水库移民3577人。完成大、中型水库移民直补资金支付179.82万元，完成大、中、小型水库移民个人生产经营扶持资金124.29万元。全市2022年共有12个水库移民基建项目（含2021年3宗），其中2021年3宗项目均完工，新建项目完工6宗，在建3宗。按时做好2023年市水库移民项目计划，项目储备12宗，概算合计892.32万元，获市政府同意实施批复。水库移民信访情况基本稳定，无发生越级信访、上访事件。

【水利投资计划落实】 2022年，鹤山市需完成全口径水利投资6.61亿元（新增鹤山市2022年中央水库移民扶持基金第二批225万元），其中2022年水利重点项目计划投资6.45亿元。鹤山市2022年全口径水利投资完成6.48亿元，完成率98%；水利重点项目投资计划完成6.35亿元，完成率98.4%，比时序进度快6.7%。

附：市水利局正副局长名录

局　长：

温伟军（—2022年9月）

赵荣赞（2022年9月—）

副局长：

李志良

黄洪波

文　佩（女）

罗尧旺（挂职，2022年5月—）

（周灼钧）

气象

【概况】 2022年，鹤山市气象局秉承“准确、及时、创新、奉献”的气象人精神，精心部署，强化管理，较好地完成各项工作任务。

【疫情防控常态化开展】 2022年，鹤山市气象局全力配合全市疫情防控统筹安排，做好疫情防控宣传工作。通过气象应急大喇叭每天向全市所有行政村、部分重点场所播放疫情防控政策、知识，为疫情防控提供高质量气象保障服务。

【监测预报精准，保障气象服务】 2022年，全市天气复杂多变，汛期内局地性强降雨、强对流天气频发。截至11月24日，总降雨量2023.1毫米，较常年同期偏多13%。其中前汛期雨量638.1毫米，较常年同期偏少16%；后汛期雨量822.9毫米，较常年同期偏多14%。龙舟水期间（5月21日至6月20日）雨量353.7毫米，较常年同期显著偏多9%。全年三防形势复杂严峻，面对强降水频发、

2022 年 11 月，鹤山市科技馆开始试运行

气温显著偏高、多个台风（“暹芭”“马鞍”“纳沙”“尼格”）来袭和冷空气等恶劣天气，市局严格落实 24 小时值班制，做到监测精密、预报精准、服务精细，坚持人民至上、生命至上的原则，用心用情用力做好气象保障服务，为鹤山防灾减灾工作提供科学决策依据。全年共发送《重大气象信息快报》52 期、《重大气象信息专报》5 期、《专题专项气象预报》46 期、《农用专题天气预测》47 期，发布各类预警信号共 126 次、决策服务短信 361 次、电视专题 46 次、江门日报天气稿件 46 份。及时发布提醒、预警，多渠道做好暴雨、雷雨大风及台风天气服务。短临服务提醒精细到各镇（街），服务效果较好。

【安全生产各项工作落实到位】 高度重视气象防雷减灾安全。7 月份联合市住建、应急以及文广旅体等部门对市五家重点单位开展专项检查，对重点单位气象灾害防御工作进行指导与监督，及时对发现的问题加强跟踪督查，确保检查到位、整改落实到位，实现闭环管理，提高企业灾害防御能力。

江门市区首先完成 2022 年气象灾害防御重点单位评审并公布名单。2022 年 9 月 1 日，结合鹤山市气象灾害防御实际，经专家评审再报市政府审定后，广东省鹤山市政府公布鹤山市第一中学等 13 家气象灾害防御重点单位名单。

【重点工作顺利完成】 扎实推进鹤山气象防灾减灾第一道防线，落实《鹤山市落实江门市创建广东气象防灾减灾第一道防线先行示范市实施方案》（鹤府〔2021〕9 号）的精神，将科普工作与文明城市创建工作有机结合，积极与市科协、创文办等部门沟通协调，顺利推进建设鹤山防灾减灾科学馆（鹤山市科技馆）。2021 年 8 月市政府同意立项，启动鹤山防灾减灾科学馆（鹤山市科技馆）项目。2022 年 1 月完成公开招标，2022 年 4 月通过深化设计方案，2022 年 4 月 30 日正式启动布展工程施工，2022 年 11 月通过验收并投入试运行。试运行期间接待 150 人次进馆参观，具备正式开馆条件。该科学馆室内面积约 1000 平方米，室外面积约 1650 平方米，包括科技探索、科学天地、平安鹤山、防灾减灾四大主题共 21 个展项。并且一馆多用，既是气象科普宣传基地，同时又兼具鹤山人文特色，是鹤山创建文明城市的亮点名片。还纳入《鹤山市儿童发展规划（2021—2030 年）》，作为妇女儿童特色科技馆，在防灾减灾第一道防线中发挥科普教育基地和科研活动的平台作用，也是筑牢鹤山气象防灾减灾第一道防线和创建全国文明城市的一项重要举措。

附：市气象局正副局长名录

局　长：袁锡沛

副局长：易建坤（女）

（吕晓红）

工业 信息

综述

【概况】 2022实现规模以上工业总产值863.58亿元，同比（下同）增长0.4%。规模以上工业增加值194.83亿元，增长4.1%，增速在江门排行第三。按轻重工业分，轻工业产值364.37亿元，下降4.2%；重工业产值472.21亿元，增长4.3%。按经济类型分，股份制企业产值增长1.3%，外商及港澳台商投资企业产值下降 1.0%（欧资企业增长1.3%）。全市规上工业企业销售产值813.44亿元，下降1.7%；产品销售率97.2%，下降2.1%；企业营业利润27.37亿元，下降8.1%。全市年产值超亿元的企业153家，年产值超过10亿元的企业13家。

【工业转型升级】 2022年，全市工业发展质量不断提高，新一代信息技术产业链实现增加值28.74亿元，增速8.7%；硅能源产业链实现增加值0.65亿元，增速1202.5%；智能装备产业链实现增加值7.55亿元，增速42.5%；石化新材料产业链实现增加值27.79亿元，增速下降0.4%。工业转型升级步伐加快，工业投资154.22亿元，同比增长14.8%，增速在江门排行第五；技改投资39.11亿元，增长25%。

电气机械及器材制造业

2022年，电气机械及器材制造业产值68.99亿元，同比上升4.7%，占总产值比重为8.3%。主要企业有德兴环球电缆有限公司、弗兰卡餐饮设备有限公司、法罗力热能设备（中国）有限公司、汇德美线材有限公司、德和科技股份有限公司、广明源光科技有限公司、极品五金电器有限公司等。

举行鹤山市电器行业数字化转型宣讲会，推动鹤山市制造业数字化转型

金属制品业

2022年，金属制品业产值135.85亿元，同比下降8.4%，占总产值比重为16.2%。主要企业有江门市棉湖铜业有限公司、富亿铜材有限公司、皇冠制罐有限公司、华美金属制品有限公司、广东博盈特焊技术股份有限公司、恒基钢丝制品有限公司、天山金属材料制品有限公司、德美餐具有限公司、伟强铜业科技有限公司、汉特科技有限公司、广东运通热镀锌厂有限公司、江门市镇怡实业有限公司等。

计算机、通信和其他电子设备制造业

2022年，计算机通信和其他电子设备制造业产值100.31亿元，同比增长1.7%，占总产值比重为12.0%。主要企业有世运电路科技股份有限公司、安栢电路版厂有限公司、得润电子科技有限公司、江门创维显示科技有限公司、中富兴业电路有限公司等。

印刷业

2022年，印刷业产值45.14亿元，同比下降3.7%，占总产值比重为5.4%。主要企业有雅图仕印刷有限公司、鸿兴印刷有限公司、精联印刷有限公司、佳达柯色印刷有限公司、德柏纸袋包装品有限公司、永丰泰包装有限公司、利联纸品有限公司等。

橡胶和塑料制品业

2022年，橡胶和塑料制品业产值63.69亿元，同比下降0.4%，占总产值比重为7.6%。主要企业有联塑实业发展有限公司、鹏程头盔有限公司、德塑科技有限公司、威诗柏胶粘制品有限公司、运城新材料有限公司、荣达新材料有限公司等。

化学原料及化学制品制造业

2022年，化学原料及化学制品制造业产值40.64亿元，同比增长4.0%，占总产值比重为4.9%。主要企业有雅图高新有限公司、东江环保有限公司、广东联塑化工有限公司、汇龙涂料有限公司、炎墨科技有限公司、君子兰涂料有限公司、华轩涂料有限公司等。

（黎炜健）

信息化

【基础设施建设】 截至2022年12月底，建成移动通信基站3314座，其中2022年新增5G基站299座，4G网络信号覆盖鹤山市全域，5G信号基本覆盖沙坪城区，在各镇（街）中心区域实现5G网络“镇镇通”。移动通信用户达75.48万户。同时，光纤宽带已覆盖全市自然村，全市光纤宽带用户16.64万户，其中百兆带宽用户11.84万户。

【推进新基建】 截至2022年12月，蔚海智谷项目已安装完成机柜3000个，在运营机柜751个。

【工业互联网应用】 截至2022年底，华鳌合金、能邦机械、华美金属、隔朗五金等26家企业的31个工业互联网应用项目共获得省和江门市“上云上平台”服务券奖补715.91万元。

【5G智慧园区建设】 完成鹤山工业城5G智慧园区项目（一期）及江门市（鹤山）精细化工产业园智慧园区项目建设，助力园区实现可视化指挥调度及数字化管理。

【通信线缆整治】 截至2022年底，沙坪城区通信线缆整治区域达10平方千米，统一钢绞捆扎约93千米。沙坪城乡接合部规划改造钢绞55千米，整治区域5.6平方千米。在农村方面，全市116个行政村，已有105个基本完成整治，整治主干线路共约425千米，大大改善了农村人居环境。

【无线电管理】 2022年，开展高考、教师招聘考试笔试、江门市公务员笔试等一共6场次考试的考场无线电监测及巡考，确保考场秩序平稳。打击“黑广播”“伪基站”，2022年查处1起非法使用GPS干扰设备案件。

【疫情防控】 联合市卫健局、市交通局、市公安局等有关部门落实鹤山市疫情转接工作。2022年，全市共实施入境人员解除集中隔离后点对点转接229次，顺利完成接转301人。同时配合做好广东省境外入境旅客分流接收。2022年，全市共接收自珠海、广州入境旅客75批次共2622人。

（谢健聪）

附：市科工商务局正副局长名录

局　长： 梁沃威

副局长：

谢锦涛（—2022年6月）

林润添（2022年6月—）

吕树明（—2022年8月）

刘永华（2022年8月—）

李若翀

余朝阳（挂职，2022年5月—）

唐嘉恒（挂职，2022年10月—）

园区建设

鹤山工业城

【概况】2022年，鹤山工业城（共和镇）全力打造中欧合作区鹤山副中心。坚持高水平规划、高标准建设、高质量发展，统筹推进疫情防控和经济社会发展，确保经济社会实现和谐稳定发展。2022年，新增规上工业企业26家，实现规上工业总产值284.79亿元，规上工业增加值66.3亿元，均超额完成目标任务；固定资产投资90亿元，同比增长32%；累计完成财政收入4.75亿元，超额完成市下达的目标任务，其中税收收入4.13万元，同比增长5.6%（可比口径）。

【园区发展】*加快园区升级改造* 成为省下放扩园审批权后全省首个实现扩园规划环评全覆盖的省产业园，园区面积达1029.19公顷，将承载更多优质项目资源。近期（2021—2025年）新增VOCs278吨，远期（2026—2035年）可达302吨，为引入项目腾出宝贵环境容量。扎实推进园区升级，“一企一策”制定低效用地整治方案，引进培育优质的企业项目。截至10月底，共提升整治低效用地483亩。推进新连工业区升级改造、工业西区一期“工改工”项目，基本完成创美科技工业园一期工改工项目，丽生物业公司自改项目申报获批。推进生物质锅炉改用清洁能源工作，完成3家企业锅炉改造。址山龙湾园区污水处理厂已进行基础建设，污水管网工程约完成总工程量91%。持续开展固废排查专项整治和河流水质达标攻坚，打好园区生态环境保卫战。

招商势头更加强劲 积极推进创维光电二期、得润电子二期、联东U谷二期、中南人防二期、日丰、星际等项目建设，1-11月共完成项目投资36.36亿元。招商项目质量大为提升，中为先进封装填补鹤山市电子信息产业芯片封测产业空白；欣龙隧道成功创建国家第四个盾构机检测实验室；凌宇空气干燥机是市引进的首个“专精特新”项目；台钲数控机床是园区引进的首家数控机床项目。

重点项目加快推进 重点聚焦新材料、高端装备制造、智能家电三大产业。1—11月成功推动12个项目通过江门市招商联席会议，项目投资总额约79亿元，其中欣龙隧道装备项目投资达20亿元，斯柯冷链设备、中南人防二期、中为先进封装等3个项目投资均达10亿元。

营商环境更为优化 全国首个省级政务服务平台“视频办”服务专区上线发布会在园区举行，通过“视频办”为欧洲企业提供服务。开展暖企安商行动，成功协助斯柯电器、世运电路等36家企业申报增产增收奖励282万元，协助世运电路、华美实业等8家企业申报省级技术改造资金奖励2500万元，发放省工业园区高质量发展（产业共建）专项资金1500万元。支持指导建设科研创新平台，世运电路成功获批设立广东省博士后创新实践基地。

奋力提升产业升级 重点瞄准新一代信息技术、高端智能装备、硅能源等主要产业，围绕得润、世运、欣龙隧道装备、联塑班皓等龙头企业，利用好华顺、万洋、联东、中创等工业平台项目，创新国资股权投资、代建厂房招商模式，广泛探索产业链招商、以商引商等多元招商路径，积极发掘对欧招商、对深招商资源，继续保持迅猛的招商势头。

加快重点项目落地 做好前置工作，确保联塑班皓、欣龙隧道装备、中为封装等一批重点项目明年落地。推动富华装载机、创维二期、得润二期、人防一期等新建项目早日建成投产。科学规划1425亩新征土地，做好产业规划，引育更多好项目。

【重要活动】2022年1月13日，广东省工业和信息化厅在共和镇开展大型产业集聚规划建设工作调研。

2022年7月25日，中国电子信息产业发展研究院到共和镇调研。

附：鹤山市工业城管理委员会正副主任名录

主　任：

胡国伟（—2022年5月）

刘德贤（2022年5月—）

副主任：

陈文宁

李少明

郭　亮

冯锦强（2022 年 8 月—）

（杨凯旋）

鹤山市珠西物流枢纽中心

【概况】 珠西国际物流中心位于广佛肇、珠中江经济圈交汇处，地处大湾区西翼核心位置，具备承东启西、联动两翼、串联沿海、辐射西南的独特优势。100 公里半径覆盖大湾区绝大部分区域，基本涵盖珠西全域和东岸部分城市，区域 GDP 总额超 6 万亿元，超过大湾区城市群总量的四分之三。汇集“海陆空铁”立体交通网络，将港口、铁路、公路、机场、水运码头等交通基础设施汇集联通并发挥枢纽功能。

珠西国际物流中心充分发挥“两条铁路、三个港口”资源优势，率先在珠西粤西地区开通盐田港班列、高栏港班列、南沙港班列，2022 年开通珠西粤西中欧班列和中老班列，正加快形成“买全球、卖全球、运全球”大型通道体系，为生产、生活和城市发展提供物流供应链解决方案作出突出贡献，并在珠三角东西两翼协同发展以及江门、广州、深圳、珠海四地产业合作方面发挥平台及通道枢纽作用。其发展定位：打造“卖全球、买全球”的大型通道体系；服务大湾区的物流枢纽平台；连接珠西粤西面向大西南的通道；深化“深—江”合作的窗口。

【园区建设与物流通道打造】 **园区基础设施建设** 总投资 57.1 亿元的珠西物流产业新城 PPP 项目有序高效推进，首期首批工程“新建南沙铁路江门北站站前广场配套设施工程”完工验收。

珠西国际物流中心产业新城总体发展规划

总投资 4.9 亿元的大湾区珠西物流建设一体化（一期）项目的园区道路、疏港路配套管廊等工程建设进度顺利，其中珠西国际陆港（一期）业务楼及仓储中心预计 2023 年 5 月投入使用。

嘉民鹤山现代物流园项目及熙麦大湾区时尚供应链枢纽建设项目按进度推进，预计 2023 年上半年建成投入使用。

园区配套逐步完善 推进桃源河畔生活服务配套项目及江门北站至鹤山西站连接线工程（疏港路南延线）前期工作。汇通路（普洛斯）停车场建设工程整体完成，将于 2023 年上半年投入使用，有效缓解园区车辆停放难问题，规范园区交通秩序。

“卖全球，买全球”大型通道体系取得新突破 海铁联运业务稳步提升。依托江门北站货运站场打造盐田港、南沙港、高栏港“一中心连通三港口”组合港建设，把港口建在企业园区门口。2022 年，海铁联运班列实现大幅增长，共运送 24 244 个标箱。其中，江门北—盐田港班列全年运送 9772 个标箱，比 2021 年增长 39.4%；南沙港—江门北班列于 2022 年 2 月开通，全年共运送 14 472 个标箱。

中欧、中老国际货运班列成功开通并实现常态化运营。江门北站通过设立海关监管临时措施，满足通关一体化要求，分别于 2022 年 3 月 16 日、4 月 28 日成功开通珠西粤西地区首趟中老班列和首趟中欧班列。2022 年累计运营中老班列 5 趟、中欧班列 6 趟，为中欧、中老产业合作打造高效便利的物流大通道。

【招商引资】 **现代物流产业加速发展，形成集群效益** 围绕粤港澳大湾区高端生活物资配送功能，核心区在先后引入普洛斯、

“江门号”中老国际货运班列首发

“江门号”中欧国际货运班列首发

维龙、嘉民、熙麦等顶尖物流项目基础上，2022年新引入2家规模以上企业：浩川仓储、合能商贸，使规模以上物流配送企业总数达到6家。全年规模以上企业营业收入超7.2亿元，纳税额超3000万元，均实现同比增长200%以上。

力促招商引资提质增效，精选优质物流项目落户 2022年引入鹤海大宗商品交易中心项目，占地158亩，总投资6.2亿元，建筑面积14.2万平方米；引入中顺智慧供应链服务产业园项目，占地130亩，总投资5亿元，建筑面积约6万平方米。珠西物流管委会正加快推进项目用地招拍挂、项目设计、报建、招投标等前期工作，预计2023年上半年动工建设，2024年下半年建成投产。同时切实抓好丰树、同创等在谈项目的准入评审申报工作。

珠西物流管委会对项目择优而招，优中选优，目前储备了30多家物流企业，涉及投资额超200亿元。预计2025年可带动资本投资超100亿元，实现年营业收入及现货交易额达500亿元，年纳税额约5亿元，新增就业岗位1.5万个，物流中心将成为鹤山市新的经济增长点。

附：鹤山市珠西物流枢纽中心管理委员会正副主任名录

主　任：

刘德贤（ —2022年7月）

李　恒（2022年7月— ）

副主任：李建荣

黎月葵（女）

（刘俊亮）

外经　口岸

对外经济贸易

【外贸进出口】2022年，鹤山市货物进出口总值229.4亿元，同比下降14.5%。其中出口207.6亿元，下降11.7%；进口21.8亿元，下降34.1%。

【鹤山口岸】2022年，鹤山口岸进出口货物46.36万吨，下降2.3%；水运进出口集装箱4.67万标箱，下降7.8%。

鹤山往返香港的客运自2020年1月起停航。

（吕剑青）

2022年3月1日，鹤山海关关长张文给弗兰卡（鹤山）贸易有限公司颁发海关AEO高级认证证书

鹤山海关

【综合治税】2022年，鹤山海关建立属地重点企业底账，切实加强对重点纳税企业和果仁、汽车零配件等重点税源商品的税收征管，税收入库总额2.84亿元，同比增长35.3%。

【监管工作】2022年，鹤山海关加强转内贸船舶船员以及离船入境人员管理，严格落实"人、物、环境"同防。扎实推进"口岸危险品综合治理"百日专项行动，持续推动落实稽核查业务改革措施，开展跨部门"双随机、一公开"联合抽查，积极推广宣传和主动披露政策；严防外来物种入侵，通过微视频普法、专题宣讲等方式加强国门生物安全宣传，认真推动"异宠"综合治理专项行动，深入推进"国门绿盾2022"专项行动等。2022年监管进出口货物32.5万吨，货值87.1亿元。

【严厉打击走私活动】2022年，鹤山海关持续保持高压打私态势，推进"全员打私"工作，全力开展"国门利剑2022"联合行动，严厉打击"水客"、象牙等濒危野生动植物及其制品、洋垃圾、涉枪涉毒等走私行为。2022年共查获行政案件12宗，案值合计548.66万元。

【支持外贸进出口】2022年，鹤山海关全力以赴促进外贸保稳提质，支持传统外贸行业提档升级，免收外贸企业担保1054.62万元。持续压缩口岸通关时间，2022年进口整体通关时间4.19小时，排名江门关区第二。推进关区通关业务改革，2022年进出口提前申报应用率分别为85.89%、92.07%，分别排名江门关区第一、第二。主动服务"一带一路"建设，自3月16日江门北站首列中老班列开行以来，支持保障中欧、中老班列顺利出口共11班次，总货值7511万元，助力地方、企业开辟新的国际航线与贸易方式，进一步打开欧洲、东南亚市场。支持跨境电商发展，共监管跨境电商出口（9610模式）业务10宗，包裹4543件，货值638.66万元。

附：鹤山海关正副关长名录

关　长：张　文

副关长：

陈华江（—2022年12月）

刘文君（女，—2022年11月）

周捷（女，2022 年 11 月—）
朱俊国（2022 年 11 月—）
廖文生

（麦长爱）

鹤山边防检查站

【概况】2022 年，鹤山边检贯彻落实国家移民局、珠海总站、江门站年度工作会议、边检工作会议精神，聚焦全年工作思路和主线，强化口岸安全管控，确保口岸安全畅通。

【聚焦主责主业】截至 2022 年 12 月 31 日，鹤山边检未发生任何业务差错或事故，圆满完成各项执法执勤工作。在党的二十大安保期间，鹤山边检保持高度的政治敏锐性和责任感，查获一起往来港澳小型船舶违法违规案件，受到上级部门的高度肯定；查处一起失控证件报警，并按规定进行处理；联合鹤山市公安出入境管理大队打击“三非”专项行为，抓获 4 名“三非”人员。

附：鹤山边防检查站队长、教导员名录

队　长： 袁冬梅（女）

教导员： 王国平

（林汉智）

鹤山海事处

【概况】2022 年，鹤山海事处坚持做好疫情防控和安全监管相结合，完成巡航里程 4168 海里，出动船艇（车辆）369 艘（辆）次，检查船舶 313 艘次。鹤山辖区船舶进出港 11 449 艘次，货物吞吐量 1249 万吨，集装箱吞吐量 16.6 万标箱。

【安全监管】鹤山海事处以“四化”建设为统领，秉持“五讲五强”原则，践行“三个绝对不能过高估计”要求，切实加强重点水域、重点船舶、危险天气和重大节假日等重点时段的安全监管。推进弹性工作时间，加大重点水域的现场巡查监管力度，严肃查处船舶超载、配员不足等违法行为。开展卫戍巡航执法、运砂船舶专项检查、内河船涉海运输专项整治、船舶载运危险货物安全风险集中治理、打击非法洗砂洗泥、船舶载重线和货物装载专项检查、“商渔共治 2022”专项等多个专项活动，深化“平安西江”建设和“鹤护西江”“艇安”品牌创建，保障辖区水上交通运输安全。

【海事服务】鹤山海事处在做好辖区疫情防控的同时，主动助力地方复工复产，配合地方政府为港口、码头、航道建设提供专业的海事服务。继续推进落实为企业减负政策，推行国际贸易“单一窗口”、海事“一网通办平台”上线运行，开通“海事之眼”等小程序为港澳航行船舶疫情防控和船员换班提供便利。相关举措大大方便了行政相对人，提升了口岸查验效率，营造了“高效、快捷、文明、便利”的通关环境。主动走访古劳水乡旅游管理中心，推动游船建造和船员培训工作。积极参与，继续为东古码头建设提供海事专业意见。开展安全知识进校园、进企业、进村等活动，宣传安全知识，提高群众水上交通安全意识。

【新船列编】2022 年 1 月 20 日，江门海事局“海巡 09440”船列编仪式在鹤山海事处海巡码头举行。这标志着目前广东海事系统最新型的 20 米级内河海巡船正式列编鹤山海事处。“海巡 09440”充分发挥水上巡航和应急搜救重要装备力量作用，出色地执行水上交通安全监管和搜救应急工作任务，为全市水运发展和水上应急提供了更强有力的保障。

【完善应急机制】2022 年鹤山海事处陆续修订了《鹤山海事处防台工作指南》《江门鹤山海事处防洪应急预案》《一风险一对策》等，持续改善应急值班模式，强化远程监管，提升

鹤山边检与鹤山海事开展水上联合执勤

2022 年 1 月 20 日，江门海事局“海巡 09440”船列编仪式在鹤山海事处海巡码头举行

单人工作能力。应急处置更加迅速有效，迅速妥善处置完成“2·8”藤县藤城 829 船古劳水域搁浅事故和“10·18”平南腾顺 6689 船石岩头水域锚链断裂搁浅事故。建立联席会议制度，提请鹤山市人民政府办公室印发《鹤山市人民政府办公室关于建立鹤山市水上交通安全工作联席会议制度》（鹤府构〔2022〕10 号），进一步健全水上交通安全协调机制。水上搜救志愿者队伍建设扎实有效，推动建成沙坪街道、古劳镇、华侨城古劳水乡 3 个水上搜救志愿者队伍，充分发挥社会力量在应急搜救工作中的作用，不断提升鹤山市水上应急能力和工作效能。

【队伍建设】 鹤山海事处以“四化”建设为统领，以“五精”海事处建设为抓手，强化准军事化管理，努力推进精干队伍建设。组织党员干部扎实开展党的二十大、习近平新时代中国特色社会主义思想和习近平总书记系列重要讲话精神学习，强化党员理论武装，坚定了党员的理想信念。开展严肃风纪教育活动和纪律教育月活动，积极参加上级和当地政府组织的培训，提高工作人员素质和技能。与古劳镇、江门华侨城三方签署共建协议书，启动“优美文旅胜地　平安古劳水乡”党建品牌建设，明确共建方案。积极参与大党委网格化治理，支援社区开展疫苗接种宣传、老人接种疫苗、核酸检测、创文宣传及文明程度指数入户调查。

附：鹤山海事处正副处长名录

处　长： 潘锦超

副处长：

董一丹（—2022 年 2 月）

林艳虹（女，2022 年 2 月—）

（冯梓珊）

商贸流通

大型超市

鹤山广场

【概况】 2022年，鹤山市实现社会消费品零售总额158.86亿元，同比增长2%。现有大型商业网点6个，分别是大润发、鹤山广场、新华城、一汇新天地、坚美广场、苏柏城广场，主要集中在沙坪街道和雅瑶镇。

【大润发鹤山店】 大润发鹤山店位于鹤山市沙坪镇鹤山大道625号，占地面积1.35万平方米，建筑面积2.75万平方米，经营面积达9000平方米，商业街建筑面积为7200平方米。三楼及一楼提供500个汽车停车位。

大润发鹤山店经营商品3万多种，其中食品类商品占6成以上，建立了商品质量追溯体系和质量安全事故投诉管理机制，从品项、价位、品质等方面满足不同顾客的一站式购物需求。利用淘宝平台淘鲜达、大润发优鲜等电商平台，开展线上线下网络零售业务，丰富消费体验。该公司先后被评为“国家商务部流通业统计典型企业”“广东省指定农副产品平价商店”“广东省放心肉菜超市”“鹤山市文明单位”“食品安全示范街”。

大润发

【鹤山广场】 鹤山广场是鹤山市集购物、娱乐、餐饮、旅游、休闲、居住于一体的大型购物中心，坐落于鹤山市人民东路26号，是鹤山市首个集商住于一体的大型商业综合体，占地面积2.18万平方米，总建筑面积约15万平方米，其中住宅面积7万平方米，商业面积5.8万平方米，地下停车场2.3万平方米，市政广场1万平方米。商场内配置步行梯、扶手梯及观光电梯。一楼和负一楼共提供400个汽车停车位。

【鹤山新华城】 鹤山新华城位于鹤山大道与铁夫路交汇处，占地面积20万平方米，项目总

一汇新天地

体量70万平方米，商业总体量15万平方米，是鹤山地区一个集住宅、酒店、写字楼、幼儿园、精品购物、休闲娱乐、餐饮、培训、体育体验等于一体的高端城市综合体。已进驻品牌有江门大昌超市、喜顺酒店、米米国际影城（中国巨幕）、智川文体城、戴爱莲艺术中心、海底捞、华为plus旗舰店、臻享无招牌、福娃娃儿童百货、和盛粥庄、蒙自源、不二酸菜鱼、赐记茶餐厅、喜点狮等。

【一汇新天地购物广场】 一汇新天地购物广场位于鹤山市沙坪镇义学路，占地面积30 758.6平方米，建筑面积7961.3平方米。

截至2022年底，多个知名品牌进驻一汇新天地，商户数量达100多户。佳影电影城、星天地KTV、7-11、名创优品、屈臣氏、佰信优选精品超市等进驻，提升了商业的整体素质，对鹤山商业消费升级起到了标杆作用，亦带来了年轻一代的消费客群。

【坚美广场】 坚美广场毗邻鹤山新行政服务中心、鹤山汽车总站，以及坚美园、越秀、碧桂园、保利等大型小区。坚美广场总建筑面积约6.3万平方米，地上5层，地下3层，是城区辐射周边乡镇集休闲、娱乐、购物、餐饮于一体的商业综合体。目前有星级影院、特色美食、儿童游乐、培训教育、男女服饰、休闲娱乐、皮具等主要业态。

【苏柏城广场】 鹤山苏柏城广场位于鹤山市核心商圈雅瑶新商圈——江沙公路与新G325交汇处。苏柏城广场主体4层及广场占地面积共11 000多平方米，建筑面积约4万平方米。一楼可提供800个汽车停车位。进驻品牌有童诺迷你世界、大厨小灶、咩料和超4000平方米的发到家精品超市。

【新天地·中邦装饰广场】 鹤山新天地·中邦装饰广场占地面积约60亩，总建筑面积约10万平方米，有2000多个停车位，是鹤山地区最大的集建材、家居、装饰、休闲、娱乐、餐饮于一体的中高档大型购物广场。

入驻品牌有TOTO、东鹏陶瓷、健威家居、欧派衣柜、宏宇陶瓷、索菲亚、史密斯、菜丁·中邦市场、大参林、袁记云饺、工商银行、建设银行、上菜呷饭等。

鹤山新天地·中邦装饰广场打破鹤山市建材家居零售传统经营模式，引领鹤山建材家居行业走向精品时代，成为立足鹤山、辐射周边的最大建材家居体验中心及休闲娱乐基地。

【亚洲厨卫城】 亚洲厨卫城地处鹤山市址山镇，是珠三角地区高品质厨卫五金产业名片市场。

亚洲厨卫城是由6万平方米

坚美广场

苏柏城广场

新天地·中邦装饰广场

的寰球广场公寓酒店、1.6万平方米的青创园公寓、1万平方米的情景网红商业街及12万平方米的亚洲厨卫商城组成的智慧型产城综合体，为全球厨卫五金行业的生产商、采购商、跨境电商提供产品研发与加工、产品展示、商务办公、商旅服务、居家生活所需的物业空间及配套服务，辐射江门厨卫五金产区4000余家中小企业及40万人口本土消费群体。入驻的300余户商家包括整体卫浴供应商、卫浴零配件供应商及卫浴行业配套商家。

（梁雅芳）

物资购销

【概况】 2022年，市供销社积极践行为农服务宗旨，持续深化综合改革，构建公共型农业社会化服务体系，聚焦主业，扛起主责，不断提升为农服务能力和水平。努力加快成为服务农民生产生活的综合平台，成为党和政府密切联系农民群众的桥梁纽带，努力为推进乡村振兴贡献力量。

【聚焦主责主业，拓立为农服务新体系】 为做好新时期“三农”服务，助力乡村振兴，鹤山供销社制定《鹤山市供销公共型农业社会化服务体系改革试点实施方案》，围绕加快推进农业农村现代化、巩固党在农村执政基础，以农业高质高效、乡村宜居宜业、农民富裕富足为目标，实施“联农扩面、服务提质、运行增效”综合改革行动。

开展一系列联农扩面工程 2022年，市供销社通过主动加强与村“两委”合作，积极推广“党建带社建、村社共建”经验，不断优化“1+10”助农服务综合平台服务功能，积极吸纳农民社员和各类新型农业经营主体，做强村级产业品牌，先后建设村级供销社7个，创建3个省级以上标杆社和4个省级以上供销系统农民专业合作社示范社，新增培育农民专业合作社7个，建设农业产业化联合体7个，极大促进了农副产品流通交易，使得产销服务更贴近农民、方便农民、助力农民增收，推动农村服务设施提档升级。

完善建设农产品冷链物流网络 由鹤山市双合供销合作社投资55万元建设冷链物流储配仓。仓容量390立方米，项目于2022年底投入使用，覆盖宅梧双合周边农户，储存当地特色茶叶、荔枝、粉葛等农产品，方便输送到港澳地区以及通过中欧班列出口。

建设村级农贸市场 鹤城镇供销合作社在鹤城镇南洞圩投资120万元建设占地1200平方米的农贸市场。通过与鹤城镇南中村委会联合建立农产品销售流通

平台，强化联农带农和促进农产品流通，带动农民促产增收。

全面推广水稻病虫害统防统治工作　市供销社制定《2022年鹤山市供销社推进统防统治社会化服务项目实施方案》，全面推进水稻病虫害统防统治工作，项目总投资50万元。供销服务团队深入基层、到田头地头广泛联系粮食种植户，推动水稻病虫害防治社会化服务。年度完成10 021亩服务面积，为粮食生产稳产增产作出供销贡献。

【大胆改革创新，开拓供销经营新业态】 双“线”合璧，闯出扶农助农新路径　2022年，进一步加强线上线下促销农产品。新供销塔百奇通过探索直播带货功能、参与农村线上管理治理新模式助力粤桂消费协作工作，使农产品销售渠道进一步拓宽。2022年新供销塔百奇贸易有限公司被省乡村振兴局授予“广东百佳爱心帮扶企业”和“百家数字农业企业”两项殊荣。

智能回收，开发垃圾分类回收新方向　鹤山供销社贯彻落实习近平总书记对垃圾分类工作作出的重要指示精神，积极支持参与环境保护和生态文明建设。2022年，新供销再生资源园区有限公司不断扩大规模和完善设备设施，废纸、废塑料（不含污染）、废旧金属和建筑垃圾消纳日吞吐量1000多吨，2022年1—11月可回收物处理量29 051.26吨，处理废弃电器电子产品1345台，有效促进资源再生利用。

设立新项目，开办教育培训特种作业考训中心　为破解农民工因没有技能而就业难、企业因招不到合适人才而用工难的难点堵点，根据供销体系具有教育培训的职能，开拓创新，担当作为，积极申办鹤山市新供销应急特种作业考训中心。该中心不仅面向广大农民工开展技术、农产品种植、农业加工等培训课程，还开设电工、焊工、登高架设、高处作业等特种作业培训课程，致力提升鹤山农民工的专业技能和就业率，同时也为中欧（江门）中小企业国际合作区提供技术人才。

【农用物资供应】 2022年春耕农资配送货源充足，稳价保质供应，确保全市农业生产的需要。据统计，全年全市供销社系统化肥销售32 563吨，农药销售1718吨，对农民的农资销售18 265万元。

【完善“三会”制度建设】 根据广东省供销社《关于加快推进全省供销合作社系统“三会”制度建设的通知》（粤供合〔2020〕15号），积极推进社员代表大会、理事会、监事会制度建设，完善“三会”制度。市供销社新一届理事会定期召开会议，研究市社重大事项。监事会充分发挥监督职能，确保各项决策科学公正。进一步推进“三会”制度建设有利于优化理事会、监事会职能配置，使社员代表大会、理事会、监事会各负其责，协调运转，有效制衡，促进社有企业可持续发展。

附：市供销合作联社正副主任名录

主　任： 吕达权

副主任： 梁伟业

冯亦文

（钟耀权）

烟草专卖

【烟草专卖管理】 鹤山市烟草专卖局（分公司）积极落实打击涉烟违法犯罪工作，取得了较好的成效。2022年，为开展打击涉烟违法犯罪共出动执法人员3225人次，检查经营主体6625户次；与公安、市场监管等部门开展联合行动38次。全年共查处涉烟违法犯罪案件63宗（其中移送市场监管部门3宗、移送公安部门4宗），合计查获涉案卷烟数量1811.35万支（其中假冒伪劣卷烟1497.39万支、走私卷烟124.62万支、非烟189.34万支），涉案金额约1947.13万元。配合公、检、法拘留15人，逮捕1人，判刑8人。全年共开展各类专项整治行动45次，派发宣传单2955份。通过“校园周边环境专项整治行动”“无证户查处专项行动”等，运用线上、线下多种途径宣传法律法规政策及打击涉烟案件成果，在辖区范围内创建学法、懂法、守法的社会环境。同时，运用户外广告屏、电视等媒体渠道，投放涉烟案件举报奖励广告。通过“双随机、一公开”监管和线上线下相结合的投诉渠道，全年收集涉烟案件举报线索131条，营造全民监督的社会氛围。

【管理创新项目上新台阶】 2022年完成烟丝厂监管系统、无证户监管系统等数字化创新项目（含小程序）共7个，牵头完成“缩短行政许可归集时间”QC课题1个，各员工还积极参与市局各职能部门的QC项目3个。

附一：广东省鹤山市烟草专卖局正副局长名录

局　长： 冯蔚文

副局长：

吴志鹏（—2022年4月）

罗明波（2022年4月—）

附二：广东烟草江门市有限公司鹤山市分公司正副经理名录

经　理： 冯蔚文

副经理：

董圆圆（女，—2022年9月）

李沃林（2022年9月—）

（王颖雯）

城乡建设

城乡规划

【编制城乡各类规划】 2022年，积极开展鹤山市国土空间总体规划编制工作，优化鹤山市“两翼双城”空间发展格局，完成11项国土空间总体规划专题研究。完成了“三区三线”的正式划定，形成了国土空间总体规划初步方案。积极对接珠海—江门大型产业集聚区规划，将鹤山市169.12平方公里范围划入江门北组团，主攻中欧合作；配合江门市划定先行启动区，其中雅瑶镇5.67平方公里（8500亩），已开展编制《江门市（鹤山）战略性新兴产业园南靖片区控制性详细规划》。组织编制《中欧（江门）中小企业国际合作区（鹤山核心区）概念规划及重点地区城市设计》。隆基项目完成508亩供地工作，硅产业基地园区基础设施配套项目顺利完成调规工作。持续推进五个重大平台的规划建设，积极推进四个重要轨道交通站点的规划编制工作。启动《鹤山东站周边TOD概念及交通规划》编制工作，优化江门北站片区和鹤山西站片区的发展定位和功能分区。完成《鹤山市西部城区镇南片区控制性详细规划》《鹤山市沙坪街道镇南工业片区控制性详细规划》《江门市（鹤山）战略性新兴产业园产业策划及概念规划》《江门市（鹤山）战略性新兴产业园黄洞片区控制性详细规划》编制和审批工作，完成《鹤山市鹤山大道及江沙路改造提升方案修编》和《鹤山南站货运改造工程方案研究》编制，指导各镇和有关部门完成33个控制性详细规划和6个专项规划编制。2022年共完成土地规划调整方案16个，调规面积3669.06亩。组织市城乡规划委员会全体会议2次，审议项目49项，其中控制性详细规划方案32项，专项规划方案7项，修建性详细规划方案8项，规划设计条件2项，控规局部调整论证报告1项。组织建筑及环境艺术专业委员会会议2次，审议项目3项。组织控制性详细规划专业委员会会议3次，审议项目7项。

【城乡建设项目规划审批】 年度核发《建设用地规划许可证》104个，《建设工程规划许可证》（建筑类）338个（其中房地产项目64个、工业项目214个、其他项目60个），规划许可总建筑面积330.63万平方米（其中房地产项目88.26万平方米、工业项目230.7万平方米，其他项目11.66万平方米）。核发《建设工程规划许可证》（市政类）33个、《建设工程规划验收合格证》294个、《建设项目用地预审与选址意见书》5个。

（黄　颖）

城乡建设

【住房保障】 2022年，鹤山市筹集保障性租赁住房210套。将鹤山市城镇中家庭月人均可支配收入从3016元提高至3098元，外来务工人员群体申请沙坪城区公租房“需要签订3年以上劳动合同，且累计在鹤山市购买3年以上社会保险”修订调整为“与鹤山市现用人单位签订1年以上（含1年）劳动（聘用）合同，申请之日前半年内购买1个月以上（含1月）社会保险”。坚持“以民为本、为民解困、为民服务”的原则，最大限度减轻困难家庭负担，低保户家庭租金按照公共租赁住房租金标准的20%收取；针对孤、老、病、残等特殊困难家庭，按照公共租赁住房租金标准10%计收；减免参战退役家庭租金。2022年共为23户低保家庭、1户低收家庭、5户特困家庭以及20户参战退役家庭减免租金共计14.93万元。惠民苑保障房小区加装电梯一期2部电梯工程正式投入使用，二期工程建设工作完成6部电梯的安装。

【城市品质提升】 开展城市品质提升行动　2022年，围绕城市品质提升六大计划和园区基础设施建设，共安排建设项目27项，完工11项，累计完成投资19.24亿元。其中，完成大昌花园、乐民村和新升苑3个城镇老旧小区改造，完成水围新村、东升村、南门苑等8个老旧小区及其周边主次干道建筑物外立面整治，旧城区焕发新面貌。

推进美丽圩镇建设攻坚行

2022年12月，惠民苑保障房小区全部加装电梯并交付使用

新升苑改造后焕然一新

鹤山市妇幼保健院新建附属楼

动　2022年，鹤山市实施美丽圩镇建设攻坚行动，共安排建设项目61个，完工项目34个，累计完成投资6.89亿元。各镇均通过江门市评价验收，其中共和镇达到“示范圩镇”标准，其余各镇达到“宜居圩镇”标准。

【房屋安全】 2022年，鹤山市全面开展自建房安全专项整治，共排查自建房139 255栋，其中经营性自建房9123栋，发现29栋经营性自建房存在安全隐患，其他自建房初判存在安全隐患322栋。均依据分类整治标准进行分类管理，落实“一患一档、一患一方案”管理举措，保障人民群众生命财产安全。

重点工程建设

【陆容章楼新建工程】 2022年1月24日，鹤山市第一中学陆容章楼竣工验收，建筑面积3947.3平方米，总投资677.15万元。该项目建成后满足鹤山市第一中学教学与发展同步的需要，提高鹤山市高中教育质量，解决教学资源紧张问题。

【鹤山市妇幼保健院新建附属楼】 2022年7月18日，鹤山市妇幼保健院新建附属楼竣工验收，建筑面积2094.7平方米，总投资1241.18万元。

【鹤山市桃源中学新建教师宿舍楼】 2022年10月8日，鹤山市桃源中学新建教师宿舍楼竣工验收，建筑面积2411.62平方米，总投资671.2万元。

建筑业

【建筑业发展】 2022年，全市新办理施工许可证手续工程163项，同比减少14.66%，总建筑面积278.94万平方米，减少40.9%。按统计口径预测，本地建筑施工企业完成建筑业总产值29.47亿元，同比增加20%。全市建筑业总产值稳步提升。

【房屋市政工程管理】 江门市内首创“护薪众保”建筑工人工资支付专项保证金制度，有效减轻建筑企业资金营运成本，切实快捷解决欠薪问题。强化建筑施工领域安全监管，开展建筑施工安全隐患专项排查整治行动以及起重机械质量安全专项抽查。2022年累计检查在建工程1817项次，发出责令整改、停工等通知书897份，约谈54个项目责任单位。抽检预拌混凝土生产企业和施工现场材料，有效控制建筑施工现场使用建筑材料质量。2022年累计抽查建材和混凝土原材料293批次，合格率95.22%，对不合格材料进行退场处理。检查商品混凝土生产单位7家次，抽查混凝土原材料67批次，合格率92.54%，对不合格材料进行退场处理。组织完成房屋建筑承灾体调查302 488栋（城镇房屋29 958栋、农村房屋272 530栋），通过江门市和省验收。

房地产业

【房地产业发展】 2022年，鹤山市办理商品房预售许可89宗，预售面积84.03万平方米，同比降低42.4%；商品房销售面积84.78万平方米，同比降低38.1%，成交金额60.26亿元；商品住房成交均价6667元/平方米，同比降低8.6%；商品住房去库存周期19.8个月。

【房地产销售】 2022年，鹤山市商业性个人住房贷款的首套房最低首付比例由30%调整为20%，支持刚性、改善性和新市民住房需求。7月23—24日，举办鹤山市城市建设成果展暨2022年房地产博览会，展示鹤山市城市建设成果，提升房地产市场信心。9月30日至10月31日，举办“金秋十月、置业鹤山”购房优惠活动，进一步提高房地产市场活力。

鹤山市桃源中学新建教师宿舍楼

房地产管理

通过加强部门协作沟通，打破信息壁垒，优化办事流程。2022年完成“交房即发证”1292宗。其中，在古劳万洋众创城项目开展的商品厂房“交房即发证”属江门首例。开展房地产市场秩序专项检查行动，加强销售信息现场公示及销售过程监管，规范商品房销售行为，维护商品房买卖双方的合法权益。对管理、现场信息公示不规范及违规开展业务的9家房地产企业发出整改通知书并督促企业限期整改。

【物业管理】 开展物业服务企业诚信与事中事后检查测评，提升物业服务行业管理水平。处理物业管理公司与业主之间、住户邻里之间物业纠纷1342宗。全面落实物业管理相关备案业务，强化对物业企业规范化管理的监督指导，处理区域备案和合同备案申请18个。

【住宅专项维修资金管理】 2022年，鹤山市住维资金新增交存户数16 152户，新增交存面积145.39万平方米，新增交存资金3930.37万元。归集总户数77 857户，归集总面积达806.66万平方米，归集总额2.25亿元。为玉兰花园和颐景名苑业主追回开发建设单位非法代收的住宅专项维修资金200多万元。

附：市住房和城乡建设局正副局长名录

局　长：

赵荣赞（—2022年9月）

李永灿（2022年9月—）

副局长：

杨仕祺

李青烨（2022年8月—）

王　刚（挂职,2022年8月—）

（邓颖欢）

城市管理

【概况】2022年，鹤山市城市管理和综合执法局围绕市委市政府的工作部署，坚持为人民管理好城市，践行全心全意为人民服务的根本宗旨，多措并举提升城市管理品质，全力营造干净、整洁、井然有序的环境。

【市政工程和设施建设】2022年，新建新人医河堤道路、新环路（东升路—中社村）、前进南路（鹤山大道—过境路）、大鹏路（文明路—大朗村）4条道路，路长约2.8公里。完成新风路、新航路、图书馆周边道路、小范街、莺朗街5条道路改造，共约5.3公里。修复鹤山大道、铁夫路、大鹏路、文华路等城区主次干道路面，共修复沥青路面6000多平方米、水泥路面及人行道3000多平方米，更换井盖400多套。完成大昌花园、乐民村、新升苑3个小区改造，改造面积53 178平方米。同时结合老旧小区改造新（改）建口袋公园3个。

2022年3月1日，智慧停车项目首期路内智慧停车泊位投入试运营。8月底，建成1972个路内智慧停车泊位并投入使用。9月，启动项目二期路内智慧停车泊位建设工作，包括铁夫路、大鹏路、人民东路、容章路等路段。截至2022年年底，累计建成并投入使用智慧停车泊位2858个。

开展鹤山城区排水管网修复改造工程，对城区管网约500处缺陷进行修复改造，修复排水管渠约8公里。完成新湖路万福金铺、新环路华景轩门口、裕民路4号三处水浸黑点整治。在大鹏路、新环路、铁夫路、文华路新建污水管网。同时开展老旧排水管网修复改造工程，累计完成管道清淤检测90公里，清淤1.0547万立方米，疏通了城市排水脉络，确保城市排水系统畅通。

【环境卫生管理】2022年1月，环卫服务市场化项目正式运行，通过“统一作业主体、统筹作业场景、统管作业资源”的环卫一体化战略，进一步完善和量化作业标准。加大机械设备投入，新增洗扫车、压缩车等大型作业车辆73台，小杂运、高压清洗车等小型电动设备119台，吹风机、吸树叶机等其他设备192台。截至2022年年底，城区81条主次干道基本达到“六无八净、路见本色”的效果，552个垃圾收集点垃圾清运及时，102个公厕保洁到位，综合清扫保洁、垃圾分类督导和文明劝导服务稳步实施。加强对城区主次干道洒水冲洗和保洁工作，出动抑尘车共1013车次，喷水8100吨以上；出动洒水车共4083车次，洒水54 600吨以上。

加快扩大全市垃圾分类覆盖面，完善垃圾收运体系。引入第三方专业收运公司开展鹤山市餐厨垃圾收运工作。截至2022年年底，已有127家单位与收运公司签订收运协议，餐厨垃圾收运初见成效。积极推进鹤山市生活垃圾资源化处理提质改造项目的前期工作。该项目总体规划每天1200吨，其中一期规划每天700吨，二期预计每天500吨。在社区定期开展垃圾分类宣传活动，2022年共集中宣传73次，入户宣传30次，共派发宣传单14 469份，指导垃圾分类投放149 839次，分拣厨余垃圾47 718公斤，巡回宣传271次。

【园林绿化】截至2022年底，全市建成区绿地面积1426.75公顷，绿化覆盖面积1498.09公顷，公园绿地面积340.03公顷，绿地率39.04%，绿化覆盖率40.99%，人均公园绿地面积19.8平方米。

【城市照明】2022年，全市城区共有路灯20 001盏，总功率2450.227kW，线路全长

2022年9月22日，举行鹤山市生活垃圾资源化处理提质改造项目特许经营协议签约仪式

293.48km，平均设备完好率99.9%，平均亮灯率99%。

【市容市貌提升】 2022年，对城区内陈旧破损、年久失修、存在安全隐患等问题的户外广告设施、招牌和空调架进行依法拆除。共拆除违章商业广告、招牌1167处，约7868.22平方米，拆除废旧空调架4312个。全市拆除违法建筑共5.14万平方米。

【城市管理执法】 2022年，全市已办结的城市管理方面行政执法案件348宗，其中行政处罚8宗、行政许可241宗、行政检查99宗。在行政处罚案件中，夜间超时施工1宗，未经消防审查投入使用3宗和噪声超标3宗，随地乱扔垃圾1宗，共罚款10.31万元。同时定期与江门市生态环境局鹤山分局、沙坪街道办事处等开展联合执法，出动执法人员258人次。2022年1—12月共处理工地噪声污染32起，处理食肆油烟和噪声扰民投诉81起，巡查餐饮油烟行业253间，减少了因经营产生的油烟、噪音对附近居民生活造成的影响。

深入开展燃气隐患排查治理和打非治违工作。重点排查整治餐饮行业可燃气体泄漏报警器安装、用气环境、燃气设施设备等方面的安全隐患。派出检查组973组次，累计出动3865人次，整治隐患458处。检查燃气企业防泄漏、消防设施、报警装置等，共出动426人次，发现73处隐患问题，已落实整改73处。联合公安、交通、市燃气协会等开展“打击黑气”行动3次，查处气瓶325个。推进餐饮行业可燃气体报警器安装工作。截至2022年年底，全市已安装可燃气体报警器的餐饮用户1941家，已按上级要求目标完成，安装率达100%，位于江门市前列。

附：市城市管理和综合执法局正副局长名录

局　长： 李建中

副局长： 冯伟桥

张　辉

（叶洁敏）

环境保护

【概况】 2022年，江门市生态环境局鹤山分局坚持以习近平生态文明思想为指导，深入推进省委“1+1+9”、江门市委“1+6+3”工作部署，全面部署落实鹤山市生态环境保护工作，全力推进鹤山市中欧合作区核心区建设，坚持疫情防控与经济社会发展两手抓、两手硬，力求高水平保驾护航鹤山高质量发展。鹤山分局在2021年全国生态环境保护执法大练兵活动中获评“表现突出集体”，在第十届广东省市直机关“先锋杯”工作创新大赛（鹤山赛区）选拔赛中荣获服务群众及基层治理类项目二等奖，组织实施的《疫情下的宣教新思路——环保主题课案“四进”行动》宣教案例入选“广东省十佳公众参与案例”。

【环境质量】 2022年，鹤山市空气质量优良天数比例为85.2%，综合指数变化幅度位列江门市第一，二氧化硫、二氧化氮、PM10、一氧化碳与PM2.5五项污染物年均浓度值均达到国家环境空气质量二级标准。全市水环境质量总体向好，地表水国考断面（下东）水质优良比例达到100%，县级集中式饮用水水源地水质优良比例达到100%。

【污染防治】 推进挥发性有机物综合治理，督促企业完成深度治理21家、低效治理设施升级改造12家。开展工业炉窑污染综合治理，完成10家工业炉窑企业整治提升。开展锅炉污染综合治理，完成燃气锅炉低氮燃烧改造48台、生物质燃料锅炉改造13台。深化移动源污染治理，共开展39次联合路检执法行动，共检测388台柴油车、6台摩托车，其中超标排放车辆9台。印发实施《鹤山市2022年水污染防治攻坚工作方案》《关于进一步做好辖区内农村黑臭水体排查动态更新工作的通知》和《关于进一步加强农村黑臭水体监管的通知》，深化农村黑臭水体治理。推进农村环境整治，完成8条建制村整治任务。强化土壤、地下水污染协同防治，完成对江门市（鹤山）精细化工产业园的地下水环境状况调查评估，编制了项目成果报告，并通过专家评审。严格建设用地准入管理，完成10个建设用地土壤状况调查。强化土壤污染源头防控。2021年及之前纳入名录中的企业已落实隐患排查工作，自行监测方案已通过专家评审及监测，督促2022年纳入的两家企业在规定时间完成隐患排查及自行监测。

【环境管理】 对各产业园区分类施策，以提高规划环评质量为主要抓手，推动产业转移工业园及其扩园两个规划环评通过上级部门审批。完成152家重点企业和集中式污染治理设施的环境统计工作，严格落实污染物排放总量前置制度，统筹推进全市5家“双超”“双有”企业强制性清洁生产审核工作，加快生活污水处理厂提质增效，全面整治低效企业，优化产业结构，防治结合保障建设项目环评审批的总量指标。会同属地镇（街）、招商

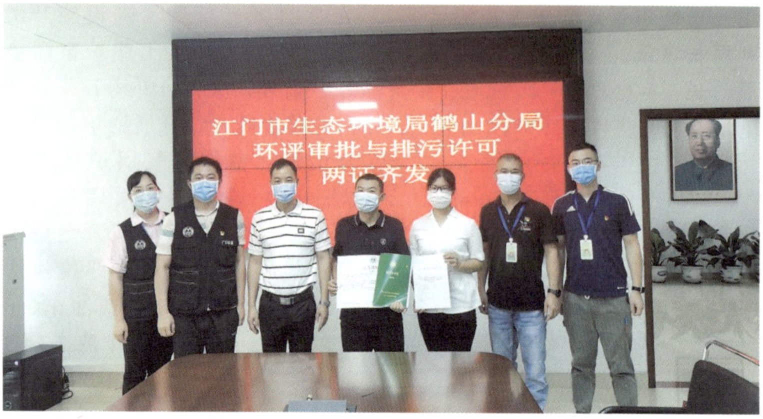

江门市生态环境局鹤山分局首次实现环评审核和排污许可两证齐发

部门外出招商引资17次，外出考察项目24个。全年共出具50份地块环保意见、84份项目准入意见、22份控规环保意见，完成项目审批133个，完成439家企业的排污许可证质量核查，督促515家排污单位提交2021年年度执行报告，其提交率为100%。

【环保执法】 坚持铁腕执法、铁规治污，解决突出环境问题。共出动3574人次，检查企业1592家，立案查处环境违法行为43宗，责令645家存在环境问题的企业限期改正，查封违法排污企业1家，移送公安机关进行行政拘留案件4宗。加大建设项目现场监察力度，开展“双随机”检查，围绕生态环境领域疫情防控、工业固体废物监管开展专项整治行动，强化涉VOCs重点企业治理、工业锅炉炉窑污染管控与潭江牛湾国考断面水质达标专项执法，完善在线监控系统，加大重点污染源监察管理力度。安排专人专责处理，确保日常工作中24小时畅通举报投诉电话。2022年处理环境信访投诉1417件，信访投诉量同比下降17.4%，呈连续五年下降态势。

【环境监测】 先后制定《鹤山市突发新冠肺炎疫情期间环境应急监测工作方案》与《江门市生态环境局鹤山分局关于新型冠状病毒感染的肺炎疫情医疗废物及医疗废水突发环境事件应急预案（2022年修订版）》，联合相关部门成立专项小组，督导医疗废物及废水产生单位、处置单位建立健全疫情下的医疗废物及废水管理和应急处置预案。对接纳涉疫场所废水的污水处理厂开展应急监测456家次，完善并落实协同处置应急方案。结合河长制监测、城镇污水处理厂监测、污染源监测等日常工作，协助做好环境双随机执法、专项执法检查等监测工作，共提供监测数据6727个，出具相关监测报告73份。

【环保宣传】 设计制作一批可复制、易操作的环保主题精品教案，扩充党员志愿服务队与专业化志愿服务队，开展“种子教师”与青少年讲团培育，吸纳全市环保志愿者人才。打造环境教育数字基地，推进环保主题课案进学校、进社区、进企业、进农村。围绕“3•22”世界水日、“4•22”世界地球日、“5•22”生物多样性日、“六五”环境日等重要时间节点，结合创文入户和新时代文明实践系列活动，举办环保读书分享会、生态环境保护普法专题讲座、节能低碳科普小课堂、环保科学实验、DIY手绘环保袋、垃圾分类志愿服务等环保主题宣传和实践活动12场。在各新闻媒体平台刊登190篇（件）新闻，其中央级媒体1篇、省级媒体8篇、江门市级媒体13篇、省厅公众号7篇、市局公众号50篇。

附：江门市生态环境局鹤山分局正副局长名录

局　长：麦和灿

副局长：吕健贤
　　　　李宗廉
　　　　陈彬毅

（李下明）

旅　游

旅游业

乡野时光营地

【加快创建广东省全域旅游示范区】 香草地景区获评国家AAA级旅游景区。华侨城古劳水乡上古劳圩商业街全面开放，乡野时光营地入选首批省乡村露营地图。“茶韵飘香鹤山红，越侨风情醉乡村”获评为全国茶乡旅游精品线路。雅瑶镇黄洞村、鹤城镇五星村获评为江门市乡村旅游示范村。

【旅游节庆活动】 2022年春节期间，举办了2022年古劳水乡新年风物季系列活动。暑假期间，华侨城古劳水乡举办古圩微醺集市活动，包含“龙溪摆渡”泛舟夜游、创意餐车“潮”玩一下、美食集市、舌尖盛宴、啤酒畅饮、乐队狂欢、绚丽烟花等，带动了夜经济发展。举办了主题为“花香迎新年，年味贺新春”的鹤山香草地首届花香节暨年味美食节。8月4日晚，2022广东乡村休闲精品（夏季）推介会暨古劳镇乡村民宿推介招商活动在江门华侨城古劳水乡旅游区乡野时光大草坪隆重举行，举办了乡村露营体验及特色民宿展示等活动，鹤山市非遗展区和美食文化展区吸引了大量游客体验打卡。9月10日—10月7日，华侨城古劳水乡开展市集活动。组织举办“文明鹤山风光摄影大赛”活动并在华侨城古劳水乡景区展出获奖作品，以摄影创作展示鹤山美丽风光。举办2022年发现“文明鹤山”欢乐行活动，各镇（街）共同参与线路编制，将全市景点线路串联起来，依托微信小程序进行线上线下联结，让市民游客通过线上小程序打卡，参与探寻有关鹤山的历史文化和美食美景。6—7月，举办了2022年香草地首届荔枝采摘季。

华侨城古劳水乡上古劳圩商业街

【推进重大文旅项目建设】 华侨城古劳水乡文旅项目以“自由流淌的水乡生活”为主题，将古劳水乡打造成最美岭南水乡和粤港澳大湾区文化生态旅游度假标杆。2022年春节，古劳水乡一期正式面客，对外开放了三大乡趣新品：童梦村乐园、上古劳圩滨水商业街、乡野时光营地。同时，“横海游梦”游船新添夜游新体验，重装升级鱼蔬农场，建设粤书吧。来苏山水人家项目通过“政府+村+企业”合作的模式，规划建设一个集山水田园、健康养生、茶文化、水资源、明清古建筑木建筑文化、含硒温泉于一体的乡村自然生态景区，配套特色精品民宿、高端农家乐等。已完成总平面方案设计，并按计划有序施工，部分建筑主体已完成，正在进行室内装修工作。源林生态乐园项目已完成第一批、第二批合计4600多亩林地砍伐，现正进行复绿工作。

（崔洁芬）

主要景区、景点

【大雁山风景区】 国家AAAA级旅游景区，位于鹤山市沙坪城区北部，旁依佛开高速公路，近邻鹤山港、九江大桥，距离广州60公里。水陆交通十分便利，是五邑对接广佛的桥头堡，被誉为“文化山水休闲地，广佛西出第一景”。大雁山为蓬江区和鹤山两地的界山，因山形如大雁展翅啜饮西江而得名，与南海西樵山隔江相望，故两山以“姐妹山”相称。大雁山面积212.9公顷，主峰海拔310米，南北走向，由紫红色砂页岩和花岗岩构成。景区山水结合，峰峦起伏，奇石竞秀，山林葱郁，清溪潺潺，泉水哗哗，配与庙宇、亭台，景物万千。

【古劳水乡】 国家AAA级旅游景区，是最具有珠江三角洲特色的岭南水乡，水道四通八达。这里有小桥、流水、古榕、夕阳、白鹭、牛群，是水乡人家如诗画般的生活景致。华侨城古劳水乡文旅项目计划投资50亿元，以“自由流淌的水乡生活”为主题，将古劳水乡打造成为中国最美岭南水乡和粤港澳大湾区文化生态旅游度假标杆。项目整体规划占地约10平方公里，其中主景区约3平方公里，范围包括核心景区（包含三大组团）、农业文化遗产活化区和咏春文化遗产活化区。

古劳水乡

【香草地】 国家AAA级旅游景区，位于鹤山市宅梧镇东南方，拥有得天独厚的地理环境与自然生态环境，具有广阔的休闲旅游空间。景区结合原有的地形造点，修建了生态步道，为游客休闲旅游、放松身心创造条件。香草地以香草植物为主题，发展出六大区及五大馆，分别是主场馆、花园美食馆、科普研学馆、手作美学馆、闻香馆和香草种植区、蔬果区、特用作物区、露营区、大棚育苗区、自然生态区，多元发展应用植物特有的观赏价值、文化价值，打造集休闲、餐饮、健康、养生、婚纱摄影美拍、购物、科普教育及研学于一体和谐发展的香草园区，形成都市型现代农业、情境式休闲度假及香草附加产品研发三位一体的新兴产业模式。

【梁赞故居】 古劳水乡人杰地灵，是咏春拳宗师梁赞的故乡。梁赞故居位于古劳镇东便村。以咏春拳文化为主题的梁赞文化公园位于村口，耸立着一尊3.8米高的梁赞铜像以及12个咏春拳招式铜像，建设了介绍“咏春拳渊源”及“梁赞生平”的文化长廊、木人桩等设施。故居内还原了咏春拳发展历史、梁赞侠肝义胆德昭后辈的感人故事，已成为全球咏春门人寻宗颂祖的胜地。

【霄南鲜卑古村落】 位于鹤山市龙口镇东部。霄南村由鲜卑王朝北魏皇族后裔源氏族人于南宋时期迁居此地后兴建。村内保留着清末民初古民居200多座、宗族祠堂9座、青石板巷道近10条。建设了霄南鲜卑历史文化博物馆、源吉林凉茶博物馆、冰心奖儿童图书馆、霄南高水村城墙公园等。霄南鲜卑古村落入

铁夫故里

选为第五批中国传统古村落。

【陈山铁夫故里】 坐落在鹤山市雅瑶镇陈山村，以“李铁夫故居”与“陈山火龙”为基础，发展规划“乐享”“乐活”“乐游”“乐学”四大主题，全方位打造集特色餐饮、休闲娱乐、特色民宿、文化体验、创意生活等于一体的多业态综合旅游项目。陈山村开村至今已有760多年历史，素有“铁夫故里、火龙之乡”的美誉。2014年，陈山火龙入选第五批省级非物质文化遗产名录。2019年，陈山村获得“广东省古村落”荣誉称号。李铁夫先生祖籍陈山村，被孙中山先生誉为“东亚画坛第一巨擘”，他将自己精心绘制的艺术画作捐献出来资助革命活动的发展，是民主革命的先驱者。

（崔洁芬）

旅行社

【鹤山市春秋假日旅行社有限公司】 位于鹤山市沙坪街道前进路26号，经营许可证号为L-GD00261，2008年10月经江门市旅游局批准成立，经营境内旅游业务和入境旅游业务。

【鹤山市国通旅行社有限公司】 位于鹤山市沙坪街道新业路1419号，2016年3月10日经江门市旅游局批准成立，经营许可证号为L-GD02236，经营境内旅游业务和入境旅游业务。

【鹤山市鹤之旅假日旅行社有限公司】 位于鹤山市沙坪裕民路139号、高升邨54号，2021年5月6日经江门市文化广电旅游体育局批准成立，经营许可证号为L-GD-101095，经营境内旅游业务和入境旅游业务。

【江门市广游旅游科技有限公司】 位于鹤山市沙坪街道东升路37号，2022年9月30日经江门市文化广电旅游体育局批准成立，经营许可证号为L-GD-101433，经营境内旅游业务和入境旅游业务。

【江西大象国际旅行社有限公司鹤山古劳分公司】 位于鹤山市古劳镇升平圩127号，2021年4月23日经江门市文化广电旅游体育局备案成立，旅行社分社备案登记证明号为L-JXGZ00009-JMS-FS0001，经营入境及国内旅游业务。

（林金源）

酒店

【鹤山市东古玥湖酒店】 原鹤山市碧桂园凤凰酒店，位于G325鹤山大道623号，2020年

东古玥湖酒店

10月1日被鹤山市东古酱油有限公司收购，2021年4月26日完成升级改造开放营业。酒店有玥湖湖景房、玥湖园景房和玥湖总统套房等共282间464个床位，设有文华会中餐厅、玥湖西餐厅、玥湖特色扒房、商务会议厅、户外园林泳池、健身室等服务配套设施，系鹤山高级旅游商务接待酒店之一。

【叠翠山庄】 三星级酒店。坐落在有“全国著名侨乡”之称的鹤山市大雁山风景游览区，是集餐饮、娱乐、商务会议、休闲住宿于一体的三星级会议度假酒店。

酒店面临西江，背靠大雁山森林公园，环境得天独厚。佛开高速公路、滨江大道、G325贯穿店前，距离广州约40分钟车程，距离佛山、江门约30分钟车程，距离深圳、珠海约2小时车程，鹤山港客运码头更是近在咫尺，交通非常便捷。酒店环境优雅，鸟语花香，青山秀色环抱，空气清新，绿化率高，远离烦嚣闹市。酒店的“绿色”经营理念得到广大市民的认同，被广东省星级饭店评委会评为“绿色饭店”。

【鹤山方圆福朋喜来登酒店】 由广东方圆地产集团投资兴建，于2018年7月28日开业，位于大雁山风景区西麓。酒店共有客房341间，设有聚味轩中餐厅、宜客乐餐厅、大堂吧、1300平方米的宴会场地、6间多功能会议厅，以及1000平方米的户外草坪及玻璃教堂，是商务会议、大型宴会及社交聚会的理想场地。

（林金源）

镇（街）建设

镇（街）建设

沙坪街道

【概况】 沙坪是鹤山市政府所在地，是鹤山市的政治、经济、文化中心。沙坪行政区域面积41.76平方公里，人口24.3万，华侨、港澳台同胞5万多人，是全国重点侨乡之一。沙坪街道下辖桥凼、玉桥、仓边、莺朗、镇南、小范、文边、越塘、中东西、楼冲、赤坎、汇源、坡山、黄宝坑、杰洲15个村委会以及和平、桂林、南山、祥盛、新升、义学、谷埠、兴业、东升、新华、新业、凤凰12个社区居委会。

2022年经济运行平稳，投资项目发展态势良好。规模以上工业增加值14.59亿元，同比下降0.9%；固定资产投资9.6962亿元，同比增长61.56%；工业投资3.4192亿元，同比增长342.16%；技改投资1279万元，同比下降7.1%；限上社会消费品零售总额9.08亿元，同比增长12.5%；限上批发业销售额98.98亿元，同比下降20.3%；外贸进出口总额31.09亿元（十月），同比下降8.3%（十月）；财政收入可比口径47 804万元（剔除留抵退税影响），同比下降0.2%，其中，税收收入39 672万元，非税收入8133万元。外贸进出口总额31.09亿元（十月），同比下降8.3%（十月）。超额完成社会消费品零售总额增速任务，超额完成实际利用外资。

【农业】 全年农业总产量10 055吨，其中农业产量8500吨、渔业产量2047吨。

【招商引资与重点项目建设】 城乡融合发展产业园升级改造项目一期封顶，成立产业园运营公司筹备组，积极招引优质企业。推进划定工业用地保护红线，完成镇南工业城用地规划调整。加速鹤山市合生鸿基家具有限公司“工改工”项目立项，释放产业发展新空间。镇南工业城错位发展“总部经济”，吸引安栢总部落户、全球化工领先企业迪爱生集团收购同德化工，产业集聚效应加速形成。引入广东新工机器人有限公司等“专精特新”企业落户沙坪，有序推进国机南联等增资扩产项目。抓跨境电商、网络零售等新业态，万年松、南方清关中心等建成运营。主城区商贸流通功能进一步拓展。新华城等商圈引进的大昌超市等“家门口”商超布局完善，德文集市等“网红点”显露头角，竹树坡、大鹏路等食街人气持稳，假日经济、夜间消费等新经济模式拉动作用突出。

【推进“人才倍增”工程】 坚持“双招双引”，打造“五好”城区人才品牌，建设镇南工业城、雁山社区职工服务中心，在江门地区率先探索党工共建“四联”工作法，搭建街道人才驿站“三库一平台”。发放高校毕业生基层岗位补贴131人次，发放创业补贴297人次，建设人才温馨港湾。

【社会治理】 开展扫黑除恶斗争，阻断电信网络诈骗案件1854起。探索“两平台+综治网格平台”相互融合应用新模式，全年处置录入事件11 783件，处置率达100%。对城区16处违章搭建物实施强制拆除，实现“网格员吹哨，执法人员办案”的新治理模式。街道大工委在“党建+N全科网格”基础上，设立涵盖市场监管等10个专责小组，专职工作组主要负责同志担任街道“大工委”兼职委员，助力打造共建共治共享的社会治理格局。加强进口冷链食品等重点领域监管，加大走私打击力度。

【镇村建设与创文惠民】 坚持文明城市创建和环境整治、乡村振兴有机结合，精心塑造“路通、水清、岸绿、景美”的城乡整体风貌。

城区品质有效提升 大鹏路全面通车，九号街、纵二路征地顺利完成，进一步优化出行环境。投入1227万元完成谷赤线路面维修等建设项目30项。深入开展“十大专项整治行动”，投入近310万元对城区破旧信报箱和破损楼道玻璃进行全面维护和更换。投入240万元在老旧城区安装167个微型消防站，建成3个旧楼加装电梯项目，惠及近8万人。严抓执法巡查，取缔占道经营约2.5万宗，劝离流动摊档约3.5万档次，整治违章建筑约4万平方米。2次高质量完成全国文明城市测评检查，成绩排名靠前，进一步提升居民生活品质。

乡村振兴稳步推进 完成农村集体资产网上交易改革。投入

近100万元用于促农增收，落实撂荒地复耕面积约224.15亩。古劳水乡乡村振兴示范带项目（沙坪段）、江门市碧道建设工程EPC+O项目（鹤山段）进入施工阶段。沙坪街道农村基础设施建设——供水管网改造专项债项目进入省库并获批5000万元，8条自然村已动工建设。全域开展农村人居环境整治，探索乡村“大比武”长效机制，完成莺朗村、文边村积分制管理建设，启动楼冲村等4条行政村“三线”整治工作；完成“四小园”建设、“厕所革命”等8项工程，农村环境显著改善。坡山村、黄宝坑村等5条村成功申报省级卫生村，获得鹤山市抓党建促乡村振兴“擂台赛”二等奖。

【安全生产】 安全生产工作紧抓不放，共排查各行业企业316家次，完成隐患整改1100项；狠抓辖区内建筑工程安全管理，排查经营性自建房屋1660间；提高各类场所防火意识，安装独立联网火灾探测报警器1681个。

【环境保护】 全面推行河长制，常态化开展水资源保护区巡查。列入鹤山市“十大民生实事”的中东西河涌清淤整治工程顺利完成，实现过水能力、自净能力、水环境三提升。27条自然村的农污设施建设工程进入尾声，共铺设农污管网84.3公里。加大环保整治力度，全面落实辖区内企业涉VOCs生产工序，出动约700人次开展夜间餐饮油烟专项整治和工地扬尘巡查治理，持续深化垃圾分类工作。

【生态旅游】 打造宜居宜业环境，带动乡村旅游发展。2022年度生态宜居美丽乡村建设项目21个，总投资约1202.77万元。开展农村人居环境整治，完成“三清三拆三整治”360多处，清理农村垃圾250多吨，拆除田间看护房和废弃危房68间，为13个村委会实现道路硬底化近8公里。推进江门市碧道工程鹤山段建设，排查清拆项目16处、地上构筑物面积2200平方米，竹树坡、龙口河、坡山段均顺利推进。

推进重点文物建筑的开放管理，试点胡蝶旧居的开放工作。市财政和街道财政1:1配套资金共计20万元，每年提取定期存款利息用于开放管理资金，加强开放管理，提升名人旧居影响力，吸引各地游客参观游览。

创建江门市乡村旅游示范镇。沙坪街道投入资金改善乡村人居环境，建设乡村旅游景点，打造竹树坡美食街，完善旅游配套设施，为乡村旅游发展筑牢基础。经上级部门评定验收，沙坪街道被评为江门市乡村旅游示范镇。

【社会事业与社会保障】 投入2.8亿元切实保障民生。

办好人民满意的教育 六小综合教学楼建成投入使用，新增学位540个。实施教研联动机制和“青蓝工程”，促进城乡教育优质均衡发展，获得省级、江门市级教学荣誉共89项。

优化全民健康体系 鹤山市沙坪康养中心项目启动，加快构建新型养老服务体系。建立居民健康档案超21万份，加强23类重点行业的职业病防治，为1.2万名65岁以上老年人免费体检。

巩固民生服务保障工作 “双百工程”辐射28条村（居）1388名困难群众和特殊人群，累计发放低保特困人员保障金、残疾人补贴、医疗救助金等合计约700万元，兜牢民生保障底线。扎实推进就业扶持及劳动关系协调，推荐就业1308人次。办结劳动投诉案件155宗，涉及金额927万元。下放“粤智助”政府服务自助机28台，让群众享受便捷高效的政务服务。

巩固脱贫攻坚成果 为18户帮扶对象分配入股分红款约11万元，跟踪回访防止返贫重点监测对象。派驻班子领导与开平市赤水镇保持高频率的“三结对”帮扶交流。

做优各类文化供给 融入全市下活全域旅游一盘棋，越塘狮艺登上央视频道、新华网，吸引220万人点击阅读。以新时代文明实践所（站）为阵地，开展各类实践活动1500余场，满足市民群众精神需求。

全心全意为侨服务 开展侨情排查统计工作，共排查75 026名华人华侨；号召港澳台同胞和境外华人华侨同撑防疫工作，推动坡山村创建“江门市红色美丽侨村”，做好新时代“侨”的文章。

【筑牢抗疫防线，科学精准防控疫情】 全面准确落实第九版防控方案及“二十条”“新十条”优化措施，守好常态化疫情防控工作底线。2022年，在“7·26”“10·24”等5次疫情防控应急处置中，做到发现早，处置精准，执行有力，实现社会平稳。严格执行上级指引，前期联动市职能部门24小时值守交通卡点，发挥“三人小组”作用，及时核查线索和跟踪服务重点人群，防范传播风险。开展32场区域核酸检测，并优化调整4个常态化便民核酸采样点，服务群众超600万人次。迅速启动80岁以上老人新冠肺炎疫苗上门接种工作，通过干部包干、流动接种车进村（居）等方式，为特殊人群提供贴心服务，筑牢群体免疫屏障。截至12月14日，沙坪街道80岁以上人群第一针接种覆盖率达81.06%；60～79岁人群全程接种率达93.29%。

【水利与河长制】 汛期落实24小时值班制度和领导带班制度，严防“暹芭”“木兰”“马鞍”“奥鹿”“纳沙”“尼格”等台风。

推行河长制，开展河流系列专项行动，定期开展各河流、排污口、农污站点的巡查和每月至少一次的辖区内各河流水质抽检。投入约104万元购买服务，委托第三方定期对各河流河岸进行保洁、河堤割草和河堤有害生物防治。投入约447万元开展鹤山市沙坪街道中东西河涌清淤整治工程，工程被纳入2022年鹤山市十大民生实事项目。投入约437万元开展沙坪赤坎工业区和鹤山大道赤坎段沿线截污工程，将现直排入赤坎汇源渠的污水收集后，经污水管网输送到第一污水处理厂处理。

【社区建设和党建】 围绕全国城市基层党建示范县主阵地建设，将党建品牌打造得有声有色。

基层党组织建设走实走深 构建五级党组织体系，形成一贯到底的“动力主轴”。做实街道“大工委”，对老旧小区外墙剥落难修缮、寄生树难砍伐等治理难题“解剖麻雀”。全覆盖建立小区党支部、网格党支部，推动党组织嵌入治理经脉。“志愿楼长”社区治理经验在国家级期刊《半月谈》发表。推动成立两新党组织，覆盖21间企业，100%完成发展指标，街道党工委与鹤山农商行党委完成党建共建推动乡村振兴签约。

高标准建强基层党组织 桂林社区被评为江门市村（社区）十佳党群服务中心。全面提档雁山社区党群服务阵地，祥盛、新升社区新阵地进场，紧密推进凤凰等4个社区党群服务中心建设，实现党建阵地面积全面达标。

着力提升干部队伍组织力 办好“先锋说”大讲堂品牌栏目，实行全员轮训。公开招录24名社区专职工作者，选优配强服务队伍。抓好头雁工程，补充10名大学生、致富能人进入村“两委”班子，储备后备干部30名。

纵深推进从严治党 立案19宗，结案13宗，紧盯“四风问题”，落实意识形态工作责任制，有力地维护了党纪政纪的严肃性。

【重要会议】 2022年1月5日，召开2022年度春季征兵工作会议，部署2022年春季征兵工作，并对村居民兵连长及征兵工作人员进行业务培训。

2022年1月7日，召开疫情防控工作会议。街道党工委副书记、街道办主任钟志权，街道办副主任李柏泉及市场监管所、经发办、农办、规建办、应急办、执法办等相关职能部门负责人，大中型餐馆、商场、超市、农贸市场、快递物流行业负责人共百余人参加会议。

2022年1月14日，召开2022年第一季度安全生产暨消防工作会议。

2022年1月18日，召开2021年工作总结大会。回顾过去一年的工作情况，部署2022年的工作任务。连续多天，通过宣讲会、讲党课、歌舞表演、户外宣传等多种形式，将党的十九届六中全会精神迅速传达到基层。

2022年3月4日，沙坪街道召开鹤山市城乡融合发展产业园升级改造项目座谈会。

2022年5月18日，召开2022年创建全国文明城市动员会。

2022年5月30日，召开经济工作会议。会议深入分析一季度街道经济运行形势，对街道经济指标走势作了具体研判和部署。

2022年5月31日，召开党工委（扩大）会议暨传达贯彻省第十三次党代会精神干部大会，传达学习贯彻省第十三次党代会精神及江门市、鹤山市传达贯彻省第十三次党代会精神干部大会精神，对沙坪街道学习贯彻工作进行动员部署。

2022年6月21日，召开2022年基层治理工作推进会，贯彻落实党中央、广东省委、江门市委、鹤山市委关于基层治理的部署要求，并布置下一阶段工作。

2022年8月5日，在雁山社区人才驿站召开街道人才工作领导小组第三次会议，总结街道创建“五好”（好业、好住、好学、好玩、好吃）人才品牌工作情况，研究部署下半年人才工作有关事项。

2022年8月10日，召开党建引领基层治理领导小组第三次会议，传达学习江门市委、鹤山市委党建引领基层治理有关会议精神，总结当前街道相关工作进展情况，研究部署下一阶段工作。

2022年8月23日，召开防御第9号台风“马鞍”工作会议，传达上级关于三防工作电视电话会议工作精神并就台风防御工作进行全面部署。

2022年8月30日，街道残疾人联合会第七次代表大会胜利召开。

2022年9月2日，召开2022年纪律教育学习月活动动员会。

2022年9月23日，妇联召开第十四届第四次执委会会议，增补8名执委会委员，并选举街道第十四届执委会主席。

2022年9月30日，街道党工委书记张雁威主持召开沙坪街道党工委理论学习中心组学习会，传达学习贯彻中央、省委、市委关于学习贯彻《习近平谈治国理政》第四卷有关文件和会议精神，研究部署有关工作。

2022年10月16日，街道组织全体领导班子成员、各办公室负责人、各村（居）“两委”干部认真收听收看党的二十大开幕会直播，营造浓厚的参与、学习氛围。

2022年11月2日，召开2022年创建全国文明城市工作推进会，传达鹤山市创建全国文明城市工作推进会精神，并部署下阶段文明创建工作。

2022年12月30日，沙坪街道召开党工委（扩大）会议，传达学习中共广东省委十三届二次全会、中共鹤山市委十三届三次全会精神，研究部署沙坪街道下一阶段的工作。

【重要活动】 2022年1月25日，市人武部副部长薛海仁，市退役军人事务局副局长温宝谦，街道党工委委员、武装部部长温胜洪一行到文边村为荣立三等功的现役军人文伟棋家属送喜报。

2022年3月1日，市人武部政委迟宝儒，市退役军人事务局副局长温宝谦，沙坪街道党工委委员、武装部部长温胜洪等一行来到义学社区为荣立三等功的现役军人宋伟康家属送上喜报，并致以亲切的问候和祝福。

2022年3月1日，鹤山海关、市科工商务局、沙坪街道在弗兰卡公司举行AEO高级认证颁发仪式，为沙坪街道辖区弗兰卡公司下属2家通过海关AEO高级认证的公司颁发证书。

2022年3月7日，街道妇联举办越塘松园村“妇女微家”揭牌仪式。市妇联副主席朱美蓉，沙坪街道党工委委员、妇联主席温丽萍，街道办副主任李柏泉，四级调研员陈新梅出席活动，共同为新近装修落成的首个村级“妇女微家”阵地揭牌。

2022年3月11日，镇南工业城职工服务中心举行揭牌仪式。江门市总工会副主席罗海华，江门市总工会维权工作部部长张帆，鹤山市总工会常务副主席李东霞，沙坪街道党工委副书记、街道办主任钟志权等参加揭牌仪式。

2022年3月16—17日，鹤山市委常委、市纪委书记、监委主任谭良发，副市长潘蕊，市政协副主席吴秋红等市领导分别深入沙坪街道开展新冠肺炎疫情防控调研督导工作。

2022年3月23日，沙坪街道开展分级分层区域核酸检测。

2022年3月29日，鹤山市城乡融合发展产业园升级改造项目动工仪式在沙坪街道举行。市委书记刘志刚，市委副书记、市长张华景，市人大常委会主任冯细就，市政协主席冯伟华等市四套班子领导，市、各镇街有关部门负责人，以及企业嘉宾代表出席活动。

2022年3月31日，鹤山市2022年习近平新时代中国特色社会主义思想宣讲进机关——沙坪街道办专场开讲。

2022年4月11日，沙坪街道开展本地疫情应急处置桌面推演。

2022年4月27日，鹤山市沙坪街道商会党支部举行揭牌仪式。

2022年4月29日，沙坪街道正式启动17个核酸检测采样点进行全员核酸检测。

2022年4月29日，沙坪街道快速吹响“集结号”，发动60名干部职工组成疫情防控突击队，在第二日分批前往共和镇支援核酸检测工作。5月1日，再次集结来自街道办、各村（社区）以及民兵队伍等157名干部职工组成党员先锋队前往共和镇支援。5月9日，沙坪街道再次吹响“集结号”，火速集结来自街道办、各村（社区）以及民兵队伍等80名干部职工组成党员先锋队，分批前往共和镇支援。

2022年5月10日，鹤山市工商联（总商会）、鹤山市酒类行业协会向沙坪街道办捐赠清凉饮料物资一批，为沙坪街道奋战一线的值守人员提供了充足的后勤保障，以实际行动助力疫情防控工作。

2022年5月19日，沙坪街道人大工委组织部分市人大代表开展中东西河涌清淤整治工程和防汛工作专题视察活动，活动采取先看后议的形式进行。沙坪街道人大工委主任冯健恒带领视察组重点视察了鹤山市沙坪街道中东西河涌清淤整治工程推进情况、越楼排涝二站水利设施运行情况。

2022年6月30日，雁山社区党群服务中心升级赋能项目启动，并为新设的职工服务中心、人才驿站、户外劳动者工会爱心驿站和鹤山市自助图书馆雁山站点举行了揭牌仪式。这标志着雁山社区党群服务阵地全面提档升级，沙坪街道全方位、立体式的党群服务体系得到完善，工会服务半径得到进一步延伸。

2022年7月1日12时36分，鹤山市气象局将鹤山市台风预警信号升级为台风蓝色预警信号，市三防指挥部启动防风Ⅳ级应急响应。沙坪街道保持高度警惕，迅速部署台风防御工作。

2022年8月11日，街道党工委书记张雁威带头连续多天先后深入新华社区、雁山社区、桂林社区督查网格工作，与社区专职网格员展开交流，了解网格员专职专责落实情况。

2022年10月24日，越塘村委会、人民南、镇南始兴、银山花园、坡山南门村多点爆发新冠肺炎阳性确诊者。自疫情发生以来，沙坪街道全体干部职工、村居干部拧成一股绳，劲往一处使，广大社会组织、爱心企业、志愿者6300人和兄弟市医护人员920人等力量加入疫情防控工作。

附：沙坪街道办事处党工委正副书记、人大工委会正副主任、办事处正副主任名录

党工委书记：张雁威

副书记：

钟志权（—2022年8月）

林学沛（—2022年8月）

李炎壮（2022年8月—）

吕镜源（2022年9月—）

冯长大

人大工委会主任：冯健恒

副主任：杨锦镜

办事处主任：

钟志权（—2022年8月）

李炎壮（2022年8月—）

副主任：

严小新（—2022年8月）

陈小强（2022年8月—）

吕镜源（—2022年9月）

李柏泉

何小甫

黄　强

李晓春（—2022年12月）

熊颖昌（2022年12月—）

王　刚（挂职，2022年5—8月）

古兆璋（挂职，2022年8月—）

（施焰雄）

雅瑶镇

【概况】 雅瑶镇位于鹤山市东南部，北与市区沙坪街道接壤，东南与江门市蓬江区棠下镇接壤，西连本市桃源镇，南与本市鹤城镇、共和镇相连，G325、佛开高速、江肇高速、江沙公路、广珠铁路等纵横贯通，交通便捷。下辖10个村委会和3个居委会，123个自然村，总人口2.99万人，外来人口2万多人，旅外华侨、港澳同胞3万多人，是著名的侨乡之一。

【农业】 积极探索发展现代农业产业，采取“合作社+基地+农户”的运作模式，带动农场、种植户发展蔬菜、蘑菇、高档鱼类养殖等产业。完善南靖村500亩茶场用地和基础建设，调动属区内村民种茶积极性以更好地形成以点带面的特色茶产业。提升和改善农田农业生产条件，完成上南和南靖村委会850亩高标农田建设任务。完成省下发的15亩以上疑似撂荒耕地的复耕复种任务，完成复耕图斑共27个，合计面积762.72亩。

【工商业】 2022年全镇规模以上工业产值97.8亿元，规模以上工业增加值20.2亿元。固定资产投资12.4亿元，限额以上批发业销售额完成20.5亿元。

【财税和金融】 财政收入1.6亿元。

【招商引资】 积极“走出去，请进来”。主动到广州、深圳、佛山等地拜访20多家企业。聚焦智能家电产业，成功引入狮沃电器、芝宝空调、一瑞塑业、海宝滑轨、凯硕精密、广州威华等投资超亿元项目6个，其中狮沃电器、芝宝空调、一瑞塑业租用厂房实现当年引入当年投产。2022年成功签约志高空调、安博尔等超亿元项目，计划总投资超20亿元。

【重点建设项目】 加大力度推进鸿兴印刷、镇怡实业、科蓝环保、天喜电器、恒富电机、广东琴叶等增资扩产项目。推动中海油油站、翔隆实业等新上项目加快建设。全年完成工业投资8亿元，其中9个项目顺利投产。

【民生工程】 水利设施建设　积极配合开展江沙公路蚬江河易涝片区整治工程，完成7.4公里河道清淤及堤围加固，重建排水涵洞8座，新改建排涝站12座，解决石湖及古桥、古蚕片区逢大雨必浸村的水患问题。投入1314万元完成对赤草水库和长坑水库的除险加固工程，投入1800万元完成全域自然村集中供水工程，投入180万元完成清溪围除险加固工程。

【镇村建设】 城镇建设　完成圩镇及朝阳工业园、陈山工业区基础设施完善升级工程。建成3公里截污管网，加快推进污水处理厂扩容提质工程。推动创文工作常态化、长效化，对江沙公路沿线、雅瑶市场等重点区域开展环境卫生综合整治，创建干净整洁的宜居环境。完成13个村（社区）的新时代文明实践站建设。抓实火灾隐患重点地区整治，完善消防基础配套。

美丽乡村建设　完成张边村、小江村等17个美丽乡村建设项目，全面实施长效管护积分制管理，积极开展农村厕所问题排查整改“回头看”工作。陈山村顺利通过省乡村振兴“回头看”复评，黄洞村入选2022年江门市乡村旅游示范村。大力推动陈山村“铁夫故里”文旅项目发展，全面促进各村居增加集体和村民收入。建成“院士之家”，打造市爱国主义教育基地和学术交流中心。

【环境保护】　落实河长制责任。镇级河长巡河410次，村级河长巡河1700次。开展环保巡查，重点加强对辖区内流域的日常环境保护检查工作，全面检查流域污染源，对工业企业、酒店餐饮、农业养殖、生活排污等进行巡查监管。全年累计检查企业545次，针对巡查过程中发现企业存在的问题提出整改意见并要求企业落实整改措施。加大禁止露天焚烧宣传力度，严格管控秸秆焚烧、垃圾简易焚烧等露天焚烧行为。累计巡查334人次，发现露天焚烧情况均已立即制止教育。

【社会事业】　科教文体卫　投入500多万元提升公办学校办学质量。镇公办幼儿园昆东新园建成并投入使用，大岗小学扩容工程（一期）基本完成。雅瑶镇乡村少年宫建设成为全市示范少年宫。全面提升全人群疫苗接种率，60岁以上人群接种率达95.5%。落实新冠肺炎病毒感染管控政策，全力以赴保健康、防重症，加强重点群体健康服务，做好医疗药物统筹保供，最大程度保护人民群众生命安全和身体健康，最大限度降低疫情对经济社会发展的影响。

社会保障　建立“镇领导挂钩+企业服务专员驻点”服务制度，推广中小微企业诉求快速响应平台，提升企业服务质量。完善业务“网上办理、预约办理”机制，完成“粤智助”行政村全覆盖。

社会治理　建成信访超市，加强普法工作。雅瑶法治直播间累计开播23期，观看人数超10万人次。陈山村入选2022年度全国民主法治示范村。加强网格化管理，创新调解模式，全年没有发生越级上访事件。组建雅瑶特色火龙文化先锋队，打造“火龙文化”基层治理新模式。全年无发生较大以上生产安全事故，社会大局保持稳定。

安全生产　加大排查治理力度，整改消除各类隐患。全年检查企业477家次，发出现场检查记录127份，发出责令限期整改指令书120份，发现隐患共342处。全年未发生人员伤亡安全生产事故。通过加大对企业的监督检查，消除了不少安全隐患，为企业安全发展提供有力保障。

【重要会议】　2022年1月11日，雅瑶镇召开疫情防控和岁末年初重点工作部署会议。

2022年1月25日，雅瑶镇召开党史学习教育总结会议。

2022年1月27日，雅瑶镇召开传达贯彻市委十三届二次全会精神暨2021年度基层党组织书记抓基层党建述职评议考核会。

2022年2月7日，雅瑶镇召开新冠肺炎疫情防控工作会议，深入学习贯彻习近平总书记关于疫情防控的重要论述精神，认真落实全省、江门市、鹤山市疫情防控工作会议精神，全面部署疫情防控相关工作。

2022年2月26日，雅瑶镇召开新冠肺炎疫情防控工作会议，迅速传达贯彻落实全省疫情防控工作视频会议精神及江门市、鹤山市疫情防控工作会议精神，全面部署疫情防控相关工作。

2022年4月27日，雅瑶镇第十七届人大第二次会议胜利召开。

2022年5月31日，雅瑶镇召开传达贯彻省第十三次党代会精神干部大会。

2022年6月24日，雅瑶镇召开2022年度党风廉政建设及反腐败工作专题会议。

2022年8月30日，雅瑶镇召开第七次残联代表大会。

2022年9月27日，雅瑶镇召开国庆前后疫情防控和安全稳定工作会议。

2022年11月3日，雅瑶镇召开传达贯彻党的二十大精神大会。

2022年12月1日，雅瑶镇召开第十七届人大第三次会议。

【重要活动】　2022年1月21日，雅瑶镇顺利通过广东省卫生镇复审，再次被确认为“广东省卫生镇”。

2022年1月26日，雅瑶镇综合行政执法办公室、鹤山市雅瑶镇综合行政执法队、鹤山市雅瑶镇执法服务中心正式揭牌启用。

2022年3月30日，市委书记刘志刚到雅瑶陈山高速口检查指导疫情防控工作。

2022年3月31日，鹤山农商行党委与雅瑶镇党委举行党建共建推动乡村振兴签约仪式。

2022年4月13日，雅瑶镇开展以“炎黄子孙当自强，拒毒禁毒为中华”为主题的禁毒宣传活动。

2022年4月25日，雅瑶镇开展以“同心参与禁毒宣传，携手打造绿色无毒社会”为主题的进企业宣传活动。

2022年5月20日，中国科学院院士孟安明、宋尔卫，中山大学教授王庭槐、保继刚、董美玲，江门市人大常委会副主任吴国杰，江门市文广旅体局局长邝积康，鹤山市领导张华景、陈文光、张镇就、潘蕊，以及全国人大代表、中山大学孙逸仙纪念医院代表等参加宋兆鸿先生祖居揭牌仪式。

2022年7月1日，市政协主席冯伟华带队到雅瑶镇开展建党101周年“七一”慰问活动。

2022年7月6日，雅瑶镇人大组织江门市、鹤山市、雅瑶镇三级人大代表共20人开展调研视察。

2022年7月26日，雅瑶镇召开火灾隐患重点地区整治工作动员会议。

2022年8月17日，雅瑶镇召开2022年纪律教育学习月活动动员会议。

2022年8月17日，雅瑶镇与广州威华自行车有限公司举行项目签约仪式，加快推动中欧雅瑶新兴产业园区启动区建设。

2022年8月23日，市委书记刘志刚率相关部门检查了古桥村委会、雅瑶敬老院的防台风工作和古桥龙田村地质灾害隐患点转移工作。

2022年12月14日，市委书记刘志刚到雅瑶隔朗五金有限公司开展暖企行动，了解企业生产经营情况，并到隔朗村委会实地考察乡村振兴工作。

2022年12月15日，市人大常委会副主任、总工会主席储涂应，雅瑶镇党委书记冯伟航，雅瑶镇党委副书记李志坚以及雅瑶镇招商引资相关人员一行到深圳博澳能源技术开发有限公司和中航资本投资控股深圳有限公司走访调研。

附：雅瑶镇党委正副书记、镇人大正副主席、镇政府正副镇长名录

党委书记：冯伟航

党委副书记：梁志源
邓荫全
李志坚
李淑贞（女）

人大主席：肖庆权

人大副主席：林培波

镇　长：梁志源

副镇长：胡　弦
谭敏清（女）
陆卓江
关振超
刘蓝峰
李志武
林佳保（2022年8月—）

（许敏怡）

古劳镇

【概况】 古劳镇面积65平方公里，位于鹤山市北部的西江河畔，毗邻鹤山城区，与佛山市南海区隔江相望，水陆交通便利。下辖13条村（居），户籍人口2.98万人，外来人口约1.8万人。旅外华侨、港澳台同胞约3万人，是全国重点侨乡之一。

古劳水乡是鹤山主要旅游目的地，是珠江三角洲典型的原生态水乡。古劳水乡河网纵横交错，村落、流水、石桥、茂榕散落其中，小舟穿行如梭，别具韵味。古劳水乡人杰地灵，孕育了中国第一代电影皇后胡蝶、咏春拳开派师祖梁赞、王老吉创始人王泽邦、著名导演黄百鸣、香港李石朋家族等名人和名门望族。

华侨城在2020年进驻古劳镇，开发了华侨城古劳水乡旅游区，整体规划10平方公里，项目计划投资50亿元，其中主景区3平方公里，包括十大度假主题场景，以及由农业文化遗产活化区、咏春文化遗产活化区组成的“一座没有围墙的博物馆”，以“自由流淌的水乡生活”为主题，将古劳水乡打造成为中国岭南水乡和粤港澳大湾区文化生态旅游度假标杆。江门古劳水乡旅游区是华侨城集团推出的全新的新型城镇化加乡村振兴创新融合项目，是广东省重点文旅建设项目之一。古劳水乡旅游区被誉为“东方威尼斯”“最原始生态水乡”和“醉美岭南水乡”。

2022年，古劳镇紧紧围绕省第十三次党代会部署，抢抓“双区”建设重大机遇，深入推进“六大工程”，坚决落实上级重要部署要求，经济社会各项事业发展保持稳中有进。鹤山雅图仕印刷有限公司被评为“全国和谐劳动关系创建示范企业”，是全省获此殊荣的17家企业之一。古劳镇入选中国侨联第十批“中国华侨国际文化交流基地”。

【农业】 2022年，古劳镇农业总产值2.3亿元，同比增长9.5%。其中种植业产值4225万元，同比增长1.0%；林业产值515万元，与2021年基本持平；畜牧业产值3125万元，与2021年基本持平；水产产值15 135万元，同比增长14.75%。

将农村集体产权制度改革和土地流转机制有机结合，村级集体经济不断壮大。其中，双桥村委会统筹整合辖下27个经济组织共69亩留用地和600多亩鱼塘土地，与华侨城合作建设商业步行街和鱼耕大型文旅项目，促进土地年收益从每亩2500元提升到每亩3500元。项目投产后，双桥村组集体经济收入年增长300万元。大埠村委会10个生产小组以1500多亩鱼塘耕地面积入股大埠股份经济合作联社，第一期计划发展大棚蔬菜种植，土地租金由原来的每年每亩800元提高到每年每亩1500元。完善村级财务管理机制，运用“三资”管理系统对全镇农村“三资”进行管理，村级集体资产资源发包和工程建设项目招投标更加公开透明。完善村账委托镇代管机制，村级民主理财水平进一步提高。

【工业】 2022年，古劳镇工业总产值101.8亿元，其中规模以上工业总产值89.85亿元，同比下降0.69%；规模以上工业增加值29.05亿元，同比增长8.6%；限额以上批发业销售额3.14亿元，同比下降0.16%；限额以上零售业销售额0.61亿元，同比增长7.57%；社会固定资产投资13.53亿元，工业投资9.66亿元；技改投资3.59亿元；外贸进出口总值31.1亿元，同比增长4.9%。全年新增规模以上工业企业12家，高新技术企业新认定13家，广东省工程技术研究中心认定5家，江门市工程技术研究中心认定15家，科技型中小企业入库18家。企业研发投入2.23亿元。雅图高新、汇龙涂料、民强机电、倍狮科技4家企业被评为广东省“专精特新”中小企业。

产业平台扩容提质。全力打造湾区国家级调味品生产基地。全年共为广东省、江门市重点项目——东古公司改扩建项目供地215.98亩。加强校企合作，推动东古公司与华南理工大学共建广东省联合培养研究生示范基地。打造现代化产业智慧园区，在古劳万洋众创城成功举办项目投产仪式，累计引入企业65家，已投产企业39家。成功为古劳万洋众创城二期项目供地93亩，土地平整及桩基施工等前期工程正在同步进行中。开展低效工业用地整治提升工作，编制《古劳镇低效工业用地整治提升工作行动方案》，约谈土地权利人及企业负责人并签订《低效工业用地提质增效监管协议书》。加快推进诺维电器“工改工”项目的建设进度，6层的新建厂房即将落成。

【财税、金融、固定资产投资】 2022年，社会固定资产投资完成13.53亿元。年镇级一般预算收入1.07亿元，一般性转移支付收入122万元，四税体制改革基数返还性收入275万元，体制补助收入264万元，其他转移支付收入7420万元，财政总收入1.88亿元。一般预算支出1.56亿元，上解上级财政支出3194万元，财政预算总支出1.88亿元。总体收支平衡。镇级政府基金收入2510万元，基金转移支付收入326万元，政府性基金支出2836万元，其中城乡社区支出2827万元，其他支出8万元。

【招商引资】 招商引资取得成效。加强中欧合作，大力开展对欧招商，成功引进由英国客商投资150万美元的展阳纺织科技（鹤山）有限公司。加大与大湾区核心城市的产业信息对接力度，大力开展对深招商，推动总投资达1.5亿元的深圳先进半导体生产企业——广东浦鸿半导体有限公司进驻动工建设。2022年，通过镇项目准入评审会的项目10个，投资超4亿元。

【乡村振兴】 2022年，古劳镇以鱼塘尾水治理、美丽渔场为抓手，积极推进乡村振兴工作。以保障粮食安全落实粮食种植任务为指导，做好撂荒地复耕复种。通过加快推进农业产业化把鹤山东古调味食品有限公司打造为江门市重点农业龙头企业。推进扶贫后续防返贫监测，做好全面摸排和防止返贫动态监测工作，排查帮扶对象共9户32人。建立并完善了动物防疫工作长效机制，大力抓好辖区内禽畜“春秋两防”工作。做好三峡移民新村后期扶持工作。积极推进同村、同镇整治。规范农村“三资”管理，进一步完善村级财务管理制度，狠抓资产资源交易环节。加强配合巡察工作。

积极推进民生项目落地。谋划古劳镇乡村振兴示范带。双桥圩、升平圩的外立面改造工程已近尾声。总投资1800万元的乡村振兴示范带工程项目已通过设计、施工总承包的招标方式完成招标，并已签订施工合同，正进入施工图设计阶段。

【社会事业】 古劳镇抓好强保障、惠民生，有力提升群众幸福感，群众健康更有保障。坚持人民至上、生命至上。经历了“10·24”抗疫大考，全镇上下闻令而动、日夜奋战，实现一天社会面清零。疫苗接种工作扎实推进，截至2022年12月30日，80岁以上人群全程接种覆盖率达89.43%，60～79岁全程接种覆盖率达94.97%。古劳镇新星村卫生站正式投入使用，成为江门市首家获得医保定点的公建民营卫生站，首创“党建引领+为民服务+名医坐诊+医保进村”的经验做法，为今后基层卫生站的建设提供了新思路和新方向。

兜底民生更加有力。每月

发放低保金11.66万元，低保生活补贴1600元，分散特困供养金6.38万元，集中特困供养金2.43万元，集中特困护理金8982元，困难残疾人生活补贴1.36万元，重度残疾人护理补贴7.78万元。积极开展节日暖心慰问活动，走访了全镇151名困难对象，共发放14.85万元慰问金及价值7万多元的慰问品。

教育事业均衡发展。投入30多万元为古劳镇第一幼儿园建设体育运动区，投入14万元完成龙溪小学功能室场扩容改造工程，投入16万元在连南小学接送区前安装红绿灯。投入2500多万元建成设备齐全的古劳中学学生宿舍楼，改善学生住宿环境。2022年中考，古劳中学成绩突出，名列全市同类学校第一名，实现23连冠。龙溪小学茶山校车投入使用，有效解决了茶山学生“上学远、乘车难、不安全”的问题。

【生态旅游】 梁赞故居顺利通过省人文社会科学普及基地专家组的评审复核。推广水乡饮食文化，策划“寻味古劳”探店专题。推动“西江烧鹅传统技艺”“福兴酒楼柴火粽制作技艺”“龙舟模型制作技艺”申报非遗项目。持续强化对外宣传力度，在央视、广东广播电视台、《南方日报》等省级以上主流媒体刊发信息近30篇。其中，央视总台大型融媒节目《直播大湾区》在古劳进行超90分钟直播，点击量超百万。

盘活利用村镇资源发展乡村休闲旅游和特色民宿产业。成功举办乡村旅游（民宿）项目推介招商会，与省内11家民宿企业签订乡村民宿投资合作意向协议。成立古劳水乡乡村休闲产业招商孵化中心（广州），推动3条精品旅游路线入选全省乡村休闲（夏季）精品线路，首个广东省乡村休闲产业发展智库驻镇工作站落户古劳，为文旅和乡村生态游融合发展注入源头“活水”。

【综治维稳】 依托“粤平安”群众信访诉求矛盾纠纷化解综合服务应用系统、“雪亮工程”及社会治理智慧指挥平台等，推动矛盾纠纷源头治理，服务资源统筹指挥，群众诉求就地化解，整体态势智能研判。2022年共排查调处各类矛盾纠纷68宗，成功调解68宗，调解成功率100%。

【安全生产】 古劳镇严格落实“一岗双责、齐抓共管”的安全生产责任制，实现安全生产“零事故”目标。应急管理体系不断完善，年内没有发生较大以上生产安全事故。

【重要会议】 2022年1月29日，古劳镇召开2021年度总结大会暨2022年春节安保工作部署会议，深入学习党代会精神，总结成绩、褒扬先进，号召全镇上下要以昂扬斗志、冲天干劲全力推动古劳高质量发展。

2022年3月21日，古劳镇召开疫情防控专项工作会议，传达习近平总书记在3月17日中央政治局常委会会议上的重要讲话精神及省、市关于疫情防控工作要求，随后开展疫情防控应急处置桌面演练。

2022年5月20日，古劳镇十七届人民代表大会第二次会议在镇府大楼二楼礼堂胜利召开。古劳镇人大代表、列席代表共64人出席。

2022年5月31日，古劳镇召开传达贯彻省第十三次党代会精神大会，对全镇学习宣传贯彻工作进行全面动员部署。

2022年7月1日，古劳镇召开庆祝中国共产党成立101周年大会，通过重温一次入党誓词、分享一堂主题党课、送上一份政治生日祝福等环节，以庄重而又温情的政治仪式，让党员代表过上一个有意义的政治生日。

2022年7月15日，古劳镇召开新冠肺炎疫情防控工作会议，深入学习贯彻习近平总书记关于疫情防控工作的系列重要指示精神。

2022年8月12日，古劳镇召开疫情防控工作会议，传达贯彻上级疫情防控有关会议精神，对当前疫情防控进行再强调、再部署，确保各项疫情防控举措落地落实。

2022年8月17日，中国共产党古劳镇第十四届代表大会第三次会议在古劳镇府二楼礼堂开幕，来自全镇各基层党组织的党代表、列席人员共98人齐聚一堂。

2022年9月2日，古劳镇召开2022年第三季度疫情防控专题会议，深入学习贯彻习近平总书记关于疫情防控工作的重要指示精神。

2022年9月9日，镇党委书记孙通主持召开专项工作会议，各班子领导围绕市新冠肺炎疫情防控指挥部办公室最新工作要求，统筹做好中秋节前后疫情防控和安全生产各项工作。

2022年9月22日，古劳镇召开国庆节前安全生产工作会议，学习贯彻习近平总书记关于安全生产重要论述和指示精神，进一步做好古劳镇安全生产、消防安全和常态化疫情防控工作，对国庆节安全生产工作进行再部署、再推动。

2022年9月29日，古劳镇

召开2022年国庆节安保暨重阳节森林防火工作部署会，对做好国庆假期前后疫情防控、安全稳定和森林防火工作进行研究部署，推动落实。

2022年11月9日，古劳镇召开传达贯彻党的二十大精神大会，传达党的二十大精神及上级有关会议精神。

2022年11月10日，古劳镇组织召开“10·24”疫情处置复盘工作会议。镇党委书记孙通，党委副书记、镇长唐行知及相关负责同志参加会议，市委常委、纪委书记、监委主任谭良发到会指导。

2022年12月20日，古劳镇第十七届人民代表大会第三次会议在二楼礼堂胜利召开。古劳镇代表、列席代表共65名出席。大会以无记名投票的方式依法选举吕剑斐、李晓春、李伟伦为古劳镇人民政府副镇长，由镇党委书记孙通颁发当选证书。

【重要活动】 2022年初，古劳镇党政领导班子组成调研组密集到13个村（居）访民生、听民意、解民难，与村干部共谋发展思路，为乡村振兴“把脉问诊”。

2022年1月13日，中央广播电视总台社教节目组到古劳取景拍摄《家乡至味》《匠人·匠心》。节目讲述古劳的饮食文化、人物故事和风土人情。

2022年1月27日，省委书记李希到鹤山市雅图仕印刷有限公司调研并慰问基层职工。

2022年1月27日，广东省总工会二级巡视员刘国斌率慰问组到鹤山市雅图高新走访慰问全国劳动模范阮伟明。

2022年2月3日，广东公共频道《DV现场》栏目开设“康康我的家乡”特别报道，在大年初一连线获评为“广东名村”“广东省古村落”“江门市美丽侨村”的古劳镇上升村。

2022年2月18日，江门市侨联在鹤山雅图仕印刷有限公司举行“党建带侨建”示范点揭牌仪式。

2022年3月5日，全国人大代表、古劳镇下六村党总支书记温艳嫦在北京参加第十三届全国人民代表大会第五次会议。

2022年3月29日，鹤山市古劳镇万洋众创城项目投产仪式在江门市2022年第一季度重大项目集中动工（投产）活动鹤山市会场举行。19个重大项目集中动工（投产），计划总投资142.74亿元。鹤山（古劳）万洋众创城项目是市政府重点招商引资项目和重点工程项目，总投资额20亿元，预计引进企业200家，创造就业岗位10 000个。

2022年4月4日，江门市委副书记、市长吴晓晖一行到古劳镇调研，走访古劳镇梁赞故居，调研文化旅游、乡村振兴等。

2022年5月31日，“产城融合·共享未来”鹤山（古劳）万洋众创城商业配套盛大开业。

2022年6月中旬，“广东好人”关杰初先生捐资100万元为双桥小学运动场进行升级改造。

2022年6月23日，中央广播电视总台大型融媒体报道《直播大湾区》走进古劳镇，将镜头对准鹤山雅图仕印刷有限公司和华侨城古劳水乡旅游区，推介古劳经济社会发展和乡村振兴新成果，受到广泛关注热议。

2022年6月30日，“追寻红色印记 绘就秀美水乡”古劳围墩革命历史陈列馆揭牌仪式在古劳镇新星村举行。陈列馆将作为古劳镇新星村党建文化公园的新地标对外开放。

2022年7月6日，由鹤山市古劳镇、省乡村旅游协会、省民宿行业协会联合主办，以“探寻美丽乡村 畅享清凉休闲”为主题的古劳镇乡村旅游（民宿）项目推介招商会在华侨城古劳水乡旅游区举行。

2022年7月28日，2022广东夜经济暨暑期消费促进活动暨江门市“夜侨都特色街”——华侨城古劳水乡商业街开街仪式在古劳圩滨水商业街盛大举行。

2022年8月2日，古劳镇举行东古调味食品有限公司改扩建项目动工仪式。

2022年8月4日，2022广东乡村休闲精品（夏季）推进会暨古劳镇乡村旅游（民宿）项目推介招商活动在华侨城古劳水乡旅游区举行。

2022年9月，中国侨联确认古劳镇入选第十批“中国华侨国际文化交流基地”。古劳镇成为鹤山首个国家级华侨华人文化交流平台。

2022年10月12日，江门市及鹤山市人大常委会组成人员易中强、冯细就等一行人到古劳镇分别走访广东省人大代表冯兆均、江门市人大代表李新和吕志辉。

2022年10月24日，古劳镇发现1例新冠病毒核酸检测阳性个案。疫情发生后，古劳镇立即启动应急响应，有条不紊地沉着应对，最终取得抗疫胜利。

2022年11月，社会各界踊跃捐赠，勠力同心共抗疫情。鹤山雅图仕印刷有限公司向古劳镇人民政府捐赠抗疫资金10万元。香港同胞梅政雄、旅澳乡贤李文志身在外乡但心系家乡，分别捐资10万元，古劳商会捐赠8万元。新会区鹤山市工商联、鹤山市总商会捐赠防疫物资一批，为古劳抗击疫情提供了有力支持。

2022年12月8日，鹤山雅图仕印刷有限公司被评为“全国和谐劳动关系创建示范企业”，是全省获此殊荣的17家企业之一。

附：古劳镇党委正副书记、镇人大正副主席、镇政府正副镇长名录

党委书记：

谢文清（—2022年9月）

孙　通（2022年9月—）

党委副书记：唐行知

黄健明

区镇江

邓楚江（挂职）

人大主席：梁启森

人大副主席：陈广华

镇　长：唐行知

副镇长：

谭　新（—2022年9月）

熊颖昌（—2022年11月）

吕剑斐（2022年11月—）

李晓春（2022年11月—）

黄永基

冯楚峪（女）

吕宝逵

苏子峰

古兆璋（挂职，—2022年8月）

李伟伦（挂职，2022年8月—）

（梁燕坤）

龙口镇

【概况】 鹤山市龙口镇地处鹤山市北部，面积158.28平方公里，常住人口约4万人，下辖1个社区、15个行政村。龙口镇东距鹤山沙坪城区5公里，西与佛山市高明区接壤，周边与鹤山市桃源、鹤城、古劳镇毗邻，S272、S270、江肇高速（珠三角环线高速G94）从境内经过，毗邻广珠铁路货运站和规划中的鹤山客运站，距鹤山港（国家一类口岸）仅20分钟车程，1—2小时车程可通往粤港澳大湾区广、佛、深、港、莞、珠、澳，交通便捷，区位优越。龙口镇生态环境良好，森林覆盖率高，“七山一水二分田”，乡村文化底蕴深厚。

2022年，规上工业增加值完成13.49亿元，同比增长9.1%；固定资产投资累计完成12.52亿元，工业投资累计完成6.87亿元，技改投资完成3.13亿元；社会消费品零售总额方面，限额以上批发增长10.21%，限额以上零售、住宿、餐饮增长18.15%；财政收入完成1.1亿元；招商引资完成15.6亿元，其中超亿元项目7个。1—12月外贸进出口11.73亿元。

【招商引资】 坚定不移落实“工业振兴”工程，抢抓鹤山建设国家级中欧合作区机遇。总投资1亿元（英资）的埃玛森新材料项目成功落户，成为鹤山中欧合作区首个落户的欧资项目。多措并举助企纾困，破解企业发展难题。扶持朗腾实业妥善处理货运问题，实现产值同比增长136%。推动宝鹤物流、豪顶建材等重点项目提速基建，晟然绝缘材料试投产，甘牛食品项目一期建成投产。协助中粮万威客食品产业链延展，生鲜项目比预期提前半年投产运营。坚定不移落实“科技引领”工程。新增7家上规入统企业、4家国家级高新技术企业、3家省级专精特新企业、3家省级科技型小微企业。深入推进“人才倍增”工程。柔性引进博士1名，全职引进硕士2名，茶匠李英伟入选江门市“侨都百优工匠”。

坚定不移落实“园区再造”工程，完成中欧新材料创新基地、福迳工业区西区及兴龙工业区东西区控制性详细规划编制。兴龙工业区道路扩宽、绿化升级、埋设污水管等建设加快推进。通过国资公司出资新建厂房、盘活低效用地的方式处置闲置土地51亩、闲置厂房9483平方米，助力德柏纸袋包装品公司实现增资扩产。中欧新材料创新基地成功获得扩园基础设施建设项目政府专项债券资金1.25亿元，启动687亩用地平整、挡土墙、排水等配套设施建设，完成350亩用地平整。成功争取用林指标280亩，获省批复建设用地416亩，保障特勤站、危废暂存收集点等项目用地。坚持以问题为导向，组建由博士领衔的化工专业监管队伍，制定“一企一册”应急管理方案，在江门率先实现园区从管理功能向“管理+服务”的双向转变，并与中科院及华南理工大学教授携手合作，形成“园区把脉—博士问诊—专家会诊”三级安全监管模式，顺利通过省、市级安全风险评估复核。

【疫情防控】 坚持人民至上、生命至上。组织32个网格小组下沉168家企业、16个村（居），共同织密疫情防控保障网。有效处置1宗本土疫情，全力以赴支援兄弟镇（街）抗疫。适时制定来（返）龙口人员报备、新冠肺炎疫苗接种奖励方案，全年累计接种新冠肺炎疫苗21 086剂次，60周岁以上老年人群全程接种覆盖率95.11%，疫苗接种任务覆盖率排名全市第二。不折不扣落实党中央、国务院疫情防控方针政策，因时因势调整优化防控措施，全力保障人民生命安全和身体健康。

【乡村振兴】 强化防返贫动态监测，落实各项帮扶措施，精准扶贫户无一返贫。全面落实耕地保护和粮食安全党政同责，深化粤桂协作，主动引进龙头企业、种粮大户，利用撂荒地种植玉米累计600亩。持续开展农村人居环境整治提升行动，农村基础设施管护“积分制”推广村庄新增3条。推进中七村乌石岗桥重建工程。14条村道设置38处会车点，建设安防设施约1.4公里，逐步消除道路安全隐患。大力开展农村“两违”专项整治，拆除农村违法建筑7宗，涉及面积6568平方米。完成自建房安全隐患排查录入任务36 821间，排查进度全市排名第一。完成村级集体经济年度清产核资229个。三凤村被列入2022年度扶持村级集体经济省级试点，成为龙口镇第一个村集体年收益破百万元行政村。新建村级人大代表联络站2个，青文村以“12345网格微治法”推动全过程人民民主，获评为广东省民主法治示范村。金华农家书屋获评为2022年度江门市优秀农家书屋。

【社会治理】 组建镇村两级应急队伍87人，开展应急抢险演练2次，应急队伍作风优良，维稳处突能力突出。深入各类生产经营场所检查588间次，排查一般事故隐患523项，全年未发生较大以上安全生产事故，交通事故同比下降29%，伤亡事故同比下降60%。严格落实林长制，新建钢架森林防火检查站岗室5个。完成青年水库进库路修复工程，全力筑牢生态屏障。“普法微课堂”累计上线12期，营造尊法学法守法用法的良好社会氛围。标准化、规范化建设达江门市级标准的镇级综治中心。扎实做好党的二十大等特防期安保维稳工作，全年调处解决矛盾纠纷约200宗，无一人越级上访，无一宗群体事件发生，社会大局和谐稳定。

【城镇建设】 充分利用政府专项债资金推动污染防治攻坚战走深走实。完成圩镇路灯提升工程，投入约5200万元新建金华桥至马地咀工业区沿龙口河污水主管2.5公里，改造兴业街、新城路等道路污水管网及相关配套设施5.41公里，实现圩镇道路沥青化、污水管网全覆盖。新增停车位约200个。优化调整倒流水路口交通指引设施，龙口湿地公园、倒流水步行径及霄南东门驿站公园等鹤山碧道龙口段建设工程初见成效。23条村庄雨污分流管网完成建设。完成自来水户户通工程29户，四堡新村村民自来水全部接入市政管网。完成锅炉低氮改造任务26台，占全市任务的60%。完成VOCs重点企业升级改造任务6家。

【社会事业】 保障民生重大项目资金，发放低保、残疾等各类补助资金超788万元。扎实推进“广东兜底民生服务社会工作双百工程”标杆社会工作服务站建设，新招社工9名，新增社工服务点2个，实现社工、站点覆盖率100%。建立困难群众和特殊人群台账1003个，建档率100%。不断改善教育办学条件，完成协华小学体育室、龙口中学饭堂等新改扩建工程；支持龙口中学增班项目建设，新增公办学位100个。强化医疗救治服务水平，支持镇卫生院医疗设备、停车场、员工宿舍提档升级。大力提升文化综合实力，鹤山市图书馆龙口分馆建成开放，开展各类公益文化活动70场次，惠及群众5000多人次。龙口镇牛肉制作技艺入选江门市第九批非物质文化遗产代表性项目名录。试点推进“无毒社区（村居）”建设，招募100多名禁毒志愿者，建成“无毒社区（村居）”13个，新建禁毒公园4个，龙口镇被评为第一批“江门市禁毒示范镇”。武装工作扎实推进，全面落实优抚政策，积极关爱退役军人。三洞村退役军人服务站成功创建全国退役军人村级示范性服务站。超额完成年度征兵任务，“一年两征”累计输送12人入伍，武装综合成绩排名全市第一。

【作风建设】 严格履行全面从严治党主体责任和“一岗双责”，深入学习贯彻党的二十大精神，自觉把坚定捍卫“两个确立”、坚决做到“两个维护”铭记于心、落实于行。严格落实中央八项规定及其实施细则精神，驰而不息改进作风，开展明察暗访12次、提醒谈话12人次。纵深推进党风廉政建设和反腐败工作，立案审查13件，追回违纪所得3.2万元。自觉接受镇人大的监督，定期向镇人大汇报工作，配合开展民生实事项目视察等活动12次，扎实做好代表建议的答复办理工作。持续推进政务公开，累计在政府网站公开信息157条。建立激励奖励制度，对57个集体和259名个人进行奖励，激励政府干部见贤思齐奋发有为。

【重要会议】 2022年1月13日，龙口镇召开学习贯彻中国共产党江门市第十四次代表大会会议精神专题宣讲会。

2022年1月27日，龙口镇召开党史学习教育总结大会。

2022年4月27日，龙口镇召开传达学习贯彻市十六届人大二次会议及市政协十一届二次会议精神会议。

2022年5月30日，龙口镇召开镇党委（扩大）会议暨全镇传达贯彻省第十三次党代会精神干部大会。

2022年11月4日，龙口镇召开传达贯彻党的二十大精神大会。

2022年11月16日，龙口镇第十七届人民代表大会第三次会议胜利召开。

【重要活动】 2022年1月14日，龙口镇全力开展免费核酸检测工作。

2022年1月20日，龙口镇开展粤港跨境货车作业点新冠肺炎疫情防控应急演练。

2022年3月28日，龙口镇党委与鹤山农商行党委举行党建共建推动乡村振兴签约仪式。

2022年6月25日，龙口镇组织开展2022年庆祝建党101周年“七一”系列活动。

2022年8月8—10日，龙口镇举办2022年“强基赋能”培训工程系列培训班。

2022年10月16日，龙口镇组织收看收听党的二十大开幕会。

2022年11月29日，龙口镇在青文村举办“学习贯彻党的二十大精神，谱写乡村振兴新篇章”专题宣讲活动。

2022年12月19日，龙口镇召开学习贯彻党的二十大精神宣讲动员会暨镇级宣讲团成立仪式。

2022年12月22日，2022年江门市鹤山精细化工产业园突发环境事件应急演练在龙口镇举行。

附：龙口镇党委正副书记、镇人大正副主席、镇政府正副镇长名录

党委书记： 温启胜

党委副书记：

吕国新

刘健明（—2022年6月）

麦宇斌

谭　新（2022年9月—）

人大主席： 李伟业

人大副主席： 陆华兴

镇　长： 吕国新

副镇长：

陈小强（—2022年8月）

黎少波（—2022年9月）

吕其安（2022年11月—）

区卫雄

吴家颖

李建良

谭富明

刘丽斯（女，挂职，2022年8月—）

（温志宏）

桃源镇

【概况】 桃源镇地处珠江三角洲腹地，紧邻鹤山市中心城区，全镇交通网络四通八达，新旧国道G325贯通全境，江肇高速在桃源交汇并设有出入口，在建的珠肇高铁途经桃源并设高铁站——鹤山西站。全镇总面积约54平方公里，下辖11个村委会和2个社区，常住人口约3.4万人。

2022年，桃源镇规模以上工业增加值增速0.2%；完成固定资产投资16亿元，完成率100%；完成工业投资14.77亿元，完成率101.89%；完成工业技改投资6.83亿元，完成率105%。限额以上批发业增速11.8%；限额以上住宿、餐饮、零售业增速7.57%。外贸进出口增速9.1%。地方公共财政收入（市库）1.64亿元；税收收入1.35亿元，非税收入2843万元，顺利完成市下达的财政收入增长任务。经济社会保持平稳健康发展。

【农业】 桃源镇农业总人口2.1万人，耕地面积1.74万亩。2022年，全镇农作物总播种面积4.3万亩。农作物以种植蔬菜为主，主要有叶菜类（菜心、小白菜、芥菜、生菜）和瓜类（节瓜、冬瓜、苦瓜、黄瓜）等品种，蔬菜播种面积1.5万亩，总产量2.8万吨。林产业经济稳步发展，全镇观赏苗木和盆载观赏植物面积0.72万亩，年出售观赏苗木1.3万株、盆载观赏植物45.8万盆。畜牧生产稳中有进，年生猪出栏2万头、肉鸡43.5万羽、肉鸽8.5万羽，出售鸡苗501万羽。水产养殖以四大家鱼（草鱼、鲢鱼、鳙鱼、鲤鱼）居多，养殖面积0.16万亩，总产量0.18万吨。新型农业经营主体培育方面，申报江门市级龙头企业、鹤山市家庭农场各1家，完成农民专业合作社规范化建设4家，申报桉树改种茶叶项目1个。完成全镇12个经联社135个经济社的产权制度改革。蟠光村利用“积分制+信用贷款”推动特色产业澳洲蓝龙虾养殖，成效显著。扎实开展撂荒地专项整治，已完成复耕面积738.67亩，复耕率92.3%。其中，以中胜村为示范点，探索

“公司（科研）+村集体经济组织+农户”的产业发展模式，推动撂荒地复耕287.71亩。

【工业】 桃源镇工业产业主要以装备制造、电子电器、新型材料、五金制伞等为主，其中制伞产业是桃源镇特色产业。全镇产业分布集中在三个镇级工业区：富民工业区、建桃工业区、德胜工业区，三个工业区均沿G325分布。富民工业区主要企业有德兴环球电缆、法罗力热能设备、恒保防火玻璃、新红阳家具、龙堡食品等；建桃工业园区主要企业有联塑、北丰纺织、厚积机械、欧克特电子、东太管业、嘉钡电子等；德胜工业区主要企业有创顺五金、航盾门窗、权兴化工、海昌电器、建筑机械厂、联拓工程塑料、锦秀泰硅胶等。

积极搭建中欧合作平台，推进长江工业园“工改工”升级改造，将其打造为桃源中欧合作配套产业园区，积极引进新材料企业进驻。大力推动两家现有欧资企业法罗力、泰美斯发展壮大。同时，依托国家中欧（江门）合作区等平台，打通企业对外贸易渠道，积极扶持现有对欧合作企业做大做强。

紧抓人才培养、吸引两个环节，不断完善人才工作领导机构和人才工作机制，统筹推进各类人才队伍建设。积极发挥科研平台的培育作用和牵引作用，努力集聚一批“高新精尖”优秀骨干人才团队，凝聚人才合力，打造人才高地。鹤山市新的生物制品有限公司建成广东省博士后创新实践基地和博士工作站。鹤山市嘉米基光电科技有限公司柔性引进长春理工大学中山研究院付秀华教授科研团队开展项目合作。鹤山市厚积工程机械有限公司专注并深耕桩工机械产业，得到多项技术认证，被认定为国家级专精特新“小巨人”企业。

【招商引资】 2022年，桃源镇在建重点项目5个，累计投资14.39亿元。成功招引了宏力能源和冠聚二期两个新购地项目。成功招拍挂2宗地块，总面积85.10亩，推动托肯集团环保节能建材总部项目、欧克特电子元件灌封材料扩建项目落户并动工建设。成功引入云胜材料、亿昌科技、嘉钡电子、森茂工艺品4家企业进驻长江工业园。

【乡村振兴】 完成《鹤山市桃源镇德胜产业园区及周边单元控制性详细规划》《鹤山市桃源镇建桃工业片区单元控制性详细规划》和《鹤山市桃源镇北片区01-03单元控制性详细规划》3个控规的编制工作，为桃源镇调控空间资源、促进镇域发展与建设提供方向。对原有村庄规划进行优化提升，进一步优化土地利用、产业发展、居民点建设、生态保护和历史文化传承的通盘规划。有序推进珠肇高铁征地拆迁安置工作，完成辖区内共约280亩土地的征收及补偿工作，为珠肇高铁鹤山西站项目建设顺利推进打下坚实基础。

桃源镇不断加快推进交通、教育、医疗等基础设施建设。提升学校教育环境，实施竹荫幼儿园低压线路架设工程、桃源小学科学楼消防改造工程、桃源小学足球场北面围墙排水改造工程、桃源中学运动场挡墙改造工程、禄洞小学教学楼防水补漏工程。为进一步解决群众“出行难”问题，实施了建桃工业区2号路维修、村道C161安防工程、林科所至色色摄影基地道路升级改造、下涩坑桥建设、南龙线改造等工程。兜底民生保障，实施了钱塘拱桥市场路段排水改造、禁毒公园改造、桃源卫生院专用台变（250kVA）新装及低压改造等工程。

常态化开展农村生活环境整治，大力推进乡村小花园、小果园、小菜园、小公园“四小园”建设，打造生态宜居美丽乡村风景线，顺利推进三富、钱塘、蟠龙“四小园”示范点建设。全力建设桃源河千里碧道工程，勾画出“水清、岸绿、河畅”的人与自然和谐共生新画卷。

推行产业富民示范点建设。2022年成功申报江门市家庭农场1家，新成立农民专业合作社1家。全力做好撂荒地复耕复种工作，通过发动村民自耕、土地流转等方式稳步推进可持续复耕复种工作。中胜村作为撂荒地复耕示范点，成功打造“鹤山·桃源中胜甘薯”优质农产品品牌。甘棠村利用独特地理环境优势打造坪坳仔茶叶生态园，大力发展茶产业，带动村民增收致富。蟠光村创新“积分制+信用贷款”形式，引入金融活水，以澳洲小蓝龙作为切入点推动本村养殖产业转型，激发乡村产业新动能。依托鹤山市农村集体资产资源网上交易系统及手机端App的正式上线，开启桃源镇农村集体资产资源“网上交易”新模式，农村集体资产资源交易实现全流程信息化管理。

【社会事业】 **抓好重点人群** 为全镇120户低保户231人发放低保金20.97万元，确保城乡低收入家庭的基本生活得到有效保障。做好事实无人抚养儿童、分散特困人员、集中特困人员等的帮扶工作。持续推进“银龄安康”行动，加大对老年人群的保障力度，由政府出资将孤寡老人送进市福利院养老。

抓好民生实事 扎实做好慈

善危房改造项目资助工作。共为4户对象重建新房和修缮房屋，切实保障困难群众住房安全。着力改善医疗环境，完成医院慢病专科门诊和住院部装修改造工程、卫生院电气线路升级改造及门诊、住院部医用电梯加建、电力增容工程等4个重点工程。打造博爱体检中心及红十字会精神宣传长廊项目，完善体检中心配套设备。优化升级教育条件，桃源镇竹荫幼儿园（第二公立幼儿园）正式投入使用，解决了180个学前教育学位问题。投入近40万元购置午休床2000多张解决学生午休问题。提升教育教学质量，扎实推进“双减”工作，努力实现减负提质。加强校本研训，提高教师业务素质。2022年度桃源小学荣获鹤山市先进教研组评比活动一等奖、鹤山市第十七届中小学生书信活动优秀组织奖等奖项。桃源中学2022年中考高中学校录取率为37.13%，其中4人被鹤山一中提前录取，全镇教育质量稳步提高。

【综治维稳】 *推动化解基层矛盾纠纷* 在全镇积极构建诉求服务“超市+外卖”工作模式，将群众信访诉求服务站延伸到村到群众，建立群众身边的“信访超市驿站”。高标准完成“粤平安”群众信访诉求矛盾纠纷化解综合服务应用全省试点工作。严格依托行政执法“两平台”开展常态化执法，利用行政执法两平台办理案件，做到行政执法案件零诉讼。桃源镇行政执法协调督办办公室依托桃源司法所顺利完成挂牌并投入工作，稳步推进综合行政执法改革与行政执法协调监督，提升行政执法成效。

【安全生产】 *强力抓好安全生产工作* 累计总投入1780多万元，共出动7200多人次，按期完成火灾隐患整治任务，成功摘牌江门市第十一批挂牌火灾隐患重点整治地区。全面落实安全生产责任制，深入开展安全生产隐患排查工作，持续开展消防整治回头看等安全生产专项行动，累计出动2710人次，排查隐患、违规行为870多处，有效营造安全稳定的生产环境。

【重要会议】 2022年1月27日，桃源镇召开2021年度工作总结大会，回顾过去一年来的工作情况，部署2022年的工作任务。

2022年4月26日，桃源镇第十七届人民代表大会第二次会议胜利召开。会议听取和审议了《桃源镇政府工作报告》及镇民生实事项目情况说明，听取和审议了《桃源镇人大工作报告》，审查了《桃源镇2021年预算执行情况和2022年预算（草案）报告》，审议了《桃源镇国民经济和社会发展第十四个五年规划和二〇三五年远景目标》，以及票决2022年桃源镇民生实事项目。

2022年5月30日，桃源镇召开传达贯彻中国共产党广东省第十三次代表大会精神会议，研究桃源镇贯彻落实意见。桃源镇全体领导班子、各部门负责人、村（社区）书记共40多人参加了会议。

2022年6月8日，桃源镇组织召开党风廉政建设和反腐败工作专题会议。桃源镇全体班子成员、镇中层干部、各村（社区）书记共40多人参加会议，镇党委书记杨帝根主持会议并讲话。

2022年8月1日，桃源镇召开工业企业疫情防控培训会，切实压实工业企业疫情防控主体责任，指导企业做好常态化疫情防控各项工作。共有镇属规上企业代表73人参加会议。

2022年11月2日，桃源镇召开传达贯彻党的二十大精神会议，镇党政领导班子成员、镇中层干部、镇级单位负责人、各村（社区）书记、主任等50余人参加会议。

2022年12月8日，桃源镇十七届人民代表大会第三次会议胜利召开。全体镇人大代表和列席人员共80多人参加会议。会议听取和审议了《2022年桃源镇人民政府工作报告》，审议了《桃源镇人大主席团2022年上半年工作报告》，审查了《桃源镇2021年财政决算草案的报告》《桃源镇2022年上半年预算执行情况报告（草案）》，审议了民生实事项目情况。通过代表投票选举顺利产生副镇长1名。

2022年12月9日，桃源镇召开党风廉政建设和反腐败工作专题会议。镇委书记杨帝根总结了2022年以来桃源镇党风廉政建设和反腐败工作，部署下阶段工作。镇全体班子成员、各部门负责人、村（社区）书记参加会议，会议由镇党委委员、纪委书记李顺平主持。

【重要活动】 2022年1月28日，桃源镇棠都村乡村“微管网”管道天然气项目通气仪式开幕，标志着鹤山市首个乡村管道天然气试点工程正式开通运营。

2022年4月24日，鹤山市委书记刘志刚到桃源镇视察广东准分子光电科技有限公司和鹤山市欧克特电子科技有限公司。

2022年5月13日，随着蟠龙北古村的信用村整村授信白名单新鲜出炉，桃源镇蟠龙村在全市范围内率先实施“党组织共建、金融人才下乡、村村通政务、户户通金融、整村授信”五大工程，初步建成农村金融（普惠）户户通体系。标志着桃源镇乡村振兴战略再创新成效。

2022年10月18日，桃源镇制伞产业链党委正式揭牌成立，为制伞产业链注入“红色动力”。市委组织部、市工商联、桃源镇等相关领导参加揭牌活动。

2022年11—12月，桃源镇党委、政府抽调骨干力量组建镇委宣讲团开展党的二十大精神宣讲系列活动，围绕党的二十大精神开展多角度、全方位、立体化、多频次的对内对外宣传，推动党的二十大精神进机关、进企事业单位、进社区、进农村、进校园、进各类新经济组织和新社会组织、进网站，不断增强学习宣传贯彻党的二十大精神的感染力、凝聚力、影响力。

2022年12月9日，桃源镇在鹤山市卓恒家具制品有限公司开展岁末年初应急救援综合演练，进一步提升全镇安全生产事故处置能力，加强火灾事故防范和处置能力。

2022年12月23日，亿元优质项目——广东托肯新材料科技有限公司项目举行奠基仪式。市领导张华景、刘德贤，桃源镇负责人、有关部门负责人以及企业代表参加了奠基仪式。

附：桃源镇党委正副书记、镇人大正副主席、镇政府正副镇长名录

党委书记：杨帝根

党委副书记：李能活

梁颖聪

朱永兴

梁小霞（女，挂职）

人大主席：刘星宇

人大副主席：容健明

镇　长：李能活

副镇长：胡英林

冯铭辉

钟文婷（女）

李嘉敏（女）

梁永健

方海智

刘丽斯（女，挂职，—2022年8月）

李浩强（挂职，2022年12月—）

（施斌麟）

鹤城镇

【概况】 鹤城镇位于鹤山市中部，地处珠三角西翼，位于珠三角“一小时生活圈”内，是清雍正十年（1732年）鹤山建县的县城所在地，人文古迹众多，拥有深厚的客家文化底蕴和丰富的山水资源。全镇面积159平方公里，地形具有“七山二水一分田”的特点，辖15个村委会，1个居委会，户籍人口约3.7万，90%是客家人，外来人口近1.5万，是著名侨乡之一，海外华侨达3万多人。

【农业】 全年粮食种植面积稳定在10 381亩，总产量保持在3810吨，大豆种植面积55亩。完成撂荒复耕复种面积193.8亩。传统产业花生加工业走上了转型升级之路，开发了“甜酒花生”“蒜香花生”“五香花生”“山核桃花生”“原味花生”等一系列产品，打造了“嘉禾”“仔仔”等一系列品牌，并向中高端市场进军，年产值约5000万元。培育了船岭花生油厂、洪兴农牧公司、福伦龟业等一批优秀农副产品企业。落实各项扶持政策，重振坑尾红茶、城西马耳山茶等茶叶品牌。结合“一村一品”创建，构建地区集约型农副产品产销链条，为农民增产增收、提升农村产业格局创造了条件。鹤山市春茂农牧有限公司、鹤山市厚生农牧发展有限公司、鹤山市华鸿食品有限公司、广东洪兴农牧有限公司、鹤山市福伦龟业养殖有限公司和广东福伦医药生物科技有限公司成功申报县级以上重点农业龙头企业，年产值约2.2亿元。雁锋农场、广顺水产养殖农场、百万养殖场等家庭农场成功申报县级以上示范家庭农场，年产值约350万元。现有省级农业龙头企业1家、市级农业龙头企业1家、鹤山本级龙头企业4家、省级家庭农场2家。保留增产生猪养殖场2户、“三鸟”养殖场4户。生猪存栏280头，“三鸟”4600万羽，养殖污染物综合利用99%以上。设立农产品检测实验室，主要对种植产品、畜产品和水产品的农残进行检测，监督农资店规范销售。共检测农产品4900多份，超额完成任务。全镇森林总面积599.41亩，覆盖率达56.52%。现有林地面积总计675.15亩，其中生态公益林面积总计372.43公顷，占林地面积的55.16%。镇区绿地率31.05%，绿化覆盖率32.09%。

【工业】 完成规模以上工业总产值87.92亿元，同比增长4.18%；完成规模以上工业增加值21.95亿元，同比增长0.5%。工业投资9.9亿元，技改投资5.91亿元，完成全年目标的107.46%。限额以上批发业销售额完成9973万元，零售、住宿、餐饮业销售额完成7572.8万元，同比增长33.37%。共有19家企业成功申报高企。5个工改工项目成功获得市批准。累计盘活低效土地约463.34亩。

【财税、金融】 财政一般预算收入2.36亿元，其中税收收入1.60亿元，非税收入7608.21万元。

【固定资产投资】 固定资产投资12.4亿元。

【招商引资】 引进粤港印刷、豪天名品、创卓电烤箱、旭德电机、东富胜轴承等多个项目，推动中富兴业电路、晟凯金属增资扩产，总投资超25亿元。

【乡村振兴】 *组织振兴夯实基础* 从人大代表"三联双到通网格""一网式"闭环管理、"党员中心户"、数字化积分制管理、"网格化+综合执法"五方面创新基层治理，构建"党建引领、法治护航、群众自治、多元参与、科技助力"的基层治理体系，推动"鹤城模式"迭代升级。

产业振兴富民强村 鼓励村级党组织盘活闲置资源，8个村委会盘活资产10处，约2500亩。花生、腐竹等传统产业形成集聚效应，年产值超亿元。龙眼、沃柑、大树菠萝、澳洲小青龙等种养殖业约1500亩。

乡村面貌展现新颜 投入3000多万元，推进鹤城镇全域环卫绿化服务市场化作业项目，实现全域"一把扫"。投入322万元完成7条自然村的村容村貌整治工程。完成并验收4条自然村约1.12公里主干道硬底化、11个村委会农村主干道"三线"整治工程。投入约730万元完成3200亩高标准农田建设项目。经过前期扎实推进乡村振兴各项工作，鹤城镇代表鹤山市参加江门市抓党建促乡村振兴擂台赛。

【社会事业】 *疫情防控扎实有效* 快速处置"11·23"新冠肺炎疫情，未出现社会面传播情况。在全市率先推行团体码运用到餐饮服务和重点行业，做实做细疫情防控工作。先后派出265人次参与支援市级疫情防控。镇抽调精干力量组成"三人小组"，累计排查重点地区来镇人员线索31 087条，上门核查采样8494人次，无一条遗留，无一人脱管。

社会保障不断强化 继续落实13户42人防止返贫监测对象产业帮扶措施，分红向防止返贫监测对象倾斜。完成南星村等4家儿童书屋建设。

教育事业优质发展 投入约170万元完成鹤山市鹤城镇第一小学运动场升级改造。发动乡贤捐资约100万元，更新全镇小学教师电脑及教学电子白板等陈旧设备。筹集资金近1000万元推动鹤城镇第二小学教学楼新建项目。

安全稳定持续向好 累计使用行政执法"两平台"办理行政检查案件692宗、行政处罚案件43宗、行政强制案件3宗。查处跨区域违法行为、违法案件公开道歉承诺守法减免罚款、行政执法非诉执行等实现"零的突破"。

【生态旅游】 利用得天独厚的自然山水资源、底蕴丰厚的人文资源和源远流长的客家文化，围绕茶行街和鹤城河一河两岸的保护开发，完成鹤城镇全域旅游资料报送及旅游路线编制。投入5700万元修复三堡河、鹤城河一河两岸水环境，打造鹤城首家亲子儿童乐园快乐汇，优化水生态，打造水经济。投入110万元建设华南楼红色教育基地。深挖特色文化，成功申报11项非物质文化遗产项目，其中鹤城客家花炮庙会入选广东省非物质文化遗产代表项目。投入300万元完成禾谷田心村传统村落保护工程。带动全镇美丽宜居村和特色精品村"串珠成线，连线成片"，做大做强城西美食、南星花生、坑尾红茶等特色品牌，为生态旅游与农业产业同步振兴提供新思路。成功引进民宿三春近投资项目。五星村成功创建江门市旅游示范村。

【综治维稳】 全面深化"鹤城模式"，解决东坑征地、牛力股权纠纷、南中村土地占用、精丰欠薪、昆仑学校援建款结算等历史遗留问题，来访信访投诉同比下降59%。昆源社区、五星村获得鹤山市首批"无毒村居"称号。2022年，累计受理各类诉求（来访、12345、网信系统、粤平安）1477宗，办结率100%；镇人民调解委员会累计成功调处矛盾纠纷95宗，涉案标的1206.01万元。在各防护期，全镇没有发生上省进京非正常上访事件，没有发生群体性事件，社会面稳定。

【安全生产】 2022年，在册企业189家，其中危化企业4家，已签订责任书188份（1家停产，没签订）。针对危险化学品生产经营单位、烟花爆竹储存经营单位、建筑施工工地、有限空间和人员聚集场所及野点等高危行业和领域，开展安全生产专项检查，不走过场，不留死角。2022年，检查辖区企业479家次，发出现场检查记录278份，责令整改指令书203份，整改复查意见书203份。排查出一般事故隐患1240项，对发现隐患的企业实施闭环管理，完成整改隐患1240项，整改完成率100%。对5间企业进行行政处罚，经济行政罚款共4万元。2022年全镇未发生安全生产事故，全镇安全生产总体形势平稳。江门市道安办对镇道路交通安全问题挂牌整治工作予以核销摘牌。

【重要会议】 2022年1月25日，鹤城镇召开党史学习教育总结会议，传达贯彻习近平总书记重要指示和上级会议精神，全面总结鹤城镇党史学习教育开展情况，对巩固拓展党史学习教育成果、推动党史学习教育常态化长效化进行部署。鹤城镇班子成员、村（社区）书记、部门负责人等50人参加会议，市委党史学习教育第三巡回指导组组长麦少怀等到会指导。

2022年1月28日，鹤城镇召开2021年度工作总结大会，全面盘点2021年工作，部署2022年任务。镇全体领导班子成员、各村（社区）书记、各部门及站所负责人参加会议。

2022年2月21日，鹤城镇召开党委会（扩大）会议，传达贯彻中共江门市委十四届二次全会和鹤山市新春开局动员会精神。镇全体班子成员、部门负责人等参加会议。

2022年3月8日，市委第四巡察组巡察鹤城镇党委工作动员会召开。会前，市委第四巡察组组长李绍林等与鹤城镇党委书记丁俊超，镇委副书记、镇长赖应华等党政班子成员见面沟通，传达了市委有关巡察工作的要求。市委第四巡察组组长李绍林出席动员会并作巡察动员讲话。鹤城镇委书记丁俊超主持会议并作表态发言。市委第四巡察组副组长梁伟文和巡察组全体成员，镇领导班子成员，各部门、下属单位及进驻机构主要负责同志，各村（社区）书记等参加会议；镇纪监办、党建办相关人员列席会议。

2022年4月24日，鹤城镇召开党委会（扩大）会议，传达学习贯彻鹤山市第十六届人民代表大会第二次会议精神和中国人民政治协商会议第十一届鹤山市委员会第二次会议精神。镇全体领导班子成员、各部门、站所负责人以及各村（社区）书记参加会议。

2022年4月26日，鹤城镇召开第十七届人民代表大会第二次会议。会议听取和审议了《政府工作报告》《人大主席团工作报告》，审议了鹤城镇2021年财政预算执行情况和2022年财政预算（草案）的报告，票决选出了鹤城镇2022年民生实事项目。

2022年5月31日，鹤城镇召开传达贯彻省第十三次党代会精神干部大会，对学习宣传贯彻工作进行全面动员部署。鹤城镇委书记丁俊超主持会议并讲话。鹤城镇班子成员，各部门、站所负责人，各村（社区）书记参加会议。

2022年7月25日，鹤城镇召开党建引领基层治理领导小组第一次会议暨全镇基层治理工作交流推进会。鹤城镇委党建引领基层治理工作领导小组组长、副组长，各专班负责同志参加会议。

2022年7月25日，鹤城镇召开市委第四巡察组巡察鹤城镇情况反馈会。市委第四巡察组组长李绍林反馈巡察情况，鹤城镇委书记丁俊超作表态发言，镇全体领导班子成员，各村（社区）书记，各部门、站所负责同志参加会议。

2022年10月16日，鹤城镇组织全体领导班子成员、各办公室负责人、各村（居）“两委”干部、两新党组织通过广播、电视、手机直播等渠道认真收听收看党的二十大开幕会直播。

2022年11月2日，鹤城镇召开传达贯彻党的二十大精神大会，传达党的二十大精神，并对做好全镇学习宣传贯彻工作进行动员部署。镇全体领导班子成员、各部门负责同志参加会议。

2022年12月9日，鹤城镇召开第十七届人民代表大会第三次会议。大会听取和审议了鹤城镇人民政府（2022年1—11月）工作报告、鹤城镇2021年财政决算报告、2022年上半年预算执行情况报告，依法选举冼杰文、严小新同志为鹤城镇人民政府新任副镇长，并组织全体代表进行了履职培训和学习贯彻党的二十大精神。

2022年12月21日，鹤城镇召开中国共产党鹤城镇第十五届代表大会第三次会议。

【重要活动】 2022年1月22日（年初一），鹤城镇委书记丁俊超，镇委副书记、镇长赖应华等领导班子成员到镇内派出所、消防二中队、中心卫生院、交警四中队、供电所慰问坚守一线的工作人员，并到鹤山市中富兴业电路有限公司慰问留鹤过年的员工。

2022年1月26日，鹤城镇举行江门市名特优新农产品线上平台鹤城镇项目合作协议签约仪式。鹤山市委农办常务副主任黄明广，鹤山市供销合作联社主任吕达权，鹤城镇党委副书记、镇长赖应华，鹤山市新供销塔百奇贸易有限公司总经理易坚良，鹤山市昆仑企业服务有限公司董事长谢毅斌等出席了签约仪式。

2022年3月30日，鹤城镇党委与鹤山市农商银行党委举行党建共建推动乡村振兴签约仪式。鹤城镇党委书记丁俊超，鹤山市农商银行党委书记、董事长石学周代表双方致辞并签约。

2022年4月1日，江门市副市长曹阳、江门市水利局局长王作青、鹤山市委常委李志、鹤山市水利局总工程师乐坚等一行到鹤城镇南水北流水库查看水库除险加固工程进展情况，随后查看五星村水美乡村项目现场。鹤城镇委书记丁俊超陪同。

2022年4月4日，江门市委副书记、市长吴晓晖到鹤城镇五星村检查农村疫情防控工作，调研水系连通及水美乡村建设情况。鹤山市委书记刘志刚，市委常委、市委办主任刘德贤，鹤城镇委书记丁俊超，市水利局局长温伟军陪同。

2022年4月6日，江门市副市长曹阳到国腾彩色纸品有限公司调研，鹤山市委书记刘志刚、鹤山市副市长陈文、鹤城镇委书记丁俊超、鹤城镇副镇长李志彬陪同。

2022年4月26日，江门市委常委、政法委书记林国华到鹤城镇五星村调研督导党建引领乡村振兴工作。鹤山市委书记刘志刚，市委副书记、政法委书记梁士元，市委常委李志，鹤城镇委书记丁俊超等陪同调研。

2022年5月29日，市委书记刘志刚，市委常委、统战部部长陈文光，市委常委刘德贤等到广东华鳌合金有限公司开展暖企调研。鹤城镇委书记丁俊超陪同调研。

2022年6月15日，鹤城镇“两新”应急先锋队党支部在江门市东江环保技术有限公司揭牌成立。鹤城镇“两新”应急先锋队党支部是以镇应急办牵头、联合43家企业成立的功能型党支部，也是鹤城镇首个“两新”领域的功能型党支部。

2022年6月21日，鹤山市禁毒办联合鹤城镇政府，组织职能部门在鹤城镇禁毒主题公园开展以“成员单位齐动员，全民禁毒筑防线”为主题的大型“6·26”禁毒宣传活动。

2022年7月8日，江门市委组织部常务副部长宋岩到小官田村、先锋村开展“七一”慰问并调研五星村抓党建促乡村振兴工作情况。市委常委、组织部部长李卫芳，鹤城镇委副书记、镇长赖应华，副书记曾鸿陪同。

2022年7月15日，江门市人大常委会党组副书记、副主任易中强等一行到鹤城镇视察人大代表中心联络站建设及人大代表“三联双到通网格”工作。市人大常委会主任冯细就、镇委书记丁俊超、镇人大主席李卓峰陪同。

2022年7月27日，江门市委组织部副部长王江涛到鹤城镇调研基层党建工作，分别到五星村调研抓党建促乡村振兴情况，到三堡小学调研学校党建工作，到华南楼调研红色教育基地建设情况。鹤山市委常委、市委组织部部长李卫芳，市委组织部副部长李永炜，鹤城镇委书记丁俊超、副书记曾鸿陪同。

2022年8月9日，鹤山腾泰皮革有限公司举行“广东省博士工作站”揭牌仪式。江门市人社局副局长、三级调研员黄锐楼，江门市人才局副局长邓晓燕，鹤山市委组织部、鹤山市人社局、鹤城镇、企业以及博士专家代表出席活动。

2022年11月23日，鹤城镇接报鹤城镇工业三区顺兴大理石厂员工杨某林核酸检测结果异常后，立即启动新冠肺炎本地疫情应急处置快速响应机制。鹤山市委书记刘志刚，市委副书记、市长张华景第一时间到场指导，鹤城镇委书记丁俊超，镇委副书记、镇长赖应华赴现场处置。三天三检后（高风险区四天四检），辖区内没有出现新增案例。11月26日20:00，解除临时管控区管控。

附：鹤城镇党委正副书记、镇人大正副主席、镇政府正副镇长名录

党委书记：丁俊超
党委副书记：赖应华（女）
曾　鸿（女）
任德仲
人大主席：李卓峰
人大副主席：吴德强
镇　长：赖应华（女）
副镇长：
任杰辉（—2022年11月）
冼杰文（2022年12月—）
钟宝权
李梓森
李志彬
李　俊
吕志威
严小新（2022年12月—）

（陈　璨）

共和镇

【概况】 共和镇与江门市蓬江区、新会区接壤，全镇总面积90.07平方公里，辖2个社区、9个村、112条自然村，户籍人口约3万，常住人口约5万。辖区内交通方便，佛开高速、江罗高速、江鹤高速于镇内交汇，江鹤一级公路穿镇而过，毗邻G325，一小时可达广州、佛山和珠海。

【农业】 不断夯实农业基础建设。投入800万元建设3500亩高标准农田，打通乡村农耕道路，提高农产品流通效率。完成2022年实际种粮一次性补贴工作，补贴粮食面积约2446亩，惠及农户852户。积极配合上级开展创建国家农产品质量安全县工作，以网格化管理提升农产品质量安全协管员的技术检测能力。开展红火蚁防治工作，防治面积达3030亩。

投入约130万元建设87个农村生活污水处理站点和对约14公里农污管网进行长效管护。投入50万元打造平汉村委会国庆村“四小园”示范项目，持续改善人居环境。高标准全域建设“四好农村路”，完成来苏村和大凹村主干道路的沥青改造。投入350万元完成10宗村道硬底化工程；投入约120万元开展东华移民村后边坡整治；投入400多万元补助资金，各村居自行发包管护农村公共设施。

【工业】 工业城（共和镇）共有规上工业企业138家，实现规上工业总产值258.03亿元，同比增长4.3%。规上工业增加值61.5亿元，同比增长13.1%。

【财政与固定资产投资】 2022年工业城（共和镇）累计完成财政收入4.75亿元，超额完成市下达的目标任务，其中税收收入4.13亿元，同比增长5.6%（可比口径）。固定资产投资90亿元，同比增长32%，超额完成全年目标任务。

【招商引资】 积极推进创维光电二期、得润电子二期、联东U谷二期、中南人防二期、日丰、星际等项目建设，1—11月共完成项目投资36.36亿元。招商项目质量大为提升，中为先进封装填补了鹤山市电子信息产业芯片封测产业空白。欣龙隧道成功创建国家第四个盾构机检测实验室。凌宇空气干燥机是鹤山市引进的首个“专精特新”项目；台钲数控机床是园区引进的首家数控机床项目。

【重点建设项目】 重点聚焦新材料、高端装备制造、智能家电三大产业。1—11月成功推动12个项目通过江门市招商联席会议，项目投资总额约79亿元，其中欣龙隧道装备项目投资达20亿元，斯柯冷链设备、中南人防二期、中为先进封装等3个项目投资分别达10亿元以上。

【城镇建设】 *加快市政基础设施建设，提升城镇功能更趋完善* 加快路网联通，投入7400万元建设共和大道至平安大道道路改造项目；加快推动铁岗工业区雨污分流项目工程建设，谋划建设鸿江变电站扩容工程。完成工业城第一小学项目建设。职教园区将在2023年底建成。加快建设平岭小学扩建工程。投入近8000万元建设工业城养老服务中心，截至年底完成第五层主体结构。

加快园区交通主干道建设。投入约2.25亿元新建和顺南路、鹤鸣路、龙腾路等9条道路。省道S270鹤城至杜阮段扩建工程进展顺利。县道大圣线供水主管工程已完成。省道S270的污水管网工程已基本完成。

增强公共服务能力 落实各项优扶救济工作，加大困难弱势群体的救助补助力度。全面实施“双百工程”和“双百”社工站示范站建设，组建了一支12人的专业社工服务队伍。加快创建三星级残疾人日间托养机构，启动共和镇红十字会生命体验馆工程建设。投入20万元在共和之家建设共和镇居家养老服务站点。扎实推进老年人疫苗接种，全镇60岁以上老年人新冠肺炎疫苗全程接种覆盖率达88.09%，全面提升广大人民群众幸福感。

加快环境整治工作 围绕环境整治三大攻坚战，开展散乱污企业、企业固废、生物锅炉、餐饮企业等专项整治行动。已完成4家县级VOCs重点监管企业及7家新增企业“一企一策”方案编制及整治工作。建立农村生活污水处理站74个，涉及112条自然村。贯彻落实河长制，实施南溪河水生态修复工程，被“学习强国”平台报道和宣传。启动民族河示范段碧道、福临河西宁河景观提升、共和河综合治理等工程，辖区内河道水质持续改善。

【民生工程】 深化共和“医共体”建设，为镇卫生院添置一台救护车，建成新连村卫生站，实现全镇乡村医疗卫生机构全覆盖。加大教育资源投入。投入137万元启动7个校舍维修项目。投入415万元配齐中小学音乐室、舞蹈室、美术室等功能室场教学设施。投入527万元添置工业城第一小学教学设施设备。

【抗疫防控】 强化疫情防控力量，保障群众生命安全，广大干部群众凝心聚力、日夜奋战、同心抗疫，在路口值守、流调溯源、核酸检测等防控工作中展现共和力量，以最短时间连续打赢了“4·29”等多场疫情阻击战，确保了全镇经济社会大局稳定。

【党建引领】 抓党建、提效能，不断提升施政水平。组织实施党的创新理论学习教育计划，推出来苏快板、第一书记讲党课等一批主题宣传活动。持续实施“头雁”培育工程，通过专题业务培训班、实地观摩培训、头雁擂台比武等举措提高村干部履职尽责能力。投入150多万元对南坑、泮坑和铁岗等村（社区）党群服务中心进行升级改造。深入挖掘共和镇抗日战争和革命历史，建设大凹村红色教育基地。扎实推进“双同步”工作，新成立7个两新党组织和首个产业链党委。

【社会工作】 扎实推进劳动人事争议调解工作，及时有效化解劳资矛盾纠纷。共和镇劳动人事争议调解中心成为江门地区首个工业园区劳动争议调解组织，被评选为江门市金牌劳动人事争议调解组织。

【综治维稳】 探索社会治理新模式。结合行政村、社区和工业园区三个工作板块，划分28个智慧网格、74个微片区，配备专职网格员47名。大力推广“粤居码”。以南坑村为试点设立流动人口管理工作专班，探索做好流动人口和出租屋管理。建设“信访超市+外送服务”工作体系。铁岗社区入选为省市域社会治理现代化试点。

【安全生产】 加强日常巡查力度，依托安全生产和应急管理综合平台系统，加强社会及企业的安全生产日常监管和应急事件处置。

【水利建设】 重建改造来苏水闸和牛山水闸，提高河道防洪能力和农田灌溉效能。投入6000万元整治来苏河、民族河、红坑河，完成潭江流域跨界重点支流综合治理工程，整治河道19.92公里。计划投资约2200万元对沙冲河片区进行扩宽加固，极大提升南坑、铁岗、圩镇沿线片区的防汛能力，现已进入招投标阶段。

【十项民生】 启动平岭小学扩建工程。来苏村、大凹村和平汉村道路改造工程基本完成。完成共和圩镇（平安大道、德和路和仁和路铺沥青）道路升级改造工程。完成工业城园区路口加装信号灯改造工程。启动铁岗片区雨污分流改造工程。完成共和镇村道（平汉、铁岗、里元和大凹）干道硬底化工程。完成水系连通及水美乡村（民族河、红坑河、共和河、新民河和来苏河）建设项目工程。启动鹤山工业城水环境综合治理工程。完成大凹乡村振兴红色文化教育基地展馆建设。完成新连村卫生站建设工程。

【荣誉称号】 共和镇获得鹤山市抓党建促乡村振兴“擂台赛”示范镇一等奖；来苏村获得示范村一等奖。

【重要会议】 2022年1月13日，广东省工业和信息化厅大型产业集聚规划建设工作调研会在共和召开。

2022年6月10日，共和镇召开第十七届人民代表大会第二次会议。

2022年8月31日，共和镇召开残联第七次代表大会。

2022年12月16日，共和镇召开第十七届人民代表大会第三次会议。

【重要活动】 2022年2月23日，江门市委常委、宣传部部长、沙冲河市级河长陈冀同志到共和巡查沙冲河鹤山段河长制落实情况。

2022年3月9日，召开江门市委第一巡察组巡察共和镇工作动员会。

2022年3月31日，鹤山市委书记刘志刚到共和镇调研疫情防控工作。

2022年5月17日，2021年度共和镇高标准农田建设初步验收会议在共和召开。

2022年6月24日，共和镇首例造血干细胞志愿者黄燕梅成功捐献造血干细胞。

2022年7月25日，中国电子信息产业发展研究院到共和调研。

2022年8月31日，江门蓬江区组织部到共和来苏村参观学习。

2022年12月15日，江门市江海区妇联到来苏村参观学习。

附：共和镇党委正副书记、镇人大正副主席、镇政府正副镇长名录

党委书记：

胡国伟（—2022年5月）
刘德贤（2022年5月—）

副书记：

陈文宁
郭崇文
李少明
雷　铭
刘勇军（2022年11月—）
苏　婧（女，挂职）

人大主席：陈魏瑜

人大副主席：

刘勇军（—2022年12月）
刘旭婷（—2022年12月）
杨小敏（女，2022年12月—）

镇　长：陈文宁

副镇长：

刘勇军（—2022年12月）
梁广祥
凌立新
彭泳珊（女）
李浩强（—2022年7月）
梁坚俊
李　健
冯广达（2022年12月—）
罗纪龙（2022年12月—）
莫国坚（挂职）

（**杨凯旋**）

址山镇

【概况】 址山镇地处珠三角西岸鹤山市南端，全镇总面积98.22平方公里，下辖2个社区和11个村委会、123条自然村，户籍人口3.06万人，外来人口1.26万人，常住人口3.30万人。是鹤山市著名的侨乡之一。海外华侨、华人同胞约5.9万人，分布在港澳、东南亚、美国、加拿大、南美洲等30多个国家或地区。是全国重要的水暖卫浴五金产地之一，先后被评为“中国水暖卫浴五金产业基地”“中国水暖卫浴五金出口基地”，2018年被商务部认定为“国家外贸转型升级基地（水暖卫浴）”，是众多知名卫浴企业投资落户的首选地。

【农业】 址山镇素有“鹤山粮仓”美誉，万亩优质良田上生机勃勃，现代农业品牌驰名珠三角，培育了27家专业农民合作社，址山米、址山腊味、火龙果、四九睡莲、云乡储良龙眼、云乡大山茶、云乡花卉等农产品深受欢迎。打造“三品一标”认证农产品2个（其中，绿色食品1个、无公害农产品1个），认定“粤字号”产品1个。2022年全年水稻两造种植面积达2.9万亩。成立云乡勤姐妹稻谷种植专业合作社，广垦华粮米业成功申报省龙头企业。完成716.98亩撂荒地的系统清理，夯实粮食安全的根基。

【工业】 2022年，址山镇规上工业总产值约49.8亿元，规上工业增加值约10.34亿元；固定资产投资12.67亿元，完成年度目标的110.3%，其中工业投资额11.34亿元，完成年度目标的119.5%；限上批发业销售额2.95亿元，限上零售、住宿、餐饮业（社零）销售额约0.55亿元，同比增长30.3%；外贸进出口额7.01亿元。

产业集聚明显加强 推动硅能源产业园建设，园区配套设施建设和招商引资同步进行，加大项目谋划储备力度。

重点项目加快建设 冠洪石场、源发石场、斯帝罗兰项目已投产，丰江电池项目正进行设备安装，南标紧固件和国庆卫浴项目正在进行厂房建设。持续推进“工改工”项目，镇首个村级工业区改造项目——新州溪谷五金卫浴科技园完成地上建筑拆除工作，汉歌卫浴工业厂房改造项目部分厂房封顶。

创新动能不断释放 2022年共有7家企业成功申报“专精特新”企业，协助24家企业申报“高新技术企业”，指导42家企业成功认定为鹤山市2022年科技型中小微企业。25家次企业申报江门市扶持科技发展资金累计315万元。知识产权助力企业创新发展，专利授权入库数量464个，其中发明专利10个、实用新型专利136个、外观设计专利318个。

【财税、金融、固定资产投资】 2022年一般公共预算收入1.36亿元，同比增长8.8%，完成增长8%的目标。其中：税收收入1.05亿元，税收收入占比77.37%，非税收入3081万元，非税收入占比22.63%。

【招商引资】 全年通过江门评审会的招商引资项目4个，总投资约5.15亿元。金益项目已取得施工许可证，鼎合项目和镇首个中欧合作项目镓洋卫浴已动工。

【乡村振兴】 *推动经济薄弱村发展提升* 以“党组织＋企业＋合作社＋农户”的形式，因地制宜，发挥花卉、林下种茶等特色产业种植优势，增加村集体收入。通过盘活资产资源，增加物业租赁项目，赋能云中、云新、云东、昆联4条经济薄弱村增收，集体经济达到10万元以上。

推进美丽宜居乡村建设 “村村通”纳入生态宜居美丽乡村财政奖补项目，覆盖昆华、新莲、云新、昆阳、云中、禾南、云东七条村。云东村打造乡村振兴示范点，投入420万元提升村容村貌、开展道路硬底化工程等。

【社会事业】 *社会保障持续加强* 健全最低生活保障制度，落实应保尽保，累计发放保障金402万元。完善敬老院服务工作，址山镇敬老院已于9月完成搬迁工作。整合各类社会救助资源，为4个低保、特困供养人员申请重建新房，为2个低保、特困供养人员申请危房维修。推进社区康园中心服务的标准化、专业化和制度化建设，做好特殊群体服务工作。

教育事业优质发展 址山镇公办幼儿园已完成主体结构建设；推进址山中学教学楼建设，已完成总工程量的60%；投入580多万元高标准完成址山小学运动场、图书馆、快乐读书吧等建设并投入使用。

卫生健康事业扎实推进 根据最新要求调整完善防控措施，落实常态化防控工作。稳步开展公共卫生工作，为全镇37437人建立了基础健康档案和电子健康档案，建档率100%。

创文工作有序推进 扎实推进十大专项整治行动，全面提升镇域环卫保洁质量，完善各垃圾分类收集点设置及垃圾桶摆放，

加大对乱摆乱卖行为的执法力度。全力做好全国文明村镇迎检复评工作，逐项开展目标任务分解，营造出“人人参与创建、人人积极创建”的良好氛围。

【生态旅游】 云清楼已完成加固修缮。云乡革命史迹陈列馆（张怀楼）被纳入鹤山市党史学习教育体验线路，开馆以来共吸引300多个组织共2300余人次到现场参观学习。址山河将军陂被纳入鹤山市水系连通及水美乡村建设试点县项目。致力于建设“河畅、水清、岸绿、景美”的美丽乡村，打造乡村旅游新景点，实现“水生态”发展。积极开展云乡森林公园及云乡生态园建设，为发展自然生态旅游夯实基础。

【综治维稳】 *基层治理能力稳步提升* 全镇划分16个网格，形成88个网格微片区，配备16个网格长、172名专兼职网格员，实现科学建“网”，截至12月底，服务400多名群众解决困难，平安网格事件录入并结案案件数6238条。

社会治安稳步向好 信访工作平稳有效，累计接待群众来信来访15宗，成功化解15宗。把“扫黑除恶”常态化工作做细做实，共摸排整治涉黑恶乱线索115条。积极处理群众诉求，办结12345政府服务热线工单249件。

法治建设持续巩固 构建多方力量共同参与矛盾纠纷解决的多元解纷新模式，共调解各类矛盾纠纷32件。全镇13个村（社区）建立了公共法律服务工作室，打通农村公共法律服务“最后一公里”。

【安全生产】 开展各类专项检查，累计检查企业598家次，排查出安全隐患1450条。强化道路交通安全整治，推进“平安村口”二期建设。

【重要会议】 2022年1月12日，址山镇召开2021年度村（社区）书记抓基层党建工作述职评议会，切实加强村（社区）党组织头雁队伍建设。

2022年1月27日，址山镇召开党史学习教育总结大会，全面总结址山镇党史学习教育开展情况，巩固拓展党史学习教育成果，推动党史学习教育常态化。

2022年1月27日，址山镇召开2021年度工作总结大会。会议全面总结了2021年各项工作，安排部署了2022年工作任务。

2022年3月31日，址山镇召开党委（扩大）会议，传达学习习近平总书记在全国两会上的重要讲话精神和全国两会精神，全省、江门市、鹤山市传达贯彻习近平总书记重要讲话精神暨全国两会精神干部大会精神，研究部署镇贯彻落实工作。

2022年4月14日，址山镇召开党委（扩大）会议，传达学习中共江门市委十四届三次全会精神以及鹤山市委常委会（扩大）会议精神，研究部署镇贯彻落实工作。

2022年4月22日，址山镇召开党委（扩大）会议，传达学习鹤山市第十六届人民代表大会第二次会议精神和中国人民政治协商会议鹤山市第十一届委员会第二次会议精神，研究贯彻落实措施。

2022年5月24日，址山镇第十七届人民代表大会第二次会议胜利召开，票决2022年度民生实事项目。

2022年5月31日，址山镇召开党委（扩大）会议，传达广东省第十三次党代会精神及江门市、鹤山市传达贯彻省第十三次党代会精神干部大会精神。

2022年8月23日，址山镇迅速召开址山镇防台风工作会议，部署做好第9号台风“马鞍”防御各项工作。

2022年10月25日，址山镇召开疫情防控工作会议，对近期疫情防控工作进行再部署再落实。

2022年11月8日，址山镇召开传达贯彻党的二十大精神大会，对做好学习宣传贯彻工作进行动员部署。

2022年11月22日，址山镇第十七届人民代表大会第三次会议胜利召开。大会以无记名投票的方式依法选举李超强为址山镇人民政府副镇长。

【重要活动】 2022年3月25日上午，鹤山市址山镇党委与鹤山农商银行党委举行“党建共建引领发展金融服务乡村振兴”结对共建签约仪式。

2022年4月1日，址山镇组织防汛抗灾应急队伍、各村负责防汛工作的村干部及民兵等在址山河将军陂开展2022年防汛抗灾应急演练。

2022年4月12日，址山镇政府与新供销塔百奇公司举行战略合作框架协议签约仪式，以充分发挥新供销系统优势，推动址山镇农业高质量发展。

2022年4月24日，址山镇召开疫情防控工作会议暨个人防护知识培训班。镇机关干部、村（社区）干部、卫生院医务人员、各中小学校幼儿园负责同志等参加此次培训。

2022年4月26日，址山镇人民政府与广州中大城乡规划设计研究院有限公司举行战略合作框架协议签约仪式，以推进农业高质量发展，科学规划区域发展空间，助力乡村振兴人才队伍建设。

2022年7月13日，址山镇人大组织江门市、鹤山市、址山镇三级人大代表共15人到镇域范围内开展农村基础设施建设、防汛工作情况调研视察及水行政执法检查活动，并召开座谈会。

2022年10月12日，址山镇组织开展2022年秋冬季森林防火应急演练。

2022年10月19日，址山镇分批组织党员干部到鹤山市廉政教育基地参观学习，开展“勇于自我革命，永葆先进纯洁”廉政主题教育活动。

2022年11月以来，址山镇4家非公企业成立党支部，并相继举行揭牌仪式：中共鹤山市斯帝罗兰卫浴洁具有限公司支部委员会于11月15日揭牌；中共鹤山市金益铜业有限公司支部委员会、中共广东中欧卫浴用品有限公司支部委员会于11月19日揭牌；中共鹤山市未来我来卫浴科技（广东）有限公司支部委员会于12月13日揭牌。

附：址山镇党委正副书记、镇人大正副主席、镇政府正副镇长名录

党委书记：冯永强

党委副书记：

许潇林

黄志勇

孙翠雯（女，2022年11月—）

人大主席：郑佰利

人大副主席：李子成

镇　长：许潇林

副镇长：

王宗球

王　靖

江　毓（—2022年8月）

李超强（2022年11月—）

邓钜辉

梁嘉慧（女）

李炳军

（胡淑盈）

宅梧镇

【概况】 宅梧镇，位于鹤山市西南部，南邻开平市，北与佛山高明区接壤，东接鹤城镇，西连双合镇，双和公路东西横跨全境，江罗高速出口设于宅梧营顶，交通便利，区位条件优越。全镇面积约205平方公里，下辖10个村和1个社区，户籍人口约3.3万。

全年地方财政一般预算收入6621万元，同比增长8.2%。规模以上工业增加值1.43亿元，同比下跌2.7%；固定资产投资5.49亿元，同比增长16.8%。社会消费品零售总额4420.7万元，同比增长13.2%。经济社会保持平稳健康发展。

【招商引资】 紧抓欧饰家智能家居、厨之乐智能家居、源林现代农业产业园等3个招商引资项目跟踪服务，涉及投资金额达18.3亿元。

【工业】 实施“领导挂钩+专员驻点”联系服务企业制度，坚持“要素跟着优质项目走”，全力落实“保姆式”服务，推动招商项目早建成、早投产、早达效。工业项目基本实现“拿地即动工”常态化。埔弗瞬精密制造、宇珑高新材料、凌亮灯饰电器3个优质工业项目投入建设，预计总投资额2.5亿元。整治提升低效企业2家、清洁生产企业1家，高新技术企业认定1家，新增科技型中小企业3家、科技型小微企业1家。

【现代农业】 新增鹤山市农业龙头企业1家、“两品一标”认证1个，万群养殖场获评为省级示范性家庭农场，绿湖农庄获批供港澳活猪资质及配额。培育白水带茶叶专业村，“白水带红茶”“工夫红茶”获评为“鹤山市十大茗茶”。推动撂荒地复耕复种，全镇流转耕地6524亩、林地1.1万亩。双龙村三沙片区“经济作物——水稻”轮种植项目获评为江门市农村承包土地经营权流转示范片。注重发展特色农业产业。目前全镇已发展种植沉香3000多亩、红茶1300多亩、夏威夷果700多亩、花卉近2000亩、其他特色果蔬近5000亩。

【乡村旅游】 源林生态乐园、桃花驿等文旅项目加快建设。香草地获评为国家AAA级旅游景区。

【城乡建设】 **城镇建设展现新面貌**　全年投入超1500万元用于道路硬底化、农村公路养护、桥梁检测、污水管网维护等基础设施修建、管护工作，城乡基础设施不断完善。

美丽乡村铺开新画卷　完善农村基础设施，农村生活污水处理设施覆盖率达85%。新建成生态宜居美丽乡村项目5个。完成2022年农村厕所问题摸排整改“回头看”工作。积极完善农村宅基地及建房规范化管理，发展壮大集体经济。

生态文明翻开新篇章　扎实推行河（湖）长制工作，全面遏制偷排直排行为。狠抓潭江牛湾国考断面水质达标攻坚，将新塘桥断面水质稳定在Ⅲ类以上。积极推进养殖池塘升级改造和尾水治理，紧抓水美乡村项目建设。扎实做好森林防灭火工作。全镇森林覆盖率超66%。

【民生保障】 镇财政对民生领

域投入比重持续提高。多措并举促进白水带、漱云、泗云等村集体收入薄弱村增收，年集体收入均达到10万元以上。帮扶救助城乡边缘困难家庭33户次、特殊困难群体14人，12户37人防止返贫动态监测对象实现稳定脱贫。成立“双百社工”服务站，加强做好特殊困难群体走访、服务。完成宅梧小学校道、篮球场等配套设施升级改造，调整优化宅梧小学校车路线，教育教学条件进一步改善。深入开展创文、创卫工作，顺利通过2022年广东省卫生镇复审工作。城乡公共文体设施不断完善。

【社会治理】 圆满完成党的二十大期间安保维稳工作。靖村获评为广东省“民主法治示范村”。严格落实信访维稳“五大机制”，受理信访案件和政府热线问题办结率100%。深入开展禁种铲毒行动，强化禁毒宣传，顺利完成“禁毒重点关注地区”摘帽工作。新聘用专职网格员18名，创新“网格议事”机制。使用行政执法“两平台”开展行政执法检查400多宗，办理行政处罚案件4宗。全年无发生较大以上安全事故、重大疫情和食品药品安全事故，社会大局保持安全稳定。

【重要会议】 2022年1月5日，宅梧镇召开2022年春节假期疫情防控工作部署会。

2022年1月12日，召开学习贯彻党的十九届六中全会精神宣讲会。

2022年1月19日，召开传达学习习近平总书记在十九届中央纪委六次全会上的重要讲话精神会议。

2022年1月25日，召开党史学习教育总结会议。

2022年4月27日，召开2022年制止耕地“非农化”，防止耕地“非粮化”工作推进会。

2022年5月31日，召开学习贯彻省第十三次党代会精神干部大会。

2022年6月2日，召开学习习近平总书记关于安全生产重要论述精神专题会议。

2022年6月24日，召开2022年镇林长制领导小组工作会议。

2022年9月13日，召开综合治理委员会联席会议。

2022年10月10日，召开重点项目工作推进会。

2022年11月7日，召开贯彻学习党的二十大精神会议。

【重要活动】 2022年1月11日，举行宅梧镇欧饰智能家具项目签约仪式。

2022年1月18日，举行宅梧镇清河路通车仪式。

2022年2月11日，举行规建办自资所新办公室揭牌仪式。

2022年3月31日，举行源林项目签约仪式。

2022年6月22日，举行2022年鹤山市“十大茗茶”评选活动颁奖仪式。

2022年8月9日，举行宅梧镇数字乡村建设合作框架签约仪式。

附：宅梧镇党委正副书记、镇人大正副主席、镇政府正副镇长名录

党委书记：侯锦强

党委副书记：邓仲宇

施志文

冯健勤

人大主席：罗伟雄

人大副主席：廖守庚

镇　长：邓仲宇

副镇长：赖伟峰

林坤泉

区华敏（女）

翁岳灵

罗志坚

（梁杰祥）

双合镇

【概况】 双合镇位于鹤山市西部，与高明区更合镇、开平市苍城镇以及新兴县水台镇接壤。交通便利，省道肇开线二级公路南北贯穿全境，双和公路东西横跨镇内，江罗高速在镇内设有两个出入口，广明高速通达北部接壤的高明更合镇。下辖4个村委会和1个社区，总面积123.46平方公里，常住人口约1.3万人。

2022年，双合镇深入学习贯彻落实党的二十大精神，全力抓好疫情防控工作，持续推进乡村振兴、经济发展、社会治理等重点工作，继续聚焦“农业+旅游”发展方向，全镇上下凝心聚力，各项事业取得了一定的新成效。

【农业】 抓好粮食生产工作　100%完成上级下达的粮食种植任务，其中水稻26 798亩，其他粮食类作物2869亩。垦造水田后期管护落实种植水稻300亩，实现全覆盖。

大力培育农业品牌　双合镇红茶、墟岗黄鸡、小农粘米共3个产品入选广东省农业农村厅公布的2022年“粤字号”农业品牌目录，占全市入选农业品牌总数量的近三分之一。

做强本地特色农产品　全镇种植茶叶约3600亩，种植粉葛约4000亩，种植面积均位于全市前列。其中，2022年借助“农光互补”工程通过“板上发电、板下种植”新型模式完成了茶叶扩种 425.6 亩。

强化畜牧行业监管 狠抓动物防疫检疫工作，对流通畜禽及其产品全部按程序进行检疫，对标完成 2022 年春秋两季重大动物疫病防疫集中免疫接种任务，其中牛免疫 23 户 227 头，禽流感免疫 324 户 4236 羽。截至 2022 年底，全镇生猪产地检疫数量为 19 975 头，生猪复产工作成效显著。家禽产地检疫数量为 312 万羽，鸡苗出栏量为 1465.91 万羽。

【工业】 2022 年，双合镇实现规模以上工业总产值 3.36 亿元，同比增长 39.26%。采用“工改工”方式，重点引入万洋众创城双合园区（工业房地产）项目，实现土地利用率和经济效益的快速提升。同步推进鹤山宏得新能源 50+50MW 农光互补光伏项目（二期）。项目建成后，年发电量预计可达 1.2 亿千瓦时，年产值预计可达 1 亿元。全力推动工业低效闲置土地整治提升，年内已完成三宗地块的整治，总面积 91 亩，计划投资 2.56 亿元。

【财税、金融、固定资产投资】 按可比口径，双合镇 2022 年全年地方公共财政收入累计完成 2453.8 万元，其中税收收入 591.74 万元，非税收入 1862.06 万元。完成全年预算 2441.72 万元的 100.49%。社会零售额 2385.6 万元，同比增长 8.12%，固定资产投资完成 1.75 亿元。

【招商引资】 重视项目招引，聚焦周边资源，深入实施招商引资工程。2022 年积极开展外出招商工作，新引进富通实业有限公司智能锁制造项目、东莞市东堂公司汽车音响制品项目等。大力开展以商引商，协助万洋众创城项目招引首批 5 家企业入驻园区，其中装备制造企业占比超 80%。

【乡村振兴】 协同推进高标准农田建设。2022 年度全镇实施的高标准农田建设项目覆盖面积约为 2000 亩，项目总投入约 400 万元。开展专项债“1000 亩茶园提质改造工程”项目，已完成界线勘察等前期工作，计划扩种茶叶 1000 亩。实施江门市鹤山省级农业科技园区配套基础设施项目、江门市鹤山空港经济产业园区基础设施建设项目，持续优化镇村基础设施建设。

【社会事业】 *大力推动康园中心建设* 截至 2022 年底，双合镇康园中心共有学员 17 人。全年为 0 ～ 6 岁特殊儿童提供抢救性康复 2 人，为 4 户有需求的贫困残疾人家庭进行居家无障碍改造，成功推荐残疾人就业 3 人，其中康园学员 1 人。

扎实推进社会保障工作 2022 年共发放低保残疾人生活补贴 100 人次，发放重度残疾人护理补贴 344 人次。落实计划生育奖励政策，补助共 706 人，补助金额达 21.18 万元。

不断改善教育办学环境 完成镇内三所小学运动场和周边环境改造，实现教学平台、课室照明等设备设施完善升级。新建合成小学电脑室一个。全镇师生近 500 人次获得奖项，教育成绩硕果累累。

不断提升医疗卫生水平 2022 年通过发债投入 583.5 万元，购入彩色超声诊断系统、数字化医用 X 射线摄影系统（DR）、心电图机等一批先进医疗机械设备，促进卫生院设备设施升级，提高基层医疗卫生服务能力。

切实为群众解难事、办好事、做实事 开展村道亮化工程，在泗合村、先庆村和侨茶区共加装路灯近 200 盏，全力保障村民出行安全。

【生态旅游】 充分发挥区位和资源优势，大力培育乡村文化旅游产业。好彩茶园研学游路线持续火爆。推出“茶韵飘香鹤山红，越侨风情醉乡村”茶旅融合线路，并成功入选全国茶乡旅游精品线路。完成双好茶厂江门市中小学“农耕茶韵”研学基地和联香月饼鹤山市非物质文化遗产代表性项目申报工作。进一步整合心源社旅游拓展项目，力促“金钩泉田园度假村”旅游项目对外运营，落地生效。不断加大乡村旅游宣传力度，创立“粉葛台‘一周双合要闻’视频栏目”，通过新媒体向广大群众展现推广双合风土人情。该栏目还被江门市网络文化协会评为江门市“十佳创新传播案例”。

【综治维稳】 充分发挥党建引领基层社会治理作用，积极推进党建引领网格化治理和服务的深度融合，深化实施网格化治理体系。全镇划分 9 个网格、92 个微片区，逐步形成 13 名专职网格员、92 名微片区组长、110 名“AB”岗驻点人员、156 名党员志愿者，集政务、服务、警务于一体的“3+N”共治模式体系。着力打造“网格微信群”微治理模式，共组建 10 个网格微信群，全年累计解决群众反映问题 160 余件。

优化基层治理工作阵地，依托“信访超市”，共计受理调解各类纠纷案件 128 件，调解率达 100%。全镇年内无重大维稳事件发生。

畅通社情民意渠道。2022 年，共入户排查 10 000 多人，普法宣传 28 次，特殊群体面访 16 次，排查矛盾纠纷 151 件。

加大普法宣传力度，营造良好法治氛围。创立“双合法治讲习所”，采取“线上宣传 + 线下讲习”的创新模式，通过整合各级普法资源，构建镇级法治文化活动中心。2022 年获评为江门市“一地一品牌”法治文化“十佳”特色品牌。

扎实推进扫黑除恶专项斗争常态化，紧抓宣传发动、线索核查和行业治理。另外，积极推动禁毒工作纵深发展。镇邑康家园全年开展“六进”禁毒戒毒宣传活动共135场，成功创建“无毒村（社区）”4个。

【安全生产】 整合现有应急管理力量，加大力度排除各行业领域安全隐患。2022年以来，共检查企业192家次，排查安全隐患177处，已落实整改隐患172处，限期整改隐患5处。加强应急队伍建设，组建一支32人的镇级应急救援队伍，并优化应急物资配置。加强重点区域巡查，切实做好森林防火、防汛救灾等工作。对全镇9个水库、5个山塘、3个易涝点及重点河道等全面落实除险管护。

【重要会议】 2022年1月10日，双合镇召开2021年度党组织书记述职评议暨党建业务培训会议。

2022年1月26日，双合镇召开党史学习教育总结会议。

2022年1月26日，双合镇召开2021年度工作总结大会。

2022年3月1日，双合镇召开2022年新春开局动员会。

2022年4月25日，双合镇召开传达学习全国两会精神干部大会。

2022年4月28日，双合镇召开2022年创建全国文明城市动员会。

2022年5月20日，双合镇召开第十八届人民代表大会第二次会议。

2022年5月30日，双合镇召开传达贯彻省第十三次党代会精神干部大会。

2022年6月6日，双合镇召开创文创卫工作推进会。

2022年6月22日，双合镇召开2022年农业农村工作会议。

2022年6月29日，双合镇召开庆祝建党101周年暨“七一”党员大会。

2022年7月25日，双合镇召开2022年上半年工作总结暨下半年工作动员会。

2022年8月31日，双合镇召开残疾人联合会第七次代表大会。

2022年10月16日，双合镇组织收看中国共产党第二十次全国代表大会盛况。

2022年11月7日，双合镇召开传达贯彻党的二十大精神大会。

2022年11月18日，双合镇召开第十八届人民代表大会第三次会议。

【重要活动】 2022年3月23日，双合镇党委与鹤山农商行党委在双合镇举行党建共建推动乡村振兴签约仪式。

2022年3月31日，双合镇举行春茶开采仪式。

2022年4月13日，双合镇政府与新供销塔百奇公司举行战略合作框架协议签约仪式。

2022年4月21日，双合镇组织开展本地新冠肺炎疫情处置应急演练。

2022年5月26日，鹤山市检察院与双合镇人民政府联合举行“行政检察与行政执法衔接工作办公室”揭牌仪式。

2022年7月28日，双合镇村（社区）残协换届选举工作圆满完成。

2022年8月30日，双合镇开展撂荒地复耕认种活动。

2022年9月23日，双合镇举行“听党话、感党恩、跟党走”宣讲活动。

附：双合镇党委正副书记、镇人大正副主席、镇政府正副镇长名录

党委书记：彭悦荣

党委副书记：李　聪
冯飘峰
李振钊
谭剑明（挂职）

人大主席：吴健康

人大副主席：冯飘峰

镇　长：李　聪

副镇长：
李知锜
麦锦坤
李志松
胡天佑（2022年11月—）

（施敏颖）

科教文体卫

科技 体育

科 技

【概况】 2022年，鹤山市深入贯彻创新驱动发展战略，坚持以制造业当家，强化企业科技创新主体地位，深化产学研合作，聚焦产业发展需求和关键环节技术攻关，推动经济高质量和科技创新发展。全年组织申报各类科技项目33项，获批（立项）13项，争取扶持经费111万元。

【科技成果奖励】 2022年，有3家企业申报省科技奖。57家企业参加江门市“科技杯”创新创业大赛，有4家企业获奖，获5个奖项。

【高新技术产业】 2022年，高新技术企业存量、科技型中小企业分别突破330家和293家，同比分别增长25%、27%。科技型小微企业累计505家。

【产学研合作】 全年共6家企业进入广东省级工程技术研究中心公示名单，7家企业被认定为江门市级工程技术研究中心，新认定数居江门首位。博盈特焊被认定为江门市企业重点实验室，同时申报创建省级企业重点实验室。欣龙隧道、民强五金、欧克特电子荣获2022年度“无限创新”江门科学技术奖。联合省科学院旗下六大科研院所举办了两场鹤山重点产业技术对接会。

（林小琦）

鹤山市举办2022年金属新材料技术研讨会

附表 1

2022年认定的高新技术企业

序号	企业名称	批准时间	级别
1	广东巴伏氏恒温科技有限公司	2022.12.31	国家级
2	江门市勤工机器人科技有限公司	2022.12.31	国家级
3	弗兰卡（中国）厨房系统有限公司	2022.12.31	国家级
4	广东狮特龙实业有限公司	2022.12.31	国家级
5	鹤山国机南联摩托车工业有限公司	2022.12.31	国家级
6	鹤山市明可达实业有限公司	2022.12.31	国家级
7	鹤山市胜利厨具有限公司	2022.12.31	国家级
8	广东铸和精密五金制品有限公司	2022.12.31	国家级
9	江门恒登新材料科技有限公司	2022.12.31	国家级
10	广东红日星实业有限公司	2022.12.31	国家级
11	广东焱魔方电器制造有限公司	2022.12.31	国家级
12	广东珍宝健康日用品科技有限公司	2022.12.31	国家级
13	鹤山市德尔迪电子科技有限公司	2022.12.31	国家级
14	鹤山市晟泰精密模具有限公司	2022.12.31	国家级
15	鹤山市佳达柯色印刷有限公司	2022.12.31	国家级
16	鹤山市杰之星五金实业有限公司	2022.12.31	国家级
17	鹤山市盛美塑料制品有限公司	2022.12.31	国家级
18	鹤山市鑫乐尚厨房设备有限公司	2022.12.31	国家级
19	广东汇龙涂料有限公司	2022.12.31	国家级
20	鹤山倍狮科技有限公司	2022.12.31	国家级
21	鹤山市伯胜鞋业有限公司	2022.12.31	国家级
22	鹤山市东盛塑胶制品有限公司	2022.12.31	国家级
23	鹤山市建为包装科技有限公司	2022.12.31	国家级
24	鹤山市联兴纸制品有限公司	2022.12.31	国家级
25	江门市瑞山电气有限公司	2022.12.31	国家级
26	雅图高新材料股份有限公司	2022.12.31	国家级
27	鹤山市华兆智能家居有限公司	2022.12.31	国家级
28	广东东沁新材料科技有限公司	2022.12.31	国家级
29	鹤山市博安防火玻璃科技有限公司	2022.12.31	国家级
30	鹤山市冠亚海绵工艺制品有限公司	2022.12.31	国家级
31	江门市厚威包装有限公司	2022.12.31	国家级
32	江门市泰乐医疗科技有限公司	2022.12.31	国家级

续上表

序号	企业名称	批准时间	级别
33	广东海昌电器制造有限公司	2022.12.31	国家级
34	鹤山市新供销再生资源园区有限公司	2022.12.31	国家级
35	鹤山市源盛家具制造有限公司	2022.12.31	国家级
36	鹤山市同立雨具有限公司	2022.12.31	国家级
37	鹤山市森茂工艺品有限公司	2022.12.31	国家级
38	广东准分子光电科技有限公司	2022.12.31	国家级
39	鹤山市长鸿电机有限公司	2022.12.31	国家级
40	鹤山市诚汇包装有限公司	2022.12.31	国家级
41	鹤山市广佛饲料有限公司	2022.12.31	国家级
42	鹤山市广塑实业有限公司	2022.12.31	国家级
43	鹤山市汉彩色母有限公司	2022.12.31	国家级
44	鹤山市恒保防火玻璃厂有限公司	2022.12.31	国家级
45	鹤山市厚积工程机械有限公司	2022.12.31	国家级
46	鹤山市精工制版有限公司	2022.12.31	国家级
47	鹤山市静优科技有限公司	2022.12.31	国家级
48	鹤山市联拓工程塑料有限公司	2022.12.31	国家级
49	鹤山市粤汉制伞有限公司	2022.12.31	国家级
50	江门市德鼎原新材料有限公司	2022.12.31	国家级
51	泰美斯热能技术（江门）有限公司	2022.12.31	国家级
52	江门特固钢结构工程有限公司	2022.12.31	国家级
53	江门市协泰实业有限公司	2022.12.31	国家级
54	广东科琳数码科技有限公司	2022.12.31	国家级
55	鹤山市泰利诺电子有限公司	2022.12.31	国家级
56	鹤山源昌电子科技有限公司	2022.12.31	国家级
57	广东福伦医药生物科技有限公司	2022.12.31	国家级
58	广东华鳌合金新材料有限公司	2022.12.31	国家级
59	广东索奇电器科技有限公司	2022.12.31	国家级
60	广东鑫飞机械有限公司	2022.12.31	国家级
61	广东鑫镁超硬材料有限公司	2022.12.31	国家级
62	广东鑫通驰机械制造有限公司	2022.12.31	国家级
63	鹤山市建宏金属构件有限公司	2022.12.31	国家级
64	鹤山市巨隆铝业有限公司	2022.12.31	国家级
65	鹤山市齐鑫电子科技有限公司	2022.12.31	国家级
66	鹤山市千年化工实业有限公司	2022.12.31	国家级
67	鹤山市世铭家具五金制品有限公司	2022.12.31	国家级

续上表

序号	企业名称	批准时间	级别
68	鹤山市顺亿达铜业制品有限公司	2022.12.31	国家级
69	江门市东江环保技术有限公司	2022.12.31	国家级
70	江门市金环电器有限公司	2022.12.31	国家级
71	广东雅佳新型节能高分子材料有限公司	2022.12.31	国家级
72	广东永锢电子机械科技有限公司	2022.12.31	国家级
73	广东粤洋汽车有限公司	2022.12.31	国家级
74	广东中辉绿建移动房屋科技有限公司	2022.12.31	国家级
75	鹤山市柏华纸制品有限公司	2022.12.31	国家级
76	鹤山市和利化工实业有限公司	2022.12.31	国家级
77	鹤山市和谐玩具有限公司	2022.12.31	国家级
78	鹤山市楷鑫五金制品有限公司	2022.12.31	国家级
79	鹤山市世腾环保科技有限公司	2022.12.31	国家级
80	鹤山智诚科技有限公司	2022.12.31	国家级
81	江门江粉电子有限公司	2022.12.31	国家级
82	江门市德佑金属材料实业有限公司	2022.12.31	国家级
83	江门市鑫澳实业有限公司	2022.12.31	国家级
84	广东程森机械设备有限公司	2022.12.31	国家级
85	广东托亚电器科技有限公司	2022.12.31	国家级
86	广东中南人防工程有限公司	2022.12.31	国家级
87	广东铸德实业有限公司	2022.12.31	国家级
88	广明源光科技股份有限公司	2022.12.31	国家级
89	广东省星联钢结构有限公司	2022.12.31	国家级
90	江门龙浩智能装备有限公司	2022.12.31	国家级
91	江门市鹏美绿家厨卫科技有限公司	2022.12.31	国家级
92	广东博盈特焊技术股份有限公司	2022.12.31	国家级
93	广东德和科技股份有限公司	2022.12.31	国家级
94	广东江晟铝模科技有限公司	2022.12.31	国家级
95	广东隆鑫机车有限公司	2022.12.31	国家级
96	广东米奇涂料有限公司	2022.12.31	国家级
97	广东瑞发电器有限公司	2022.12.31	国家级
98	广东瑞星新能源科技有限公司	2022.12.31	国家级
99	广东上运激光科技有限公司	2022.12.31	国家级
100	广东世运电路科技股份有限公司	2022.12.31	国家级
101	广东斯柯电器有限公司	2022.12.31	国家级
102	广东欣龙隧道装备股份有限公司	2022.12.31	国家级

续上表

序号	企业名称	批准时间	级别
103	皓腾实业（广东）有限公司	2022.12.31	国家级
104	鹤山市柏拉蒂电子有限公司	2022.12.31	国家级
105	鹤山市嘉士威食品有限公司	2022.12.31	国家级
106	鹤山市炎墨科技有限公司	2022.12.31	国家级
107	鹤山天壹电器科技有限公司	2022.12.31	国家级
108	江门鸿荣纺织研究院有限公司	2022.12.31	国家级
109	江门实瑞包装有限公司	2022.12.31	国家级
110	江门市易木科技有限公司	2022.12.31	国家级
111	江门市自信电机有限公司	2022.12.31	国家级
112	江门台麦烘焙科技有限公司	2022.12.31	国家级
113	广东致顺化工环保设备有限公司	2022.12.31	国家级
114	鹤山市波得威卫浴实业有限公司	2022.12.31	国家级
115	鹤山市金威豪泰卫浴实业有限公司	2022.12.31	国家级
116	鹤山市沃泰卫浴有限公司	2022.12.31	国家级
117	鹤山市艺华铜业有限公司	2022.12.31	国家级
118	未来我来卫浴科技（广东）有限公司	2022.12.31	国家级
119	帕意尼（鹤山）卫浴科技有限公司	2022.12.31	国家级
120	广东弘匠温控卫浴有限公司	2022.12.31	国家级
121	广东凯强材料科技有限公司	2022.12.31	国家级
122	广东伟强铜业科技有限公司	2022.12.31	国家级
123	鹤山市德法厨卫科技有限公司	2022.12.31	国家级
124	鹤山市佳德卫浴实业有限公司	2022.12.31	国家级
125	鹤山市佳好家卫浴实业有限公司	2022.12.31	国家级
126	鹤山市君子兰涂料有限公司	2022.12.31	国家级
127	鹤山市满金精密五金制品有限公司	2022.12.31	国家级
128	鹤山市南海标准件有限公司	2022.12.31	国家级
129	鹤山市日峰五金科技有限公司	2022.12.31	国家级
130	鹤山天山金属材料制品有限公司	2022.12.31	国家级
131	江门宝发新材料科技有限公司	2022.12.31	国家级
132	江门市科匠卫浴科技有限公司	2022.12.31	国家级
133	迪克印材（江门）有限公司	2022.12.31	国家级
134	广东奥通玻璃科技有限公司	2022.12.31	国家级

附表 2

2022 年获市级以上科技奖项目

序号	项目名称	申报单位	年度	获奖等级
1	轻量化房车的研发及其生态圈搭建	泰林模具（广东）有限公司	2022	江门市“科技杯”创新创业大赛三等奖、最佳人气奖
2	三次元扫描式影像测量机	动力博石（广东）智能装备有限公司	2022	江门市“科技杯”创新创业大赛三等奖
3	一种氟硅改性聚丙烯酸酯暴露式屋面防水涂料	广东吉美帮新材料有限公司	2022	江门市“科技杯”创新创业大赛三等奖
4	准分子特种光源研发与产业化	广东准分子光电科技有限公司	2022	成长组新一代信息技术组别三等奖
5	驱动医疗器材的低噪静音微型电机及其产业化	鹤山市民强五金机电有限公司	2022	2022 年度“无限创新”江门科学技术奖科技进步奖二等奖
6	大型盾构机盾体一体式平移转体系统及解决方案	广东欣龙隧道装备股份有限公司	2022	2022 年度“无限创新”江门科学技术奖科技进步奖二等奖
7	新型双 85 高温固化剂的研究及产业化	鹤山市欧克特电子科技有限公司	2022	2022 年度“无限创新”江门科学技术奖科技进步奖二等奖

体育

【夯实体育基础设施】 2022年鹤山市文化广电旅游体育局为各镇（街）自然村升级改造35处健身场地，安装篮球架5副、健身路径20条、户外乒乓球台10张，积极推动乡村振兴，以点带面吸纳社会资金完善农村健身场地设施升级改造。

【开展全民健身运动】 2022年鹤山市文化广电旅游体育局在严格落实疫情防控要求的前提下，开展全民健身系列活动，全年有“8·8”全民健身日、太极拳展演、门球比赛、乒乓球、羽毛球、篮球、足球、传统狮艺线上活动、环湖乐跑线上活动等10多项活动。

【加强体育服务】 2022年鹤山市文化广电旅游体育局继续开展国民体质监测，为1 500多名群众进行身体机能测试，为群众参加体育锻炼提供科学健身指导。

【强化竞技体育项目水平】 为强化体育后备人才基地建设，多方向培养体育后备人才。2022年5月下旬，市业余体校到鹤山各镇街进行运动员选才。共选中体育人才17人，其中男游7人、女游8人、举重2人。坚持以赛促学、以赛促训，积极组织参与各级体育竞技赛事，让后备人才有用武之地，在竞赛中提高实战水平。举办特色体育赛事，激发各类体育人才驰骋赛场，提升自信，强化竞技能力。

游泳项目在2022年江门市锦标赛共获得57枚奖牌，其中金牌15枚、银牌27枚、铜牌15枚。2022年田径项目共获得28枚奖牌，其中金牌4枚、银牌13枚、铜牌11枚，获得乙组团体第三名、丙组团体第三名的成绩。

【荣获全国群众体育先进】 广东省体育局印发《关于表扬“十三五”时期群众体育工作先进集体和先进个人的通报》，鹤山市文广旅体局副局长苏子良获评为广东省“十三五”时期群众体育工作先进个人。

（李威、国亚振）

鹤山市开展“全民健身日”活动

教 育

综述

【概况】 2022年，全市有开放大学1所、中小（职）学校66所（小学43所、九年一贯学校6所、完全中学2所、普通高中3所、初中学校10所、中职学校1所、特殊教育学校1所）。中小（职）学生共74 949人，其中小学生43 837人、初中生19 011人、普高生8835人、中职生3145人、特校生121人。全市公办学校在编在岗教职员工共3814人，其中教师发展中心27人、开放大学14人、中小学3480人（中学1673人、小学1807人）、职业学校182人、特殊教育学校16人、幼儿园95人。退休教职工1736人。

【办学条件优化升级】 巩固“5080”攻坚成果，完成雅瑶镇中心幼儿园、址山镇第二公办幼儿园2所公办幼儿园建设，完成鹤山工业城笔架山幼儿园、绿地美好花园幼儿园2所住宅小区配套公办幼儿园移交，共增加学前教育优质学位1290个。完成沙坪六小综合楼和址山中学综合楼建设，共增加公办中小学优质学位1140个；开办鹤山一中附属中学和附属小学，增加义务教育公办学位3420个；完成鹤山一中学生宿舍楼建设，增加普通高中学位300个；建成广旭实验学校并投入使用，增加民办义务教育学位2520个。推进沙坪二小大岗校区扩容工程、共和镇平岭小学改扩建工程、古劳中学学生宿舍楼建设。职教园区建设封顶收官。推进6所信息化中心学校和13所学校智慧课堂建设，完成12所中考考点学校理化生实验操作平台建设，完成77所学校、幼儿园信息化应用能力提升工程2.0“整校验收”。全市公办高中及初中学校实现宿舍、课室空调设备全覆盖。10个镇（街）实现校车服务全覆盖。

【校园环境平安稳定】 召开教育系统疫情防控工作部署会39场次，校园疫情防控复盘总结及技术培训6场。落实校（园）、培训机构主体责任，开展疫情防控监督检查1994场次。提高应对疫情风险能力，开展应急演练1852场次。有针对性地开展疫情防控、防溺水、防诈骗、防性侵、防传染病、防网络沉迷、防交通事故、心理健康、国防教育等安全专题教育3300余场次，开展防溺水、食堂食品、校车安全、燃气管道、燃气瓶等校园安全专项检查13场，派出检查人员达560余人次。加大校园安全隐患排查，开展消防、防地震、防空、防暴、校车安全等应急演练共计600余场次。高标准做好中高考疫情防控、试卷保管、食堂卫生、应急处置等工作，实现平安中高考。

【立德树人任务全面落实】 坚持“五育并举”“三全育人”，培养德智体美劳全面发展的社会主义接班人。构建“大思政”育人体系，建立“三课三融三全”鹤山模式思政品牌。组织全市中小学校党组织书记、校（园）长

2022年8月，建成启用沙坪六小综合楼

上好“开学第一节思政课”。大力发展素质教育，加强体育、美育和劳动教育，实现“咏春进校园”全覆盖。江门市中小学推广中华武术工作现场会在鹤山市古劳中学成功举办，江门市教育局对鹤山市咏春拳进校园活动给予肯定。实现校内劳动教育基地100%全覆盖。打造心理健康教育“三融合”模式，落实特异群体全覆盖摸排机制和“一对一”跟踪帮扶制度，促进学生身心健康发展。成立鹤山市专门教育指导委员会，以创建全国文明城市为契机，持续深化未成年人思想道德建设。成功创建文明校园48所。

【义务教育优质均衡发展】 全力推进“全国义务教育优质均衡发展市”创建工作，完成雅瑶中学等10多所学校运动场升级改造工程；完成桃源中学等5所学校美术室、音乐室、实验室等室场建设工程，室场达标率大幅提升。继续打造集团化发展“升级版”——义务教育阶段横向教育集团。横向教育集团龙头校和成员校骨干教师互派交流96人，推动城乡教育实现纵向资源贯通和横向短板补齐的“双向提升”。全市小学和初中的资源配置七项指标综合差异系数分别为0.2703和0.1950，达到均衡差异系数标准。鹤山市率先被教育部确定为全国义务教育优质均衡先行创建县（市、区、旗），是江门市唯一入选县（市、区）。

【“双减”工作“提质增效”】 建立健全工作机制，成立“减负”领导小组，增设市教育局校外教育培训监管股。加强校外培训机构专项治理，全市学科类培训机构实现清零。积极推进“躺平舒适睡”，全市56所中小学校提供午休服务，超八成学生实现午休“躺平睡”。参与课后服务小学生42 139人，学生参与率达96.56%，教师参与率达100%，实现“5+2”服务时段全覆盖。加大“减负提质”课题研究，规范作业和考试管理。开展“教育局局长带头推门听课”教研活动，努力提高课堂效率。强化质量监测结果应用，推动素质教育纵深发展。

2022年4月29日，鹤山市址山镇廊村麦源生小学组织全体教师参加“传承革命精神，强力复兴有我”2022江门市“金扣子”精品思政课展评活动

【队伍素质显著提升】 加强教师思想政治教育和师德师风建设，对师德失范教师通报曝光，开展警示教育。加大教师招聘力度，全年共计入职教师358名，其中研究生学历42名。优化干部队伍结构，共提拔学校优秀干部42名。加强教师交流轮岗力度，2022—2023学年中小学交流轮岗教师达279人，选派30名骨干教师到开平市开展教育帮扶工作。深化教育人才选树培育工作，遴选认定2022年鹤山市骨干教师193名。推进名师工作室建设，遴选首批共30名名教师、名校（园）长、名班主任工作室主持人。冯婉霞老师成为江门市历史上第2位“广东特支计划”教学名师对象。

幼儿教育

全市共有幼儿园91所，公办幼儿园44所（其中公办幼儿园16所、公办性质幼儿园28所），民办幼儿园47所。其中，公办及普惠性民办园79所，占比86.8%。全市在园幼儿21 791人，其中公办幼儿园在园人数11 083人，占比50.86%，公办及普惠性民办园在园人数19 202人，占比89.12%。落实《鹤山市推进幼儿园与小学科学衔接攻坚行动方案》，将去“小学化”情况作为幼儿园评优评先以及民办幼儿园年检合格的一项重要指标。市直4所公办园实行“收支两条线”管理。2022年市财政安排市直公办园差额补助共185.87

2022 年 1 月 19 日，召开鹤山市中小学幼儿园公办学位建设工作推进会议

万元。2022 年教育专项资金安排学前教育建设专项经费 30 万元，用于改善镇（街）及市直公办幼儿园的办园条件。城区公办幼儿园秋季招生继续实行电脑派位。学前三年幼儿毛净入园率达 100%。

中小学教育

【义务教育】 制定《鹤山市基础教育公办学位建设专项规划（2021-2025 年）》（鹤府〔2022〕22 号），实施学校扩容提质工程，提升全市公办学位的供给水平。严格执行招生计划，严格控制班额。全市小学班数 1011 个，平均班额 43.4 人；初中班数 399 个，平均班额 47.6 人。继续实行异地务工人员子女积分入学政策。异地务工人员子女在鹤山市义务教育阶段学校就读 25 870 人，占比达 41.2%。小学学龄儿童净入学率 100%，初中净入学率 100%。加大控辍保学力度，持续跟进疑似失学儿童动态，建立“一生一表”工作档案。全市小学辍学率为 0，初中辍学率为 0。市教育局荣获江门市 2022 年义务教育阶段协同教育质量管理一等奖。沙坪一小、沙坪三小、沙坪六小荣获小学阶段协同教育质量先进学校，沙坪中学、实验中学、昆仑学校荣获初中教学质量先进学校一等奖，碧桂园学校、共和中学、古劳中学、雅瑶中学荣获初中教学质量先进学校二等奖，鹤山三中、共和镇黎明实验学校荣获初中教育质量进步学校称号。鹤山实验中学初中教育集团荣获初中教研联盟先进集体。

【普通高中教育】 全市有 5 所高中学校，分别是鹤山一中、鹤华中学、纪元中学、鹤山二中、昆仑学校。鹤山一中、鹤华中学是广东省国家级示范性普通高中；纪元中学、鹤山二中是广东省一级学校；昆仑学校是民办高中学校。市高度重视高中教育优质多元特色发展，在加强高考备考质量的同时，大胆探索体艺特色之路，书写了特色教育的璀璨篇章。鹤山一中坚持“七维”劳动教育，依托生涯规划，家校企协同教育，积极开展社区服务和综合实践活动，每生每年度在 8 大类校本课程中自主选择“3+X”学科进行选修，成绩

2022 年 7 月 6 日，在鹤山市沙坪街道第一小学峻廷湾校区顺利完成沙坪街道 2022 年小升初电脑随机派位

2022年5月24日，召开2022年普通高考鹤山考区管理工作领导小组考试工作协调会

计入综合素质评价手册。鹤华中学、纪元中学、鹤山二中发挥体艺特色，大力培养学生综合素养。深入开展“3+1+2”选考模式研究，指导高中学校“科学、精准、高效”备考。各学科教研员到学校开展高三听课调研活动，召开江门调研测试质量分析会、学科备考研讨会，指导高考备考工作。2022年鹤山高考再创辉煌，录取率位于江门四市三区首位。在2022年广东省普通高中新课程新教材实施优质教学课例征集活动中，全市共有20个课例荣获江门市特等奖，占全江门市38.46%，远超其他市区。鹤山市教育局荣获江门市2022年高中阶段教育质量管理一等奖。

【民办中小学教育】 加强民办学校学籍、招生、收费、教师管理，严格民办学校的年检制度。出台《鹤山市规范民办义务教育发展工作实施方案》，建立局领导联系民办义务教育学校驻点工作制度，有力推动民办教育新政落地落实。印发《鹤山市2022年民办义务教育学校招生工作方案》，规范民办义务教育招生工作。2022年，全市共有义务教育阶段民办学校8所，分别为鹤山市昆仑学校、鹤山碧桂园学校、鹤山方圆实验学校、雅瑶镇新蕾学校、雅瑶镇振华学校、雅瑶镇翰林学校、共和镇黎明实验学校、鹤山市广旭实验学校。

2022年12月2日，鹤山碧桂园学校获评为江门市中小学心理健康辅导示范点

职业教育

积极推进中欧职业教育，成立“双元制”职业教育集团，推进中欧教育培训中心或合作专业建设。举办三期德语培训班，2022年秋季新开设商务德语专业，53人就读。加强与德国赋优教育集团交流，完成鹤山市职业技术学校商贸德语专业课程体系建设。与法国达索SolidWorks（机械设计）公司授权代表签订教育认证中心建设事项合作协议。拓展中高职合作办学模式。鹤山市职业技术学校与江门职业技术学院等高职院校开展中高职贯通“三二分段”培养改革试点合作，177人就读。深化产教融合、校企合作，与企业签订校企合作协议，开展“校企双制”办学，共建基地开展人才培养。与近20家企业深度合作，与多家知名企业建立“订单班”，实现毕业生“零距离”上岗就业。

成人教育

构建以鹤山开放大学（鹤山市社区学院）为依托的成人教育

2022年6月9日，鹤山开放大学开展食品安全管理员培训考试，共有1300多人次参加

中心，大力发展学历教育、社区教育、职业培训、老年教育，推动全民终身学习，大力构建学习型社会。社区教育构建以鹤山社区学院为龙头，乡镇成人文化技术学校为骨干，村级成人文化教学点为基础的县域三级职业教育培训网络，深入推进学习型社会建设。借助社区服务平台，全面实现社区资源共享，广泛开展各类社区教育服务活动，推进各类学习型组织创建。完善老年教育网络，依托广东老年大学鹤山学院，致力推进终身教育的规范化建设。以村（居）委学习站（点）、社区文化活动中心（文化室）、文化馆、博物馆、老干部活动中心、党史学习教育基地等为依托，线上教育与线下教育相结合，开展丰富多彩的老年教育活动。全市常住人口53万，其中60岁以上老人8.8万。全市有老年教育场所35个，全年共开展各类老年教育90场，参加受训老人3.1万人，参加活动的老年人占比超38%，初步达到老年人老有所学、老有所为、老有所乐的目标要求。

附：市教育局正副局长名录

局　长：冯　耀

副局长：邓国华

林千里

吴巧菁（女）

（办公室）

市级及城区学校简介

【鹤山市沙坪街道第一小学】 沙坪一小创办于1905年，设有两个校区，本部校区占地1.09万平方米，建筑面积1.61万平方米，各类功能室场齐备。沙坪一小峻廷湾校区于2019年9月启用，占地面积1.9万平方米，总建筑面积1.6万平方米，建设规模24个班，可提供1080个学位，全力打造成“智慧校园”示范点。两校区共有教学班53个，在校学生2402人，教职工109人，教师学历达标率100%。其中，广东省特级教师1人，广东省百千万人才培养对象1人，广东省名教师培养对象1人，江门市教育专家1人，江门市名校长1人，江门市名教师工作室主持人1人，江门市名教师培养对象2人，鹤山市名教师3人。先后培养出鹤山市学科带头人21名。教师获国家、省、地市级奖励达592人次。

沙坪一小以“第一品质”为办学理念，以“给孩子最美好的童年，给人生最坚实的基础”为办学目标，积极践行“大拇指至慧教育”品牌建设，建构“至慧教育”课程体系。学校重视学生特长培养，开设书法、英语口语、经典诵读等30多个校本课程。学校先后被评为全国青少

2022年5月31日，江门市禁毒办、鹤山市禁毒办和沙坪街道办事处到沙坪街道第一小学开展以“禁绝毒品，功在当代，利在千秋”为主题的毒品预防教育进校园宣传活动

年篮球特色学校、全国青少年足球特色学校、全国优秀家长学校、广东省现代技术实验学校、广东省信息化中心学校、广东省书香校园、广东省依法治校示范校、广东省健康促进示范校、广东省语言文字规范化示范学校、广东省中小学教师样本研修示范学校。2022年，沙坪一小被评为江门市小学阶段协同教育质量先进学校、江门市教育新闻宣传工作先进单位，荣获第八届中国童声合唱节A组金奖、第五届江门市中小学人工智能教育体验活动创意数学艺术项目“优秀组织奖”等荣誉。

附：沙坪街道第一小学正副校长名录

校　长：唐锦标

副校长：

冯仲荣

胡洁文（2022年2月—）

胡锦屏（女，2022年2月—）

（教导处）

【鹤山市沙坪街道第二小学】 沙坪二小创办于1985年，2019年设立雅瑶大岗分校区。校本部占地1.57万平方米，现有45个教学班，在校学生2047人，教职工108人。雅瑶大岗校区于2019年12月18日揭牌成立，校园占地面积2.83万平方米，现有14个教学班，学生641人，教职工29人。

学校坚持“教学生一天，想学生一生，让每个学生都能快乐成长”的办学理念，以“发展内涵，提升品位，凸显特色”为办学目标。坚持“立德树人”的理念，构建“五常·灵动”班级文化，着力打造“灵动宜学”课堂教学模式，以“鹤舞二小，我心飞扬”为主题打造体艺特色，推进素质教育。先后被评为全国“三结合”德育实验学校、广东省一级学校、广东省现代教育技术实验学校、广东省绿色学校、广东省体育特色学校、广东省书香校园、广东省巾帼文明岗、广东省少先队红旗大队、广东省“职工书屋”、广东省德育示范学校、广东省安全文明校园等。学校本着“科研强校、改革活校”的教科研理念，以课题引领教研教学，2项国家级课题、3项省级课题已经圆满结题，另外还有4项江门市级课题和14项鹤山市级课题获立项。学校有小学副高级职称11人，教师学历达标率100%。省级骨干教师培训对象7名，鹤山市学科带头人23名，鹤山市教研员5名，鹤山市名班主任、名教师4名，鹤山市骨干教师5名。2022年，沙坪二小共获15项集体殊荣，其中江门市8项、鹤山市6项、沙坪街道1项。教师获省、市级各类奖项共254项；学生获省、市级各类奖项共132项。

2022年9月29日，在沙坪街道第二小学举行2022年鹤山市戏曲进校园活动

附：沙坪街道第二小学正副校长名录

校　长：

李文仲（—2022年7月）

陈　江（2022年8月—）

副校长：

麦根河

冯惠红（女，2022年3月—）

（蔡莹莹）

【鹤山市沙坪街道第三小学】 沙坪三小创办于1993年，占地面积1.5242万平方米，校舍建筑面积1.2794万平方米，现有42个教学班，学生1945人，教职工87人。学校有小学高级教师9人，小学一级教师54人，教师学历达标率100%。广东省“百千万”人才工程培训对象1人，江门市名校长1人，鹤山市名教师5人，鹤山市名班主任1名，鹤山市学科带头人20人。

沙坪三小坚持“阳光教育”的办学思想，以“有阳光就有快乐，为每一个孩子创造阳光人生”为办学理念，精心打造阳光校园，培养全面发展的阳光少年。学校全面推进素质教育，深入开展“展现才艺，张扬个性”“兴

2022年9月21日，鹤山市“开笔礼”暨五邑优秀传统家训诵读活动在沙坪街道第三小学隆重举行

趣课程，培养特长”“以书为侣，启智明理”“传承传统，坚定自信”四大特色活动。学校先后荣获全国象棋特色学校、全国青少年美术书法作品大赛示范单位、广东省第三批中华优秀文化传承学校、广东省优秀红旗大队、广东省少先队先进中队、广东省“红领巾奖章”集体（中队）四星章、广东省第三批中华优秀文化传承学校、江门市法治校园、江门市德育示范学校、江门市文明校园、江门市足球特色学校、江门市红领巾示范学校、江门市少先队工作先进学校、江门市少先队红旗大队等荣誉。2022年，师生参加各类比赛，获国家、省、地市级奖励达687人次。

附：沙坪街道第三小学副校长名录

副校长：

王卓慧（女，负责全面工作）

何文雄

何志广

（何文雄）

【鹤山市沙坪街道第四小学】 学校创办于1999年9月，坐落在沙坪河旁边，学校占地面积1.0374万平方米，建筑面积7262平方米，生均建筑面积6.3平方米。现有25个教学班，学生1137人，教职工90人，教师学历达标率100%。有鹤山市骨干教师4人。

学校秉承“以生为本，和谐发展”的办学理念。通过不断强化教师“教书育人”的天职，在日常工作中充分体现“生本观念”，让学生深深感受学校大家庭的温暖，从而让学生快乐地学习、开心地生活、健康地成长。学校以“愉快教育”为办学特色，实践愉快教育思想，让学生在愉快中求发展，在发展中求愉快，塑造人格健全自主创新的小主人。沙坪四小为学生搭建不同的大舞台，让学生充分发挥个性特长，体验成功的喜悦，不断获得成长的动力，提升创新精神、实践能力和综合实力。学校荣获江门市“邑起悦读”优秀组织奖。教师荣获江门市及鹤山市奖项132人次，学生荣获江门市及鹤山市奖项136人次。

附：沙坪街道第四小学正副校长名录

校　长：黄广文

副校长：

李嘉慧（女）

陶丹红（女，2022年3月—）

（陶丹红）

【鹤山市沙坪街道第五小学】 沙坪五小前身是沙坪镇小范小学，创办于1936年。2001年，改编为城区小学，定名为鹤山市沙坪镇第五小学。2022年，在校学生1091人，教职员工87人，

2022年6月24日，沙坪街道第四小学举行2022年“红十字爱心捐款”活动

2022年9月，沙坪街道第五小学开展一年级开笔礼活动

教师学历达标率100%。小学高级（副高级）教师9人，鹤山市学科带头人9人，鹤山市名校长1人。学校占地面积1.0717万平方米，建筑面积7165平方米。建有教学楼、科学楼各一座，以及200米环形跑道田径运动场、篮球场、美术室等各类功能室场。

学校以“少年正当红，树人有风范”为办学理念，以“让每一个学生享受成长的喜悦”为办学目标，形成“秉志向上，以范勤行”的校风和“灵动于学，自然成才”的学风。学校大力推广国学文化，打造特色校园文化，教育教学质量逐步提高。师生获得各类教学比赛、文体艺及创作竞赛、先进集体和个人、教学（管理）论文等奖项168项。

附：沙坪街道第五小学正副校长名录

校　长：温子泉

副校长：陈娟仪（女）

杨辉棠

（杨辉棠）

【鹤山市沙坪街道第六小学】 学校创办于2012年，占地面积3.29万平方米，建筑面积1.33万平方米，各类功能室设备齐全。现有42个教学班，在校学生1883人，在编教师75人，其中小学高级（副高级）教师9人，小学一级教师43人，小学二级教师17人，广东省特级教师1人，鹤山市学科带头人20人，鹤山市名教师5人，教师学历达标率100%。

学校以“促内涵发展，筑品牌建设”为工作思路，优化教育教学环境，强化师资队伍建设，走内涵式发展之路，发展“新六艺”教育品牌。坚守“文化育人，多元发展”的教育理念，秉承“方圆合一，臻于至善”的校训，锚定“惜时增效，轻负高质”的教改之路，深耕课程改革，创新课堂模式，探索与时俱进又独具特色的人才培养模式。学校先后被评为广东省绿色学校、广东省中小学中华优秀文化传承学校、广东省少先队红旗大队、广东省校园游泳推广学校、江门市少先队先进学校。学校获不同级别奖励26项；教师获国家、省、地市级奖励达331人次；学生获各级奖励达273人次。其中，节目《扬鞭催马运粮忙》荣获“乐韵悠扬·奏响侨乡”2022年江门市中小学生民乐比赛小学组合奏一等奖；节目《落雨

2022年9月29日，沙坪街道第六小学举行“强国复兴有我——向国旗敬礼”活动

2022年10月20日，沙坪街道第七小学举办"劈波斩浪，'泳'往直前"第三届游泳争霸赛

大》《蝴蝶的梦》荣获"领航新时代·开启新征程"2022年江门市中小学生合唱比赛小学组一等奖。

附：沙坪街道第六小学正副校长名录

校　长：冯建玲（女）

副校长：麦万记

源春华

（麦玉贞）

【鹤山市沙坪街道第七小学】 学校成立于2015年4月，占地面积约2.8万平方米。2016年10月，学校建设纳入教育"三二一"书记工程，按照"政府主导，统一规划，分步实施"的原则，打造成一所高标准、高质量、高水平的城区小学。2017年学校建成投入使用。学校现有45个教学班，在校学生2107人，教师108人，其中广东省骨干教师培训对象2人，江门市学科核心教研员2人，鹤山市名教师2人，鹤山市名教师工作室主持人1人，鹤山市教研室语文特约教研员1人，鹤山市骨干教师3人。学校配有学术报告厅、音乐室、舞蹈室、心理咨询室等。

学校以"七巧板"文化为引领，结合现代教育信息化技术，全面实施素质教育，注重学生个性发展，构建和谐、民主、务实、高效的运行机制。经过多年努力，"七彩校园"办学特色初见成效。学校被评为中华优秀传统文化教育特色学校、广东省健康促进示范学校、广东省义务教育标准化学校、广东省艺术特色学校、广东省书香校园、广东省游泳推广学校等。其中，学校的七彩童声合唱团、芭蕾舞蹈团、彩乐管乐团、七韵中阮民乐团等在省、市取得多个金奖。2022年，学校教师取得国家级荣誉超70项，省级荣誉超40项，地市级荣誉超300项，县级荣誉超700项。

附：沙坪街道第七小学正副校长名录

校　长：陈远森

副校长：

李维乐（—2022年7月）

麦迎阳（2022年9月—）

马雪琼（女）

（朱秋霞）

【鹤山市碧桂园学校】 学校创办于2010年，是一所九年一贯制优质民办学校。学校占地8.17万平方米。现有学生1418人，教职工185人。

学校秉承"保证基础，发展个性，服务社会"的办学模式，以"心怀感激，茁壮成长"为校训，实施科学与人文并重的"绿色教育"，志在培养"高德、高分、高能"学子。逐步形成"营造绿色环境、打造绿色团队、强化绿色管理、实施绿色德育、开

2022年6月1日，鹤山市碧桂园学校初中部师生举行2022年"童心向党·我向党旗敬个礼"教育实践活动

发绿色课程、构建绿色课堂”的办学思路，办学特色鲜明。办学以来，学校荣获全国写作教学优秀团体、全国英语读写示范基地、全国安全教育示范学校、亚洲杰出组织机构、全国优秀艺术人才培训基地、全国青少年文学创作基地、广东省棋类特色学校、广东省防震减灾科普教育基地、江门市平安创建示范点、江门市餐饮服务食品安全示范单位等荣誉称号。学生在艺术、体育、信息学科类比赛中获奖达12 400多人次。教师获得广东省、江门市及鹤山市各类教学大赛一、二等奖及其他荣誉称号达2250人次。

附：鹤山市碧桂园学校正副校长名录

校　长： 代天良

副校长： 曾永发

　　　　黄婉君（女）

（李　朋）

【鹤山市沙坪中学】 学校创办于1980年，2013年9月整体搬迁至新校址。新校占地面积9.4万平方米，建筑面积5.5万平方米，总投资1.65亿元。2022年，学校共有58个教学班，学生2900人。全校有教职员工（含临聘人员）197人，专任教师学历达标率100%，中学高级教师55人，中学一级教师89人，学科带头人27人。学校设施设备先进，高标准配置计算机室5间、理化生实验室18间，设有阅览室、音乐室、舞蹈室、美术室、书法室、心理辅导室、沙坪街道成人教育活动室及其他多功能室60多个。

学校一贯秉承“崇德广业　循道以教”的校训，致力于打造“幸福沙中”，坚持“彰显个性，体艺双馨”的办学特色，促进学生德智体美劳全面发展，培养出多名海军飞行员、国家级运动员等，荣获全国青少年校园足球特色学校、广东省健康促进学校、广东省青少年校园足球推广学校、江门市体育传统项目学校等荣誉称号。2022年，学校荣获江门市初中阶段协同教育质量先进学校一等奖，语文、历史备课组被评为“优秀备课组”。师生参加各类比赛，荣获省级奖项共6项，荣获江门市级奖项共26项，荣获鹤山市奖项共108项。

附：鹤山市沙坪中学副校长名录

副校长：

姚忠余（负责学校全面工作）

王建波

胡奎全

易开元（2022年3月—）

（林仕安）

2022年9月15日，江门市政协到沙坪中学召开“学校体育工作调研座谈会”

【鹤山市第一中学】 学校创建于1925年，首任校长是毕业于美国斯坦福大学的鹤邑华侨李照衡先生。经过近百年的建设发展，学校现已是广东省国家级示范性普通高中、全国模范职工之家、全国语文教改示范校、广东省绿色学校、广东省依法治校示范校、广东省青少年科学教育特色学校、广东省“五四”红旗团委、广东省中小学艺术教育特色学校、广东省科技教育特色学校、广东省“双新”实施示范校、广东省校（园）本教研基地。学校办学质量高，群众口碑好，被誉为“江门市乃至广东省基础教育的一面旗帜”。

学校占地面积13万多平方米，校园自然环境怡人，人文环境优雅，课室、饭堂、宿舍已经实现空调全覆盖。现有在校学生2927人，55个教学班。专任教师235人，研究生学历55人，学历达标率100%。其中，全国优秀教师2人，全国科教先进校长1人，全国优秀科技辅导员8人，正高级教师1人，省特级教师2人，江门市高层次人才57人，江门市中小学名教师工作室主持人1人，鹤山市中小学“三名”工作室主持人7人，鹤山市名校长、名教师、名班主任及学科带头人60人。

学校秉承“劳心劳力，达己达人”的办学理念，形成“尊师

2022年9月9日，鹤山市委刘志刚书记带领四套领导班子到鹤山一中开展教师节慰问活动

爱生、勤教苦学、艰苦朴素、守纪爱国”的优良校风。因材施教，实施分层教学，满足不同层次学生的需求。聚焦“双新”理念，积极推动校本教研，把劳动教育与科技教育纳入人才培养全过程。推行导师制，尽可能让每一位学生获得足够的关注及个性化指导。学校重视学生成长道路的可持续发展，开展生涯规划教育和科技创新教育特色活动，提高学生综合素质，为社会输送更优秀的人才。

附：鹤山市第一中学正副校长名录

校　长：

吕文英（女，—2022年9月）

施国成（2022年10月—）

副校长：

吴怀军（—2022年9月）

施国成（—2022年9月）

谢庆欢

李红英（女，2022年10月—）

叶瑞荣（2022年10月—）

（张德文）

【鹤山市鹤华中学】 学校创办于1987年，由鹤山县人民政府出资、海外华侨港澳同胞捐资、社会集资兴建而成，是国家级示范性高中。学校占地面积7.314万平方米，建筑面积4.195万平方米。2022年，有教学班49个，在校生2403人，在职在编教职工199人。专任教师学历达标率100%，其中研究生学历38人。正高级职称1人，副高级职称40人，中级职称86人。学校校园布局合理，环境幽雅，文化氛围浓厚，学习、生活环境优美，现代化教育教学设施齐全，1000兆光纤接入连接省基础教育网，教学室场均有多媒体教学平台，教师人手配备笔记本电脑。有学术报告厅、录播室、教学计算机室、语音室、物化生教学实验室、高标准运动场、体育馆，还有舞蹈室、音乐室、美术设计室、分层教学画室等特色教学场室和配套设施。

2022年，学校办学成绩骄人，特色教育效果显著，荣获广东省“人工智能后备人才培养工程——青少年人工智能核心素养测评——共建示范校”、广东省基础教育教研基地项目“高中校本教研基地学校”“高中美术教研基地学校”、江门市中小学思政教育示范校、2022年江门市合唱教育指导中心、江门市五四红旗团委、江门市2022年“映美杯”足球比赛高中男子亚军等荣誉。

附：鹤山市鹤华中学正副校长名录

校　长：邓祺伟

副校长：

梁志成（—2022年9月）

叶　炼

温雷英（女）

黄　毅（2022年10月—）

（胡锦宁）

【鹤山市纪元中学】 学校于1993

2022年4月12日，鹤华中学举行第二届社团文化活动节

2022年12月3日，纪元中学举行高三成人礼仪式

年12月奠基，1995年9月正式开学。被评为广东省一级学校、广东省普通高中教学水平评估优秀学校、广东省安全文明校园、广东省绿色学校、广东省依法治校示范校、广东省校本培训示范学校、广东省健康促进示范学校、第一批国防教育学科专项省级教研小组、广东省高考研究会重大课题《测评与高考教学管理提升研究》课题学校、江门市文明单位、江门市“朝阳读书”活动先进集体。学校坚持“五育并举”，全面落实立德树人根本任务，坚持“让每个学生都得到发展，让每个学生都获得成功”的办学理念，秉持“读书明理，奋发有为”的校训，形成“严格、朴实、拼搏、文明”的校风。2022年，有教学班40个，在校学生2159人。教职工170人，其中高级教师以及研究生学历62人，广东省特级教师1人，“南粤优秀教师”“江门市名师培养对象”14人，江门市高层次人才45人。

学校以“创建现代化优质特色高中”为办学目标，以“以质提效”为主线，创新德育方式，推行五项管理，大力推进体艺特色教育、劳动教育。2022年，学校荣获广东省基础教育教研基地项目“高中校本教研基地学校”、江门市中小学教师校本研修示范学校、江门市2022年高中阶段教育质量先进学校一等奖等荣誉。

附：鹤山市纪元中学正副校长名录

校　长：黄　焱

副校长：

李炳扬（—2022年9月）

易有卿（女，—2022年9月）

温昌丁

吕维波（2022年9月—）

田良荣（女，2022年9月—）

（冼翠明）

【鹤山市第二中学】 学校位于鹤山市旧县城——鹤城镇，是鹤山文化摇篮。发端于1927年创办的昆山中学，已有95年的办学历史。学校占地面积10.3万平方米，建筑面积3.3万平方米。有教学班39个（初中22个，高中17个），初中学生1048人，高中学生878人，学生共有1926人。教职工151人，学历达标率100%，研究生学历15人，高级教师24人，市学科带头人9人。

学校坚持“五育”并举，立德树人，以“勤修业，立高德”为校训，以“让每一位师生都成为最好的自己”为办学理念，弘扬“不甘人后、奋力争先、勇于超越”的昆山精神。先后被评为全国优秀家长学校、广东省一级

鹤山二中举行向国旗敬礼活动

学校、广东省普通高中教学水平评估优秀等级学校、广东省红旗学校、广东省先进中学生业余团校、广东省预防近视先进学校、广东省绿色学校、广东省高中历史教研基地学校。2022年，师生参加各级各类比赛共125人次获奖，其中2名教师获2022年初中毕业生学业水平考试模拟试题命题评选（道德与法治）一等奖，1名教师获2022年江门市普通高中新课程新教材优质教学课例一等奖，1名教师获2022年江门市“金扣子”精品思政课一等奖。高中3个科组被江门市教育局评为先进备课组，学校荣获江门市高中教育质量一等奖。

附：鹤山市第二中学正副校长名录

校　长：梁子洪

副校长：麦活洪

王云亮

（吴若华）

【鹤山市第三中学】 学校位于鹤山市宅梧镇，是江门市一级学校，前身是梧冈书院（院址为现宿舍区），始建于清道光十七年（1837年）。1947年在靖村李氏宗祠创办鹤山县立第三中学，至今已有75年的办学历史。2007年学校与宅梧中学合并，2010年再与双合中学、合成中学合并，完成了四所中学的整合。学校占地面积4.59万平方米，建筑面积3.08万平方米。布局合理，环境优美，功能室场齐备，校风优良。2022年，有29个教学班，全校学生1374人。教职工80人，中学高级教师14人，中学一级教师39人，学历达标率100%。

学校坚持“立德树人，和谐发展”的办学理念，以爱国主义为核心，开展“三色”教育，培育自强不息的校园精神。学校秉承“求真求知，向善向上”的良好育人宗旨，为社会发展不断输送人才。教育教学成果得到上级部门的肯定，先后获得广东省绿色学校、江门市五四红旗团委、鹤山市师德建设先进单位、鹤山市校园文化建设优秀学校、鹤山市文明学校、先进基层党组织、鹤山市优秀篮球网点学校、鹤山市优秀举重网点学校等荣誉称号。

附：鹤山市第三中学正副校长名录

校　长：温土生

副校长：

李盆友（—2022年8月）

梁树芬

（张金秀）

2022年3月10日，鹤山三中开展“扣好人生第一粒扣子”之“劳动美”校外植树社会实践活动

【鹤山实验中学】 学校于2013年9月落成投入使用。2014年9月，定为鹤山市沙坪实验中学，是沙坪街道办下辖初级中学。2019年3月，更名为鹤山实验中学，是市直属学校。学校占地面积约13.3万平方米，总建筑面积6.2万平方米。自然环境怡人，人文环境优雅。校园布局科学合理，设施设备完善，课室、宿舍空调全覆盖。2022年，学校有59个教学班，在校学生2871人。专任教师179人，其中江门市高层次人才51人，江门市中小学学科核心教研组成员4人，鹤山市名教师3人，鹤山市名班主任2人，鹤山市第八批中小学学科带头人13人，教师学历达标率100%。学校先后荣获全国生态文明教育示范学校、广东省优秀学生社团、广东省国门生物安全宣传教育示范学校、广东省中小学足球推广试点学校、广东省依法治校标准学校、广东省艺术特色学校、广东省第二批绿色学校、江门市思政教育示范学校、鹤山市集团化办学优秀教育集团等荣誉称号。

学校以“文化引领”和“多元发展”作为办学特色的两条主线，着力于内强素质、外树形象，提升学校的文化品位和办学地位。教学教研纵深发展，夯实教学常规管理，加强校本研修，科研促教，营造良好的教研氛围，不断优化课堂教学模式，全面提升课堂教学质量。2022年，学校荣获江门市初中教育质量先进学校一等奖。2位教师成为鹤山市“三名”工作室主持人，6位教师被

2022 年 11 月 7 日，鹤山实验中学举行“经典铸魂 德润人生”中华经典诵读比赛

评为鹤山市骨干老师。师生参加各类比赛成绩显著，共 500 多人次获市级以上奖项。

附：鹤山实验中学正副校长名录

校　长：温惠文

副校长：秦海贤
　　　　张伟锋
　　　　符冬莹（女）

（李荣恩）

【鹤山市职业技术学校】 学校创办于 1992 年。1996 年被评为广东省第一批国家级重点职校（2013 年 8 月更名为鹤山市职业技术学校），2002 年被评为广东省中等职业教育实训中心。学校占地面积 9.46 万平方米，建筑面积 5.34 万平方米，布局合理，环境优美。2022 年，有教学班 64 个，在校学生 3000 多人，教职工 182 人，专任教师 170 人，高级教师 22 人，专任教师本科达标率 100%，研究生学历 46 人，占专任教师的 27%。

学校开设有数控技术应用、电气运行与控制、物流服务与管理等 13 个专业。其中，省重点建设专业 2 个，分别是数控技术应用、电气设备运行与控制。省级“双精准”示范专业 3 个，分别是电气设备运行与控制、数控技术应用、物流服务与管理。学校实施“生本”教学，开设近 20 门选修课及 20 多个课外兴趣活动小组和社团，学生的兴趣、特长得到充分发挥；实施活动育人、文化育人，大力推进传统文化教育，培养学生感恩意识，丰富校园文化生活，营造文明和谐校园氛围。

全力推进高水平中职学校建设，完成建设期中验收的各项工作。积极探索“园区技校”项目建设，与江门技师学院通过“2+2+1”培养模式合作办学，首届学生已到学院深造。依托职业教育集团资源，推进产业学院建设。联合广东索奇电气科技有限公司等筹建智能制造产业学院，通过与企业开展“订单班”合作培养，建设省级产教融合实训基地。成功申报并通过“WPS 办公应用职业技能等级证书”和“可编程控制器系统应用编程职业技能等级证书”等五个 1+X 制度试点项目。在“3+ 证书”高职高考中，20 位同学被本科批次院校录取，26 位同学被深圳职业技术学院录取。

附：鹤山市职业技术学校正副校长名录

校　长：徐秉炬

副校长：陆雅璋
　　　　黎雪媚（女）
　　　　崔志卿（女）

（李燕明）

【鹤山开放大学】 学校前身是鹤山市广播电视大学，创办于

2022 年 9 月 27 日，鹤山职校举行消防知识进军训暨“三防”疏散演练

2022年2月24日，鹤山开放大学为获得国家开放大学奖学金的学员颁发证书和奖金

1982年12月，由鹤山市人民政府直管，业务上接受广东开放大学、江门开放大学指导。2012年7月，鹤山市教师进修学校并入鹤山市广播电视大学，成立广播电视大学进修校区。2015年7月，依托鹤山市广播电视大学成立鹤山市社区学院。2018年1月，鹤山市广播电视大学更名为鹤山开放大学。2019年9月，广播电视大学进修校区整体划出，原址成立鹤山市教师发展中心。学校占地面积3600平方米，建筑面积5408平方米。2021年，学校在册在读本科、大专学生共计836人。在编人员13人，其中高级、中级职称12人，外聘兼职教师15人。

鹤山开放大学是国家开放教育系统中的一员，是一所利用现代化信息技术进行远程教育的新型高等院校，承担本地成人高等、中等学历教育任务，社区教育和各种非学历培训教育任务。在学历教育方面，形成了“三位一体”的教育体系，即国家开放大学开放教育、华南师范大学网络教育、五邑大学（鹤山）教学点学历教育。开放学历教育依托国家开放大学，网络教育依托华南师范大学网络教育学院，五邑大学（鹤山）教学点学历教育是江门市委组织部牵头的“市委常委项目”。学校积极开展社区教育、职业培训等非学历教育，2017年顺利通过广东省社区教育实验区验收。学校与政府部门、企业进行合作，开展会计、餐饮、统计、家政、金融等各类职业培训。

附：鹤山开放大学正副校长名录

校　长： 麦炎星

副校长： 田来富

黄福照

（办公室）

【鹤山市特殊教育学校】 学校隶属于鹤山市教育局，前身是鹤山启智学校，1989年开办。学校位于沙坪街道康宁路333号，与鹤山市残疾人康复中心同一园区，2017年建成投入使用。占地面积1.567万平方米，总建筑面积1.12万平方米，其中特殊教育学校的特教大楼1幢5层，建筑面积4125平方米。学校教学大楼有标准的语言训练室、语言测听室、感觉统合训练室、智能游戏训练室、劳动技能实训室等。学校在册学籍生121人，其中在校就读生100人，送教上门生21人。教职工47人，学历达标率100%。

学校秉承“在同一蓝天下共享阳光”的办学理念，立足特殊学生发展需求，注重以生活为核心，整体设计九年一贯的培智学校课程体系。一般性课程着眼于学生适应生活、适应社会、融入社会的基本需求，约占课程比例的70%～80%；选择性课程着眼于学生个别化发展需要，注重学生潜能开发、缺陷补偿（身心康复），给学生提供高质量服务，体现学生发展差异的弹性要求，占课程比例的20%～30%。

附：鹤山市特殊教育学校正副校长名录

校　长： 吴伟剑

副校长： 张朝山

（傅绮雯）

文化 广播电视

文化

【完善设施建设，统筹推进文化惠民】 进一步推动文化中心高标准运营，指导好三馆补短板项目建设特别是数字化项目提升工作，重点推动、支持市图书馆评估定级，确保完成通过国家一级馆评定的任务目标。做好基层综合性文化服务中心达标工作，完善新设立雁山社区公共文化设施配套。

鹤山市举行“喜迎二十大，鹤山这十年”摄影作品展

以市文化中心为主要阵地，在严格执行疫情防控措施的前提下，保证图书馆、文化馆、博物馆的开放和服务质量。以线上活动为主，策划举办元旦春节系列活动，组织拍摄《鹤年·乡情》和《我在鹤山过大年》等线上展演，并举办了《云山即墨》山水画展、《美协新年作品展》《江门优秀摄影、音乐、电视作品巡展》等线下活动。加强图书馆文化馆总分馆制建设，进一步推动文旅融合，组织举办“文明鹤山风光摄影大赛”活动并在华侨城古劳水乡景区展出获奖作品，以摄影创作展示鹤山美丽风光。以华侨城古劳水乡作为试点，引入更多文化活动包括演出、展览等在景区落地生根，提升景区文化魅力。

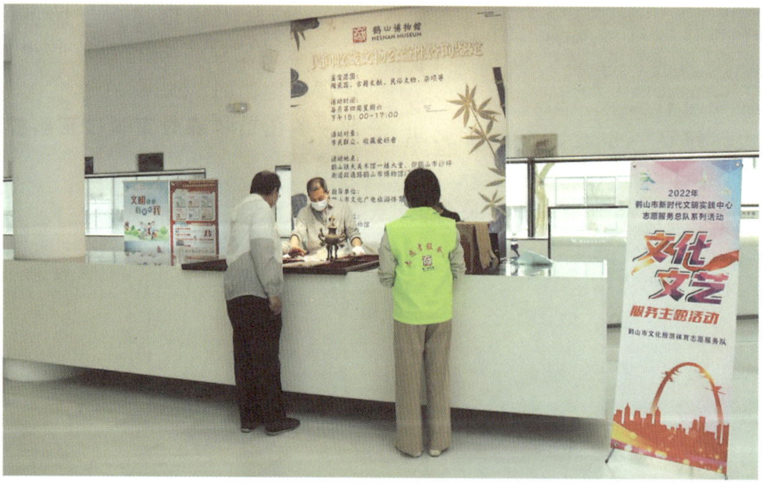

鹤山市举办民间收藏文物公益性咨询鉴定活动

【加强保护与传承，活化文化遗产项目】 加大非物质文化遗产资源调查和申报工作力度，启动了第四批非物质文化遗产代表性项目申报认定工作，推动“鹤城花炮会”被列入第八批省级非物质文化遗产，“紫丹苏陶”等7个项目被列入并通过江门市级非遗评审。加大历史文化遗产保护利用力度，配合完成“宋怡庆堂”修缮并活化利用为村史馆、院士之家、爱国主义教育基地等。完成雅瑶村共青团鹤山县特别支部旧址第二期修缮工程。启动惠济桥、广东人民抗日解放军政治部旧址抢救性保护项目并抓紧推进。完成第五批、第六批县级文物保护单位本体测绘和保护范围划定。积极参与鹤城茶行街历史文化街区规划设计，打造新文旅项目。

（文锦辉）

附：市文化广电旅游体育局正副局长名录

局　长：

谢文清（2022年10月—）

副局长：任国明

陈　中

苏子良

梁峰峰

市文化机构简介

【鹤山市文化馆】 鹤山市文化馆成立于1951年，2015年被评为国家一级文化馆，2018年9月搬迁至鹤山市文化中心，2019年已全覆盖开展县域文化馆总分馆制建设。主要职能有社会宣传教育、公益文化服务、文化艺术普及、组织辅导群众开展文化艺术（娱乐）活动、非物质文化遗产保护等。总建筑面积约7018.56平方米，主要包括剧场、非遗传习厅（数字文化馆）、咏春擂台馆（多功能厅）、舞蹈排练厅、合唱戏曲排练厅、器乐培训室、艺术培训室、会议室、文化志愿者之家等。各厅室功能明晰，分别用于举办演出活动、文艺演出排练、各类公益性文化讲座、免费对外开放展览、各类免费文化培训、专业创作等。鹤山市文化馆现有在编人员9人，其中副高级专业技术职称1人、中级5人、初级3人，大学以上学历人员、专业技术人员占比均达到100%。

据统计，2022年，由鹤山市文化馆主办、承办及协办的公益性文化艺术宣传演出、送戏下乡活动达100多场次，举办的各类展览20多场次。组织开展较大型的文化活动30余场次，曲艺社约460场次，观众约15万人次。大力开展群文创作，2018年至今有40余件作品荣获地市级以上奖项。积极举办各类群众文化艺术培训，组织开设80余个班别，受益群众万余人次。截至2022年，成功申报鹤山市非物质文化遗产省级项目5项、市级项目10项、县级项目27项。

附：鹤山市文化馆正副馆长名录

馆　长：

梁彩虹（女，—2022年10月）

副馆长：李高泽

（曾姗姗）

【鹤山市图书馆】 鹤山市图书馆是政府设立的全免费、纯公益（国家）县一级公共图书馆，总面积8981.5平方米。馆藏图书约50万册，其中纸质书32万多册，电子图书约18万册。阅览座位500多个，全免费WIFI覆盖，设置有全国信息资源共享工程电子阅览专区。采取现代化管理，内设置自助办证借还机、电子书借阅机、少儿阅读学习一体机、电子报刊借阅机等自助设备。依托5U联合图书馆系统进行全局大数据远程管理模式，实现办证、借书、还书、查询自助一体化，便民快捷。

设置有自助设备区、展览区、少儿阅览区、报刊阅览区、成人阅览区、自修区、电子阅览区、综合典藏阅览区和主题书阁等对外服务部门。以智慧规划、科学发展作为立馆之本，将人文社科普及工作以常态化模式开展。

馆舍位于市政府着力打造的“城市客厅”——鹤山市文化中心东区，楼高三层，现代化设计理念，通高的中庭设计，通透的天窗自然采光，回字形的楼宇结构，开放的楼层空间，简洁优雅的色彩运用，处处体现出时代气息。时尚的建筑风格与优雅的阅读环境对公众具有强烈的吸引力，成为鹤山市民群众文化休闲、阅读学习的胜地。

建立有鹤山市图书馆义工服务队，注册义工500多人。全年接待大学、中学生社会实践服务义工2000多人，亲子义工服务人次约300多人。公益性全民阅读活动、公益展览、讲座活动常年开展。从2016年开始至今坚持开展科普阅读推广活动，形成了品牌科普活动——鹤图“科技小创客”亲子科技小制作活动，受到市民读者们的热烈欢迎，每次活动市民报名都极其踊跃。同时，积极推动城乡文化服务均等化，将科技展览与阅读活

鹤山市图书馆

动延伸下送至10个镇街的图书馆分馆，使科普活动也能在乡镇遍地开花。

附：鹤山市图书馆正副馆长名录

馆　长：施劲锵

副馆长：冯惠贞（女）

（**叶东华**）

【鹤山市博物馆】 鹤山市博物馆隶属鹤山市文化广电旅游体育局，新馆位于鹤山新城市中心区，是国家三级博物馆，是鹤山文化中心四大建筑之一，建筑面积7244平方米，布展面积约4000平方米，于2019年2月落成启用。设有《鹤山故事——鹤山历史文化陈列》《鹤韵乡情——鹤山民俗文化陈列》《胡蝶专题陈列》和《鹤山文物遗产》四个基本陈列。截至2022年底，馆藏藏品10 071件（套），其中珍贵文物269件（套）。2022年鹤山市博物馆开放317天。承办组织52场展览及教育活动，其中原创临时展览5个；开展教育科普活动35场（含线上活动2场），活动参与人数达12 552人次。博物馆年均参观人数达93 793万人次。鹤山市博物馆在省内率先启动民间收藏公益性咨询鉴定服务活动，并形成常态工作机制。2022年共举办了7场咨询鉴定活动，鉴定藏品共计148件（套）。同时也将“专家导览、馆长导赏”特色服务常态化，深受观众好评。2022年鹤山市博物馆已开发13款文化创意产品，也充分利用微信公众号、视频号等新媒体手段宣传鹤山历史文化，2022年共发出84篇文章，访问量达52 116人次。“鹤山文旅　鹤山市博物馆”视频号发布9个视频，浏览量达16 230人次。

附：鹤山市博物馆副馆长名录

副馆长：李锦飞

（**杜柏桦**）

鹤山市李铁夫美术馆

【李铁夫美术馆】 鹤山市李铁夫美术馆位于市文化中心东区，2022年12月经市委编委批复同意成立“鹤山市李铁夫美术馆”，并加挂“鹤山市美术馆”牌子，为鹤山市文化广电旅游体育局所属公益一类事业单位。场馆建筑面积2137平方米，内设2个共计500平方米专业展厅、400平方米公共展示空间，2个艺术家工作室，1个VIP接待室。能提供165米专业展线和140米公共区域展线，适用于各类型艺术展览活动。

在功能布局上，一楼为公共空间，用于前台咨询、铁夫生平简介、公众文化交流，展览期间用于举行展览开幕式等大型文化活动。二楼为专业展厅、公共展厅和艺术家工作室。三楼为专业展厅和艺术家工作室。

自馆舍落成启用至今，常年设展，并举办了纪念李铁夫诞辰150周年系列活动、李铁夫真品及名家精品展览、致敬铁夫·第三届粤港澳写生摄影文化节暨铁夫艺术研讨会、2022年广东江门优秀摄影音乐电视作品巡展等各类大型活动与综合展览。

在城乡高质量发展的进程中，以李铁夫先生命名的“李铁夫美术馆”努力传承鹤山文化艺术，弘扬铁夫精神并以“大美术”概念广泛开展高水平的各类艺术作品展览，激发艺术家与公众的文化自信。李铁夫美术馆成为鹤山市集艺术交流、创作、展览于一体的又一个文化惠民阵地。

（**施劲锵**）

广播电视

【概况】 鹤山市融媒体中心承担全市广播电视新闻宣传工作的管理以及广播电视事业发展规划等工作。鹤山市融媒体中心内设办公室、总编室、计划财务部、技术维护部、新闻采编部、广告经营部、节目制作部等7个部门。2022年，市融媒体中心紧扣市委市政府中心工作和社会民生需求，聚焦举旗帜、聚民心、育新人、兴文化、展形象的使命任务，加快媒体深度融合，高质量建设融媒体中心，构建全媒体传播体系，为鹤山市加快推进国家级中欧（江门）合作区建设，奋力冲刺全国百强县市、全国县级文明城市提供强大精神动力和舆论支撑。

【改革创新方面】 2022年，市融媒体中心文化体制改革方面的主要工作是建立以内容为根本、先进技术为支撑、创新管理为保障的全媒体传播体系，建立适应全媒体生产传播的一体化组织架构，探索建立“新闻+政务服务商务”的运营模式，推进媒体深度融合发展。

【“导向引导”工程】 融媒各平台共发布推文9640条，播出电视新闻2180条约6300分钟，牢牢占领了意识形态主阵地，讲好了鹤山故事，传播了鹤山好声音，凝聚了强大的精神力量。

突出核心宣传　巩固壮大奋进新时代的主流思想舆论，在“最鹤山”开设《学习进行时》，积极做好中央各大媒体重要稿件的转载工作，用心用情用功做好习近平总书记重要思想、重要活动、重要会议、重要讲话的滚动宣传，传递领袖思想最强音。

突出主线宣传　持续深入宣传阐释全国“两会”、党的十九届六中全会、党的二十大等会议精神，开辟“聚焦两会”专栏，向市民群众介绍两会相关专业知识，推出两会代表风采报道，把两会声音从身边人传递到千家万户。精心策划《喜迎二十大　鹤山这十年》《非凡十年　看鹤山》《建功新时代　奋进新征程》等多个系列专题，结合市委市政府中心工作以及硅能源产业、文明创建、城市建设、工业发展、乡村振兴、民生保障等重点工作，开展广泛深入的专题报道，全方位展现鹤山十年发展成就，为党的二十大胜利召开营造良好舆论氛围。深入报道鹤山市党员干部群众学习宣传贯彻党的二十大精神的热潮，激发奋力开创鹤山社会主义现代化建设新局面的强大动力和冲天干劲。

突出重大主题宣传　紧紧围绕市委市政府中心工作和民生需求开展新闻报道，做强主题宣传。

做强重大会议报道。提前部署新闻报道采写刊播，对省、江门市党代会，全会以及市委十三届二次、三次全会，鹤山“两会”等重要会议进行全方位的深入报道，制作图文信息、短视频、海报、H5、一图读懂等多种新媒体产品，以“网”为媒，牢牢占领网络舆论主阵地，及时向广大市民群众释放鹤山发展新定位的明确信号。

打好疫情防控保卫战。切实履行防控责任，成立疫情防控宣传工作专班和采访工作组，采取24小时值班制，时刻待命、全力以赴做好全市疫情防控宣传工作。做好疫情信息前哨，帮助市民群众足不出户掌握最新疫情动态和防控措施。及时发布各种便民指引。如及时发布“各地疫情防控政策措施查询”、核酸检测点、疫苗接种点、防控值班电话等重要信息，方便市民群众检测核酸、疫苗接种和出返报备。强化防疫知识宣传。长期发布疫情防控健康科普知识和健康提醒。2022年，鹤山融媒各新媒体平台共推送新冠肺炎疫情防控推文1116多条、短视频250个，刊播电视新闻320条。其中，单篇微信推文阅读量高达130万，单条短视频点击量高达300多万，营造了众志成城抗击疫情的良好氛围，为抗击疫情提供了强大的精神力量和舆论支持。

集中力量宣传中欧合作。紧紧围绕市委提出的“打造中欧合作样板区”战略部署，集中骨干力量成立了“鹤小欧”记者团，推出“中欧合作　融入湾区”“全力打造中欧合作样板区”等专栏进行重点选题策划，制作推发相关原创新闻稿件、原创视频，点击量80余万。全年累计播出中欧合作相关电视新闻199篇、推文271条，上级媒体如央视、广东省台、江门台采用稿件63篇，为赋能鹤山中欧合作区建设营造了良好的社会舆论氛围。

大力推进创文和乡村振兴宣传报道。围绕鹤山冲刺全国文明城市创建的目标任务，在各媒体平台继续开设《文明创建》《创文曝光台》《创文成果展示》《文明家园》等多个文明创建新闻专栏及专题，全面报道文明创建行动、成效。累计发布文明创建推文815多条、广播电视新闻300多条。通过广泛宣传，引导全市人民坚定支持和热情参与创建全国文明城市。

开辟了《记者走基层》《乡村振兴》《水美乡村》和《聚焦三农》专栏，重点宣传报道鹤山市乡村产业发展、环境整治和乡村绿化美化的典型事例和典型人物。各平台累计发布消息200多条，其中有16篇乡村振兴新闻上全国学习强国平台，53篇上广东学习强国平台。

突出对外传播　2022年，融媒体中心外宣工作取得新突破，采访制作的首趟“江门号”中欧货运班列新闻被中央电视台采用，在《新闻联播》播出。《广东　春天的中国　水网纵横交错　织就秀美水乡》登上了央视新闻直播间。上送的《“江门号”中老国际班列发车》《鹤山市古劳水乡中秋传统美食》《鹤山古树身份证》等新闻分别在新华网客户端、央视网、新华社播出。采拍的短视频《宅梧粽子香飘鹤山》《古劳水乡起龙盛景》，均登上央视新闻客户端。全年，央视、新华网、新华社

2022年7月26日，由广东省广播电影电视协会区县融媒专业委员会、鹤山市融媒体中心联合举办的新闻评析活动在鹤山举行。全省50多家融媒体中心（广播电视台）参加了线上培训学习

等采用稿件16篇。这些作品都很好地推介了鹤山市民俗文化，对外展示了团结奋进的鹤山精神、鹤山形象。

突出报道方式创新　坚持以正面宣传为主，坚持守正创新，不断创新求变，着力打通宣传群众“最后一公里”。年初，针对重大工程项目专门成立了重点报道策划小组，注重前期策划，为深度报道打好基础。继续把技术与艺术结合，创新打造融媒直播，开展大型直播活动30多场。其中，开展新春年花直播，中欧、中老国际货运班列首发仪式，安全生产咨询日，年度慈善公益捐款仪式，最美军人、最美军嫂颁奖仪式，鹤山电台35周年台庆暨春节文艺汇演等大型直播10多场。安全生产咨询日直播线上累计观看人数达23.2万。常态化开设《一监到底》《法治直播间》《听见广播》等直播节目，融合直播间内外，可视、可感、可谈地展现鹤山经济社会发展变化。

打造短视频爆款。“鹤山融媒”视频号、抖音号不断发力，大批短视频点击量超百万，其中单条点击量最高达1200多万，进一步夯实了主流媒体舆论场。其中《鹤山地道美食——竹筒菜》等多个视频作品受到上级媒体关注采用。电台也深度触网融合，建立FM1047鹤山电台公众号、视频号、抖音号等。抗疫期间，主持人走出直播间，拍摄小视频宣传防疫知识、文明交通等内容，引起很好的社会反响。

【“精品创优”工程】 2022年，《为了一个庄严的承诺》获2021年度广东省新闻战线“走基层、转作风、改文风”活动优秀作品二等奖、广东省广播影视奖三等奖。《强哥讲故事》获2021年度广东省广播影视广播栏目三等奖等，《巾帼心向党　奋斗新征程——鹤山市2021年庆“三八”“融入湾区　她风采”云上分享会》获2021年度广东省广播影视奖网络直播节目三等奖。

【“媒体融合”工程】 构建完善智能化融媒体平台　持续推进平台融合和媒体融合智能化发展。指挥调度中心完成验收。高清非编制作网络工程、新媒体制作网络工程投入使用。完善了目睹云平台、“最鹤山”云平台等多方合作。AI智能广播系统投入使用，鹤山电台实现了24小时全天候播出。完成“慢直播”及电台调音台设备、四六楼中央空调采购。

完成高清频道建设　鹤山综合频道的电视节目全部实现采编播存储高清化。鹤山高清电视频道启播。

强健了广电平台　鹤山电台2022年节目内容全新改版。鹤山综合频道贯彻“移动优先”“小屏化”理念，以内容建设为根本，逆向融入新媒体。

夯实媒体矩阵平台　2022年来，融媒体中心不断夯实媒体矩阵平台，打造融合直播平台，构建广东广播电视台“触电新闻”直播间、微信公众号“鹤山发布”直播间、抖音号“鹤山融媒”直播间、手机客户端“最鹤山”直播间、微信视频号“鹤山融媒”直播间、FM1047鹤山电台等6个直播平台，在全网讲述鹤山故事，传递鹤山声音，传播鹤山精神。人民日报鹤山融媒号、新华社客户端鹤山融媒号于今年正式上线。做大做强“鹤山市融媒体中心”学习强国县级融媒号，展示鹤山的魅力和活力，扩大对外宣传影响，立体式传播体系已初步形成。

附一：市广播电视台正副台长名录

台　长：龚　拓

副台长：冯建英（女）

唐　欢

吕悦怡（女）

附二：市融媒体中心正副主任名录

主　任：龚　拓

副主任：冯建英（女）

唐　欢

吕悦怡（女）

（王　捷）

档案 史志

档案管理

【概况】 鹤山市档案馆是鹤山市委直属事业单位，正科级，加挂中共鹤山市委党史研究室、鹤山市人民政府地方志办公室牌子。主要职责是档案征集、接收、保管和党史、地方志研究，相关资料、书籍编纂等。下设办公室、档案管理股、信息编研股、党史股、地方志股。

【档案管理】 2022年，市档案馆接收档案340卷、单份文件25 264件，机读目录29 328条，扫描页数213 991页。

对馆藏档案进行开放审核，审核卷数224卷、目录5072条。

【民生档案跨馆利用】 2022年，市档案馆与江门市档案馆、新会区档案馆建立民生档案跨馆利用工作机制，形成“跨馆服务，一网通办”档案利用工作格局，方便群众就近查档。

【档案查阅利用】 2022年，市档案馆接待档案查阅330人次，利用档案1256卷278件67 139页，刻录光盘11张。

提供馆藏实物档案——20世纪40年代末高鹤地区发行的粮税代用券，配合中央电视台拍摄《红色烙印——革命文物的故事》。该节目已于2022年9月在中央电视台播出。

【特色宣传】 2022年市档案馆围绕“6·9国际档案日”宣传活动主题组织策划档案进社区、档案进校园等活动，通过宣传展板展示、派发宣传资料、接受群众咨询等形式，宣传新《档案法》、鹤山革命遗址、革命人物以及红色档案等内容。

（池　桦）

党史地方志

【党史工作】 2022年，鹤山市委党史研究室坚持以习近平新时代中国特色社会主义理论为指导，深入学习贯彻党的二十大精神，积极贯彻落实2022年省委、江门市委党史工作部署和有关要求，把握鹤山市党史工作重点，认真履行工作职责，解放思想，开拓创新，党史各项工作任务得到全面落实。

加强革命遗址保护开发利用 加强与镇（街）、市直部门沟通联系，为各级革命旧址修缮修复、布展和村史馆建设做好高质贴心服务，力所能及地为镇（街）解决开展革命历史旧址保护利用过程中碰到的资金短缺、资料缺乏和准确性不高等困难。2022年，在江门市委党史研究室大力支持下，为古劳镇古劳围墩革命历史陈列馆布展项目争取到江门市级专项资金10万元，协助雅瑶镇三端冯公祠——共青团鹤山特支旧址修缮项目争取省级专项资金277万元。此外，全力协助和配合址山、鹤城、共和等镇政府开展好革命遗址、革命历史展馆布展和升级改造工作。

强化教育阵地管理，探索红色文化宣传新路径 发挥档案馆二楼“鹤山党史·档案”陈列馆党史宣传、教育阵地功能，加强对外宣传和对外开放。2022年下半年，克服新冠肺炎疫情反复所带来的影响，发动有关部门、单位组织8批60人次党员群众参观学习。2022年10月，联系《江门日报》记者到档案馆采访，详细介绍馆藏红色文物、红色档案以及保护和利用情况。新闻稿《鹤山探索革命文物保护活化新路径　让“红色留声机”声音更响亮》中报道了档案馆通过不断完善“存史、资政、育人”功能，让红色文化走近群众，让群众共享文物公共资源。

多渠道、多维度开展党史宣传 2022年，克服新冠肺炎疫情、财政资金不足等不利因素影响，充分利用资源，多方合作，多渠道、多维度开展党史宣传教育，收到良好社会效果。与市委党史学习教育领导小组办公室合作，收集、整理了2021年度鹤山市党史学习教育红色文化品牌节目——“强哥讲鹤山党史故事”的文字材料，编辑出版了《峥嵘岁月红心向党——鹤山革命斗争故事》一书，使党员群众特别是青少年对鹤山党史有了更深入的了解和认识。推进党史宣

传“六进”，全年深入校园、社区、农村、机关、企业、军营等地开展“赓续红色血脉 弘扬光荣革命传统”主题党史宣讲活动24场次。大力发掘、宣传馆藏红色资源——粮税代用券，与鹤山市融媒体合作邀请中央电视台拍摄团队录制解放战争后期“鹤山四区人民政府发行粮税代用券”特辑，并于2022年9月在中央电视台科教频道《红色烙印——革命文物的故事》第35集播出，扩大了鹤山影响力和知名度。

完善流程机制，做好基础工作 2022年，《鹤山党史二卷（1949—1978）》顺利完成审校和出版工作。出台《鹤山市档案馆关于加强党史场馆展陈内容审核管理办法》，加强对革命遗址策展布展、党史书籍出版等方面意识形态的审查，明确、规范审批流程。协助市退役军人事务局、市委宣传部、市文联等部门完成烈士纪念设施碑文碑志、革命烈士纪念馆展陈内容更新、中国共产党历届代表大会、广东人民抗日解放军司令部宣传片等党史史实审核工作。

（党史股）

【地方志工作】 2022年，鹤山市地方志办坚持以习近平新时代中国特色社会主义理论为指导，深入学习贯彻党的二十大精神，积极贯彻落实2022年省、江门市地方志工作要点，把握鹤山市地方志工作重点，认真履行工作职责，解放思想，开拓创新，地方志各项工作任务得到全面落实。

领导重视，层层落实责任 市委市政府高度重视地方志工作，市委常委会听取地方志年度工作情况汇报。市委常委陈文光专题调研，多次过问、听取地方志工作汇报。市委主要领导、分管领导都分别审批协调重点项目经费支持地方史编研项目。召开会议研究部署2022年地方志工作任务和重点工作，结合鹤山的实际提出工作措施和进度要求，落实具体责任人，确保各项工作按时按质顺利完成。

有序推进年鉴编纂出版和地方志资料年报 2022年3月发出年鉴组稿、地方志资料年报通知，及早部署2022年鹤山综合年鉴编纂出版和地方志资料年报工作。全力克服工作力量单薄，新冠肺炎疫情防控任务繁重等巨大困难，按照年内工作计划和时间节点完成2022年综合年鉴编纂、审校和2021年地方志资料年报任务。2022年鹤山综合年鉴出版印刷和数字化入库工作任务顺利完成。2022年向省、市、县等有关单位派送和邮寄年鉴图书300多册，加强地方志工作的对外联系和交流。

完成上级综合年鉴供稿任务 按照省、江门市地方志办有关要求组织专人收集、整理了有关图片，编写有关条目内容，按时按质进行报送，为上级地方志办编辑年鉴提供翔实、可靠的图文资料。

主动作为，开展地方史编研 切合工作实际和省地方志办有关要求，及时调整鹤山市地方史编研项目，确定《鹤山大史略》编纂出版作为鹤山市2022、2023年重点编研项目。完成《鹤山大史略》初稿编写并转入出版社审校程序，预计2023年可以公开出版。

补强短板，落实巡察整改 针对市委巡察发现的问题，结合档案、史志馆藏资源和历史积累，对雅瑶镇的陈山、黄洞、隔朗、昆东、雅瑶等村落的名人故居、古建筑、古民居和华侨文化等本土特色文化遗产资源开展研究和挖掘，收集整理相关档案资料，整合形成了鹤山市历史文化游径。加强村落文化、宗族历史、民俗风情宣传，播讲鹤山本土特色侨乡文化故事，推动自然村落历史人文资源开发利用，助力鹤山文旅融合、乡村振兴。

数字化、信息化工作 顺利完成2020、2021年度鹤山综合年鉴数字化入库。收集整理鹤山市地情资料，向省志办编修各类地情书籍累计供稿7篇；向省志办呈交“2018-2022年鹤山市贯彻落实依法治志工作情况报告”；提供“志说广东”稿件2篇；认真开展鹤山老字号企业普查并整理报送相关图文、影像资料，等等。按要求及时修改、更新鹤山政府网“走进鹤山”栏目的鹤山概况、鹤山大事记、经济概况等地情信息资料。

（地方志股）

附：市档案馆正副馆长名录

馆　长：冯兆华

副馆长：张宗恒（女）

麦子新

张立新

卫生 健康

综述

【概况】 2022年年末，全市各级各类医疗卫生机构共有258个，其中二级甲等医院3家（综合医院1家、中医院1家、妇幼1家）、疾病预防控制中心1家、卫生监督所1家、慢性病防治站1家、社区卫生服务中心1家、镇级卫生院10家、农村卫生站127家。病床1919张，每千人拥有医疗床位3.6张，固定资产总值13.4亿元。卫生技术人员3668人，执业（助理）医师1439人，注册护士1623人，平均每千人拥有卫生技术人员6.81人，平均每千人拥有执业（助理）医师2.67人，平均每千人拥有注册护士3.01人。2022年医疗机构完成诊疗548.72万人次，出院病人4.67万人次。全市有万元以上医疗设备3935件。

【卫生改革与发展】 2022年，全市医药改革工作不断深化。医共体总院和分院形成垂直管理架构，全面推进医共体实质性运行。成功申报成为全省第一批广东省紧密型县域医疗卫生共同体建设高质量发展综合试验区，第一批试验区全省有12个县（市、区）。在江门市2021年度医共体建设绩效评价考核中取得优秀成绩。鹤山市人民医院被纳入国家卫健委首批“千县工程”医院名单，呼吸与危重症医学科（PCCM）顺利通过规范化建设项目评审并获评为二级医院优秀单位，胸痛中心通过国家级中心标准认证。鹤山市中医院顺利通过二级中医医院复评，成功组建大湾区肝癌防治联盟。积极推动各分院错位发展，通过“一院一特色”专科建设，量身打造分院特色业务发展计划，如雅瑶分院臭氧特色专科被评为江门市基层特色专科，址山分院建成“江门示范中医馆”，沙坪分院已开展12项中医适宜技术，桃源分院大力发展慢性病专科，宅梧分院启动泌尿结石体外碎石治疗服务。2022年，医共体内共创建江门、鹤山两级基层特色专科7个。积极参加药品耗材集中采购，促进科学合理用药。加强人员队伍建设，共招聘6名高层次人才，并引进首名医学博士，实现了博士引进零的突破，培养本土高级职称人才54人。

【突发公共卫生事件处置】 2022年，全市突发公共卫生事件共7起，均为新冠肺炎疫情。

【医院管理】 2022年，全市公立医疗卫生单位门诊总数519.13万人次，收住病人4.71万人次，业务收入8.74亿元。

【中医药建设】 2022年，着力推进中医药服务能力提升工程，以市中医院为龙头，借力省三甲医院“组团式”紧密型帮扶，开展中医重点专科、名中医工作室建设，市中医院针灸科、肿瘤科编入首批省级中医重点专科技术协作组成员单位。充分发挥基层医疗机构中医诊疗区（中医馆）作用，开展预防保健、基本医疗、养生康复等一体化中医药服务，推广中医适宜技术。市人民医院社区卫生服务中心成为基层医疗卫生机构特色中医药适宜技术推广基地。

【人才建设】 2022年，全年共引进高层次人才6名，并引进全

2022年7月25日，在鹤山市党政联席会议室举行鹤山市医共体工作推进会

2022年5月20日，宋尔卫院士带领中国科学院院士孟安明，中山大学教授王庭槐、保继刚等全国顶级专家在鹤山市东古玥湖酒店召开院士讲座

市首名中医学博士。本土高级职称评审通过54人。开设《健康有约》电视专栏，专访三级以上高层次人才专家。举办主题为“筑梦新时代　把握新机遇”院士专家鹤山行活动，邀请宋尔卫等院士出席并作专题讲座。继续与多家省直三甲医院包括中大二院、中大五院、南方医科大学中西医结合医院、珠江医院、佛山妇幼保健院等建立长期友好合作关系。加强柔性引进人才，并把优秀卫生人才送到省三甲医院进修培训，推动本土医疗卫生人才成长。

【职业道德建设与创建文明行业】 2022年，扎实开展“奋进新征程，建功新时代，以模范机关创建实际成效迎接党的二十大胜利召开”主题活动，深化推进加强党的基层组织建设三年行动计划、模范机关创建。鹤山市卫生健康局机关党支部2022年获评为鹤山“五好六有”模范党支部。积极开展党风廉政教育，落实党风廉政建设责任制。整治行业作风，强化内部监管，规范监督执法，定期对各医疗卫生单位进行监督检查。广泛开展提醒谈话工作，严格落实中央“八项规定”精神和医疗行业“九不准”。开展“好医生、好护士、好窗口”评选，发挥好正面典型引导、激励和教育作用。积极开展精神文明建设。2022年，鹤山市人民医院周红辉被授予“鹤山好人”称号；鹤城镇中心卫生院和宅梧镇中心卫生院被评为“鹤山市文明单位”。

【宣传教育】 2022年，全市围绕各种卫生健康宣传日组织开展义诊、健康咨询等活动。组织镇级各类宣传咨询活动99次、各类健康教育讲座135次，接受健康教育人数达9100余人次，派发新冠肺炎防控知识、各类慢性病防控知识、学生常见病防控知识、健康主题卫生日知识等宣传资料28.2万多份，通过市疾控中心微信公众号推送疾病防控文章800余篇。利用大众媒体大力开展健康教育传播。在鹤山电视台不定时播放卫生健康宣传片，录制健康生活方式宣传音频并全年在电台黄金时段播放，广泛开展健康素养、中医养生、慢性病和传染病防治等健康知识宣传。大力开展新冠肺炎疫情期间的健康教育工作，及时推送新冠肺炎防控指引、防控知识、防控视频和医务人员的疫情防控工作等信息。广泛传播新冠肺炎疫情防控知识和卫生健康知识，倡导科学健康生活理念。

【卫生科技】 2022年，全市申报并通过江门市卫生系统医学科研立项26项，申报并通过江门市新技术项目推广应用立项15项，申报并通过江门市医疗卫生科技计划项目6项。全市科研立项课题结题验收4项，科研立项课题阶段性进展验收16项。

【无偿献血】 2022年，全市共3880人次无偿献血，献血量1 163 610毫升，临床用血量891 200毫升，全年全市临床用血100%来自无偿献血。

抗击新冠肺炎疫情

2022年，市卫生健康局主动担当，全力做好社会面疫情防控工作。做好常态化疫情防控工作的技术支持，拟定来返鹤人员管理、重点人群管理、核酸检测要求等通告和温馨提示并向社会发布，营造群防群控的氛围。选派近20名专家参与全市各类疫情防控培训，通过线上线下的形式对全市参与疫情防控工作的党员志愿者、网格员、企业人员讲解流调溯源、预防性消毒、疫苗接种等实操技能。对各工作专班成员单位做好跨境货车司机作业点、口岸码头、密闭场所、特

鹤山市流调溯源中心现场

殊场所等重点场所和部位开展消毒工作技术、工作人员健康管理、防控方案和应急预案制定的指导。指导各单位制定聚集性活动防控方案共43份。提高核酸检测能力，全市核酸检测能力为每天5.82万管，较2021年增长9倍，超额完成省、江门市核酸检测能力要求。各镇（街）固定采样点162个，采样台888个，基本满足6小时内完成全员核酸采样、24小时内完成全员核酸检测的需求。加强传染病救治能力。全市设有发热门诊1家、发热诊室13家，发热门诊实行24小时接诊，采取全封闭就诊流程。定点医院——鹤山市人民医院感染科现有病床72张、ICU病床12张，基本满足上级对传染病救治能力建设要求。成功处置“4·29本地疫情”“7·26境外输入疫情”“10·24本土疫情”等，迅速完成流调溯源、重点人群管控排查、重点场所管控、社区人员核酸检测等疫情处置的各项措施。积极推进目标人群新冠肺炎疫苗接种，全市累计接种新冠肺炎疫苗152.2904万剂次，抓牢建立免疫屏障。规范落实隔离场所管理。全市储备40家酒店（含常态化在用酒店4间）共2742间房。加强疫情防控监督检查，全年共派出执法人员6646人次，出动车辆762辆次。做好疫情常态化下宣传教育，印制宣传海报2000份向全市公共场所派发张贴，利用卫生健康系统30个LED显示屏滚动播放防控疫情公益宣传片、宣传画、宣传标语10万余次，新媒体刊播防疫信息3000余篇。落实应急医疗物资储备，保障疫情防控供给。

预防保健

【疾病预防控制】 2022年，全市累计报告乙、丙类传染病5744例。全年全市报告1起诺如病毒感染性腹泻聚集性疫情和4起流行性感冒聚集性疫情。均按规范处置，未造成疫情扩散。对高危人群、重点人群进行HIV抗体监测，累计监测36 790人次；对艾滋病感染者和患者进行跟踪随访管理，随访及CD4检测比例96.9%；开展艾滋病自愿咨询检测服务，全年共免费咨询检测216人次；开展抗病毒治疗和艾可清中药治疗，抗病毒治疗比例83.2%。

【计划免疫】 2022年，全市11个预防接种规范化门诊的建册建证率100%，八苗全程合格接种率95%以上。有计划地开展第二类疫苗接种，并开展计划免疫“六大监测”工作。

【妇幼保健】 2022年，扎实推进妇幼健康服务工作，共为4869名育龄妇女发放叶酸。开展婚检孕检一站式服务，婚前医学检查2674人，孕前优生健康检查4467人。全市婴儿死亡率2.6‰，5岁以下儿童死亡率2.86‰，孕产妇死亡率为0；孕产妇住院分娩率达100%，高危孕产妇住院监护分娩率达100%。实现消除艾滋病、梅毒和乙肝母婴传播，全市孕妇HIV、梅毒和乙肝免费检测2593人，免费干预服务率100%。开展城乡妇女“两癌”免费检查项目，宫颈癌筛查7443例，乳腺癌筛查7309例。

【基本公共卫生】 2022年，以县域医共体为纽带，医防融合，上下联动，推动基本公共卫生服务项目全面落实。全市建立居民电子健康档案518 190份，接受健康管理的65岁及以上老年人36 402人。已管理高血压患者26 680人，糖尿病患者8927人，规范管理率均60%以上。2022年，孕产妇早孕建册率93.20%，产后访视率98.49%，0～6岁儿童健康管理37 075人，0～6岁儿童眼保健和视力检查覆盖率96.46%。

【健康教育】 2022年，鹤山市继续按照省级健康促进县建设标准进行巩固提高，以点带面在全市推广和普及，重点推进健康促进社区（村）、学校、机关、企业建设。2022年新增创建健康促进社区（村）2家、健康促进学校2家、健康促进机关2家、健康促进企业2家。开展健康巡讲进五类场所活动8场，向群众普及卫生健康知识，倡导健康文明生活方式。组织开展市级健康教育技能竞赛和居民健康素养知识竞赛，并组队参加江门市级竞赛。在江门市健康教育技能竞赛中荣获优秀组织奖、单项奖（健康教育需求评估方案撰写、健康教育活动方案设计、“将健康融入所有政策”宣讲、健康科普演讲）均获三等奖，单项奖（知识竞赛）获一等奖、团体奖获二等奖。鹤山市有2名优秀参赛者被江门市选中参加省级竞赛，进一步提高全市健康教育专（兼）职人员的专业素养和业务能力。

【老龄健康】 2022年，积极探索推进医养结合养老服务。投资新建鹤山市沙坪康养服务中心、鹤山工业城养老服务中心。完善双合镇卫生院养老服务中心建设，切实加强全市机构医养服务供给，提升服务质量。开展“银龄安康行动”，为老年人提供意外伤害保障，由政府投入81.527万元统一为全市60岁以上老年人购买意外保险，受惠人数81 527人，实现政府统保覆盖率100%。为1545名老人办理长者IC卡，慰问全市百岁老人共40名。为65周岁以上老年人乘坐市内公交车购买乘车保险，为老年人乘车出行提供相应保障。

卫生法制

【医疗市场管理】 2022年，累计出动执法人员1928人次，执法车辆232台次，检查医疗机构779间次，监督覆盖率100%。开展医疗专项执法行动5项，办理行政处罚案件76宗，其中简易程序62宗、一般程序14宗，罚没款合计37.0434万元，吊证1间，取缔无证行医黑点5家，批准新设置医疗机构12家，注销机构4家，校验276家。

【公共场所、生活饮用水、健康相关产品卫生管理】 2022年，监督检查公共场所1321间次，发出监督意见书362份，责令限期整改362宗，立案查处41宗，其中一般程序3宗，当场行政处罚38宗，处罚金额0.35万元。监督检查集中式供水单位18家次、二次供水单位64家次，共发出卫生监督意见书37份，责令限期整改3宗。检查涉及饮用水卫生安全产品生产经营企业22家次，监督检查消毒产品生产企业18家次、餐饮具集中消毒企业4家次，共发出卫生监督意见书12份。

农村卫生

【卫生支农工作】 2022年，结合医共体建设开展城市医疗卫生团队下乡帮扶，组织开展卫生下乡义诊活动。开展义诊活动25场，派出医护人员250人次，义诊群众750人次，送医送药7500元。

【卫生创建工作】 2022年，宅梧、双合镇顺利通过广东省卫生镇复审工作，全市创建省卫生村44条。建设健康镇1个（龙口镇）、健康村1条（共和镇大凹村）、健康厂企2家（古劳镇聚盈化工和龙口镇欧蝶兰）、健康学校2间（鹤山市振华学校和沙坪街道第七小学）、健康社区1个（沙坪谷埠社区）和健康家庭100户。

【病媒生物防治工作】 2022

在水渠中投放灭蚊药剂

年，深入开展爱国卫生运动，全市共开展环境卫生综合整治273次，发动3748人次参与爱国卫生运动，清理卫生死角2194处，清运垃圾淤泥6612吨，处理蚊蝇滋生地318处。

慢性病防治

【结核病防治】 2022年，全年接诊肺结核可疑症状患者989人，通过为患者提供免费查痰涂片、胸片及相关检查共检出活动性肺结核228例。其中，临床诊断肺结核患者100例，菌阳肺结核患者128例，可疑患者查痰率95%。对管治病人全部落实了免费抗结核治疗，并进行全程跟踪管理。2022年同期治疗成功的活动性肺结核病人251人，治疗成功率95.1%，有效控制结核病的传播。

【性病防治】 2022年，全市共报告性病病例633例，较2021年同期上升27.8%，其中生殖道沙眼衣原体285例，同比上升47.6%；淋病76例，同比下降24.7%；梅毒232例，同比上升39.7%；尖锐湿疣34例，同比上升17.2%；生殖器疱疹6例，与上年持平。

【麻风病防治】 2022年，全市共有麻风现症病例2例。2例现症病例中1例在强化治疗，1例为治完现症病例。共转介麻风病可疑症状13例，到位13例。症状监测筛查可疑者485例，完成江门市下达的任务指标。

【精神病防治】 2022年，全市在册严重精神障碍患者3554人，报告患病率（检出率）为6.7‰，管理率96.2%，规范管理率95.64%，服药率93.16%，规律服药率88.44%，精神分裂症患者服药率90.84%、精神分裂患者规律服药率84.69%，年面访率94.94%，体检率66.15%，精神分裂症患者第二代长效针使用率9.26%。所有指标均达到省的工作要求。

人口和计划生育

【概况】 2022年，全市常住人口出生3518人，同比减少264人，出生率为6.47‰，自然增长率为0.47‰。户籍人口出生3131人，同比减少231人。

【利益导向】 2022年，全市共有6978人享受省农村部分计生家庭奖励，已发放奖励金1170万元。3116人享受农村独生子女和纯生二女户“节育奖”，已发放奖励金190万元。250人享受省计划生育家庭特别扶助奖励，已发放奖励金256万元。7928人享受省城镇独生子女父母计划生育奖励，已发放奖励金1060万元。新型农村社会养老保险部分计划生育家庭奖励补助，共3828人参保，补助金额186万元。农村独生子女户和纯生二女结扎户参加基本保险一档补助共20 973人，补助金额629万元。继续推行计划生育家庭意外伤害保险工作，为本市户籍计生家庭办理意外伤害保险。全市共有7970户计划生育家庭投保，共投入保费23.9万元。农村户口独生子女和纯二女结扎户女孩中考降分录取享受对象共636人。

附：市卫生健康局正副局长名录

局　长： 罗超华

副局长： 林军青（女）

叶志威

郭时贵（女）

（易雪卿）

市级医疗机构及医院简介

【鹤山市人民医院】 鹤山市人民医院始建于1933年，现已发展成为一家集医疗、教学、科研、康复、预防保健、社区卫生服务于一体的二级甲等综合性医院，初步形成以临床为中心，向社区卫生服务和康复治疗延伸的综合立体医疗格局。

医院占地面积78亩，建筑面积达6万平方米，医疗用房4万平方米。投资9.2亿元的鹤山市人民医院新院区正在建设中。新院区占地124.4亩，按三级甲等综合医院的标准建设，规划床位800张。全院设20个临床科室、13个医技科室，编制床位588张，实际开放床位611张。总院现有员工1040人，卫生技术人员占88%，其中硕士研究生24人，高级职称148人，中级职称309人，江门名医3人，江门基层名医1人，江门十佳医生1人，鹤山名医12人。6间医共体分院在职员工共计590人，其中卫生技术人员515人，卫生技术人员占87%。

医院拥有一大批现代化高精尖医疗设备。根据疫情防控需要，完善了PCR实验室、发热

鹤山市人民医院

门诊和方舱CT等设备设施的建设。为推动专科建设和发展，鹤山市人民医院与多家三甲医院包括中山大学孙逸仙纪念医院、南方医科大学珠江医院、南部战区总医院、中山大学附属第五医院、中山大学附属第六医院、广州医科大学附属肿瘤医院、江门市中心医院等建立战略合作关系，充分依托上级医院的优质医疗资源和雄厚的人才、技术力量，以学科建设为突破口，提升医院的临床诊疗水平、学术影响力和社会信誉度，形成了心血管内科、神经外科、骨科、泌尿外科、神经内科、康复科、影像科等特色、重点专科，以满足患者不同的医疗需求。

医院坚持“质量立院、科技兴院、人才强院、文化塑院”的发展战略，全院员工秉承“仁爱敬业、求真务实、团结进取”的院训，为医院在新时代、新征程上实现跨越式发展而不懈奋斗。

附：鹤山市人民医院正副院长名录

院　长：

黄杰文（—2022年12月）

李建华（2022年12月—）

副院长：

潘广伟（女）

金　磊

胡小强（—2022年11月）

刘世华（2022年12月—）

黄嘉正（2022年12月—）

【鹤山市中医院】 鹤山市中医院是国家二级甲等中医医院，是广东省文明中医院、广东省百家文明医院、江门市文明单位、鹤山市标兵文明单位，是南方医科大学中西医结合医院、医疗卫生人才“组团式”帮扶医院和医联体单位，是广东省中医院、江门五邑中医院技术协作医院。有五家紧密型县域医共体分院，分别是址山分院、古劳分院、龙口分院、双合分院和鹤山市慢性病防治站，并托管鹤山市第三人民医院（精神类专科医院）。

医院在职员工460人，其中高级职称61人，中级职称108人，江门市名中医2名。有江门市中医重点专科2个，江门市中医重点专科建设单位2个。针灸推拿科被评为全国农村医疗机构针灸理疗康复特色专科建设单位；骨伤科、肿瘤科均被评为广东省中医特色专科和江门市中医重点专科；肿瘤科、针灸专科是广东省中医药局首批重点专科技术协作成员单位；康复科、脑病科入选江门市中医重点专科建设单位。医院设有急诊科、中医内科、消化内科（脾胃病科）、内分泌科、肾

鹤山市中医院

内科、心血管内科、呼吸内科、神经内科（脑病科）、肿瘤科、康复科、重症医学科（ICU）、普外科、骨伤科、神经外科、妇科、儿科、耳鼻喉科、眼科、口腔科、肛肠科、皮肤科、麻醉科、医共体急救中心、血液净化中心、蛇伤救治中心、中医治未病中心、健康体检中心等20多个临床科室和影像中心、超声科、心电图室、消化内镜中心、药剂科、检验科、PCR实验室、病理室等医技科室。设立南方医科大学中西医结合医院全国老中医药专家学术经验传承工作室彭康工作室、全国基层名老中医药专家传承工作室李国明工作室、名中医工作室和客服中心。住院部开放床位290张。

附：鹤山市中医院正副院长名录

院　长：吕世权

副院长：何传强

张艳文（女）

李文志

【鹤山市妇幼保健院】 鹤山市妇幼保健院始建于1959年，是一所集医疗、保健、预防、科研于一体的非营利性二级甲等妇幼保健专科医院。2015年加挂“鹤山市儿童医院”牌子。妇幼保健院坚持“科技兴院、诚实守信、用心呵护”的宗旨，为全市妇女儿童提供优质、安全、贴心、方便的医疗保健服务。

医院占地面积30.8亩，总建筑面积2万平方米，核定床位120张。全院现有在职员工302人。开设有妇科、产科、儿科、新生儿科、儿童保健科、妇女保健科、外科、中医科、口腔科、眼科、乳腺专科、生殖健康专科、婚前孕前体检门诊等临床科室。医院拥有先进的医疗设备。

鹤山市妇幼保健院

近年来连续被评为市卫生系统文明单位、鹤山市文明单位、江门市“巾帼文明示范单位”、江门市“三八”红旗集体、广东省“巾帼文明示范岗”、广东省“健康促进医院”“爱婴医院”。

附：鹤山市妇幼保健院正副院长名录

院　长：王苏淮

副院长：杨惠新（女）

陆丽屏（女）

李伟康

【鹤山市卫生监督所】 鹤山市卫生监督所于2003年挂牌成立，隶属于鹤山市卫生和计划生育局，是参照公务员法管理的副科级事业单位，定编21人，实际在编20人。现有内设机构5个，即公共卫生监督股、综合股、稽查股、受理与发证股、办公室。

鹤山市卫生监督所

依法承担全市公共场所卫生、学校卫生、生活饮用水卫生、消毒产品卫生、医疗机构卫生、放射卫生等的监督与管理工作。负责受理卫生许可证、医疗机构执业许可、放射诊疗许可、母婴保健技术服务许可的申请以及健康卫生产品的审核；依法监督传染病防治工作；依法监督医疗机构和采供血机构及其执业人员的执业活动，整顿和规范医疗服务市场，打击非法行医和非法采供血行为。

附：鹤山市卫生监督所正副所长名录

所　长：吴锦玲

副所长：冼明尊

罗建忠

【鹤山市慢性病防治站】 鹤山市慢性病防治站成立于1956年8月，负责鹤山市结核病、皮肤性病、麻风病、精神病的防治工作。是正股级公益二类事业单位，核定事业编制20名。设有结核防治控制科、精神卫生防治科、皮肤性病防治科等。2012年增设慈善精神康复门诊，为全市精神疾病患者免费发药。

附：鹤山市慢性病防治站正副站长名录

站　长：

冯伟文（—2022年6月）

吕世权（2022年9月—）

副站长：梁剑晖（女）

鹤山市慢性病防治站

鹤山市疾病预防控制中心

【鹤山市疾病预防控制中心】 鹤山市疾病预防控制中心的前身是鹤山市卫生防疫站。2003年4月撤销市卫生防疫站组建市疾病预防控制中心，与鹤山市卫生检验中心是一个机构两块牌子。市疾控中心主要职能：疾病预防控制、卫生监测检验、计划免疫工作管理、职业卫生技术指导、突发公共卫生事件和灾害疫情应急处置、健康教育与健康促进、慢性病监测与防控、疾病预防控制技术管理与应用研究技术指导等。

鹤山市疾病预防控制中心是鹤山市卫生健康局属下的副科级公益一类事业单位。现有编制45个，在编在职人员42人，现有在职人员53人。中心办公大楼总建筑面积5270平方米，其中卫生检验中心占2000平方米。

附：鹤山市疾病预防控制中心正副主任名录

主　任：郑东育

副主任：陈恩晃

朱文光

社会生活

民政 社会保障

民政工作

【概况】 鹤山市民政局的工作内容涉及多类社会管理和公共服务。主要职能有：负责基层政权建设，村民委员会和社区居民委员会建设。负责城乡居民最低生活保障、特困人员供养、残疾人救助管理、临时救助、社会福利事业、留守儿童关爱保护、社会福利企业管理。负责行政区划和地名管理、社会工作发展规划、婚姻登记管理、社会捐赠管理、殡葬改革管理、社会组织管理、福利彩票发行。2022年，鹤山市民政局深入学习习近平总书记关于民政工作的系列重要论述和指示精神，坚决落实省、江门市、鹤山市的决策部署，聚焦基本民生保障、基层社会治理、基本社会服务，全力推进民政事业高质量发展。

【基层政权建设】 出台了村级“小微权力清单”《鹤山市村务一本通（试行）》，以“流程图”的形式向群众“晾晒”，以程序控制权力运行，规范农村干部廉洁用权、廉洁为民。创新城乡社区治理。开展示范社区创建活动，创建雁山社区“一站式”城乡社区综合服务示范点，以点带面推动优化村（社区）服务格局，增强社区为民、便民、安民功能。加快城乡社区治理信息系统应用。指导镇（街）村（社区）广泛应用全国基层政权建设和社区治理信息系统，及时更新村（社区）调整信息，做好村（社区）服务设施、服务机构、服务人才、服务事项信息和村（社区）各类组织数据的核实补录工作。截至11月，已录入13 484条信息。深化乡镇（街道）服务能力建设，以桃源镇为试点，优化服务资源配置手段，创新服务供给方式，有效提升镇政府服务水平。

【区划地名工作】 配合做好佛山市与江门市行政区域界线联合检查；顺利完成镇街界线联检；做好界桩维护管理。依法做好地名命名、更名审核以及地名图、地名图册、地名图集审核等行政执法；加快省级地名信息库建设，更新录入信息4655条。加强地名管理服务和文化建设，开展《地名管理条例》专题学习及地名文化宣传活动。

【城乡最低生活保障】 从2021年1月起，市城乡最低生活标准由每人每月932元提高到每人每月950元。2022年，全市共有城乡低保对象1620户2792人，其中城镇126户220人，农村1494户2572人，累计发放低保金3206.8万元。

【兜底精准救助】 在全市范围内开展城乡低保、最低生活保障边缘家庭年度复核工作，及时清退不符合低保条件的对象，年审期间清退低保65户147人。特困人员照料护理协议签约率100%，累计发放分散特困人员照料护理费179.01万元。为全市4256名残疾人进行资格认定，已通过资格认定4254人，完成率99.95%。救助平台受理救助信息42条，实现困难群众申请救助“最多跑一次”，实现救助方案最优化、救助效果最大化，推动社会救助工作便捷化、高效化、信息化。促进精神障碍社区康复服务体系建设。以龙口镇为试点，开展以精神康复社区综合服务为核心的专业社

2022年12月2日，鹤山市民政局在雅瑶镇公共服务中心举办鹤山市首个未成年人保护工作站揭牌仪式

工服务，入户排查331人，走访重点服务对象257人次，深入了解家庭情况和面临问题，分析服务对象需求。开展训练小组22次，专项社区宣传8场，帮助目标对象提升社会化功能，促进社会融合程度。创新开展城乡边缘困难家庭认定。印发《鹤山市城乡边缘困难家庭认定及生活补助发放实施方案（试行）》，扩大社会救助保障覆盖面。截至12月，全市城乡边缘困难家庭共25户67人，累计发放3.4万元。开展困难群众权益保障排查整改专项工作，排查问题隐患105条，暂未发现受禁锢、受虐待等特殊情况；排查登记特殊群体70人，针对发现问题转介有关部门，制定个性化救治救助方案，落实帮扶措施，问题解决进度100%。推进社会保障卡在社会救助领域“一卡通”应用，低保、特困救助补贴社保卡发放率98.96%，残疾人两项补贴社保卡发放率98.37%。为1759名低保对象购买意外保险，实现低保对象意外伤害保险基本保障全覆盖。对低保对象、特困供养人员等困难群众增发人均80元的一次性生活补贴，共计29.6万元，惠及3697人。

【特困人员救助供养和残疾人生活保障】 从2021年1月起，市城乡特困供养标准由每人每月1491元提高到1520元。2022年，全市共有特困供养对象911人，其中城镇特困人员63人（集中供养28人、分散供养35人），农村特困对象848人（集中供养140人、分散供养708人），累计发放特困供养金1607.08万元。从2022年1月起，市困难残疾人生活补贴标准从每人每月200元提高到220元；重度残疾人护理补贴从每人每月250元提高到280元，共有困难残疾人1196人，重度残疾人4414人，累计发放两项补贴1774.34万元。

【社会组织发展】 深耕运作“双百工程”，建成10个“双百工程”社工服务站和38个社工服务点，打造一支147名本土化、专业化、职业化的高素质“双百”社会工作人才队伍，致力于以专业社会工作造福社群，打通为民服务“最后一米”。“双百”社工走访入户完成建档造册7887户，为9173名困难群众和特殊群体建立档案，全市建档率100%。积极发动社会人员参加2022年度社会工作职业水平考试，为全市844名考生提供免费考前培训，扩充社工人才队伍。实施精准培育，引导潜力人群向社工人才转化。选取沙坪街道、龙口镇、共和镇3个镇（街）开展第一期社会工作知识相关人才技能培训，110人完成学时并通过考试选拔，取得相关证书，成为社会工作与志愿服务人才。

【收养及婚姻登记】 共办理结婚登记1774对（跨省登记结婚44对、跨市登记结婚22对、跨区登记结婚66对、户籍所在地办理1642对），离婚登记617对（跨省登记离婚35对、跨市离婚18对、跨区离婚12对、户籍所在地办理552对），补领结婚证208对，补领离婚证40对，查询婚姻记录261宗。做好收养评估工作。印发《鹤山市民政局关于收养评估的操作指引》，通过购买服务方式选择第三方机构协助进行收养评估。

【殡葬改革】 全面落实户籍居民殡葬基本服务免费政策。截至11月底，免除殡葬基本服务费用2546人次283.37万元。

【养老服务建设】 印发《鹤山市养老服务体系建设“十四五”规划》，从健全完善基本养老服务制度、推动居家社区养老服务提质扩容、多措并举推进养老服务提质增效、发展壮大养老服务产业、强化养老服务发展要素保障六大方面对养老服务体系建设作出整体规划，促进养老服务体系高质量发展。培育星级养老机构，提升养老服务质量。鹤山市社会福利院获评为“广东省三星级示范性养老机构”。持续加大“大助餐”项目资金投入，规范长者食堂管理。对全市已建成的7个长者食堂实行规范管理，安排运营补助资金71万元用于支持长者食堂运作。对接慈善资源，资助到长者食堂就餐的特困、低保和重残等困难老人群体。资助困难老人群体5.1万人次合计22.6万元。开展“平安通”项目提质扩面工作，扩大政府资助对象范围，建成“平安通”线下智慧服务中心并投入运营，养老助残“平安通”累计服务3252人，包括提质扩面对象352人，其中2022年提供紧急呼援服务97宗，心理情绪疏导约6000人次，咨询转接服务超2000人次，主动关爱服务2.4万人次，及时帮助老人化解困境。实施“医养结合”补充保险工作，提升照护能力，为全市1955名最低生活保障对象、低保边缘家庭成员、特困供养人员和防止返贫监测对象中年龄在60周岁以上（含60周岁）的购买医养结合补充保险“邑康保”，切实保障特殊困难群体利益，提高其抵御意外风险的能力。

【社会福利和慈善工作】 2022年全市福利彩票销售量7895万

元，同比增长5%。其中，即开彩票销量2645万元，同比增长10%；电脑彩票销量5249万元，同比增长3%。筹集福彩公益金625万元，为全市社会福利和公益事业作出积极贡献。

协助农业农村局做好“6·30”活动，制定并印发了《鹤山市2022年“广东扶贫济困日”暨慈善公益活动工作方案》和《鹤山市2022年“广东扶贫济困日”暨慈善公益活动募捐方案》。宣传贯彻《广东省志愿服务条例》，切实履行好志愿服务的行政管理职责，规范志愿服务活动、培育志愿服务组织，扩大志愿者队伍，发挥志愿服务在民政领域的作用。市慈善会捐赠款物收入4787.81万元，实施慈善公益项目92个，累计支出3937.81万元，救助困难群众10.1万人次。

附：市民政局正副局长名录

局　长：欧锦波

副局长：李伟超

李敏英（女）

（谭嘉琪）

附表

鹤山市2022年各镇村（居）民委员会名称表

镇	村（居）	村（居）民委员会名称	村委会数	居委会数
沙坪街道	村委会	仓边村民委员会、莺朗村民委员会、玉桥村民委员会、汇源村民委员会、杰洲村民委员会、桥氹村民委员会、镇南村民委员会、文边村民委员会、小范村民委员会、赤坎村民委员会、越塘村民委员会、黄宝坑村民委员会、坡山村民委员会、楼冲村民委员会、中东西村民委员会	15	
	居委会	南山社区居民委员会、和平社区居民委员会、兴业社区居民委员会、桂林社区居民委员会、祥盛社区居民委员会、新升社区居民委员会、东升社区居民委员会、新华社区居民委员会、新业社区居民委员会、义学社区居民委员会、谷埠社区居民委员会、凤凰社区居民委员会、雁山社区居民委员会		13
雅瑶镇	村委会	雅瑶村民委员会、上南村民委员会、昆东村民委员会、南靖村民委员会、隔朗村民委员会、黄洞村民委员会、陈山村民委员会、建良村民委员会、古桥村民委员会、古蚕村民委员会	10	
	居委会	新雅社区居民委员会、大岗社区居民委员会、石湖社区居民委员会		3
古劳镇	村委会	下六村民委员会、麦水村民委员会、茶山村民委员会、连城村民委员会、上升村民委员会、新星村民委员会、双桥村民委员会、古劳村民委员会、连北村民委员会、大埠村民委员会、丽水村民委员会、连南村民委员会	12	
	居委会	东宁社区居民委员会		1
龙口镇	村委会	霄南村民委员会、青文村民委员会、协华村民委员会、尧溪村民委员会、中七村民委员会、三凤村民委员会、松岗村民委员会、湴蓼村民委员会、福迳村民委员会、粉洞村民委员会、那白村民委员会、四堡村民委员会、三洞村民委员会、沙云村民委员会、五福村民委员会	15	
	居委会	金华社区居民委员会		1

续上表

镇	村（居）	村（居）民委员会名称	村委会数	居委会数
桃源镇	村委会	三富村民委员会、中胜村民委员会、甘棠村民委员会、龙溪村民委员会、钱塘村民委员会、蟠龙村民委员会、旺龙村民委员会、蟠光村民委员会、中心村民委员会、龙都村民委员会、富岗村民委员会	11	
	居委会	新圩社区居民委员会、竹荫社区居民委员会		2
鹤城镇	村委会	南中村民委员会、南星村民委员会、万和村民委员会、东南村民委员会、坑尾村民委员会、鹤城村民委员会、新联村民委员会、城西村民委员会、五星村民委员会、禾谷村民委员会、坪山村民委员会、小官田村民委员会、东坑村民委员会、南洞村民委员会、先锋村民委员会	15	
	居委会	昆源社区居民委员会		1
共和镇	村委会	南坑村民委员会、良庚村民委员会、大凹村民委员会、平汉村民委员会、来苏村民委员会、民族村民委员会、洋坑村民委员会、里元村民委员会、新连村民委员会	9	
	居委会	共兴社区居民委员会、铁岗社区居民委员会		2
址山镇	村委会	禾南村民委员会、昆华村民委员会、东溪村民委员会、昆阳村民委员会、四九村民委员会、新莲村民委员会、昆联村民委员会、昆中村民委员会、云中村民委员会、云新村民委员会、云东村民委员会	11	
	居委会	兴业社区居民委员会、利云社区居民委员会		2
宅梧镇	村委会	泗云村民委员会、漱云村民委员会、双龙村民委员会、上沙村民委员会、下沙村民委员会、堂马村民委员会、靖村村民委员会、荷村村民委员会、选田村民委员会、白水带村民委员会	10	
	居委会	梧冈社区居民委员会		1
双合镇	村委会	泗合村民委员会、双桥都村民委员会、合成村民委员会、先庆村民委员会	4	
	居委会	兴华社区居民委员会（2008年4月10日鹤府复〔2008〕27号将原华城居委会和中兴居委会合并成兴华社区居民委员会）		1
合计			112	27

退役军人事务

【概况】2022年，鹤山市退役军人事务局深入学习贯彻习近平总书记关于退役军人工作的重要论述，聚焦重点任务，主动担当作为，不断推动全市退役军人事务工作高质量发展，推动党中央决策部署和省委、江门市委及鹤山市委工作要求得到全面贯彻和落实。

【单位基本职能】鹤山市退役军人事务局内设三个股（室），分别是办公室、拥军优抚与褒扬纪念股、安置与就业创业股。主要职能包括协调组织拥军优属、拥政爱民工作及创建双拥模范城工作；拟订计划分配军队转业干部、符合条件的退役士兵、军队转业干部随调随迁家属年度安置计划、随军家属就业安置计划并组织实施。鹤山市退役军人服务中心是鹤山市退役军人事务局下属公益一类事业单位，主要职责有信息采集、政策咨询、联络接待、困难帮扶、就业创业服务、立功报喜、悬挂光荣牌、走访慰问等。

【双拥工作情况】广泛开展由市镇（街）两级领导带头，各镇（街）以及市有关部门和企业参加的走访慰问“光荣之家”活动，走访慰问优抚对象3038人次，发放慰问金慰问品约合250万元。为驻鹤部队送去慰问品约31.75万元。组建鹤山市爱国拥军促进会和“拥军先锋”两大平台，开展圆梦“微心愿”“情暖老兵”公益募捐拥军活动。发布2022年版《优待目录清单》，43家商家提供优先优惠。开展2022年“鹤山市最美退役军人”“最美军嫂”先进事迹学习宣传活动，形成学习“最美”、争当“最美”的浓厚风气。

【优抚政策落实情况】根据上级文件要求，提高各类优抚对象抚恤补助金标准。全年发放抚恤补助资金合计26 791人次2163万元。开展“关爱功臣·送医送药”活动，为400多名优抚对象提供免费诊疗服务，同时赠送各类药品5万元。调整市属部分企业退休军转干部职级补贴，每人每年增加100元。提高企业退休军转干部春节、八一慰问标准和每年体检标准。发放军转干部各类补助合计294.8万余元。全年共办理救助申请17宗，累计发放广东省应急救助资金22.65万元，全市共发放378人次退役军人医疗、困难救助101.8万元。发放两参退役人员社保缴费困难补贴1408人次1230.61万元。为非在职残疾军人发放门诊医疗补助155人次30.9万元。为27名困难优抚对象子女资助学费10.8万元。按标准发放全市234名义务兵家庭优待金533万元和74名优抚对象优待金55.89万元。为荣立三等功的李启达等6名现役军人家庭送喜报和发放奖励金每户3200元。

【安置退役军人和军人家属情况】2022年共接收自主就业退役士兵108人，接收安置符合政府安排工作退役士兵1人。发放2021年自主就业退役士兵一次性经济补助金931.56万元。组织112名退役士兵参加职业技能培训。举办2场退役军人专场招聘会。

附：市退役军人事务局正副局长名录

局　长：刘际宁

副局长：温宝谦

郭　芬（女）

（陆丽媚）

举行2022年“鹤山市最美退役军人”“最美军嫂”颁奖仪式

社会保险

【概况】2022年，鹤山市社保局全面贯彻党的二十大精神，深入贯彻习近平总书记对广东系列重要讲话和重要指示精神，践行以人民为中心的发展思想，坚持稳中求进工作总基调，以全面加强党的建设为统领，高质量统筹疫情防控和社保经办工作，落实稳住经济一揽子政策措施助企纾困，扎实开展社保基金管理提升年行动，全面有序落实各项社保改革任务，积极推进医保体制改革，社保经办管理服务全面提升。

2022年，全市有19.72万人参加城镇职工养老保险，参加失业保险、工伤保险、职工基本医疗保险、生育保险分别有13.96万人、14.89万人、21.53万人、15.98万人。参加城乡居民基本医疗保险23.28万人，参加城乡养老保险14.95万人。各项社会保险目标任务均超额完成江门市政府下达的考核任务。强化社会保险基金安全，各项基金运作平稳，及时足额发放各项社会保险待遇，社会化发放率达到100%。积极落实社保费缓缴政策，企业享受阶段性缓缴社保费1380.92万元。

【养老保险】 至2022年底，全市19.72万人参加城镇职工养老保险，其中企业参保18.40万人，机关、事业单位参保1.33万人。企业养老保险实际缴费14.24万人，比2021年增加1108人。全年新增退休人员2904人，年末离退休人员3.61万人，其中机关、事业单位4193人，企业3.19万人。2022年企业离退休人员人均养老金每月2421.30元，比上年增加108.02元。企业养老保险基金历年结余34.86亿元。

2022年，全市企业职工养老保险单位缴费费率14%。

【失业保险】 2022年参加失业保险13.96万人，首次申领失业保险待遇3978人。2022年度，失业保险金发放标准为每月1548元。2022年继续实行浮动费率，基准缴费费率用人单位为0.8%，个人缴费费率为0.2%。

充分发挥失业保险民生保障作用，助力纾困解难，累计发放待遇1.30亿元，其中失业保险金待遇4065.77万元，失业补助金待遇710.21万元，技能提升补贴865.61万元，一次性留工补助5922.84万元，稳岗补贴1317.21万元，一次性扩岗补助110.7万元。

【工伤保险】 2022年参加工伤保险14.89万人，2022年办理工伤保险待遇1344人，支付待遇6127万元。

2022年1—12月，鹤山市用人单位以本单位职工工资总额为基数缴纳工伤保险费，缴费费率按用人单位的行业风险类别计算。基准费率分为八类，由低到高分别为各用人单位职工工资总额的0.2%、0.4%、0.6%、0.8%、0.9%、1.0%、1.2%、1.4%。按照国家和省的部署，2022年1月至4月在工伤保险行业基准费率和费率浮动办法的基础上，全市各用人单位的工伤保险缴费费率统一阶段性下调50%。2022年5—12月，全市各用人单位的工伤保险缴费费率统一阶段性下调20%。

【医疗保险（含生育）】 2022年参加医疗保险44.81万人。其中，参加职工基本医疗保险21.53万人，住院2.06万人次，医保基金支付的住院费占住院总费用71.54%，支出2.46亿元。参加城乡居民基本医疗保险23.28万人，住院3.25万人次，医保基金支付的住院费1.76亿元。全年享受职工基本医疗保险门诊特定病种待遇19.37万人次，享受城乡居民基本医疗保险门诊特定病种待遇23.18万人次。

2022年，全市职工基本医疗保险（含生育）用人单位缴费费率6.0%。

2022年6月起，持续开展鹤山市职工医保退休人员一次性

2022年3月7日，鹤山市社保局局长黄艳华在江门市妇联纪念三八国际妇女节112周年活动暨家庭教育指导服务中心揭牌仪式上，接受广东省“巾帼文明岗”颁牌

缴费专场活动，共派出党员义工、巾帼志愿者、青年义工共150多人参与本次活动。截至2022年12月，登记一次性缴费并开具缴费托收单2.50万人，完成清缴2.47万人，征收趸缴金额约4.13亿元。

【基金管理】 社会保险基金严格执行收支两条线，社保费由地税代缴征收，全部纳入财政专户。2022年收缴社会保险费31.33亿元，全年各项社保基金总收入（含利息、转移收入等）48.07亿元，支出42.65亿元，当年收支结余5.42亿元，历年各项基金累计结余55.17亿元。

附：市社会保险基金管理局正副局长名录

局　长：黄艳华（女）

副局长：

林伟忠（—2022年4月）

李敏桢（女）

张永煌（2022年8月—）

（林绮婷）

2022年6月14日，召开应对医保政策调整协调会

医疗保障

【概况】 2022年，市医疗保障局始终坚持以习近平新时代中国特色社会主义思想为指导，紧紧围绕市委市政府2022年重点工作任务，立足群众在医保领域"急难愁盼"问题，主动担当作为、深化改革创新，有序推进疫情防控及医疗保障的各项工作。

【基金运行】 2022年参加医疗保险45万人，其中参加职工基本医疗保险22万人，参加城乡居民基本医疗保险23万人。职工医保（含生育保险）基金收入11.28亿元，支出6.25亿元，历年累计结余15.08亿元，可支付月数29个月。居民医保基金收入2.38亿元，支出2.41亿元，历年累计结余8252万元，可支付月数4个月。医疗救助基金收入585万元，支出780万元，历年累计结余0万元。

【疫情防控】 落实核酸检测费用下调政策，降低常态化核酸检测成本和群众负担。支持慢性病"长处方"政策。缓缴2022年7—9月的职工基本医疗保险和生育保险单位缴费。预付"应检尽检"人员和大规模核酸检测费用2245万元。

【医疗保障待遇】 职工医保普通门诊基层定点医疗机构年度最高支付限额提高至960元，支付比例提高至75%，非基层定点医疗机构年度最高支付限额提高至840元，支付比例提高至60%；居民医保普通门诊支付比例提高至75%。

【医疗救助】 持续完善特殊困难人员家庭认定办法，资助特困供养对象、低保对象、低收入家庭成员等6548名困难居民参加城乡居民基本医疗保险，资助参保金额共246万元。成功认定鹤山市特殊困难人员家庭9户（31人），资助参保费用0.94万元。全市困难群众住院和门诊3.32万人次，享受医疗救助待遇783万元。受理11名因病致贫重病患者医疗救助申请，享受医疗救助（含二次医疗救助）待遇66.46万元。

【打击欺诈骗保】 依托"日常巡查+专项检查+飞行检查+抽查复查"综合监管方式，严厉打击"三假"等欺诈骗保行为。开展与其他市区的交叉检查、"双随机"检查，联合市社保局开展打击欺诈骗保专项治理行动，利用监管系统筛查可疑数据并复核。共检查定点医药机构246家次，完成100%监管全覆盖任务，查处违规医药机构98家次，扣违规金额11.46万元。

【集中带量采购】 推进药品和医用耗材集中带量采购，2022年节省采购资金约5135万元，第一、二、三批及第一批续约中选药品结余留用给医疗机构共1103.90万元。

【谈判药品“双通道”试点】 推动医保谈判药品“双通道”试点，出台《鹤山市国家医保谈判药品“双通道”试点工作方案》，已通过遴选方式确定2家试点医院和2家试点药店。

【医保支付方式改革】 完善按病种分值付费工作。2022年基本医疗保险病种已扩展到9658个，基层病种695个，中医住院病种48个，中医基层病种9个。

【医保政策重大调整】 通过快速响应、统筹联动、筛查数据、精准宣传、定期研判等措施，妥善应对退休职工一次性缴费高峰和处理退役军人的兵龄视同及缴费问题，推动《广东省基本医疗保险关系省内转移接续暂行办法》政策平稳落地。截至12月，已登记一次性缴费并开具缴费托收单2.50万人（含机关事业单位和退役军人），已经完成清缴2.47万人，未清缴247人，征收趸缴金额约4.13亿元，清缴完成率99.01%，清缴完成率排在江门市四市三区的前列。

【经办机构建设】 高标准建成面积448平方米，设备设施完善的经办服务大厅。制定《鹤山市基本医疗保险经办业务交接工作方案》，梳理医保待遇、医保关系、财务、信息稽核、综合共5大方面134项移交清单。

【医保便民服务】 通过“线上+线下”形式开展医保政策宣传，加大医保政策社会宣传力度。共印制医保宣传单张30多万份，通过鹤山电台播出“叹早茶”医保政策广播剧场节目49期。开发“易参保系统”，实现学生参保一键查询确认，全程线上办理。

附：市医疗保障局正副局长名录

局　长：吴小清（女）

副局长：黄顺林

肖上文

（冯晓婷）

人力资源 劳动管理

人事管理

【概况】 2022年，鹤山市人力资源和社会保障局坚持以习近平新时代中国特色社会主义思想为指导，在市委市政府的正确领导下，全力开展稳就业、保用工、引人才、促发展等服务行动，扎实推进人社各项工作。

【人才资源开发】 主动搭建供需对接平台，创新开展“鹤山e就业”、直播带岗和线下专场招聘以及省级劳务协作等方式保障企业用工。2022年，共组织160多家次企业为高校毕业生、外地务工人员等重点群体提供5800多个岗位，其中达成就业意向的1200多人次。安全有序举办了各类事业单位招聘考试，选拔聘用了4名副高以上职称医学高层次人才；聘用教师365名，其他事业单位公共岗位招聘56名。

【人才队伍建设】 健全人才政策体系，出台《鹤山市柔性引才暂行办法》和《鹤山市“鹤才伯乐”社会化引才激励办法》，编制了《鹤山市急需紧缺产业人才目录（2022—2023年度）》，为鹤山经济社会发展各领域引进急需紧缺人才。今年以来，新增高层次人才78人，新增急需紧缺博士人才5人、专业技术人才905人、高技能人才1619人。新增全国技术能手1人、江门市首席技师2人、“侨都十大工匠”2人、“侨都百优工匠”11人。累计兑现发放各类人才补贴1363.08万元，惠及2270人次。启动“中欧合作高层次人才引进工程”，引进有欧洲国家、欧资企业工作经历或欧洲国家留学经历人才8人，为中欧合作引才赋能。推进人才发展平台建设。广东世运电路科技股份有限公司、腾泰皮革有限公司、鹤山市新的生物制品有限公司等4家企业获批为广东省博士工作站、广东省博士后创新实践基地，累计建成博士、博士后平台11个。全面优化升级人才服务，高标准建设鹤山市人才驿站（一站式服务专区），组建“人才服务专员”队伍，推广“鹤才卡”综合服务，共惠及1103人次。

2022年6月24日，鹤山市人才服务专员队伍正式建立

【各项社保待遇兑现情况】 各项社保待遇稳步提升。企业退休人员月人均养老金由2313.28元提高至2421.3元。发放失业保险金3192.20万元，惠及失业人员17 831人次；发放失业补助金727.35万元，惠及失业人员18 020人次。

【事业单位人员管理】 稳步实施事业单位管理岗位职员等级晋升制度改革。已开展首批事业单位管理岗位职员等级的晋升工作，涉及52个事业单位晋升管理岗位八级职员64人，基本完成首批晋升。

【职称资格评审】 积极推动“广东技工”与产业融合发展，累计培育了23家技能等级认定机构、4家江门市技能大师工作室，新增取得职业资格证书或职业技能等级证书3911人，其中雅图高新材料股份有限公司获得省级社会培训评价组织资格，是江门市唯一一家获得该项资格的企业。加强“粤菜师傅”和“南粤家政”工程培训力度。2022年新增粤菜师傅专项职业能力考场1家，参加粤菜师傅培训158

人次，参加各类家政培训901人次，培育了2家企业成为江门市“南粤家政”基层服务示范站。

劳动管理

【概况】 2022年，鹤山市人力资源和社会保障局创新举措、主动作为，通过创新工作服务体系、打造江门市首批金牌调解组织、推出劳动人事争议调解新模式等，积极构建和谐劳动关系，健全社会保障体系，不断提升公共服务水平。

【就业再就业】 精准帮扶重点群体就业，对高校毕业生、退役军人、就业困难群体开展“一对一”就业帮扶。2022年城镇新增就业6062人，促进城镇失业人员再就业3913人，帮扶就业困难人员就业297人，扶持创业513人，城镇登记失业率为2.38%，控制在3%以下。

【劳动维权和信访工作】 积极打造“一站式”劳动关系综合服务中心（劳动关系超市），实行劳动纠纷咨询、投诉、调解、立案“一窗受理”，形成劳动监察、争议仲裁和信访维权“2+1”三位一体工作服务体系。依托市维稳处置中心平台，严格落实“马上办”处置机制，有力化解劳动关系争议。2022年共处理劳资纠纷案件159宗，涉及劳动者1859人，涉及金额约6697.06万元，均已办结支付到位。收到12345政府服务热线事项2393宗，均已办结。共作出行政处罚5宗，向市公安局移送涉嫌拒不支付劳动报酬案件10宗。受理工伤认定申请1607件，作出工伤认定1473件。共收到劳动人事争议案件1056宗，立案受理787宗，已审理结案769宗，结案率97.71%，调解率76.52%。

【劳动关系协调与管理】 成功打造鹤山市首个产业园区劳动争议金牌调解组织——中欧（江门）中小企业国际合作区劳动关系联处中心（被评为江门市金牌劳动人事争议调解组织）。构建“一站式、多元化”的劳动争议解决平台，推行“矛盾不出企、纠纷不出园、案件不出区”的劳动纠纷源头预防机制。联合人社、法院、工会成立了中欧合作区劳动争议调裁审对接工作室。率先打造“全程云在线”的线上调解模式，推广“粤省事”劳动争议小程序和线上庭审。线上处理劳动人事争议调解案件达943宗。建设“和对讲”云端执法平台和“一键易”移动端在线维权平台，进一步强化市镇两级执法联动，让群众足不出户、指尖维权。

【职业培训】 2022年，发放各类技能人才培育补贴479.605万元。其中，省职业技能提升补贴58.58万元，惠及509人次。省专项职业能力考核补贴2.1万元，惠及1家企业。江门市高技能人才培育资助项目补贴20.3万元，惠及14人次。江门市“侨都工匠”补贴14万元，惠及12人。鹤山市企业高技能人才养老保险补贴11.575万元，惠及105人次。鹤山市职业技能等级认定机构补贴、认定补贴373.05万元，惠及25家企业。

【社会保险】 2022年，全市有15.2万人参加城镇职工养老保险，参加失业保险、工伤保险、基本医疗保险一档和二档、生育保险分别有13.96万人、14.89万人、44.81万人、15.98万人。参加基本医疗保险一档有23.28万人，参加城乡养老保险有14.95万人。全年各项社保基金总收入（含利息、转移收入等）48.07亿元，支出42.65亿元，当年收支结余5.42亿元，历年各项基金累计结余55.17亿元。

附：市人力资源和社会保障局正副局长名录

局　长： 陈自力

副局长： 梁佩源（女）

黄泽中

吴东明

（吕铭君）

2022年6月21日，江门市首个工业园区劳动争议调解组织——中欧合作区劳动关系联处中心在鹤山工业城（共和镇）挂牌成立

民族 宗教

民族工作

【**概况**】 2022年，全市有少数民族27个，少数民族人口33 292人，约占全市总人口6.27%。

【**做好民族工作，铸牢中华民族共同体意识**】 深入开展民族团结进步创建“六进”工作。扎实开展全市民族团结进步创建活动。鹤山市沙坪街道第七小学被确定为争创省级民族团结创建示范单位；鹤山市桃源镇桃源小学、广东世运电路科技股份有限公司被确定为争创市级民族团结创建示范单位。通过各种活动促进民族团结进步，让宣传活动贴近群众，深入人心。

在少数民族的传统节日加强民族政策宣传，了解少数民族的思想、生活情况，对少数民族群众的宗教生活进行引导管理，坚定不移走中国特色解决民族问题的正确道路，掌握好群众的动态，发现矛盾及时化解。

圆满完成广东省少数民族传统体育运动会的组织工作。按照江门市统一部署，联合组织少数民族运动员参加高脚竞速项目，并取得男子4×100米二等奖、女子4×100米三等奖的好成绩，充分展示全市少数民族积极向上的精神风貌。

宗教工作

【**概况**】 2022年，全市信教群众约3470人，含佛教、天主教和基督教信教群众。共有2个宗教团体，6处登记开放的宗教活动场所。

【**完善“三级网络”信息收集系统**】 进一步完善宗教工作“三级网络”信息收集系统及部门联动工作机制，坚决打击非法宗教活动。通过全市维护国家政治安全平台，市委统战部与政法委、公安等部门建立工作联络沟通机制，互通情报和形势研判，齐抓共管，强化联合行动，依法打击非法宗教活动，防范和抵御境外宗教渗透。进一步完善10个镇（街）全覆盖集信息收集、筛选、分析、研判、处理于一体的宗教工作“三级网络”信息收集系统，全面提升全市宗教管理能力和服务水平，有效抵御和防范境外势力利用非法宗教进行渗透。

【**持续深化全市平安宗教活动场所的综合管理**】 落实上级对宗教团体崇俭戒奢的倡导，要求宗教团体坚持宗教中国化方向，积极引导宗教与社会主义社会相适应。大力整顿教职人员队伍，规范、完善财务制度、人员管理制度，全面整治宗教活动场所的环境。加强防火、防汛安全管理工作，定期开展消防安全自查和巡查工作，发现问题及时整改，及时消除安全隐患，做到常抓不懈。2022年，民宗部门累计开展宗教活动场所（含民间信仰场所）巡查134次，通过落实各项措施，全市宗教活动场所及民间信仰场所未发生疫情和安全风险事故。

【**压实宗教场所防疫工作**】 落实教职人员、内部工作人员每日上报健康管理、核酸检测等信息，严格执行重点人员“应检尽检”要求，落实疫情防控日常检查，筑牢群防群控防线，确保宗教领域零输入、零感染。

附：市民族宗教事务局局长名录

局　长：

吴锡遐（—2022年9月）

刘敬通（2022年9月—）

（麦雪芳）

光荣榜

鹤山年鉴 2023

国家、省级先进个人简介

张海疆

张海疆，现任鹤山法院党组书记、院长、审判委员会委员，四级高级法官。从事审判岗位工作近26年，始终不忘初心，忠诚履职，担当作为、开拓创新，工作实绩突出，群众满意度高。曾立个人一等功，获评为2021年度“平安之星”、全国优秀法官、广东省“依法治省”先进个人、广东省三八红旗手，获广东省“我为法治代言”新闻发言人一等奖等多项荣誉。2021年担任鹤山法院院长以来，鹤山法院各项工作取得了新突破，多项核心指标位居全江门法院第一，一站式多元解纷和诉讼服务体系建设质效评估得分全国第一。

●张海疆（中）

坚定理想信念，锤炼锻造忠诚担当政治品格。认真学习贯彻习近平新时代中国特色社会主义思想，牢固树立四个意识，坚定四个自信，做到两个维护，始终保持思想上的先进性，工作上的主动性、创造性和实效性。以党建抓队建促审判取得明显成效，获得最高法院充分肯定，作为广东法院唯一代表在全国党建工作会议、最高法院党建工作会议上介绍江门法院创新经验。鹤山法院党建项目获江门市机关工作创新大赛优胜奖。党龄27年，面对新形势和新任务需要，招之能来，来之能战，坚定不移听党话跟党走。

依法公正审判，用心用情践行司法为民宗旨。爱岗敬业、求真务实、敢于担当，践行司法为民取得实效。审理了大量重大疑难复杂案件，主审的案件获评为广东省优秀庭审和优秀案件。审理的饲养动物损害责任纠纷案入选最高法院公报，是江门首个入选最高法院公报的案例，并因此她接受了央视专访。土地行政处罚案入选广东省十大产权保护案例。负责江门市行政案件集中管辖工作形成的“巡回审判+”的行政审判“江海模式”被全国法院推广，多项工作成为全国“首次”，受到全国人大代表高度评价和肯定。推进知识产权审判改革创新，推动设立广州知识产权法院江门诉讼服务处，构建“1+1+N”的知识产权保护新格局，受到广东省政法委表扬。

锐意创新进取，积极作为服务高质量发展。主动融入党委领导的基层社会治理，推动构建鹤山市多元解纷机制，打造“法院机关+人民法庭+属地镇街”解纷新模式，在村镇社区等社会治理“神经末梢”设立解纷站点32个，处理民事案件11 246件，化解成功率近60%，诉源治理取得实效。“多元解纷终点站”获评为2022年度江门法院十大工作品牌优秀等次。在中欧合作区设立巡回法庭、司法服务站（法官联络点），由鹤山法院与市人社局、市总工会共同设立的“中欧（江门）中小企业国际合作区劳动关系联处中心”入选全国“百家金牌劳动人事争议调解组织”。该中心共接待来访群众超8500人次，调处劳动争议案件1081件，化解成功1075件。从源头上预防化解近千起同类纠纷，有力推动“园区再造”。服务保障青年创业发展，健全诉讼主体甄别、商事主体信用信息管理、失信被执行人信用修复等机制。已开展信用修复890人次，向青年创业者提供失信商事主体信息共享和查询服务1686件次，避免经济损失240余万元。设立“易侨e法庭”解纷驿站，助力“侨都赋能”，为侨胞投资创业、侨企生产经营提供法律指引，助力鹤山打造一流营商环境。

发挥示范引领，扎实筑牢妇女儿童权益保护屏障。审理了大量妇女儿童权益保护案件，涉出嫁女司法建议被评为广东省优秀司法建议，多篇论文案例获得省、市、区奖项。成功创建“张海疆广东省三八红旗工作室”，首创“红旗法庭”解纷驿站，成立“红旗护‘未’队”，打造“今天她值班”法官服务站，开辟妇儿权益保护绿色通道。发出家庭教育指导令、人身安全保护令，发布家事审判白皮书，推动家事纠纷实质性化解。筑牢维护妇女儿童权益保护屏障，推进文明家风建设，助力市域社会治理现代化。“鹤山市政法巾帼园地”在鹤山法院成立，工作室辐射带动作用进一步强化。全省三八红旗工作室推进会在鹤山法院举行，并现场推介经验。开展法治宣传教育活动110余场，服务群众2万余人次。疫情期间冲锋在前，组织女干警志愿服务128场超3800小时。在张海疆带领下，鹤山法院团结奋进，各项指标位居全市法院前列，获得国家、省、市（县）级荣誉44项。

关杰初

关杰初，男，1968年生，香港乡贤，祖籍佛山市南海区，鹤山市源林投资（广东）有限公司董事长。身为企业家，关杰初心系南粤、乐善好施播撒大爱，一颗善心始终向阳。2022年被中国红十字会授予“中国红十字奉献奖章”。

●关杰初

关杰初的创业道路从卖猪肉起步，而乡亲们的帮助和信任锤炼了他乐善好施的精神品质。创业成功后，他不忘初心，始终投身慈善公益事业，挑起一名企业家的社会责任与担当。2021年，关杰初累计向鹤山慈善机构捐赠3255万元，受惠群众达3万多人次，创下了自2005年鹤山市慈善会成立以来个人累计捐款的最高纪录。

心系群众、关爱生命的慈善家　2020年初，疫情防控的关键时期，关杰初获悉鹤山市疫情防控的捐赠倡议后，第一时间捐资200万元支持鹤山市疫情防控工作。2021年，得知鹤山市红十字会设有“守护生命（AED）”项目后，关杰初定向捐资100万元支持该项目。鹤山市红十字会用该善款采购了30台AED，于2021年4月16日投放到该市人员密集的公共场所，成为全省首个大批量投放的县级市。

情系教育、关爱儿童的慈善家　十年树木，百年树人。关杰初深知教育的重要，先后捐资500万元支持鹤山市龙口镇、共和镇、址山镇、宅梧镇等建设教育基础设施：捐资168.72万元支持鹤山一中建设教学楼、学生宿舍楼；捐资88万元用于鹤山一中奖教奖学等。疫情期间，得知鹤山市困难学生没有电脑设备无法居家学习时，他立马购置333套平板电脑无偿捐赠给孩子们，让他们安心学习。

心系桑梓、情怀故里的慈善家　在他的家乡佛山南海，关杰初的名字乡亲们耳熟能详。这与他的善举密不可分。如他为南海九江镇捐资近1亿元用于乡村振兴；向南海区第九人民医院捐赠400万元；捐赠150万元用于九江医院购置两辆新型救护车及车载急救设备；向九江医院捐赠价值600万元的64排螺旋CT设备等。

关杰初还获得广东乡村振兴先进个人、广东扶贫济困红棉杯金奖等荣誉称号。

李建昀

李建昀，生于1985年1月，海南文昌人，中共党员。2013年9月参加公安工作。他是同事们眼中的拼命三郎，凭着刻苦训练，先后在全市特警专业大比武和全省警用无人机练兵比武活动中，获得个人奖项。他像“螺丝钉”一样无私奉献，6年间，他参与处置各类突发性事件60余起，解救、转移受灾受困群众100余人。像“急先锋”一样总是冲在工作和需要的一线。连续作战、主动请缨参与一场打私缉查行动，在该行动中，他遭遇走私快艇拒捕冲撞，被螺旋桨击中，不幸截肢致残。即使因公截肢身残，但他也不改从警初心，努力做康复，矢志不渝继续为热爱的警察事业奋斗。他先后获得全国人民满意的公务员、全国特级优秀人民警察等称号，先后荣立个人一等功，被评为全国公安机关庆祝建党100周年安保维稳工作成绩突出个人，荣获全省最美基层民警称号。

深耕基层，乐于奉献　2013年参加公安工作以来，李建昀先后在巡警、特警、基层派出所工作。同事们形容李建昀就像公安队伍里一颗敬业的“螺丝钉”，总是默默无闻，但在关键的时候、在最艰险的地方，他总是勇于顶上去，不畏艰险，忠诚履职。入警之初，恰逢鹤山市公安局特警中队成立，因身体素质出色，李建昀被安排到特警中队，成为鹤山特警中队“元老”。这在非警校科班出身的李建昀看来，是一种肯定、一种荣耀。特警的高强度训练非常辛苦，往往一天下来全身散架般疼痛，但他通过比别人多一份的刻苦努力，不但坚持了下来，还成为中队不可多得的技术型人才，为鹤山特警的装备及人才队伍的发展壮大作出了卓越的贡献。公安特警经常要处置各种突发性急、难、险、重事件，面对的是诸如精神病、吸毒分子持刀、用煤气罐劫持人质，以及抢险救灾等危急和突发警情，稍有不慎，极有可能导致伤亡，但每一次他都毫不犹豫冲在最前面。每当有人问他害怕吗？他总说：“职责所在，关键时刻必须要冲上去，这也是我们特警必须要有的精神。”

●李建昀

2018年的高考，恰遇台风暴雨天气，因道路被淹，一名考生报警寻求帮助。接警后的李建昀与同事前往处置，面对没过大腿根的深水，驾车的同事有点担心：车子能过得去吗？在水中指挥交通的交警都劝他们掉头，说前面很危险，不要再往前了。李建昀急了：“一定要过去，不然会耽误考生考试！这段路我熟悉，让我来试试。”凭着过硬的驾驶技术和沉着冷静的心理素质，李建昀一边凭记忆仔细回忆深水下的路况，一边驾驶着车在水中慢慢曲折前行，直到顺利接到焦急等待中的考生，大家才松一口气，都向他竖起了大拇指。

2020年12月，他转岗到鹤山市公安局古劳派出所成为一名基层派出所民警。为了尽快适应岗位，他几乎把全部时间放在工作上，一面虚心学习请教、熟悉业务，一面发挥自身优势，主动组织所里的民警、辅警传授警务实战技能。短短半年，李建昀就成为所里的业务骨干，成功侦破一批具有影响力的重大案件。

磨砺本领，担当有为　沉稳内敛、喜欢钻研的李建昀有一股韧劲，这股韧劲使他面对任何挑战都勇于担当，这股韧劲使他面对任何困难都从不退缩，这股韧劲使他一次次出色完成任务。通过勤学苦练，用心钻研器械装备，他由“门外汉”转变为特警中队的“技术担当”，破门器、液压剪、防暴车、无人机、铁骑警摩……现在鹤山特警的每一样装备从无到有，从不会使用到精通熟练，从采购到日常维护，都有他付出的辛勤血汗。通过自学研究，辛苦磨炼，他敢于接手新组建的骑警队伍，为做好全国第一个人民警察节经营开放日活动上的铁骑队形巡演，他独自钻研，带领新建的骑警队伍磨炼一个月，最终成就专业骑警。2016年7月，他参加江门市公安机关“三大活动”特警专业大比武夺得个人手枪近距离快准射击第三名。2019年6月，江门公安特警专项培训中，他因表现突出获得“优秀学员”称号。2019年11月，因中队长外出参加集训，李建昀主动代替参加全省青年文明号验收评比汇报，顶着巨大压力反复准备文稿、PPT，最终不辱使命，为特警中队荣获“全省青年文明号”作出突出贡献。2020年7月，李建昀代表江门市公安局参加全省警用无人机练兵比武，获得个人三等奖。2021年上半年，他由一起非法买卖银行卡的案件线索入手，加班加点苦心钻研，不辞劳苦对十几万条海量数据逐一进行比对，利用逆向思维分析研判，破获1宗信息网络犯罪案件，先后扩线抓获12名犯罪嫌疑人，涉案流水5亿多元。他利用无人机的优势，破解因地形限制造成的侦查难题，成功端掉辖区一个赌博窝点，一举抓获10名赌博人员。

打私作战，英勇负伤　“我是个新人，希望可以多参加一些行动锻炼自己的能力。”2021年7月3日上午9时许，当天是李建昀在参与一级勤务连续值班备勤结束后的第一个休息日，在下班回家的路上接到单位的行动指令，李建昀不顾通宵办案没怎么休息，立即返回。13时许，参与行动的3艘执法侦查艇从不同方向向涉走私“大飞”（私自改装的高速走私快艇）合围。李建昀和前几次一样，手持防暴枪站在一艘执法侦查艇的前端。接近目标后，执法艇第一时间依法表明身份，要求涉走私“大飞”配合检查。目标船艇不但拒不配合，反而加速分散逃离，其中1艘往江门方向，2艘往肇庆方向逃窜。李建昀所在执法艇紧紧咬住往江门方向逃窜的1艘“大飞”。其间，李建昀多次依法鸣枪示警。然而逃窜船艇蛇形行驶抗拒抓捕，意图造起大浪阻碍执法艇前进，行为性质极其恶劣、嚣张。眼见无法甩掉执法艇，逃窜船艇调转方向冲撞执法艇，李建昀等2名民警被冲击力抛落入水，李建昀不幸被螺旋桨击中，导致左上肢、左下肢撕裂伤，多处开放性骨折，最后不幸被迫截肢。虽然如此，但李建昀从警初心不改，乐观开朗的他说：“我还年轻，我要在一线继续奋战，不就是缺一条腿嘛！装上假肢还能继续从事我热爱的警察事业。”

热血忠诚，身残无悔　李建昀同志舍小家顾大家，常年与远在海南的家人分隔两地，把对亲人、对家庭的思念和爱深埋在心底，长年累月无怨无悔地坚守在工作岗位上。他以对党和人民的赤胆忠诚，对警察神圣职业的无比热爱和满腔热血，绘就了辖区的平安色，用实际行动践行了“人民警察为人民”的铮铮誓言。

赵德光

赵德光，广东省鹤山市畅域花木超市经理，鹤山市政协委员。自2017年受聘为江门鹤山市民间河长后，赵德光积极主动作为，认真履职尽责，努力发动群众参与河湖治理工作，以实际行动爱河、巡河、护河，成为江门市民间河长的一面旗帜。赵德光巡河护河的事迹先后被新华社、南方日报等20多家中央、省内主流媒体宣传报道，2019年被评为“广东十大最美民间河长”。2021年参与水利部等单位共同主办的第三届“守护美丽河湖——共建共享幸福河湖”全国短视频公益大赛，并荣获综合奖（个人组）一等奖。2022年被水利部、全国总工会、全国妇联授予“最美民间河湖卫士”荣誉称号。

自费设立民间河长工作室，甘做找回记忆中河流的“痴汉”　“我是土生土长的鹤山人，对家乡水特别有感情，看到政府聘请民间河长的公告后，马上去报名，希望能为家乡水环境的恢复贡献自己的一份力量。”作为鹤山市政协委员的赵德光，面对家乡水环境日益恶化的困境，他以一腔饱满的热忱，主动投身鹤山市治水事业。他自行筹资近20万元，在桃源河河滨公园处设立民间河长工作室，作为民间河长队伍工作的“大本营”和“联络站”。不断完善设施设备，购置了无人机，利用先进科技手段进行巡河；购买水质检测仪、底栖动物监测工具等设施设备，自费安装了河道视频监控设施，利用手机App查看河道的实时情况；设置LED屏幕，专门用于播放河长制公益宣传片和普及河湖管护知识。此外，为了更加规范工作、履行职责，赵德光结合自己的工作经验，专门研究制定了民间河长工作制度，规范工作流程。面对他自掏腰包的行为，身边不少人提出质疑和不解，但他全心投入，不计酬劳，不图名利，只为尽己所能寻回记忆中的“母亲河”。

●赵德光

认真学习管河护水专业知识，勇做追寻治水诀窍的“学童”　赵德光为了更加科学、专业地治水护河，先后自费前往哈尔滨理工大学、浙江丽水等地参观学习河道保洁、污水处理等专业知识，并取得了污水处理工程师五级资质。了解到先进地区采用底栖动物监测的方法评价河流健康程度，赵德光购买相关书籍、报读线上课程，采取学习与实践并驾齐驱的方式，在鹤山流域开展河流健康评价。其团队首创的“底栖动物与水质关系监测关系”项目入选江门市义工联志愿者服务大赛重点培养项目。同时，他还经常利用闲暇时间多次带领民间志愿者与广州、深圳等地的民间河长交流经验分享心得，共同开展护河活动，不断提升管河护水的能力。2018年3月，广州新生活环保促进会、深圳市绿源环保志愿者协会和广州、深圳的民间河长代表到鹤山市桃源镇参观交流河

长制工作情况，并进行了以“珠江水联合行动”为主题的交流活动。2018年4月，他参加了广州新生活环保组织的巡河活动，实地体验了广州河长的巡河工作；参加了以“为河奔跑·开启‘水密码’”为主题的2018年广州河流定向活动。2019年，赴贵阳市参加了广东省千禾社区公益基金会和贵州黔仁生态公益发展中心举办的水源保护年会。2022年上半年，通过网络与各地河长进行经验总结和分享，学习相关知识，并将从各地学习的先进治水经验及时向河长办反馈，为鹤山市水环境治理开拓了新思路。

全方位多渠道巡河护水，敢做河湖监督管理的“千里眼” 赵德光坚持每天早上巡河后才上班。他通常采取走路和骑电动车的方式巡河，观察河流和河道两岸的情况，看是否有偷排污水、河面漂浮垃圾量、拦截网垃圾量等情况。在草木密集、遮挡视线或者不方便观察的地方，赵德光经常借助无人机等科技手段深入边缘角落进行巡河。其他时间，赵德光会通过河道视频监控和利用手机App对河道实施全天候24小时监控，实现河道管理的全覆盖。在巡河的同时，赵德光还自费设置河道拦截网或组织人员、钩机打捞垃圾，发现无法自行处理的问题及时上报河长办。上报问题后，他坚持定期跟进，不解决不罢休。比如，赵德光曾在巡河过程中发现桃源河异常排放污水，他立即顺着污水的流向追踪6公里找到偷排污水的化工厂并将情况上报镇政府，遏制了这一工厂的偷排行为。另一次，他巡河发现河道有油污漂浮，散发刺鼻柴油味，于是马上向镇政府汇报。镇政府联合环保、公安等部门在一天内完成了溯源、检测工作，追查到一辆货车数次向河涌排放油污，并随即进行处理，有效堵住了污染源。

大力开展宣传发动，争做爱河护水的“领路人” 为加大河长制宣传，赵德光还创建了民间河长科普室，购置大批与水资源相关的科普仪器、图册，建立河长制民间宣传基地，吸引了大批学生参观学习。2018年6月，他自发在民间河长办公室举办了“大手牵小手，共爱桃源河”的保护桃源河主题活动，吸引学生、家长约60人参加。他带领参加活动的小朋友们进行“水的魔法”实验，让小朋友们通过动手实验观察了水的三种形态转变，学习了日常生活污水过滤处理的基本原理。同时，他带领学生和家长开展“你捡我收”的河道保洁活动，激发小朋友爱水护水的兴趣与责任感。此外，赵德光作为桃源平安一生义工队的一员，成为民间河长后，他定期组织护河护水宣传活动，发动其他队员参加保护桃源河的活动。在他的影响和带动下，近百名群众、多个志愿者团队加入到护河的队伍，大批热心企业、团体、群众向民间河长工作室捐赠巡河护河物资，主动关心、支持、参与河长制工作，真正做到民间河长来自民间、发动民间、服务民间。

治水兴水任重道远，必须持续发力，久久为功。作为民间河长的中坚力量，赵德光爱水护水的脚步永不停歇。未来，他将继续探索推动“企业河长”制度深化，发动全市志愿公益团体开展护水治水，带领民间力量共同为家乡河湖管护添砖加瓦，为构建人水和谐的美丽鹤山持续注入自己的一份力量。

刘新华

刘新华，中共党员，鹤山市国机南联摩托车工业有限公司开发部主管、工业设计高级技师、工业设计高级工程师。在鹤山土生土长的刘新华2003年于中职院校工业自动化仪表专业毕业后，加入鹤山国机南联摩托车工业有限公司，正式投身摩托车设计事业。

●刘新华

在获奖履历方面，刘新华已斩获“全国五一劳动奖章”“中国设计业十大杰出青年”等国家级奖项，也被评为“广东设计70人”“广东省十大优秀工业设计师”，还获得“广东省劳模和工匠人才创新工作室领衔人”“江门市高层次人才”“江门市高技能领军人才”“江门市侨都十大工匠”等荣誉称号。2022年，刘新华成功以工业设计高级技师技能贯通申报取得工业设计高级工程师职称。2022年底，他荣膺第十六届“全国技术能手”称号。

企业对摩托车的设计主要集中在外观和结构上。而整车自主研发则意味着摩托车全车所有的零件，包括车架、后平叉、空滤器、仪表、灯具、电喷系统等，都要由企业自主设计。刘新华和他的设计团队每天都在办公室、模型制作室、实验室和生产车间之间奔波。从绘制设计图制作模型到三维结构设计，从整车力学分析到车辆振动测试，从样件试制到实车长途测试，每一阶段刘新华都参与监督并测试。2018年，刘新华团队设计的金刚魔兽脱颖而出，获得“第九届省长杯”专项赛一等奖。

刘新华带领设计团队为公司全新设计了20多款自主创新车型，获得130多项外观专利和40多项结构专利，参与多项产业标准的制（修）定工作。参加国内设计大赛获得设计大奖20多个，设计的多个创新车型开拓了公司新的市场，远销欧洲及南美洲等60多个国家和地区。

设计、研发过程是一个不断挑战失败、挑战自我的过程。在设计新车型的摩托车车架时，刘新华遭遇不少挫折。在对车架进行高强度负重振动实验时，新设计的车架断了4次，直到第5次，团队对车架设计进行修改，车架才通过了负重振动实验测试。最终，设计的新车架也成功定型。“每次修改设计并进行震动实验测试，都要花费至少两个月时间。这需要设计研发人员耐心看待失败，改进设计和技术。”刘新华说。

设计创新需要注入年轻的血液。刘新华深耕设计的同时还高度重视团队年轻技术骨干的培养。2017年刘新华被评为“江门市技能名师工作室领衔名师”。他善于在一线岗位中发掘和培养技能人才，把自己所学所想传给团队一线人员，并带领团队在国内外各项比赛中取得好成绩，为中国摩托车工业人才队伍建设贡献力量。

文兆祺

文兆祺，男，1980年5月生，本科学历。2003年7月参加工作，现任鹤山市嘉米基光电科技有限公司研发部工程师。他工作积极认真，刻苦钻研，攻坚克难，为公司的生存与发展作出了突出贡献。2022年4月获广东省五一劳动奖章。

●文兆祺

全力支持公司发展，研发成果显著 文兆祺竭尽全力支持业务开展，在成像镜头与非成像照明光学设计方面共获得实用新型专利11项。他根据市场需求优化设计光学系统，制定产品开发路线，拟定产品开发目标参数，协助生产部门分析处理生产过程中出现的问题，积极与客户及供应商沟通提出解决方案。他设计了多款定焦及变焦成像镜头，多款LED聚光照明透镜被运用于专业舞台电脑灯。其设计优异，为公司产品在行业内抢占了高份额，市场占有率名列前茅。

重视提升团队素质，为公司培训技术骨干 文兆祺积极发挥带头作用，不吝所学，不断把新技术、新规范传授给部门同事，使他们及时了解国家及行业的新标准，有效提高了研发部员工的专业技能。他积极配合公司建立长效激励机制及培养制度。为促进部门员工能力提升，他有计划、有目的地开展一对一辅导培养，快速提高了研发队伍整体素质，增强了员工岗位实际操作技能，大大增强了公司的人才队伍实力。

邓少珍

邓少珍是广东隆鑫机车有限公司管理课的一名女职工。现任管理课副课长、工会劳动争议调解委员。自入职以来，她一直踏踏实实工作，从不计较个人得失，想方设法克服自身困难，认真做好本职工作，同时在开展工会工作时也尽心尽力。2022年3月，她被省总工会评为广东省先进女职工。

邓少珍热衷工会工作，对一线女工所盼、所思、所想有深切了解。她认为，开展女工工作，首先要从女工的工作、学习和生活抓起，从自身做起。她对自己提出“完成任务走在前，遇到困难走在前，好人好事做在前，思想工作做在前，业绩目标干在前”的要求，充分发挥带头作用。

●邓少珍

公司于2017年成立，2019年3月建成正式投产。项目投资大，用工需求量大，要一次性解决近四百个岗位用人任务，时间紧，任务重。都知道招工难，邓少珍没有被困难打倒，本着迎难而上全力以赴的态度，在投产前期她和公司领导积极沟通，商量对策，通过与第三方劳务公司合作、公司发布广告、网络招聘等多渠道进行人才招聘。同时为达到效果最优以及日后队伍稳定，重点以招聘本地员工为主。她亲自跑人力市场，跑遍周边的村居，本着实事求是的态度，耐心宣讲用工及福利待遇、薪酬待遇，吸纳本地居民成为隆鑫一员。同时也给公司引进人才的员工奖励，让大家一起为公司投入自己的一份力量。经过公司全体干部、员工上下齐心协力，公司在2019年3月顺利开工，实现当地用工达到50%以上，有效稳定了用工需求，为公司当年实现产值8.6亿元提供了有力的人才保障。

同时，为吸引人才、留住人才，让企业更有向心力，她向公司建言献策，以提供更好的福利待遇及精神文化建设为抓手，在稳定员工的同时，为达到各方共赢的目标，邓少珍根据公司实际情况组织公司与外单位举行联谊篮球赛；关心员工身心健康，开展一年一次的体检活动；开展拔河比赛、羽毛球赛；亲自开班定期为女职工开展有益身心的舞蹈、瑜伽教学等活动，纠正员工体型，提高女职工的自信心和家庭和谐。所有这些，不仅吸引了职工的注意力，还增强了企业凝聚力，培养了职工团队观念，激发了职工的工作热情。

每年还组织职工进行技能大比拼比赛，既提升了员工的操作技能，又提升了团队顽强拼搏、积极向上的作风。在重大节日期间，她积极组织开展慰问走访困难员工，并为他们带去大米、清油、月饼、水果等用品。

为提高业务水平及工作能力，更高效地协调并解决劳动争议，她利用自己的业余时间努力学习，钻研业务，考取了国家仲裁员资格证。

一直以来，邓少珍处处以身作则，在业务上是一名好职工，任劳任怨，工作主动积极，做事能持之以恒，吃苦耐劳，团结同事，具有良好沟通及协调能力，有大局意识，为女工工作、工会工作作出了积极贡献。

先进集体名录

2022年获江门市以上表彰的先进集体

单位	荣誉称号	表彰部门	表彰时间
中欧（江门）中小企业国际合作区劳动关系联处中心	2022年度工作突出基层劳动人事争议调解组织	人力资源和社会保障部办公厅、中华全国总工会办公厅、中华全国工商业联合会办公厅、中国企业联合会办公室	2022
鹤山市水利局	2016-2020年全国普法工作先进单位	中央宣传部、司法部、全国普法办	2022.1
鹤山市文化广电旅游体育局文化市场综合执法队	全国基层文化市场综合执法队伍先进集体	中央宣传部、文化和旅游部、国家广播电视总局	2022.1
鹤山市雅图仕印刷有限公司	第九批全国民族团结进步示范区示范单位	国家民族委员会	2022.1
江门市生态环境局鹤山分局	2021年生态环境保护执法大练兵表现突出集体	生态环境部	2022.3
广东省鹤山雅图仕印刷有限公司团委	全国五四红旗团委	共青团中央	2022.4
鹤山市	全国中长期青年发展规划实施县级试点工作考核被评为“优秀”	共青团中央	2022.6
鹤山市工商业联合会	全国“五好”标杆县级工商联	中华全国工商业联合会	2022.7
鹤山雅图仕印刷有限公司	全国和谐劳动关系创建示范企业	中华人民共和国人力资源和社会保障部、中华全国总工会、中国企业联合会、中国企业家协会、中华全国工商业联合会	2022.9

续上表

单位	荣誉称号	表彰部门	表彰时间
鹤山市古劳镇	第十批中国华侨国际文化交流基地	中国侨联	2022.9
鹤山北湖公园户外劳动者爱心驿站	最美工会户外劳动者服务站点	全国总工会	2022.12
鹤山市科学技术协会、鹤山市科工商务局	鹤山电台系列科普节目《百科全说》被评为2022年全国科普日优秀活动	中国科协办公厅	2022.12
鹤山市新的社会阶层人士联合会（广东南大会计师事务所）	2021年中小企业志愿服务优秀工作站	工业和信息化部中小企业发展促进中心	2022.7
鹤山珠江村镇银行	全国百强村镇银行	中国村镇银行发展论坛组委会	2022.8
鹤山市委老干部局	全省老干部工作先进集体	中共广东省委组织部、中共广东省委老干部局、广东省人力资源和社会保障厅	2022.1
鹤山雅图仕印刷有限公司	省级非公团建示范组织	共青团广东省委员会	2022.1
鹤山产业转移工业园	省级非公团建示范园区	共青团广东省委员会	2022.1
鹤山市制伞商会	广东省“四好”商会	广东省工商业联合会（总商会）	2022.1
鹤山市人民法院司法警察大队	广东省一级警队	广东省高级人民法院	2022.1
鹤山市古劳镇	广东省卫生镇（2022-2024）	广东省爱国卫生运动委员会	2022.1
桃源镇专职消防队	2021年执勤训练工作先进政府（企事业）专职队	广东省消防救援总队	2022.1
鹤山市沙坪街道第三小学	“广东省中小学足球主题大课间展示活动”小学组二等奖	广东省教育厅	2022.1
鹤山市第一中学	广东省青少年科学教育特色学校（2022—2026年）	广东省科学技术协会、广东省教育厅、广东省科学技术厅	2022.1

续上表

单位	荣誉称号	表彰部门	表彰时间
鹤山市第一中学	2021年度广东省中小学足球主题大课间展示活动二等奖	广东省教育厅	2022.1
鹤山市桃源镇	2021年广东省乡村治理“百镇千村”示范镇	中共广东省委农村工作领导小组办公室、中共广东省委组织部、中共广东省委宣传部、中共广东省委政法委员会、广东省农业农村厅、广东省乡村振兴局、广东省民族宗教事务委员会、广东省民政厅、广东省司法厅	2022.1
沙坪街道仓边村	2021年广东省乡村治理“百镇千村”示范村	中共广东省委农村工作领导小组办公室、中共广东省委组织部、中共广东省委宣传部、中共广东省委政法委员会、广东省农业农村厅、广东省乡村振兴局、广东省民族宗教事务委员会、广东省民政厅、广东省司法厅	2022.1
沙坪街道杰洲村	2021年广东省乡村治理“百镇千村”示范村	中共广东省委农村工作领导小组办公室、中共广东省委组织部、中共广东省委宣传部、中共广东省委政法委员会、广东省农业农村厅、广东省乡村振兴局、广东省民族宗教事务委员会、广东省民政厅、广东省司法厅	2022.1
雅瑶镇陈山村	2021年广东省乡村治理“百镇千村”示范村	中共广东省委农村工作领导小组办公室、中共广东省委组织部、中共广东省委宣传部、中共广东省委政法委员会、广东省农业农村厅、广东省乡村振兴局、广东省民族宗教事务委员会、广东省民政厅、广东省司法厅	2022.1

续上表

单位	荣誉称号	表彰部门	表彰时间
雅瑶镇昆东村	2021年广东省乡村治理“百镇千村”示范村	中共广东省委农村工作领导小组办公室、中共广东省委组织部、中共广东省委宣传部、中共广东省委政法委员会、广东省农业农村厅、广东省乡村振兴局、广东省民族宗教事务委员会、广东省民政厅、广东省司法厅	2022.1
古劳镇大埠村	2021年广东省乡村治理“百镇千村”示范村	中共广东省委农村工作领导小组办公室、中共广东省委组织部、中共广东省委宣传部、中共广东省委政法委员会、广东省农业农村厅、广东省乡村振兴局、广东省民族宗教事务委员会、广东省民政厅、广东省司法厅	2022.1
古劳镇双桥村	2021年广东省乡村治理“百镇千村”示范村	中共广东省委农村工作领导小组办公室、中共广东省委组织部、中共广东省委宣传部、中共广东省委政法委员会、广东省农业农村厅、广东省乡村振兴局、广东省民族宗教事务委员会、广东省民政厅、广东省司法厅	2022.1
龙口镇中七村	2021年广东省乡村治理“百镇千村”示范村	中共广东省委农村工作领导小组办公室、中共广东省委组织部、中共广东省委宣传部、中共广东省委政法委员会、广东省农业农村厅、广东省乡村振兴局、广东省民族宗教事务委员会、广东省民政厅、广东省司法厅	2022.1

续上表

单位	荣誉称号	表彰部门	表彰时间
鹤城镇小官田村	2021年广东省乡村治理“百镇千村”示范村	中共广东省委农村工作领导小组办公室、中共广东省委组织部、中共广东省委宣传部、中共广东省委政法委员会、广东省农业农村厅、广东省乡村振兴局、广东省民族宗教事务委员会、广东省民政厅、广东省司法厅	2022.1
鹤城镇五星村	2021年广东省乡村治理“百镇千村”示范村	中共广东省委农村工作领导小组办公室、中共广东省委组织部、中共广东省委宣传部、中共广东省委政法委员会、广东省农业农村厅、广东省乡村振兴局、广东省民族宗教事务委员会、广东省民政厅、广东省司法厅	2022.1
宅梧镇靖村村	2021年广东省乡村治理“百镇千村”示范村	中共广东省委农村工作领导小组办公室、中共广东省委组织部、中共广东省委宣传部、中共广东省委政法委员会、广东省农业农村厅、广东省乡村振兴局、广东省民族宗教事务委员会、广东省民政厅、广东省司法厅	2022.1
宅梧镇选田村	2021年广东省乡村治理“百镇千村”示范村	中共广东省委农村工作领导小组办公室、中共广东省委组织部、中共广东省委宣传部、中共广东省委政法委员会、广东省农业农村厅、广东省乡村振兴局、广东省民族宗教事务委员会、广东省民政厅、广东省司法厅	2022.1
鹤山市沙坪街道第六小学	广东省校园游泳推广学校	广东省教育厅	2022.2
鹤山市沙坪街道第三小学	广东省第三批中华优秀文化传承学校	广东省教育厅	2022.2

续上表

单位	荣誉称号	表彰部门	表彰时间
鹤山市社会保险基金管理局服务大厅	2021年度广东省“巾帼文明岗”	广东省妇女联合会	2022.2
鹤山市人民法院三八红旗工作室	张海疆广东省三八红旗工作室	广东省妇女联合会	2022.3
鹤山市第二中学	广东省高中历史教研基地学校	广东省教育厅	2022.3
鹤山市第一中学	广东省基础教育教研基地项目高中校本教研基地	广东省教育厅	2022.3
鹤山市德兴环球电缆有限公司	广东省五一劳动奖状	广东省总工会	2022.4
鹤山市宅梧镇堂马村	广东省五四红旗团支部	共青团广东省委员会	2022.4
鹤山市人民检察院政法队伍教育整顿领导小组办公室	集体嘉奖	广东省人民检察院	2022.4
鹤山市职业技术学校	广东省青少年法治教育实践基地	广东省教育厅、广东省司法厅、广东省普法办公室	2022.4
鹤山市沙坪街道第三小学	2021-2022年度“广东省少先队红旗中队”	广东省教育厅	2022.5
鹤山市职业技术学校	2021年“我劳动，我快乐”劳动教育主题活动“优秀组织奖”	广东省教育厅	2022.5
少先队江门市鹤山沙坪街道第三小学大队三（3）中队	2021-2022年度广东省少先队红旗中队	共青团广东省委员会	2022.6
鹤山市红十字会	在2022年广东省红十字系统“5·8人道公益日”活动中表现突出，受到广东省红十字会通报表扬	广东省红十字会	2022.8
鹤山市公安局疫情防控专班	集体二等功	广东省公安厅	2022.9
共和镇来苏村	广东省第三期“青少年零犯罪零受害社区（村）”	共青团广东省委员会	2022.9
龙口镇青文村	2022年广东省“民主法治示范村（社区）”	广东省委依法治省办、省委农办、省司法厅、省民政厅	2022.9

续上表

单位	荣誉称号	表彰部门	表彰时间
宅梧镇靖村村	2022年广东省“民主法治示范村（社区）”	广东省委依法治省办、省委农办、省司法厅、省民政厅	2022.9
鹤山市沙坪街道镇南工业城工会联合会	2022年度广东工会“三个一批”建设示范点	广东省总工会	2022.11
鹤山市桃源镇青年之家	2022年度省级示范性“青年之家”	共青团广东省委员会	2022.11
鹤山市沙坪中学	广东省绿色学校	广东省教育厅	2022.11
鹤山市总工会	广东省新就业形态劳动者建会入会集中行动先进集体	广东省总工会	2022.12
鹤山市总工会	2022年度广东省新就业形态劳动者建会入会创新案例优秀奖	广东省总工会	2022.12
鹤山市统计局	广东省统计系统先进集体	广东省人力资源和社会保障厅、广东省统计局	2022.12
鹤山市科学技术协会	2022年广东省全国科普日活动优秀组织单位	广东省科学技术协会	2022.12
鹤山市供销合作联社	综合业绩三等奖	广东省供销合作联社	2022.12
鹤山市鹤城镇文体服务中心	第八批省级非物质文化遗产代表性项目保护单位	广东省文化和旅游厅	2022.12
鹤山汽车总站团支部	江门市五四红旗团支部	共青团江门市委员会	2022.4
鹤山市沙坪消防救援站团支部	2021年度江门市五四红旗团（总）支部	共青团江门市委员会	2022.5
鹤山农商银行第二团支部	江门市五四红旗团（总）支部	共青团江门市委员会	2022.5

先进个人名录

2022年获江门市以上表彰的先进个人

姓名	工作单位、职务	荣誉称号	表彰单位	表彰时间
李健辉	75210部队	三等功	75210部队	2022.8
温杰坤	91917部队	三等功	91917部队	2022.8
谭浩	75630部队	三等功	75630部队	2022.12
张海疆	鹤山市人民法院党组书记、院长	全国年度“平安之星”	中央政法委	2022.1
关杰初	“广东好人”、鹤山市红十字会名誉副会长、源林（广东）投资有限公司董事长	中国红十字奉献奖章	中国红十字会	2022.1
李建昀	鹤山市公安局巡警大队三级警长	全国公安机关成绩突出青年民警	公安部团中央委员会	2022.4
李建昀	鹤山市公安局巡警大队三级警长	全国特级优秀人民警察	人力资源和社会保障部、公安部	2022.5
李建昀	鹤山市公安局巡警大队三级警长	全国“人民满意的公务员”	中央组织部、中央宣传部	2022.8
赵德光	广东省鹤山市畅域花木超市经理	最美河湖卫士	水利部、全国总工会、全国妇联	2022.11
刘新华	鹤山国机南联摩托车工业有限公司开发部主管、设计总监	全国技术能手	人力资源和社会保障部	2022.12
李良全	鹤山市四川商会名誉会长（广东聚盈化工有限公司董事长）	2021年度四川在华南地区优秀企业家	四川省人民政府驻广州办事处	2022.5
朱玉山	鹤山市四川商会名誉会长（广东新红阳科技有限公司董事总经理）	2021年度四川在华南地区优秀企业家	四川省人民政府驻广州办事处	2022.5

续上表

姓名	工作单位、职务	荣誉称号	表彰单位	表彰时间
梁德志	鹤山市沙坪消防救援站灭火战斗员	2021年职业技能竞赛优胜选手“广东省技术能手”	广东省人力资源和社会保障厅	2022.1
林佳保	鹤山市公安局刑侦大队副大队长	个人二等功	广东省公安厅	2022.3
劳沃胜	鹤山市公安局刑侦大队四中队副中队长	个人二等功	广东省公安厅	2022.3
李嘉慧（女）	鹤山市古劳镇新星村驻村第一书记、鹤山市卫生健康局中医股股长	2022年全省乡村振兴驻镇帮镇扶村优秀巾帼队员	广东省乡村振兴局、广东省妇女联合会	2022.3
邓少珍（女）	广东隆鑫机车有限公司管理课课长、工会女职工委员	广东省先进女职工	广东省总工会	2022.3
文兆祺	鹤山市嘉米基光电科技有限公司研发工程师	广东省五一劳动奖章	广东省总工会	2022.4
冯炜珊（女）	鹤山市人民检察院政治部副主任	个人三等功	广东省人民检察院	2022.4
陈家发	鹤山市利联纸品有限公司（团支部书记）	广东省优秀共青团干部	共青团广东省委员会	2022.5
冯颖君（女）	鹤山市人民医院（护师）	广东省优秀共青团员	共青团广东省委员会	2022.5
黄乙斯（女）	鹤山市第一中学（学生）	广东省优秀共青团员	共青团广东省委员会	2022.5
吴志梅（女）	鹤山市雅瑶镇宝瑶小学少先队大队辅导员	2021-2022年度“广东省优秀少先队辅导员”	共青团广东省委员会	2022.5
曾逸曦	少先队江门市鹤山市廓村麦源生学校大队六年级（1）中队	2021-2022年度“广东省优秀少先队员”	共青团广东省委员会	2022.6
肖玥（女）	少先队江门市鹤山市沙坪街道第三小学大队六（2）中队	2021-2022年度“广东省优秀少先队员”	共青团广东省委员会	2022.6
汤杰淇	少先队江门市鹤山市沙坪街道第三小学大队五（7）中队	2021-2022年度“广东省优秀少先队员”	共青团广东省委员会	2022.6
吴文樱（女）	江门鹤山市鹤华中学	2021-2022年度“广东省优秀学生骨干”	共青团广东省委员会	2022.6

续上表

姓名	工作单位、职务	荣誉称号	表彰单位	表彰时间
冯颖君（女）	鹤山市人民医院护士	广东省优秀共青团员	共青团广东省委员会	2022.7
胡瑞芬（女） 梁尚意（女） 冯燕珍（女）	鹤山市沙坪街道第三小学教师	2022年融合教育优质资源征集“优秀融合教育主题活动案例”三等奖	广东省教育研究院	2022.8
陆慧贞（女）	鹤山市古劳镇农业综合服务中心助理兽医师	2022年广东省农产品质量安全监管员大比武暨食用农产品质量安全检验检测技术能力竞赛农药残留快速检测项目优胜奖	广东省农业农村厅	2022.9
苏子良	鹤山市文化广电旅游体育局党组成员、副局长	广东省“十三五”时期群众体育工作先进个人	广东省体育局	2022.10
李振江	鹤山市市场监督管理局（知识产权局）古劳市场监督管理所所长	广东省市场监管（知识产权）系统先进工作者	广东省人力资源和社会保障厅、广东省市场监督管理局、广东省药品监督管理局	2022.11
陈伟	鹤山市桃源镇三富村邻里互助会会长	广东百佳爱心新乡贤	广东省乡村振兴局	2022.11
李伟新	鹤山市纪委副书记、监委副主任	全省纪检监察系统先进工作者	广东省纪委监委	2022.12
徐鹤鸣	鹤山市委组织部部务委员	广东省实施妇女儿童发展规划先进个人	广东省妇儿工委办、省人社	2022.12
钟威	鹤山市公安局国内安全保卫大队三级警长	个人二等功	广东省公安厅	2022.12
黄立华	鹤山市应急管理局应急指挥股股长	2022年广东省三防工作变现突出个人	广东省应急管理厅	2022.12
凌伟新	鹤山市鹤城镇文体服务中心主任	“农行杯”乡村音乐原创歌曲大赛优秀奖	广东省农业农村厅、广西壮族自治区乡村振兴局、贵州省乡村振兴局	2022.12
王耀成	武警深圳部队	三等功	武警深圳部队	2022.12
邓显剑	鹤山市鹤城镇兼职团委副书记	江门市优秀共青团干部	共青团江门市委员会	2022.4
麦曼仪	鹤山市龙口镇公共服务中心工作人员	江门市优秀共青团员	共青团江门市委员会	2022.10

地方政府文件选载

鹤山市招商引资奖励办法

第一条 为调动社会各界参与招商引资积极性，加大招商引资力度，进一步完善我市招商引资激励机制，结合我市实际，特制定本办法。

第二条 凡通过各种渠道向我市提供真实的项目投资意向、协助我市与投资商直接联系、在项目洽谈中起到决定性作用，从鹤山市行政区域外引入投资项目并实现落户，履行了中介人职责的个人或组织[包括国内外的企业、社会团体、经济组织、机构、个人等。以下简称“引资人（机构）”]，可根据本办法给予奖励。引资人（机构）在鹤山开展招商工作前，需在鹤山市科工商务局报备，方可享受本办法奖励。项目投资方及其内部从业人员，国家机关、行政机关、事业单位工作人员及其直系亲属不适用本办法。

第三条 引进的项目需符合广东省十大战略性支柱产业集群和十大战略性新兴产业集群范畴，税务征管关系及统计关系在鹤山市范围内，具有独立法人资格、实行独立核算，有健全的财务制度。

第四条 引资人（机构）为多方时，奖励第一引资人（机构）；将项目投资者首先引荐到我市的引资人（机构）即为第一引资人（机构）。

第五条 对引进重大项目予以奖励。引进实缴注册资本1亿美元（含）以上的外资项目或固定资产投资10亿元（含）以上的内资项目，可对引资人（机构）给予奖励。

如引进的项目属于世界500强企业（含控股关联方）或中国500强企业（含控股关联方）、中国制造业企业500强（含控股关联方）、中国民营企业500强（含控股关联方）的，外资项目的实缴注册资本要求降至5000万美元（含）以上，内资项目的固定资产投资要求降至5亿元（含）以上。

引进项目落地三年内（从领取营业执照之日计起），当投资强度达到承诺的25%（含）后，引资人（机构）有且仅有一次机会，申请一次性招商奖励，奖励金额为截至申请当月项目已完成固定资产投资总额的2‰。单个项目奖励金额最高不超过500万元。

第六条 为进一步加快中欧合作区建设，壮大我市欧洲企业规模，对引进欧洲项目予以奖励。引进欧洲国家直接投资的项目以及欧洲国家通过第三国（地区）转投资的项目，项目实缴注册外资达到600万美元（含）以上，可对引资人（机构）给予奖励。

引进项目落地三年内（从领取营业执照之日计起），当投资强度达到承诺的25%（含）后，引资人（机构）有且仅有一次机会申请一次性招商奖励，奖励金额为截至申请当月项目到账外资额的5‰～6‰。到账外资额在600万美元至2000万美元的，奖励比例为5‰；在2000万美元（含）至4000万美元的，奖励比例为5.5‰；4000万美元（含）以上的，奖励比例为6‰。单个项目奖励金额最高不超过200万元。

第七条 对同一个项目，引进机构不能同时享受第五条重大项目引进奖励和第六条欧洲项目引进奖励。

第八条 项目引进奖励的计算标准，以取得营业执照的单个项目为准。

第九条 本办法涉及的奖励资金由市财政和镇（街）财政按照现行财政管理体制比例分担。

第十条 奖励落实程序：

（一）申请。

引资人（机构）向项目落户所在镇政府（街道办）提出申请。

（二）审核。

1. 各镇政府（街道办）收到申报后，对申报材料的真实性、完整性进行审核。

2. 各镇政府（街道办）将申报材料报市科工商务局，由市科工商务局对申报材料和奖励资金进行复核并出具相关意见。市财政局按照现行财政管理体制比例分担核算各级财政部门拨付奖励资金金额。

（三）落实。

市科工商务局对复核结果进行公示。公示完毕后，各镇政府（街道办）按复核结果直接向属地及市级财政部门申请资金拨付。

第十一条 对违反本办法规定骗取、冒领奖励的，或引进项目未达到投资协议书（合同）、承诺函中承诺条件的，由市科工商务局督促所属镇（街）追回已发放的全部奖励。涉嫌犯罪的，移送司法机关依法追究刑事责任。

第十二条 本办法若出现与法律、法规、规章及上级文件不一致的，以法律、法规、规章及上级文件为准。

第十三条 本办法自2022年4月1日起施行，有效期至2025年3月31日。在此之前已引进的项目（包括签约、动工的项目），不纳入本奖励办法。在有效期届满前成功推荐引进项目的，可延续适用本奖励规定。

附件：1. 鹤山市招商引资奖励申请表

2. 申报声明书

3. 相关名词解释

附件 1

鹤山市招商引资奖励申请表

<table>
<tr><td rowspan="2">申请人</td><td>单位名称（盖章）</td><td></td><td>统一社会信用代码</td><td></td></tr>
<tr><td>联系人</td><td></td><td>联系电话</td><td></td></tr>
<tr><td rowspan="8">引进项目情况</td><td>引进项目名称</td><td></td><td>项目地址</td><td></td></tr>
<tr><td>项目联系人</td><td></td><td>联系电话</td><td></td></tr>
<tr><td>投资总额</td><td></td><td>固定资产投资额（或外资项目实缴注册资本）</td><td></td></tr>
<tr><td>是否 500 强项目</td><td></td><td>是否欧洲项目</td><td></td></tr>
<tr><td>统一社会信用代码</td><td></td><td>签订投资协议日期</td><td></td></tr>
<tr><td>工商注册日期</td><td></td><td>项目投产时间</td><td></td></tr>
<tr><td>项目用地</td><td>亩</td><td>建设期限</td><td></td></tr>
<tr><td>投资强度</td><td>万元 / 亩</td><td>创税强度</td><td>万元 / 亩</td></tr>
</table>

续上表

奖励申请	引进项目已完成固定资产总额（或到账外资额） 万元人民币，申请奖励 万元人民币。
引进项目意见	签名（盖章）： 日期：
项目所属镇政府（街道办）意见	签名（盖章）： 日期：
市科工商务局意见	签名（盖章）： 日期：

填表日期： 年 月 日 经办人： 电话：

附件 2

申报声明书

<table>
<tr><td>申请单位名称</td><td colspan="3"></td></tr>
<tr><td colspan="4">申请单位郑重声明如下：
1. 申请单位依法注册，具备申报资格；
2. 本次申报的所有文件、单证和资料是准确、真实、完整和有效的；
3. 申报材料所有复印件与原件相符；
4. 接受有关主管部门为审核本申请而进行的必要核查。
本单位自愿承担因申报不实带来的一切后果。
申请单位授权代表：（签名）
申请单位盖章：
日期：　年　月　日</td></tr>
<tr><td>银行账户账号</td><td></td><td>银行账户名</td><td></td></tr>
<tr><td>开户银行名称</td><td></td><td>开户行地址</td><td></td></tr>
<tr><td>联系人</td><td></td><td>联系电话</td><td></td></tr>
<tr><td>电子邮件</td><td></td><td>移动电话</td><td></td></tr>
<tr><td>联系传真</td><td></td><td></td><td></td></tr>
</table>

备注：申请单位授权代表签名栏须手签，使用名章无效。

附件 3

相关名词解释

一、世界 500 强、中国 500 强、中国制造业企业 500 强、中国民营企业 500 强：按上年度《财富》杂志发布的世界 500 强、中国企业联合会和中国企业家协会发布的中国企业 500 强和中国制造业企业 500 强、全国工商联发布的中国民营企业 500 强。

二、投资强度：项目固定资产总投资 ÷ 项目建设用地面积。其中，项目固定资产总投资包括购地、建厂、添置设备、配套设施等，不包括流动资金。

鹤山市深化中欧合作若干政策

为全力推进中欧（江门）中小企业国际合作区（鹤山核心区）建设，构建全方位对欧洲合作平台，提高对欧洲合作的层次和水平，打造中欧合作典范城市，特制定本政策。

一、支持欧洲企业落户

第一条 鼓励欧洲企业来鹤山投资。自领取营业执照之日起一年内，累计到资100万美元至500万美元（含）的，按其到账外资的1%给予奖励；累计到资500万美元至5000万美元（含）的，按其到账外资的1.5%给予奖励；累计到资5000万美元以上的，按其到账外资的2%给予奖励。每家企业累计奖励最高不超过1000万元。

第二条 支持欧洲企业购买或租用现有厂房生产经营。

（一）企业自领取营业执照之日起五年内，租用市内现有厂房，项目年财政贡献额达到500元/平方米以上的，给予每平方米 6元/月奖励，一年奖励一次，每年奖励资金最高不超过300万元，最长可享受三年奖励。

（二）企业自领取营业执照之日起五年内，购买市内现有厂房，五年内项目年财政贡献额达到500元/平方米以上的，按购买面积给予一次性奖励。面积2000平方米至4000平方米（含）的，给予20万元的补助；面积4000平方米至6000平方米（含）的，给予40万元的补助；面积6000平方米以上的，给予60万元的补助。

二、支持欧洲企业做大做强

第三条 鼓励在鹤山的欧洲企业增资和利润再投资。对已落户鹤山的欧洲企业增加注册外资且用于扩大生产经营的，自换领新营业执照之日起一年内，对其增资到账的外资，参照第一条奖励标准予以奖励，每家企业奖励最高不超过500万元。

第四条 支持欧洲技术成果在鹤山转化。对于购买欧洲技术成果在鹤山转化的鹤山企业，按其技术合同金额的20%给予补贴，每家企业奖励最高不超过200万元。

三、提升对欧公共服务水平

第五条 鼓励国内外金融、投资、保险、法律、财务、人力资源、知识产权、采购、电子商务、检验检测、技术合作等各类公共服务机构来鹤山设立分支机构，相关机构成功为在鹤山的欧洲企业提供相关服务，年主营业务收入达到500万元后，给予最高10万元的一次性奖励。

四、为欧洲企业发展提供人才支撑

第六条 给予高管人才奖励。新投资或增资300万美元或以上的欧洲企业，自外资投资额到账后第一至第三个完整会计年度内，对年度应纳税工资薪金收入额在50万元以上的企业高层管理人员，按其当年度个人地方财政贡献额度留成的80%标准给予奖励。同一法人企业年度享受本条奖励的高管人才最多不超过5名，每人每年最高奖励30万元。

五、附则

第七条 本政策所指欧洲企业，包括欧洲国家直接投资企业、欧洲国家通过第三国（地区）转投资企业等，且企业在鹤山注册、税务征管关系及统计关系在鹤山市范围内、具有独立法人资格、实行独立核算、有健全的财务制度。

第八条 符合本政策奖励的项目，同时符合本市其他扶持政策规定以及上级有关政策规定的，按照“择一不重复（不叠加）”的原则予以奖励。另有规定的除外。

第九条 本政策中涉及的资金为非人民币的，按申报事项产生年度12月31日的汇率折算人民币计算。

第十条 本政策涉及的奖励资金由市财政和镇（街）财政按照现行财政管理体制比例分担。

第十一条 本政策由市科工商务局负责牵头组织实施。

第十二条 对被扶持企业提供虚假材料获得奖励或未达到投资协议书（合同）、承诺函中承诺条件的，由实施主体督促所属镇（街）按照协议或承诺追回已经发放的扶持资金。涉嫌犯罪的，移送司法机关依法追究刑事责任。

第十三条 本政策自2022年5月1日起施行，相关扶持条件有效期至2025年4月30日。

鹤山市行政规范性文件管理规定

第一章　总则

第一条　为加强本市行政规范性文件（以下简称规范性文件）的管理，维护法制统一，促进法治政府建设，推进依法行政，保障公民、法人和其他组织合法权益，根据《广东省行政规范性文件管理规定》（广东省人民政府令第277号）、《江门市人民政府办公室关于印发江门市行政规范性文件管理规定的通知》（江府办〔2022〕2号）要求，结合本市实际，制定本规定。

第二条　本规定适用于本市规范性文件的制定、发布、备案和监督管理等工作。

第三条　本规定所称规范性文件，是指由本市各级行政机关或者经法律、法规授权的具有管理公共事务职能的组织（以下统称行政机关）依照法定权限、程序制定并公开发布，涉及公民、法人和其他组织（以下统称行政管理相对人）权利义务，具有普遍约束力，在一定期限内反复适用的公文。

第四条　规范性文件分为政府规范性文件和部门规范性文件。

以市人民政府（含市政府办公机构）名义及镇人民政府、街道办事处名义制定的规范性文件为政府规范性文件[以市人民政府（含市政府办公机构）名义制定的规范性文件以下简称市政府规范性文件，以镇人民政府、街道办事处名义制定的规范性文件以下简称镇（街）规范性文件]。

依法以自己名义履行行政管理职能的市政府部门以及经法律、法规授权的具有管理公共事务职能的组织（以下统称部门）制定（含经市人民政府同意后以部门名义发布）的规范性文件为部门规范性文件。

第五条　符合下列特征的文件属规范性文件：

（一）行政机关在转发文件时一并提出具体实施措施或补充意见，并影响行政管理相对人权利义务的通知、意见等；

（二）行政机关为实施特定行政管理事项，按照公文规范和程序制定且内容涉及行政管理相对人应当具备的条件、提交的材料、遵守的程序等事项的工作规程、办事流程、办事指南等；

（三）行政机关就有关请示进行批复，并抄送本市其他行政机关要求遵照执行，内容符合本规定第三条规定的；

（四）对规范性文件予以废止的决定。

第六条　下列文件不适用本规定：

（一）行政机关内部执行的管理规范、工作制度、机构编制、会议纪要、工作方案、请示报告、表彰奖惩、人事任免等文件；

（二）对直接管理的企事业单位人事、财务、外事等事项制定的文件；

（三）仅公示办事时间、地点等事项的便民通告；

（四）涉及行政管理相对人权利义务但该权利义务不具有确定性，不能直接援引作为行政管理依据的工作意见、部署、方案、规划和发展纲要等；

（五）法律、法规、规章已经明确制定程序的技术操作规程、技术标准、技术规范；

（六）对法律、法规、规章和规范性文件内容的摘录、汇编；

（七）涉密文件；

（八）对具体事项作出的行政处理决定。

第七条　市人民政府应当加强对规范性文件的监督管理。

市政府办公机构按照国家公文处理相关规定，负责本机关规范性文件处理工作，并对下级行政机关的规范性文件处理工作进行业务指导和督促检查。

市司法行政部门负责市人民政府及其部门规范性文件的合法性审核（审查）工作，并在市人民政府领导下，具体承担规范性文件监督工作。

第八条 市政府部门及各镇（街）应建立健全规范性文件管理制度，明确规范性文件起草、审核、发布和监督管理的责任，提高规范性文件制定质量。

第九条 规范性文件制定和监督管理工作纳入本市法治政府建设督察的内容，并作为依法行政考核内容，列入法治政府建设考评指标体系。

第二章　基本规范

第十条 规范性文件制定主体实行清单制，并根据法律、法规规定和机构改革情况进行动态管理。市人民政府应确定并向社会公布本级规范性文件制定主体清单。

除法律、法规另有规定外，行政机关的议事协调机构、临时机构和内设机构不得以自己名义制定规范性文件，行业协会等社会组织不得以自己名义制定涉及管理公共事务的规范性文件。

第十一条 有下列情形之一的，可以制定规范性文件：

（一）法律、法规、规章和上级文件对某一方面的行政工作尚未作出明确规定的；

（二）法律、法规、规章和上级文件对某一方面的行政工作虽有规定但规定不具体、需要进一步细化的；

（三）法律、法规、规章和上级文件授权制定规范性文件的。

法律、法规、规章和上级文件已经作出明确规定的，或者现行文件已有部署仍然适用的，不得重复制定规范性文件。

第十二条 制定规范性文件，应当符合宪法、法律、法规和规章的规定，不得违反上级机关的决定、命令，不得超越本行政机关的职权范围。

没有法律、法规或者国务院决定和命令依据的，规范性文件不得减损公民、法人和其他组织合法权益或者增加其义务，不得增加行政机关权力或者减少其法定职责。

第十三条 规范性文件不得设定以下事项：

（一）行政处罚；

（二）行政许可；

（三）行政强制；

（四）行政征收；

（五）行政检查；

（六）证明事项；

（七）其他应当由法律、法规、规章设定或者上级机关规定的事项。

第十四条 制定规范性文件，应当根据其具体内容确定名称，可以使用“决定”“命令”“规定”“办法”“通知”“公告”“规则”“细则”“规范”“意见”或者“通告”等，但不得使用“法”“条例”。

政府规范性文件的标题应当冠以本行政区域名称，部门规范性文件的标题应当冠以制定机关名称。

第十五条 规范性文件一般应当规定有效期。规范性文件的有效期不得超过5年，暂行、试行的不得超过3年。有效期届满未按规定延期实施的，规范性文件自动失效。

第三章　编制计划

第十六条 市人民政府实行政府规范性文件年度制定计划制度。

镇（街）规范性文件年度制定计划应向市司法行政部门报备。

第十七条 各单位应当按照市司法行政部门发布的市本级年度政府规范性文件申报通知要求申报项目，并对规范性文件的制定目的、法律依据、必要性、需解决的问题及拟设立的主要措施作出说明，原则上需附上项目初稿。

市司法行政部门对申报项目进行审查并编制年度制定计划，报请市政府常务会议审议通过后印发。年度制定计划应向江门市司法行政部门报备。

第十八条 年度制定计划中的项目，起草部门应及时完成文件起草工作，并在年度制定计划规定的时间内报审。不能按时报审的，应向市人民政府书面报告，说明原因及理由，经同意可以暂缓报审，暂缓的同时应明确报审时间，一般应在当年度内报审，报审时间在下一年度的，自动列入下一年度制定计划；年内未报审且未按规定申请暂缓的，不自动列入下一年度制定计划。

未列入年度制定计划的项目，市司法行政部门不予审核。因上级文件要求或实际工作需要，确需以政府名义发布规范性文件的，起草部门应向市人民政府报告，说明原因、理由及拟报审时间，经市政府主要负责人批准后方可增列入当年年度制定计划。

第四章 起草

第十九条 规范性文件一般由负责组织实施的部门起草；涉及多个部门职能或需要多部门共同执行的，可以由两个以上部门联合起草，主要实施部门为牵头起草部门（以下统称起草单位），也可由部门协商确定或政府指定。

第二十条 起草单位应当对规范性文件制定的必要性、可行性、合法性进行论证，并对拟规定行政措施的预期效果和影响进行评估。

论证与评估情况和结论应当在起草说明中载明。

第二十一条 起草规范性文件应当深入调查研究，广泛听取有关机关、组织和公民的意见。

第二十二条 规范性文件涉及其他机关的职责或者与其他机关关系密切的，起草单位应当充分征求相关机关的意见。

起草单位对相关机关提出的意见应当书面回复，对不予采纳的，需说明理由；存在意见分歧的，起草单位应当主动协调。

第二十三条 起草规范性文件应当公开征求社会公众意见，但有下列情形之一的，经起草单位负责人书面同意，可以不公开征求意见：

（一）为应对和处置自然灾害、事故灾难、公共卫生事件和社会安全事件等突发事件的；

（二）经依法审查，公开征求意见可能危及国家安全、公共安全、经济安全和社会稳定的；

（三）起草过程依法需要保密的；

（四）法律、法规和规章另有规定的。

第二十四条 起草单位应当通过鹤山市政府门户网站、政务新媒体或新闻媒体等便于社会公众知晓的途径公开征求意见，并明确提出意见的方式和期限。公开征求意见期限不得少于7个工作日，与市场主体生产经营活动密切相关的一般不少于30日。法律、法规或规章另有规定的，从其规定。

规范性文件内容涉及窗口服务事项的，起草单位应自行或委托有关窗口服务单位在窗口服务场所通过设置布告栏或者电子屏等征求意见；内容主要规范行业管理事项，且管理范围明确、管理对象较为稳定的，起草单位应通过座谈会或书面征求意见的方式征求行业协会、商会及代表性企业的意见；内容专业性、技术性较强，或者存在重大意见分歧以及行政管理措施需要成本效益分析的，起草单位还应组织专家、专业机构开展咨询论证。

第二十五条 按照本规定第二十二条、第二十三条规定征求意见后，规范性文件的实体内容发生重大修改的，起草单位应当重新征求意见。

第二十六条 起草规范性文件，应当履行听证、专家咨询论证、公平竞争审查、风险评估等程序的，依照有关规定执行。

第二十七条 部门起草的规范性文件，应当经本部门的外聘法律顾问出具法律意见，再由本部门负责法制工作的机构（以下简称部门法制工作机构）进行合法性审核，并经部门办公会议审议通过后形成草案。

部门法制工作机构的合法性审核意见应当以书面形式作出，主要包括以下内容：

（一）是否属于规范性文件；

（二）制定主体是否适格；

（三）是否符合规范性文件制定程序；

（四）是否符合宪法、法律、法规、规章和上级文件；

（五）是否违反本规定第十二条、第十三条的禁止性规定；

（六）是否与同级现行有效的规范性文件一致或衔接；

（七）是否存在其他不宜由规范性文件规定的情形。

未经外聘法律顾问出具法律意见及部门法制工作机构审核或经审核不合法且未按部门法制工作机构意见修改完善的，不得提交部门办公会议审议。

第五章　审核和审查

第二十八条　市政府规范性文件应当在发布前送市司法行政部门审核，部门规范性文件应当报市司法行政部门审查后再行发布。

镇（街）规范性文件应当由本单位负责法制工作的机构进行审核后再行发布。

不得以征求意见、会签、参加审议等方式代替合法性审核（审查）。

第二十九条　市司法行政部门对规范性文件的合法性进行审核（审查）；发现存在明显可行性或者适当性问题的，可以向制定机关提出建议。

第三十条　起草单位送审规范性文件，应当提交下列材料：

（一）提请审核（审查）的函；

（二）规范性文件草案及注释稿；

（三）起草说明（内容包括制定文件的背景说明、主要依据、主要内容、论证与评估情况和结论、制定程序等）；

（四）征求意见及采纳情况的材料；

（五）外聘法律顾问的法律意见；

（六）部门法制工作机构合法性审核意见；

（七）履行本规定第二十六条规定程序的材料；

（八）部门办公会议纪要；

（九）制定依据文本；

（十）公平竞争审查表；

（十一）政策解读材料；

（十二）其他需要提交的材料。

第三十一条　送审材料符合本规定第三十条规定的，市司法行政部门应对文件名称、送审机关等事项进行统一登记，自收齐送审材料之日起15个工作日内完成审核（审查）并出具审核（审查）意见；不符合规定的，市司法行政部门可要求送审机关限期补正材料，逾期未补正的，送审机关应当在补正后重新报审。

审核（审查）期间发现依据不足确需补充的，按照前款规定处理。

第三十二条　规范性文件影响面广、情况复杂、社会关注度高或者存在疑难法律问题的，市司法行政部门可以书面征求相关方面的意见，必要时可以采取召开座谈会、论证会等方式征求意见。起草单位应当予以配合。

征求意见时间不计算在审核（审查）时限内。

第三十三条　市司法行政部门对送审的规范性文件草案，按照下列情形，分别作出处理：

（一）符合本规定第十二条和第十三条规定的，提出审核（审查）同意的意见；

（二）不符合本规定第十二条或第十三条规定，或者有关机关对草案主要内容存在较大争议的，提出不合法、应当予以修改的审核（审查）意见后退回送审机关；

（三）制定规范性文件的基本条件尚不成熟的，提出暂缓制定的审核（审查）意见；

（四）草案主要内容照抄照搬上级文件的，提出予以修改的审核（审查）意见后退回送审机关，必要时提出不同意发布的审核（审查）意见；

（五）草案规范性存在严重缺陷的，提出予以修改的审核（审查）意见后退回送审机关，必要时提出重新起草的审核（审查）意见。

规范性文件草案存在合法性问题，市司法行政部门认为有其他符合法律、法规、规章或者国家政策要求的处理方式的，可以在审核（审查）意见中提出建议，由制定机关研究确定。

规范性文件内容涉及探索性决策事项，法律、法规、规章和国家政策尚无明确规定的，市司法行政部门可以在审核（审查）意见中明示法律风险，由制定机关研究决定。

第三十四条 送审机关原则上应当按照市司法行政部门的审核（审查）意见对规范性文件草案进行修改或者补充；退回修改的，应及时将修改完善的规范性文件草案报市司法行政部门复核。

规范性文件草案退回修改期间，市司法行政部门应加强与送审机关的沟通，对于紧急的规范性文件，市司法行政部门的审核（审查）与送审机关的修改可同步进行。

第三十五条 对部门规范性文件的审查意见有异议的，送审机关可以自收到审查意见之日起 10 个工作日内提出异议理由，与市司法行政部门协商或者向市人民政府申请复核。

市政府规范性文件未经市司法行政部门合法性审核或者经审核不合法的，不得提请市政府审议。特殊情况下未完全采纳审核意见的，应当在提请政府审议时说明理由和依据。

第三十六条 市政府规范性文件经市政府办公机构依照国家公文处理相关规定审核后，由政府常务会议或者全体会议审议决定。

第三十七条 镇（街）规范性文件的起草、报送、审核和审议程序，参照本规定第四章、第五章规定执行。

第六章 发布

第三十八条 政府规范性文件应当由政府主要负责人签发，部门规范性文件应当由部门主要负责人签发。

第三十九条 鹤山市人民政府门户网站是本市规范性文件统一发布载体，其刊登的规范性文件文本为标准文本。制定机关应当同时在其政府网站、政务新媒体或新闻媒体刊登规范性文件或者发布消息。

未在规定载体统一发布的规范性文件一律无效，不得作为行政管理的依据。

未经市司法行政部门审查同意或者未在规定载体上发布的部门规范性文件，市司法行政部门可以向社会公示该文件无效。

第四十条 规范性文件发布前应统一编号，作为区别于一般行政公文的标识，在其文本首页右上角标注统一编号，字体为三号黑体字。

统一编号由三部分组成：第一部分为行政区域加文件类别的汉语拼音缩写，市政府规范性文件缩写为 HSFG，各镇（街）规范性文件分别写成 HS+SP/YY/GL/LK/TY/HC/GH/ZS/ZW/SH+FG，部门规范性文件缩写为 HSBG；第二部分为文件发布年份，以阿拉伯数字进行标识；第三部分为文件登记序号，每年从 001 号起计登。

第四十一条 市政府规范性文件由市政府办公机构负责统一编号、统一发布。

部门规范性文件由市司法行政部门负责统一编号并出具统一编号函，制定机关在收到该函之日起 10 个工作日内形成正式文件，向市政府办公机构提请统一发布。

镇（街）规范性文件由镇（街）办公机构负责统一编号，统一发布。

第四十二条 市政府规范性文件提请统一发布时应当提交以下材料：

（一）拟发布的规范性文件纸质文本及电子文本；

（二）规范性文件的起草说明；

（三）市司法行政部门的审核（复核）意见；

（四）规范性文件的解读文本和图解等解读资料；

（五）市政府常务会议或全体会议纪要。

镇（街）规范性文件提请统一发布参照市政府规范性文件执行。

部门规范性文件提请统一发布时，除需提供前款（一）至（四）项材料外，还应提交以下材料：

（一）市司法行政部门出具的统一编号函；

（二）征求意见时相关单位的反馈意见；

（三）按规范性文件管理规定要求提供的其他材料。

第四十三条 规范性文件应当规定实施日期。一般情况下，实施日期与发布日期应当间隔30日以上，但因保障国家安全、重大公共利益的需要，或者发布后不立即实施将有碍法律、法规、规章和规范性文件执行等情形的，可以自发布之日起实施。

第四十四条 规范性文件按照规定需要作政策解读或者翻译的，依据有关规定执行。

第七章 备案审查

第四十五条 市政府规范性文件应当自公布之日起30日内报江门市人民政府备案，并依照有关规定报本级人民代表大会常务委员会备案。具体报送备案工作由市政府办公机构负责。

市司法行政部门具体承担镇（街）规范性文件的备案审查工作。

第四十六条 政府规范性文件报送备案，应当按要求提交下列材料的电子文本和纸质材料：

（一）备案报告；

（二）规范性文件正式文本；

（三）起草说明；

（四）制定依据；

（五）规范性文件已公开发布的材料。

第四十七条 报送备案的规范性文件符合本规定第三条规定且备案材料符合要求的，市司法行政部门予以备案登记，否则不予备案登记；符合本规定第三条规定但备案材料不符合要求的，市司法行政部门暂缓备案登记，并通知制定机关补充报送备案或者重新报送备案；补充或者重新报送备案符合规定的，予以备案登记。

第四十八条 审查报送备案的规范性文件，市司法行政部门可以要求制定机关限期说明有关情况，制定机关应当在规定期限内予以说明；也可以根据需要征求有关部门的意见，有关部门应当在规定期限内回复。

第四十九条 报送备案的规范性文件存在违反本规定第十二条、第十三条或者其他明显不当情形的，市司法行政部门应当提出备案审查意见，建议制定机关自行纠正，或者提出处理意见报市人民政府决定，并通知制定机关。

市司法行政部门提出备案审查意见的，制定机关应当自收到意见之日起60日内书面答复处理结果。逾期不答复或者拒不改正的，市司法行政部门可以提请市人民政府予以撤销。

第五十条 规范性文件不报送备案或者不按时报送备案的，由市司法行政部门通知制定机关限期报送；逾期仍不报送的，给予通报，并责令限期改正。

第八章 评估、清理、修改、废止和延期实施

第五十一条 规范性文件规定有效期的，应当在有效期届满前6个月对实施情况进行评估；未规定有效期的，应当定期对实施情况进行评估，评估间隔期最长不得超过5年。

部门规范性文件由制定机关组织评估，政府规范性文件一般由主要实施部门牵头组织评估。

第五十二条 评估规范性文件，应当对其内容的合法性、合理性、协调性、可操作性及其实施效果进行综合分析并形成报告，作为规范性文件修改、废止或者继续实施的重要参考。

规范性文件评估可以采用文献研究、抽样调查、网络调查、问卷调查、实地调研、座谈会、论证会、专家咨询、案卷评查、相关立规比较分析等多种方法进行。

第五十三条 制定机关应当根据法律、法规、规章和上级文件的调整情况以及上级机关要求，及时对规范性文件进行清理。清理工作遵循日常清理与定期清理相结合、专项清理与全面清理相结合的原则。

第五十四条 规范性文件修改程序按照制定程序执行。

废止规范性文件，应当履行本规定第二十七条以及第五章、第六章规定的程序，可以根据实际适当简化第二十条至第二十四条和第二十六条规定的程序。

第五十五条 有效期届满拟继续实施且不作修改的市政府规范性文件，主要实施部门应征求相关部门意见，并按照本规定第二十七条规定形成草案，报市司法行政部门审核后，由政府主要负责人签发，政府办公机构应在有效期届满前重新发布。

有效期届满拟继续实施且不作修改的部门规范性文件，制定机关应按照本规定第二十七条规定形成草案后，由主要负责人签发，并在有效期届满前向市政府办公机构提请重新发布，市政府办公机构应在有效期届满前完成发布。

规范性文件因行政管理需要仅作文字表述、管理部门名称调整等不涉及实体内容的简易修改，按照前两款规定执行。

镇（街）规范性文件的延期实施及简易修改程序参照本条规定执行。

第五十六条 按本规定第五十五条规定重新发布的部门规范性文件，制定机关应在提请发布的同时向市司法行政部门报送备案，按要求提交下列材料的电子文本：

（一）评估报告；

（二）规范性文件正式文本；

（三）履行本规定第二十七条规定所形成的材料；

（四）简易修改的需提交修改说明。

镇（街）规范性文件参照本规定第五十五条规定重新发布后应当向市司法行政部门报送备案。

市司法行政部门发现重新发布的部门规范性文件、镇（街）规范性文件存在合法性问题的，应当自报备之日起 15 个工作日内提出意见，制定机关应当自收到意见之日起 30 日内书面答复处理结果，逾期不答复或拒不改正的，市司法行政部门应提出处理意见报本级人民政府决定，并通知制定机关。

第九章　监督

第五十七条 市司法行政部门负责对同级部门和下级政府的规范性文件制定和管理情况进行监督检查，并定期进行通报。

对规范性文件制定及管理工作不力、问题较多的部门和下级政府，司法行政部门可以约谈其负责人进行个案指导，或者直接责令整改、通报批评。

第五十八条 公民、法人或者其他组织认为现行规范性文件内容违反本规定第十二条、第十三条规定的，可以向制定机关或者负责监督的司法行政部门提出审查建议并说明理由。制定机关或者司法行政部门应当在 30 个工作日内将办理情况书面告知提出审查建议的公民、法人或者其他组织。

第五十九条 违反本规定制定规范性文件，造成严重后果的，或者由于执行无效的规范性文件而损害公民、法人或者其他组织合法权益的，司法行政部门可以提请有权机关依法追究制定机关或者实施机关主要负责人和直接责任人的责任。

第六十条 司法行政部门和部门法制工作机构不依法履行规范性文件审核（审查）职责，造成严重后果的，依法追究其主要负责人和直接责任人的责任。

第十章　附则

第六十一条 本规定自 2023 年 1 月 5 日起实施，有效期至 2028 年 1 月 4 日。

第六十二条 本级其他文件关于规范性文件工作要求与本规定不一致的，以本规定为准。国家、省和江门市有新规定的，从其规定。

鹤山市农村集体经济组织成员身份确认实施意见（修订）

根据《中共中央国务院关于稳步推进农村集体产权制度改革的意见》（中发〔2016〕37号）、《中共广东省委 广东省人民政府关于稳步推进农村集体产权制度改革的实施意见》（粤发〔2018〕6号）、《广东省农村集体经济组织管理规定》（粤府令第189号）、《中共鹤山市委农村工作办公室关于印发〈关于推进农村集体产权制度改革试点示范的实施方案〉的通知》（鹤委农办〔2018〕9号）等文件精神，为积极稳妥推进我市农村集体产权制度改革，合理确认农村集体经济组织成员身份，切实维护农村集体经济组织及其成员合法权益，高质量完成农村集体产权制度改革工作，结合我市实际，对农村集体经济组织成员身份确认工作提出如下实施意见。

一、成员身份确认的基本原则

（一）坚持依法界定的原则。农村集体经济组织成员身份确认要严格以法律法规和政策为依据，农村集体经济组织章程为补充。凡是法律法规和政策已有明确规定的，应严格遵照执行；对于农村集体经济组织章程有规定的，在不违背法律法规和政策的前提下可按约定执行。

（二）坚持充分发扬民主的原则。农村集体经济组织成员身份确认应充分尊重成员主体地位，实行民主管理和民主监督，成员身份确认方案和成员名单由农村集体经济组织成员会议民主决定，确认过程充分体现公开、公平、公正，既要坚持民主协商、让大多数人认可，又要防止借农村集体经济组织章程或村规民约之名非法剥夺或损害少数人的合法权益。

（三）坚持尊重历史的原则。农村集体经济组织成员身份确认应尊重农村集体经济组织发展的客观实际，坚持尊重历史、因地制宜，切实维护好农村集体经济组织成员的合法权益。

（四）坚持农村社会稳定的原则。开展农村集体经济组织成员身份确认工作应积极稳妥处理好各种利益关系，及时化解矛盾纠纷，确保农村社会和谐稳定。任何组织和个人不得以性别、年龄、婚姻关系等理由，剥夺或非法限制符合条件的人员平等享有成员身份的权利。

二、把握成员身份确认的政策界限

成员身份确认要统筹考虑户籍关系、农村土地承包关系、对集体积累贡献等因素，协调平衡各方利益，做到尊重历史、兼顾现实、程序规范、群众认可、合法准确且不遗漏，切实保护妇女、儿童合法权益。

农村集体经济组织应以下列内容为基础，对原组织章程作出相应修改，并根据章程内容确认成员身份。

（一）成员身份的取得。符合下列条件之一，并履行法律法规和农村集体经济组织章程规定义务的，确认为农村集体经济组织成员身份：

1. 原人民公社、生产大队、生产队的社员，户口保留在农村集体经济组织所在地的。

2. 实行以家庭承包经营为基础、统分结合的双层经营体制时起，集体经济组织成员所生的子女，户口在农村集体经济组织所在地的。

3. 通过合法婚姻、收养，依法将户口迁入农村集体经济组织所在地的。

4. 符合法律、法规、规章、政策和农村集体经济组织章程等有关规定的其他人员。

（二）成员身份的取消。具有下列情形之一的，取消农村集体经济组织成员身份：

1. 农村集体经济组织成员户口注销的，其成员资格随之取消。

2. 死亡或被依法判决宣告死亡的，自死亡或宣告死亡之日起取消。

3. 依法或申请取得其他农村集体经济组织成员身份的，自取得之日起取消原农村集体经济组织成员身份。

4. 农村集体经济组织依法解散的。

5. 依据相关法律、法规、政策及组织章程规定取消成员身份的其他情形。

成员身份取消后，依据相关法律、法规、政策及组织章程，符合成员身份确认条件的，应当按程序予以确认其成员身份。

（三）其他情形。上述情形之外的其他人员，是否属于本农村集体经济组织成员，应依据相关的法律法规，由本农村集体经济组织成员会议表决确定。

三、开展成员身份确认的工作步骤

（一）组建工作机构。在镇（街）、村（社区）农村集体产权制度改革工作领导小组指导下，由经济组织社委（村委）、成员（村民）代表、党员成员代表组成农村集体产权制度改革工作小组（以下简称工作小组），具体负责农村集体经济组织成员身份确认相关工作。

（二）制定工作方案。结合本经济组织实际，在镇（街）、村（社区）党组织的领导下，由工作小组组织召集成员（村民）代表，依据有关法律、法规和政策等规定，研究制定成员身份确认工作方案。

（三）开展宣传动员。采取群众喜闻乐见方式，广泛宣传农村集体经济组织成员身份确认的目的意义；农村集体经济组织及时发布开展成员身份登记公告，明确登记对象、登记基准日、登记时间、登记方式等内容，让农民群众知晓、积极参与身份确认工作。

四、成员身份确认程序

（一）发出公告。由工作小组发出开展农村集体经济组织成员身份确认工作的公告，并通过宣传栏、电话、微信等多种渠道告知集体经济组织所有人员，确保人人知晓。

（二）全面调查摸底。工作小组对户籍在农村集体经济组织的所有人员进行清查，清查工作以户籍为基础，以法律、法规、政策及本实施意见等为依据，确定农村集体经济组织所有人员身份，填写农村集体经济组织成员登记表，汇总分析成员名单和结构，收集整理审查有关档案和证明材料。对整理审查后的结果在村务公开栏进行第一次公示，公示期不少于5天，并通过各种方式告知相关人员。

（三）实施民主决策。由工作小组依据第一次公示结果的情况，召集成员代表，依法依规对第一次公示结果进行核实，形成成员名单报村（社区）和镇（街）备案，并进行第二次公示，公示期不少于5天。公示期间有异议的，工作小组要将相关情况收集汇总分析。第二次公示完成后，在镇（街）、村（社区）的指导下，工作小组对结果进行讨论和核实，形成成员名单并提交成员会议表决。

（四）审核公示确认。由成员会议表决确认成员名单后，进行第三次公示，公示期不少于5天。公示无异议的，由工作小组对成员名单进行造册登记，由成员签字确认。

（五）报送备案归档。工作小组负责收集整理成员身份确认有关的会议记录、工作方案、公示材料、成员名册、图片影像等重要材料，按有关规定留存归档。各农村集体经济组织将农村集体经济成员身份确认工作方案、成员名册等资料的纸质文档和电子文档上报各镇（街）农村集体产权制度改革工作领导小组办公室，各镇（街）经审核后，汇总上报市农村集体产权制度改革工作领导小组办公室备案。

（六）救济方式。当事人对成员身份有异议的，由工作小组进行核实处理。若当事人对经济组织处理结果不满意的，可向所在镇（街）提出申请，镇（街）应依照相关法律、法规和政策及时进行处理；若当事人对镇（街）处理意见不服的，可申请行政复议或提起行政诉讼。

五、保障措施

（一）加强组织领导。各镇（街）是农村集体经济组织成员身份确认的责任主体，要切实加强组织领导，各镇（街）农村集体产权制度改革工作领导小组要抽调专门人员组成指导组，落实工作责任，指导、推进和监督各村（社区）做好农村集体经济组织成员身份确认工作。在市农村集体产权制度改革工作领导小组指导下，市委组织部、市委宣传部、市农业农村局、市民政局、市财政局、市司法局、市公安局、市自然资源局、市林业局、市妇联等部门要加强沟通协调，协同推进农村集体经济组织成员身份确认工作有序、规范开展。要加强舆情调查研究，及时发现和妥善解决工作中出现的新情况、新问题，维护农村社会和谐稳定，确保工作任务顺利完成。

（二）广泛宣传引导。要把农村集体经济组织成员身份确认宣传工作贯穿始终，各镇（街）、各有关部门要加大对《广东省农村集体经济组织管理规定》等政策法规宣传力度，引导带动广大农民群众正确理解、积极支持和参与成员身份确认的相关工作，充分保障村民的知情权、决策权、参与权和监督权，确保改革过程公开透明，促进历史遗留疑难问题有效解决。

（三）严肃工作纪律。各镇（街）、各村（社区）、各经济社（村民小组）在农村集体经济组织成员身份确认工作中要遵守工作纪律，任何单位或个人不得阻挠、破坏成员身份确认工作。建立责任追究制度，坚决查处农村集体经济组织成员身份确认中的违法违规违纪行为，对违反工作纪律、滥用职权、徇私舞弊、损害成员正当权益的单位或当事人，要依法处理，严肃追究其责任；造成损失的，要依法承担赔偿责任；构成犯罪的，要依法追究其刑事责任。

六、其他

（一）本实施意见自 2022 年 8 月 1 日起施行，有效期 3 年。《鹤山市人民政府关于印发〈鹤山市农村集体经济组织成员身份确认实施意见〉的通知》（鹤府〔2020〕16 号）同时废止。施行后上级有新规定的，按上级规定执行。

（二）未完成农村集体产权制度改革工作的农村集体经济组织，其原农村集体经济组织成员身份继续有效。法律法规和上级政策对农村集体经济组织成员身份确认另有规定的，从其规定。

（三）本意见不作为追溯以前权利的依据。

鹤山市农民合作社县级示范社评定及监测办法

第一章　总则

第一条　为规范鹤山市农民合作社县级示范社（以下简称“县级示范社”）的评定及监测工作，加强对农民合作社的指导服务，促进农民合作社规范提升，根据《国家农民合作社示范社评定及监测办法》（农经发〔2019〕5号）、《广东省农民合作社省级示范社评定及监测办法》（粤农农规〔2020〕2号）和《江门市农民合作社市级示范社评定及监测办法》（江农农〔2020〕235号）精神，结合我市实际，制定本办法。

第二条　县级示范社是指按照《中华人民共和国农民专业合作社法》《农民专业合作社登记管理条例》等法律法规依法在鹤山市内登记成立，达到本办法规定标准，并经市农民合作社发展部门间联席会议（以下简称“市联席会议”）评定或监测合格的农民合作社或农民合作社联合社（以下简称“联合社”）。

第三条　县级示范社的评定和监测，坚持公平、公开、公正原则，不干预农民合作社生产经营自主权，实行综合认定和竞争淘汰机制，发挥中介组织和专家作用。

第二章　标准

第四条　申报县级示范社的农民合作社应当遵守法律法规规章。

第五条　农民合作社未满足下列条件的，不得申报县级示范社，属在册县级示范社的，及时取消其资格：

（一）农民合作社依法取得法定登记机关颁发的、记载有统一社会信用代码的营业执照（在税务机关登记信息补录换证过渡期间，原营业执照、税务登记证、组织机构代码证三证齐全），营业执照记载信息与实际运营情况一致。

（二）农民合作社每年按时向登记机关报送年度报告并进行公示，未被列入国家企业信用信息公示系统经营异常名录，或从名录上移出1年以上的。

第六条　县级示范社在符合以下标准的申报农民合作社中择优评定：

（一）运营管理规范

1. 依章程运作。农民合作社根据本社实际情况并参照农业农村部《农民专业合作社示范章程》《农民专业合作社联合社示范章程》，制订符合本社实际的章程并依章程运作。

2. 运营基础扎实。农民合作社有独立的银行账号、固定的办公运营场所、相对固定的管理人员、明确的业务类型。

3. 管理民主高效。农民合作社成员（代表）大会组织健全，实有人数及附加表决权符合法律规定。理事会、监事会（或监事）人员齐全且符合兼任规定。每年至少召开1次成员（代表）大会并对议事决策作会议记录，所有出席会议的成员在会议记录上签字。

4. 财务管理规范。财务会计制度健全，配备必要的财务会计人员（不得兼任监事），按要求设置会计账簿，编制会计报表，或委托有关代理记账机构代理记账、核算。成员账户健全，成员出资额、公积金量化份额、与本社的交易量（额）和返还盈余等记录准确清楚。财政直接补助形成的财产平均量化到成员账户。财务相关信息及时报送市场监管、税务等部门。

（二）服务成效明显

1. 标准化生产程度较高。建立农产品生产记录制度，农民合作社能为60%以上的成员提供统一购买生产资料、开展农产品销售、进行技术指导等任何一种服务。

2. 带动辐射面较广。农民合作社成员数量在8人以上，业务交易成员占成员总数的60%以上。

3. 带动增收能力较强。农民合作社成员收入同等条件下高于非成员收入10%以上，经营主导产业能有效带动当地农户发展增收。

（三）经济实力较强

1. 成员积极出资。农民合作社成员出资总额在1万元以上，出资成员占成员数量的60%以上；联合社成员出资额在5万元以上。

2. 经营能力较强。上一年度农民合作社年经营收入在15万元以上，联合社年经营收入在30万元以上。林业合作社以近2年经营收入平均数计算年经营收入。

（四）优先考虑标准

1. 品牌意识较强。农民合作社或合作社成员生产农产品采用食用农产品合格证制度或者获得绿色食品、有机农产品、农产品地理标志其中一种认证的。

2. 发展模式先进。农民合作社形成有效运营模式，得到市级以上机关肯定或市级以上媒体正面报道。

3. 治理机制高效。以家庭农场（职业农民）为主要成员的、有专职运营管理团队、财务社务管理实现信息化、采用信息技术手段记录生产经营（服务）信息的农民合作社。

4. 农机化程度较高。农机类合作社拥有农机具5台（套）以上、开展农业社会化服务、年农机作业面积1500亩以上或收入25万元以上，且2年内未发生较大以上农机事故。

第七条　县级示范社的评定和监测向下列农民合作社倾斜，标准可以适当放宽：

（一）欠发达地区带动产业发展成效显著的农民合作社。

（二）在一定时期内需扶持发展的新业态农民合作社。

（三）市联席会议确定的其他农民合作社。

第八条　同时符合以下情形的2个或多个农民合作社视为同一个主体，在一个申报期间内不得同时申报：

（一）登记经营范围或实质主营业务相同的。

（二）法定代表人或主要经营骨干相同，其他登记成员超过50%相同。

（三）在同一登记机关登记的（县级市场监管局下属的市场监管所与县级市场监管局视为同一个登记机关）。

第三章　评定

第九条　县级示范社评定工作一般采取名额分配、等额推荐、媒体公示、发文认定的方式。市联席会议根据各镇（街）农民合作社、联合社发展情况，确定各镇（街）的县级示范社分配名额。

市联席会议根据农民合作社发展需要，也可以采取其他方式评定县级示范社。

第十条　县级示范社每年评定一次。

第十一条　申报县级示范社的农民合作社应提交本社基本情况等有关材料，对所提交材料真实性负责，并接受社会监督和失信惩戒。具体申报程序：

（一）申报。符合申报条件的农民合作社向所在地镇级农业农村办公室提交申报表并附上相关申报材料。

（二）镇（街）审核。镇（街）农业农村办公室对申报书内容和相关材料进行审查和实地查验，将审查通过的农民合作社名单及申报材料报市联席会议办公室（市农业农村局）。

第十二条　县级示范社评定程序如下：

（一）市农业农村局对各镇（街）审核上报的申报材料进行复核或实地抽查核实，提出县级示范社候选名单，征求发改、财政、税务、市场监督、地方金融监管等部门意见后，提交市联席会议审定或市联席会议全体成员单位会签。

（二）市联席会议办公室将审定名单在市农业农村局官网等有关媒体公示，公示期为 7 个工作日。对公示名单有异议的，由农业农村部门会同有关部门核实并提出处理意见。

（三）经公示无异议的农民合作社，获得县级示范社称号，由市联席会议有关成员单位联合发文公布名单。

第十三条 县级示范社依法变更名称的，应在变更登记之日起 30 个工作日内，向市农业农村局提交确认申请书及法定登记机关更名批复、营业执照等佐证材料。市农业农村局核实后以本部门文件形式重新确认其县级示范社称号，并通报市联席会议成员单位。

第四章 监测

第十四条 建立日常监督与定期监测评价相结合的县级示范社的动态监测制度。

第十五条 日常监督按照以下程序实施：

（一）县级示范社被市联席会议成员单位或其他行政、司法机关依法认定存在本办法第五条规定情形的，由认定机关或首先知悉认定信息的市联席会议成员单位通报市联席会议办公室。市联席会议办公室以市农业农村局文件公布取消县级示范社资格的名单。

（二）市联席会议成员单位通过群众举报、媒体曝光等方式，认为县级示范社涉嫌存在本办法第五条规定情形的，应通报市联席会议办公室。市联席会议办公室组织核查并将核查情况提请市联席会议审议，根据审议结果，以市农业农村局文件公布取消县级示范社资格的名单。

第十六条 对县级示范社运行情况进行 2 年一次的定期监测评价。

连续 2 次监测合格的县级示范社，下一监测年度免予监测。已取得江门级、省级、国家级示范社资格的可不列入县级示范社监测范围。

第十七条 被监测的县级示范社应达到本办法第二章规定的标准。对本办法颁布前评定的县级示范社，在本办法实施之日起 2 年内接受监测的可适当放宽标准，但不得低于其评定时适用的标准。

第十八条 监测评价工作由市联席会议办公室组织，程序如下：

（一）各镇（街）人民政府根据市农业农村部门监测通知要求，通知辖区内的县级示范社向所在镇（街）人民政府报送自查材料。

（二）镇（街）农业农村办公室对自查材料进行监测核查后，提出初核意见，报市联席会议办公室（市农业农村局）。

（三）市农业农村部门对各镇（街）上报的初核材料进行审查并提出监测意见和建议，分析县级示范社运行状况，形成监测报告并提交市联席会议审定。

（四）农业农村部门也可委托第三方或者依据农民合作社信息填报系统进行监测。

（五）监测合格和不合格的名单在市农业农村局官网等有关媒体公示，公示期为 7 个工作日。

第十九条 监测不合格、没有报送监测材料的农民合作社，取消其县级示范社资格。

监测合格的县级示范社、取消县级示范社资格的农民合作社名单，以市农业农村局文件公布。

第五章 附则

第二十条 在申报县级示范社或被监测过程中提供虚假材料、舞弊或以行贿、威胁等方式阻挠干扰行政主管部门工作的，取消县级示范社资格或本次申报资格，3 年内不得再行申报。

第二十一条 本办法自 2022 年 8 月 22 日起实施，有效期 5 年。

鹤山市劳动人事争议调解工作管理办法

第一章　总则

第一条　为进一步完善我市劳动人事争议调解机制，充分调动调解员积极性，根据《中华人民共和国劳动争议调解仲裁法》《广东省劳动人事争议处理办法》《关于进一步加强劳动人事争议调解仲裁完善多元处理机制的意见》和《广东省人力资源和社会保障厅　广东省总工会　广东省企业联合会　广东省工商业联合会关于印发〈广东省劳动关系“和谐同行”能力提升三年行动计划实施方案〉的通知》等文件精神，以及结合我市实际，制定本办法。

第二条　本办法适用于我市劳动人事争议调解服务的调解组织、劳动人事争议调解员管理及劳动人事争议调解办案补助申请、审核、发放等行为。

第三条　市人力资源和社会保障局负责市级劳动人事争议调解组织、调解员的备案和管理，调解补助等发放工作。

各镇（街）负责辖区内劳动人事争议调解组织、调解员的备案和管理，配合办案补助发放的相关工作。

劳动人事争议调解办案补助经费由市级财政保障。

第四条　劳动人事争议案件调解成功后，调解员可以申领办案补助。办案补助按照“一案一补”的原则发放。

第五条　劳动人事争议案件调解成功后，应当按照“一案一卷”的原则及时归档备查。

第二章　劳动人事争议调解组织及调解员管理

第一节　备案条件

第六条　本办法所称劳动人事争议调解组织，需同时具备以下条件：

（一）劳动人事争议调解组织及其所属用人单位的注册地或登记地在本市；

（二）有固定工作场所及必备办公设施，悬挂劳动人事争议调解组织牌匾，有完善的工作制度及标准业务流程管理制度；

（三）劳动人事争议调解委员会人员应为 3 人以上单数；

（四）符合劳动人事争议调解组织管理规定的其他要求。

市级劳动人事争议调解组织（市行业协会等）应经市人力资源和社会保障局备案；其他基层劳动人事争议调解组织应经所辖镇（街）予以备案并上报市人力资源和社会保障局备案。

第七条　本办法所称劳动人事争议调解员，应同时符合以下条件：

（一）在经备案的劳动人事争议调解组织中从事劳动人事争议调解工作；

（二）调解员需持有以下资格证之一：劳动人事争议调解员证、社会工作者资格证、心理咨询师、心理健康指导师、劳动关系协调员证、人力资源管理师、法律职业资格证。

（三）无其他不适宜担任调解员情形。

市级劳动人事争议调解组织中的调解员应经市人力资源和社会保障局备案；其他基层劳动人事争议调解组织中的调解员应经所辖镇（街）予以备案并上报市人力资源和社会保障局备案。

第八条　调解员申请办案补助需具备以下条件：

（一）所属劳动人事争议调解组织已进行备案；

（二）已参加江门市劳动人事争议调解员培训并通过考核，获发劳动人事争议调解员证书；

（三）已在市人力资源和社会保障局备案，并登记录入调解员名册、台账和鹤山市劳动争议调解信息管理平台；

（四）财政供给的行政事业单位在编和离退休人员不纳入补助范围。

第二节　申请备案及备案审核

第九条　劳动人事争议调解组织及所属调解员申请备案的程序是：

（一）应分别填写《鹤山市劳动人事争议调解中心备案表》（附件1）、《鹤山市劳动人事争议调解员备案申请表》（附件2）并附相关佐证材料向市人力资源和社会保障局或各镇（街）申请备案。

（二）市人力资源和社会保障局或各镇（街）在收到申请之日起7日内进行审核，并在审核结束后3日内将结果反馈给申请人。

第三节　备案劳动人事争议调解组织、调解员的管理

第十条　已备案劳动人事争议调解组织或其所属单位出现停业、注销、搬迁出鹤山市等情形，导致劳动人事争议调解组织无法正常运作的，劳动人事争议调解组织及各镇（街）应及时报告市人力资源和社会保障局进行注销备案。

市人力资源和社会保障局发现已备案调解组织无法正常运作的，应当注销备案。

第十一条　已备案的调解员需变更劳动人事争议调解组织的，分别履行下列程序：

（一）各镇（街）、村（居）、工业城（产业园）、企业调解员经所属劳动人事争议调解组织同意后，报各镇（街）审定，并上报市人力资源和社会保障局；

（二）需跨镇（街）变更的，经所属劳动人事争议调解组织同意后，报市人力资源和社会保障局审定。

第十二条　调解员需按要求参加注册（学习）培训，无故缺席培训的，取消办案补助申请资格。

第十三条　劳动人事争议调解组织及调解员在劳动人事争议调解组织（员）名册、台账登记表以及鹤山市劳动争议调解信息管理平台中录入的信息应确保真实、完整、有效。

第三章　办案补助的申请

第一节　办案补助标准

第十四条　劳动人事争议调解案件分为简单案件、普通案件及大型群体性案件三类，具体如下：

（一）简单案件：案件涉及人数为1至9人。

（二）普通案件：案件涉及人数为10至29人，工伤级别在陆级及以上（包括工亡），调解结案金额超20万以上的。

（三）大型群体性案件：案件涉及人数大于30人。

第十五条　劳动人事争议调解办案补助标准如下：

（一）简单案件，每案补助150元。

（二）普通案件，每案补助250元。

（三）大型群体性案件，每案补助450元。

（四）经市劳动人事争议仲裁委员会指派，调解员参与劳动人事争议案件处理过程中的调解工作，补贴100元/宗。

（五）促成当事人自动履行调解协议、和解协议、调解书、仲裁或司法确认裁定书等的，每件案件额外发放办案补助50元。

（六）每名调解员每月领取的劳动人事争议调解办案补助最高不超过1000元。

第二节　办案补助申请的提出

第十六条　调解员调解以下劳动人事争议案件且调解成功的，可以申请办案补助：

（一）因订立、履行、变更、解除和终止劳动合同发生的争议；

（二）因除名、辞退和辞职、离职发生的争议；

（三）因工作时间、休息休假、社会保险、福利、培训及劳动保护发生的争议；

（四）因劳动报酬、工伤医疗费、经济补偿或者赔偿金发生的争议；

（五）法律、法规规定的其他劳动人事争议。

第十七条 调解员调解劳动人事争议案件，有以下情形之一的，视为调解成功：

（一）签订劳动人事争议调解协议书。

（二）签订劳动人事争议调解协议书并置换成仲裁调解书。

（三）签订劳动人事争议调解协议书并置换成民事裁定书。

第十八条 劳动人事争议案件调解成功后，调解员应于7日内在鹤山市劳动争议调解信息管理平台上提交调解案卷材料，申请办案补助。

第十九条 由两名以上调解员共同调解成功的，简单案件只向主办调解员发放补助；普通案件及大型群体性案件只向两名调解员发放补助。

办案补助应由主办调解员申请，其中主办调解员按照本办法第十五条的标准发放补助，协办调解员按照该标准的50%发放补助。

第三节 办案补助申请材料及要求

第二十条 调解员申请办案补助，应提供如下材料：

（一）劳动人事争议调解办案补助申领表（见附件3）；

（二）办案补助所对应的调解案卷（包括调解案件的申请表、当事人身份证明材料、调解现场照片、调解协议书及其他材料）；

（三）调解协议书履行完毕的佐证材料、仲裁调解书或民事裁定书；

（四）调解协议书、当事人身份证明材料、履行证据、劳动人事争议调解员办案补助申请表、仲裁调解书或民事裁定书均应通过扫描并以PDF等格式上传至鹤山市劳动争议调解信息管理平台。

第二十一条 调解协议书内容及要求如下：

（一）申请人及被申请人的身份信息、联系电话、联系地址，如委托他人代为签订，则应增加授权委托书作为附件；

（二）事实理由应包含争议发生的时间、地点、起因、经过和结果；

（三）调解请求应包含申请人的具体诉求和金额；

（四）明确劳动人事争议具体类别、协议条款、履行方式及时限；

（五）调解协议书应由双方当事人及调解员签字、盖章或按指印；

（六）当事人为法人的，在调解协议书上加盖的印章可包括法人公章、财务专用章、劳动合同专用章；

（七）其他需要明确的内容。

第二十二条 调解协议书履行完毕的佐证材料为相关履行证据，如涉及金钱给付的，可选择银行转账、电子支付或现金给付的方式履行，并提交相关证明材料。对于调解协议未当场履行但事后已经履行，且当事人因故不便到调解组织提交相关证明材料的，可由初审人员通过视频等方式复核协议履行情况，将涉及的音像资料和证明事项记录作为协议履行情况的证明材料。

第二十三条 仲裁调解书应由劳动人事争议仲裁机构出具，民事裁定书应由人民法院出具。

第四章 办案补助的审核

第二十四条 市级劳动人事争议调解组织办案补助由市人力资源和社会保障局在收到申请之日起30日内完成审核；基层劳动人事争议调解组织办案补助由镇（街）在收到申请之日起15日内完成初审，市人力资源和社会保障局在收到初审完成之日起15内完成审核。

第二十五条 各级劳动人事争议调解组织对调解员提起的办案补助申请进行实质性审查，对案件的真实性负责，并对调解员提起的办案补助申请进行核查。

第二十六条 市、镇（街）审核人员通过鹤山市劳动争议调解管理平台审核调解员办案补助申请，必要时可通过调阅案件卷宗、询问案件当事人等方式了解案件情况。

第二十七条 各级劳动人事争议调解组织应派专人管理鹤山市劳动争议调解信息管理平台账号，调解组织负责人对审核意见负责。

第五章 办案补助的发放

第二十八条 办案补助由市人力资源和社会保障局发放。

第二十九条 办案补助审核通过的，按市财政局有关流程发放办案补助；未通过的，予以驳回。

第三十条 办案补助发放对象为调解员。办案补助由市人力资源和社会保障局以银行转账的方式直接发至调解员名下银行账户，各调解员应提供本人银行账号（社保卡金融账户）配合补助的发放。

第三十一条 办案补助原则上一个季度发放一次，因申请及审核流程等原因不能按时发放的，顺延至下一季度发放。

第三十二条 办案补助申请的资料补充。因资料不全或内容不符合要求而未通过审核的，调解员可在审核不通过决定作出之日起5日内补充完善资料。

第三十三条 对未通过审核或经补充完善资料仍未通过审核的，调解员可自审核不通过决定作出之日起5日内，将相关材料整理成卷，由所属劳动人事争议调解组织作出情况说明，加盖公章后，向市人力资源和社会保障局提出申诉。

第三十四条 市人力资源和社会保障局自收到申诉材料之日起10日内作出处理决定。

第六章 监督管理

第三十五条 调解员应按本办法规定申请办案补助，并对所申请案件的真实性负责。

第三十六条 办案补助审核人员应在审核办案补助时严格把关，对申请案件进行实质性审查，包括：劳动关系、争议内容、调解过程、履行情况等的真实性、完整性，并对所审核通过案件的真实性负责。

第三十七条 各类劳动人事争议调解组织应在每季度首月内将本辖市内上季度各调解组织的办案补助申请进行汇总并形成《劳动人事争议调解办案补助汇总表》（见附件4）及补助发放情况报告（加盖公章），报市人力资源和社会保障局。

第三十八条 同一事项如已领取相关补助、补贴的（包括但不仅限于仲裁员办案补助、人民调解办案补贴、法院特邀调解员办案补贴），不得再领取本办法的办案补助。

第三十九条 劳动人事争议调解经费应当专款专用，禁止挪用、弄虚作假骗取补助。对在补助申请、审核过程中有弄虚作假、伪造编造案件骗取补助等违纪违法行为的，追究相关人员责任，并应退回补贴；情节严重、涉嫌犯罪的，移送司法机关处理。

第七章 附则

第四十条 办案补助时限2022年7月1日至2024年11月24日。本办法补助金额为税前金额。

第四十一条 本办法由鹤山市人力资源社会保障局负责解释。

第四十二条 本办法自2022年11月24日起施行，有效期2年。

社会经济统计资料

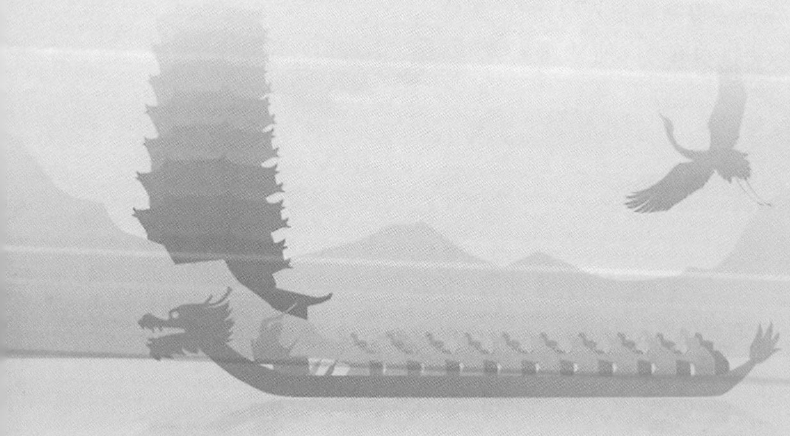

2022 年鹤山市国民经济和社会发展统计公报

2022 年，鹤山市坚持以习近平新时代中国特色社会主义思想为指导，全面贯彻党的二十大精神，坚决落实习近平总书记、党中央关于“疫情要防住、经济要稳住、发展要安全”的重要要求，高效统筹疫情防控和经济社会发展，深入贯彻省委“1+1+9”工作部署和江门市委“1+6+3”工作安排，全力防住疫情、稳住经济、统筹发展安全，顺利完成年度各项目标任务。

一、综合

鹤山市下辖 10 个镇（街）、27 个社区居委会、112 个村委会，土地面积 1082.7 平方公里。常住人口 54.07 万人，城镇人口比重为 63.47%。公安户籍人口总户数 12.52 万户，年末户籍总人口 39.62 万人；全年出生人口 3093 人，出生率 7.8‰；死亡人口 2884 人，死亡率 7.3‰；自然增长人口 209 人，人口自然增长率 0.5‰。

表 1　2022 年年末各镇（街）户籍人口

镇（街）	户籍人口（人）
合计	396 218
沙坪	140 096
龙口	37 084
雅瑶	30 047
古劳	29 966
桃源	20 294
鹤城	28 812
共和	27 031
址山	30 351
宅梧	32 653
双合	19 884

表 2　2022 年年末户籍人口及其构成

指标	户籍人口（人）
户籍人口	396 218
其中：城镇	210 469
乡村	185 749
其中：男性	195 301
女性	200 917
其中：0—17 岁	78 791
18—34 岁	83 925
35—59 岁	148 619
60 岁及以上	84 883

经江门市统计局统一核算，2022 年鹤山市实现地区生产总值 458.51 亿元（初步核算数），增长（比上年，下同）2.8%。从产业结构看，第一产业增加值 36.46 亿元，增长 6.5%；第二产业增加值 240.53 亿元，增长 5.4%；第三产业增加值 181.52 亿元，下降 1.1%。三大产业结构比重为 7.9 ∶ 52.5 ∶ 39.6，其中第一产业所占比重比上年提高 0.7 个百分点，第二产业所占比重提高 1.9 个百分点，第三产业所占比重下降 2.6 个百分点。人均地区生产总值 84 980 元，增长 1.9%。

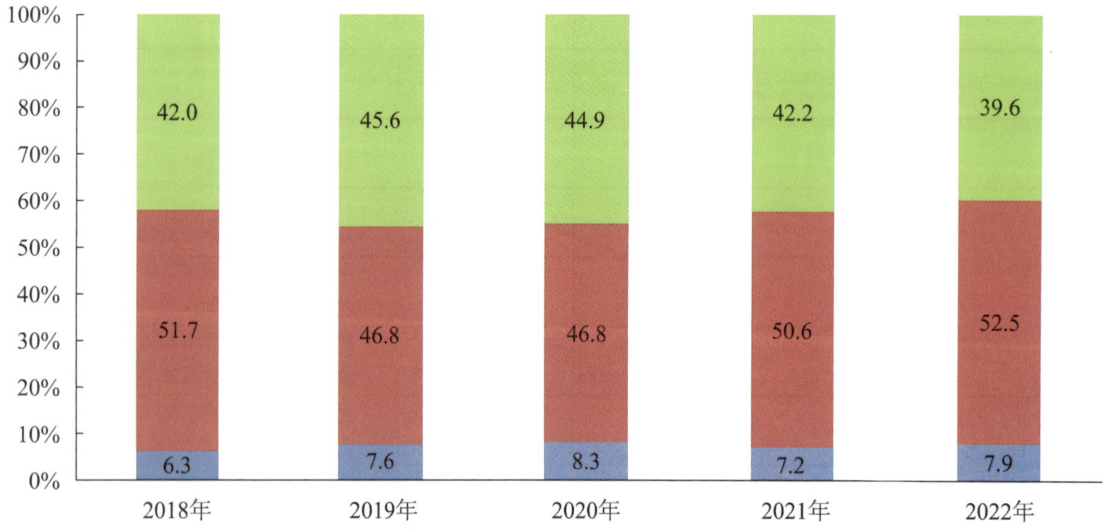

图 1　2018—2022 年三大产业结构

年末全市实有市场主体 51 478 家，比上年增加 3462 家。全部市场主体中，企业 13 045 家，个体户 38 179 家；工业 9789 家，其中企业 4397 家，个体户 5392 家。民办非企业 115 家，社会团体 121 家。

二、农业

全年农林牧渔业总产值 68.84 亿元，增长 6.7%。全年粮食播种面积 17.51 万亩，增长 1.8%；总产量 6.13 万吨，下降 3.8%。蔬菜播种面积 19.61 万亩，下降 2.1%；总产量 32.48 万吨，增长 3.1%。花生播种面积 1.45 万亩，下降 15.0%；总产量 0.24 万吨，下降 13.3%。水果产量 2.28 万吨，增长 2.0%。水产品产量 7.79 万吨，增长 15.1%。肉类产量 4.59 万吨，与去年持平，其中猪肉产量 2.81 万吨，增长 12.6%。

三、工业和建筑业

全年规模以上工业增加值增长 4.1%，其中外商及港澳台商投资企业增长 1.4%（欧资企业增长 5.0%），股份制企业增长 6.0%；装备制造业增加值增长 4.8%，高技术产业增加值增长 5.8%。

规模以上工业总产值增长 0.4%。按轻重工业分，轻工业产值下降 4.2%，重工业产值增长 4.3%。按经济类型分，股份制企业产值增长 1.3%，外商及港澳台商投资企业产值下降 1.0%（其中欧资企业增长 1.3%），其他经济类型下降 13.4%。按相关指标看，工业销售产值下降 1.7%；规模以上工业实现利润总额 27.59 亿元，下降 6.3%；企业亏损面 21.6%，比上年扩大 4.8 个百分点。

全市规模以上工业企业 547 家，其中年产值超过亿元企业 155 家，年产值超过 10 亿元企业 13 家，年产值超过 20 亿元企业 6 家。

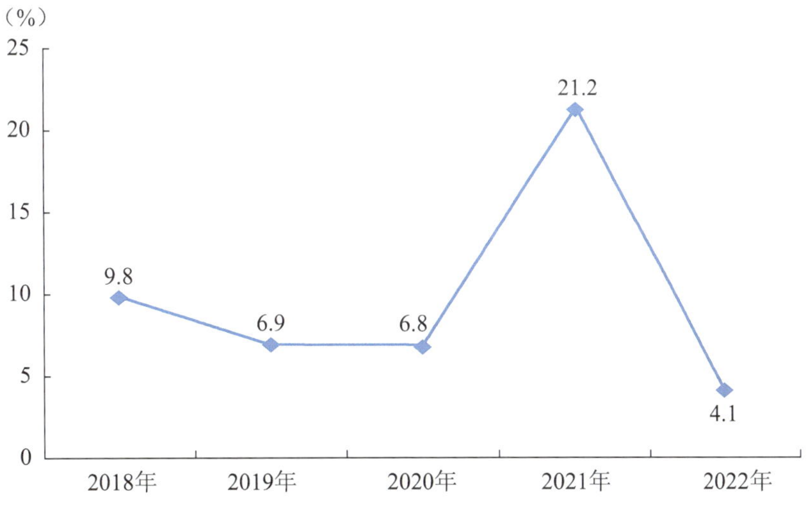

图 2　2018—2022 年规模以上工业增加值增速

表3　规模以上工业十大行业产值增速和比重

行业	增速	占总产值比重
金属制品业	-8.4%	16.2%
计算机、通信和其他电子设备制造业	1.7%	12.0%
有色金属冶炼和压延加工业	-10.2%	9.2%
电气机械和器材制造业	4.7%	8.3%
橡胶和塑料制品业	-0.4%	7.6%
印刷和记录媒介复制业	-3.7%	5.4%
化学原料和化学制品制造业	4.0%	4.9%
通用设备制造业	31.9%	4.8%
食品制造业	17.5%	3.6%
农副食品加工业	-15.6%	3.4%

表4　规模以上工业企业主要产品产量情况

产品名称	计量单位	产量	增长
饲料	万吨	58.75	-0.8%
布	万米	324	4.9%
服装	万件	489	-17.7%
轻革	万平方米	225.84	-28.4%
鞋	万双	514.7	-8.4%
家具	万件	231.65	-14.1%
多色印刷品	万对开色令	110.66	-17.6%
涂料	万吨	8.8	-12.2%
塑料制品	万吨	30.70	-16.1%
商品混凝土	万立方米	124.58	-10.8%
铜材	万吨	10.68	-8.2%
摩托车整车	万辆	56.41	-15.4%
电力电缆	万千米	26.99	-47.8%
灯具及照明装置	万套（台、个）	559.12	-27.5%
印制电路板	万平方米	338.88	-11.9%

年末有资质等级以上建筑企业 26 家，实现建筑业产值 29.47 亿元，增长 20.0%。

四、固定资产投资

全社会固定资产投资增长 5.0%，其中基础设施增长 65.5%，房地产开发投资下降 43.3%，其他投资增长 19.1%。按产业分，第二产业投资增长 14.8%，其中工业投资增长 14.8%，装备制造业投资增长 17.2%，工业技改投资增长 25.0%；第三产业投资下降 2.3%。

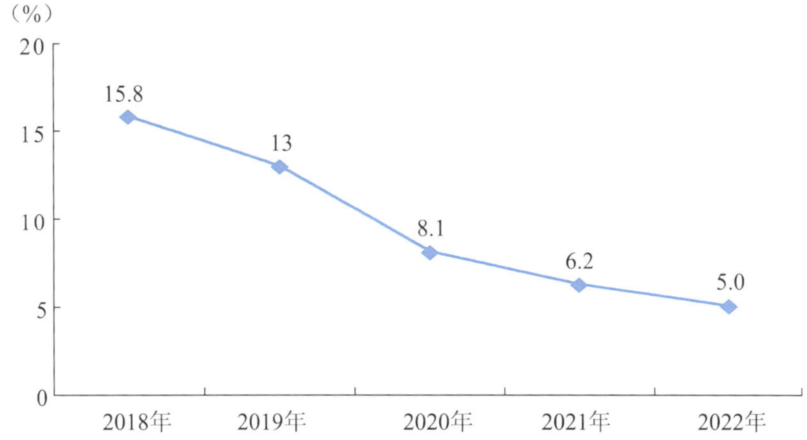

图 3　2018—2022 年固定资产投资增速

商品房施工面积 689.67 万平方米，下降 10.3%；商品房竣工面积 185.29 万平方米；商品房销售面积 84.78 万平方米，下降 38.1%；商品房销售额 51.65 亿元，下降 44.0%；商品房待售面积 82.88 万平方米，增长 7.2%。

五、交通运输、通信

全年新建、改建、扩建地方公路 8.32 公里，公路通车里程 1287.64 公里，其中高速公路 109.10 公里、一级公路 163.79 公里、二级公路 187.85 公里、三级公路 132.87 公里、四级公路 694.04 公里，每百平方公里公路密度为 118.92 公里。公路运输客运量 420.66 万人，旅客周转量 8161.17 万人公里。货运量 383.32 万吨，货物周转量 27 332.78 万吨公里，其中公路运输货运量 281.26 万吨，货物周转量 16 742.67 万吨公里，水路运输货运量 102.06 万吨，货物周转量 10 590.11 万吨公里。

年末拥有公共汽车营运车 116 辆，公共汽车客运量 223.25 万人次。

全市汽车保有量 12.62 万辆，其中载客汽车 11.21 万辆，载货汽车 1.37 万辆；新能源载客汽车 3101 辆，新能源载货汽车 154 辆。年末摩托车保有量 12.32 万辆。机动车驾驶员 23.74 万人。

全市拥有客船 20 艘，载客量 380 客位；货船 13 艘，净载重量 37 212 吨位；注册船员 79 名。船舶进出港 12 467 艘次，其中国内航线 11 449 艘次、国际航线（含港澳台航线）1018 艘次。

全市固定电话用户 7.20 万户，移动电话用户 67.96 万户，固定网络用户 23.64 万户。

六、国内贸易和服务业

全年社会消费品零售总额 158.86 亿元，增长 2.0%。批发业商品销售额 249.34 亿元，下降 11.3%；零售业商品销售额 103.10 亿元，增长 5.3%；住宿业营业额 1.59 亿元，下降 3.6%；餐饮业营业额 30.19 亿元，下降 3.3%。

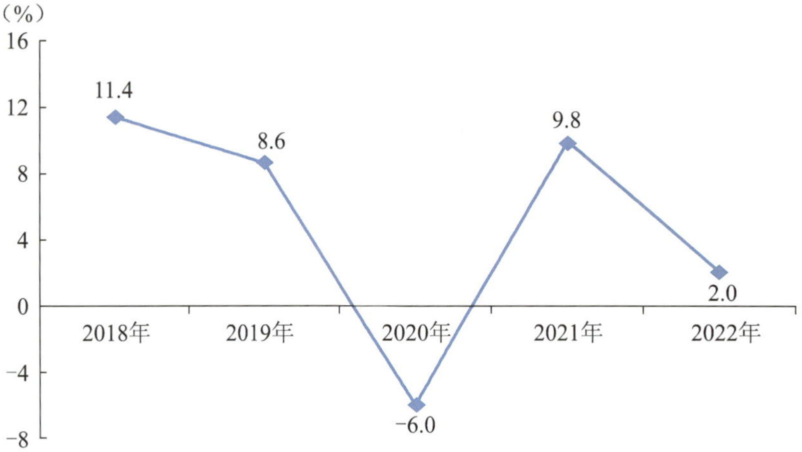

图4 2018—2022年社会消费品零售总额增速

全年规模以上服务业企业实现营业收入12.11亿元，增长48.3%。分行业看，交通运输、仓储和邮政业增长338.1%，水利、环境和公共设施管理业增长347.5%，文化体育和娱乐业增长27.0%。

七、对外经济

全年外贸进出口总值229.4亿元，下降14.5%，其中，出口207.6亿元，下降11.7%；进口21.8亿元，下降34.1%。实际利用外资金额13 074万美元，增长45.9%。按行业分，其中，制造业3740万美元，房地产业1100万美元，批发和零售业200万美元；按资金来源地区分，其中，香港5913万美元，澳门589万美元，美国47万美元。

八、财政、金融和保险业

全年税收收入49.44亿元（含海关代征1.50亿元），下降25.7%。全市地方一般公共预算收入35.73亿元，剔除留抵退税因素后同口径增长（以下简称同口径）3.4%，自然口径下降2.1%，其中镇（街）财政收入17.77亿元，同口径下降5.0%，自然口径下降15.1%，占全市一般预算收入的比重为49.7%。全年一般公共预算支出48.53亿元，下降1.9%，其中，教育支出10.07亿元，与上年保持稳定；卫生健康支出6.28亿元，增长10.6%；社会保障和就业支出9.22亿元，下降2.2%；民生类支出39.33亿元，占一般公共预算支出的81.0%。

金融机构本外币存款余额629.58亿元，同比增长9.6%，其中，人民币存款620.05亿元；金融机构本外币贷款余额590.45亿元，同比增长8.9%，其中，人民币贷款589.65亿元。

全市有各类保险公司24家，全年人寿及财产保险保费收入12.34亿元，增长3.3%，其中，财产保险保费收入3.85亿元，下降5.1%；人寿保险保费收入8.50亿元，增长7.6%。

九、教育和科学技术

全面实施九年免费义务教育，中小学在校学生合计74 828人。市开放大学在校学生836人，其中本科409人，大专427人；在校教师15人。普通中学21所，在校学生27 846人；职业中学1所，在校学生3145人；小学49所，在校学生43 837人；特殊学校1所，在校学生121人；幼儿园91所，在校学生21 791人。普通中学升本科、大专人数2608人，其中，本科2076人、专科532人。小学学龄儿童入学率100%，小学升学率100%，初中适龄少年入学率100%，初中升学率98.1%，普通高中升学率97.8%。

专利授权量 2900 件，其中，发明专利 137 件，实用新型 1598 件，外观设计 1165 件。《专利合作条约》PCT 国际专利申请量 8 件。截至 2022 年底，全市拥有有效发明专利 642 件，获得 3C 产品认证的企业 88 家，获得资质认定计量认证的实验室 21 家，高新技术企业 330 家，省级企业工程技术研究中心 61 家。

全年新增评审（认定）专业技术资格 486 人，其中，初级专业技术资格 429 人、中级专业技术资格 55 人、高级专业技术资格 2 人。

十、文化、体育、旅游和卫生

广播全年播出 8760 小时，鹤山市广播覆盖率 100%。电影院 3 个，放映场次 22 695 次，观众 20.2 万人次。文化馆 1 个，公共图书馆 1 个，图书馆藏书 32.38 万册，其中古籍 308 册，图书外借 12.66 万册次。档案馆 1 个，档案藏案量 16.30 万卷，资料 13 502 卷册，藏案量 38.9 万件。博物馆 1 个，收藏品 10 071 件。

全年举办各类运动会共 13 次，参加人员共计 13 800 人次。全民健身人数 10.8 万人次。市级体育协会（俱乐部）22 家，现有三级社会体育指导员 1533 名，二级社会体育指导员 205 名。2022 年度江门市青少年锦标赛鹤山市代表队共 350 人参加比赛，共获得奖牌 216 枚，其中金牌 57 枚、银牌 90 枚、铜牌 69 枚。

全年接待旅游者 97.47 万人次，其中，接待过夜游客 53.85 万人次、不过夜游客 43.62 万人次。星级饭店 1 家，星级饭店客房总数 58 间。等级旅游景区 4 个，其中 4A 级景区 1 个、3A 级景区 2 个和 2A 级景区 1 个。

全市医疗卫生机构 254 个，其中医院 6 个、社区卫生服务站 1 个、乡镇卫生院 10 个、诊所（医务室）107 个、村卫生室 126 个、疾病预防控制中心 1 个、妇幼保健机构 1 个、专科疾病防治机构 1 个、卫生监督所 1 个。医疗卫生机构床位 1873 张，其中医院 1211 张。全市卫生人员 4145 人，卫生技术人员 3668 人，其中卫生技术人员中执业医师 1132 人，执业助理医师 307 人，注册护士 1623 人，药师（士）260 人，技师（士）205 人，其他卫生技术人员 139 人。

十一、市政、资源、环境和安全生产

全市市政道路 135.33 公里，道路面积 358.66 万平方米。绿化覆盖面积 1498.09 公顷，公园绿化覆盖面积 340.03 公顷；公园 9 个，建成区绿化覆盖率 41.0%。城区控制规划面积 81.40 平方公里，建成区面积 36.55 平方公里。

全社会用电量为 47.04 亿千瓦时，增长 0.4%，其中，第一产业用电量 2.02 亿千瓦时，增长 11.0%；第二产业用电量 33.74 亿千瓦时，下降 1.0%，其中工业用电量 33.37 亿千瓦时，下降 1.0%；第三产业用电量 5.57 亿千瓦时，增长 1.0%。居民生活用电 5.71 亿千瓦时，增长 4.5%，其中，城镇居民用电 2.91 亿千瓦时，增长 5.0%；农村居民用电 2.80 亿千瓦时，增长 4.0%。

全市水资源总量 14.16 亿立方米。全年供水总量 7484.9 万立方米，用水量 6757.09 万立方米，其中，生产用水 2779.79 万立方米、生活用水 2892.23 万立方米、其他用水 1085.07 万立方米。

全市有污水处理厂 10 座，污水处理能力 11.31 万吨 / 天。城区生活污水排放量 3055.41 万吨，城区生活污水处理率 97.1%。

全市活立木蓄积量 418.88 万立方米，森林覆盖率 52.49%；森林面积 56 855.71 公顷，森林蓄积量 418.86 万立方米。

全年总降雨量 2042.8mm，最大日降雨量 109.1mm（8 月 4 日）；年平均气温 22.6℃，最高气温 38.6℃（7 月 25 日），最低气温 5.2℃（2 月 21 日）；年日照时数 1738.5 小时。

全市空气质量优良天数比例为 85.2%。在全年有效监测天数中，优占 51.0%（186 天），良占 34.2%（125 天）。细颗粒物（PM2.5）年平均浓度为 22 微克 / 立方米，同比改善 12.0%；可吸入颗粒物（PM10）年均浓度为 41 微克 / 立方米，同比改善 13.3%。降水 pH 年平均值为 7.8，优于 5.6 的酸雨临界值；酸雨频率为 0，降水 pH 浓度值范围在 5.65 至 8.84 之间。全市主要河流水质情况良好，西江干流水质达到Ⅱ类标准，市区饮用水源水质达标率 100%。市区昼间区域环境噪声等效声级平均值为 52.2 分贝，道路交通干线两侧昼间噪声为 67.1 分贝，优于国家城市区域环境噪声相应标准。

全年生产安全事故 1 起，直接经济损失 281 万元，亿元地区生产总值生产安全事故死亡率为 4.8%。

十二、人民生活和社会保障

全年居民人均可支配收入 33 078 元，增长 3.1%。按常住地分，城镇居民人均可支配收入 37 959 元，增长 2.1%；农村居民人均可支配收入 24 593 元，增长 5.0%。

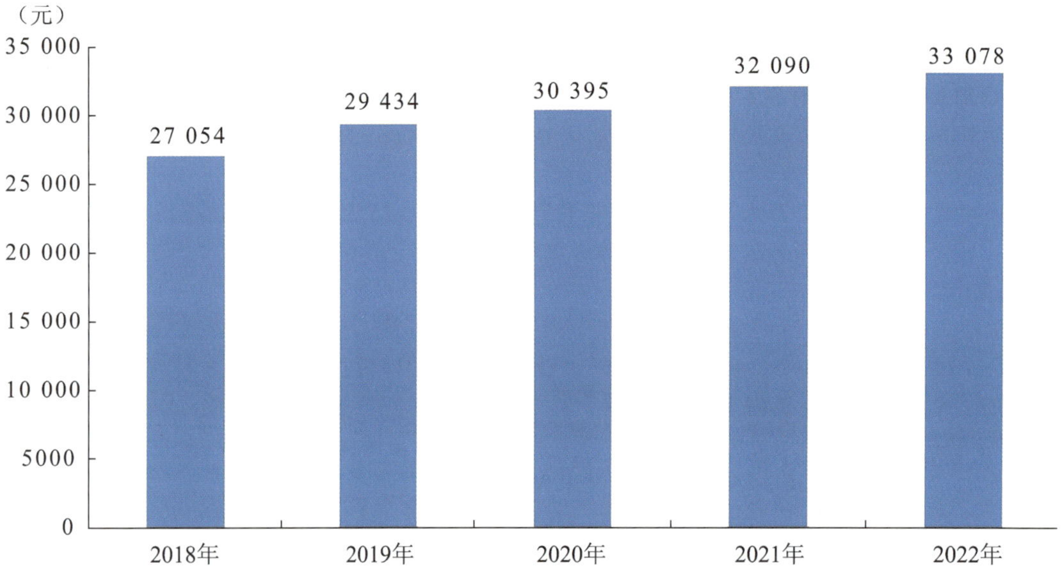

图 5　2018—2022 年居民可支配收入

全市参加城镇职工基本养老保险 197 227 人，其中，参加失业保险职工 139 631 人，参加基本医疗保险职工 215 347 人，参加工伤保险职工 148 854 人，参加生育保险职工 159 840 人。城乡居民参加基本养老保险 149 458 人，参加基本医疗保险 232 771 人。

全年城镇登记失业人员 3851 人，城镇登记失业率 2.4%。开展补贴性职业技能培训 6566 人，城镇新增就业 6837 人，城镇失业再就业 4125 人，促进创业 592 人。

年末拥有社会福利院 1 家、救助站 1 家，合计供养人员 109 人，床位 161 张；敬老院 7 家、养老院 3 家，合计养老人数 554 人，床位 1207 张。城乡居民最低生活保障 950 元 / 月，年末低保户 1620 户 2792 人，特困供养人数 911 人，社区服务设施 228 个。

注：

1. 本公报各项统计数据为初步统计数，如需使用，请与本局联系。

2. 公报中生产总值、工业、农业数据按当年价计算，增长速度按可比价计算。

3. 从 2011 年起，规模以上工业统计口径为年主营业务收入 2000 万元及以上；固定资产投资项目统计口径为计划总投资 500 万元及以上。

4.2022 年，规模以上服务业范围是：

（1）年营业收入2000万元及以上服务业法人单位。包括：交通运输、仓储和邮政业，信息传输、软件和信息技术服务业，水利、环境和公共设施管理业三个门类和卫生行业大类；

（2）年营业收入1000万元及以上服务业法人单位。包括：租赁和商务服务业、科学研究和技术服务业、教育三个门类，以及物业管理、房地产中介服务、房地产租赁经营和其他房地产业四个行业小类；

（3）年营业收入500万元及以上服务业法人单位。包括：居民服务、修理和其他服务业，文化、体育和娱乐业两个门类，以及社会工作行业大类。

5.职业中学未含雅图仕学校；普通中学21所，含普通高中3所、完全中学2所、普通初中10所、九年一贯制学校6所；小学49所，含九年一贯制学校6所、普通小学43所。

附表

2022年鹤山市经济社会发展主要指标

指标名称	单位	绝对值	增速
地区生产总值	亿元	458.51	2.8%
其中：第一产业增加值	亿元	36.46	6.5%
第二产业增加值	亿元	240.53	5.4%
第三产业增加值	亿元	181.52	-1.1%
农林牧渔业总产值	亿元	68.84	6.7%
粮食产量	万吨	6.13	-3.8%
规模以上工业增加值	亿元	194.83	4.1%
固定资产投资	亿元	—	5.0%
其中：工业投资	亿元	—	14.8%
基础设施投资	亿元	—	65.5%
房地产投资	亿元	—	-43.3%
社会消费品零售总额	亿元	158.86	2.0%
进出口总额	亿元	229.4	-14.5%
其中：出口总额	亿元	207.6	-11.7%
进口总额	亿元	21.8	-34.1%
实际利用外资	亿元	8.53	45.9%

续上表

指标名称	单位	绝对值	增速
一般公共预算收入	亿元	35.73	-2.1%
其中：税收收入	亿元	19.22	-17.8%
一般公共预算支出	亿元	48.53	-1.9%
税收收入	亿元	49.44	-25.7%
金融机构本外币存款余额	亿元	629.58	9.6%
金融机构本外币贷款余额	亿元	590.45	8.9%
居民人均可支配收入	元	33 078	3.1%
城镇居民人均可支配收入	元	37 959	2.1%
农村居民人均可支配收入	元	24 593	5.0%
全社会用电量	亿度	47.04	0.4%
其中：工业用电	亿度	33.37	-1.0%

国民经济指标

指标名称	单位	实绩	指标名称	单位	实绩
一、人口和劳动力			第二产业	万元	2 405 322
1. 年末户籍人口	人	396 218	第三产业	万元	1 815 186
城镇人口	人	210 469	三大产业比例	(%)	7.9:52.5:39.6
乡村人口	人	185 749	**三、农　业**		
男性	人	195 301	1. 农林牧渔业总产值（现行价）	万元	635 771
女性	人	200 917	农业	万元	249 283
户籍人口按年龄段分			林业	万元	29 705
0—17 岁	人	78 791	牧业	万元	162 268
18—34 岁	人	83 925	渔业	万元	157 574
35—59 岁	人	148 619	农林牧渔业专业及辅助性活动	万元	36 941
60 岁及以上	人	84 883	2. 年末耕地面积	亩	116 379.86
户籍人口变动情况			3. 粮食总产量	吨	61 280
出生入户	人	3093	水稻	吨	54 191
死亡注销	人	2884	4. 花生产量	吨	2436
2. 常住人口	万人	54.07	5. 甘蔗产量	吨	2116
城镇人口	万人	34.32	6. 蔬菜（含菜用瓜）	吨	324 808
城镇人口比重		63.47%	7. 瓜果类（果用瓜）	吨	3911
3. 年末社会从业人员	万人	28.60	8. 渔业产量	吨	69 180
第一产业	万人	2.79	鲫鱼	吨	4956
第二产业	万人	15.34	鳙鱼	吨	7980
第三产业	万人	10.47	加州鲈	吨	3112
二、社会总量指标			鲩鱼	吨	22 750
生产总值（现行价）	万元	4 585 070	罗非鱼	吨	6546
第一产业	万元	364 562	鲢鱼	吨	4136

续上表

指标名称	单位	实绩	指标名称	单位	实绩
四、规模以上工业			第二产业投资增速		14.8%
1. 企业个数（年报数）	个	589	工业投资增速		14.8%
亏损企业	个	110	装备制造业投资增速		17.2%
2. 工业总产值（现行价）	万元	8 524 771	工业技改投资增速		25.0%
3. 工业增加值（收入法）	万元	1 813 022	第三产业投资增速		-2.3%
4. 资产总计	万元	7 444 250	3. 商品房施工面积	万平方米	689.67
流动资产合计	万元	4 788 420	4. 商品房竣工面积	万平方米	185.29
固定资产原价	万元	3 027 532	5. 商品房销售面积	万平方米	84.78
累计折旧	万元	1 372 798	6. 商品房销售额	万元	516 464
负债合计	万元	4 345 325	7. 商品房待售面积	万平方米	82.88
所有者权益	万元	3 094 439	**六、国内贸易业**		
5. 营业收入	万元	8 294 323	1. 批发和零售业商品销售总额	万元	3 524 340
营业利润	万元	398 193	2. 社会消费品零售总额	亿元	158.86
利润总额	万元	406 222	**七、对外经济**		
6. 应付职工薪酬	万元	878 967	1. 进出口总值	亿元	229.4
从业人员年平均人数	人	104 132	出口总值	亿元	207.6
五、固定资产投资			进口总值	亿元	21.8
1. 固定资产投资增速		5.0%	2. 实际利用外资	亿元	8.53
基础设施增速		65.5%	**八、人民生活**		
其他投资增速		19.1%	1. 江门市城镇非私营单位就业人员年平均工资	元	96 927
房地产开发增速		-43.3%	在岗职工	元	98 720
2. 按行业分			2. 全体居民人均可支配收入	元	33 078

续上表

指标名称	单位	实绩	指标名称	单位	实绩
城镇居民人均可支配收入	元	37 959	**十、财政、金融**		
农村居民人均可支配收入	元	24 593	1. 财政总收入	万元	592 582
九、市场主体情况			地方公共财政预算收入	万元	357 292
1. 实有市场主体	家	51 478	各种税收	万元	192 195
企业	家	13 045	2. 地方公共财政预算支出	万元	489 526
内资企业	家	263	民生支出	万元	393 345
私营企业	家	11 639	教育支出	万元	100 729
外资企业	家	564	卫生健康支出	万元	62 948
合伙企业和个人独资企业	家	579	社会保障和就业支出	万元	92 544
农民专业合作社	家	254	3. 金融机构人民币各项存款余额	万元	6 200 502
个体户	家	38 179	境内住户存款	万元	4 461 022
2. 工业市场主体	家	9789	4. 金融机构人民币各项贷款余额	万元	5 896 489
工业企业	家	4397			

注：根据江门市统计局《关于江门市 2022 年城镇非私营单位就业人员平均工资的公告》。由于全国劳动工资统计方法制度改革，2020 年起不再公布分县（市、区）平均工资。

生产总值（GDP）

指标名称	绝对额（万元）	增速
地区生产总值	4 585 070	2.8%
农林牧渔业	379 957	6.5%
农林牧渔专业及辅助性活动	15 394	6.8%
工业	2 113 564	4.5%
建筑业	292 302	11.8%
批发和零售业	209 957	-5.6%
批发业	72 276	-11.6%
零售业	137 681	-0.8%
交通运输、仓储和邮政业	125 758	-3.0%
住宿和餐饮业	69 560	-2.7%
住宿业	6801	-9.6%
餐饮业	62 758	-2.2%
金融业	273 327	6.5%
房地产业	258 776	-18.1%
房地产业（K门类）	125 321	-28.8%
居民自有住房服务	133 455	3.2%
其他服务业	861 870	4.3%
新营利性服务业	280 021	4.2%
新非营利性服务业	581 849	4.3%
第一产业	364 562	6.5%
第二产业	2 405 322	5.4%
第三产业	1 815 186	-1.1%
按常住人口计人均生产总值（元）	84 980	1.9%

财政收支

单位：万元

指标名称	实绩	指标名称	实绩
地方一般公共预算收入	357 292	**地方一般公共预算支出**	489 526
一、税收收入	192 195	1. 一般公共服务支出	44 123
1. 增值税	49 645	2. 国防支出	1148
2. 企业所得税	16 057	3. 公共安全支出	30 254
3. 个人所得税	5080	4. 教育支出	100 729
4. 资源税	714	5. 科学技术支出	14 012
5. 城市维护建设税	14 182	6. 文化体育与传媒支出	8755
6. 房产税	23 680	7. 社会保障和就业支出	92 544
7. 印花税	9852	8. 卫生健康支出	62 948
8. 城镇土地使用税	11 556	9. 节能环保支出	3592
9. 土地增值税	23 690	10. 城乡社区支出	20 661
10. 车船税	2756	11. 农林水支出	46 102
11. 耕地占用税	3650	12. 交通运输支出	16 520
12. 契税	30 973	13. 资源勘探信息等支出	7854
13. 环境保护税	336	14. 商业服务业等支出	4932
14. 其他税收收入	24	15. 金融支出	120
二、非税收入	165 097	16. 自然资源海洋气象等支出	2559
1. 专项收入	42 028	17. 住房保障支出	20 199
2. 行政事业性收费收入	4547	18. 粮油物资储备支出	1608
3. 罚没收入	8606	19. 灾害防治及应急管理支出	3884
4. 国有资本经营收入	20 382	20. 其他支出	17
5. 国有资源（资产）有偿使用收入	86 821	21. 债务付息支出	6945
6. 捐赠收入	1015	22. 债务发行费用支出	20
7. 政府住房基金收入	1698		

城市公用事业统计

指标名称	单位	实绩	指标名称	单位	实绩
一、公用事业			4. 绿化覆盖面积	公顷	1498.09
1. 自来水综合生产能力	万立方米/日	24.35	公园绿化覆盖面积	公顷	340.03
2. 全年自来水供应量	万立方米	7484.90	建成区绿化覆盖率		40.99%
3. 用水量	万立方米	6757.09	5. 公园个数	个	9
生产用水	万立方米	2779.79	公园面积	公顷	340.03
生活用水	万立方米	2892.23	**三、用电**		
其他用水	万立方米	1085.07	1. 全社会用电量	万千瓦时	470 399
4. 生活垃圾清运量	万吨	19.93	2. 各行业用电合计	万千瓦时	413 299
生活垃圾处理量	万吨	19.93	第一产业	万千瓦时	20 244
5. 生活污水排放量（城区）	万吨	3055.41	第二产业	万千瓦时	337 364
生活污水处理率（城区）		97.05%	工业	万千瓦时	333 679
6. 污水处理厂	座	10	第三产业	万千瓦时	55 691
7. 污水处理能力	万吨/日	11.31	3. 城乡居民生活用电合计	万千瓦时	57 101
二、市政设施			城镇居民	万千瓦时	29 088
1. 市政道路总长度	公里	135.33	乡村居民	万千瓦时	28 012
道路面积	万平方米	358.66	**四、城区规模**		
2. 桥梁	座	32	1. 城区控制规划面积	平方公里	81.4
3. 城区市政道路路灯盏数	盏	20 001	2. 建成区面积（年末数）	平方公里	36.55

农作物播种面积和收获产量

（按年报反馈数据核定）

项目	面积（亩）	亩产（公斤）	总产（吨）
面积合计	456 522	—	—
一、粮食作物	175 063	350	61 280
1. 稻谷	150 583	360	54 191
早稻	73 203	370	27 087
晚稻	77 380	350	27 104
2. 玉米	8215	351	2880
3. 豆类	1744	187	326
4. 薯类（五折一）	14 521	267	3883
二、经济作物	281 459	—	—
1. 甘蔗	605	3498	2116
2. 油料作物	14 542	168	2436
花生	14 542	168	2436
3. 烟叶	5	200	1
4. 中草药材	2320	128	298
5. 蔬菜（含菜用瓜）	196 148	1656	324 808
6. 瓜果类（果用瓜）	2560	1528	3911
7. 其他农作物	65 279	—	—

规模以上工业企业主要产品产量

产品名称	计量单位	产量	产品名称	计量单位	产量
建筑用天然石料	立方米	647 957	铝材	吨	112 512
大米	吨	16 896	钢结构	吨	26 863
饲料	吨	587 521	金属门窗及类似制品	吨	12 368
熟肉制品	吨	6359	金属压力容器	吨	3646
焙烤松脆食品	吨	4300	金属包装容器	吨	111 385
糖果	吨	151	钢丝	吨	32 028
速冻食品	吨	4433	钢绞线	吨	8538
酱油	吨	449 799	不锈钢日用制品	吨	24 691
布	万米	324	铸铁件	吨	5969
化纤长丝机织物	万米	100	电梯、自动扶梯及升降机	台	6376
非织造布（无纺布）	吨	3019	风机	台	111 395
服装	万件	489	工商用制冷、空调设备	台（套）	102 568
轻革	平方米	2 258 410	金属紧固件	吨	6595
手提包（袋）、背包	万个	5.9	建筑工程用机械	台	9
鞋	万双	514.7	塑料加工专用设备	台	244
人造板	立方米	109 154	食品制造机械	台	606
家具	件	2 316 506	印刷专用设备	吨	529
机制纸及纸板（外购原纸加工除外）	吨	93 069	环境污染防治专用设备	台（套）	15 457
纸制品	吨	39 487	灭火器	台	990 798
单色印刷品	令	50 755	改装汽车	辆	122
多色印刷品	对开色令	1 106 623	摩托车整车	辆	564 087
涂料	吨	87 996	两轮脚踏自行车	辆	229 557
合成纤维聚合物	吨	2827	电动机	千瓦	10 098 946
化学试剂	吨	44 021	电力电缆	千米	269 962

续上表

产品名称	计量单位	产量	产品名称	计量单位	产量
表面活性剂	吨	45 166	锂离子电池	只（自然只）	2 659 541
合成洗涤剂	吨	17 901	电饭锅	个	698 130
塑料制品	吨	306 985	家用电热烘烤器具	个	2 702 787
商品混凝土	立方米	1 245 800	家用电热水器	台	855 166
隔热、隔音人造矿物材料及其制品	吨	12.2	家用电热取暖器具	台	32 672
钢化玻璃	平方米	227 968	家用燃气热水器	台	103 308
夹层玻璃	平方米	51 879	电光源	万只	3013
中空玻璃	平方米	304 239	灯具及照明装置	套（台、个）	5 591 191
日用玻璃制品	吨	2142	彩色电视机	台	17 729
耐火材料制品	吨	30 433	液晶显示屏	万片	29
钢材	吨	88 092	液晶显示模组	万套	537
铜合金	吨	7447.8	印制电路板	平方米	3 388 796
铝合金	吨	23 961	分析仪器及装置	台（套）	69
锌合金	吨	783	衡器（秤）	台	309
铜材	吨	106 774	自来水生产量	万立方米	8334.5

2022年鹤山市镇（街）基本情况

镇别	人口		基层组织		土地		经济建设		
	户籍年末总人口（人）	年末总户数（户）	居委会（个）	村委会（个）	土地面积（平方公里）	年末耕地总资源（亩）	规模以上工业产值（万元）	农林牧渔业产值（万元）	财政收入（万元）
合计	396 218	125 156	27	112	1082.67	116 379.86	8 524 771	635 771	177 684
沙坪	140 096	48 989	13	15	41.80	1703.00	549 917	7437	38 250
雅瑶	30 047	9650	3	10	82.53	10 607.64	993 772	59 455	16 280
古劳	29 966	8679	1	12	68.22	4431.61	936 637	71 424	16 361
龙口	37 084	11 015	1	15	157.36	15 069.60	586 062	75 176	10 793
桃源	20 294	6252	2	11	55.46	6500.61	1 086 192	31 753	15 842
鹤城	28 812	8717	1	15	159.13	8363.84	889 334	47 778	20 120
共和（工业城）	27 031	7984	2	9	89.92	8577.58	2 878 483	61 292	38 199
址山	30 351	8386	2	11	98.22	16 541.28	507 713	55 462	13 613
宅梧	32 653	9141	1	10	206.56	26 733.72	60 583	145 835	6472
双合	19 884	6343	1	4	123.47	17 850.98	36 079	80 159	1754

注：1. 村委会个数不包括村改居。
2. 年末耕地总资源数据由市自然资源局提供。
3. 土地面积数由市自然资源局提供。
4. 户籍人口数由市公安局提供。
5. 因各镇数据四舍五入，相加与合计可能有误差。

续上表

序号	文保单位名称	年代	保护级别	类别	地址	备注
9	共青团鹤山县特别支部旧址	中华民国	县（市）级文物保护单位	近现代重要史迹及代表性建筑	鹤山市雅瑶镇雅瑶村委会雅瑶罗经村	1994 年 6 月 7 日公布为鹤山市第二批文物保护单位
10	中共鹤山西北区工委旧址	中华民国	县（市）级文物保护单位	近现代重要史迹及代表性建筑	鹤山市龙口镇青文村委会瓦瑶村	1994 年 6 月 7 日公布为鹤山市第二批文物保护单位
11	李家成故居	中华民国	县（市）级文物保护单位	古建筑	鹤山市古劳镇上升村委会二度桥村 1 至 9 号	2002 年 11 月 13 日公布为鹤山市第三批文物保护单位
12	节孝流芳坊	清	县（市）级文物保护单位	古建筑	鹤山市雅瑶镇昆东村委会平岗村大桥坊	2006 年 8 月 28 日公布为鹤山市第四批文物保护单位
13	龙溪冯公祠	清	县（市）级文物保护单位	古建筑	鹤山市沙坪街道越塘村委会平圣村	2019 年 11 月 4 日公布为鹤山市第五批文物保护单位
14	楼冲七驳桥	清	县（市）级文物保护单位	古建筑	鹤山公园内	2019 年 11 月 4 日公布为鹤山市第五批文物保护单位
15	乐隐源公祠	清	县（市）级文物保护单位	古建筑	鹤山市龙口镇霄南村委会北门村	2019 年 11 月 4 日公布为鹤山市第五批文物保护单位
16	近湖源公祠	清	县（市）级文物保护单位	古建筑	鹤山市龙口镇霄南村委会礼查村村前	2019 年 11 月 4 日公布为鹤山市第五批文物保护单位
17	大霖温公祠	清	县（市）级文物保护单位	古建筑	鹤山市龙口镇霄南村委会七九村	2019 年 11 月 4 日公布为鹤山市第五批文物保护单位

续上表

序号	文保单位名称	年代	保护级别	类别	地址	备注
18	彩虹岭摩崖石刻	清	县（市）级文物保护单位	石窟寺石刻	鹤山市宅梧镇白水带村委会彩虹岭	2019年11月4日公布为鹤山市第五批文物保护单位
19	胡蝶旧居	清—中华民国	县（市）级文物保护单位	近现代重要史迹及代表性建筑	鹤山市沙坪街道坡山村委会水寨村86号	2019年11月4日公布为鹤山市第五批文物保护单位
20	饮水思源水塔	1930年	县（市）级文物保护单位	近现代重要史迹及代表性建筑	鹤山市沙坪街道园外苑20号鹤山一中校内	2019年11月4日公布为鹤山市第五批文物保护单位
21	梁赞故居	清（光绪）	县（市）级文物保护单位	近现代重要史迹及代表性建筑	鹤山市古劳镇古劳村委会东便村	2019年11月4日公布为鹤山市第五批文物保护单位
22	汉秋亭	1936年（中华民国二十五年）	县（市）级文物保护单位	近现代重要史迹及代表性建筑	鹤山市雅瑶镇黄洞村口	2019年11月4日公布为鹤山市第五批文物保护单位
23	广东人民抗日解放军政治部旧址	中华民国	县（市）级文物保护单位	近现代重要史迹及代表性建筑	鹤山市宅梧镇靖村村委会堂厦村	2019年11月4日公布为鹤山市第五批文物保护单位
24	桃源回澜桥	清	县（市）级文物保护单位	古建筑	鹤山市桃源镇旺龙村	2021年5月11日公布为鹤山市第六批文物保护单位
25	云宿山古寨遗址	明	县（市）级文物保护单位	古遗址	鹤山市双合镇泗合村与宅梧镇下沙村交界的云宿山顶	2021年5月12日公布为鹤山市第六批文物保护单位
26	张怀楼	中华民国	县（市）级文物保护单位	近现代重要史迹及代表性建筑	鹤山市址山镇云中村委会三村（拳头山）27号	2021年5月13日公布为鹤山市第六批文物保护单位

鹤山市不可移动文物名录

（119 处，按镇街）

序号	名称	年代	类别	地址	保护级别
沙坪街道（25 处）					
1	玉桥三世易宗祠	中华民国	近现代重要史迹及代表性建筑	鹤山市沙坪街道玉桥村	登记保护
2	龙潭五世易公祠	清	古建筑	鹤山市沙坪街道玉桥村	登记保护
3	玉桥市	清	古建筑	鹤山市沙坪街道玉桥村	登记保护
4	五世莲芳祠	清	古建筑	鹤山市沙坪街道玉桥村	登记保护
5	涌头岗窑址	唐	古遗址	鹤山市沙坪街道玉桥村	登记保护
6	惠济桥	清	古建筑	鹤山市沙坪街道玉桥村	县（市）级
7	荣达刘公祠	清	古建筑	鹤山市沙坪街道镇南村	登记保护
8	小范张氏宗祠	清	古建筑	鹤山市沙坪街道小范村	登记保护
9	饮水思源水塔	中华民国	近现代重要史迹及代表性建筑	鹤山市沙坪街道南山社区南山顶，即鹤山一中内	县（市）级
10	龙溪冯公祠	清	古建筑	鹤山市沙坪街道越塘村	县（市）级
11	青崖冯公祠	清	古建筑	鹤山市沙坪街道越塘村	登记保护
12	望楼坊门间	清	古建筑	鹤山市沙坪街道越塘村	登记保护
13	宣义易氏宗祠	清	古建筑	鹤山市沙坪街道坡山村	登记保护
14	楼冲七驳桥	清	古建筑	鹤山市沙坪街道楼冲村东，今鹤山公园内	县（市）级
15	水口吴氏大宗祠	清	古建筑	鹤山市沙坪街道汇源村	登记保护
16	胡蝶旧居	中华民国	近现代重要史迹及代表性建筑	鹤山市沙坪街道坡山村	县（市）级
17	南门华帝庙	清	古建筑	鹤山市沙坪街道坡山村	登记保护
18	易氏六世祠	清	古建筑	鹤山市沙坪街道坡山村	登记保护
19	坡山坡亭	清	古建筑	鹤山市沙坪街道坡山村	县（市）级

续上表

序号	名称	年代	类别	地址	保护级别
20	坡山窑址	唐	古遗址	鹤山市沙坪街道坡山村	登记保护
21	张元寿夫妇墓	宋	古墓葬	鹤山市沙坪街道南山社区	登记保护
22	松背坊门闾	清	古建筑	鹤山市沙坪街道越塘村	登记保护
23	大雁山梁氏家族墓	宋	古墓葬	鹤山市沙坪街道赤坎村	登记保护
24	石螺岗石刻	中华民国	石窟寺及石刻	鹤山市沙坪街道坡山村	登记保护
25	方奕智烈士墓	中华民国	近现代重要史迹及代表性建筑	鹤山市沙坪街道坡山村	登记保护
雅瑶镇（22处）					
26	隔朗文阁	清	古建筑	鹤山市雅瑶镇隔朗村	县（市）级
27	德明祖祠	明	古建筑	鹤山市雅瑶镇隔朗村	登记保护
28	岳泉楼	中华民国	近现代重要史迹及代表性建筑	鹤山市雅瑶镇上南村	登记保护
29	古蚕康公庙	清	古建筑	鹤山市雅瑶镇古蚕村	登记保护
30	安行桥	清	古建筑	鹤山市雅瑶镇石湖社区	登记保护
31	养直黄公祠	清	古建筑	鹤山市雅瑶镇黄洞村	登记保护
32	汉秋亭	中华民国	近现代重要史迹及代表性建筑	鹤山市雅瑶镇黄洞村	县（市）级
33	陆佑故居	清	近现代重要史迹及代表性建筑	鹤山市雅瑶镇黄洞村	登记保护
34	文轩家塾	清	古建筑	鹤山市雅瑶镇雅瑶村	登记保护
35	李铁夫艺术家纪念地	中华民国	近现代重要史迹及代表性建筑	鹤山市雅瑶镇陈山村	县（市）级
36	昆东宋氏大宗祠（鹤山县苏维埃政府旧址）	中华民国	近现代重要史迹及代表性建筑	鹤山市雅瑶镇昆东村	省级
37	茶园社坛	清	古建筑	鹤山市雅瑶镇雅瑶村	登记保护
38	观举祖祠	清	古建筑	鹤山市雅瑶镇雅瑶村	登记保护

续上表

序号	名称	年代	类别	地址	保护级别
39	共青团鹤山县特别支部旧址	中华民国	近现代重要史迹及代表性建筑	鹤山市雅瑶镇雅瑶村	县（市）级
40	节孝流芳坊	清	古建筑	鹤山市雅瑶镇昆东村	县（市）级
41	猛潦桥	中华民国	近现代重要史迹及代表性建筑	鹤山市雅瑶镇雅瑶村	登记保护
42	寺山晋墓	晋	古墓葬	鹤山市雅瑶镇昆东村	登记保护
43	腾赤龙环村防卫设施	明一清	古建筑	鹤山市雅瑶镇昆东村	登记保护
44	立轩宋公祠	清	古建筑	鹤山市雅瑶镇昆东村	登记保护
45	隔朗慎思堂	清	古建筑	鹤山市雅瑶镇隔朗村	登记保护
46	隔朗六座民居	清	古建筑	鹤山市雅瑶镇隔朗村	登记保护
47	逸岭祖祠	清	古建筑	鹤山市雅瑶镇昆东村	登记保护
古劳镇（12 处）					
48	上升李氏宗祠	清	古建筑	鹤山市古劳镇上升村	登记保护
49	李家成故居	清	古建筑	鹤山市古劳镇上升村	县（市）级
50	桥仔墩桥	清	古建筑	鹤山市古劳镇新星村	登记保护
51	福星里石板桥	清	古建筑	鹤山市古劳镇新星村	登记保护
52	点天灯石板桥	清	古建筑	鹤山市古劳镇新星村	登记保护
53	梁赞故居	清	古建筑	鹤山市古劳镇古劳村	县（市）级
54	凤冈窑址	唐	古遗址	鹤山市古劳镇古劳村	登记保护
55	积庆堂民居	清	古建筑	鹤山市古劳镇麦水村	登记保护
56	古劳围	明	古建筑	鹤山市古劳镇及沙坪街道	登记保护
57	永宁桥	清	古建筑	鹤山市古劳镇下六村	登记保护
58	水月宫窦	清	古建筑	鹤山市古劳镇下六村	登记保护
59	双桥窦	中华民国	近现代重要史迹及代表性建筑	鹤山市古劳镇双桥村	登记保护

续上表

序号	名称	年代	类别	地址	保护级别
龙口镇（11处）					
60	乐隐源公祠	清	古建筑	鹤山市龙口镇霄南村	县（市）级
61	中共鹤山西北区工委旧址	中华民国	近现代重要史迹及代表性建筑	鹤山市龙口镇青文村	县（市）级
62	南渠	1973-1980年	近现代重要史迹及代表性建筑	鹤山市龙口镇那白村、五福村、青文村	登记保护
63	银坑方铅矿坑遗址	北宋至明	古遗址	鹤山市龙口镇沙云村	登记保护
64	沙洞回澜桥	中华民国	近现代重要史迹及代表性建筑	鹤山市龙口镇沙云村	登记保护
65	冯惟乙墓	隋	古墓葬	鹤山市龙口镇湴蓼村	登记保护
66	上元老井	明	古建筑	鹤山市龙口镇三洞村	登记保护
67	齐云洞矿井遗址	北宋至明	古遗址	鹤山市龙口镇中七村	登记保护
68	量米岗石棺墓	明	古墓葬	鹤山市龙口镇中七村	登记保护
69	近湖源公祠	清	古建筑	鹤山市龙口镇霄南村	县（市）级
70	大霖温公祠	清	古建筑	鹤山市龙口镇霄南村	县（市）级
桃源镇（3处）					
71	狮子岗遗址	周	古遗址	鹤山市桃源镇旺龙村	登记保护
72	旺珠村回澜桥	清	古建筑	鹤山市桃源镇旺龙村	县（市）级
73	李竹溪墓	明	古墓葬	鹤山市桃源镇龙溪村	登记保护
鹤城镇（9处）					
74	庆泽桥	清	古建筑	鹤山市鹤城镇鹤城村	登记保护
75	水浪陂	清	古建筑	鹤山市鹤城镇鹤城村	登记保护
76	鹤城城隍庙	清	古建筑	鹤山市鹤城镇鹤城村	登记保护
77	鹤城同善分堂	清	古建筑	鹤山市鹤城镇昆源社区	登记保护
78	官田祖庙	清	古建筑	鹤山市鹤城镇东南村	登记保护

续上表

序号	名称	年代	类别	地址	保护级别
79	彩虹古道遗址	清	古遗址	鹤山市鹤城镇万和村至宅梧镇白水带村	登记保护
80	三堡七驳桥	清	古建筑	鹤山市鹤城镇坪山村	登记保护
81	四新楼	中华民国	近现代重要史迹及代表性建筑	鹤山市鹤城镇禾谷村	登记保护
82	其熙何公祠	中华民国	近现代重要史迹及代表性建筑	鹤山市鹤城镇南星村	登记保护
共和镇（9处）					
83	保安碉楼	中华民国	近现代重要史迹及代表性建筑	鹤山市共和镇民族村	登记保护
84	北平楼	中华民国	近现代重要史迹及代表性建筑	鹤山市共和镇来苏村	登记保护
85	钟柔墓	清	古墓葬	鹤山市共和镇来苏村	登记保护
86	长兴窑	中华民国	近现代重要史迹及代表性建筑	鹤山市共和镇里元村	登记保护
87	大凹关帝庙	清	古建筑	鹤山市共和镇大凹村	省级
88	细水桥	清	古建筑	鹤山市共和镇大凹村	登记保护
89	山顶坊	中华民国	近现代重要史迹及代表性建筑	鹤山市共和镇平汉村	登记保护
90	清奇楼	中华民国	近现代重要史迹及代表性建筑	鹤山市共和镇泮坑村	登记保护
91	锦源楼	中华民国	近现代重要史迹及代表性建筑	鹤山市共和镇铁岗社区	登记保护
址山镇（13处）					
92	镇南楼	中华民国	近现代重要史迹及代表性建筑	鹤山市址山镇昆中村	登记保护
93	和安楼	中华民国	近现代重要史迹及代表性建筑	鹤山市址山镇四九村	登记保护
94	兄弟义士坊	中华民国	近现代重要史迹及代表性建筑	鹤山市址山镇四九村	县（市）级

续上表

序号	名称	年代	类别	地址	保护级别
95	龙步楼	中华民国	近现代重要史迹及代表性建筑	鹤山市址山镇昆联村	登记保护
96	新基炮楼	中华民国	近现代重要史迹及代表性建筑	鹤山市址山镇新莲村	登记保护
97	苍华马房	清	古建筑	鹤山市址山镇昆华村	登记保护
98	存德堂	中华民国	近现代重要史迹及代表性建筑	鹤山市址山镇禾南村	登记保护
99	见龙里碉楼	中华民国	近现代重要史迹及代表性建筑	鹤山市址山镇禾南村	登记保护
100	四福楼	中华民国	近现代重要史迹及代表性建筑	鹤山市址山镇禾南村	登记保护
101	中共新鹤县工委旧址	中华民国	近现代重要史迹及代表性建筑	鹤山市址山镇昆联村	登记保护
102	张怀楼	中华民国	近现代重要史迹及代表性建筑	鹤山市址山镇云中村	县（市）级
103	陈英翁妣李氏墓	宋	古墓葬	鹤山市址山镇云新村	登记保护
104	坳下新桥	清	古建筑	鹤山市址山镇云中村	登记保护
宅梧镇（11处）					
105	彩虹岭摩崖石刻	清	石窟寺及石刻	鹤山市宅梧镇白水带村	县（市）级
106	梧冈抗战阵亡将士纪念碑	1998年	近现代重要史迹及代表性建筑	鹤山市宅梧镇梧冈社区	登记保护
107	梧冈革命烈士纪念碑	1986年	近现代重要史迹及代表性建筑	鹤山市宅梧镇梧冈社区	登记保护
108	广东人民抗日解放军司令部旧址	中华民国	近现代重要史迹及代表性建筑	鹤山市宅梧镇靖村村	省级
109	铁炉岗庙	清	古建筑	鹤山市宅梧镇靖村村	登记保护
110	广东人民抗日解放军政治部旧址	中华民国	近现代重要史迹及代表性建筑	鹤山市宅梧镇靖村村	县（市）级
111	德厚楼	中华民国	近现代重要史迹及代表性建筑	鹤山市宅梧镇下沙村	登记保护

续上表

序号	名称	年代	类别	地址	保护级别
112	福樟大屋	中华民国	近现代重要史迹及代表性建筑	鹤山市宅梧镇白水带村	登记保护
113	龙南赖公祠	清	古建筑	鹤山市宅梧镇白水带村	登记保护
114	五福楼	中华民国	近现代重要史迹及代表性建筑	鹤山市宅梧镇选田村	登记保护
115	选田新桥	清	古建筑	鹤山市宅梧镇选田村	登记保护
双合镇（4处）					
116	云宿山古寨遗址	明	古遗址	鹤山市双合镇泗合村	县（市）级
117	麦鹰扬墓	清	古墓葬	鹤山市双合镇泗合村	登记保护
118	泗合麦氏祖祠	清	古建筑	鹤山市双合镇泗合村	登记保护
119	抚民麦公祠	清	古建筑	鹤山市双合镇泗合村	登记保护

鹤山汽车总站线路班车时间汇总表

票价以当天公示为准

类别	线路	途经站/终点站	发车时间	运行方式
省内普通班车	鹤山—宝安	沙井、福永/宝安	10:10、14:30	普通
	鹤山—佛山	九江、龙山、龙江、水藤、乐从、澜石/佛山	8:30、10:30、12:10、14:15、16:30、18:00	普通
	鹤山—大良	九江、龙山、大良/容桂	8:00、9:10、10:30、14:00、16:30	普通
	鹤山—连州	清远、阳山/连州	9:40	普通
	鹤山—省站	省站	6:15—19:00，约隔45分钟一班	普通
	鹤山—广州火车东站	天河/广州火车东站	7:25—16:00，约隔100分钟一班	普通
	鹤山—芳村站	芳村	7:00、10:20、13:40、16:50	普通
	鹤山—罗湖	福田/罗湖	9:00、15:20	普通
	鹤山—东莞常平	东莞汽车东站	9:30、15:05	普通
	鹤山—拱北	拱北	8:30、14:00、15:30	普通
	鹤山—惠州	惠东、惠阳	9:10	普通
	鹤山—肇庆	肇庆	10:00、12:00、15:30、18:30	普通
	鹤山—汕头	汕头	11:10	普通
	鹤山—龙岗	龙岗	9:00	普通
省外普通班车	鹤山—广西信都	广西信都/广西沙头	8:20	普通
	鹤山—广西平乐	广西信都、广西八步、广西钟山/广西平乐	17:30	普通
	鹤山—广西融水	广西融安/广西融水	12:00	普通
	鹤山—湖南常宁	湖南常宁	8:00	普通
	鹤山—梧州	梧州	10:15	普通

鹤山市公交线路表

序号	线路名称	起点	终点	线路长度（公里）	起点站发班时间	终点站发班时间	运行班次	线路走向	运行车辆台数	车牌号码	备注
1	502	碧桂园	鹤山公园	17	7:00—20:00，碧桂园：7:00—8:30（高峰），约每隔20分钟一班；18:00—20:00，约60分钟一班，其余时间约每隔40分钟一班	8:20—20:00，每隔40分钟一班	44	碧桂园（鹤起香泉）—碧桂园大道—大润发—新保健院—汽车总站（坚美园）—文明酒店—文边村—新华市场—中山桥—新业路—中东西牌坊—职中（党校）—保利（天誉）—新公安局—文化中心—江门大道口（城市之光）—鹤山公园（首末站）	4	J09311D、J09031D、J08121D、J08117D	
2	503	汽车总站	雁山酒店	13	6:25—21:30，每隔15至20分钟一班	7:10—21:30，每隔15至20分钟一班	125	汽车总站—新保健院—大润发—碧桂园路口—凯旋城—经纬花园—人民医院—新天地（北湖广场）—新华市场—越塘村—证券公司—中东西牌坊—鹤华中学—鹤山法院—鹤山公园—纪元中学—高质时装厂—鹤山标志—水闸—渡口所—黄宝坑—九江桥脚—雁山酒店	8	J52686、J52689、J52668、J52680、J52682、J52683、J52681、J52676	

续上表

序号	线路名称	起点	终点	线路长度（公里）	起点站发班时间	终点站发班时间	运行班次	线路走向	运行车辆台数	车牌号码	备注
3	505	汽车总站	雁山西门	12	6:35—21:30，每隔15至20分钟一班（其中6:35—19:45的班次终点站是雁山西门，其余班次终点站是赤坎）	7:20—21:30，每隔15至20分钟一班（其中20:55—21:30在赤坎发班）	94	汽车总站—文明酒店—文边村—中医院—邮政局—中山桥—新湖派出所（联通公司）—电信广场—中东西牌坊—鹤华中学—沙坪油站—公路局（供电局）—江门大道口（城市之光）—鹤山公园—公园1号—赤坎—汇源新都—汇源村—雁山西门	6	J52665、J52678、J52687、J52685、J52692、J52688	
4	506	汽车总站	十里方圆九章	16	7:15—17:45，每隔45至50分钟一班	7:55—18:25，每隔45至50分钟一班	28	上行：汽车总站—文明酒店—文边村—中医院—邮政局—中山桥—新湖派出所—电信广场—中东西牌坊—鹤华中学—沙坪油站—公路局（供电局）—江门大道口（城市之光）—鹤山公园—实验中学—十里方圆九章站 下行：十里方圆九章站—十里方圆售楼部—雁山西门—汇源村—汇源新都—赤坎—公园1号—鹤山公园—公路局—沙坪油站—鹤山广场—中东西牌坊—电信广场—联通公司—中山桥—邮政局—中医院—文边村—文明酒店—汽车总站	2	J52666、J52696	

续上表

序号	线路名称	起点	终点	线路长度（公里）	起点站发班时间	终点站发班时间	运行班次	线路走向	运行车辆台数	车牌号码	备注
5	521	汽车总站	新水乡码头	18	6:30—20:30，每隔20至30分钟一班	7:10—21:00，每隔20至30分钟一班	78	汽车总站—新保健院—大润发—碧桂园路口—凯旋城—经纬花园—人民医院（侧门）—新天地—和平路口—美雅公司—华大市场—胜利厨具厂—古劳中学—连南—大埠—连城—江头—下六—连北—东古—麦水—太平—古劳—雅图仕绿茵花园—新水乡码头	9	J54781、J54782、J54783、J54785、J54790、J54792、J54786、J54787、J09320D	
6	524	汽车总站	茶山	25	9:00、14:00（逢星期四）	9:50、14:50（逢星期四）	4	汽车总站—新保健院—大润发—碧桂园路口—凯旋城—经纬花园—人民医院（侧门）—新天地—和平路口—美雅公司—华大市场—胜利厨具厂—古劳中学—连南—大埠—连城—江头—下六—连北—东古—麦水—太平—古劳—丽水—茶山	—	—	

续上表

序号	线路名称	起点	终点	线路长度（公里）	起点站发班时间	终点站发班时间	运行班次	线路走向	运行车辆台数	车牌号码	备注
7	523	汽车总站	三连	8	8:30—16:00，每隔30分钟一班	9:10—16:40，每隔30分钟一班	16	汽车总站—新保健院—大润发（碧桂园）—福利院—华山泉厂—华大市场—美雅公司—人民医院—邮政局—中山桥—华苑大厦—大昌花园—新环路—前江—古劳中学—连南—大埠—连城	3	J09379D、J09378D、J09628D	
8	525	新天地	双桥	9	9:00、13:15	9:30、13:45	4	新天地—中山桥—华苑大厦—大昌花园—新环路—双桥			
9	532	汽车总站	古蚕	9	10:50、15:50	11:05、16:05	4	汽车总站—坚美广场—石湖卫生院—石湖—古蚕			

续上表

序号	线路名称	起点	终点	线路长度（公里）	起点站发班时间	终点站发班时间	运行班次	线路走向	运行车辆台数	车牌号码	备注
10	533	新天地	南靖	15	9:00、14:20	9:40、14:50	4	新天地—中医院—文边村—文明酒店—石湖候车亭—山仔—新村—陈山—黄洞—隔朗—昆东—洞田—南靖候车亭	3	J09379D、J09378D、J09628D	
11	534	汽车总站	上南	4	10:20、15:00	10:35、15:15	4	汽车总站—大岗—上南			
12	554	汽车总站	宵乡	12	9:00、13:45	9:30、14:15	4	汽车总站—新保健院—大润发（碧桂园）—福利院—华山泉厂—华大市场—美雅公司—人民医院—邮政局—中山桥—华苑大厦—大昌花园—新环路—前江—古劳中学—连南—大埠—连城—江头—宵乡			

续上表

序号	线路名称	起点	终点	线路长度（公里）	起点站发班时间	终点站发班时间	运行班次	线路走向	运行车辆台数	车牌号码	备注
13	531	汽车总站	雅瑶工业区	14	6:40—20:30，每隔30分钟一班	7:15—21:00，每隔30分钟一班	68	汽车总站—爱尔新希望—宝芝林医院—凯旋城—经纬花园—人民医院—中医院—文边村—文明酒店—碧桂园—石湖卫生院—石湖—湖夏—陈山—新村—江厦—雅瑶中学—隔朗—雅瑶医院—泊步—派出所—雅瑶市场—雅瑶镇—乌石—工业区路口—创伟家具厂—超市—东旭—鸿业印刷厂	5	J54775、J54776、J54780、J54779、J54777	
14	541	新天地	南头	12	6:40—20:30，每隔30至40分钟一班	7:10—21:00，每隔30至40分钟一班	46	新天地—人民医院—美雅公司—华大市场—华山泉厂—福利院—必登高鞋厂—竹朗东门—竹朗南门—三富牌坊—三富卫生院—桃源服务中心—桃源电信楼—桃源旧市场—桃源小学—旺边—南头卫生院—禄洞小学	4	J08886D、J08112D、J08013D、J08211D	

续上表

序号	线路名称	起点	终点	线路长度（公里）	起点站发班时间	终点站发班时间	运行班次	线路走向	运行车辆台数	车牌号码	备注
15	551	鹤山公园公交首末站	福迳	19	6:40—20:30，每隔40分钟一班	7:15—21:00，每隔40分钟一班	42	鹤山公园—鹤山法院—鹤山广场（鹤华中学）—水部里—越塘路口—中医院—新天地—美雅公司—华大市场—水东市场—玉桥—木棉岗—德柏站—青文—龙口桥—中七路口—协华村—尧溪村—三凤村—凤巢村—云顶岗村—沙云—福迳村委	6	J08989D、J08227D、J08267D、J09330D、J08216D、J08163D	
16	552	鹤山公园（首末站）	中七	15	8:05、10:30、15:20	8:35、10:55、16:00	6	鹤山公园—鹤山法院—鹤山广场（鹤华中学）—水部里—越塘路口—中医院—新天地—美雅公司—华大市场—水东市场—玉桥—木棉岗—德柏站—青文—龙口桥—中七路口—大朗—大朗新村—大塘球场—江咀村—马岗村			

续上表

序号	线路名称	起点	终点	线路长度（公里）	起点站发班时间	终点站发班时间	运行班次	线路走向	运行车辆台数	车牌号码	备注
17	553	鹤山公园（首末站）	粉洞	21	7:20、10:00、16:50	8:20、11:00、17:50	6	鹤山公园—鹤山法院—鹤山广场（鹤华中学）—水部里—越塘路口—中医院—新天地—美雅公司—华大市场—水东市场—玉桥—木棉岗—德柏站—青文—龙口桥—中七路口—协华村—尧溪村—三凤村—凤巢村—云顶岗村—沙云—凤沙工业园—沙洞—粉洞路口—浪石村—七星地村—粉洞村委	6	J08989D、J08227D、J08267D、J09330D、J08216D、J08163D	
18	561	汽车总站	共和车站	32	6:10—19:00，每隔30至40分钟一班	7:10—19:40，每隔30至40分钟一班	46	汽车总站—新保健院—大润发—必登高鞋厂—电商1号—钱塘—蟠龙路口—桃源—珠岗村—北丰厂—龙溪—中胜—禾昌合—笛洞—马山—鸡仔地—大坪村—竹叶水—南洞路口—酒楼坪—里村居委会—里村学校—吉元—杉山—南伍—福山—来苏工业区—来苏—共和中学—共和碧桂园—高速路口—共和车站—鹤山工业城招呼站	7	J54710、J54712、J54771、J54772、J54773、J54788、J54797	

续上表

序号	线路名称	起点	终点	线路长度（公里）	起点站发班时间	终点站发班时间	运行班次	线路走向	运行车辆台数	车牌号码	备注
19	562	汽车总站	新民	32	7:00、14:00	8:00、15:00	4	汽车总站—新保健院—大润发—必登高鞋厂—电商1号—钱塘—蟠龙路口—桃源—珠岗村—北丰厂—龙溪—中胜—禾昌合—笥洞—马山—鸡仔地—大坪村—竹叶水—南洞路口—酒楼坪—里村居委会—里村学校—吉元—杉山—南伍—福山—来苏工业区—来苏—共和中学—共和碧桂园—高速路口—共和车站—民族村—新民	7	J54710、J54712、J54771、J54772、J54773、J54788、J54797	
20	564	汽车总站	平汉	34	10:00、15:30	11:00、16:30	4	汽车总站—新保健院—大润发—必登高鞋厂—电商1号—钱塘—蟠龙路口—桃源—珠岗村—北丰厂—龙溪—中胜—禾昌合—笥洞—马山—鸡仔地—大坪村—竹叶水—南洞路口—酒楼坪—里村居委会—里村学校—吉元—杉山—南伍—福山—来苏工业区—来苏—共和中学—共和碧桂园—高速路口—共和车站—大凹—平汉			

续上表

序号	线路名称	起点	终点	线路长度（公里）	起点站发班时间	终点站发班时间	运行班次	线路走向	运行车辆台数	车牌号码	备注
21	W563	银雨一村	春树里	16	6:50—8:20；11:50—13:30；17:30—19:15	7:10—8:30 12:10—13:50 17:50—19:30	60	银雨一村—共和生态公园—共和市场—工业西区—良庚路口—海港城—世逸电子—朗达电子—恒富制衣—创新中心—明星窗帘—东鹏家居—得润电子—春树里	6	J09310D、J09302D、J09100D、J09322D、J09023D、J09217D、J59011	
	W563复线	共和市场	世运电子	7	6:45—8:00；17:30—19:30，每15分钟一班车	微循环运行	30	共和市场—银雨一村—铁岗村委—世运电子	1		

续上表

序号	线路名称	起点	终点	线路长度（公里）	起点站发班时间	终点站发班时间	运行班次	线路走向	运行车辆台数	车牌号码	备注
22	571	汽车总站	水口车站	48	6:10—19:00，每隔30至35分钟一班	7:10—19:45，每隔30至35分钟一班	50	鹤山汽车总站—文明酒店—文边村—中医院—人民医院—石岭村—华大市场—荀山路口—福利院—旧桃源收费站—1号电商—钱塘路口—桃源镇—珠岗村—建桃工业区—联塑厂—龙溪—中胜路口—和记工业园—看守所—活力家具厂—摩立斯厂—天鹰厂—鸡心岗—上鹿安—下鹿安—鹿子坑—四中队—小官田—鹤山工业城—东坑村—新牛力厂—禾谷路口—白米田—禾南—下黄村—殷洞村—古猛村—址山碧桂园—址山镇—坪沙村—大朗—三田路口—东溪—亚洲厨卫城—水口车站	10	J06198D、J06132D、J06133D、J06177D、J06208D、J06211D、J06212D、J06223D、J06277D、J06100D	

续上表

序号	线路名称	起点	终点	线路长度（公里）	起点站发班时间	终点站发班时间	运行班次	线路走向	运行车辆台数	车牌号码	备注
23	572	汽车总站	云乡	39	6:30—17:30，每隔1小时左右一班	7:45—18:30，每隔1小时左右一班	24	上行：汽车总站—文明酒店—文边村—中医院—人民医院—美雅公司—华大市场—笥山路口—福利院—旧桃源收费站—电商1号—钱塘路口—桃源镇—珠岗村—建桃工业区—联塑厂—龙溪—中胜路口—和记工业园—看守所—活力家具厂—水松坑村—天鹰厂—大芙蓉村—龙眼洞—鹤城客运站—五子园—先锋—罩山村—邱杨叶村—东坑口村—禾谷—禾南—下黄村—角塘村—山下村—矮岭村—马山村—田心—云乡市场 下行：云乡市场—田心—马山村—矮岭村—山下村—角塘村—下黄村—禾南—白米田—禾谷路口—新牛力厂—东坑村—鹤山工业城—先锋—五子园—鹤城客运站—昆仑学校—龙眼洞—大芙蓉村—天鹰厂—摩立斯厂—活力家具厂—看守所—和计工业园—中胜路口—龙溪—联塑厂—建桃工业区—珠岗村—桃源镇—钱塘路口—1号电商—旧桃源收费站—福利院—荀山路口—华大市场—石岭街口—人民医院—中医院—文边村—文明酒店—鹤山汽车总站	4	J09312D、J09301D、J09081D、J09078D	

续上表

序号	线路名称	起点	终点	线路长度（公里）	起点站发班时间	终点站发班时间	运行班次	线路走向	运行车辆台数	车牌号码	备注
24	573	云乡圩	址山镇府	12	8:00、9:30、15:30、16:20	8:30、9:45、15:50、16:40	8	云乡圩—址山镇府	4	J09312D、J09301D、J09081D、J09078D	
25	581	鹤山公园（首末站）	鹤城镇	31	6:30—18:30，约30至40分钟一班	7:20—19:20，约30至40分钟一班	44	鹤山公园—鹤山法院—鹤山广场—水部里—越塘路口—新华市场—北湖广场（新天地）—美雅公司—华大市场—水东市场—玉桥—木棉岗—德柏站—青文—龙口桥—中七路口—协华村—尧溪村（龙口中学）—平心村—松岗—大观园—洴翏村—那白村—金岗圩—五福村—水口村—莲塘村—珠村—上元村—古造村—三洞村—横水村—四堡村（上藕塘）—上新村—昆仑山泉—营信村—马屋村—城西新村—利更村—合底村—城西村—七翁井—西门村—鹤城小学—鹤城车站	7	J09283D、J09355D、J08103D、J08202D、J08223D、J09337D、J08220D	

续上表

序号	线路名称	起点	终点	线路长度（公里）	起点站发班时间	终点站发班时间	运行班次	线路走向	运行车辆台数	车牌号码	备注
26	582	汽车总站	三堡	38	6:45、8:00、9:00、10:00、11:30、13:00、14:00、15:00、16:00、17:00	7:45、9:00、10:00、11:00、12:30、14:00、15:00、16:00、17:00、18:00	20	上行：汽车总站—文明酒店—文边村—中医院—人民医院—美雅公司—华大市场—筍山路口—福利院—旧桃源收费站—1号电商—钱塘路口—桃源镇—珠岗村—建桃工业区—联塑—龙溪—中胜路口—和记工业区—筍洞—马山—农科所—鸡仔地—大坪村—竹叶水—茅坪村—南洞小学—威诗柏厂—南洞围村—大芙蓉村—龙眼洞—鹤城客运站—五子园—先锋—罩山村—邱杨叶村—东坑口村—禾谷—黎屋村—南塘—白坎村—五星村—万和村—坪山村—其美村—北芬—石九湾—先锋大队 下行：先锋大队—五子园—鹤城客运站—昆仑学校—龙眼洞—大芙蓉村—南洞围村—威诗柏厂—南洞小学—茅坪村—竹叶水—大坪村—鸡仔地—农科所—马山—荀洞—和计工业园—中胜路口—龙溪—联塑厂—建桃工业区—珠岗村—桃源镇—钱塘路口—1号电商—旧桃源收费站—福利院—荀山路口—华大市场—石岭街口—人民医院—中医院—文边村—文明酒店—鹤山汽车总站	3	J06131D、J06163D、J06216D	

续上表

序号	线路名称	起点	终点	线路长度（公里）	起点站发班时间	终点站发班时间	运行班次	线路走向	运行车辆台数	车牌号码	备注
27	591	汽车总站	宅梧车站	45	8:05—18:00，每隔60分钟一班	6:40—17:30，每隔60分钟一班	18	上行：汽车总站—新保健院—大润发—旧桃源收费站—1号电商—钱塘路口—桃源镇—珠岗村—建桃工业区—联塑厂—龙溪—中胜路口—和记工业园—看守所—活力家具厂—水松坑村—天鹰厂—鸡心岗—上鹿安—下鹿安—皇冠路口—四中队—小官田—威诗柏酒店—五子园—横坑—万和村—选田村—荷村—榴花坪—宅梧收费站—宅梧加油站—宅梧车站 下行：宅梧车站—宅梧加油站—宅梧收费站—榴花坪—荷村—选田村—万和村—横坑—五子园—工业一区路口—小官田下咀村—小官田—四中队—鹿子坑—下鹿安—上鹿安—鸡心岗—天鹰厂—摩立斯厂—活力家具厂—看守所—和记工业园—中胜路口—龙溪—联塑厂—建桃工业区—珠岗村—桃源镇—钱塘路口—1号电商—旧桃源收费站—大润发—新保健院—鹤山汽车总站	3	J59623、J09390D、J09391D	经鹤城

续上表

序号	线路名称	起点	终点	线路长度（公里）	起点站发班时间	终点站发班时间	运行班次	线路走向	运行车辆台数	车牌号码	备注
28	592	汽车总站	宅梧车站	57	9:10、14:00、17:50	7:00、12:00、16:10	6	汽车总站—新保健院—大润发—福利院—华山泉—华大市场水东综合市场—玉桥—龙潭里—桥氹—木棉岗—铜兴饭店—青文—龙口道班—旧粮所—中七—兴隆工业城—尧溪—凤新村—三凤牌坊—凤巢村—云顶岗村—沙云路口—云南牌坊—南塘村—沙洞三村—沙洞—沙洞一村—福迳碾米厂—福迳村—杨梅镇—大坑—井头—平岭公田—白水带圩—选田村—荷村—宅梧车站	2	J06233D、J06220D	经杨梅镇
29	593	宅梧车站	上下沙村	12	逢圩日尾数（2、5、8）8:00、宅梧靖村公交站10:30	8:15、10:45	4	宅梧—羊眠山—西水岗—下沙—上沙—横田—东门—伏村—梧村	1	J09321D	
30	594	宅梧车站	漱泗云	23	逢圩日尾数（2、5、8）宅梧靖村公交站8:30、11:00	9:00、11:30	4	宅梧—塘沟—严村—塘湖村—云锦—云独—云益			

续上表

序号	线路名称	起点	终点	线路长度（公里）	起点站发班时间	终点站发班时间	运行班次	线路走向	运行车辆台数	车牌号码	备注
31	595	汽车总站	合成车站	63	6:50—18:30，每隔 60 分钟左右一班（其中汽车总站发班 7:40、11:45 发至南塘）	6:50—18:15，每隔 60 分钟左右一班	26	上行：鹤山汽车总站—新保健院—大润发—旧桃源收费站—1 号电商—钱塘路口—桃源镇—珠岗村—建桃工业区—联塑厂—龙溪—中胜路口—和记计工业园—看守所—活力家具厂—水松坑村—天鹰厂—鸡心岗—上鹿安—下鹿安—皇冠路口—四中队—小官田—威诗柏酒店—五子园—横坑—万和村—选田村—荷村—榴花坪—宅梧收费站—宅梧加油站—宅梧车站—葫芦咀—百块—布尚—泗合小学—泗合村委—八字门—光星牌坊—星光文化楼—双合旧圩—双合加油站—四方井—合成途村—合成车站 下行：合成车站—合成途村—四方井—双合加油站—双合旧圩—星光文化楼—星光牌坊—八字门—泗合村委—泗合小学—布尚—百块—葫芦咀—宅梧车站—宅梧加油站—宅梧收费站—榴花坪—荷村—选田村—万和村—横坑—五子园—工业路口一区—小官田—下咀村—小官田—四中队—鹿子坑—下鹿安—上鹿安—鸡心岗—天鹰厂—摩立斯厂—活力家具厂—看守所—和记工业园—中胜路口—龙溪—联塑厂—建桃工业区—珠岗村—桃源镇—钱塘路口—1 号电商—旧桃源收费站—大润发—新保健院—鹤山汽车总站	8	J59161、J59103、J59031、J59606、J59160、J59190、J59061、J59620	

索 引

说 明

1. 本索引采用主题分析法编制，主题词按汉语拼音字母顺序排列。
2. 篇目未作索引，栏目采用黑体字，分目、条目采用宋体字。
3. 主题词后的页码表示内容所在页码，数字后面的 a、b、c 分别表示该页码的左中右列。

D

E

F

G

H

I

J

K

L

M

N

P

Q

R

S

T

U

V

W

X

Y

Z